आर. गुप्ता® कृत

एनसीसी

राष्ट्रीय कैडेट कोर

प्रमाण-पत्र 'A', 'B' एवं 'C' परीक्षा हेतु
एनसीसी कैडेट्स के लिये एक उत्तम पुस्तक

मॉडल प्रश्न-पत्र एवं अन्य महत्वपूर्ण प्रश्नोत्तर सहित

अनुवाद एवं संपादन : आर. के. गुप्ता

रमेश पब्लिशिंग हाउस, नई दिल्ली

2601 DP

प्रकाशक: ओ.पी. गुप्ता, रमेश पब्लिशिंग हाउस

प्रशासनिक कार्यालय

12-H, न्यू दरियागंज रोड, ऑफिसर्स मेस के सामने,
नई दिल्ली-110002 ✆ 23275224, 23245124
E-mail: info@rameshpublishinghouse.com
For Online Shopping: www.rameshpublishinghouse.com

विक्रय केन्द्र

- बालाजी मार्किट, नई दिल्ली-110006 ✆ 23282525 📱 9354373464
- 4457, नई सड़क, दिल्ली-110006

Book Code: R-1992

27th Edition: January 2026

ISBN : 978-93-87918-62-7

मूल्य: ₹ 295

मुद्रक : दीपक ऑफसेट, दिल्ली

प्रस्तावना

हमारे अधिकतर युवा स्कूल व कॉलेज के विद्यार्थी प्रायः अपने शिक्षण-पाठ्यक्रम का अध्ययन करने के साथ-साथ अपनी शिक्षण संस्थाओं में एन.सी.सी. में सम्मिलित होते हैं। एनसीसी में शामिल होने के साथ वह अपनी शैक्षिक अवधि का एक महत्वपूर्ण भाग एक महान उद्देश्य के लिये समर्पित करते हैं। एनसीसी की गतिविधियाँ केवल मनोरंजन और खेलों के लिये ही नहीं हैं बल्कि यह बेहतर व्यक्तियों और एक बेहतर समाज के समग्र विकास के लिये भी हैं। एनसीसी प्रशिक्षण में समर्पित समय कभी व्यर्थ नहीं जाता बल्कि यह समाज एवं देश के लिये एक बेहतर तरीके और सार्थक ढंग से प्रयोग किया जाता है; अन्य शब्दों में, यह देश-सेवा है।

एन.सी.सी. प्रशिक्षण न केवल आपको जीवन में एक अधिक अनुशासित और जिम्मेदार व्यक्ति बनाता है बल्कि आपके व्यक्तिगत एवं चरित्र के गुणों के विकास में भी सहायक होता है। शैक्षणिक विषयों के ज्ञान और प्रयोग की भी इसमें कोई कमी नहीं होती। विभिन्न सामाजिक एवं विज्ञान विषयों का प्रयोग इस प्रशिक्षण में जीवन के विभिन्न पहलुओं के परिपेक्ष्य में किया जाता है। इसमें शारीरिक, शस्त्र, क्षेत्र एवं युद्ध कला, आत्म-रक्षा तथा साहसिक प्रशिक्षण के साथ-साथ कैडेट्स को जीवन की किसी भी परिस्थिति और चुनौतियों का सामना करने के लिये अधिक दृढ़ एवं पूर्ण सक्षम बनने का प्रशिक्षण दिया जाता है।

इन सभी प्रशिक्षण कार्यक्रमों के लिये कैडेट्स को अपने शैक्षणिक विषयों के अध्ययन के साथ-साथ अपने कीमती समय का कुछ भाग एनसीसी को भी समर्पित करना पड़ता है। प्रस्तुत पुस्तक कैडेट्स को एनसीसी से संबंधित सभी मुख्य अध्ययन सामग्री एक संक्षिप्त और सरल रूप में उपलब्ध करवाने के उद्देश्य से प्रकाशित की गई है जिससे कि वे इसे सरलता एवं शीघ्रता से ग्रहण कर सकें और अपना बहुमूल्य समय अध्ययन के लिये बचा सकें।

प्रत्येक एनसीसी कैडेट का यह सपना होता है कि बड़ा होकर वह रक्षा सेवा में शामिल हो। इस दिशा में कैडेट्स का सही मार्गदर्शन करने के उद्देश्य से 'रक्षा सेवाएँ, रक्षा सेवाओं में जीवन-वृत्ति, सेवा-परीक्षा एवं साक्षात्कार और नेतृत्व एवं व्यक्तित्व विकास' जैसे अति-महत्वपूर्ण अध्याय भी पुस्तक में उचित विस्तार में सम्मिलित किये गए हैं।

हमें पूर्ण विश्वास है कि यह पुस्तक पाठकों को अच्छे कैडेट बनने और भविष्य में अच्छे सैनिक, अच्छे अधिकारी और भारत के अच्छे नागरिक बनने में पूरी मदद करेगी।

पुस्तक एनसीसी कैडेट्स के सर्वोपरि हित में, इस विषय पर व्यक्तिगत अनुभव, उपलब्ध साहित्य एवं इंटरनेट माध्यम द्वारा व्यापक अध्ययन के पश्चात प्रस्तुत की गई है। पुस्तक की पठन-सामग्री की पूर्ण मौलिकता का दावा नहीं किया जा रहा है, क्योंकि यह सच है कि जो भी हम पढ़ते और प्रेक्षण करते हैं, वह अवश्य ही हमारे लेखन और अभिव्यक्ति पर अपना प्रभाव डालता है।

हम उन सभी महानुभावों के लिये, जिन्होंने इस पुस्तक की प्रस्तुति में प्रत्यक्ष अथवा परोक्ष रूप में योगदान दिया है, हार्दिक आभार व्यक्त करते हैं।

—प्रकाशक

अनुक्रमणिका

एन.सी.सी.

राष्ट्रीय कैडेट कोर

मॉडल प्रश्न-पत्र

एन.सी.सी.

मॉडल प्रश्न-पत्र 1

सामान्य पाठ्यक्रम

ड्रिल

प्र.1. ड्रिल का उद्देश्य क्या है?

उत्तर : (i) आत्म-विश्वास बढ़ाना।

(ii) अनुशासन की भावना उत्पन्न करना।

(iii) आचरण, चुस्ती-फुर्ती, प्रतीति एवं शारीरिक बनाव में सुधार।

(iv) आदेशों के तत्काल एवं निर्विवाद आज्ञापालन के गुण का विकास।

प्र.2. रिक्त स्थान भरो :

(i) 'खुली लाइन चाल' में ________ कदम लिये जाते हैं।

(ii) आगे और पीछे केवल ________ कदम चलने की अनुमति होती है।

(iii) 'विश्राम' की स्थिति में दोनों एड़ियों के बीच की दूरी ________ होती है।

(iv) परेड में ________ कदम के बाद 'थम' किया जाता है।

(v) 'डबल मार्च' में कदम की लम्बाई ________ होती है।

उत्तर : (i) 1½ (ii) एक (iii) 12" (iv) 15 (v) 40".

प्र.3. रिक्त स्थान भरो :

(i) 'आधा दाहिने मुड़' में स्क्वैड ________ डिग्री पर मुड़ता है।

(ii) 'तेज चल' में दो कैडेट्स के बीच की दूरी ________ इंच होती है।

(iii) 'दाहिने सज' में स्क्वैड ________ इंच का एक कदम आगे बढ़ाती है।

(iv) 'सावधान' की स्थिति में अंगूठों के बीच का कोण ________ डिग्री का होता है।

(v) 'पीछे मुड़' में स्क्वैड ________ डिग्री पर मुड़ती है।

उत्तर : (i) 45 (ii) 45 (iii) 15 (iv) 30 (v) 180.

प्र.4. सलामी देते समय किन बातों का ध्यान रखा जाता है?

उत्तर : (i) दाहिने हाथ को चुस्ती से गोलाई में घुमाते हुए मस्तक के पास लाएँ। ध्यान रखें कि सभी उंगलियाँ परस्पर सीधी मिली हुई हों, हथेली पूरी खुली हो तथा उंगलियाँ, कलाई और कोहनी एक सीधी रेखा में हों।

(ii) तर्जनी उंगली का सिरा दाहिनी आँख की भौंह के मध्य के निकट हो।

(iii) हाथ को कुछ क्षण का निश्चित विराम दें।

(iv) हाथ को चुस्ती से सीधा नीचे गिराएँ और सावधान की मुद्रा में आ जाएँ।

प्र.5. राष्ट्रीय सेल्यूट किसे दिया जाता है?

उत्तर : (i) राष्ट्रीय ध्वज

(ii) भारत के राष्ट्रपति

(iii) राज्यों के राज्यपाल

प्र.6 'सावधान' की स्थिति में किन बातों का ध्यान रखा जाता है?

उत्तर : (i) शरीर एमदम सीधा, स्थिर किंतु अकड़ा हुआ न हो।

(ii) सिर ऊपर हो।

(iii) आँखें एक-दम सामने सीधे देखते हुए, स्थिर हों।

(iv) ठोड़ी सीधी खड़ी, गर्दन सीधी कॉलर को भरते हुए हो।

(v) कंधे वर्गाकार और नीचे की ओर खिंचे हुए हों।

(vi) सीना उठा हुआ हो।

(vii) दोनों हाथ शरीर के साथ पैंट की सिलाई से पीछे सीधे सटे हुए, कोहनी सीधी, उंगलियाँ आधी मुट्ठी बाँधे हुए व अंगूठा सामने की ओर हो।

(viii) घुटने सीधे हों और शरीर का वजन दोनों पाँवों पर समान हो।

(ix) दोनों एड़ी मिली हुई व पंजे परस्पर 30° के कोण पर हों।

शस्त्र प्रशिक्षण

प्र.7. राइफल से गोली चलाने की कार्यवाही का अनुक्रम लिखें।

उत्तर : (i) **लक्ष्य की स्थिति (Aiming) :** लक्ष्य के निशाने पर आने पर ट्रिगर पर प्रथम दबाव डालें।

(ii) **श्वास नियंत्रण (Breathing) :** लक्ष्य पर निशाना लगाने से पहले श्वास को काबू में करना चाहिये। जब फोरसाइट लक्ष्य पर आ जाए तो श्वास धीरे-धीरे छोड़ना चाहिये।

(iii) **गोली चलाना (Firing) :** सही निशाना लक्ष्य पर आते ही ट्रिगर पर दूसरा दबाव डालना चाहिये। गोली चलाने के एक या दो सेकंड तक उंगली और सिर को यथावत् बिना हिलाए, रखना चाहिए।

(iv) **अनुगमन (Follow Through) :** जब तक गोली बैरल से बाहर न निकले तब तक निशाना (aim) और पकड़ (hold) बनाए रखना चाहिये। गोली के लक्ष्य पर लगने तक इसी प्रकार उसका अनुगमन करना चाहिये।

प्र.8. लक्ष्य-निर्धारण के नियम क्या हैं?

उत्तर : (i) लक्ष्य पर दृष्टि केन्द्रित करें जिससे कि आँख के रेटिना पर उसका एक स्पष्ट चित्र बन सके और आप लक्ष्य का केन्द्र पा सकें। इसके बाद आँखें फोरसाइट पर केन्द्रित करें।

(ii) राइफल को सही ढंग से पकड़ें और सीधी रखें।

(iii) बायीं आँख बंद करें और फोरसाइट पर दृष्टि केन्द्रित करें।

(iv) बैक साइट 'U' से फोरसाइट को देखें, यह इसके मध्य में दिखाई देनी चाहिए। फोरसाइट की नोक मध्य एवं 'U' की भुजाओं के स्तर पर सीधी करनी चाहिए।

प्र.9. एक अच्छे निशानेबाज के क्या गुण हैं?

उत्तर : (i) अच्छा निशाना बाँधना।

(ii) राइफल पर अच्छी पकड़।

(iii) अच्छा ट्रिगर प्रचालन।

प्र.10. 'राइफल को लोड करना' और 'मैगज़ीन को चार्ज करना' इन दोनों बातों में क्या अंतर है?

उत्तर : जब राइफल के चैम्बर में 'राउंड' होता है, तो यह स्थिति राइफल के लोड होने की होती है। जब सभी 'राउंड' मैगज़ीन में होते हैं, तो यह स्थिति मैगजीन के चार्ज होने की होती है।

प्र.11. रिक्त स्थान भरो :

(i) राइफल की सफाई के लिये फलालैन का आकार ________ होता है।

(ii) 7.62 मिमी SLR की मैगज़ीन की क्षमता ________ राउंड होती है।

(iii) 7.62 मिमी SLR के ट्रिगर पर ________ दबाव डाले जाते हैं।

(iv) 7.62 मिमी SLR की केवल मैगजीन का वजन ________ औंस होता है।

(v) 7.62 मिमी SLR की तीव्र फायरिंग की क्षमता ________ राउंड/मिनट होती है।

उत्तर : (i) 4"×2" (ii) 20 (iii) दो (iv) 9 (v) 60

प्र.12. 7.62 SLR के मुख्य भाग कौन-कौन से हैं?

उत्तर :

(i) बट	(ii) पिस्टल ग्रिप	(iii) ट्रिगर गार्ड
(iv) ट्रिगर	(v) मैगज़ीन	(vi) हैंड गार्ड
(vii) कैरिंग हैंडल	(viii) बैरल	(ix) गैस प्लग
(x) फोरसाइट	(xi) पिस्टन	(xii) ब्रीच ब्लॉक
(xiii) बैकसाइट	(xiv) इजैक्शन स्लॉट	(xv) बॉडी कवर

प्र.13. 'सत्य' अथवा 'असत्य' लिखें :

(i) 7.62 मिमी LMG पाँच ग्रुपों में खोली जा सकती है।

(ii) 7.62 मिमी SLR में छह खाँचे होते हैं।

(iii) 0.22" राइफल की मैगजीन की क्षमता 10 राउंड की होती है।

(iv) 0.22" राइफल का कैलिबर 0.22 मिमी. होता है।

(v) 0.22" राइफल की कारगर रेंज 25 गज होती है।

उत्तर : (i) सत्य (ii) सत्य (iii) असत्य (iv) असत्य (v) सत्य।

राष्ट्रीय अखंडता

प्र.14. भारत के वर्तमान राष्ट्रीय उद्देश्य क्या हैं?

उत्तर : (i) परमाणु बिजली के क्षेत्र में आत्म-निर्भरता

(ii) कृषि एवं उद्योगों के लिए विश्वसनीय बिजली आपूर्ति की उपलब्धता

(iii) विश्व-बाजारों के लिए माल का उत्पादन

(iv) सार्वजनिक और निजी क्षेत्र में विकास का संतुलन

(v) गाँवों का आधुनिकीकरण, सड़कों से जोड़ना और विद्युतीकरण

प्र.15. देश के विकास के लिये राष्ट्रीय अखंडता क्यों आवश्यक है?

उत्तर: देश के विकास के लिये राष्ट्रीय अखंडता निम्न कारणों से आवश्यक है :

(i) देश की संप्रभुता और क्षेत्रीय अखंडता को बनाए रखने के लिये
(ii) देश में शांति और सौहार्द बनाए रखने के लिये
(iii) देश के विकास और प्रगति के लिये
(iv) गरीबी और निरक्षरता के उन्मूलन के लिये
(v) आंतरिक सुरक्षा और कानून-व्यवस्था बनाए रखने के लिये
(vi) संस्कृति एवं धर्म के विकास के लिये
(vii) आर्थिक एवं औद्योगिक प्रगति के लिये
(viii) विदेशी निवेश को आकर्षित करने और निर्यात को बढ़ावा देने के लिये
(ix) तकनीकी ज्ञान और सांस्कृतिक आदान-प्रदान के लिये
(x) राष्ट्र की गरिमा और आत्म-सम्मान बनाए रखने के लिये
(xi) समाज-सुधार एवं लोक-कल्याण के लिये
(xii) विदेशी संबंधों को प्रगाढ़ बनाने और विश्व के देशों के बीच बेहतर स्थान पाने के लिये

प्र.16. 'सत्य' अथवा 'असत्य' लिखें :

(i) 'सुलह-ए-कुल' (सभी के साथ शांति) की नीति अकबर द्वारा अपनायी गई थी।
(ii) नए देवताओं का प्रभाव और पूजा-अर्चना के नए तरीके द्रविड़ों द्वारा भारत में लाए गए।
(iii) अंग्रेजों ने भारत में 'फूट डालो माल बनाओ' की नीति अपनायी थी।
(iv) यीशु मसीह का जन्म 4 ईसा पूर्व में हुआ था।
(v) गौतम बुद्ध भारतीय राजा शुद्धोधन के पुत्र थे।

उत्तर: (i) सत्य (ii) असत्य (iii) असत्य (iv) असत्य (v) सत्य।

प्र.17. युवा किन सामाजिक बुराइयों के लिये 'नहीं' बोलकर व्यक्तिगत स्तर पर राष्ट्र-निर्माण में सहयोग दे सकते हैं?

उत्तर: युवाओं को राष्ट्रनिर्माण में व्यक्तिगत योगदान देने के लिये निम्नलिखित कार्य 'नहीं' करना चाहिये :

(i) नशीली दवाओं का प्रयोग
(ii) दहेज माँगना
(iii) अवैध यौन संबंध रखना
(iv) असामाजिक गतिविधियों में संलिप्तता
(v) वंचितों का शोषण करना
(vi) बाल-श्रम करवाना
(vii) परीक्षा-प्रतियोगिता आदि में अनुचित साधनों का प्रयोग
(viii) रिश्वत लेना अथवा देना

नेतृत्व

प्र.18. नेतृत्व क्षमता के मुख्य लक्षण कौन-कौन से हैं?

उत्तर : नेतृत्व क्षमता के मुख्य लक्षण निम्नलिखित हैं :

(i) सजगता	(ii) सुव्यवहार	(iii) साहस
(iv) निर्णायकता	(v) विश्वसनीयता	(vi) सहनशीलता
(vii) पहल करना	(viii) ईमानदारी	(ix) विवेकशीलता
(x) न्यायप्रियता	(xi) ज्ञानोन्मुख	(xii) निष्ठा भाव
(xiii) विनोदप्रियता	(xiv) युक्तिपूर्णता	(xv) निःस्वार्थ भाव

प्र.19. एक अच्छे व सफल नेता के महत्वपूर्ण गुण कौन-से हैं?

उत्तर : एक अच्छे व सफल नेता के निम्नलिखित महत्वपूर्ण गुण होते हैं :

(i) **सच्चाई** : झूठ न बोलना, चोरी न करना आदि
(ii) **ईमानदारी** : शुचिता
(iii) **पवित्रता** : निष्कपटता, विचारों व कार्यों में निर्विकार भाव
(iv) **अनुशासन** : नियमों व मानदंडों का स्वतः पालन
(v) **निःस्वार्थता** : निजी स्वार्थ व आत्मकेन्द्रीयता की भावना से दूर, बलिदानी
(vi) **निष्ठा** : व्यक्ति, संस्था, समाज एवं देश के लिए निष्ठा
(vii) **निष्पक्षता** : बिना भेद-भाव के सही निर्णय लेना
(viii) **समानता** : सभी के साथ समानता का व्यवहार करना
(ix) **विश्वास** : किसी की विश्वसनीयता, योग्यता व शक्ति पर दृढ़ विश्वास करना
(x) **सहायता** : किसी की मदद, प्रोत्साहन अथवा अनुमोदन करना
(xi) **सम्मान करना** : किसी की उसके गुणों के लिए प्रशंसा की भावना

प्र.20. धारणा क्या है?

उत्तर : धारणा चुनने अथवा छाँटने की एक प्रक्रिया है जो हमें अप्रासंगिक अथवा विघटनकारी जानकारी से बचाती है।

प्र.21. एक नेता कौन होता है?

उत्तर : एक नेता वह व्यक्ति होता है जो लक्ष्य की प्राप्ति के लिये अन्य लोगों और संसाधनों को प्रभावित कर सकता है।

प्र.22. नेता कितने प्रकार के होते हैं?

उत्तर : (i) जन्मजात नेता (ii) प्रशिक्षित नेता (iii) अंगीकृत नेता।

प्र.23. कर्त्तव्य की क्या परिभाषा है?

उत्तर : कर्त्तव्य को नैतिक अथवा विधिक दायित्वों और एक बाध्यकारी शक्ति के रूप में परिभाषित किया जा सकता है जो अपने वरिष्ठ जनों, सहयोगियों और अधीनस्थों के प्रति उचित एवं उत्तम व्यवहार करने के लिए प्रेरित करते हैं।

प्र.24. एक अच्छे नागरिक के क्या कर्त्तव्य होते हैं?

उत्तर: एक अच्छे नागरिक के मुख्य कर्त्तव्य निम्नलिखित हैं :

(i) देश के प्रति निष्ठावान होना व सभी नियमों का पालन करना।

(ii) देशभक्त होना और देश की स्वतंत्रता कायम रखना।

(iii) निःस्वार्थ सेवा भाव रखना।

(iv) कर्त्तव्य की भावना रखना।

(v) सरकारी सम्पत्ति की देखभाल व रक्षा करना।

(vi) चरित्र उच्च रखना।

(vii) अपने अधिकारों के साथ-साथ अन्य नागरिकों के अधिकारों का भी सम्मान करना।

आपदा प्रबंधन

प्र.25. आपदा क्या होती है?

उत्तर: आपदा से तात्पर्य किसी भी प्राकृतिक अथवा मानव-रचित दुर्घटना से है जो किसी क्षेत्र में अपार दुःख-दर्द उत्पन्न कर देती है और जिससे निपटने के लिये स्थानीय संसाधन पर्याप्त नहीं होते। बाढ़, सुनामी, भूकंप आदि इसी प्रकार की आपदाएँ हैं।

प्र.26. प्राकृतिक आपदाओं के विषय में संक्षेप में लिखिए।

उत्तर: प्राकृतिक आपदाएँ प्रायः तीन प्रकार की होती हैं :

(i) **वायु-संबंधी :** तूफान, चक्रवात, बवंडर आदि।

(ii) **जल-संबंधी :** बाढ़, अकाल, बादल फटना, भारी बारिश, सुनामी आदि।

(iii) **भूमि-संबंधी :** भूकम्प, हिमस्खलन, भूस्खलन, ज्वालामुखी फटना आदि।

प्र.27. मानव-रचित आपदाओं के विषय में संक्षेप में लिखिए।

उत्तर: विभिन्न प्रकार की मानव-रचित आपदाएँ निम्नलिखित हैं :

(i) **यातायात-दुर्घटनाएँ :** सड़क, रेल, वायुयान, जलयान व भवन दुर्घटनाएँ आदि।

(ii) **औद्योगिक-दुर्घटनाएँ :** गैस-रिसाव, विस्फोट, तोड़-फोड़ आदि।

(iii) **आग लगना :** भवनों, उद्योगों, झुग्गी-बस्तियों, कोयला खानों व तेल के कुओं आदि में आग लगना।

(iv) **वनों की आग :** वनों में अधिकतर आग मानवीय कारणों से ही लगती है और व्यापक हानि करती है।

(v) **संदूषण/विषाक्तता :** भोजन, जल, अवैध शराब का संदूषण तथा महामारियाँ आदि।

(vi) **आतंकवादी गतिविधियाँ :** बम-विस्फोट और सामूहिक हत्याएँ।

(vii) **पारिस्थितिकी-संबंधी :** प्रदूषण (वायु, जल, ध्वनि, मृदा), मृदा-क्षरण, जैव विविधता का हास, समुद्र का जल स्तर बढ़ना, विषैला कचरा और परमाणु दुर्घटनाएँ।

(viii) **युद्ध-संबंधी :** पारंपरिक, रासायनिक एवं परमाणु युद्ध।

समाज सेवा

प्र.28. समाज सेवा के विभिन्न प्रकारों को बताएँ।

उत्तर : समाज सेवा के विभिन्न प्रकार निम्नलिखित हैं :

(i) शिक्षा का प्रसार
(ii) परिवार-कल्याण, चिकित्सा-सहायता, परिवार-नियोजन एवं पोषण
(iii) जल व रसोई के ईंधन, सड़कों, विद्युत एवं स्वच्छता की व्यवस्था
(iv) वृद्धावस्था सहायता के उपाय
(v) रोजगार में सहायता करना
(vi) सामाजिक सहायता, सुरक्षा, देखभाल एवं संरक्षण प्रदान करना
(vii) आवास एवं पुनर्वास की व्यवस्था
(viii) मनोरंजन, खेल एवं अन्य सामाजिक गतिविधियाँ

प्र.29. आरक्षण नीति के पक्ष में दिये जाने वाले मुख्य तर्क क्या हैं?

उत्तर : (i) शिक्षण-संस्थानों एवं कार्यस्थलों पर सामाजिक विविधता होनी चाहिये। इससे समाज की छिपी हुई प्रतिभाओं को सामने आने का अवसर मिलता है।
(ii) इसके लिये समाज के वंचित वर्गों के लोगों को प्रवेश आदि में कुछ छूट प्रदान करके प्रोत्साहित किया जाता है।
(iii) सामान्य वर्ग के लोगों को पेश आ रही कठिनाई का प्रमुख कारण आरक्षण नहीं बल्कि शिक्षण संस्थानों में सीटों की कमी तथा देश में रोजगार के अवसरों की कमी है।

प्र.30. आरक्षण नीति के विरुद्ध दिये जाने वाले मुख्य तर्क क्या हैं?

उत्तर : (i) आरक्षण जाति के आधार पर नहीं बल्कि आर्थिक स्थिति के आधार पर होना चाहिये।
(ii) आरक्षण राजनैतिक हितों को साधने के लिये दिया जा रहा है।
(iii) जाति पर आधारित आरक्षण नस्लीय भेद-भाव का एक रूप है और समानता के अधिकार का भी हनन करता है।
(iv) जाति पर आधारित आरक्षण से प्रतिभाओं को निरुत्साहित किया जा रहा है।
(v) आरक्षण नीति द्वारा जाति-प्रथा को बढ़ावा दिया जा रहा है।

प्र.31. परिवार नियोजन क्या है?

उत्तर : परिवार नियोजन व्यक्तिगत अथवा संयुक्त रूप से अपने इच्छित परिवार का आकार और बच्चों के जन्म का समय आदि निर्धारित करने हेतु एक स्वैच्छिक एवं जिम्मेदारी पूर्ण निर्णय है।

प्र.32. परिवार नियोजन के विभिन्न उपाय क्या हैं?

उत्तर : (i) पुरुष नसबंदी (ii) महिला नसबंदी
(iii) निरोध (iv) गर्भनिरोधक गोलियाँ

प्र.33. एचआईवी क्या है?

उत्तर : एचआईवी अर्थात् ह्यूमन इम्यूनो-डेफिशिऐंसी वायरस एक खतरनाक वायरस है जो मानव शरीर की प्रतिरक्षा प्रणाली को नष्ट कर देता है तथा एड्स (AIDS) नामक घातक रोग का कारक है।

प्र.34. समाज के प्रति कैडे्ट्स की क्या भूमिका है?

उत्तर : (i) जिस समुदाय में आप रहते हैं उसके प्रति निष्ठा की भावना का विकास करना।
(ii) राष्ट्रीय अखंडता के लिये कार्य करना तथा राष्ट्र के प्रति निष्ठा की भावना का विकास करना।
(iii) सक्रिय रूप से स्वयं सीधे सम्मिलित होकर अथवा विकास के विचारों के प्रसार द्वारा और अन्य लोगों को विकास की प्रक्रिया में भाग लेने के लिये मदद करके, राष्ट्र के विकास में योगदान देना।

स्वास्थ्य विज्ञान एवं स्वच्छता

प्र.35. स्वास्थ्य विज्ञान क्या है?

उत्तर : यह विज्ञान की वह शाखा है जिसमें निजी एवं लोक-स्वास्थ्य के सिद्धांतों के प्रसार का अध्ययन किया जाता है।

प्र.36. स्वच्छता क्या है?

उत्तर : यह स्वयं को एवं अपने आस-पास के वातावरण को साफ-सुथरा रखने की कला है।

प्र.37. व्यक्तिगत स्वच्छता में क्या-क्या आता है?

उत्तर : (i) अपने शरीर और त्वचा की सफाई (ii) दाँतों की सफाई
(iii) नाखूनों की सफाई (iv) बालों की सफाई
(v) वस्त्रों की सफाई

प्र.38. जल को शुद्ध करने की विभिन्न विधियाँ क्या हैं?

उत्तर : (i) अवसादन (ii) निस्पंदन (iii) उबालना
(iv) क्लोरीनेशन (v) स्टेरिलाइजेशन (vi) रिवर्स ओस्मोसिस
(vii) यू.वी. फिल्टर

प्र.39. शौचालयों के विभिन्न प्रकार क्या हैं?

उत्तर : (i) वाटर कैरिज सिस्टम (ii) एक्वा प्रिवी (iii) रिमूवल सिस्टम
(iv) डीप ट्रेंच (v) शैलो ट्रेंच

प्र.40. मलेरिया से बचाव के क्या उपाय हैं?

उत्तर : (i) डीडीटी रसायन का छिड़काव
(ii) मच्छरदानी का प्रयोग
(iii) मच्छर भगाने वाले साधनों का प्रयोग
(iv) उचित रूप से शरीर को ढकने वाले वस्त्रों का प्रयोग

(v) घर व आस-पास पानी जमा न होने दें।
(vi) नालियों आदि में मिट्टी का तेल छिड़कें।

प्र.41. स्वच्छता का क्या महत्व है?

उत्तर : हमारे समुदाय का स्वास्थ्य स्वच्छता पर निर्भर करता है। स्वच्छता में भौतिक परिवेश की स्वच्छता, लोगों की आदतें, भोजन, जल तथा वायु की गुणवत्ता आदि का भी बड़ा महत्व है। यदि इनमें से किसी भी कारक की गुणवत्ता में कोई कमी आती है तो हमारा स्वास्थ्य प्रभावित हो सकता है।

साहसिक गतिविधियाँ

प्र.42. भू-आधारित विभिन्न साहसिक गतिविधियाँ कौन-सी हैं?

उत्तर : (i) चट्टानों पर चढ़ना (ii) पर्वतारोहण
(iii) पद-यात्रा (iv) साइकिल व मोटर-साइकिल अभियान

प्र.43. साहसिक प्रशिक्षण का क्या उद्देश्य है?

उत्तर : एनसीसी कैडेट्स को यह प्रशिक्षण उनमें नेतृत्व, आत्म-विश्वास, दृढ़-संकल्प एवं टीम-भावना के गुणों के विकास के उद्देश्य से दिया जाता है।

पर्यावरण एवं पारिस्थितिकी

प्र.44. 'ग्रीन हाउस प्रभाव' क्या है?

उत्तर : यह वातावरण में कार्बन-डाइऑक्साइड की मात्रा में बढ़ोतरी, वैश्विक तापमान में वृद्धि और क्लोरो-फ्लोरो बैंजीन गैस के अधिक प्रयोग द्वारा वातावरण की ओज़ोन परत क्षीण होने का संयुक्त प्रभाव है। इसके कारण संपूर्ण विश्व में मानव जीवन और जीवों व वनस्पतियों का अस्तित्व खतरे में पड़ सकता है।

प्र.45. पर्यावरण-क्षरण के क्या प्रभाव हैं?

उत्तर : (i) वैश्विक तापमान में बढ़ोतरी
(ii) अम्ल-वर्षा
(iii) ओजोन परत का क्षीण होना

प्र.46. पर्यावरण के संरक्षण में कैडेट्स कैसे भूमिका निभा सकते हैं?

उत्तर : पर्यावरण के संरक्षण के लिये कैडेट्स निम्नलिखित गतिविधियों द्वारा सार्थक भूमिका निभा सकते हैं :

(i) वृक्षारोपण करना व पेड़ों की कटाई रोकना।
(ii) लोगों को प्रेरित करना व उनका मार्गदर्शन करना।
(iii) जल का अपव्यय व प्रदूषण रोकना।
(iv) कूड़े-कचरे का उचित निपटान करवाना।
(v) लोगों को शिक्षित व जाग्रत करना।

विशेष विषय

सशस्त्र सेनाएँ

प्र.47. विभिन्न सेना-कमानों के नाम क्या हैं?

उत्तर: उत्तरी कमान, पश्चिमी कमान, मध्य कमान, दक्षिणी कमान, दक्षिण-पश्चिमी कमान, पूर्वी कमान, प्रशिक्षण कमान।

प्र.48. सेना के लड़ाकू अंगों के नाम क्या हैं?

उत्तर: (i) शस्त्रागार (Armoury)
(ii) पैदल सेना (Infantry)
(iii) यंत्रीकृत पैदल सेना (Mechanised Infantry)

आत्म-रक्षा

प्र.49. कैडेट्स को नैतिक रूप से सुरक्षित रहने के लिए किस प्रकार का आचरण करना चाहिये?

उत्तर: (i) अपनी जिम्मेदारी समझें और युवाओं के लिए आदर्श स्थापित करें।
(ii) नशीली दवाओं, शराब और तंबाकू आदि से दूर रहें।
(iii) अच्छी संगत में रहें, बुरे मित्र आपको कठिनाई में डाल सकते हैं।
(iv) पढ़ाई, संगीत, चित्रकला, बागवानी जैसे उत्तम शौक रखें।
(v) समय व साधनों का अपव्यय न करें।
(vi) जो भी करें नियमानुसार करें।

प्र.50. कैडेट्स का सामान्य व्यवहार कैसा होना चाहिये?

उत्तर: (i) उन्हें पूर्णतया अनुशासित, शांतिप्रिय, मित्रवत् और सहकारी होना चाहिए।
(ii) उन्हें स्वस्थ प्रतिस्पर्धा की भावना के साथ ईर्ष्या से मुक्त होना चाहिये।
(iii) उन्हें सकारात्मक दृष्टिकोण के साथ आपसी सम्मान की भावना रखनी चाहिए।
(iv) उन्हें कभी भी किसी अनैतिक कार्य में संलिप्त नहीं होना चाहिये।
(v) उन्हें सभी से अच्छा व्यवहार करना चाहिये।

मानचित्र अध्ययन

प्र.51. मानचित्र क्या होता है?

उत्तर: मानचित्र किसी भू-भाग एवं उसकी सभी प्राकृतिक और मानव-निर्मित संरचनाओं को कुछ पारंपरिक संकेतों द्वारा समानुपातिक रूप में दर्शाने वाला समतल चित्र होता है।

प्र.52. मानचित्र के क्या उपयोग हैं?

उत्तर: (i) किसी स्थान पर अपनी स्थिति का पता लगाना।
(ii) एक बिंदु से दूसरे बिंदु की दिशा ज्ञात करना।
(iii) किसी भू-भाग की विभिन्न विशेषताएँ ज्ञात करना।
(iv) युद्ध के समय चाल की योजना बनाना।

प्र.53. कम्पास के मुख्य भाग कौन-कौन से होते हैं?

उत्तर : (i) थम्ब रिंग (ii) लिड (iii) विंडो
(iv) टंग (v) लबर लाइन (vi) डायरेक्शन मार्क
(vii) प्रिज्म

प्र.54. कार्डिनल पॉइंट और उत्तर (North) के प्रकार कौन-कौन से होते हैं?

उत्तर : कार्डिनल पॉइंट :
(i) उत्तर (ii) दक्षिण (iii) पूर्व (iv) पश्चिम

उत्तर के प्रकार :
(i) वास्तविक उत्तर (ii) चुम्बकीय उत्तर (iii) ग्रिड उत्तर

प्र.55. निम्नलिखित के लिये पारंपरिक संकेत बनाइये :
(i) धारा (ii) मंदिर (iii) नलकूप (iv) मस्जिद (v) किला

उत्तर : (i)  (ii)  (iii)  (iv)  (v) 

प्र.56. कम्पास के क्या उपयोग हैं?

उत्तर : (i) उत्तर दिशा का पता लगाना (ii) मानचित्र सेट करना
(iii) चुम्बकीय प्रभाव मापना (iv) रात्रि मार्च में मदद करना

क्षेत्र एवं युद्ध कला

प्र.57. क्षेत्र कला क्या होती है?

उत्तर : क्षेत्र कला उपलब्ध भूमि और उपकरणों को अपने हित में सर्वश्रेष्ठ ढंग से उपयोग करने की कला है।

प्र.58. क्षेत्र कला में कौन-कौन से विषय सम्मिलित होते हैं?

उत्तर : (i) भूमि का विवरण (ii) अवलोकन एवं छिपाव
(iii) दूरी का अनुमान (iv) लक्ष्य की पहचान एवं विवरण
(v) शस्त्र-रहित एवं शस्त्र-सहित चाल

प्र.59. विभिन्न प्रकार के मैदान कौन-कौन से होते हैं?

उत्तर : (i) **ऊबड़-खाबड़ मैदान :** यह असमतल मैदान होते हैं जो नालों, उभारों (गूमड़ों) आदि से भरे होते हैं। यह पैदल सेना के लिये उपयुक्त होते हैं क्योंकि इसमें उनकी गतिविधियाँ छिपी रहती हैं।

(ii) **समतल एवं खुला मैदान :** यह सपाट खुला मैदान होता है जिसमें छिपने का स्थान नहीं होता अतः यह दिन की गतिविधियों के लिये उपयुक्त नहीं होते।

(iii) **ऊँचे मैदान :** यह सामान्य से अधिक ऊँचाई पर होते हैं, जैसे कि पहाड़ी आदि पर, जिससे इन से आस-पास के निचले क्षेत्रों पर निगरानी करने में सुविधा रहती है।

(iv) **मृत मैदान :** यह मैदान शत्रु की दृष्टि से छिपे हुए होते हैं, जैसे कि किसी पहाड़ी आदि के पीछे। इन पर शत्रु सीधे गोली-बारी नहीं कर सकता है।

प्र.60. दूरी का अनुमान लगाने की विभिन्न विधियाँ कौन-सी हैं?

उत्तर : (i) इकाई-माप विधि (ii) प्रतीति विधि
(iii) खण्ड-औसत विधि (iv) की-रेंज विधि
(v) आधा-माप विधि (vi) ब्रेकेटिंग

प्र.61. लक्ष्यों का संकेत-क्रम क्या है?

उत्तर : इसे अंग्रेजी में 'GRAD' से स्मरण रखा जा सकता है। इसका क्रम है :
(i) समूह (Group) का चुनाव (ii) क्षेत्र (Range)
(iii) मदद (Aid) (iv) विवरण (Detail)

प्र.62. संचार की विभिन्न विधियाँ कौन-सी हैं?

उत्तर : (i) संकेतों की भाषा (ii) ध्वनि माध्यम
(iii) लिखित माध्यम (iv) संदेशवाहक एवं धावक
(v) तार और केबल (vi) बेतार यंत्र

सेना-शस्त्र एवं उपकरण

प्र.63. रिक्त स्थान भरो :

(i) 7.62 मिमी. SLR की कारगर रेंज __________ मीटर है।
(ii) LMG की तीव्र फायर रेंज __________ मैगजीन प्रतिमिनट है।
(iii) SMC का पूरा नाम __________ है।
(iv) LMG को __________ मुख्य ग्रुपों में खोला जा सकता है।
(v) 7.62 मिमी. SLR में खाँचों की संख्या __________ है।

उत्तर : (i) 275 (ii) 3 (iii) स्टेन मशीन कार्बाइन
(iv) 5 (v) 6

प्र.64. निम्नलिखित प्रश्नों के उत्तर लिखिए :

(i) 7.62 मिमी. राइफल का कैलिबर क्या होता है?

उत्तर : 7.62 मिमी.।

(ii) 7.62 मिमी. SLR का भरी हुई मैगजीन के साथ कितना वजन होता है?

उत्तर : 5.1 किग्रा.।

(iii) 7.62 मिमी. SLR की कारगर रेंज क्या है?

उत्तर : 275 मीटर।

(iv) 7.62 मिमी. SLR राइफल में कितने राउंड लोड होते हैं?

उत्तर : 20 राउंड।

(v) 7.62 मिमी. SLR का पूरा नाम क्या है?

उत्तर : 7.62 मिमी. सेल्फ लोडिंग राइफल।

प्र.65. 7.62 मिमी SLR की सफाई की मुख्य वस्तुएँ क्या हैं?

उत्तर : (i) पुल थ्रू (ii) तेल की बोतल (iii) संयोजन उपकरण
(iv) गैस रेगूलेटर चाबी (v) पेचकस (vi) सिलिंडर/चैम्बर सफाई ब्रुश
(vii) राइफल सफाई ब्रुश (viii) ग्रेफाइट ग्रीस ट्यूब (ix) फलालैन/चिंदी

सैन्य इतिहास

प्र.66. हल्दीघाटी के युद्ध पर एक संक्षिप्त नोट (50 शब्द) लिखें।

उत्तर : हल्दीघाटी का युद्ध मुगल बादशाह अकबर और मेवाड़ के शासक महाराणा प्रताप के बीच 18 जून, 1576 ई. को लड़ा गया। इसमें लगभग 20,000 राजपूतों और 80,000 मुगल सैनिकों ने भाग लिया। युद्ध बहुत ही भीषण एवं अनिर्णीत रहा। महाराणा प्रताप इसमें जीवित बच गए थे, किंतु उनका प्रिय अश्व 'चेतक' उनकी जान बचाते हुए मारा गया था।

प्र.67. निम्नलिखित प्रश्नों के उत्तर लिखिए :

(i) अकबर ने मुगल साम्राज्य पर कब शासन किया?
(ii) 1971 के भारत-पाक युद्ध के समय भारतीय सेना के सेनाध्यक्ष कौन थे?
(iii) भारत-पाक के बीच चौथी लड़ाई कौन-सी थी?

उत्तर : (i) 1556 से 1605 ई. तक।
(ii) जनरल सैम मानेकशॉ (बाद में फील्ड मार्शल)।
(iii) कारगिल युद्ध।

प्र.68. रिक्त स्थान भरो :

(i) भारत के प्रथम भारतीय कमांडर इन चीफ़ .... थे।
(ii) 1971 के युद्ध में .... से अधिक पाकिस्तानी सैनिकों को युद्धबंदी बनाया गया था।
(iii) सर्वप्रथम परमवीर चक्र .... को प्रदान किया गया था।
(iv) 1971 के युद्ध में पाकिस्तान के ले. जनरल .... ने आत्म-समर्पण किया था।

उत्तर : (i) फील्ड मार्शल के॰एम॰ करिअप्पा (ii) 90,000
(iii) मेजर सोमनाथ शर्मा (iv) ए॰के॰ नियाज़ी

प्र.69. 'सत्य' अथवा 'असत्य' लिखिये :

(i) सेकंड लेफ्टिनेंट अरुण खेत्रपाल 1971 के भारत-पाक युद्ध में शहीद हुए थे।
(ii) मेजर शैतान सिंह 1962 के भारत-चीन युद्ध में शहीद हुए थे।

उत्तर : (i) सत्य (ii) सत्य

प्र.70. रिक्त स्थानों में युद्ध के नायकों के सही नाम लिखो :

कैप्टेन ....(i)................, लेफ्टिनेंट ....(ii)............... ग्रेनेडियर ....(iii)................, और राइफल मैन ....(iv)................. को कारगिल युद्ध के दौरान अभूतपूर्व शौर्य-प्रदर्शन के लिये परमवीर चक्र प्रदान किया गया।

उत्तर : (i) विक्रम बत्रा (ii) मनोज कुमार पांडेय
(iii) योगेन्द्र सिंह यादव (iv) संजय कुमार

❖ ❖ ❖

एन.सी.सी.

मॉडल प्रश्न-पत्र 2

सामान्य पाठ्यक्रम

ड्रिल

प्र.1. निम्नलिखित प्रश्नों के उत्तर में सही विकल्प पर निशान लगाएँ :

(i) 'चेतावनी' और 'कार्यकारी' आदेशों के बीच कितने कदम छोड़े जाते हैं?
(a) 2 (b) 5 (c) 4 (d) 3

(ii) 'विश्राम' में दोनों पाँवों के बीच कितने इंच की दूरी होती है?
(a) 12 (b) 9 (c) 16 (d) 10

(iii) 'खुली लाइन-चाल' में प्रथम एवं अंतिम पंक्ति द्वारा कितने कदम चले जाते हैं?
(a) 3 (b) 1½ (c) 2½ (d) 1

(iv) 'परेड पर' के आदेश पर स्क्वैड कितने कदम आगे चलती है?
(a) 12 (b) 15 (c) 14 (d) 10

(v) 'बायें घूम' के लगातार दो बार आदेशों के बाद आपका मुँह किस दिशा में होगा?
(a) पहली (b) दायीं (c) बायीं (d) विपरीत

(vi) 'बगल शस्त्र' में दायीं हथेली राइफल के किस भाग पर रखी जाती है?
(a) बट (b) पिस्टल ग्रिप (c) स्माल ऑफ बट (d) ट्रिगर

(vii) आर्म्स ड्रिल की किस स्थिति में 'चाल वाले पुर्जे अलग कर' किया जाता है?
(a) बगल शस्त्र (b) जाँच शस्त्र (c) बाजू शस्त्र (d) तोल शस्त्र

(viii) प्रधानमंत्री को 'गार्ड ऑफ ऑनर' देते समय आधिकारिक रैंक और फाइल होते हैं–
(a) 120 (b) 150 (c) 100 (d) इनमें से कोई नहीं

(ix) गवर्नर को उसके राज्य में कौन-सा सैल्यूट दिया जाता है?
(a) सामान्य सैल्यूट (b) राष्ट्रीय सैल्यूट (c) सलामी शस्त्र (d) इनमें से कोई नहीं

(x) 'तेज चल' (Quick March) में कितने कदम प्रति मिनट रखे जाते हैं?
(a) 90 (b) 120 (c) 150 (d) 180

उत्तर : (i) (c) 4 (ii) (a) 12 (iii) (b) 1½ (iv) (b) 15
(v) (d) विपरीत (vi) (b) पिस्टल ग्रिप (vii) (b) जाँच शस्त्र (viii) (c) 100
(ix) (b) राष्ट्रीय सैल्यूट (x) (b) 120

प्र.2. रिक्त स्थान भरो :

(i) ड्रिल का उद्देश्य ________, ________ की भावना का विकास और ________, ________ में सुधार करना है।

(ii) सामान्य सैल्यूट ________ और ऊपर की रैंक के गणमान्य व्यक्तियों को दिया जाता है।

(iii) 'पीछे मुड़' के आदेश में ________ डिग्री पर मुड़ते हैं।

(iv) ड्रेसिंग के लिये आदेशात्मक शब्द ________ हैं।

(v) ________ या ऊपर की रैंक को लोगों को सैल्यूट दिया जाता है।

(vi) 'धीरे चल' में प्रति मिनट ________ कदम रखे जाते हैं।

(vii) 'सामने देख' के लिए आदेशात्मक शब्द ________ हैं।

(viii) आदेशात्मक शब्द ________ परेड के अंत में जाने के लिए दिया जाता है।

(ix) जब कैडेट एक के पीछे एक खड़े होते हैं तो इसे ________ कहते हैं।

(x) जब कैडेट बराबर-बराबर खड़े होते हैं तो इसे ________ कहते हैं।

उत्तर : (i) अनुशासन, आज्ञाकारिता, चुस्ती-फुर्ती, आत्मबल (ii) मेजर जनरल

(iii) 180 (iv) सज (दाहिने सज / बायें सज)

(v) नायब सूबेदार (vi) 70

(vii) हिलो मत (viii) विसर्जन

(ix) फाइल (File) / लाइन (x) रैंक (Rank) / पंक्ति

प्र.3. स्क्वैड को 'कदवार स्थिति' में लाने के लिये आदेशात्मक शब्द लिखो।

उत्तर : (i) लम्बा दाहिने, छोटा बायें, एक लाइन में—कदवार

(ii) स्क्वैड दाहिने से गिनती कर

(iii) विषम कैडेट एक कदम आगे, सम कैडेट एक कदम पीछे चल

(iv) दाहिना कैडेट खड़ा रहे, विषम कैडेट दाहिने, सम कैडेट बायें, लाइन दाहिने और बायें मुड़

(v) तीन लाइन बनाओ, तेज चल

प्र.4. 'सत्य' अथवा 'असत्य' लिखें :

(i) 'सावधान' की मुद्रा में हाथ के अंगूठे पैंट की सिलाई की सीध में होने चाहिएँ।

(ii) 'दाहिने मुड़' के आदेश पर हमें बायीं ओर 90° पर मुड़ना चाहिए।

(iii) 'तेज चल' के आदेश पर हमें बायाँ हाथ पहले बाहर निकालना चाहिए।

(iv) टोपी का बिल्ला (Badge) माथे और आँखों के बीच होना चाहिए।

(v) सलामी के समय दायें हाथ के अँगूठे और तर्जनी उँगली के बीच 15° का कोण होना चाहिए।

उत्तर : (i) सत्य (ii) असत्य (iii) असत्य (iv) असत्य (v) असत्य।

प्र.5. सुमेल करें :

(i) दर्शक — (a) Close Order March
(ii) रैंक — (b) Mark Time
(iii) आराम से — (c) Line of men side by side
(iv) निकट लाइन चल — (d) Stand Easy
(v) कदम ताल — (e) Marker

उत्तर : (i) (e) (ii) (c) (iii) (d) (iv) (a) (v) (b) ।

शस्त्र प्रशिक्षण

प्र.6. रिक्त स्थान भरो :

(i) थम्ब स्प्रिंग को _______ अनुकूलित (Adjust) करने से राइफल की रेंज बढ़ती है।
(a) दायीं ओर (b) बट की ओर
(c) मजल की ओर (d) इनमें से कोई नहीं

(ii) 0.22 बोर राइफल के पुल-थ्रू में _______ लूप होते हैं।
(a) 1 (b) 3 (c) 2 (d) 4

(iii) शूटिंग की लेटने की स्थिति में 'खड़ा-त्रिकोण' _______ के साथ बनता है?
(a) छाती (b) कोहनी (c) भूमि (d) कंधे

(iv) गोली चलाते समय _______ हाथ द्वारा राइफल से ओर सटानी चाहिए।
(a) बायें (b) दायें (c) दोनों (d) किसी से नहीं

(v) गोली चलाते समय _______ को संतुलित करने के लिये 'एलीवेशन' दिया जाता है?
(a) गति (b) वेग (c) वायु प्रवाह (d) गुरुत्वाकर्षण

उत्तर : (i) (c) मज़ल साइड (ii) (b) 3 (iii) (c) भूमि
(iv) (b) दायें (v) (d) गुरुत्वाकर्षण

प्र.7. रिक्त स्थान भरो :

(i) एक्सट्रेक्टर _________ को खींचता है।
(ii) यदि बोल्ट सही बंद नहीं होगा तो राइफल _________ करेगी।
(iii) ट्रिगर दबाने में _________ प्रैशर देने होते हैं।
(iv) जब चैम्बर में _________ होता है तो राइफल लोडेड कहलाती है।
(v) राइफल की न्यूनतम रेंज _________ और अधिकतम रेंज _________ होती है।
(vi) 4 फुट के लक्ष्य के 'बुल' का व्यास _________ फुट होता है।
(vii) 'तेज हवा' में वायु की गति _________ मी./घंटा से अधिक होती है और ध्वज _________ डिग्री पर लहराता है।
(viii) MPI का पूरा नाम _________ है।

उत्तर : (i) कारतूस / खाली खोल (ii) फायर नहीं
(iii) दो (iv) राउंड / कारतूस
(v) 200 गज / 2000 गज (vi) एक
(vii) 20, 90 (viii) Mean Point of Impact (मध्य-टकराव-बिंदु)

प्र.8. राइफल से फायर करने की चार स्थितियाँ लिखो।

उत्तर : (i) लेटकर (ii) घुटनों के बल
(iii) बैठकर (iv) खड़े होकर

प्र.9. पैदल पलटन द्वारा प्रयोग किये जाने वाले कुछ शस्त्र लिखो।

उत्तर : (i) 5.56 मिमी INSAS (ii) 7.62 मिमी. LMG
(iii) 2 इंच मोर्टार (iv) 84 मिमी. रॉकेट लाँचर
(v) 9 मिमी. पिस्टल (vi) 9 मिमी. SMC (कार्बाइन)

प्र.10. राइफल के मुख्य भाग लिखो।

उत्तर : (i) बैरल (ii) बॉडी (iii) बट
(iv) बट-प्लेट (v) ट्रिगर (vi) ट्रिगर गार्ड
(vii) पिस्टल ग्रिप (viii) गैस सिलिंडर (ix) मैगज़ीन
(x) मज़ल (xi) फ्लैश हाइडर (xii) ब्रीच ब्लॉक
(xiii) फायरिंग पिन (xiv) फोरसाइट (xv) रीयर / बैक साइट
(xvi) सेफ्टी कैच

प्र.11. राइफल को साफ करने के लिये क्या-क्या वस्तुएँ चाहिए?

उत्तर : (i) फलालैन / चिंदी (ii) पुल-थ्रू (iii) तेल
(iv) कपड़ा (v) चैम्बर स्टिक

राष्ट्रीय एकता व अखंडता

प्र.12. निम्नलिखित कौन-कौन से राज्य/केन्द्रशासित प्रदेश से संबंधित हैं?

(i) भांगड़ा नृत्य (ii) हज़रतबल दरगाह (iii) कुतुबमीनार
(iv) नल्लामला वन (v) वृंदावन उद्यान

उत्तर : (i) पंजाब (ii) जम्मू और कश्मीर (iii) दिल्ली
(iv) आन्ध्र प्रदेश एवं तेलंगाना (v) कर्नाटक

प्र.13. रिक्त स्थान भरो :

(i) भारत के प्रथम राष्ट्रपति __________ थे।
(ii) जैन धर्म की स्थापना __________ ने की थी।
(iii) विजयनगर राज्य का सुप्रसिद्ध राजा __________ था।
(iv) भारतीय प्रायद्वीप के मूल निवासी __________ थे।

(v) भारत विश्व की प्राचीनतम ________ सभ्यता का उद्गम-स्थल है।
(vi) भारतीय राष्ट्रीय कांग्रेस की स्थापना सन् 1885 में ________ ने की थी।
(vii) सिख धर्म का पवित्र ग्रंथ ________ है।
(viii) गाँधी जी ने 'भारत छोड़ो आंदोलन' सन् ________ में आरंभ किया था।
(ix) राष्ट्र गीत 'वंदे मातरम्' ________ ने लिखा था।
(x) भारत की आजादी की प्रथम लड़ाई सन् ________ में हुई थी।

उत्तर : (i) डॉ. राजेन्द्र प्रसाद (ii) ऋषभदेव
(iii) कृष्णदेव राय (iv) द्रविड़
(v) सिंधु घाटी (vi) सर ए.ओ. ह्यूम
(vii) गुरु ग्रंथ साहिब (viii) 1942
(ix) बंकिमचंद्र चटर्जी (x) 1857

प्र.14. राष्ट्रीय एकता में मुख्य बाधक तत्व कौन-से हैं?

उत्तर : (i) भाषा-विवाद (ii) जातिवाद (iii) अशिक्षा
(iv) सांप्रदायिकता (v) क्षेत्रवाद

प्र.15. सुमेल करें :

(i) महात्मा गाँधी	(a) जय जवान, जय किसान
(ii) सुभाष चन्द्र बोस	(b) पंडित जी
(iii) वल्लभ भाई पटेल	(c) भारतीय राष्ट्रीय कांग्रेस
(iv) जवाहर लाल नेहरू	(d) भारत के लौह-पुरुष
(v) लाल बहादुर शास्त्री	(e) असहयोग आंदोलन

उत्तर : (i) (e) (ii) (c) (iii) (d) (iv) (b) (v) (a)।

नेतृत्व

प्र.16. रिक्त स्थान भरो :

(i) वह प्रक्रिया जिसमें किसी को अपने इच्छित ढंग से कार्य करने के लिये प्रेरित किया जाता है ________ कहलाती है।
(ii) एक व्यक्ति यदि अपने ________ जानता हो और उन्हें ईमानदारी से पूरा करता है तो वह दूसरों से सम्मान प्राप्त करता है।
(iii) एक व्यक्ति का चरित्र उसके जीवन के ________ वर्षों में बनता है।
(iv) सक्षम अधिकारी द्वारा दिये गए आदेश का पालन करना ________ कहलाता है।
(v) दो या अधिक व्यक्तियों द्वारा तथ्यों, विचारों, विकल्पों और भावनाओं का आदान-प्रदान ________ कहलाता है।
(vi) द्वितीय विश्व-युद्ध के पश्चात् सर विंस्टन चर्चिल के प्रसिद्ध भाषण के शब्द थे ____________।

(vii) अनुशासन ________ और ________ सिखाता है।

(viii) ईश्वरीय आदेश के पालन के रूप में विवेक का प्रयोग ________ कहलाता है।

(ix) जब राष्ट्र गान गाया जाता है तो एनसीसी कैडेट ________ मुद्रा में खड़े रहते हैं और ________ नहीं करते हैं।

(x) कई विकल्पों में से सर्वश्रेष्ठ विकल्प का चुनाव करना ________ कहलाता है।

उत्तर : (i) अभिप्रेरण (ii) कर्त्तव्य (iii) प्रारंभिक

(iv) अनुशासन (v) संचार (vi) कभी हार मत मानो

(vii) आत्म-नियंत्रण, उचित व्यवहार (viii) कर्त्तव्य (ix) सावधान, सैल्यूट

(x) निर्णय लेना

प्र.17. एक अच्छे नागरिक के मुख्य कर्त्तव्य क्या हैं?

उत्तर : (i) देश के प्रति निष्ठावान होना।

(ii) देशभक्ति की भावना और देश की स्वतंत्रता की रक्षा करना।

(iii) निःस्वार्थ सेवा भाव रखना।

(iv) देश के प्रति कर्त्तव्य-भावना रखना।

(v) सरकारी संपत्ति की देखभाल व रक्षा करना।

(vi) सच्चरित्र होना।

(vii) अन्य नागरिकों के अधिकारों का सम्मान करना।

(viii) असामाजिक तत्वों को निरुत्साहित करना व सामने लाना।

प्र.18. चरित्र का विकास करने वाले नेतृत्व के कुछ गुण लिखिए।

उत्तर : (i) साहस (ii) निर्णायकता (iii) पहल करना

(iv) उत्साह (v) निष्ठा (vi) न्यायप्रियता

(vii) नैतिकता (viii) कर्त्तव्य-भावना (ix) देशभक्ति

(x) ईमानदारी

प्र.19. एनसीसी की पाँच गतिविधियाँ लिखिए जो कैडेट्स के व्यक्तित्व/चरित्र के विकास में सहायक होती हैं?

उत्तर : (i) ड्रिल (ii) शिविर (iii) प्रतियोगिताएँ

(iv) खेल-कूद (v) साहसिक अभियान

प्र.20. एक अच्छे नेता के कुछ महत्वपूर्ण मूल्य लिखिए।

उत्तर : (i) सच्चाई (ii) ईमानदारी (iii) पवित्रता

(iv) अनुशासन (v) निःस्वार्थता (vi) निष्ठा

(vii) निष्पक्षता (viii) समानता (ix) विश्वसनीयता

(x) सहकारिता (xi) सम्मान-भाव

प्र.21. प्रभावी श्रवण हेतु कुछ दिशा-निर्देशों की सूची बनाइए।

उत्तर : (i) समय पर सभा में उपस्थित हों।

(ii) ध्यानपूर्वक सुनें।

(iii) वक्ता का ध्यान-भंग न करें।

(iv) शोर न करें और न शोर पर ध्यान दें।

(v) वक्ता में पूर्ण रुचि दर्शाएँ।

(vi) वक्ता द्वारा व्यक्त भावनाओं को समझें।

(vii) प्रश्न पूछने में संकोच न करें किंतु सही समय पर पूछें।

(viii) वक्ता का दृष्टिकोण समझने का प्रयास करें।

(ix) चर्चा के प्रवाह के अनुसार चलें।

(x) जिस विषय पर पहले बात हो चुकी हो उस पर अधिक न सोचें।

(xi) सुनने के समय अधिक लिखने का प्रयास न करें।

(xii) भावनात्मक बाधाओं और प्रवाहों से बचें।

आपदा प्रबंधन

प्र.22. रिक्त स्थान भरो :

(i) __________ की अनुपस्थिति में आग नहीं जलती है।

(ii) आग और वस्तुओं के बीच विकिरण ______ के आवरण से नियंत्रण में रहता है।

(iii) समुद्र के भीतर भूकंप द्वारा जनित विशाल लहरों को ________ कहते हैं।

(iv) यदि आप शत्रु द्वारा हमले के समय रेल में हों तो लाइट ________ कर दें और ________ के नीचे छिप जाएँ।

(v) आग को ऑक्सीजन से दूर करने के लिये आवरण बनाने के लिए ________ और ________ अग्निशामक प्रयोग किये जाते हैं।

(vi) बाढ़ की चेतावनी मिलने पर सभी विद्युत उपकरण ________ कर देने चाहिएँ।

(vii) भारत में बाढ़ की पूर्व-सूचना जारी करने के लिये मुख्य संस्था ________ है।

उत्तर : (i) ऑक्सीजन (ii) पानी

(iii) सुनामी (iv) बंद, सीट

(v) फोम टाइप, ड्राई कैमिकल पाउडर टाइप (vi) बंद

(vii) केन्द्रीय जल आयोग (CWC)

प्र.23. आग बुझाने के लिये उपयोगी कोई पाँच उपकरण लिखिए।

उत्तर : (i) अग्निशामक यंत्र (सिलिंडर) (ii) रकाब पंप (Stirrup Pump)

(iii) बाल्टियाँ/टिन (पानी और रेत डालने के लिये)। (iv) फायर बीटर

(v) फायर हुक्स

प्र.24. कुछ प्राकृतिक आपदाओं के नाम लिखिए।

उत्तर : (i) भूकम्प (ii) सुनामी (iii) ज्वालामुखी (iv) भूस्खलन (v) तूफान (vi) चक्रवात (vii) बाढ़ (viii) अकाल / सूखा (ix) हिमस्खलन (x) बादल फटना

प्र.25. बाढ़ अथवा चक्रवात के समय एनसीसी कैडेट्स द्वारा आपदा-प्रबंधन हेतु बनाए जाने वाले विभिन्न समूह कौन-से होते हैं?

उत्तर : (i) राहत समूह (ii) सचेतक समूह (iii) आश्रय प्रबंधन समूह (iv) निकासी एवं बचाव समूह (v) प्राथमिक चिकित्सा समूह (vi) स्वच्छता समूह (vii) शव-निपटान समूह

प्र.26. आपदाओं के समय सहायता-सामग्री मुख्यतः किन संस्थाओं से प्राप्त की जाती है?

उत्तर : (i) केन्द्र सरकार की संस्थाएँ एवं रक्षा संस्थान
(ii) राज्य सरकार की संस्थाएँ
(iii) गैर-सरकारी संस्थाएँ
(iv) शिक्षण संस्थान
(v) समाज-कल्याण संस्थाएँ
(vi) नागरिक कल्याण संस्थाएँ
(vii) रैड क्रॉस
(viii) विश्व स्वास्थ्य संगठन (WHO)
(ix) निजी उद्योग संस्थान
(x) अंतर्राष्ट्रीय कल्याण संस्थाएँ

समाज सेवा

प्र.27. समाज के कमजोर वर्ग की कुछ समस्याएँ लिखो।

उत्तर : (i) बेरोजगारी (ii) गरीबी (iii) अस्पृश्यता (iv) पिछड़ापन (v) समाज में निम्नता (vi) कुपोषण (vii) भुखमरी (viii) निरक्षरता।

प्र.28. समाज-सेवा के कुछ प्रकार लिखो।

उत्तर : (i) शिक्षा का प्रसार करना।
(ii) परिवार कल्याण, चिकित्सा, परिवार नियोजन एवं पोषण करना।
(iii) पानी, रसोई का ईंधन, सड़कों, बिजली और स्वच्छता का प्रबंध करना।
(iv) वृद्धावस्था सहायता सेवा करना।
(v) रोजगार उपलब्ध करवाना।
(vi) सामाजिक सहायता, सुरक्षा, देखभाल आदि करना।

(vii) आवास एवं पुनर्वास सेवा उपलब्ध करवाना।

(viii) मनोरंजन, खेल एवं सामाजिक गतिविधियों का आयोजन करना।

प्र.29. परिवार नियोजन के कुछ उपाय लिखो।

उत्तर : (i) पुरुष नसबंदी (ii) महिला नसबंदी

(iii) निरोध (iv) गर्भ-निरोधक गोलियाँ

प्र.30. एचआईवी के फैलने के चार माध्यम लिखो।

उत्तर : (i) असुरक्षित यौन सम्बंध

(ii) असुरक्षित रक्त चढ़ाना

(iii) सुई व सिरिंज साझा करना

(iv) माँ से गर्भ में बच्चे को, प्रसव अथवा स्तनपान के समय।

प्र.31. कैंसर होने के मुख्य कारण क्या हैं?

उत्तर : (i) तंबाकू, जर्दा, पान-मसाला का अधिक प्रयोग।

(ii) अत्यधिक धूम्रपान।

(iii) अत्यधिक मद्यपान।

(iv) मुँह और दाँतों की स्वच्छता न रखना।

(v) वायु और जल प्रदूषण।

(vi) संतुलित आहार न लेना।

(vii) अभ्रक या रेडियोधर्मी तत्वों के संपर्क में रहना।

प्र.32. कैंसर से बचाव के कुछ उपाय लिखो।

उत्तर : (i) धूम्रपान से बचें। (ii) तंबाकू का सेवन न करें।

(iii) मुँह व दाँत स्वच्छ रखें। (iv) प्रसंस्कृत एवं संरक्षित माँस न खाएँ।

(v) मोटापे से बचें। (vi) अभ्रक का प्रयोग सावधानी से करें।

(vii) समय-समय पर शरीर की जाँच करवाएँ।

प्र.33. कुछ मुख्य गैर-सरकारी संगठनों के नाम लिखो।

उत्तर : (i) चाइल्ड रिलीफ एंड यू (CRY)

(ii) हैल्पेज इंडिया

(iii) पीपल फॉर एनिमल्स (PFA)

(iv) सोसायटी फॉर प्रेवेंशन ऑफ क्रुएल्टी टु एनिमल्स (SPCA)

(v) इंटरनेशनल रैड क्रॉस

(vi) रैड क्रेसेंट मूवमेंट

(vii) पीपल फॉर एथिकल ट्रीटमेंट ऑफ एनिमल्स (PETA)

(viii) रूरल डेवलपमेंट ट्रस्ट

स्वास्थ्य एवं स्वच्छता

प्र.34. रिक्त स्थान भरो :

(i) मानव शरीर में ________ अस्थियाँ होती हैं।

(ii) हृदय शरीर के सभी भागों में ______ द्वारा रक्त का संचार करता है और ________ द्वारा वापिस प्राप्त करता है।

(iii) फेफड़ों द्वारा श्वसन के दौरान अपशिष्ट ________ बाहर निकाल दी जाती है।

(iv) शरीर के सभी भागों में ऑक्सीजन तथा पोषण ________ द्वारा पहुँचाये जाते हैं।

(v) चाँदी के तार जैसे तंतु जो मस्तिष्क के साथ जुड़े होते हैं ________ कहलाते हैं।

(vi) शरीर पर गोली से बने घाव को ________ कहते हैं।

(vii) सूर्य-नमस्कार योग की ________ स्थितियों का संयुक्त क्रम है।

(viii) लोचदार सामग्री से बनी पट्‌टी को ________ कहते हैं।

उत्तर : (i) 206 (ii) धमनियों, शिराओं (iii) कार्बन-डाइऑक्साइड (iv) रक्त (v) तंत्रिकाएँ (vi) गन शॉट वुंड (GSW) (vii) 12 (viii) क्रेप बैंडेज

प्र.35. जल शोधन की कुछ विधियों के नाम लिखो।

उत्तर : (i) उबालना और आसवन विधि (ii) क्लोरिनीकरण (iii) रोगाणुनाशन (iv) छानना (v) अवक्षेपण

प्र.36. मच्छरों और मक्खियों द्वारा फैलायी जाने वाली कुछ बीमारियों के नाम लिखो।

उत्तर : (i) मलेरिया (ii) डेंगू (iii) फाइलेरियासिस (iv) दस्त (v) हैजा (vi) टायफॉइड

प्र.37. डूबने की स्थिति में दी जाने वाली प्राथमिक चिकित्सा लिखो।

उत्तर : (i) पीड़ित के वस्त्र ढीले करें।

(ii) उसका मुँह, गला व नाक साफ करें।

(iii) उसे पेट के बल लिटा दें, सिर एक ओर, हाथ फैले और जिह्वा बाहर हो।

(iv) पीठ पर दबाव डालकर फेफड़ों का पानी निकालें।

(v) कृत्रिम श्वास दें।

(vi) उसे कंबल आदि से ढक दें।

प्र.38. घाव की पट्‌टी करने के लिये आवश्यक वस्तुएँ लिखो।

उत्तर : (i) एंटी-सेप्टिक लोशन व क्रीम (ii) रूई (iii) गॉज-पीस (जाली) (iv) पट्टी (v) बैंड-एड (vi) कैंची

साहसिक गतिविधियाँ

प्र.39. साहसिक गतिविधियों द्वारा हमारे कौन-से गुण विकसित होते हैं?

उत्तर : (i) उत्तम शारीरिक स्वास्थ्य एवं चुस्ती-फुर्ती
(ii) मानसिक सुदृढ़ता
(iii) जोखिम लेने की क्षमता
(iv) खेल-भावना
(v) योजना बनाना एवं दूरदर्शिता
(vi) अनुशासन
(vii) प्रतिकूल परिस्थितियों में जीवन-रक्षा करना

प्र.40. एनसीसी कैडेट्स द्वारा की जाने वाली कुछ साहसिक गतिविधियों के नाम लिखिए।

उत्तर : (i) ट्रेकिंग
(ii) साइक्लिंग
(iii) पैरासेलिंग
(iv) हैंग-ग्लाइडिंग
(v) पर्वतारोहण
(vi) रिवर-रॉफ्टिंग
(vii) माइक्रोलाइट फ्लाइंग
(viii) सेलिंग
(ix) नौकायन/कायाकिंग
(x) रॉक क्लाइम्बिंग

पर्यावरण एवं पारिस्थितिकी

प्र.41. रिक्त स्थान भरो :

(i) पर्यावरण का क्षरण इन दो रूपों ________ और ________ में होता है।
(ii) वृक्षों की बड़ी पैमाने पर कटाई को ________ कहते हैं।
(iii) कार्बन-डाइऑक्साइड और ग्रीन हाउस गैसों में बढ़ोतरी के कारण पृथ्वी के औसत तापमान में वृद्धि को ________ कहते हैं।
(iv) यदि वर्षा के जल में सामान्य से अधिक अम्लता हो तो इसे ________ कहते हैं।
(v) सूर्य के विकिरण की पराबैंगनी किरणें समताप मंडल में मौजूद ________ द्वारा छन कर आती है।
(vi) ________ माइक्रोंस से अधिक मोटे पॉलीथीन बैग भारत में प्रतिबंधित हैं।

उत्तर : (i) संसाधन-रिक्तीकरण, संसाधन-ह्रास
(ii) वन-अपरोपण
(iii) ग्लोबल वॉर्मिंग
(iv) अम्ल वर्षा
(v) ओजोन परत
(vi) 20

प्र.42. एनसीसी कैडेट्स द्वारा पर्यावरण के बचाव हेतु की जाने वाली कोई पाँच गतिविधियाँ लिखिए।

उत्तर : (i) तालाबों, नदी के किनारों तथा समुद्र तटों की सफाई
(ii) पर्यावरण-संबंधी खतरों पर जागृति रैली निकालना
(iii) स्कूलों, कॉलेजों, अस्पतालों व मोहल्लों के आस-पास स्वच्छता अभियान चलाना
(iv) जन-जागृति के लिये मानव श्रृंखला बनाना तथा नुक्कड़-नाटक करना
(v) वृक्षारोपण अभियान चलाना

विशेष विषय

सशस्त्र बल

प्र.43. थलसेना, नौसेना और वायुसेना की तीन समान रैंक लिखिए।

उत्तर :

	थलसेना	***नौसेना***	***वायुसेना***
(i)	कर्नल	कैप्टेन	ग्रुप कैप्टेन
(ii)	जनरल	एडमिरल	एयर चीफ मार्शल
(iii)	लेफ्टिनेंट कर्नल	कमांडर	विंग कमांडर

प्र.44. थल सेना के तीन लड़ाकू अंग कौन-से हैं?

उत्तर : (i) इन्फैन्ट्री कोर (ii) आर्मर्ड कोर (iii) मकैनाइज्ड इन्फैन्ट्री

प्र.45. थलसेना की कुछ सहायक सेवाओं के नाम लिखो।

उत्तर : (i) इलैक्ट्रिकल एंड मैकेनिकल इंजीनियर्स (EME)

(ii) आर्मी सर्विसिज़ कोर (ASC)

(iii) आर्मी मेडिकल कोर (AMC)

(iv) रिमाउंट्स एंड वैटरीनरी कोर (RVC)

(v) आर्मी ऑर्डनेंस कोर (AOC)

(vi) आर्मी एजुकेशन कोर (AEC)

(vii) इंटेलिजेंस कोर (IC)

(viii) कोर ऑफ मिलिट्री पुलिस (CMP)

(ix) जज एडवोकेट जनरल ब्रांच (JAG)

(x) आर्मी फिजिकल ट्रेनिंग कोर (APTC)

(xi) पायनियर कोर (PC)

(xii) डिफेंस सर्विसेज कोर (DSC)

मानचित्र अध्ययन

प्र.46. रिक्त स्थान भरो :

(i) __________ किसी स्थान को प्रत्यक्ष देखे बिना उसकी स्पष्ट व सटीक जानकारी कागज पर उपलब्ध करवाता है।

(ii) __________ विभिन्न प्राकृतिक व कृत्रिम रचनाओं को दर्शाने वाले संकेत होते हैं।

(iii) वायु सेना सामान्यतः __________ मानचित्र प्रयोग करती है।

(iv) चुम्बकीय अंतर __________ और __________ बीच अंतर होता है।

(v) मानचित्र पर बीयरिंग __________ द्वारा मापा जाता है। जबकि भूमि पर यह __________ द्वारा मापा जाता है।

(vi) __________ वह रेखा है जो मानचित्र पर समुद्रतल से समान ऊँचाई वाले सभी बिंदुओं को मिलाने पर प्राप्त होती है।

(vii) पहाड़ों के तरंगण (उतार-चढ़ाव) के कारण शत्रु की दृष्टि से छिपी हुई भूमि को ________ कहते हैं।

(viii) जहाँ समोच्च रेखाएँ (Contour Lines) परस्पर अति-निकट होती हैं वहाँ ढलान बहुत ________ होता है।

(ix) चार मुख्य दिग्‌बिंदु ________, ________, ________ और ________ हैं।

(x) दिक्‌मान (Bearing) हमेशा ________ दिशा में मापा जाता है।

(xi) दर्शक बिंदु से मूल स्थिति का दिक्‌मान ________ कहलाता है।

(xii) सर्विस-प्रोट्रेक्टर पर अंदर वाली डिग्री ________ से ________ के कोण दर्शाती हैं।

(xiii) ________ का प्रयोग दिशा को ढूँढने और उसे बनाये रखने के लिये किया जाता है।

(xiv) जीपीएस (GPS) का वित्त-पोषण ________ द्वारा किया जाता है।

उत्तर : (i) मानचित्र (ii) पारंपरिक संकेत

(iii) मिलियन (iv) वास्तविक उत्तर, चुंबकीय उत्तर

(v) सर्विस प्रोट्रेक्टर, प्रिज्मेटिक कम्पास (vi) समोच्च रेखा (Contour Line)

(vii) मृत भूमि (Dead Ground) (viii) खड़ा (तीव्र)

(ix) उत्तर, पूर्व, दक्षिण, पश्चिम (x) घड़ी की चाल की

(xi) पृष्ठ-दिक्‌मान (Back Bearing) (xii) 180, 360 डिग्री

(xiii) कम्पास (xiv) संयुक्त राज्य अमेरिका (USA)

प्र.47. सुमेल कीजिए :

(i) लाइट मशीन गन (a) 

(ii) रॉकेट लॉंचर (b) 

(iii) मोर्टार (c) 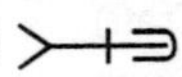

(iv) मिसाइल (d) 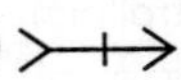

(v) आर्टिलरी गन (e) 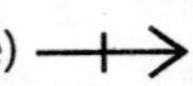

उत्तर : (i) (e) (ii) (d) (iii) (a) (iv) (c) (v) (b)।

प्र.48. निम्नलिखित अग्र-दिक्‌मान के लिये पृष्ठ दिक्‌मान लिखिए :

(i) 45° (ii) 9° (iii) 270° (iv) 315° (v) 360°

उत्तर : (i) 225° (ii) 189° (iii) 90° (iv) 135° (v) 180°

क्षेत्र एवं युद्ध कला

प्र.49. रिक्त स्थान भरो :

(i) ऊबड़-खाबड़ भूमि को यदि सही ढंग से प्रयोग किया जाए तो यह ________ प्रक्षेप-पथ (Trajectory) वाले हथियारों से बचाव करती है।

(ii) हमेशा आड़ (cover) के ________ से देखें ना कि इसके ऊपर से।

(iii) जब ______ दर्शक की आँखों के सामने होता है तो दूरी अधिक अनुमानित होती है।

(iv) जब लक्ष्य अपने आस-पास की वस्तुओं से ________ हो तो दूरी कम अनुमानित होती है।

(v) एक लक्ष्य को इंगित करते समय 'आधा बाएँ/दाएँ' लगभग ______ डिग्री दर्शाता है।

(vi) जब मुट्ठी बंद की जाती है तो कनिष्ठा और तर्जनी उँगली के बीच का कोण ________ होता है।

(vii) भूमि और शस्त्रों को अपनी सुविधानुसार प्रयोग करने की कला ____ कहलाती है।

(viii) ब्रेकेटिंग ________ की विधि है।

(ix) ________ व्यक्तिगत प्रशिक्षण की अग्नि-परीक्षा मानी जाती है।

(x) ________ पैदल सेना की मूल रणनीति है।

(xi) क्षेत्र-संकेत प्रायः _______, _______ या _______ द्वारा दिये जाते हैं।

(xii) _______ और _______ सैक्शन संरचना को सामने की गोली-बारी से अधिक हानि पहुँचती है।

(xiii) प्रायः ______ से बचाव गोली-बारी से बचाव नहीं होता है।

(xiv) शत्रु का तीन प्रकार ______, ______ और ______ से पता लगाया जा सकता है।

(xv) फायर यूनिट कमांडर द्वारा फायर करने या रोकने के आदेश ______ कहलाते हैं।

(xvi) गश्त दो प्रकार की ______ और ______ होती है।

(xvii) कूच के समय ______ सैक्शन के आँख और कान समझे जाते हैं।

उत्तर : (i) सीधे (Flat) (ii) आजू-बाजू (Side)

(iii) सूर्य (iv) बड़ा

(v) 45 (vi) 8 डिग्री

(vii) क्षेत्रकला (Field Craft) (viii) दूरी का अनुमान लगाने

(ix) गश्त लगाना (Patrolling) (x) गोलीबारी और चाल (Fire & Movement)

(xi) हाथ, सीटी या शस्त्र (xii) सिंगल फाइल और फाइल

(xiii) प्रेक्षण (Observation) (xiv) प्रेक्षण, गोलीबारी और हरकत

(xv) फायर नियंत्रण आदेश (xvi) सुरक्षात्मक, टोही (Protective, Recce)

(xvii) गुप्तचर (Scouts)

प्र.50. कुछ सामान्य सैक्शन-संरचनाओं के नाम लिखिए।

उत्तर : (i) सिंगल फाइल (ii) फाइल (iii) डायमंड

(iv) ऐरो हैड (v) स्पीयर हैड (vi) एक्सटेंडेड लाइन

प्र.51. युद्ध कला से संबंधित कोई पाँच विषयों के नाम लिखिए।

उत्तर : (i) क्षेत्र संकेत (ii) सैक्शन संरचना

(iii) गोलीबारी और कूच (iv) फायर नियंत्रण आदेश

(v) सैक्शन बैटल ड्रिल

सैन्य-शस्त्र एवं उपकरण

प्र.52. रिक्त स्थान भरो :

(i) 7.62 मिमी LMG का कैलिबर ________ होता है।

(ii) फायरिंग के समय फायरिंग रेंज पर ________ रंग का ध्वज लगाया जाता है।

(iii) मैगजीन में कारतूस भरने से पहले ________ का तनाव जाँचना चाहिए।

(iv) INSAS राइफल के दो फायरिंग मॉड होते हैं, एक 'सिंगल' शॉट और दूसरा ________।

(v) हैंड-ग्रेनेड '36' का मारक क्षेत्र ________ गज होता है।

(vi) 30 मिमी AGL से सामान्य दर पर ________ ग्रेनेड प्रति मिनट फायर किये जा सकते हैं।

उत्तर : (i) 7.62 मिमी. (ii) लाल
(iii) मैगजीन-स्प्रिंग (iv) थ्री राउंड बर्स्ट (TRB)
(v) 9 (vi) 50

प्र.53. सही विकल्प पर निशान लगाएँ।

(i) 7.62 मिमी. SLR के बैरल में ________ खाँचे होते हैं।
(a) 8 (b) 3
(c) 5 (d) 6

(ii) 7.62 मिमी. SLR की मैगजीन की क्षमता ________ राउंड है।
(a) 15 (b) 20 (c) 12 (d) 18

(iii) निरंतर तेजी से बड़ी संख्या में फायर करना ________ कहलाता है।
(a) स्पीड फायर (b) फास्ट फायर (c) रैपिड फायर (d) एक्सप्रेस फायर

(iv) रॉकेट लाँचर का कैलिबर ________ होता है।
(a) 84 मिमी. (b) 7.62 मिमी. (c) 20 मिमी. (d) 120 मिमी.

(v) HEAT रॉकेट लाँचर की चलते हुए लक्ष्य पर कारगर रेंज ________ है।
(a) 300 मी. (b) 400 मी. (c) 500 मी. (d) 600 मी.

उत्तर : (i) (d) 6 (ii) (b) 20 (iii) (c) रैपिड फायर
(iv) (a) 84 मिमी. (v) (b) 400 मी.

प्र.54. निम्नलिखित शस्त्र-प्रणालियों के पूरे नाम लिखें :

(i) LMG (ii) ATGM (iii) AGL
(iv) SLR (v) RL

उत्तर : (i) लाइट मशीन गन (ii) एंटी टैंक गाइडेड मिसाइल
(iii) ऑटोमैटिक ग्रेनेड लाँचर (iv) सेल्फ लोडिंग राइफल
(v) रॉकेट लाँचर

प्र.55. 7.62 मिमी. LMG को खोलने के ग्रुप लिखो।

उत्तर : (i) बैरल ग्रुप (ii) बट ग्रुप (iii) बाइपोड ग्रुप
(iv) पिस्टन ग्रुप (v) बॉडी ग्रुप

सैन्य इतिहास

प्र.56. सुमेल कीजिए :

(i) शिवाजी	(a) सिंध
(ii) महाराणा प्रताप	(b) कारगिल युद्ध
(iii) अकबर	(c) पूर्वी पाकिस्तान (बांग्लादेश)
(iv) मुज़ीब उर रहमान	(d) महाराष्ट्र
(v) याह्या खान	(e) राजस्थान
(vi) टाइगर हिल	(f) पश्चिमी पाकिस्तान

उत्तर : (i) (d) (ii) (e) (iii) (a) (iv) (c) (v) (f) (vi) (b)।

प्र.57. रिक्त स्थान भरो :

(i) महाराणा प्रताप ________ के राजा थे और ________ उनकी राजधानी थी।
(ii) हल्दीघाटी का युद्ध ________ एवं ________ की सेना के बीच लड़ा गया था।
(iii) ________ भारत-पाक के सन् ________ में लड़े गए युद्ध के परिणाम-स्वरूप अस्तित्व में आया था।
(iv) द्वितीय विश्व-युद्ध के प्रसिद्ध अमेरिकी जनरल, जो बाद में सड़क-दुर्घटना में मारे गए थे, का नाम ________ था।
(v) भारतीय सैन्य अकादमी ________ में स्थित है।
(vi) बांग्लादेश युद्ध के समय ________ भारतीय सेना के साथ मिलकर लड़ी थी।
(vii) कारगिल युद्ध सन् ________ में हुआ था।

उत्तर : (i) मेवाड़, कुंभलगढ़ (ii) महाराणा प्रताप, अकबर (iii) बांग्लादेश, 1971
(iv) जनरल पैटन (v) देहरादून (vi) मुक्तिबाहिनी
(vii) 1999

❖ ❖ ❖

एन.सी.सी.

राष्ट्रीय कैडेट कोर

अध्ययन सामग्री

1 एन.सी.सी. : एक दृष्टि में (NCC : At a Glance)

एन.सी.सी. : परिचय

राष्ट्रीय कैडेट कोर (एनसीसी) भारतीय सैन्य कैडेट कोर है जिसका मुख्यालय नई दिल्ली में है। यह एक स्वैच्छिक संस्था है जो पूरे भारत के स्कूलों, कॉलेजों और विश्वविद्यालयों से कैडेटों की भर्ती करती है। कैडेटों को परेड एवं छोटे हथियार चलाने का बुनियादी सैन्य प्रशिक्षण दिया जाता है। अधिकारियों और कैडेटों को पाठ्यक्रम पूरा करने पर सक्रिय सैन्य सेवा में जाने की कोई बाध्यता नहीं होती है, किंतु एनसीसी के क्षेत्र में प्राप्त उपलब्धियों के आधार पर उन्हें चयन के समय सामान्य अभ्यर्थियों की अपेक्षा वरीयता दी जाती है।

एन.सी.सी. का इतिहास

राष्ट्रीय कैडेट कोर थल सेना, नौसेना और वायुसेना के सम्मिलन वाला एक त्रिसेवा संगठन है जो देश के युवाओं को संवार कर अनुशासित और देशभक्त नागरिकों में ढाल देता है। एनसीसी की उत्पत्ति को 'यूनिवर्सिटी कोर' के साथ जोड़ा जा सकता है जिसकी स्थापना भारतीय रक्षा अधिनियम 1917 के तहत थल सेना में सैनिकों की कमी को पूरा करने के लिए की गई थी। 1920 में जब भारतीय प्रादेशिक अधिनियम पारित किया गया तो इस 'यूनिवर्सिटी कोर' को यूनिवर्सिटी ट्रेनिंग कोर (UTC) में बदल दिया गया। इसका उद्देश्य यूटीसी की स्थिति सुधारना और इसे युवाओं के लिए अधिक आकर्षक बनाना था। यूटीसी अधिकारी और कैडेट सेना जैसी वर्दी पहनते थे। यह सशस्त्र सेनाओं के भारतीयकरण की दिशा में एक महत्वपूर्ण कदम था। 1942 में यूटीसी का नाम बदलकर 'यूनिवर्सिटी ऑफिसर्स ट्रेनिंग कोर' (UOTC) रख दिया गया।

एनसीसी भारत में "नेशनल कैडेट कोर एक्ट, 1948" द्वारा गठित किया गया। इसकी स्थापना 15 जुलाई, 1948 को हुई। एनसीसी को यूओटीसी का उत्तराधिकारी माना जा सकता है जिसकी स्थापना ब्रिटिश सरकार द्वारा 1942 में की गई थी। द्वितीय विश्वयुद्ध के समय यूओटीसी ब्रिटिश सरकार की उम्मीदों पर खरा नहीं उतर सका था। इसके पश्चात् विचार किया गया कि किसी ऐसी बेहतर योजना को बनाया जाना चाहिए जिसमें युवाओं को बेहतर प्रशिक्षण दिया जा सके और जो शांति के समय में भी कारगर हो। पंडित हृदयनाथ कुंजरू की अध्यक्षता वाली एक समिति ने स्कूलों व कॉलेजों में राष्ट्रीय स्तर के एक कैडेट संगठन की स्थापना की सिफारिश की। 15 जुलाई, 1948 को राष्ट्रीय कैडेट कोर एक्ट गवर्नर जनरल द्वारा स्वीकार कर लिया गया और इसके साथ ही राष्ट्रीय कैडेट कोर अस्तित्व में आ गया।

पाकिस्तान के साथ 1965 और 1971 के युद्धों में एनसीसी कैडेट रक्षा की दूसरी पंक्ति में थे। उन्होंने आयुध निर्माणियों की मदद के लिए शिविर आयोजित किये, युद्धस्थल पर हथियार और गोला-बारूद पहुँचाए और शत्रु सेना के पैराट्रूपर्स को पकड़ने वाले गश्ती दलों की तरह कार्य किया। एनसीसी कैडेटों ने नागरिक सुरक्षा अधिकारियों के साथ कंधे से कंधा मिलाकर कार्य किया और सक्रिय रूप से बचाव कार्य और यातायात नियंत्रण में भाग लिया। 1965 और 1971 के भारत-पाक युद्धों के पश्चात् एनसीसी के पाठ्यक्रम में संशोधन किये गए। केवल रक्षा की द्वितीय पंक्ति होने के बजाय अब इसमें 'नेतृत्व के गुणों' और 'अधिकारियों जैसे गुणों' के विकास पर अधिक बल दिया जाने लगा। कैडेटों को दिए जाने वाले सैन्य प्रशिक्षण में कमी करके समाज-सेवा और युवा-प्रबंधन को अधिक महत्त्व दिया जाने लगा।

कोर की शुरुआत वरिष्ठ वर्ग के 32,500 और कनिष्ठ वर्ग के 1,35,000 कैडेटों के साथ हुई थी। तब से यह बहुत तेजी से बढ़ी है और अधिकृत कैडेट संख्या अब 15.58 लाख तक पहुँच चुकी है। हालांकि यह संख्या अपने आप में काफी महत्वपूर्ण है, फिर भी यह देश के भर्ती-योग्य विद्यार्थियों की संख्या का लगभग केवल 3.5 प्रतिशत ही है। एनसीसी की 837 इकाइयों का जाल है। कुल 21329 संस्थान हैं, जिनमें 13165 विद्यालय, 1949 इंटर कॉलेज और 6215 कॉलेज शामिल हैं।

संपूर्ण भारत में एनसीसी का प्रसार 31 दिसम्बर, 2024 तक इस प्रकार है :

स्कंध	लड़के	लड़कियाँ	योग
थल	715315	501068	1216383
जल	56600	28869	85469
वायु	49742	28417	78159

एनसीसी को अंतर्सेवा छवि तब प्राप्त हुई जब 1950 में इसमें वायु-स्कंध और 1952 में नौसेना स्कंध को भी जोड़ा गया। स्कूल के विद्यार्थियों (कनिष्ठ वर्ग) को प्राथमिक सैन्य प्रशिक्षण दिया जाता था जबकि कॉलेज के विद्यार्थियों (वरिष्ठ वर्ग) को सशस्त्र सेना के संभावित अधिकारी के रूप में प्रशिक्षित किया जाता था। इस प्रयोजन हेतु आर्मर्ड कोर, आर्टिलरी, इंजीनियर्स, सिग्नल्स, इंफैंटरी और मेडिकल कोर की इकाइयों की स्थापना एनसीसी में की गई। 1952 में, स्व. पं. जवाहर लाल नेहरू के कहने पर, एनसीसी पाठ्यक्रम में 'सामुदायिक विकास' विषय को भी जोड़ दिया गया। पं. नेहरू एनसीसी के विकास में गहरी रूचि रखते थे।

1960 तक, संपूर्ण भारत के स्कूल-कॉलेजों में एनसीसी की इकाइयों की माँग बहुत बढ़ गई थी। इस बढ़ती हुई माँग को पूरा करने के लिए राष्ट्रीय कैडेट कोर राइफल्स (NCCR) की स्थापना की गई। 1962 के चीन के आक्रमण के बाद संपूर्ण देश में एनसीसी को अनिवार्य बना देने की माँग उठी। फलस्वरूप 1963 में कॉलेज के प्रथम तीन वर्षों में 16 से 25 वर्ष की आयु के सभी सक्षम शरीर वाले लड़कों के लिए एनसीसी प्रशिक्षण अनिवार्य कर दिया गया। 1964 में एनसीसीआर का एनसीसी में विलय कर दिया गया। हालांकि, बुनियादी सुविधाओं की कमी, अपर्याप्त स्टाफ और उपकरणों एवं हथियारों की कमी ने एनसीसी संगठन के लिए इसकी विस्तृत जिम्मेदारी को निभाना काफी मुश्किल बना दिया था और मात्रात्मक आवश्यकता का प्रभाव गुणात्मक मानकों पर पड़ने लगा था।

एनसीसी की अनिवार्यता के पहलू पर 1967 में इंटर यूनिवर्सिटी बोर्ड द्वारा चर्चा की गई और अनिवार्य प्रशिक्षण की अवधि को तीन वर्ष से कम करके दो वर्ष कर दिया गया। 1967 में ही दिल्ली में शिक्षा मंत्रियों के सम्मेलन में यह सुझाव आया कि एनसीसी प्रशिक्षण में सुधार होना चाहिए और इसमें भर्ती को वैकल्पिक बना दिया जाना चाहिए। तत्कालीन रक्षा मंत्री सरदार स्वर्ण सिंह ने एनसीसी की अनिवार्यता के पहलू की समीक्षा के निर्देश दिए। रक्षा सचिव ने उन सभी पहलुओं पर गौर किया जिन्होंने एनसीसी के मानकों को कमजोर बना दिया था और सरकार से 1967-68 के शैक्षिक-सत्र से एनसीसी प्रशिक्षण को स्वैच्छिक बना देने की सिफारिश की। फरवरी 1968 में इंटर यूनिवर्सिटी बोर्ड ने इसे सभी विद्यार्थियों के लिए स्वैच्छिक बना देने का निर्णय लिया।

एनसीसी की भूमिका और प्रदर्शन का मूल्यांकन करने के लिए नवंबर 1970 में योजना आयोग के एक सुझाव के अंतर्गत पुणे विश्वविद्यालय के उपकुलपति डॉ. जी.एस. महाजनी की अध्यक्षता में एक समिति का गठन किया गया। इस मूल्यांकन समिति को एनसीसी के काम-काज का मूल्यांकन करना था और वित्तीय तथा प्रशासनिक प्रबंधन के विषय में सुझाव प्रस्तुत करने थे। समिति के समक्ष विचारार्थ विषय थे :

(i) एनसीसी की स्थापना के समय से, विशेषतया उसके लक्ष्यों और उद्देश्यों के संदर्भ में, उसका काम-काज देखना।

(ii) एनसीसी के लक्ष्यों और उद्देश्यों, संगठन और कार्यक्रमों में बदलाव और परिणामी वित्तीय प्रशासनिक प्रबंधों के लिए सुझाव देना।

महाजनी समिति द्वारा प्रस्तावित सिफारिशों के आधार पर एनसीसी के पूर्व-उद्देश्यों में संशोधन किया गया और नए उद्देश्य अस्तित्व में आए, जो इस प्रकार थे :

(i) नेतृत्व, चरित्र, भाई-चारा, खेल-भावना और सेवा के आदर्शों का विकास

(ii) अनुशासित और प्रशिक्षित मानव-शक्ति से निर्मित एक ऐसे बल का निर्माण जो राष्ट्रीय आपदा के समय देश की मदद कर सके।

(iii) विद्यार्थियों को इस तरह का प्रशिक्षण देना जिससे उनमें अधिकारियों जैसे गुण विकसित हों और वे सशस्त्र-बलों में अधिकारी बन सकें।

एनसीसी युवाओं को अपने अंदर समेटे हुए एक परिपक्व और गौरवशाली संगठन के रूप में विकसित हुई है। 1980 में थलसेना, नौसेना और वायुसेना के चीफ ऑफ स्टाफ ने एनसीसी के कर्नल/कैप्टन/कोमोडोर-इन-चीफ का पद सहर्ष स्वीकार किया था।

1986 में भारत सरकार ने थपन समिति को एनसीसी के लक्ष्यों और उद्देश्यों के संदर्भ में इसके कामकाज का पुनर्मूल्यांकन करने के आदेश दिये। ले. जन. (रिटायर्ड) एम. एल. थपन (PVC) की अध्यक्षता वाली इस समिति ने अपनी रिपोर्ट जून, 1988 में पेश की। थपन समिति के सुझावों के अनुरूप सरकार ने 1992 में एनसीसी के लक्ष्यों को संशोधित रूप में अनुमोदित किया, जो इस प्रकार थे :

(i) देश के युवाओं में चरित्र, साहस, भाई-चारे, अनुशासन, नेतृत्व, धर्मनिरपेक्ष दृष्टिकोण, साहसिक अभियानों, खेल-भावना और निःस्वार्थ सेवा के आदर्शों एवं गुणों का विकास करना जिससे कि वे उपयोगी नागरिक बन सकें।

(ii) संगठित, प्रशिक्षित और प्रेरित युवाओं के एक मानव-संसाधन का निर्माण करना जो कि सशस्त्र बलों के साथ-साथ जीवन के सभी क्षेत्रों में नेतृत्व प्रदान कर सके और हमेशा देश की सेवा के लिए तत्पर रहे।

रक्षा मंत्रालय द्वारा मार्च, 2001 में अनुमोदित किये गए एनसीसी के लक्ष्य इस प्रकार हैं:

(i) देश के युवाओं के चरित्र, भाई-चारे, अनुशासन, नेतृत्व, धर्म-निरपेक्षता के दृष्टिकोण, साहसिक अभियानों में रुचि, खेल-भावना और निःस्वार्थ सेवा भाव को विकसित करना।

(ii) संगठित, प्रशिक्षित और प्रेरित युवाओं के एक मानव-संसाधन का निर्माण करना जो जीवन के सभी क्षेत्रों में नेतृत्व प्रदान कर सके और हमेशा देश-सेवा के लिए तत्पर रहे।

(iii) सशस्त्र बलों में अपना कैरियर शुरू करने के लिए युवाओं को प्रेरित करने के उद्देश्य से वातावरण तैयार करना।

एन.सी.सी. का आदर्श वाक्य (Motto)

एकता और अनुशासन (Unity and Discipline)

महानिदेशक के चार आधारभूत सिद्धांत

1. मुस्कान के साथ आज्ञापालन करो
2. समयनिष्ठ रहो
3. निःसंकोच कठिन परिश्रम करो
4. बहाने मत बनाओ और झूठ मत बोलो

एन.सी.सी. के वर्तमान लक्ष्य

1. देश के युवाओं के चरित्र, भाई-चारे, अनुशासन, नेतृत्व, धर्म-निरपेक्षता के दृष्टिकोण, साहसिक अभियानों में रुचि, खेल-भावना और निःस्वार्थ सेवा भाव को विकसित करना।
2. संगठित, प्रशिक्षित और प्रेरित युवाओं के एक मानव-संसाधन का निर्माण करना जो जीवन के सभी क्षेत्रों में नेतृत्व प्रदान कर सके और हमेशा देश-सेवा के लिए तत्पर रहे।

शपथ

"मैं सत्यनिष्ठा से शपथ लेता/लेती हूँ कि पूरी सच्चाई और श्रद्धा से अपनी मातृभूमि की सेवा करूँगा/करूँगी और एनसीसी के सभी नियमों और अधिनियमों का पालन करूँगा/करूँगी। इसके अलावा, अपने कमांडिंग ऑफिसर के आदेश और नियंत्रण के अनुसार प्रत्येक परेड और कैम्प में पूरी शक्ति के साथ हिस्सा लूँगा/लूँगी।"

प्रतिज्ञा

हम, राष्ट्रीय कैडेट कोर के कैडेट, सत्यनिष्ठा से प्रतिज्ञा करते हैं कि हमेशा भारत की एकता को बनाए रखेंगे। हम संकल्प करते हैं कि हम भारत के अनुशासित और जिम्मेदार नागरिक बनेंगे। हम अपने साथी जीवों के हित में निःस्वार्थ भाव से सकारात्मक सामुदायिक सेवा करेंगे।

एन.सी.सी. गान

हम सब भारतीय हैं, हम सब भारतीय हैं।
अपनी मंजिल एक है, हा हा हा एक है, हो हो हो एक है,
हम सब भारतीय हैं।
कश्मीर की धरती रानी है, सरताज हिमालय है,
सदियों से हमने इसको अपने खून से पाला है।
देश की रक्षा की खातिर हम शमशीर उठा लेंगे।
हम शमशीर उठा लेंगे।
बिखरे-बिखरे तारे हैं हम लेकिन झिलमिल एक है,
हा हा हा एक है, हो हो हो एक है, हम सब भारतीय हैं
मंदिर, गुरूद्वारे भी हैं यहाँ, और मस्जिद भी हैं यहाँ,
गिरजा का घड़ियाल कहीं, मुल्ला की कहीं है अजान
एक ही अपना राम है, एक ही अल्लाह-ताला है,
एक ही अल्लाह-ताला है।
रंग–बिरंगे दीपक हैं हम, लेकिन जगमग एक है,
हा हा हा एक है, हो हो हो एक है।
हम सब भारतीय हैं, हम सब भारतीय हैं।

एन.सी.सी. ध्वज

एनसीसी ध्वज लाल, गहरी नीली और आसमानी रंग की खड़ी पट्टियों से बना है। ये पट्टियाँ क्रमशः थल सेना, नौसेना और वायुसेना की प्रतीक हैं। ध्वज के मध्य में 17 कमल के फूलों का गोल हार है जो 17 राज्य निदेशालयों को दर्शाता है। इस हार के मध्य में स्वर्णाक्षरों में NCC लिखा है। ध्वज के नीचे एनसीसी का आदर्श-वाक्य–'एकता और अनुशासन' लिखा है। ध्वज की आकृति एक मुकुट के समान है।

नामांकन/प्रवेश

एनसीसी में प्रवेश स्वैच्छिक आधार पर होता है। 13 वर्ष या उससे अधिक आयु के छात्र और छात्राएँ इसमें भर्ती हो सकते हैं। कक्षा 8 से 10 के विद्यार्थी जूनियर डिवीजन में और कक्षा 11 और उससे ऊपर के विद्यार्थी सीनियर डिवीजन में प्रवेश पाते हैं।

एन.सी.सी. संगठन

मुख्यालय स्तर पर इस संगठन का नेतृत्व एक लेफ्टिनेंट जनरल स्तर का अधिकारी करता है। वह एनसीसी का महानिदेशक कहलाता है। मेजर जनरल स्तर के दो अधिकारी, ब्रिगेडियर स्तर के पाँच अधिकारी और अन्य नागरिक अधिकारी उसकी सहायता करते हैं। महानिदेशालय दिल्ली में स्थित है। राज्यों की राजधानियों में 17 निदेशालय हैं जो तीनों सेवाओं के ब्रिगेडियर स्तर के अधिकारियों के नेतृत्व में कार्य करते हैं। राज्यों के आकार और उनमें एनसीसी के

विकास के आधार पर प्रत्येक निदेशालय में अधिकतम 14 समूह मुख्यालय होते हैं जिनके माध्यम से राज्यों में संगठन के आदेश और नियंत्रण का कार्य संपन्न होता है। प्रत्येक समूह मुख्यालय कर्नल अथवा समकक्ष अधिकारी के नेतृत्व में कार्य करता है जो ग्रुप कमांडर कहलाता है। प्रत्येक समूह मुख्यालय 5-7 इकाइयों (बटालियन) का नेतृत्व करता है। प्रत्येक इकाई कंपनियों से बनती है जिनका नेतृत्व ऐसोसिएट एनसीसी ऑफिसर करते हैं जिनका रैंक लेफ्टिनेंट से मेजर तक होता है।

महानिदेशालय

↓

निदेशालय

↓

समूह

↓

इकाई

↓

वरिष्ठ वर्ग → **थल सेना**, **नौसेना**, **वायु सेना** (कॉलेज/स्कूल)

कनिष्ठ वर्ग → **थल सेना**, **नौसेना**, **वायु सेना** (स्कूल)

संगठनात्मक ढाँचा

एनसीसी महानिदेशक (ले. जनरल)
2xADGs (मेजर जनरल या समकक्ष)
5xDDGs (ब्रिगेडियर या समकक्ष)

↓

17 राज्य निदेशालय
थल सेना - 12
नौसेना - 02
वायु सेना - 03

↓

96 समूह मुख्यालय
थल सेना - 86
नौसेना - 04
वायु सेना - 06

→ **इकाई-831**

OTA ग्वालियर

OTA केम्पटी

कुल इकाइयाँ–814

नौसेना-69	वायुसेना-61	थलसेना-684									
तकनीकी, मेड, डॉक गैर-तकनीकी	उड़न तकनीकी	आर्मर्ड	आर्टिलरी	सिग्नल	इंजीनियर	मेडिकल	आर एंड वी	ईएमई	कोम्प.	इन्फ.	गर्ल्स

कुल मिलाकर देश में 96 ग्रुप हैं जो 684 थल सेना इकाइयों, 69 नौसेना इकाइयों और 61 वायुसेना इकाइयों का नेतृत्व करते हैं। इनमें तकनीकी और महिला इकाई भी सम्मिलित हैं।

दो प्रशिक्षण संस्थान—ऑफिसर्स ट्रेनिंग स्कूल, केम्पटी और वूमन ऑफिसर्स ट्रेनिंग स्कूल, ग्वालियर में है। ये दोनों प्रशिक्षण संस्थान एनसीसी महानिदेशक के नेतृत्व में कार्य करते हैं। प्रशिक्षण के लिए कैडेटों को तीन भागों में बाँटा जाता है :

(i) सीनियर डिवीजन (ii) जूनियर डिवीजन (iii) महिला डिवीजन

(i) सीनियर डिवीजन में 15-26 वर्ष की आयु के विद्यार्थी होते हैं। इस प्रशिक्षण की अवधि 3 वर्ष होती है। इस डिवीजन के तीन भाग होते हैं :

1. थलसेना विंग 2. नौसेना विंग 3. वायुसेना विंग

प्रत्येक विंग आगे विभिन्न इकाइयों में बँटी होती है। अधिक जानकारी के लिए चार्ट देखें।

(ii) जूनियर डिवीजन में 13-15 वर्ष की आयु के विद्यार्थी होते हैं। इसमें भी सेना की तीनों विंग होती हैं।

(iii) महिला डिवीजन में महिलाओं की जूनियर और सीनियर विंग दोनों होती हैं। इसके दो भाग होते हैं :

1. सिग्नल कंपनी 2. नर्सिंग कम्पनी

इसमें भी जूनियर विंग की प्रशिक्षण अवधि 2 वर्ष और सीनियर विंग की प्रशिक्षण अवधि 3 वर्ष होती है।

भारत में एन.सी.सी. निदेशालय

- आंध्र प्रदेश एवं तेलंगाना
- बिहार (पटना) एवं झारखंड
- दिल्ली (नई दिल्ली)
- गुजरात (अहमदाबाद), दादरा और नगर हवेली तथा दमन और दीव
- जम्मू और कश्मीर (श्रीनगर), लद्दाख
- कर्नाटक (बेंगलुरु) एवं गोआ
- केरल (तिरुवनंतपुरम) एवं लक्षद्वीप
- महाराष्ट्र (मुम्बई)
- मध्य प्रदेश (भोपाल) एवं छत्तीसगढ़
- ओडिशा (भुवनेश्वर)
- अरुणाचल प्रदेश, असम, मणिपुर, मेघालय, मिजोरम, नागालैंड एवं त्रिपुरा (शिलांग)
- पंजाब, हरियाणा, (चण्डीगढ़) एवं हिमाचल प्रदेश
- राजस्थान (जयपुर)
- तमिलनाडु (चेन्नई), पुदुचेरी, अंडमान एवं निकोबार द्वीप समूह
- उत्तर प्रदेश (लखनऊ)
- उत्तराखंड (देहरादून)
- पश्चिम बंगाल (कोलकाता) एवं सिक्किम

एन.सी.सी. का प्रशासनिक ढाँचा

रक्षा मंत्रालय

↓

एन.सी.सी. महानिदेशक

पद : लेफ्टिनेंट जनरल

मुख्यालय : नई दिल्ली

↓

अपर महानिदेशक

पद : मेजर जनरल/समकक्ष

मुख्यालय : राजधानी या बड़े नगर

↓

उपमहानिदेशक

पद : ब्रिगेडियर/समकक्ष (राज्य स्तर पर)

मुख्यालय : प्रांत स्तर पर मुख्यालय (प्रांत की राजधानी या बड़े नगर में)

↓

ग्रुप कमांडर

पद : कर्नल/समकक्ष

मुख्यालय : प्रांत के बड़े नगरों में

↓

बटालियन कमांडर

पद : लेफ्टिनेंट कर्नल

मुख्यालय : विभिन्न नगर एवं कस्बों में

↓

कम्पनी/प्लाटून कमांडर

पद : सेकंड लेफ्टिनेंट से मेजर पद तक के एन.सी.सी. अफसर

मुख्यालय : विभिन्न विद्यालयों एवं महाविद्यालयों में

एन.सी.सी. प्रशिक्षण

एनसीसी में प्रशिक्षण राष्ट्रवाद, देशभक्ति, अनुशासन, दल-भावना, संघ-भाव, नेतृत्व और आत्मविश्वास जैसे गुणों की शिक्षा देता है और कैडेट के समग्र व्यक्तित्व के विकास में मदद करता है। एनसीसी सभी कैडेटों को बेहतरी के अवसर प्रदान करती है चाहे वे किसी भी जाति, पंथ, धर्म और आर्थिक स्तर के हों। एनसीसी के लक्ष्यों के आधार पर संगठन ने कैडेटों के लिए पाठ्यक्रम तैयार किये हैं। जूनियर डिवीजन का पाठ्यक्रम 2 वर्ष और सीनियर डिवीजन का 3 वर्ष है। मामूली बदलावों को छोड़कर प्रत्येक डिवीजन में लड़कों और लड़कियों का पाठ्यक्रम समान है। प्रशिक्षण का वर्ष शैक्षणिक और वित्तीय वर्ष से

समन्वय रखता है जो कि 1 अप्रैल से 31 मार्च होता है। कैडेटों के प्रशिक्षण कार्यक्रमों की योजना इस प्रकार बनाई जाती है जिससे कि संगठन द्वारा दिये जा रहे लाभ अधिक से अधिक कैडेटों तक पहुँच सकें।

निर्धारित पाठ्यक्रम को पूरा करने के लिए जूनियर डिवीजन के कैडेट 'A' प्रमाण-पत्र और सीनियर डिवीजन के कैडेट 'B' और 'C' प्रमाण-पत्र पाने के लिए परीक्षा देने के पात्र होते हैं। प्रमाण-पत्र के लिए परीक्षा ग्रुप कमांडर और राज्य-उपमहानिदेशक आयोजित करते हैं। सभी परीक्षाओं में भाग लेने के लिये कैडेटों को निर्धारित पीरियडों और कैम्पों में भाग लेना आवश्यक है।

एनसीसी प्रशिक्षण को दो भागों में वर्गीकृत किया जा सकता है : प्रशिक्षण 'A' और प्रशिक्षण 'B'।

प्रशिक्षण 'A' के क्रिया-कलाप

प्रशिक्षण 'A' के क्रिया-कलापों को निम्न प्रकार से वर्गीकृत किया जा सकता है :

(i) संस्थागत प्रशिक्षण
(ii) शिविर प्रशिक्षण
(iii) अनुलग्नक प्रशिक्षण (सेवा इकाइयाँ)
(iv) वायु विंग प्रशिक्षण
(v) समाज सेवा एवं सामुदायिक विकास
(vi) युवा आदान-प्रदान कार्यक्रम

संस्थागत प्रशिक्षण

यह प्रशिक्षण अधिकतर कैडेटों को स्कूलों और कॉलेजों में दिया जाता है। इसके अतिरिक्त, विंग के अनुसार संबंधित सेवा का बुनियादी ज्ञान भी कैडेटों को दिया जाता है जैसे कि वायु विंग के कैडेटों को ग्लाइडिंग एवं पॉवर्ड फ्लाइंग तथा नौसेना विंग के कैडेटों को नाव खेना और नौकायन। थलसेना विंग के लिए सामान्य पाठ्यक्रम 70% और सेवाओं से संबंधित विशेष पाठ्यक्रम 30% होता है। नौसेना और वायुसेना विंग्स के लिए सामान्य पाठ्यक्रम 30% और विशेष पाठ्यक्रम 70% होता है।

शिविर प्रशिक्षण

शिविर प्रशिक्षण एनसीसी प्रशिक्षण का सबसे महत्वपूर्ण भाग होता है। एनसीसी के प्रत्येक कैडेट से यह अपेक्षा की जाती है कि वह अपने प्रशिक्षण पाठ्यक्रम की अवधि में कम-से-कम दो शिविरों में अवश्य भाग ले। इस प्रकार नामांकित कैडेट संख्या के लगभग 50% को प्रत्येक वर्ष यह अवसर प्राप्त होता है। शिविरों में युवा कैडेटों को, जब वे तिरपाल के शिविरों में रहते हैं और कठिन लेकिन रोचक दिनचर्या का पालन करते हैं, तब बाहरी और सामुदायिक जीवन का रोमांच और आनंद मिलता है। शिविर कैडेटों में भाईचारा, मिलकर कार्य करना, नेतृत्व के गुण, आत्मविश्वास, आत्म-निर्भरता और श्रम की गरिमा जैसे गुणों का विकास करने में सहायक होते हैं। इनसे राष्ट्रीय एकता के विकास की दिशा में बड़ा योगदान मिलता है। एनसीसी द्वारा आयोजित किये जाने वाले विभिन्न शिविर इस प्रकार हैं :

1. वार्षिक प्रशिक्षण शिविर : यह संबंधित एनसीसी निदेशालयों के तत्वाधान में राज्यों के भीतर आयोजित किये जाते हैं। यह शिविर सीनियर कैडेटों के लिए 12 दिन और जूनियर कैडेटों के लिए 10 दिन के होते हैं। नामांकित कैडेटों में से 50% इन शिविरों में भेजे जाते हैं।

2. केन्द्र-आयोजित शिविर : यह शिविर अखिल-भारतीय प्रकृति के होते हैं और इनकी योजना एनसीसी मुख्यालय द्वारा इनका संचालन करने वाले नामित निदेशालयों के साथ विचार-विमर्श करने के बाद बनाई जाती है। प्रत्येक निदेशालय को आवंटित रिक्तियों के अनुसार चुने गए कैडेट इनमें भाग लेते हैं। निम्नलिखित प्रकार के शिविर केन्द्र-आयोजित होते हैं :

(i) **नेतृत्व शिविर :** यह शिविर अखिल-भारतीय स्तर पर आयोजित किए जाते हैं। तीन बेसिक लीडरशिप कैंप और चार एडवांस लीडरशिप कैंप आयोजित किये जाते हैं।

(ii) **वायुसैनिक शिविर :** यह केन्द्र-आयोजित कैंप एयर-विंग कैडेटों के लिए आयोजित किया जाता है। इसका आयोजन प्रायः अक्टूबर के महीने में होता है।

(iii) **नौसैनिक शिविर :** यह केन्द्र-आयोजित कैंप नौसेना-विंग कैडेटों के लिए आयोजित किया जाता है। नाव खेना, नौका दौड़ और नौकायन प्रतियोगिताएँ इस शिविर के मुख्य आकर्षण हैं। यह प्रायः अक्टूबर/नवम्बर के महीने में आयोजित किया जाता है।

(iv) **रॉक क्लाइम्बिंग शिविर :** कैडेटों को रॉक-क्लाइम्बिंग की बुनियादी जानकारी से परिचय करवाने के लिए और साहस की भावना पैदा करने के लिए आठ रॉक-क्लाइंबिंग कैंपों का आयोजन किया जाता है।

(v) **राष्ट्रीय एकता शिविर :** यह शिविर अखिल-भारतीय स्तर पर आयोजित किये जाते हैं। यह भारत के विभिन्न राज्यों के बीच सांस्कृतिक भेद को मिटाने में सहायक होते हैं। इसके अतिरिक्त एनसीसी राष्ट्रीय एकता को बढ़ावा देने के लिए दूर-दराज और अग्रवर्ती क्षेत्रों में इन शिविरों का आयोजन करता है। लेह, श्रीनगर, पूर्वोत्तर क्षेत्रों और श्री विजय पुरम (पोर्ट ब्लेयर) में नियमित रूप से विशेष शिविरों का आयोजन किया जाता है।

(vi) **थल-सैनिक शिविर :** प्रत्येक वर्ष गणतंत्र दिवस परेड ग्राउंड, दिल्ली कैंट में दो थल-सैनिक शिविरों का आयोजन किया जाता है जिसमें से एक लड़कों और दूसरा लड़कियों के लिए होता है। विभिन्न निदेशालयों के कैडेटों द्वारा विभिन्न प्रतियोगिताओं में अर्जित अंक गणतंत्र दिवस बैनर की दिशा में योगदान देते हैं।

(vii) **गणतंत्र दिवस शिविर एवं प्रधानमंत्री की रैली :** गणतंत्र दिवस शिविर एक बहुत ही प्रतिष्ठित शिविर है जिसका उद्घाटन भारत के उपराष्ट्रपति द्वारा किया जाता है और जिसमें रक्षा मंत्री, रक्षा राज्य-मंत्री, दिल्ली के मुख्यमंत्री और तीनों सेनाओं के सेनापति और अन्य गणमान्य व्यक्ति आमंत्रित होते हैं। शिविर में एक घुड़सवारी प्रतियोगिता और तीन सांस्कृतिक कार्यक्रम होते हैं जिनमें महत्वपूर्ण गणमान्य व्यक्तियों को मुख्य अतिथि के रूप में आमंत्रित किया जाता है। शिविर का समापन 27 जनवरी को प्रधानमंत्री की रैली के साथ होता है, इसमें एनसीसी की सभी गतिविधियाँ दर्शाई जाती हैं।

अनुलग्नक प्रशिक्षण

एनसीसी कैडेटों को अनुलग्नक प्रशिक्षण में नियमित सेवा इकाइयों में रहने और कार्य करने का अवसर दिया जाता है। विभिन्न सेना कमान मुख्यालयों में अनुलग्नक के लिए रिक्तियों का आवंटन सेना मुख्यालय द्वारा किया जाता है। प्रत्येक वर्ष बड़ी संख्या में ऑफिसर एवं कैडेट को विभिन्न सेना इकाइयों के साथ अटैच किया जाता है। यह प्रशिक्षण लगभग 15 दिन की अवधि का होता है।

- प्रत्येक वर्ष बड़ी संख्या में सीनियर गर्ल कैडेटों को विभिन्न मिलिटरी अस्पतालों के साथ अटैच किया जाता है।
- प्रत्येक वर्ष कई कैडेटों को राष्ट्रीय मिलिटरी एकेडमी में अटैच किया जाता है।
- बहुत सी सीनियर गर्ल कैडेटों को ओटीए, चेन्नई में प्रशिक्षण के लिए अटैच किया जाता है।
- बहुत से कैडेटों को विभिन्न केन्द्रों/डिपो के साथ अटैच किया जाता है, यहाँ महिला अधिकारियों की नियुक्ति होती है।

एयरविंग प्रशिक्षण

एनसीसी एयरविंग की स्थापना 1950 में हुई थी। एयरविंग प्रशिक्षण का मुख्य उद्देश्य देश के युवाओं में विमानन गतिविधियों के प्रति रुचि पैदा करना है। उड़ान-दस्तों में सामान्य प्रशिक्षण के अतिरिक्त कैडेटों को ग्लाइडिंग एवं माइक्रोलाइट गतिविधियों का भी प्रशिक्षण दिया जाता है। कैडेटों को उड्डयन विषयों जैसे वायुगतिकी, नेविगेशन, एयरमैनशिप, मौसम विज्ञान और वायु-इंजन का बुनियादी सैद्धांतिक ज्ञान भी प्रदान किया जाता है।

इसमें निम्नलिखित व्यावहारिक प्रशिक्षण भी दिए जाते हैं :

(i) **ग्लाइडिंग :** यह कैडेटों की एक बड़ी संख्या की पहुँच के भीतर विमानन को लाने का सबसे उपयुक्त एवं किफायती तरीका है।

(ii) **माइक्रोलाइट उड़ाना :** एनसीसी में माइक्रोलाइट फ्लाइंग एक साहसिक गतिविधि के रूप में आरंभ की गई है जिसका उद्देश्य कैडेटों को उड़ान का अनुभव एवं प्रशिक्षण देना है।

(iii) **ऐरोमॉडलिंग :** यह किसी उड़ती हुई वस्तु पर वायुगतिकी के बलों के कार्य दर्शाने और समझने का सबसे अच्छा तरीका है। यह सिद्धांतों और व्यावहारिक उड़ान के बीच की एक अति-महत्त्वपूर्ण कड़ी है।

(iv) **अटैचमेंट प्रशिक्षण :** इस प्रशिक्षण का मुख्य उद्देश्य एनसीसी कैडेटों और ऑफिसरों को वायु सेना स्टेशनों और प्रतिष्ठानों के काम के विषय में परिचित करवाना है। प्रशिक्षण के दौरान कैडेटों को गहन वायु-प्रशिक्षण दिया जाता है।

(v) **कोर्स :** प्रत्येक वर्ष सीनियर कैडेटों के लिए एक प्री-कमीशन और एक रिफ्रेशर कोर्स आयोजित किया जाता है। साथ ही जूनियर कैडेटों के लिए भी दो प्री-कमीशन और दो रिफ्रेशर कोर्स आयोजित किये जाते हैं।

समाज सेवा और सामुदायिक विकास

एनसीसी ने सामुदायिक विकास की गतिविधियों को अपनाया है जिनका उद्देश्य कैडेटों में समाज की निःस्वार्थ सेवा, श्रम की गरिमा, स्वयं-सहायता, पर्यावरण की रक्षा और समाज के कमजोर वर्गों का उत्थान करने की भावना जाग्रत करना है। इसकी परिकल्पना प्रौढ़ शिक्षा, वृक्षारोपण, रक्तदान, वृद्धाश्रमों की यात्रा, गंदी बस्तियों की सफाई, ग्रामोत्थान और अन्य अनेक सामाजिक योजनाओं से जुड़े कार्यक्रमों द्वारा की गई है।

एनसीसी कैडेटों की मुख्य गतिविधियाँ निम्नलिखित हैं :

(i) **वृक्षारोपण :** एनसीसी कैडेट पौधों का रोपण करते हैं और राज्यों के विभागों के साथ मिलकर उनकी देखभाल करते हैं।

(ii) **रक्तदान :** जब भी अस्पतालों अथवा रैड क्रॉस को रक्त की आवश्यकता होती है, कैडेट स्वैच्छिक रूप से रक्तदान करते हैं।

(iii) **वृद्धाश्रम :** कैडेट देश में वृद्धाश्रमों में नियमित रूप से जाते और मदद करते हैं।

(iv) **प्रौढ़ शिक्षा :** कैडेट शिक्षा की आवश्यकता पर जोर देने और प्रौढ़ शिक्षा कार्यक्रम के संचालन में मदद करने के उद्देश्य से दूर-दराज के क्षेत्रों, गाँवों और अविकसित क्षेत्रों का दौरा करते हैं।

(v) **सामुदायिक कार्य :** कैडेट ग्रामीण और शहरी सामुदायिक परियोजनाओं में भाग लेते हैं और अन्य विकास कार्यों, जैसे–ग्रामीण रास्तों में सुधार, गलियों व तालाबों की सफाई और स्वच्छता अभियान में सहयोग करते हैं।

(vi) **आपदा राहत :** एनसीसी ने सदैव प्राकृतिक व अन्य आपदाओं के समय में मदद का हाथ बढ़ाया है। गत वर्षों में कैडेटों ने बाढ़, भूकंप, चक्रवात व दुःखद रेल दुर्घटनाओं के समय में उत्कृष्ट सेवाएं अर्पित की हैं और दंगा-प्रभावित क्षेत्रों में घावों पर मरहम लगाने का कार्य किया है।

(vii) **कुष्ठ रोग विरोधी अभियान :** कैडेटों ने संपूर्ण भारत में कुष्ठरोग विरोधी अभियान छेड़ा हुआ है और वे इसमें विभिन्न स्वैच्छिक व सरकारी संस्थाओं की मदद करते हैं।

(viii) **एड्स जागरूकता अभियान :** एनसीसी सक्रिय रूप से एड्स जागरूकता अभियान में सहयोग देती है और UNAIDS और DGAFMS के साथ मिलकर देशभर में एड्स जागरूकता अभियान चलाने में मदद कर रही है।

(ix) **कैंसर जागरूकता अभियान :** एनसीसी कैडेट विभिन्न शहरों में चलाए जाने वाले कैंसर जागरूकता कार्यक्रमों में सक्रिय रूप से सहयोग करते हैं।

युवा आदान-प्रदान कार्यक्रम (YEP)

इस कार्यक्रम का उद्देश्य मित्र देशों से एनसीसी अथवा अन्य समकक्ष सरकारी अथवा युवा संगठनों के कैडेटों का आदान-प्रदान करना और मेजबान देश की एनसीसी गतिविधियों में भाग लेना है जिससे कि कैडेटों में जागरूकता बढ़े और वे एक-दूसरे की सामाजिक-आर्थिक और सांस्कृतिक वास्तविकताओं को समझ सकें। यह आदान-प्रदान कार्यक्रम अन्य मित्र देशों के साथ संबंध बनाने में राजनीतिज्ञों व नेताओं के प्रयासों में योगदान देकर 'कूटनीति के तीसरे स्तर' का कार्य करता है।

प्रशिक्षण 'B' के क्रिया-कलाप

प्रशिक्षण 'B' पर मुख्य रूप से निम्नलिखित की जिम्मेदारी है :

(i) गणतंत्र दिवस शिविर का आयोजन करना।

(ii) ओटीए कैम्पटी और ओटीए ग्वालियर में पाठ्यक्रम चलाना।

(iii) जूनियर व सीनियर डिवीजनों की प्रमाण-पत्र परीक्षाओं के आयोजन के संबंध में नीति-निर्देश जारी करना।

(iv) अखिल भारतीय निशानेबाजी प्रतियोगिता में एनसीसी का भाग लेना।

(v) ओटीए चेन्नई में एनसीसी की विशेष प्रवेश योजना।

(vi) रिमाउंट एंड वेटरीनरी यूनिट्स।

(vii) राष्ट्रीय सिविल डिफेंस कॉलेज के पाठ्यक्रम।

(viii) नौसना प्रशिक्षण।

(ix) साहसिक प्रशिक्षण।

वार्षिक गणतंत्र दिवस शिविर/आर.डी. कैम्प

यह शिविर प्रतिवर्ष 1 से 29 जनवरी तक गैरिजन परेड ग्राउंड, दिल्ली कैंट में आयोजित किया जाता है। सभी राज्यों व केन्द्रशासित प्रदेशों से चुने गए कैडेट बड़ी संख्या में इसमें भाग लेते हैं। यह शिविर भारत के सभी भागों का प्रतिनिधित्व करता है और वास्तव में यह अपने-आप में एक 'लघु भारत' ही होता है। इस शिविर का उद्‌घाटन प्रायः उपराष्ट्रपति द्वारा किया जाता है और इसका समापन प्रधानमंत्री की रैली के साथ होता है।

चयन एवं प्रशिक्षण

आर.डी. कैम्प एनसीसी का एक विशेष शिविर होता है। इस शिविर के लिए चयनित होने वाले कैडेट्स नई दिल्ली में 26 जनवरी को होने वाली गणतंत्र दिवस की परेड में भाग लेते हैं।

- **चयन प्रक्रिया :** इस शिविर में भाग लेने वाले कैडेट्स का चयन, सर्वप्रथम बटालियन स्तर पर किया जाता है।
- **वांछित योग्यताएँ :** इस शिविर के लिए चयनित होने के लिए प्राथमिक रूप से अग्रांकित अर्हताएं आवश्यक हैं :
  1. कैडेट द्वितीय वर्ष का एनसीसी कैडेट हो।
  2. कैडेट का कद लम्बा हो तथा उसका शारीरिक गठन उत्तम हो। उसने टर्न आउट, ड्रिल, बाधा दौड़, मानचित्र अध्ययन, फायरिंग आदि में अच्छा प्रदर्शन किया हो। साथ ही, उसका मानसिक स्तर भी संतोषजनक होना आवश्यक है।
- **एनसीसी निदेशालय के शिविर में प्रशिक्षण :** प्रथम चयन हो जाने के उपरान्त जिन कैडेट्स का ग्रुप हेडक्वार्टर में द्वितीय चयन होता है उन्हें एनसीसी निदेशालय के कैम्प में प्रशिक्षण हेतु भेजा जाता है। इस प्रशिक्षण की अवधि प्रायः 10-12 दिन की होती है।
- **अंतिम चयन :** एनसीसी निदेशालय के प्रशिक्षण शिविर में अंतिम रूप से कैडेट्स को आर. डी. कैम्प दिल्ली के लिए चुना जाता है। इस प्रकार से सभी निदेशालयों में चयन के उपरान्त कैडेट्स की टीम दिल्ली के लिए रवाना होती है। दिल्ली में इन टीमों को विभिन्न प्रकार की प्रतियोगिताओं में भाग लेना होता है। तदुपरान्त इन कैडेट्स को 26 जनवरी की परेड में सम्मिलित होने के लिए प्रशिक्षित किया जाता है।

- **आर.डी. कैम्प की सुविधाएँ :** आर.डी. कैम्प में भाग लेने वाले कैडेट्स को निम्नलिखित सुविधाएँ प्रदान की जाती हैं :
  1. एक ब्लेजर, गर्म पैंट एवं सफेद कमीज, एनसीसी टाई तथा जूते व मोजे। ये सभी कैडेट्स को निःशुल्क प्रदान किए जाते हैं।
  2. कैडेट्स को दिल्ली के समीपवर्ती क्षेत्र तथा आगरा का निःशुल्क भ्रमण करने की सुविधा प्रदान की जाती है।
  3. सभी कैडेट्स प्रधानमंत्री की एनसीसी रैली में भाग लेते हैं तथा कार्यक्रम के अन्त में उन्हें प्रधानमंत्री की ओर से भोज दिया जाता है।
  4. कैडेट्स को राष्ट्रपति की 'एट होम' पार्टी में सम्मिलित होने का गौरव प्राप्त होता है।
  5. प्रत्येक कैडेट को एनसीसी महानिदेशक द्वारा एक विशेष प्रमाण-पत्र दिया जाता है।

ओटीए कैम्पटी

एनसीसी–ओटीएस की स्थापना 1 मार्च, 1957 को हुई थी किंतु इसका औपचारिक उद्घाटन 6 मई, 1957 को तत्कालीन उप-रक्षामंत्री सरदार सुरजीत सिंह मजीठिया द्वारा किया गया। अगस्त 1959 में इसमें महिला-अधिकारियों की प्री-कमीशन ट्रेनिंग के लिए एक महिला विंग भी जोड़ी गई थी, जिसे बाद में अप्रैल 1965 में ग्वालियर स्थानांतरित कर दिया गया। सितम्बर 1961 में पुरंदर में एनसीसी एकेडमी की स्थापना की गई थी जिसे 31 मार्च, 1979 को बंद करके इसके साथ विलय कर दिया गया।

ओटीए ग्वालियर

महिला एएनओ की प्री-कमीशन ट्रेनिंग विंग, जो अप्रैल 1965 में कैम्पटी से स्थानांतरित होकर ग्वालियर आई थी, महिला अधिकारियों को प्रशिक्षण देने वाली एक प्रमुख संस्था है। समय होने पर यहाँ कैडेटों के लिए रॉक क्लाइंबिंग कोर्स भी चलाए जाते हैं जो प्रायः जनवरी/फरवरी के महीनों में होते हैं। चुनी गई महिला कैडेटों को एसएसबी की कोचिंग भी यहाँ दी जाती है।

प्रमाण-पत्र परीक्षा हेतु निर्देश

यह योजना 1997 में आरंभ हुई थी। इसके अनुसार एनसीसी की सभी विंगों के 'C' प्रमाणपत्र धारक ओटीए, चेन्नई के एसएससी (एनटी) कोर्स में प्रवेश हेतु लिखित परीक्षा से मुक्त रहेंगे।

एसएसबी स्क्रीनिंग कोर्स

प्रत्येक वर्ष ओटीए, कैम्पटी और ग्वालियर में सीनियर डिवीजन के कैडेटों के लिए दो सर्विस सिलेक्शन बोर्ड स्क्रीनिंग कोर्स आयोजित किये जाते हैं।

रिमाउंट एंड वेटरीनरी यूनिट्स

एनसीसी में बुनियादी प्रशिक्षण देने के अतिरिक्त आर एंड वी यूनिट्स भी हैं जो कृषि विश्वविद्यालयों से सम्बद्ध हैं और कैडेट्स को घुड़सवारी का प्रशिक्षण देते हैं। एनसीसी के पास एक आर एंड वी रेजिमेंट हैदराबाद में है और 11 आर एंड वी स्क्वैड्रन देश के अन्य शहरों में है।

प्रत्येक वर्ष गणतंत्र दिवस शिविर में एनसीसी हॉर्स शो और विभिन्न अश्वारोहण प्रतियोगिताओं के दौरान सर्वश्रेष्ठ घुड़सवार कैडेट चुने जाते हैं। प्रतियोगिता का मूल उद्देश्य भागीदारी की भावना और अश्वारोहण कौशल को बढ़ावा देना है।

नौसेना विंग के क्रिया-कलाप

नौसेना विंग की 69 इकाइयाँ हैं जो सभी राज्यों और केन्द्रशासित प्रदेशों में फैली हैं। संस्थागत पाठ्यक्रम जूनियर कैडेटों को 2 वर्ष में 300 पीरियड और सीनियर कैडेटों को 3 वर्ष में 360 पीरियड में पूरा करना होता है।

अधिकारियों और कैडेटों का प्रशिक्षण : निम्नलिखित प्रशिक्षण प्रदान किये जाते हैं :

(i) **सागर प्रशिक्षण :** सभी निदेशालयों से चुने हुए 145 एनसीसी नेवल कैडेटों और 9 एएनओ को मुम्बई और विशाखापट्टनम में दिसम्बर-जनवरी के महीनों में 12 दिन का प्रशिक्षण दिया जाता है। प्रशिक्षण के दौरान नौसेना के विषयों जैसे–सीमैनशिप, नेविगेशन, संचार, तोपखाना, क्षति नियंत्रण और जहाज की सुरक्षा का गहन प्रशिक्षण दिया जाता है।

(ii) **सागर अनुलग्न :** सभी निदेशालयों से चुने हुए 150 नेवल कैडेटों और 10 एएनओ को विभिन्न नौसेना पोतों और प्रतिष्ठानों के साथ संबद्ध किया जाता है। यह प्रत्येक वर्ष मई-जून के महीनों में 12 दिनों के लिए मुम्बई और कोच्चि में होता है। इसमें प्रशिक्षुओं को नौसेना की गतिविधियों के गहन प्रशिक्षण का अवसर दिया जाता है।

(iii) **नौसेना अनुलग्न :** नौसेना मुख्यालय के अनुमोदन के पश्चात् इसकी शुरूआत सन् 2001 में की गई। प्रत्येक वर्ष दिसम्बर/जनवरी के महीनों में सभी निदेशालयों के चुने हुए 25 कैडेट नेवल एकेडमी, आईएनएस मांडोवी, गोआ के साथ 12 दिन के लिए संबद्ध किये जाते हैं।

(iv) **कोस्ट गार्ड सी-सोर्टी :** केरल के तट से एक सप्ताह की अवधि की दो कोस्ट गार्ड सोर्टी भेजी जाती है। प्रत्येक ट्रिप में 6 कैडेट जहाज पर सवार होते हैं। ट्रिप कोच्चि बंदरगाह से आरंभ होकर वापस वहीं समाप्त होता है।

(v) **नेवल फॉरिन क्रूज :** प्रत्येक वर्ष 20 कैडेट और दो पीआई स्टाफ फॉरेन क्रूज के लिए चुने जाते हैं जोकि नौसेना की फर्स्ट ट्रेनिंग स्क्वाड्रन के साथ जहाज पर सवार होते हैं। यह मार्च/अप्रैल और सितंबर/अक्टूबर के महीनों में संपन्न होते हैं। फॉरेन क्रूज कैडेटों को लंबी अवधि के लिए खुले समुद्र का अनुभव करने और विदेशी नागरिकों से बातचीत का अवसर प्रदान करता है।

(vi) **फॉरिन क्रूज–कोस्ट गार्ड :** इसकी शुरुआत सन् 2001 से हुई। सरकार ने 6 नेवल कैडेट्स को तटरक्षक पोतों पर भेजने की मंजूरी दी है। नौसेना पोतों की तरह इसमें वर्ष में दो बार जाने जैसा नियम नहीं है।

(vii) **नौसैनिक कैम्प :** प्रत्येक वर्ष अक्टूबर/नवम्बर के महीनों में विशाखापत्तनम में 12 दिन के लिए संयुक्त नौसैनिक कैम्प का आयोजन किया जाता है। इस कैम्प में 386 एसडी और 204 एस.डब्ल्यू. कैडेट भाग लेते हैं। कैम्प ट्रेनिंग के अतिरिक्त इसमें आरडी और गैर-आरडी बैनर दोनों प्रतियोगिताएँ होती हैं। इनमें सांस्कृतिक, सेमाफोर, नाव खेना, नौकायन, शिपमॉडलिंग, फायरिंग और लाइन एरिया आदि प्रतियोगिताएँ प्रमुख हैं।

(viii) **एडवांस लीडरशिप कैम्प :** प्रत्येक वर्ष मई/जून के महीनों में यह कैंप 12 दिनों के लिए तूतीकोरिन में आयोजित किया जाता है। इसमें सभी निदेशालयों से चुने गए 150 कैडेट भाग लेते हैं। नौसेना और तटरक्षक बलों के जहाजों के भ्रमण के अतिरिक्त कैडेट साहसिक प्रशिक्षण, सुरक्षा अभ्यास और सर्वश्रेष्ठ कैडेट, फायरिंग, सीमैनशिप, संचार और नेवीगेशन प्रतियोगिताओं में भाग लेते हैं।

(ix) **नौसेना तकनीकी शिविर :** यह कैम्प प्रत्येक वर्ष मई-जून में चेन्नई के इंजीनियरिंग कॉलेजों के 125 कैडेटों के लिए आयोजित किया जाता है।

नौसेना साहसिक क्रिया-कलाप

(i) **स्कूबा डाइविंग :** एनसीसी कैडेटों के बीच गोताखोरी अत्यंत लोकप्रिय गतिविधि है। स्कूबा डाइविंग कोर्स नेवल डाइविंग टीमों की सहायता से कोच्चि, विजाग, मुम्बई और दिल्ली में आयोजित किये जाते हैं।

(ii) **नौकायन अभियान :** यह अभियान नौसेना प्रशिक्षण का एक आकर्षक पहलू है। प्रत्येक निदेशालय प्रत्येक वर्ष कम से कम एक नौकायन अभियान का आयोजन अवश्य करता है। इस अभियान में कैडेट नाव खेने और नौकायन का व्यावहारिक प्रशिक्षण प्राप्त करते हैं। वह बदलते मौसम की स्थितियों और समुद्र/नदियों के बदलते मिज़ाज के खतरों का सामना व मुकाबला करना सीखते हैं।

(iii) **विंड सर्फिंग और कयाकिंग :** नौसेना इकाइयों को 85 विंड सर्फर्स और 101 कयाक आवंटित किये गये हैं। कैडेट इन गतिविधियों में नियमित रूप से अपनी इकाइयों में भाग लेते हैं।

अखिल भारतीय एनसीसी नौकायन रेगाटा

इसका आयोजन प्रति वर्ष जनवरी के महीने में आइएनएस चिल्का पर किया जाता है। इसमें सभी निदेशालयों से चुने 51 एसडी और 51 एसडब्ल्यू कैडेट भाग लेते हैं। इन प्रतियोगियों में कैडेटों को अपने नौकायन कौशल को आजमाने का पूरा अवसर मिलता है।

साहसिक प्रशिक्षण और खेल

सम्पूर्ण भारत के एनसीसी कैडेट विभिन्न चैम्पियनशिप और खेल गतिविधियों जैसे—निशानेबाजी, फुटबॉल, हॉकी और कई राज्य एवं राष्ट्रीय स्तर की प्रतियोगिताओं में भाग लेते हैं। उनमें से कुछ इस प्रकार हैं :

(i) **पर्वतारोहण पाठ्यक्रम :** इस प्रशिक्षण के लिए चार प्रमुख संस्थान हैं :

1. अटल बिहारी वाजपेयी इंस्टिट्यूट ऑफ माउंटेनियरिंग एंड एलाइड स्पोर्ट्स, मनाली।
2. नेहरू इंस्टिट्यूट ऑफ माउंटेनियरिंग, उत्तरकाशी
3. हिमालयन माउंटेनियरिंग इंस्टिट्यूट, दार्जिलिंग; और
4. जवाहर इंस्टियूट ऑफ माउंटेनियरिंग एंड विंटर स्पोर्ट्स

(ii) **पर्वतारोहण अभियान :** एनसीसी द्वारा प्रत्येक वर्ष दो पर्वतारोहण अभियानों का आयोजन किया जाता है, एक लड़कों के लिए और दूसरा लड़कियों के लिए।

(iii) **ट्रेकिंग अभियान :** प्रत्येक वर्ष दस अखिल-भारतीय ट्रेकिंग अभियानों का आयोजन किया जाता है। इनमें करीब 12,000 कैडेट भाग लेते हैं।

(iv) **साइकिल/मोटर साइकिल अभियान :** यह अभियान राष्ट्रीय एवं राज्य-निदेशालय स्तर, दोनों स्तर पर आयोजित किये जाते हैं।

(v) **पैराशूट सेलिंग :** राज्य निदेशालयों द्वारा प्रत्येक वर्ष इनका आयोजन किया जाता है।

(vi) **पैरा कोर्स :** प्रत्येक वर्ष सेना मुख्यालय 'पैरा बेसिक कोर्स' की 80 रिक्तियाँ जारी करता है। इन्हें देश के सभी भागों के कैडेटों को आवंटित किया जाता है। यह कोर्स आगरा में संपन्न होता है।

(vii) **स्लिथरिंग :** एनसीसी कैडेटों को यह प्रशिक्षण प्रतिवर्ष दिया जाता है।

(viii) **डजर्ट सफारी :** राजस्थान एनसीसी निदेशालय प्रति वर्ष नवम्बर के महीने में एक 'कैमल सफारी' का आयोजन करता है। इसमें करीब 20 कैडेट 'YEP' के लिए आए विदेशी कैडेटों के साथ भाग लेते हैं।

(ix) **व्हाइट वाटर रॉफ्टिंग :** इसके प्रशिक्षण के लिये व्हाइट वाटर रॉफ्टिंग नोड राइवाला, हरिद्वार में एक केन्द्र स्थापित किया गया है।

एन.सी.सी. प्रमाण-पत्र परीक्षा

एनसीसी प्रमाण-पत्र परीक्षाओं का आयोजन एनसीसी इकाइयों, समूहों और निदेशालयों द्वारा प्रत्येक वर्ष किया जाता है।

परीक्षा के प्रकार : प्रमाण-पत्र परीक्षाओं के प्रकार और उनका आयोजन करवाने के उत्तरदायित्व का विवरण इस प्रकार है :

	प्रमाण-पत्र	उत्तरदायित्व
(i)	'A'	यूनिट (इकाई)
(ii)	'B'	ग्रुप मुख्यालय
(iii)	'C'	राज्य निदेशालय

प्रमाण-पत्र परीक्षा के लिए पात्रता

एनसीसी की विभिन्न प्रमाण-पत्र परीक्षाओं के लिए पात्रता की शर्तें इस प्रकार हैं :

प्रमाण-पत्र 'A'

(i) उम्मीदवार ने जूनियर डिवीजन/विंग के प्रथम एवं द्वितीय वर्ष के पाठ्यक्रम के लिए निर्धारित कुल प्रशिक्षण घंटों (पीरियड) में से कम से कम 75% में भाग लिया हो।

(ii) उम्मीदवार की एनसीसी सेवा में अंतराल, उसके परीक्षा के समय पर, 12 महीने से अधिक नहीं होना चाहिए।

(iii) उम्मीदवार ने कम-से-कम एक कैम्प (ATC) में भाग अवश्य लिया हो।

प्रमाण-पत्र 'B'

(i) उम्मीदवार ने सीनियर डिवीजन/विंग के प्रथम एवं द्वितीय वर्ष के पाठ्यक्रम के लिए निर्धारित कुल प्रशिक्षण घंटों (पीरियड) में से कम से कम 75% में भाग लिया हो।

(ii) उम्मीदवार की एनसीसी सेवा में अंतराल, उसके परीक्षा के समय पर, 12 महीने से अधिक नहीं होना चाहिए।

(iii) उम्मीदवार ने कम-से-कम एक कैम्प (ATC) में भाग अवश्य लिया हो।

(iv) 'A' प्रमाण-पत्र धारकों को 10 बोनस अंक दिये जाएँगे।

(v) एक एयर विंग कैडेट ने कम से कम 10 ग्लाइड लाँच में भाग लिया हो।

प्रमाण-पत्र 'C'

(i) उम्मीदवार के पास प्रमाण-पत्र 'B' अवश्य होना चाहिए।

(ii) वह प्रशिक्षण के एस.डी./एस.डब्ल्यू. में तृतीय वर्ष में हो।

(iii) उसने तीसरे वर्ष के पाठ्यक्रम के लिए निर्धारित कुल प्रशिक्षण घंटों (पीरियड) में से कम से कम 75% में भाग लिया हो।

(iv) उसकी एनसीसी सेवा में अंतराल, उसके परीक्षा के समय पर 18 महीने से अधिक नहीं होना चाहिए।

(v) निम्नलिखित में से कम-से-कम एक कैम्प (ATC) और एक अन्य कैम्प, प्रशिक्षण या अभियान में भाग लिया हो :

1. वार्षिक प्रशिक्षण शिविर (ATC) (उपरोक्त के अतिरिक्त)।
2. दिल्ली में गणतंत्र दिवस शिविर (RDC)।
3. केन्द्र आयोजित शिविर (COC)।
4. पैरा ट्रेनिंग शिविर (PTC)।
5. राष्ट्रीय एकता शिविर (NIC) (जब SD/SW कैडेट्स को लागू हो)।
6. अखिल भारतीय ट्रेकिंग अभियान (AITE) (DG-NCC द्वारा आयोजित)।
7. अखिल भारतीय पर्वतारोहण अभियान (AIME) (DG-NCC द्वारा आयोजित)।
8. सेना इकाई/वायु सेना स्टेशन/नौसेना बेस पर अनुलग्नक प्रशिक्षण।
9. 10 दिनों से अधिक की वास्तविक सेलिंग के साथ सेलिंग अभियान (DG-NCC द्वारा स्वीकृत)।
10. पर्वतारोहण, वाटर स्कीइंग, स्नो एवं आइस कोर्स जैसे साहसिक अभियानों में भाग लिया हो।
11. NRAI मैचों में DG-NCC की टीम में भाग लेने वाले कैडेट।
12. विशेष सेवा शिविर (50% सेवा प्रशिक्षण अनिवार्य)।
13. सफलतापूर्वक स्कूबा डाइविंग कोर्स किया हो।
14. युवा आदान-प्रदान कार्यक्रम (YEP) में भाग लिया हो।
15. फॉरेन क्रूज (नौसेना) में भाग लिया हो।

ग्रेडिंग

एक कैडेट को परीक्षा में उत्तीर्ण होने के लिए प्रत्येक प्रश्नपत्र में कम से कम 45% और कुल 50% अंक प्राप्त करने होंगे। कुल अंकों पर आधारित ग्रेडिंग इस प्रकार होगी :

(i) ग्रेड 'A' – 80% अथवा अधिक अंक।
(ii) ग्रेड 'B' – 65% अथवा अधिक अंक।
(iii) ग्रेड 'C' – 50% अथवा अधिक अंक।
(iv) अनुत्तीर्ण – किसी प्रश्नपत्र में 45% से कम अंक अथवा कुल अंक 50% से कम।

एन.सी.सी. वर्दी

थल सेना कैडेट खाकी वर्दी पहनते हैं। नौसेना कैडेट सफेद वर्दी पहनते हैं। वायुसेना कैडेट हल्की नीली और ग्रे वर्दी पहनते हैं। वर्दी सभी अवसरों पर अनिवार्य है। सिख कैडेटों के अतिरिक्त सभी कैडेट हरे रंग की टोपी पहनते हैं। सिख कैडेट हरे रंग की पगड़ी बाँधते हैं। पीटी के समय कैडेट भूरे केनवास के जूते पहनते हैं और ड्रिल के समय चमड़े के काले जूते। सर्दियों में सेना कैडेट खाकी, नौसेना कैडेट नीले और वायुसेना कैडेट काली वास्कट पहनते हैं। परेड के अलावा SW और JW महिला सफेद सलवार कमीज पहन सकती हैं।

एन.सी.सी. किट

एनसीसी के शिविर में किट ले-आउट प्रतियोगिता भी होती है। उसके समय कैडेट्स को निम्न बातों का ध्यान रखना चाहिए–

1. कैडेट्स अपने सभी व्यक्तिगत सामान; जैसे–बक्सा, गद्दा, रजाई आदि को भंडार कक्ष में अथवा तम्बू के बाहर उचित प्रकार से रखें।
2. अपनी दरी तथा कम्बल को 1' × 3' × 3" साइज में मोड़कर रखें।

3. आपके पी.टी. शूज़ स्वच्छ एवं सफेद पॉलिश किए होने चाहिएँ तथा जूतों के फीते सही प्रकार से बँधे होने चाहिएँ।
4. आपको अपना सभी सामान जैसे–लालटेन, बाल्टी, मग, प्लेट आदि को स्वच्छ करके रखना चाहिए।
5. आपको अपने सभी सामान को ड्रेसिंग में लगाना चाहिए।
6. आपका कोई भी सामान जैसे–तौलिया, बनियान, अण्डरवियर, टूथब्रश आदि बाहर नहीं रखा होना चाहिए।
7. यदि किट ले-आउट तम्बू में किया जाना है तो तम्बू के खूंटे एक लाइन में होने जरूरी हैं। साथ ही टैंट की रस्सी तनी हुई होनी चाहिए। तम्बू के चारों ओर 18" × 18" की सर्प-खाई भी खोदी जानी चाहिए। इसके साथ ही तम्बू के अंदर की परिधि के चारों ओर 6" × 4" नाप की नाली की भी खुदाई करें। तम्बू के सामने वाली खाली जगह में दाहिनी ओर 1.5' का रेत का टीला व बायीं ओर 1.5' × 1.5' आकार का कूड़ेदान बनायें। अपने तम्बू के बाहर की ओर सामने लगे पोल पर अपने टैण्ट कमांडर व टैण्ट में रहने वाले कैडेट्स की सूची टाँगे। दिन के समय तम्बू के सामने की, पीछे की तथा निचली प्लाई को सही ढंग से मोड़कर बाँधें।

   इसके अतिरिक्त सर्प-दंश से बचाव का सामान, जैसे—चाकू, सादे पानी की बोतल, लकड़ी की दो डंडियाँ तथा दो मजबूत पतली रस्सियाँ किसी मोटे गत्ते में बाँधकर पोल पर लटका देनी चाहिएँ। एक साफ किया हुआ लालटेन भी टैण्ट के पिछले पोल पर लटकाना चाहिए।

एन.सी.सी. कैडेट्स की पदोन्नति

एनसीसी में सर्वप्रथम विद्यार्थियों के रूप में ही प्रवेश प्राप्त होता है। समय के साथ उनकी विभिन्न पदों पर पदोन्नति की जाती है। पदोन्नति के लिए उन्हें अपेक्षित पद के अनुरूप विभिन्न शर्तों का पालन करना होता है। इनमें मुख्य शर्तें इस प्रकार हैं–

(*i*) लान्स कॉरपोरल (L Cpl)

1. कैडेट ने एनसीसी में कम-से-कम तीन माह का प्रशिक्षण प्राप्त किया हो।
2. वह कम-से-कम 75 प्रतिशत परेडों में उपस्थित रहा हो।
3. उसने ड्रिल तथा मानचित्र-अध्ययन आदि की परीक्षा उत्तीर्ण की हो।

(*ii*) कॉरपोरल (Cpl)

1. कम-से-कम वह 6 माह लान्स कॉरपोरल के पद पर रहा हो।
2. उसने शस्त्रों से सम्बन्धित परीक्षा उत्तीर्ण की हो।

(*iii*) सार्जेंट (Sergeant)

1. वह कम से कम 6 माह कॉरपोरल के पद पर रहा हो।
2. वह एनसीसी के द्वितीय वर्ष का कैडेट हो।

***(iv)* अण्डर ऑफिसर (U/O)**

1. वह कम से कम 6 माह सार्जेंट के पद पर रहा हो।
2. उसने 'B' प्रमाण-पत्र की परीक्षा भी उत्तीर्ण की हो।

***(v)* सीनियर अण्डर ऑफिसर (SUO)**

- वह कम-से-कम 6 माह तक अण्डर ऑफिसर के पद पर रहा हो।

एनसीसी की प्रत्येक सीनियर डिवीजन (SD) कम्पनी में 154 कैडेट्स होते हैं। प्रत्येक कम्पनी में एक सीनियर अण्डर ऑफिसर, 5 सार्जेण्ट, 9 कॉरपोरल तथा 18 लान्स कॉरपोरल के पद होते हैं। कम्पनी कमांडर लेफ्टिनेंट रैंक से मेजर रैंक तक का एसोसिएट एनसीसी ऑफिसर (ANO) होता है।

एन.सी.सी. प्रशिक्षण के उद्देश्य

एन.सी.सी. का मुख्य उद्देश्य—युवाओं का सही विकास

एनसीसी एक युवा संगठन है जो शिक्षण संस्थानों के विद्यार्थियों के लिए बनाया गया है। यह अपने आदर्श वाक्य–'एकता और अनुशासन' को सार्थक सिद्ध करते हुए भारत के सभी राज्यों में युवाओं के सही विकास के लिए प्रयासरत है। इसकी गतिविधियाँ पाँच मुख्य क्षेत्रों में वर्गीकृत हैं। इनमें सर्वोपरि स्थान संस्थागत प्रशिक्षण का है जिसमें वार्षिक प्रशिक्षण शिविर के साथ-साथ फ्लाइंग, समुद्री प्रशिक्षण और इंडियन मिलिटरी एकेडमी, देहरादून और ऑफिसर्स ट्रेनिंग स्कूल, चेन्नई का परिचयात्मक प्रशिक्षण भी शामिल है। सामुदायिक विकास एक अन्य क्षेत्र है जिसमें कैडेटों ने विभिन्न गतिविधियों जैसे–प्रौढ़शिक्षा, नशाविरोध, कुष्ठ रोग विरोधी अभियान, वृक्षारोपण आदि में सक्रियता से भाग लेकर उदाहरण प्रस्तुत किये हैं।

साहसिक और खेल गतिविधियों का दायरा भी पैरा सेलिंग, स्कूबा डाइविंग, साइकिल और मोटर साइकिल रैलियों और भारत की राष्ट्रीय विरासत के खोज अभियानों के साथ पर्वतारोहण जैसे पारंपरिक अभियानों द्वारा और भी विस्तृत हुआ है।

युवा आदान-प्रदान कार्यक्रम (YEP)

भारत के एनसीसी और अन्य क्षेत्रों के युवा संगठनों के बीच युवा आदान-प्रदान के वार्षिक कार्यक्रम आयोजित किये जाते हैं। इन कार्यक्रमों में देशों के 24 दिन तक के परस्पर दौरे शामिल होते हैं जिनमें कैडेट अन्य देशों के परिवारों, सामुदायिक कार्य परियोजनाओं और शैक्षिक गतिविधियों में भाग लेते हैं। यह परियोजनाएँ आपसी-सम्मान, अनुकूलनशीलता, आत्म-अनुशासन, दूसरों की संस्कृति की समझ और अपने देश से प्रेम की भावना में बढ़ोतरी करती हैं। भारत के युवा आदान-प्रदान कार्यक्रम ऑस्ट्रेलिया, बांग्लादेश, भूटान, कनाडा, मालदीव, नेपाल, सिंगापुर, श्रीलंका, ब्रिटेन और वियतनाम के साथ हुए हैं। यह कार्यक्रम हमारे देश के युवाओं की अंतर्राष्ट्रीय वातावरण की समझ में बढ़ोतरी करते हैं और भविष्य में उन्हें प्रभावी नेता बनने में मदद करते हैं।

एनसीसी प्रमाण-पत्रों और शिविरों की महत्ता

एनसीसी प्रमाण-पत्र A, B व C तीन प्रकार के हैं। आप प्रमाण-पत्र 'A' पाने के पात्र हैं यदि आपने जूनियर डिवीजन में 1-2 वर्ष का प्रशिक्षण प्राप्त किया है और एक प्रशिक्षण शिविर में भाग लिया है। आप प्रमाण-पत्र 'B' के पात्र होंगे यदि आपने सीनियर डिवीजन की 75% कक्षाओं में उपस्थित रहे हैं और आपने एक प्रशिक्षण शिविर में भाग लिया है। प्रमाण-पत्र 'C' सबसे प्रतिष्ठित प्रमाण-पत्र है। आप इसके पात्र होंगे यदि आप 75% कक्षाओं में उपस्थित रहे हैं और कम से कम एक बाहरी शिविर और एक अन्य राष्ट्रीय एकता शिविर अथवा गणतंत्र दिवस शिविर अथवा एनसीसी निदेशालय द्वारा आयोजित किसी अन्य गतिविधि में शामिल रहे हैं। इन तीनों प्रमाण-पत्रों के लिए परीक्षाएँ प्रतिवर्ष मार्च-अप्रैल के महीनों में होती हैं। सशस्त्र सेनाओं में चयन के समय 'C' प्रमाण-पत्र धारकों को कई लाभ और वरीयता प्राप्त होती है।

एन.सी.सी. प्रशिक्षण के लाभ

एनसीसी प्रशिक्षण के अनेक लाभ हैं, जो इस प्रकार हैं :

1. कैडेटों में समाजसेवा, नेतृत्व, टीम-भावना, अनुशासन और आत्मविश्वास जैसे गुणों का विकास होता है।
2. एनसीसी कैम्प देश के अलग-अलग स्थानों पर आयोजित किये जाते हैं, जिससे कैडेटों को महत्वपूर्ण ऐतिहासिक और औद्योगिक स्थानों और सामाजिक केन्द्रों का भ्रमण करने का अवसर मिलता है जो उनके क्षितिज का विस्तार करने व रचनात्मक कार्य करने की महत्वाकांक्षा विकसित करने में मदद करता है।
3. एनसीसी कैडेटों को नागरिक सुरक्षा और आत्मरक्षा करना सिखाया जाता है। इससे उनमें राष्ट्रीय भावना और आत्मविश्वास का विकास होता है।
4. एनसीसी कैडेटों को प्रतिवर्ष सेना इकाइयों के साथ सम्बद्ध किया जाता है, जिससे उन्हें सैन्य जीवन का प्रत्यक्ष अनुभव होता है।
5. एनसीसी कैडेटों को पैराशूट से छलाँग लगाना और पर्वतारोहण सिखाया जाता है, जिससे उनमें साहसिक कार्य करने की क्षमता का विकास होता है।
6. प्रतिवर्ष चुने हुए एनसीसी कैडेटों को विदेश यात्रा पर भेजा जाता है।
7. स्नातक परीक्षा में 50% अंक और एनसीसी के 'C' प्रमाण-पत्र परीक्षा में 'A' या 'B' ग्रेड प्राप्त करने वाले कैडेटों को संयुक्त रक्षा सेवा (CDS) की लिखित परीक्षा से छूट मिलती है। वे सीधे एसएसबी (SSB) इंटरव्यू के लिए प्रस्तुत हो सकते हैं। इंडियन मिलिटरी एकेडमी (IMA) में सभी कोर्सों में एनसीसी 'C' प्रमाण-पत्रधारी कैडेटों के लिए प्रतिकोर्स 32 सीटें आरक्षित होती हैं।
8. एनसीसी द्वारा प्रशिक्षित कैडेटों को सशस्त्र बलों में वरीयता दी जाती है।
9. कई औद्योगिक संस्थान एनसीसी कैडेटों को वरीयता देते हैं।
10. केन्द्र व राज्य सरकारें भी एनसीसी कैडेटों को नौकरी में वरीयता देती हैं।

11. विश्वविद्यालयों में स्नातकोत्तर कोर्स में प्रवेश के समय व छात्रावास के आवंटन में एनसीसी कैडेटों को प्राथमिकता दी जाती है।
12. एनसीसी प्रशिक्षित छात्रों को केंद्रीय रिजर्व पुलिस बल (CRPF) और सीमा सुरक्षा बल (BSF) में भर्ती के समय प्राथमिकता दी जाती है।
13. एनसीसी कैडेटों को हर परेड पर जलपान और वर्दी की धुलाई का भत्ता प्रदान किया जाता है।
14. एनसीसी कैडेटों को सैन्य कैंटीन से सामान की खरीद करने की सुविधा प्रदान की जाती है।
15. किसी एनसीसी कैडेट की एनसीसी गतिविधियों के दौरान मृत्यु या स्थायी रूप से दिव्यांग होने की स्थिति में एनसीसी वेलफेयर सोसायटी द्वारा वित्तीय सहायता/राहत राशि का भुगतान किया जाता है।

कैडेट वेलफेयर सोसायटी के लक्ष्य एवं उसके द्वारा प्रदान की जाने वाली वित्तीय सहायता

कैडेट वेलफेयर सोसायटी के मुख्य उद्देश्य निम्नलिखित हैं :

(i) एनसीसी गतिविधि के दौरान किसी कैडेट का निधन होने पर उसके परिवारजनों को वित्तीय सहायता प्रदान करना।
(ii) एनसीसी गतिविधि के दौरान किसी कैडेट को चोट लगने/दिव्यांग हो जाने पर वित्तीय सहायता करना।
(iii) शैक्षिक रूप से प्रतिभावान छात्रों को छात्रवृत्ति प्रदान करना।
(iv) ग्रुप लेवल पर 'बेस्ट कैडेट' और 'सेकंड बेस्ट कैडेट' को पुरस्कार देना।
(v) जो खेल व साहसिक गतिविधियाँ सार्वजनिक धन द्वारा वित्त-पोषित नहीं किये जा सकते, उनका आयोजन करना।

वित्तीय सहायता/राहत राशि

सोसायटी द्वारा उन कैडेटों को, जिनको एनसीसी गतिविधियों और खेल एवं साहसिक अभियानों के दौरान चोट लग जाती है या जिनकी मृत्यु हो जाती है, वित्तीय सहायता एवं राहत प्रदान की जाती है।

एनसीसी गतिविधि	मृत्यु पर	स्थायी रूप से दिव्यांग होने पर	अस्थायी रूप से दिव्यांग होने पर
अधिक जोखिम वाली	₹ 5,00,000/-	₹ 4,00,000 तक	₹ 1,75,000/- तक
अन्य गतिविधि	₹ 4,50,000/-	₹ 3,50,000/- तक	₹ 1,75,000/- तक

सम्मान एवं पुरस्कार

1. एनसीसी की स्थापना भविष्य के भारत के लिए धर्मनिरपेक्ष, एकजुट और अनुशासित नागरिकों का निर्माण करने के उद्देश्य से की गयी थी। समय के साथ एनसीसी कर्मियों ने ऐतिहासिक कारनामे और असाधारण कार्य किये जिनकी सराहना करने और उन्हें

राष्ट्रीय स्तर पर गौरवान्वित करने की आवश्यकता थी। इस उद्देश्य से, न केवल एनसीसी कर्मियों को गौरव प्रदान करने अपितु अन्य लोगों को भी उनका अनुकरण करने हेतु प्रेरित करने के लिए निम्नलिखित पुरस्कारों की स्थापना की गई :

- रक्षामंत्री पदक : रक्षामंत्री द्वारा प्रदान किया जाता है।
- रक्षामंत्री प्रशंसा-पत्र : रक्षामंत्री द्वारा प्रदान किया जाता है।
- रक्षा सचिव प्रशंसा-पत्र : रक्षा सचिव द्वारा प्रदान किया जाता है।
- महानिदेशक प्रशंसा-पत्र : एनसीसी महानिदेशक द्वारा प्रदान किया जाता है।

2. रक्षा सचिव प्रशंसा-पत्र और एनसीसी महानिदेशक प्रशंसा-पत्र की स्थापना सन् 1984 और रक्षा मंत्री पदक और प्रशंसा-पत्र की स्थापना सन् 1989 में हुई।

3. एनसीसी कर्मियों के निम्नलिखित वर्ग इन पुरस्कारों के पात्र हैं :
   - एनसीसी पूर्णकालिक अधिकारी (WTNO)
   - एसोसिएट एनसीसी अधिकारी (ANO)
   - अंडर ऑफिसर इंस्ट्रक्टर और सार्जेंट मेजर इंस्ट्रक्टर
   - एनसीसी कैडेट (लड़के एवं लड़कियाँ, दोनों)

4. यह पुरस्कार उन व्यक्तियों को प्रदान किये जाते हैं जो ऐसे असाधारण कार्यों का प्रदर्शन करते हैं जिनमें साहस, कर्त्तव्य-परायणता और संगठन के लिए स्थायी योगदान हो और जो एनसीसी के लिए गौरव और गर्व का विषय हों। इनमें से सर्वोच्च पुरस्कार रक्षामंत्री पदक है। इन पुरस्कारों की घोषणा एनसीसी दिवस पर की जाती है जो प्रतिवर्ष नवम्बर के महीने में अंतिम रविवार को मनाया जाता है और माननीय रक्षामंत्री द्वारा उनकी गणतंत्र दिवस शिविर यात्रा के समय प्रदान किया जाता है।

एनसीसी की 7 वर्ष की दीर्घकालीन सेवा के लिए पदक

रिबन : लाल, गहरे नीले और हल्के हरे रंग की धारियों वाला 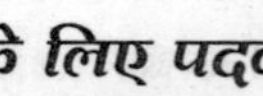

पुरस्कार पात्र : एनसीसी से जुड़े द्वितीयक अधिकारियों (प्रायः विश्वविद्यालय के प्राध्यापक) को सात वर्ष की सेवा के लिए

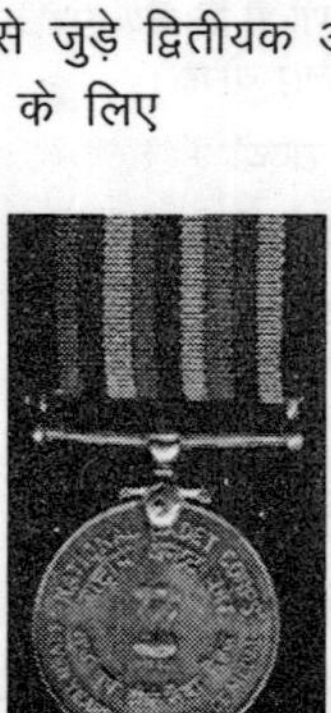

एनसीसी की 12 वर्ष की दीर्घकालीन सेवा के लिए पदक

रिबन : गुलाबी एवं मध्यम में काली पट्टी, एक लाल और एक नीली किनारी वाला 

पुरस्कार पात्र : एनसीसी से जुड़े द्वितीयक अधिकारियों (प्रायः विश्वविद्यालय के प्राध्यापक) को 12 वर्ष की सेवा के लिए

एन.सी.सी. कैडेटों के लिए केन्द्र व राज्य सरकारों द्वारा दिये जाने वाले प्रोत्साहन

रोजगार में रियायत	
(i) एनसीसी 'C' प्रमाण-पत्रधारी कैडेटों को रक्षा बलों में कमीशन के लिए रिक्तियों पर आरक्षण एवं लिखित परीक्षा से छूट	इंडियन मिलिट्री अकादमी, देहरादून प्रतिवर्ष–64 थल सेना ऑफिसर्स ट्रेनिंग अकादमी, चेन्नई प्रतिवर्ष–100 शॉर्ट सर्विस कमीशन (गैर–तकनीकी) नौसेना–6 प्रति वर्ष वायुसेना–10% सभी पाठ्यक्रमों में
(ii) ORs, नाविक, एयरमैन	5% से 10% बोनस अंक का लाभ
(iii) अर्द्धसैनिक बल	2 से 10 बोनस अंक का लाभ
(iv) दूर संचार विभाग	बोनस अंकों का लाभ
(v) केन्द्रीय रिजर्व पुलिस बल (CRPF)	तृतीय श्रेणी में स्नातक एनसीसी कैडेट भी राजपत्रित अधिकारी पद के लिए योग्य
(vi) राज्य सरकारों के विभाग	विभिन्न राज्यों में राज्य सेवाओं में प्राथमिकता
(vii) उद्योग-जगत	कई उद्योगों में 'C' प्रमाणपत्र धारियों को प्राथमिकता प्राप्त
(viii) एनसीसी	सिविलियन ग्लाइडिंग इंस्ट्रक्टर/गर्ल कैडेट इंस्ट्रक्टर एवं NCC WTLOs पदों पर नियुक्ति में प्राथमिकता

एनसीसी आपको कई अनुभव प्रदान करती है, जो आपकी आयु में अनमोल होते हैं। इनमें साहसिकता का भाव भी रहता है।

— ***प्रधानमंत्री श्री नरेन्द्र मोदी***

(26 जनवरी, 2016)

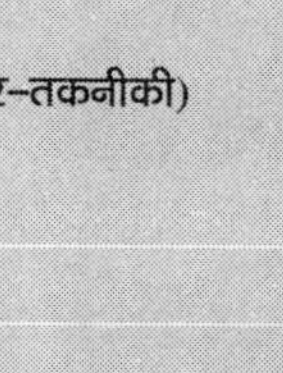

एनसीसी पदों के प्रमुख बैज
(Badges of NCC Ranks)

आधिकारिक पद

माध्यमिक विद्यालय पद

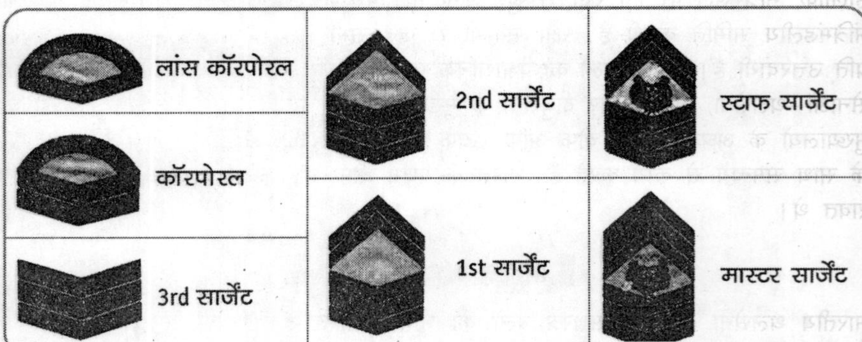

जूनियर कॉलेज/सीआई/पॉलिटेक्निक एवं आईटीई के पद

❖ ❖ ❖

2

रक्षा सेवाएँ
(Defence Services)

रक्षा नीति

भारत की रक्षा नीति का उद्देश्य विभिन्न देशों के साथ वार्तालाप और सहयोग द्वारा उपमहाद्वीप में शांति की स्थापना करना और साथ-ही-साथ रक्षा बलों को सुरक्षा की दृष्टि से आक्रमणों के खिलाफ आधुनिक हथियारों से लैस करना है।

सशस्त्र बल

सशस्त्र बलों की सर्वोच्च कमान राष्ट्रपति के पास निहित है। राष्ट्रीय सुरक्षा का उत्तरदायित्व, हालांकि, मंत्रिमंडल पर है। रक्षा से जुड़े सभी मुद्दों पर फैसले प्रधानमंत्री की अध्यक्षता वाली मंत्रिमंडलीय समिति करती है। रक्षा सेवाओं से जुड़े सभी मुद्दों के लिए रक्षा मंत्री संसद के प्रति उत्तरदायी हैं। सशस्त्र बलों का प्रशासनिक एवं परिचालन नियंत्रण रक्षा मंत्रालय और तीनों सेनाओं—थलसेना, नौसेना और वायुसेना के मुख्यालयों द्वारा किया जाता है। तीनों सेनाओं के मुख्यालयों के अध्यक्ष उनके चीफ ऑफ स्टाफ होते हैं जो चीफ ऑफ डिफेंस स्टाफ (CDS) के साथ समन्वय से कार्य करते हैं। भारत के प्रथम चीफ ऑफ डिफेंस स्टाफ जनरल बिपिन रावत थे।

भारतीय थल-सेना

भारतीय थलसेना, भारतीय सशस्त्र बलों का भूमि-आधारित और सबसे बड़ा घटक है। भारत के राष्ट्रपति इसके विधित कमांडर-इन-चीफ हैं जबकि इसका वास्तविक नेतृत्व रक्षामंत्री के पास होता है और इसकी कमान चीफ ऑफ आर्मी स्टॉफ (COAS) के हाथ में होती है जोकि एक चार-सितारा जनरल होता है। भारतीय थल सेना का जन्म ईस्ट इंडिया कंपनी की सेना से हुआ जो बाद में ब्रिटिश भारतीय सेना और आजादी के पश्चात् राष्ट्रीय सेना बनी। भारतीय सेना की इकाइयों और रेजिमेंटों के विविध इतिहास हैं और इन्होंने दुनिया भर में विभिन्न युद्ध और अभियानों में भाग लिया है तथा अनेक सम्मान प्राप्त किये हैं।

भारतीय सेना का प्राथमिक उद्देश्य राष्ट्रीय सुरक्षा और अखंडता सुनिश्चित करना है जिसके लिए यह बाहरी आक्रमणों और संभावित खतरों से देश की रक्षा करती है और सीमाओं के भीतर शांति और सुरक्षा कायम रखती है। यह प्राकृतिक आपदाओं और अन्य गड़बड़ियों के समय 'ऑपरेशन सूर्या होप' जैसे मानवीय बचाव अभियानों का आयोजन करती है और

इसकी माँग सरकार द्वारा आंतरिक खतरों से निपटने के लिए भी की जा सकती है। यह भारतीय नौसेना और वायुसेना के साथ-साथ राष्ट्रीय शक्ति का एक मुख्य घटक है। थल सेना पड़ोसी देश पाकिस्तान के साथ चार और चीन के साथ एक युद्ध में शामिल रही है। सेना द्वारा चलाए गए अन्य प्रमुख अभियानों में ऑपरेशन विजय, ऑपरेशन मेघदूत और ऑपरेशन कैक्टस हैं। लड़ाइयों के अतिरिक्त सेना ने कई बड़े शांति कालीन अभ्यासों जैसे—'ऑपरेशन ब्रॉसटैक्स' और 'शूरवीर अभ्यास' का संचालन किया है और कई संयुक्त राष्ट्र शांति अभियानों में सक्रिय सदस्य के रूप में भाग लिया है जिनमें साइप्रस, लेबनान, कांगो, अंगोला, कंबोडिया, वियतनाम, नामीबिया, अल-साल्वाडोर, लाइबेरिया, मोजाम्बिक और सोमालिया अभियान शामिल हैं।

रक्षा सेवाओं में कमीशंड रैंक

थलसेना	नौसेना	वायु सेना
* जनरल	एडमिरल	एयर चीफ मार्शल
* लेफ्टिनेंट जनरल	वाइस एडमिरल	एयर मार्शल
* मेजर जनरल	रीयर एडमिरल	एयर वाइस मार्शल
* ब्रिगेडियर	कोमोडोर	एयर कोमोडोर
* कर्नल	कैप्टेन	ग्रुप कैप्टेन
* लेफ्टिनेंट कर्नल	कमांडर	विंग कमांडर
* मेजर	लेफ्टिनेंट कमांडर	स्क्वैड्रन लीडर
* कैप्टेन	लेफ्टिनेंट	फ्लाइट लेफ्टिनेंट
* लेफ्टिनेंट	सब–लेफ्टिनेंट	फ्लाइंग ऑफिसर

नॉन–कमीशंड और जूनियर कमीशंड रैंक

थलसेना	नौसेना	वायु सेना
* सूबेदार मेजर	मास्टर चीफ पैटी ऑफिसर-I	मास्टर वारंट ऑफिसर
* सूबेदार	मास्टर चीफ पैटी ऑफिसर-II	वारंट ऑफिसर
* नाइक सूबेदार	चीफ पैटी ऑफिसर	जूनियर वारंट ऑफिसर
* हवलदार	पैटी ऑफिसर	सार्जेंट
* नायक	लीडिंग सेलर-I	कॉरपोरल
* लांस नायक	लीडिंग सेलर-II	लीडिंग एयरक्राफ्ट्समैन
* जवान	सेलर	एयरक्राफ्ट्समैन

भारतीय थलसेना में रेजिमेंट प्रणाली प्रचलित है किंतु संचालन और भौगोलिक दृष्टि से इसे 7 कमांडो में बाँटा गया है, जिसमें बुनियादी क्षेत्र गठन एक डिवीजन द्वारा होता है। यह एक पेशेवर बल है जो देश के सक्रिय रक्षा कर्मियों का 80% से अधिक भाग है। यह विश्व की सर्वाधिक विशाल स्थायी सेनाओं में से एक है जिसमें 12,48,000 (अप्रैल, 2025 तक) सक्रिय सैनिक और 9,00,000 आरक्षी सैनिक हैं। सेना ने एक सेना-आधुनिकीकरण कार्यक्रम आरंभ किया है जो F-INSAS कहलाता है, और यह अपनी बख्तरबंद तोपखाना एवं विमानन शाखाओं के लिए नई सामग्री मंगवा रही है।

भारतीय सेना की विभिन्न रेजिमेंट इस प्रकार हैं :

1. गार्ड ब्रिगेड
2. पैराशूट रेजिमेंट
3. मैकेनाइज्ड इंफैंटरी रेजिमेंट
4. पंजाब रेजिमेंट
5. मद्रास रेजिमेंट
6. द ग्रेनेडियर्स
7. मराठा लाइट इंफैंटरी
8. राजपूताना राइफल्स
9. राजपूत रेजिमेंट
10. जाट रेजिमेंट
11. सिख रेजिमेंट
12. सिख लाइट इंफैंटरी
13. डोगरा रेजिमेंट
14. द गढ़वाल राइफल्स
15. कुमाऊँ रेजिमेंट
16. आसाम रेजिमेंट
17. बिहार रेजिमेंट
18. महार रेजिमेंट
19. जम्मू और कश्मीर राइफल्स
20. जम्मू और कश्मीर लाइट इंफैंटरी
21. नागा रेजिमेंट
22. 1 गोरखा राइफल्स (द मलाऊँ रेजिमेंट)
23. 3 गोरखा राइफल्स
24. 4 गोरखा राइफल्स
25. 5 गोरखा राइफल्स (फ्रंटियर फोर्स)
26. 8 गोरखा राइफल्स
27. 9 गोरखा राइफल्स
28. 11 गोरखा राइफल्स
29. लद्दाख स्काउट्स
30. राष्ट्रीय राइफल्स
31. अरुणाचल स्काउट्स

आर्टिलरी रेजिमेंट (Artillery Regiments)

आर्टिलरी रेजिमेंट भारतीय सेना का एक दुर्जेय परिचालन अंग है। ऐतिहासिक रूप से इसकी शुरूआत के लिए मुगल सम्राट बाबर को इसका श्रेय दिया जाता है जिसने सन् 1526 में पानीपत की पहली लड़ाई में इसका प्रयोग किया था। हालांकि इससे पहले भी सन् 1368 में अदोनी की लड़ाई में बहमनी राजाओं द्वारा और पंद्रहवीं शताब्दी में गुजरात के राजा मोहम्मद शाह द्वारा भी बंदूक के प्रयोग के प्रमाण मिलते हैं।

बख्तरबंद रेजिमेंट (Armoured Regiments)

भारतीय सेना में 67 बख्तरबंद रेजिमेंट हैं। इसमें 19वीं शताब्दी और उससे भी पुरानी ऐतिहासिक रेजिमेंट सम्मिलित हैं। आजादी के बाद कई अतिरिक्त इकाइयों को 'कैवेलरी' अथवा 'बख्तरबंद' रेजिमेंट के रूप में नामित किया गया है।

गठन एवं संरचना

थल सेना में लगभग 14 लाख सैन्य कर्मी और 40 डिवीजन हैं। इसका मुख्यालय नई दिल्ली में है और यह चीफ ऑफ आर्मी स्टॉफ के समग्र आदेश के अधीन कार्य करता है। प्रारंभ में सेना का मुख्य उद्देश्य देश की सीमाओं की रक्षा करना तय किया गया था। पिछले कुछ वर्षों में सेना ने देश की आंतरिक सुरक्षा की जिम्मेदारी भी निभाई है, विशेषकर आतंक-ग्रस्त कश्मीर और पूर्वोत्तर भारत में। हाल ही में सीमा पर चीनी सैनिकों की बढ़ती उपस्थिति को देखते हुए सेना की ताकत 90,000 से अधिक सैनिकों द्वारा बढ़ाने का प्रस्ताव किया गया है।

भारतीय सेना की बुनियादी संरचना इस प्रकार है :

* **डिवीजन** : प्रत्येक डिवीजन मेजर जनरल रैंक के जनरल ऑफिसर कमांडिंग (GOC) के नेतृत्व में कार्य करती है। इसमें प्रायः 15,000 लड़ाकू सैनिक और 8,000 सहायक तत्व होते हैं। प्रत्येक डिवीजन में कई ब्रिगेड होती हैं।
* **ब्रिगेड** : एक ब्रिगेड में करीब 3,000 लड़ाकू सैनिक और सहायक तत्व होते हैं। प्रत्येक ब्रिगेड एक ब्रिगेडियर के नेतृत्व में कार्य करती है। एक ब्रिगेड में कई बटालियन होती हैं।
* **बटालियन** : एक बटालियन में 900 से अधिक लड़ाकू सैनिक होते हैं। इसका नेतृत्व एक कर्नल द्वारा किया जाता है। यह सेना की मुख्य लड़ाकू इकाई होती है। एक बटालियन में कई कंपनी होती हैं।
* **कंपनी** : एक कंपनी में 120 सैनिक होते हैं। इसका नेतृत्व मेजर अथवा कैप्टेन द्वारा किया जाता है। एक कंपनी में कई प्लाटून होती हैं।
* **प्लाटून** : एक प्लाटून में प्रायः 32 सैनिक होते हैं। इसका नेतृत्व कैप्टेन अथवा लेफ्टिनेंट द्वारा किया जाता है, कभी-कभी सूबेदार (JCO) भी इसका नेतृत्व करते हैं। एक प्लाटून में कई सेक्शन होते हैं।
* **सेक्शन** : यह सेना की 10 सैनिकों वाली सबसे छोटी इकाई होती है। इसका नेतृत्व हवलदार अथवा सार्जेंट द्वारा किया जाता है जो एक नॉन-कमीशंड अधिकारी होता है।

कमांड

सेना की 6 परिचालन एवं एक प्रशिक्षण कमांड है। प्रत्येक कमांड का नेतृत्व लेफ्टिनेंट जनरल रैंक का जनरल ऑफिसर कमांडिंग-इन-चीफ करता है। प्रत्येक कमांड नई दिल्ली स्थित सेना मुख्यालय से सीधे संबद्ध होती है।

कोर

एक कोर एक कमांड क्षेत्र के भीतर एक सैन्य क्षेत्र-गठन होती है। भारतीय सेना में तीन प्रकार की कोर होती हैं : टकराव वाली, थामनेवाली और मिश्रित। एक कमांड में प्रायः दो या अधिक कोर होती हैं। एक कोर के अंतर्गत कई सेना प्रभाग होते हैं। एक कोर मुख्यालय किसी क्षेत्र की सर्वोच्च सैन्य संरचना होती है।

रेजिमेंटल संगठन

यह विशिष्ट सेना कार्यों के लिए समर्पित कार्यकारी विभाग होते हैं। भारतीय थल सेना में कई बटालियन हैं जो कोर ऑफ इंजीनियर्स, आर्मी मेडिकल कोर अथवा आर्मी सर्विस कोर जैसी विभिन्न विभागीय इकाइयों से सम्बद्ध होती हैं। यह अंशकालिक रिजर्व के रूप में कार्य करती हैं।

रेजिमेंटल अंग

- इंडियन इंफैंटरी रेजिमेंट
- आर्म्ड कोर रेजिमेंट
- रेजिमेंट ऑफ आर्टिलरी
- कोर ऑफ सिग्नल्स
- कोर ऑफ इंजीनियर्स
- मैकेनाइज्ड इंफैंटरी
- आर्मी एविएशन कोर
- कोर ऑफ आर्मी एयर डिफेंस

मिलिटरी ट्रेनिंग केन्द्र

- नेशनल डिफेंस एकेडमी, खड़गवासला, पुणे
- इंडियन मिलिटरी एकेडमी, देहरादून
- राष्ट्रीय इंडियन मिलिटरी कॉलेज, देहरादून
- नेशनल डिफेंस कॉलेज, नई दिल्ली
- डिफेंस सर्विसेज स्टॉफ कॉलेज, वेलिंगटन.
- आर्म्ड फोर्सेज मेडिकल कॉलेज, पुणे
- ऑफिसर्स ट्रेनिंग स्कूल, चेन्नई
- कॉलेज ऑफ कॉम्बैट, मऊ
- आर्म्ड कोर सेंटर एंड स्कूल, अहमद नगर
- इंफैंटरी स्कूल्स, मऊ एवं बेलगाम
- स्कूल ऑफ आर्टिलरी, देवलाली
- कॉलेज ऑफ मिलिटरी इंजीनियरिंग, किरकी
- मिलिट्री कॉलेज ऑफ टेलिकम्यूनिकेशन इंजीनियरिंग, मऊ
- कॉलेज ऑफ डिफेंस मैनेजमेंट, सिकंदराबाद
- आर्मी कैडेट कॉलेज, देहरादून
- आर्मी ऑर्डिनेंस कोर स्कूल, जबलपुर
- आर्मी सर्विस कोर, बरेली
- ईएमई स्कूल, वडोदरा
- मिलिटरी कॉलेज ऑफ इलेक्ट्रॉनिक्स एंड मैकेनिकल इंजीनियरिंग, सिकंदराबाद

नेशनल डिफेंस कॉलेज, नई दिल्ली

कॉलेज ऑफ कॉम्बैट, मऊ

नेशनल डिफेंस एकेडमी, खड़गवासला, पुणे

आर्म्ड फोर्सेज मेडिकल कॉलेज, पुणे

इंडियन मिलिटरी एकेडमी, देहरादून

आर्मी स्कूल ऑफ फिज़ीकल ट्रेनिंग, पुणे

हाई एल्टीट्यूड वॉरफेयर स्कूल, गुलमर्ग

* रिमाउंट एंड वेटरीनरी कोर सेंटर स्कूल, मेरठ
* आर्मी एजुकेशन कॉर्प्स ट्रेनिंग कॉलेज एंड सेंटर, पंचमढ़ी
* आर्मी/एयर ट्रांसपोर्ट सपोर्ट स्कूल, आगरा
* आर्मी स्कूल ऑफ फिजीकल ट्रेनिंग, पुणे
* आर्मी क्लकर्स ट्रेनिंग स्कूल, संभाजी नगर (औरंगाबाद)
* हाई आल्टिट्यूड वारफेयर स्कूल, गुलमर्ग
* मिलिटरी इंटैलिजेंस ट्रेनिंग स्कूल एंड डिपो, पुणे
* आर्मी स्कूल ऑफ मैकेनिकल ट्रांसपोर्ट, बेंगलुरु
* कॉर्प्स ऑफ मिलिटरी पुलिस सेंटर एंड स्कूल, बेंगलुरु
* काउंटर इंसर्जेंसी एंड जंगल वारफेयर स्कूल, वारंगल
* इंस्टीट्यूट ऑफ नेशनल इंटीग्रेशन, पुणे
* आर्मी मेडिकल कोर सेंटर एंड स्कूल, लखनऊ

राष्ट्रीय मिलिट्री स्कूल, बेंगलुरु

सेवाएँ

नाम	केन्द्र
आर्मी डेंटल कोर	लखनऊ
आर्मी एजुकेशन कोर	पंचमढ़ी
आर्मी मेडिकल कोर	लखनऊ/पुणे
आर्मी आर्डनांस कोर	जबलपुर और सिकंदराबाद (मुख्यालय)
आर्मी पोस्टल सर्विस कोर	कैम्प्टी (निकट नागपुर)
आर्मी सर्विस कोर	बेंगलुरु
कोर ऑफ इलैक्ट्रॉनिक्स एंड मैकेनिकल इंजीनियर्स	सिकंदराबाद
कोर ऑफ मिलिटरी पुलिस	बेंगलुरु
इंटैलिजेंस कोर	पुणे
जज एडवोकेट जनरल्स डिपार्टमेंट	नागपुर
मिलिटरी फार्म्स सर्विस	मेरठ कैंट
मिलिटरी नर्सिंग सर्विस	पुणे और लखनऊ
रिमाउंट एंड मिलिटरी कोर	मेरठ
पॉयनियर कोर	बेंगलुरु

भारतीय नौसेना

भारतीय नौसेना भारत की सशस्त्र सेनाओं की जलीय शाखा है। भारत का राष्ट्रपति नौसेना का कमांडर-इन-चीफ है। नौसेना प्रमुख जो एक एडमिरल रैंक का चार-सितारा अधिकारी होता है, नौसेना का नेतृत्व करता है। भारतीय नौसेना का उद्‌गम 17वीं शताब्दी की ईस्ट इंडिया कंपनी की 'मैरीन' से हुआ। बाद में इसे 'रॉयल इंडियन नेवी' नाम दिया गया, जो 1950 में बदला गया। 17वीं शताब्दी के मराठा सम्राट छत्रपति शिवाजी को भारतीय नौसेना का जनक माना जाता है। नौसेना मुख्यालय नई दिल्ली में है।

नौसेना का प्राथमिक उद्देश्य देश की समुद्री सेनाओं की रक्षा करना है। भारत इसका प्रयोग आपदा राहत, संयुक्त अभ्यास, बंदरगाहों का दौरा और मानवीय मिशनों के माध्यम से अंतर्राष्ट्रीय संबंधों को सुदृढ़ बनाने में भी करता है। हाल के वर्षों में नौसेना ने अपने पुराने उपकरणों का आधुनिकीकरण किया है जिसे इसकी हिंद महासागर और नौसेना गतिविधियों के क्षेत्र में अपनी क्षमताओं का विकास करने की दिशा में महत्वपूर्ण अभियान माना जाता है। 2024 की स्थिति के अनुसार, भारत के पास 70,000 से अधिक नौसेना कर्मियों की शक्ति-सहित एक बड़ा परिचालन बेड़ा है जिसमें एक विमानवाहक पोत, एक जल-थल परिवहन गोदी, 4 लैंडिंगशिप टैंक, 13 विध्वंसक, 18 जंगी जहाज, एक परमाणु-पनडुब्बी, 17 पारंपरिक पनडुब्बी, 22 वाहक जहाज, 4 टैंकर और विभिन्न सहायक जहाज हैं।

भारतीय नौसेना के पोतों के नाम इस प्रकार है—INS नीलगिरी, INS हिमगिरी, INS उदयगिरी, INS दूनगिरी, INS तारागिरी, INS विन्ध्यगिरी, INS रणवीर, INS गंगा, INS तीर, INS शिशुमार और शंकुल, INS सिन्धुघोष और सिन्धुध्वज, INS चीता, INS खुखरी, INS विक्रमादित्य और INS विक्रांत आदि।

कमान और संगठन

भारतीय नौसेना तीन कमानों का संचालन करती है। प्रत्येक कमान का नेतृत्व एक वाइस एडमिरल रैंक का अधिकारी करता है। पूर्वी एवं पश्चिमी कमान में प्रत्येक में एक बेड़े की कमान एक रीयर एडमिरल के हाथ में है और प्रत्येक में एक कोमोडोर पनडुब्बियों की कमान संभालता है। दक्षिणी कमान का नेतृत्व फ्लैग ऑफिसर, समुद्री प्रशिक्षण के पास है।

इसके अतिरिक्त भारतीय नौसेना, थलसेना, वायुसेना और तटरक्षक बल की एक एकीकृत कमान सन् 2001 में अंडमान और निकोबार द्वीप समूह पर स्थापित की गई जिसका मुख्यालय श्री विजय पुरम (पोर्ट ब्लेयर) में है।

वर्तमान भूमिका

वर्तमान में भारतीय नौसेना की प्रमुख भूमिका इस प्रकार है :

* अन्य सशस्त्र बलों के सामंजस्य से, युद्ध और शांति दोनों समय में भारत के लोगों और समुद्री हितों के खिलाफ किसी भी खतरे अथवा आक्रमण को रोकना व हराना।
* भारतीय तटरक्षक बल के सहयोग द्वारा भारत के समुद्री क्षेत्र में व्यवस्था और स्थिरता कायम रखना।
* भारत के समुद्री पड़ोस में आपदा-राहत समेत समुद्री मदद देना।

नौसेना प्रशिक्षण संस्थान

नौसेना के कर्मियों और सामान्य सेवा अधिकारियों की मुख्य प्रशिक्षण इकाइयाँ और संस्थान कोच्चि में स्थित हैं। यह इकाइयाँ तोपखाना, नेविगेशन, पनडुब्बी-रोधी युद्ध, संचार, विमानन आदि का प्रशिक्षण प्रदान करती हैं। इसके अन्य मुख्य प्रशिक्षण संस्थान हैं :

* **नौसेना एकेडमी, गोआ :** नौसेना कैडेटों और सभी शाखाओं के सीधे-प्रवेश वाले अधिकारियों का बुनियादी प्रशिक्षण।
* **आइएनएस चिल्का, ओडिशा :** नाविकों आदि को बुनियादी प्रशिक्षण।
* **आइएनएस शिवाजी, लोनावला :** तकनीकी अधिकारियों का बुनियादी प्रशिक्षण, सभी इंजीनियरिंग ब्रांच के अधिकारियों, नाविकों आदि का विशिष्ट प्रशिक्षण।
* **आइएनएस वालसुरे, जामनगर :** विद्युत ब्रांच अधिकारियों और नाविकों आदि का विशिष्ट प्रशिक्षण।
* **आइएनएस सातवाहन, विशाखापत्तनम :** सभी अधिकारियों और नाविकों को पनडुब्बी प्रशिक्षण।
* **आइएनएस हमला, मुम्बई :** S एंड S ब्रांच के सभी अधिकारियों और नाविकों को पनडुब्बी प्रशिक्षण।
* **आइएनएस कुंजली, मुम्बई :** रेगुलेटिंग ब्रांच प्रशिक्षण।
* **आइएनएस अश्विनी, मुम्बई :** चिकित्सा सहायता प्रशिक्षण।
* **आइएनएस अग्रणी, कोयम्बटूर :** वरिष्ठ नाविकों को प्रबंधन एवं नेतृत्व प्रशिक्षण।

भारतीय वायु सेना

भारतीय वायु सेना, भारतीय सशस्त्र बलों का हवाई अंग है। इसकी प्राथमिक जिम्मेदारी भारतीय हवाई क्षेत्र की सुरक्षा और संघर्ष के समय हवाई युद्ध को अंजाम देना है। आधिकारिक रूप से इसकी स्थापना 8 अक्टूबर, 1932 को ब्रिटिश साम्राज्य की सहायक वायु सेना के रूप में हुई और द्वितीय विश्व युद्ध के दौरान इसकी सेवाओं के सम्मान स्वरूप 1945 में इसके साथ 'रॉयल' शब्द जोड़ा गया। 1947 में भारत की आजादी के समय इसे 'रॉयल इंडियन एयर फोर्स' के नाम से जाना जाता था। सन् 1950 में जब भारत एक गणराज्य बना तो इसके नाम से 'रॉयल' शब्द हटा दिया गया। आजादी के पश्चात् यह पाकिस्तान के साथ तीन और चीन के

साथ हुए एक युद्ध में सक्रिय भाग ले चुकी है। भारतीय वायु सेना के प्रमुख अभियानों में ऑपरेशन विजय, गोआ का विलय, ऑपरेशन मेघदूत, ऑपरेशन कैक्ट्स और ऑपरेशन पूमालाई शामिल है। युद्ध-अभियानों के अलावा भारतीय वायु सेना संयुक्त राष्ट्र शांति अभियानों में भी एक सक्रिय भागीदार रही है।

संरचना

भारत के राष्ट्रपति सभी भारतीय सशस्त्र बलों के सर्वोच्च कमांडर हैं और इस प्रकार वे भारतीय वायुसेना के भी सर्वोच्च कमांडर हैं। एयर चीफ मार्शल की रैंक के साथ चीफ ऑफ स्टाफ, भारतीय वायु सेना के कमांडर हैं। एयर मार्शल रैंक के 6 अधिकारी उनकी सहायता करते हैं, ये हैं :

* वाइस चीफ ऑफ एयर स्टाफ
* डिप्टी चीफ ऑफ एयर स्टाफ
* एयर ऑफिसर इंचार्ज ऑफ पर्सनल
* एयर ऑफिसर इंचार्ज ऑफ मेंटेनेंस
* डायरेक्टर जनरल ऑफ इंस्पेक्शन एंड फ्लाइट सेफ्टी

कमान

भारतीय वायु सेना को पाँच परिचालन एवं दो कार्यात्मक कमानों में बाँटा गया है। प्रत्येक कमान का नेतृत्व एयर मार्शल रैंक के अधिकारी द्वारा किया जाता है जिसे एयर ऑफिसर कमांडिंग-इन-चीफ कहा जाता है। एक परिचालन कमान का उद्देश्य अपनी जिम्मेदारी के क्षेत्रों में सैन्य अभियानों का संचालन करना है जबकि एक कार्यात्मक कमान का उद्देश्य युद्ध के लिए तैयारी से है। बेंगलुरु में प्रशिक्षण कमान के साथ प्राथमिक उड़ान प्रशिक्षण केन्द्र वायुसेना एकेडमी, हैदराबाद में है, जबकि कार्यात्मक प्रशिक्षण अन्य कई स्थानों पर दिया जाता है। बीदर, कर्नाटक और हाकिमपेट, आंध्रप्रदेश में भी उन्नत अधिकारी प्रशिक्षण संस्थान हैं। तकनीकी प्रशिक्षण कई अन्य स्थानों पर दिए जाते हैं।

परिचालन कमान

* सेंट्रल एयर कमांड (CAC), मुख्यालय – प्रयागराज, उत्तर प्रदेश
* ईस्टर्न एयर कमांड (EAC), मुख्यालय – शिलांग, मेघालय
* सदर्न एयर कमांड (SAC), मुख्यालय – तिरूवनंतपुरम, केरल
* साउथ-वेस्टर्न एयर कमांड (SWAC), मुख्यालय – गाँधी नगर, गुजरात
* वेस्टर्न एयर कमांड (WAC), मुख्यालय – सुब्रोतो पार्क, नई दिल्ली

कार्यात्मक कमान

- ट्रेनिंग कमांड (TC), मुख्यालय – बेंगलुरु, कर्नाटक
- मेंटेनेंस कमांड (MC), मुख्यालय – नागपुर, महाराष्ट्र

स्कंध (Wings)

एक विंग एक कमान और एक स्क्वैड्रन का मध्यवर्ती गठन है। यह प्रायः फॉरवर्ड बेस सपोर्ट यूनिट्स के साथ दो या तीन स्क्वैड्रनों और हेलिकॉप्टर यूनिट्स द्वारा बनता है। फॉरवर्ड बेस सपोर्ट यूनिट्स के पास अपनी कोई स्क्वैड्रन नहीं होती किंतु यह आम प्रचालनों के लिए पारगमन एयरबेस का कार्य करते हैं। युद्ध के समय, यह संपूर्ण एयरबेस के रूप में विभिन्न स्क्वैड्रनों को सेवाएँ दे सकते हैं। सबको मिलाकर 47 विंग्स और 19 एफबीएसयू भारतीय वायु सेना में हैं। विंग्स प्रायः ग्रुप कैप्टेन के नेतृत्व में कार्य करते हैं।

स्क्वैड्रन

स्क्वैड्रन प्रायः स्थिर स्थानों से संबद्ध फील्ड यूनिट और संरचनाएँ होती हैं। इस प्रकार एक फ्लाइंग स्क्वैड्रन एक एयर फोर्स स्टेशन की उप-इकाई होती है जो वायु सेना के प्राथमिक कार्यों को अंजाम देती है। सभी फाइटर स्क्वैड्रन विंग कमांडर रैंक के कमांडिंग ऑफिसर के नेतृत्व में कार्य करती हैं। कुछ ट्रांस्पोर्ट स्क्वैड्रन और हेलिकॉप्टर यूनिट ग्रुप कैप्टेन रैंक के कमांडिंग ऑफिसर के नेतृत्व में कार्य करती हैं।

फ्लाइट्स

फ्लाइट्स स्क्वैड्रनों की उप-विभाजन इकाई होती है और इनका नेतृत्व स्क्वैड्रन लीडर द्वारा किया जाता है। इस संरचनात्मक ढाँचे के साथ वायु सेना के दिन-प्रतिदिन संचालन की कई सेवा इकाइयाँ हैं, जो इस प्रकार हैं :

फ्लाइंग ब्रांच	तकनीकी ब्रांच	ग्राउंड ब्रांच
* फ्लाइंग * प्रशासन * मेडिकल एवं डेंटल	* इंजीनियरिंग * एकाउंट्स * मौसम विज्ञान	* लोजिस्टिक्स (रसद) * शिक्षा

कार्मिक

भारतीय वायुसेना की रैंक संरचना रॉयल एयर फोर्स पर आधारित है। वायुसेना में प्राप्य सर्वोच्च रैंक 'मार्शल ऑफ इंडियन एयर फोर्स (MIAF)' होता है जो युद्ध के समय असाधारण सेवा के लिए राष्ट्रपति द्वारा प्रदान की जाती है। अभी तक यह रैंक प्राप्त करने वाले एकमात्र अधिकारी अर्जन सिंह हैं। भारतीय वायुसेना का प्रमुख चीफ ऑफ एयर स्टाफ होता है और इसका रैंक एयर चीफ मार्शल का होता है।

एयरमैन (अग्निवीर वायु)

एक एयरमैन (अग्निवीर वायु) का यह कर्त्तव्य होता है कि वह वायुसेना के सभी हवाई व जमीनी अभियानों का संचालन सुचारू रूप से होना सुनिश्चित करे। वायु रक्षा प्रणालियों से

लेकर मिसाइलों को फिट करने तक वे एयरबेस की सभी गतिविधियों में शामिल रहते हैं और विभिन्न तकनीकी और गैर-तकनीकी कार्यों में मदद करते हैं।

मानद अधिकारी

सचिन तेंदुलकर प्रथम खिलाड़ी और गैर-विमानन पृष्ठभूमि के प्रथम भारतीय नागरिक हैं जिन्हें भारतीय वायुसेना द्वारा ग्रुप कैप्टेन की मानद रैंक से नवाजा गया है।

वायु सेना प्रशिक्षण केन्द्र

* एयरफोर्स एडमिनिस्ट्रेटिव कॉलेज, कोयम्बटूर
* एयरफोर्स एकेडमी, हैदराबाद
* एयरफोर्स टैक्निकल कॉलेज, जलहाली
* एयरफोर्स स्कूल, साम्बरा, बेलगाम
* फ्लाइंग इंस्ट्रक्टर्स स्कूल, तम्बाराम
* एयरफोर्स स्टेशन, बीदर
* एयरफोर्स स्टेशन, हाकिमपेट
* एयरफोर्स स्टेशन, येलहांका
* हेलिकॉप्टर ट्रेनिंग स्कूल, आवदी
* ग्राउंड ट्रेनिंग स्कूल, आवदी
* ग्राउंड ट्रेनिंग इंस्टीट्यूट, वडोदरा एवं बैरकपुर
* इंस्टिट्यूट ऑफ एविएशन मेडिसिन, बेंगलुरू
* पैराट्रूप्स ट्रेनिंग स्कूल, आगरा
* नेविगेशन एंड सिग्नल्स स्कूल, हैदराबाद
* कॉलेज ऑफ एयर वारफेयर, सिकंदराबाद

एयरफोर्स एकेडमी, हैदराबाद

सेना का इतिहास और महान युद्ध-नायक

सैन्य इतिहास एक अत्यंत महत्वपूर्ण एवं प्रेरणादायक विषय है। एक युद्ध का इतिहास पढ़ने से हमें उसके होने के कारणों, राजनीतिक निर्णयों, रणनीतियों, रणकौशलों, हथियारों और युद्ध के परिणामों के विषय में अनेक जानकारियाँ मिलती हैं। हम इनसे यह समझ सकते हैं कि युद्ध का कारण क्या था और किस कारण से अंततः युद्ध में जीत अथवा हार हुई। हमें युद्ध कर रही सेनाओं की शक्तियों और कमजोरियों के विषय में भी ज्ञान प्राप्त होता है। पूर्व युद्धों का अध्ययन व अनुभव हमें अपनी कमजोरियों से उबरने और भविष्य में अपने बचाव की बेहतर तैयारी करने के प्रति जागरूक बनाता है। आइए अब हम दो महान सेनानायकों (Generals) और भारतीय सेना के कुछ महान युद्ध-नायकों के विषय में जानकारी प्राप्त करें।

फील्ड मार्शल के.एम. करिअप्पा

अपने सम्बन्धियों में 'चिम्मा' और मित्रों में 'किप्पर' के नाम से लोकप्रिय कोडनडेरा मादप्पा करिअप्पा का जन्म 28 जनवरी, 1899 को कुर्ग, कर्नाटक में हुआ था। उन्होंने अपनी औपचारिक शिक्षा सेंट्रल हाई स्कूल, मादिकेरि और कॉलेज शिक्षा प्रेसिडेंसी कॉलेज, मद्रास (चेन्नई) में प्राप्त की।

करिअप्पा जाने-माने शिक्षाविदों की देख-रेख में पुस्तकों और नाटकों से समान रूप से जुड़कर बड़े हुए। वह एक सक्रिय खिलाड़ी थे और हॉकी और टेनिस जैसे खेल बड़े उत्साह के साथ खेलते थे। उन्हें संगीत भी प्रिय था और वह हाथ की सफाई (जादू) के भी शौकीन थे।

वह 1919 में किंग्स कमीशंड इंडियन ऑफिसर्स (KCIOs) में डेली कैडेट कॉलेज, इंदौर में भर्ती हुए और एक अस्थायी सेकंड लेफ्टिनेंट के रूप में नियुक्त किये गये। उन्हें स्थायी नियुक्ति 1922 में मिली और उनकी पदोन्नति लेफ्टिनेंट के रूप में 1923 में और कैप्टेन के रूप में 1927 में हुई। वह 37 (प्रिन्स ऑफ वेल्स) डोगरा के साथ मेसोपोटामिया (वर्तमान इराक) में सक्रिय सेवा में और बाद में सेकंड राजपूत लाइट इंफैंटरी (क्वीन विक्टोरिया की निजी सेना) में नियुक्त हुए जो उनका स्थायी रेजिमेंटल ठिकाना बन गयी। वह प्रथम भारतीय अधिकारी थे जिन्हें स्टॉफ कॉलेज, क्वेटा (1933) में प्रशिक्षण मिला था। 1938 में उनकी पदोन्नति मेजर के रूप में हुई।

करिअप्पा ने 1941-42 में इराक, सीरिया और ईरान में और 1943-44 में बर्मा (म्यांमार) में सेवाएं दीं। उन्होंने अपने सैन्य जीवन के कई वर्ष वजीरिस्तान में गुजारे। वह प्रथम भारतीय अधिकारी थे जिन्हें एक यूनिट की कमान सौंपी गई थी। 1942 में कमान प्राप्त होने पर उन्होंने 26 डिवीजन में स्वेच्छा से सेवाएँ दीं, जहाँ उन्होंने बर्मा (म्यांमार) से जापानियों को खदेड़ने का कार्य किया और इसके लिए उन्हें 'ऑर्डर ऑफ ब्रिटिश अम्पायर' (OBE) से नवाजा गया।

1946 में उन्हें फ्रंटियर ब्रिगेड ग्रुप के ब्रिगेडियर के रूप में पदोन्नत किया गया। इसी दौरान कर्नल अय्यूब खान, जो बाद में पाकिस्तान के फील्ड मार्शल और राष्ट्रपति (1962-69) भी बने, ने उनके नेतृत्व में कार्य किया था।

करिअप्पा ऐसे प्रथम भारतीय थे जिन्हें 1947 में इंपीरियल डिफेंस कॉलेज, केम्बरली, ब्रिटेन में युद्ध के उच्च-आयामों पर प्रशिक्षण के लिए चुना गया था।

भारत के विभाजन के कष्टदायी समय पर उन्होंने सेना और उसकी संपत्ति के बँटवारे को बड़े सौहार्दपूर्ण और व्यवस्थित तरीके से अंजाम दिया। उस समय वह विभाजन-प्रक्रिया की देखरेख के भारतीय प्रभारी अधिकारी थे।

स्वतंत्र भारत में करिअप्पा को मेजर जनरल की रैंक के साथ डिप्टी चीफ ऑफ जनरल स्टाफ नियुक्त किया गया। लेफ्टिनेंट जनरल पद पर अपनी पदोन्नति के साथ वह ईस्टर्न आर्मी कमांडर बन गए। 1947 में पाकिस्तान के साथ युद्ध छिड़ने पर उन्हें जनरल ऑफिसर कमांडिंग-इन-चीफ, वेस्टर्न कमांड बना दिया गया और उन्होंने जोजिला, द्रास और कारगिल को दोबारा हासिल करने के अभियानों का निर्देशन किया और लेह के साथ पुनः मार्ग को

जोड़ा। यह सब करने में उन्होंने असाधारण शौर्य का प्रदर्शन किया और भारी विषमताओं के बावजूद सेनाओं द्वारा अंततः भारत की जीत सुनिश्चित की।

जब उन्हें 15 जनवरी, 1949 को भारत की स्वतंत्र सेना के प्रथम कमांडर-इन-चीफ के रूप में नियुक्त किया गया तो उन्होंने सेनाओं के एकीकरण और शाही सेना को राष्ट्रीय सेना में बदलने; ब्रिगेड ऑफ गार्ड्स और पैराशूट रेजिमेंट्स को अखिल भारतीय जाति संरचना में बनाने; और नेशनल कैडेट कोर (NCC) और टैरिटोरियल आर्मी (TA) बनाने में नियमित सेना के प्रयोग द्वारा महत्वपूर्ण भूमिका निभाई।

सेना में करिअप्पा का कैरियर प्रगति की एक सतत् गाथा है जिसमें उन्हें कई क्षेत्रों में प्रथम व्यक्ति होने का दुर्लभ गौरव प्राप्त है; वह :

- प्रथम भारतीय थे जिन्हें मात्र 19 वर्ष की आयु में सेना में नियुक्ति मिली।
- प्रथम भारतीय कैडेट थे जिन्हें डेली कैडेट कॉलेज, इंदौर में नियुक्ति मिली।
- प्रथम भारतीय ब्रिगेडियर थे।
- प्रथम भारतीय थे जिन्हें इंपीरियल डिफेंस कॉलेज, इंग्लैंड में प्रवेश मिला।
- प्रथम भारतीय अधिकारी थे जिन्हें स्टाफ कॉलेज, क्वेटा में प्रवेश मिला।
- 1947 में प्रथम भारतीय मेजर जनरल बने थे।
- प्रथम भारतीय चीफ ऑफ स्टाफ थे।

भारतीय सेना के साथ उनका संबंध 29 वर्षों की निरंतर अवधि का था जिसमें उनके पास स्टाफ और कमांड का व्यापक अनुभव था। 1953 में भारतीय सेना से सेवानिवृत्ति के पश्चात् उन्होंने 1956 तक ऑस्ट्रेलिया और न्यूजीलैंड में भारतीय उच्चायुक्त की गरिमामय भूमिका निभाई।

सार्वजनिक सेवा से सेवानिवृत्ति के पश्चात् करिअप्पा मादिकेरि में अपने निवास 'रोशनआरा' में बस गए। वह अपने आस-पास की हरियाली और वातावरण से बहुत प्रेम करते थे। वह सादगी और सम्मान का जीवन जिये, जो कि एक श्रेष्ठ मनुष्य की सही पहचान है। उन्होंने अपने खाली समय का एक बड़ा भाग लोगों को स्वच्छता, प्रदूषण नियंत्रण और अन्य सामाजिक विषयों पर शिक्षित करने में व्यतीत किया। 1962, 1965 और 1971 के युद्धों के समय वह सीमाओं पर जाकर भारतीय सैनिकों से मिले और उनका मनोबल बढ़ाया।

करिअप्पा ने कई अन्य देशों में भी सैनिक बलों के पुनर्गठन में सक्रिय भाग लिया। वह काफी सक्रिय व्यक्ति थे और उन्होंने चीन, जापान, अमेरिका, इंग्लैंड, कनाडा और अनेक यूरोपीय देशों की यात्राएँ कीं। उन्हें अमेरिकी राष्ट्रपति हैरी एस ट्रुमेन द्वारा 'ऑर्डर ऑफ चीफ कमांडर ऑफ द लिजिअन ऑफ मैरिट' से नवाजा गया। भारत सरकार द्वारा भी 1983 में उनके द्वारा अर्पित अनुकरणीय सेवाओं के लिए कृतज्ञता स्वरूप उन्हें 'फील्ड मार्शल' की रैंक से सम्मानित किया गया।

फील्ड मार्शल के.एम. करिअप्पा ने 15 मई, 1993 को बेंगलुरु में 94 वर्ष की आयु में अंतिम सांस ली। भारत हमेशा उनका ऋणी रहेगा।

फील्ड मार्शल सैम मानेकशॉ

'सैम बहादुर' के नाम से लोकप्रिय, सैम होरमुसजी फ्रामजी जमशेदजी मानेकशॉ का जन्म 3 अप्रैल, 1914 को अमृतसर, पंजाब में हुआ था। उन्होंने अपनी पढ़ाई अमृतसर और शेरवुड कॉलेज, नैनीताल में पूरी की। इसके पश्चात् उन्होंने 1 अक्टूबर, 1932 को इंडियन मिलिटरी एकेडमी (IMA), देहरादून के 40 कैडेटों के प्रथम बैच में स्थान प्राप्त किया। वह एकेडमी से दिसंबर 1934 में उत्तीर्ण हुए और भारतीय सेना में सेकंड लेफ्टिनेंट के पद पर नियुक्त हुए। उन्होंने कई रेजिमेंटल कार्यभार निभाए, वह पहले रॉयल स्काउट्स और तत्पश्चात् 12 फ्रंटियर फोर्स राइफल्स के साथ संबद्ध किये गये। द्वितीय विश्वयुद्ध के दौरान उन्होंने सितांग नदी पर बर्मा अभियान में भाग लिया और उन्हें लड़ाई के मैदान में ही अपनी बहादुरी के लिए सम्मानित किये जाने का दुर्लभ गौरव प्राप्त हुआ।

द्वितीय विश्वयुद्ध के समय वह बर्मा में आक्रमणकारी जापानी सेना के विरुद्ध एक जवाबी हमले का नेतृत्व कर रहे थे। वह जैसे ही अपने सैनिकों के साथ आगे बढ़े, एक जापानी सैनिक ने झाड़ियों से निकलकर अचानक उन पर गोली चला दी। गोली उनके पेट में लगी और वह गंभीर रूप से घायल हो गए, किंतु उन्होंने अपना जवाबी हमला जारी रखा। संयोगवश मेजर जनरल डी॰ टी॰ कोवान ने मानेकशॉ को जीवन की परवाह न करते हुए जापानियों के खिलाफ बहादुरी से लड़ते हुए देखा। अनहोनी की आशंका से उन्होंने स्वयं अपना मिलिट्री क्रॉस का रिबन यह कहते हुए मानेकशॉ के सीने पर लगा दिया कि "एक मृत व्यक्ति को मिलिट्री क्रॉस से सम्मानित नहीं किया जा सकेगा।"

जब मानेकशॉ बर्मा में अपने घातक जख्मों से उबर गए तो वह स्टाफ कॉलेज, क्वेटा में एक प्रशिक्षण के लिए गए और बाद में वहीं एक प्रशिक्षक के रूप में भी कार्य किया। इसके पश्चात् उन्हें जनरल स्लिम (बाद में फील्ड मार्शल) की 14वीं सेना में 12 फ्रंटियर फोर्स राइफल्स में बर्मा में नियुक्त किया गया। वह एक बार फिर जापानियों के साथ भीषण लड़ाई में शामिल हुए और दूसरी बार घायल हुए।

द्वितीय विश्वयुद्ध की समाप्ति के समय मानेकशॉ को जनरल डेजी के स्टाफ ऑफिसर के रूप में इंडो-चाइना युद्ध-क्षेत्र में भेजा गया जहाँ जापानियों के आत्म-समर्पण के पश्चात् उन्होंने 10,000 से अधिक युद्धबंदियों के पुनर्वास में मदद की। इसके पश्चात् वह 1946 में 6 महीने के व्याख्यान दौरे पर ऑस्ट्रेलिया गए और लौटने पर नई दिल्ली स्थित आर्मी मुख्यालय के मिलिटरी अभियान निदेशालय में प्रथम श्रेणी स्टाफ अधिकारी के रूप में सेवारत रहे।

सैम मानेकशॉ ने 1947 में विभाजन से संबंधित मुद्दों से निपटने में अपनी योजना और प्रशासन की महान क्षमता का परिचय दिया और इसके पश्चात् 1947-48 के जम्मू और कश्मीर अभियान में अपने युद्ध कौशल का सही उपयोग किया। एक इंफैंट्री ब्रिगेड की कमान के बाद उन्हें इंफैंट्री स्कूल का कमांडेंट बना दिया गया और वह 8 गोरखा राइफल्स और 61 कैवेलरी के कर्नल भी बने। उन्होंने जम्मू-कश्मीर की एक डिवीजन, पूर्वोत्तर की एक कोर और डिफेंस सर्विसेज स्टाफ कॉलेज (DSSC) के कमांडेंट का पदभार भी इसी बीच संभाला। ईस्टर्न कमांड के जनरल ऑफिसर कमांडिंग-इन-चीफ के रूप में उन्होंने नागालैंड की पेचीदा समस्या को

बखूबी संभाला और इसके लिए कृतज्ञता-स्वरूप देश ने 1968 में उन्हें पद्म भूषण से अलंकृत किया, जो भारत का तीसरा सर्वोच्च नागरिक सम्मान है।

पाकिस्तानी जनरल ए.के. नियाज़ी समर्पण के दस्तावेजों पर हस्ताक्षर करते हुए

सैम मानेकशॉ जून 1969 को जनरल कुमारमंगलम के स्थान पर चीफ-ऑफ-आर्मी स्टाफ (COAS) बने। उनका वर्षों का सैन्य अनुभव तब शीघ्र ही परीक्षा की कसौटी पर परखा गया जब हजारों की संख्या में शरणार्थी उस समय के पूर्वी पाकिस्तान से, पश्चिमी पाकिस्तान द्वारा उत्पीड़ित किये जाने के कारण, भारत में शरण लेने आने लगे। पहले से ही अस्थिर परिस्थितियाँ और बदतर हो गईं और दिसंबर 1971 में एक युद्ध के रूप में भड़क उठीं। सैन्य-कार्यवाही के दौरान मानेकशॉ ने अपनी सेनाओं को प्रेरित करने में असाधारण क्षमता का परिचय दिया और साथ ही युद्ध की एक परिपक्व रणनीति बनाई। नतीजतन, पाकिस्तान को बिना शर्त आत्मसमर्पण करना पड़ा और बांग्लादेश की स्थापना हुई।

थलसेनाध्यक्ष (COAS) के रूप में सैम मॉनेकशॉ की मुख्य उपलब्धियाँ :

- उन्होंने 1971 में सेना को एक सुनियोजित और बड़ी सफलतापूर्वक क्रियान्वित अभियान के लिए तैयार किया और पाकिस्तान को पराजित करके बांग्लादेश की स्थापना में मदद की।
- चीफ ऑफ स्टॉफ कमेटी के अध्यक्ष के रूप में उन्होंने थलसेना, नौसेना और वायुसेना को एक सुदृढ़ टीम का रूप दिया।
- 90,000 से अधिक पाकिस्तानी सैनिकों को युद्धबंदी बनाकर उन्होंने भारत के अनुकूल वार्ता के लिए रास्ता एकदम साफ कर दिया।

देश के लिए उनकी निःस्वार्थ सेवा के लिए उन्हें 1972 में पद्म-विभूषण से सम्मानित किया गया और 1 जनवरी, 1973 को उन्हें फील्ड मार्शल की मानद रैंक से भी नवाजा गया। इसके एक पखवाड़े के पश्चात् 15 जनवरी, 1973 को अपनी लगभग चार दशकों की गौरवशाली मिलिटरी सेवा पूरी करके सैम मानेकशॉ सेवानिवृत्त हो गए। अपने सेवाकाल में उन्होंने जो देश के लिए किया, उसके लिये देश उनका सदा ऋणी रहेगा।

मेजर सोमनाथ शर्मा

मेजर सोमनाथ शर्मा, भारत के सर्वोच्च वीरता पुरस्कार—परमवीर चक्र के सर्वप्रथम प्राप्तकर्ता थे। उन्हें यह पुरस्कार नवम्बर 1947 के कश्मीर अभियान में अदम्य वीरता के प्रदर्शन के लिए मरणोपरांत प्रदान किया गया। उन्होंने 1947-48 के भारत-पाक युद्ध के समय श्रीनगर हवाई अड्डे से घुसपैठियों और छापामारों को खदेड़ते वक्त वीरगति प्राप्त की थी। वह 4 कुमाऊँ रेजिमेंट से सम्बद्ध थे।

सोमनाथ का जन्म 31 जनवरी, 1923 को कांगड़ा, हिमाचल प्रदेश के दाध नामक स्थान पर हुआ था। वह एक जाने-माने सैन्य-परिवार से थे, उनके पिता मेजर जनरल अमरनाथ शर्मा

एक सैन्य अधिकारी थे जो सेना मेडिकल सर्विस से निदेशक पद से सेवानिवृत्त हुए थे। उनके एक भाई ले॰ जनरल सुरिंदर नाथ शर्मा सेना के इंजीनियर-इन-चीफ पद से सेवानिवृत्त हुए और उनकी बहन मेजर (डॉक्टर) कमला तिवारी हैं।

अपनी शिक्षा पूरी करने और सेना में चुन लिए जाने पर सोमनाथ शर्मा को 8वीं बटालियन, 19वीं हैदराबाद रेजिमेंट में नियुक्ति मिली। यह 12 फरवरी, 1942 की बात है जब भारतीय सेना ब्रिटिश इंडियन आर्मी के नाम से जानी जाती थी। बाद में उनकी नियुक्ति बटालियन-4, कुमाऊँ रेजिमेंट में हुई। उन्होंने द्वितीय विश्वयुद्ध के दौरान भी अराकान अभियान में लड़ाई में भाग लिया था।

31 अक्टूबर, 1947 को सोमनाथ शर्मा की कुमाऊँ रेजिमेंट की चौथी बटालियन की 'डी' कंपनी को विमान द्वारा श्रीनगर ले जाया गया। 3 नवम्बर, 1947 को उन्हें कश्मीर घाटी के बडगाम में संघर्षपूर्ण गश्त लगाने का आदेश मिला। सूचनानुसार पाकिस्तान के 700 आक्रमणकारियों का एक कबाइली लश्कर गुलमर्ग के रास्ते बडगाम में दाखिल हुआ था। उनकी कंपनी जल्दी ही तीन ओर से दुश्मन से घिर गई और उन्हें गोले बरसने से भारी नुकसान उठाना पड़ा। शर्मा ने महसूस किया कि उनके लिए उस जगह पर अपनी पकड़ बनाए रखना महत्वपूर्ण था क्योंकि यह स्थान यदि उनकी पकड़ से निकल जाता तो श्रीनगर शहर और हवाई अड्डा, दोनों ही, खतरे में पड़ जाते। भारी गोलीबारी और 'सात के लिए एक' जैसी कम संख्या में होने पर भी उन्होंने अपनी कंपनी को बहादुरी से मुकाबला करने के लिए प्रेरित किया और एक पोस्ट से दूसरी पोस्ट के बीच दौड़ते हुए स्वयं अपने-आपको भी प्रायः कई बार सीधे खतरे में डाला।

जब भारी क्षति के कारण उनकी कंपनी की गोली-बारी की क्षमता बुरी तरह प्रभावित होने लगी तो मेजर शर्मा ने, जिनका दाहिना हाथ पहले से ही जख्मी था, मैग्जीनों में कारतूस भरने का कार्य स्वयं अपने ऊपर ले लिया और वह उन्हें भर-भरकर स्वयं ही लाइट मशीनगनों को चलाने वालों को देने लगे। जब वह दुश्मन का मुकाबला करने के इस कार्य में पूर्ण व्यस्त थे तभी एक तोप का गोला उनके पास रखे गोला-बारूद पर आ गिरा और वह बुरी तरह से घायल हो गए।

उनके वीरगति को प्राप्त होने के कुछ क्षण पहले ब्रिगेड मुख्यालय द्वारा प्राप्त उनका अंतिम संदेश था, "दुश्मन हमसे 50 गज की दूरी पर है। हमारी संख्या उनसे बहुत कम है। हमारे ऊपर विनाशकारी आग बरस रही है। लेकिन मैं एक इंच भी पीछे नहीं हटूँगा और अपने आखिरी सैनिक और आखिरी गोली तक लड़ता रहूँगा।"

इस प्रकार मेजर शर्मा ने अपनी अपार वीरता का प्रदर्शन करते हुए अपने जीवन की आहुति देकर श्रीनगर और कश्मीर घाटी को पाकिस्तान के कब्जे में जाने से बचा लिया। इसके लिए उन्हें भारत का प्रथम परमवीर चक्र मरणोपरांत प्रदान किया गया।

सेकंड लेफ्टिनेंट अरुण खेत्रपाल

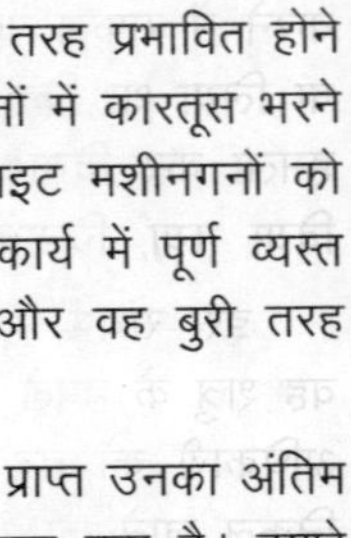

अरुण खेत्रपाल का जन्म 14 अक्टूबर, 1950 को पुणे, महाराष्ट्र में हुआ था। वह 1971 के भारत-पाक युद्ध में बसंतर की लड़ाई में वीरगति को प्राप्त हुए, जिसमें उनके असाधारण शौर्य प्रदर्शन के लिए उन्हें परमवीर चक्र प्रदान किया गया।

अरुण खेत्रपाल के पिता ब्रिगेडियर एम.एल. खेत्रपाल भारतीय सेना में सेवारत थे, जहाँ उनके परिवार का सैन्य सेवा का एक लम्बा इतिहास है। अरुण ने राष्ट्रीय रक्षा अकादमी (NDA) में 1967 में प्रवेश लिया था। जून, 1971 में वह 17 पूना हॉर्स में अधिकारी नियुक्त हुए।

1971 के युद्ध के दौरान, 17 पूना हॉर्स को भारतीय सेना की 47वीं इंफैंटरी ब्रिगेड की कमान में सौपा गया। 47वीं इंफैंटरी ब्रिगेड के लिए निर्धारित कार्यों में से एक, बसंतर नदी पर मोर्चाबंदी करना था। 15 दिसम्बर तक ब्रिगेड ने अपना लक्ष्य प्राप्त कर लिया था, यद्यपि वह क्षेत्र बारूदी सुरंगों से भरा पड़ा था। इंजीनियर्स से कुछ मदद लेकर 17 पूना हॉर्स ने बारूदी सुरंगों से पटे क्षेत्र से आगे बढ़ने का निर्णय लिया। उनकी रेजिमेंट अगले दिन सुबह होने तक शस्त्रागार और पैदल सेना में संपर्क स्थापित करवाने में सफल हो गई।

16 दिसम्बर को, अमेरिका-निर्मित 50-टन भार वाले पैटन टैंकों से लैस पाकिस्तान की 13 लांसर्स ने जरपाल में पूना हॉर्स की 'बी' स्क्वाड्रन पर धुएँ की आड़ लेकर हमला कर दिया। स्क्वाड्रन कमांडर ने तत्काल सहायता मंगवाने का संदेश भिजवाया। अरुण खेत्रपाल, जो पूना हॉर्स की 'ए' स्क्वाड्रन में थे अपने सेंचुरियन टैंक दस्ते के साथ एक निकट-स्थान पर तैनात थे, उनकी रेजिमेंट ने पूरी तत्परता से जवाब दिया। पहला हमला सफलतापूर्वक विफल कर दिया गया था। इसमें ले॰ कर्नल हानुत सिंह, उनके तेज-तर्रार सेनानायक अरुण खेत्रपाल और कई टैंक कमांडरों समेत हमारे टैंक दस्ते ने उत्कृष्ट प्रदर्शन किया।

अरुण खेत्रपाल अपने दस्ते का नेतृत्व करते हुए अपने टैंकों द्वारा शत्रु के हमले को विफल करने में सफल रहे थे और उन्होंने शत्रु की पैदल सेना और हथियारबंद दस्तों पर काबू भी पा लिया था किंतु पाकिस्तानी सेना पुनः संगठित होने में सफल हो गई और उन्होंने फिर से हमला कर दिया। इसके पश्चात् हुई टैंको की लड़ाई में, शत्रु के 10 टैंकों को ध्वस्त कर दिया गया, जिसमें से खेत्रपाल ने 4 टैंकों को नष्ट किया था।

इस संघर्ष में अंततः ले॰ अरुण खेत्रपाल को तब अपने प्राणों की आहुति देनी पड़ी जब वह शत्रु के हमले का शिकार बन गए। रेडियो पर उनके अंतिम शब्द, जो उन्होंने अपने वरिष्ठ अधिकारी को तब कहे थे जब उस अधिकारी ने उन्हें अपने जलते हुए टैंक को छोड़ कर निकल जाने का आदेश दिया था, "नहीं सर, मैं अपना टैंक नहीं छोड़ूँगा। मेरी तोप अभी काम कर रही है और इन कमीनों को मैं खत्म कर दूँगा।"

किन्तु शीघ्र ही उनके टैंक पर एक और हमला हुआ जो उनके लिए प्राणघातक सिद्ध हुआ। उन्होंने पाकिस्तानी सेना को उसके इरादों में सफल होने से रोकने में अपने प्राणों की आहुति देकर एक सर्वोच्च बलिदान का उदाहरण प्रस्तुत किया। उनके इस बलिदान के लिये यह देश सदा उनका ऋणी रहेगा।

मेजर शैतान सिंह

मेजर शैतान सिंह का जन्म 1 दिसम्बर, 1924 को जोधपुर, राजस्थान में हुआ था। वह लेफ्टिनेंट कर्नल हेमसिंह भाटी के पुत्र थे।

नवम्बर 1962 में मेजर शैतानसिंह 17,000 फुट की ऊँचाई पर चुशूल सेक्टर के रेजांगला में तैनात इंफैंटरी बटालियन की एक कम्पनी को कमांड कर रहे थे। यह इलाका मुख्य बचाव

क्षेत्र से अलग-थलग था और इसमें 5 पलटन-बचाव स्थान थे। 18 नवम्बर, 1962 को चीनी सेना ने बड़ी तादाद और कई क्रमिक हमलों द्वारा, जिनमें भारी तोपखाने, बारूद और छोटे हथियारों का प्रयोग किया गया, कंपनी क्षेत्र पर अचानक आक्रमण कर दिया। भारी बाधाओं के बावजूद हमारे सैनिकों ने शत्रु सेना के क्रमिक हमलों का मुँहतोड़ जवाब दिया। संघर्ष के समय मेजर शैतान सिंह ने कार्यवाही का संचालन प्रबलता से किया और कठिन परिस्थितियों में पड़ी पलटन-पोस्टों पर कार्य कर रहे अपने सैनिकों का मनोबल बनाए रखने के लिए एक पलटन-पोस्ट से दूसरी पर स्वयं बड़े जोखिम उठाकर दौड़ते रहे। ऐसा करते हुए वह गंभीर रूप से घायल भी हो गए, किंतु उन्होंने अपने सैनिकों का आत्मविश्वास बढ़ाना जारी रखा। सैनिकों ने भी, उनके साहसिक उदाहरण का अनुकरण करते हुए, बड़ी बहादुरी से मुकाबला किया और शत्रु सेना को भारी क्षति पहुँचाई। हमारे प्रत्येक सैनिक की जान के बदले दुश्मन ने अपने चार या पाँच सैनिकों की जान गँवाई। जब मेजर शैतान सिंह अपने बाजुओं और पेट के घावों के कारण अक्षम हो गए तो हमारे चंद बचे हुए सैनिकों ने उन्हें बचाकर निकालना चाहा, किंतु वो भारी मशीनगनों की गोलीबारी में घिर गए। तब मेजर शैतान सिंह ने सैनिकों को आदेश दिया कि वो उन्हें उनके हाल पर छोड़ दें और अपनी जान बचाएँ।

उनके आदेशानुसार सैनिकों ने उन्हें पहाड़ी के ढलान पर एक शिलाखण्ड के पीछे छिपा दिया। अपनी एकतरफा शुरुआत की तरह ही, चीनियों ने 21 नवंबर, 1962 को एकतरफा युद्धविराम भी घोषित कर दिया। इस संघर्ष में कुल 123 कुमाउँनी सैनिकों में से 109 वीरगति को प्राप्त हुए थे। जो 14 सैनिक जीवित बचे थे उनमें से भी 9 बुरी तरह से घायल थे। चीनी सेना के एक हजार से अधिक सैनिक मारे गए थे। युद्ध की समाप्ति पर मेजर शैतान सिंह का शव उसी स्थान पर पाया गया जहाँ उनकी मृत्यु गोलियों के जख्मों और जमा देने वाली ठंड के कारण हो गई थी। उनके शव को वायुयान द्वारा जोधपुर ले जाया गया। मेजर शैतानसिंह को मरणोपरांत उनके सर्वोच्च युद्धकालीन शौर्य, नेतृत्व और कर्त्तव्यपरायणता के लिए परमवीर चक्र प्रदान किया गया।

महत्वपूर्ण युद्ध एवं लड़ाइयाँ

ईसा पूर्व

* **हाइडेस्पीज की लड़ाई (326 ईसा पूर्व) :** झेलम नदी के तट पर सिकंदर की सेनाओं ने भारतीय राजा पोरस को पराजित किया।

* **सेल्युकस के खिलाफ युद्ध (305 ईसा पूर्व) :** सिकंदर द्वारा नियुक्त शासक सेल्युकस निकेटर को 305 ई.पू. में चंद्रगुप्त मौर्य ने पराजित किया और उसे अपने शासन क्षेत्र का त्याग करना पड़ा।

* **कलिंग का युद्ध (261 ईसा पूर्व) :** युद्ध में भारी खून-खराबे के बाद मौर्य राजा अशोक ने कलिंग के राजा को पराजित किया। रक्तपात ने अशोक का हृदय परिवर्तित कर दिया और वह बुद्ध की शरण में चला गया तथा शांति का प्रचार-प्रसार करने का कार्य करने लगा।

ईस्वी सन्

* **थानेसर की लड़ाई (सन् 1014 ई.)**: महमूद गजनी ने थानेसर के शासक आनंदपाल को पराजित किया।
* **तराइन का पहला युद्ध (सन् 1191 ई.)**: दिल्ली के राजपूत शासक पृथ्वीराज चौहान ने गजनी के सुल्तान मुहम्मद गौरी को पराजित किया।
* **तराइन का दूसरा युद्ध (सन् 1192 ई.)**: मुहम्मद गौरी ने पृथ्वीराज चौहान को शिकस्त देकर अपना बदला पूरा किया।
* **पानीपत का पहला संग्राम (सन् 1526 ई.)**: बाबर ने इब्राहिम लोदी को हराकर भारत में मुगल साम्राज्य की नींव रखी।
* **खंडवा का संग्राम (सन् 1527 ई.)**: बाबर ने मेवाड़ के राजपूत शासक राणा सांगा को पराजित किया।
* **चौसा की लड़ाई (सन् 1539 ई.)**: शेरशाह सूरी ने हुमायूं को हराकर दिल्ली के तख्त पर कब्जा कर लिया।
* **पानीपत की दूसरी लड़ाई (सन् 1556 ई.)**: अकबर के सेनापति बैरम खां ने मुहम्मद शाह आदिल के सेनापति हेमू को हरा दिया।
* **तालीकोटा की लड़ाई (सन् 1565 ई.)**: बीजापुर, बीदर, अहमदनगर और गोलकुंडा की संयुक्त सेनाओं ने विजयनगर के राजा राम राय को पराजित कर दिया।
* **हल्दीघाटी संग्राम (सन् 1576 ई.)**: यह युद्ध मेवाड़ के शासक राणा प्रताप एवं अकबर की सेना के बीच हुआ। कुछ इतिहासकारों के अनुसार यह युद्ध अनिर्णायक रहा लेकिन कुछ के अनुसार इसमें राणा प्रताप की हार हुई।
* **नादिरशाह का आक्रमण (सन् 1739 ई.)**: ईरान के शासक नादिरशाह ने भारत पर हमला किया और मुगल सेना को पराजित किया। उसने दिल्ली में प्रवेश किया और नागरिकों को जमकर लूटा।
* **प्लासी की लड़ाई (सन् 1757 ई.)**: ब्रिटिश सेना ने बंगाल के नवाब सिराजुद्दौला को पराजित कर अपने साम्राज्य की नींव रखी।
* **देवास की लड़ाई (सन् 1760 ई.)**: ब्रिटिश सेनाओं ने फ्रांसीसी सेना को पराजित कर भारत में शासन करने के उनके इरादों को समाप्त कर दिया।
* **पानीपत की तीसरी लड़ाई (सन् 1761 ई.)**: अहमदशाह अब्दाली की सेना ने मराठों को पराजित किया।
* **बक्सर की लड़ाई (सन् 1764 ई.)**: ब्रिटिश सेना ने बंगाल के मीर कासिम और अवध के शाह आलम की संयुक्त सेनाओं को पराजित किया।
* **प्रथम अंग्रेज-मराठा युद्ध (सन् 1775-82 ई.)**: ब्रिटिश सेना ने मराठों को पराजित किया।
* **दूसरा अंग्रेज-मराठा युद्ध (सन् 1803-05 ई.)**: यह युद्ध अनिर्णीत रहा।

- **तीसरा अंग्रेज मराठा युद्ध (सन् 1817-18 ई.) :** निर्णायक युद्ध में अंग्रेज सेना ने मराठों को बुरी तरह पराजित किया।
- **प्रथम अंग्रेज-मैसूर युद्ध (सन् 1766-69 ई.) :** ब्रिटिश सेना, हैदराबाद के निजाम और मराठों ने संयुक्त रूप से हैदरअली से युद्ध किया।
- **द्वितीय अंग्रेज-मैसूर युद्ध (सन् 1780-84 ई.) :** ब्रिटिश सेना और हैदरअली ने अनिर्णायक युद्ध लड़ा। युद्ध के दौरान हैदरअली की मृत्यु हो गई, उसके पुत्र टीपू सुल्तान ने युद्ध जारी रखा। अन्त में, दोनों पक्षों में मंगलोर में संधि हो गई।
- **तीसरा अंग्रेज-मैसूर युद्ध (सन् 1789-92 ई.) :** ब्रिटिश सेना ने टीपू सुल्तान को पराजित किया।
- **चौथा अंग्रेज-मैसूर युद्ध (सन् 1799 ई.) :** ब्रिटिश सेना के साथ युद्ध करते हुए टीपू सुल्तान वीरगति को प्राप्त हुआ।
- **प्रथम सिख युद्ध (सन् 1845-46 ई.) :** ब्रिटिश सेना ने सिख सेना को हरा दिया।
- **दूसरा सिख युद्ध (सन् 1848-49 ई.) :** ब्रिटिश सेना ने सिख शासकों से पंजाब छीन लिया।
- **प्रथम स्वतंत्रता संग्राम (सन् 1857 ई.) :** मंगल पांडे ने इसका श्रीगणेश किया जिसमें जल्द ही अनेक प्रमुख नेता और सूबेदार शामिल हो गए। अंग्रेजों ने इस विद्रोह को निर्दयतापूर्वक कुचल दिया।
- **भारत-चीन युद्ध (सन् 1962 ई.) :** चीन ने भारत पर एकपक्षीय आक्रमण किया और कुछ क्षेत्रों पर कब्जा कर लिया, भारत ने भी प्रतिआक्रमण किया लेकिन अंतर्राष्ट्रीय एजेंसियों ने हस्तक्षेप कर दिया; चीन भारत के हजारों वर्ग मील भू-भाग पर आज भी कब्जा जमाए बैठा है।
- **भारत-पाकिस्तान युद्ध (सन् 1965 ई.) :** पाकिस्तान ने भारत पर अप्रत्याशित हमला किया जिसका प्रधानमंत्री लाल बहादुर शास्त्री के नेतृत्व में भारतीय सैनिकों ने मुँहतोड़ जवाब दिया। पाकिस्तानी सेना को लाहौर तक खदेड़ दिया गया।
- **भारत-पाकिस्तान युद्ध (सन् 1971 ई.) :** पाकिस्तान ने भारत के खिलाफ युद्ध की घोषणा की; भारत ने इसका जोरदार जवाब दिया और पूर्वी बंगाल को पाकिस्तान से अलग करने में सफल रहा; भारतीय सेना पाकिस्तान की सीमा में काफी अंदर तक पहुँच गई थी, परंतु संघर्ष विराम के बाद पाकिस्तान को उसके इलाके लौटा दिए गए।
- **कारगिल युद्ध (सन् 1999 ई.) :** नियंत्रण रेखा को पार कर बहुत-से पाकिस्तानी घुसपैठिए भारतीय सीमा में घुस गए थे और भारत की चौकियों पर कब्जा कर लिया। घुसपैठियों को भगाने के लिए भारतीय सेना ने 'ऑपरेशन विजय' चलाया और कब्जा की गई सभी चौकियों से दुश्मनों को खदेड़ कर बाहर निकाल दिया। भारतीय पक्ष की ओर से इस युद्ध में 407 सैनिक वीरगति को प्राप्त हुए और 548 जख्मी हुए, जबकि 6 अन्य लापता हो गए।

भारतीय सेना पड़ोसी देश पाकिस्तान के साथ चार और चीन के साथ एक युद्ध लड़ चुकी है। सेना द्वारा संचालित अन्य अभियानों में ऑपरेशन विजय, ऑपरेशन मेघदूत और ऑपरेशन कैक्टस शामिल हैं। संघर्षों के अलावा भारतीय सेना संयुक्त राष्ट्र शांति अभियानों में एक सक्रिय भागीदार रही है।

भारत और पाकिस्तान के बीच युद्धों का इतिहास

भारतीय उपमहाद्वीप का विभाजन 15 अगस्त, 1947 से प्रभाव में आया जब भारत को ब्रिटिश राज से स्वतंत्रता प्राप्त हुई। पाकिस्तान ने अपनी आजादी की घोषणा एक दिन पहले ही कर दी थी। आजादी के समय तत्कालीन भारतीय सेना का भी भारत और पाकिस्तान के बीच विभाजन किया गया।

विभाजन के कारण, आजादी मिलने का उत्सव मनाने की बजाय पंजाब और बंगाल में हिंदू और मुसलमानों के बीच दंगों और हत्याओं का एक बड़ा दौर आरंभ हो गया। इसके परिणामस्वरूप विस्थापित लोगों को भीषण दुःखों और परेशानियों का सामना करना पड़ा और जान-माल का भारी नुकसान हुआ।

अक्टूबर 1947 में भारत में सांप्रदायिक संघर्ष का लाभ उठाते हुए पाकिस्तानी सैनिक कश्मीर में घुस आए और भारत के विरुद्ध एक अघोषित युद्ध छेड़ दिया। पाकिस्तानी सैनिकों के साथ-साथ कबाइली लड़ाके भी जम्मू-प्रांत और घाटी में घुस आए थे जिसकी पाकिस्तान के साथ साझी और संरध्र सीमा थी। जब वो लोग श्रीनगर के उपनगर बडगाम तक पहुँच गए तो जम्मू और कश्मीर के तत्कालीन महाराजा ने भारत से सैन्य-सहायता प्राप्त करने के लिए प्रांत को भारत के साथ विलय करने की संधि कर ली। तुरंत ही भारतीय सेना जम्मू व कश्मीर प्रांत को बचाने के लिए हरकत में आ गई और पाकिस्तानियों को वहाँ से खदेड़ दिया।

जम्मू और कश्मीर प्रांत के भारत में विलय के बावजूद कश्मीर का एक बड़ा भाग, जिसे अब पाकिस्तान के कब्जे वाला कश्मीर (POK) कहते हैं, पाकिस्तान के अवैध नियंत्रण में है और यह दोनों देशों के बीच एक विवादास्पद मुद्दा बना हुआ है। इसके अतिरिक्त पाकिस्तान भारत में विलय हो चुके इस प्रांत के भागों में भी घुसपैठ करके गड़बड़ी फैलाता रहता है और इसे अपने नियंत्रण में लेने के लिए भारत से कई बार युद्ध छेड़ चुका है।

1947-48 युद्ध के पश्चात् भारत और पाकिस्तान के बीच निम्नलिखित युद्ध लड़े गए हैं:

(i) 1965 का युद्ध

(ii) 1971 का युद्ध

(iii) 1999 का कारगिल युद्ध

(iv) 1988 से आज तक जारी छद्म युद्ध

भारत-पाकिस्तान युद्ध (1965)

भारत का पाकिस्तान के साथ दूसरा युद्ध 1965 में हुआ था। जिसका मुख्य मुद्दा कश्मीर था। पाकिस्तानी राष्ट्रपति अय्यूब खान ने अगस्त 1965 में 'ऑपरेशन जिब्राल्टर' आरंभ किया जिसमें पाकिस्तानी अर्द्धसैनिक बलों के लोगों ने बड़ी संख्या में भारत-प्रशासित कश्मीर में घुसपैठ करके वहाँ भारत-विरोधी आंदोलन भड़काने का प्रयास किया।

पाकिस्तान के नेताओं ने सोचा था कि भारत कुछ समय पूर्व हुए 1962 के भारत-चीन युद्ध की त्रासदी से तब तक उबर नहीं पाया होगा और एक सैन्य बल और

कश्मीरी विद्रोह से निपटने में सक्षम नहीं होगा। पाकिस्तान ने तत्पश्चात् 1 सितम्बर, 1965 को 'ऑपरेशन ग्रैंड स्लैम' आरंभ करके भारत के छम्ब-जौरियन क्षेत्र पर हमला कर दिया। जवाबी कार्यवाही में भारत ने तीव्र प्रतिक्रिया व्यक्त की और पाकिस्तान पर जवाबी हमला कर दिया।

भारत को आरंभ में ही उत्तरी क्षेत्र में बड़ी सफलता हाथ लगी। तोपों से लगातार गोलाबारी करते हुए भारत कश्मीर की तीन महत्वपूर्ण पहाड़ी पोस्टों पर कब्जा करने में सफल हो गया।

9 सितम्बर, 1965 तक भारतीय सेना पाकिस्तान पर कई बड़े हमले कर चुकी थी। 10 सितम्बर को भारत ने पंजाब के खेमकरण में पाकिस्तान के टैंकों की सबसे बड़ी खेप को नष्ट कर दिया और पाकिस्तान की पहली आर्मर्ड डिवीजन असल उत्तर की लड़ाई में पराजित हो गई।

इस युद्ध में चाविंडा की लड़ाई के रूप में एक और टैंकों की लड़ाई हुई जो द्वितीय विश्व युद्ध के बाद टैंकों की सबसे बड़ी लड़ाई मानी गई। असल उत्तर और डोगराई में पाकिस्तान की हार ने इस युद्ध का अंत निकट ला दिया था।

जम्मू और कश्मीर के छम्ब-जोरियन क्षेत्र में दबाव में राहत लाने के लिए 15वीं इंफैंटरी डिवीजन ने लाहौर क्षेत्र में आक्रमण शुरू कर दिया। 54वीं इंफैंट्री ब्रिगेड की 3-जाट (JAT) ने 23 सितम्बर को इचोगिल नहर को पार कर डोगराई की बस्ती पर कब्जा कर लिया जो लाहौर से केवल 13 मील की दूरी पर थी।

23 सितम्बर, 1965 को अंतर्राष्ट्रीय दबाव में युद्धविराम की घोषणा कर दी गई। ताशकंद समझौते के अनुसार सेना को अपनी युद्ध से पहले की स्थिति में लौटाने का निर्णय लिया गया। यदि वह युद्धविराम 1-2 दिन बाद हुआ होता तो शायद पाकिस्तान को कश्मीर पाने की अधूरी चाह और ज़िद में लाहौर से भी हाथ धोना पड़ सकता था।

भारत-पाकिस्तान युद्ध (1971)

पूर्वी पाकिस्तान (वर्तमान बांग्लादेश) में एक स्वतंत्रता आंदोलन जोर पकड़ रहा था जिसे पाकिस्तानी बलों द्वारा बेरहमी से कुचल दिया गया था। अपने ऊपर हो रहे भीषण अत्याचारों से त्रस्त वहाँ के बंगाली शरणार्थी बड़ी तादाद में भारत के निकटवर्ती क्षेत्रों में शरण के लिए पलायन कर रहे थे, जिससे भारत में एक बड़ा शरणार्थी संकट खड़ा हो गया था।

भारत ने पाकिस्तान से इस समस्या को सुलझाने और वहाँ के लोगों पर हो रहे अत्याचार पर रोक लगाने का अनुरोध किया। किंतु पाकिस्तान ने भारत पर ही उनके आंदोलन को भड़काने का दोष मढ़ते हुए आक्रमण कर दिया। 3 दिसम्बर, 1971 को पाकिस्तानी वायुसेना ने शाम को 15:45 बजे भारत के 10 हवाई अड्डों—श्रीनगर, पठानकोट, अमृतसर, आगरा, आदमपुर, जोधपुर, जैसलमेर, उत्तरलाई और सिरसा पर आक्रमण कर दिया।

यह हवाई आक्रमण यद्यपि अपने किसी भी घोषित उद्देश्य को प्राप्त करने में विफल रहे थे किंतु इन्होंने भारत को पाकिस्तान के विरूद्ध

संपूर्ण-युद्ध छेड़ने के लिए एक कारण अवश्य दे दिया था। अर्धरात्रि के समय भारतीय थलसेना ने वायुसेना के साथ मिलकर पूर्वी पाकिस्तान पर त्रि-आयामी आक्रमण आरंभ कर दिये। भारतीय सेना ने पूर्वी मोर्चे पर कई लड़ाइयाँ जीतीं, जिनमें हिल्ली की निर्णायक लड़ाई भी थी, जो एकमात्र स्थान था जहाँ पाकिस्तानी सेना कुछ प्रतिरोध कर पायी थी। भारत को मिली प्रारंभिक बड़ी सफलताओं का कारण मूलतः उनकी वह तेज गति और बेहतर योजना माने गए जिससे भारतीय आर्मर्ड डिवीजन पूर्वी-पाकिस्तान में दाखिल हुए थे।

पाकिस्तान ने अपना जवाबी हमला वहाँ से सैकड़ों मील दूर पश्चिमी मोर्चे से शुरू किया। 4 दिसम्बर, 1971 को भारत की पंजाब रेजिमेंट की 23वीं बटालियन की 'A' कम्पनी ने रामगढ़, राजस्थान के निकट पाकिस्तानी सेना की 51वी इंफैंट्री ब्रिगेड की आवाजाही का पता लगाया और उसका मार्ग अवरुद्ध किया। परिणामस्वरूप लोंगेवाला की लड़ाई की घटना हुई जिसमें 'A' कम्पनी के सैनिकों ने कम संख्या में होने के बावजूद पाकिस्तानी सेना को तब तक आगे बढ़ने से रोके रखा जब तक भारतीय वायु सेना ने अपने उड़ाकों को वहाँ भेजकर पाकिस्तानी टैंकों पर हमला नहीं कर दिया।

लड़ाई समाप्त होने तक पाकिस्तान के 38 टैंक और 100 बख्तरबंद गाड़ियाँ या तो तबाह हो चुकी थीं या फिर लावारिस छोड़ दी गई थीं। संघर्ष के दौरान केवल 2 भारतीय सैनिकों को वीरगति प्राप्त हुई थी और लगभग 200 पाकिस्तानी सैनिक मारे गए थे। इस लड़ाई का हिंदी फिल्म 'बॉर्डर' में काफी प्रभावी ढंग से फिल्मांकन किया गया है। एनसीसी कैडेट देशप्रेम की भावना को जाग्रत करने के उद्देश्य से यह फिल्म देख सकते हैं।

कारगिल युद्ध (1999)

भारत ने 1998 में परमाणु परीक्षण किये थे और कुछ ही दिन बाद पाकिस्तान ने भी परमाणु परीक्षण करके भारत को जवाब दिया कि अब हमारे पास भी परमाणु-क्षमता है।

1999 के लाहौर सम्मेलन के बाद राजनयिक तनाव कुछ कम हुए थे। किंतु आशावाद की यह भावना बहुत कम समय रह पायी क्योंकि 1999 के मध्य में पाकिस्तानी अर्द्धसैनिक बलों और कश्मीरी आतंकवादियों ने सुनसान किंतु सामरिक महत्व की कारगिल जिले की हिमालय की पहाड़ियों पर कब्जा कर लिया था। कारगिल की पोस्ट, भारतीय सेना द्वारा असहय सर्द मौसम की शुरुआत में खाली कर दी गई थी और वसंत ऋतु में दोबारा अधिकार में ली जानी थी। ऐसा पिछले अनेक वर्षों से होता आया था और कभी किसी समस्या का सामना नहीं करना पड़ा था।

जैसे ही पाकिस्तानी आक्रमण के पैमाने का पता लगा तो भारतीय सेना ने तुरंत ही लगभग 2,00,000 सैनिकों के साथ 'ऑपरेशन मेघदूत' आरंभ कर दिया। पाकिस्तानी काफी ऊँचाई पर थे और इसके विपरीत भारतीय सैनिक सामरिक रूप से प्रतिकूल परिस्थितियों में थे। उस

स्थिति में मार्ग NH1A पाकिस्तानियों की सीधी दृष्टि-रेखा में था और वह भारतीयों पर सीधी गोलाबारी करके भारी नुकसान पहुँचा सकते थे।

अतः भारतीय सेना की पहली प्राथमिकता उन पहाड़ की चोटियों पर पुनः कब्जा करना थी जो NH1A के आसपास के क्षेत्र में थीं। इसके लिये भारतीय सैनिकों ने सबसे पहले द्रास के टाइगर हिल और तोलोलिंग कॉम्पलेक्स को अपना लक्ष्य बनाया। अन्य हमलों के साथ तोलोलिंग की लड़ाई ने धीरे-धीरे मुकाबला भारत के पक्ष में झुका दिया। हालाँकि कुछ पोस्ट पर, जिनमें टाइगर हिल (प्वाइंट 5140) भी थी, कड़े प्रतिरोध का सामना करना पड़ा, और यह लड़ाई के अंत में ही नियंत्रण में ली जा सकी थी।

भारतीय सेना ने कुछ सीधे-सामने से भी हमले किये जिनमें काफी अधिक नुकसान उठाना पड़ा क्योंकि 18,000 फुट (5500 मीटर) तक ऊँची चोटियों पर खड़ी चढ़ाई भी करनी थी और पाकिस्तानी ऊँचाई पर होने के कारण लाभ की स्थिति में थे। दो महीने के संघर्ष के बाद भारतीय सेना ने धीरे-धीरे 75-80% तक पाकिस्तानियों द्वारा घुसपैठ किया गया इलाका वापिस अपने नियंत्रण में ले लिया था।

4 जुलाई, 1999 को वाशिंगटन समझौते के पश्चात् पाकिस्तानी प्रधानमंत्री नवाज शरीफ पाकिस्तानी सैनिकों को वापस बुलाने पर सहमत हो गए। तब तक सभी स्थानों पर संघर्ष प्रायः थम-सा चुका था किंतु पाकिस्तानी सेना नियंत्रण रेखा के इस पार भारतीय क्षेत्र में मौजूद थी।

भारतीय सेना ने जुलाई के अंतिम सप्ताह में अपने आखिरी हमले आरंभ किये; 26 जुलाई को जब पाकिस्तानी सेना ने द्रास सब-सेक्टर भी खाली कर दिया तो लड़ाई पूरी तरह थम गई। इसी उपलक्ष में भारत में प्रत्येक वर्ष 26 जुलाई को 'कारगिल विजय दिवस' मनाया जाता है। युद्ध की समाप्ति तक भारतीय सेना ने नियंत्रण रेखा के पूरे दक्षिण और पूर्वी क्षेत्र में अपना पूरा नियंत्रण कायम कर लिया था, जो कि जुलाई 1972 के शिमला समझौते के आधार पर निर्धारित की गई थी।

कारगिल युद्ध स्मारक

कारगिल युद्ध में असाधारण शौर्य-प्रदर्शन के लिए कैप्टेन विक्रम बत्रा, लेफ्टिनेंट मनोज कुमार पांडे, ग्रेनेडियर योगेन्द्र सिंह यादव और राइफलमैन संजय कुमार को परमवीर चक्र प्रदान किया गया। कारगिल युद्ध में वीरगति को प्राप्त हुए शहीदों की स्मृति में कश्मीर की तोलोलिंग पहाड़ी के तल में बसे द्रास में 'कारगिल युद्ध स्मारक' की स्थापना की गई है। यह स्थल देशप्रेमियों के लिए किसी तीर्थ से कम नहीं है जो हमें देश पर न्यौछावर हो जाने वाले शहीदों की राह पर चलने की प्रेरणा देता है। जीवन में यदि कभी वहाँ जाने का अवसर प्राप्त हो तो वहाँ जाकर शहीदों को श्रद्धांजलि अर्पित करें।

कारगिल युद्ध का हिंदी फिल्म 'LOC कारगिल' (2003) में काफी प्रभावी ढंग से फिल्मांकन किया गया है। एनसीसी कैडेट देशप्रेम की भावना को जाग्रत करने के उद्देश्य से यह फिल्म देख सकते हैं।

इन तीन औपचारिक भारत-पाक युद्धों के अतिरिक्त भारत, पाकिस्तान द्वारा जम्मू-कश्मीर में 1988 से अब तक निरंतर चलाए जा रहे छद्म-युद्ध से भी जूझ रहा है। 1984 के बाद से दोनों ओर की सेनाओं ने सियाचिन ग्लेशियर पर अनेक लड़ाइयाँ लड़ी हैं जो कि विश्व का सर्वाधिक ऊँचाई पर स्थित युद्ध का मैदान माना जाता है।

भारत की एकता और अखंडता की रक्षा करने के लिए जितने बलिदान भारतीय सेना ने किये हैं वह वास्तव में महान हैं और इस देश को सेना की उपलब्धियों पर गर्व है।

परमवीर चक्र

परमवीर चक्र

परमवीर चक्र (PVC) भारत का सैन्य सेवा तथा उससे जुड़े हुए लोगों को दिया जाने वाला सर्वोच्च वीरता सम्मान है। यह सम्मान शत्रु के सामने अद्वितीय साहस और परम शौर्य-प्रदर्शन अथवा बलिदान के लिए प्रदान किया जाता है।

परमवीर चक्र सम्मान की स्थापना भारत के राष्ट्रपति द्वारा 26 जनवरी, 1950 को की गई। यह 15 अगस्त 1947 से प्रभावी माना गया। यह भारतीय सेना की सभी शाखाओं के अधिकारियों तथा सूचीबद्ध कर्मियों को प्रदान किया जा सकता है। यह भारत सरकार की ओर से दिये जाने वाले सम्मानों में 'भारत रत्न' के पश्चात् दूसरा सर्वोच्च सम्मान है। परमवीर चक्र को अमेरिका के 'मैडल ऑफ ऑनर' तथा ब्रिटेन के 'विक्टोरिया क्रॉस' (VC) के बराबर दर्जा प्राप्त है।

यह पुरस्कार तीनों सेनाओं के वीरों को समान रूप से दिया जाता है। इस पुरस्कार में स्त्री-पुरुष का कोई भेदभाव नहीं किया जाता। यह पुरस्कार देश के पदेन राष्ट्रपति विशिष्ट समारोह में अपने हाथों से प्रदान करते हैं।

अब तक 21 भारतीय सैनिकों को परमवीर चक्र से सम्मानित किया जा चुका है, जिनमें 14 सैनिकों को यह पुरस्कार मरणोपरांत दिया गया है। राइफलमैन संजय कुमार और ग्रेनेडियर योगेन्द्र सिंह यादव कारगिल युद्ध में अभूतपूर्व शौर्य-प्रदर्शन कर चुके सेना के वे लोग हैं जिन्हें यह सम्मान अपने जीवनकाल में ही सेवारत रहते हुए प्रदान किया गया है। जबकि कैप्टेन विक्रम बत्रा और लेफ्टिनेंट मनोज कुमार पांडे को यह पुरस्कार मरणोपरांत दिया गया।

कैप्टेन विक्रम बत्रा
13वीं बटालियन
जम्मू-कश्मीर राइफल्स

ले. मनोज कुमार पांडे
प्रथम बटालियन,
11वीं गोरखा राइफल्स

ग्रे. योगेन्द्र सिंह यादव
18वीं बटालियन,
द ग्रेनेडियर्स

राइफलमैन संजय कुमार
13वीं बटालियन,
जम्मू-कश्मीर राइफल्स

क. हवलदार अब्दुल हामिद
4थी बटालियन,
बॉम्बे ग्रेनेडियर्स

परमवीर चक्र विजेताओं के नाम

नाम	रेजिमेंट	युद्ध की तिथि एवं स्थान
1. मेजर सोमनाथ शर्मा	चौथी बटालियन, कुमाऊँ रेजिमेंट	3 नवम्बर, 1947 (बडगाम, कश्मीर)
2. नायक यदुनाथ सिंह	पहली बटालियन, राजपूत रेजिमेंट	फरवरी, 1948 (नौशेरा, कश्मीर)
3. सैकण्ड ले. राम राघोबा राणे	इंडियन कार्प्स ऑफ इंजीनियर्स	8 अप्रैल, 1948 (नौशेरा, कश्मीर)
4. कं.ह. मे. पीरू सिंह शेखावत	छठी बटालियन, राजपूताना राइफल्स	17-18 जुलाई, 1948 (टिथवाल, कश्मीर)
5. लांस नायक करम सिंह	पहली बटालियन, सिख रेजिमेंट	13 अक्टूबर, 1948 (टिथवाल, कश्मीर)
6. कैः गुरबचन सिंह सलारिया	तीसरी बटालियन, 1 गोरखा राइफल्स, (मलाऊँ रेजिमेंट)	5 दिसम्बर, 1961 (एलिजाबेथ विले, काटंगा, कांगो)
7. मेजर धनसिंह थापा	पहली बटालियन, गोरखा राइफल्स	20 अक्टूबर, 1962 (लद्दाख)
8. सूबेदार जोगिंदर सिंह	पहली बटालियन, सिख रेजिमेंट	23 अक्टूबर, 1962 (तोंगपेन ला, नार्थ इस्ट फ्रंटियर एजेंसी, भारत)
9. मेजर शैतान सिंह	13वीं बटालियन, कुमाऊँ रेजिमेंट	18 नवम्बर, 1962 (रेजांग ला, लद्दाख)
10. कंपनी क्वार्टर मास्टर हवलदार अब्दुल हामिद	चौथी बटालियन, बॉम्बे ग्रेनेडियर्स	10 सितम्बर, 1965 (चीमा, खेमकरण सेक्टर)
11. लेफ्टिनेंट कर्नल आर्देशिर बी. तारापोर	17वीं पूना हार्स	15 अक्टूबर, 1965 (फिलौरा, सियालकोट सेक्टर, पाकिस्तान)
12. लांस नायक अलबर्ट एक्का	14वीं बटालियन, बिहार रेजिमेंट	3 दिसम्बर, 1971 (गंगासागर)
13. फ्लाइंग ऑफिसर निर्मलजीत सिंह सेखों	18वीं स्क्वैड्रन, भारतीय वायुसेना	14 दिसम्बर, 1971 (श्रीनगर, कश्मीर)
14. सै. ले. अरुण खेत्रपाल	17वीं पूना हार्स	16 दिसम्बर, 1971 (जरपाल, शकरगढ़ सेक्टर)
15. मेजर होशियार सिंह	तीसरी बटालियन, बॉम्बे ग्रेनेडियर्स	17 दिसम्बर, 1971 (बसंतर नदी, शकरगढ़ सेक्टर)
16. नायक सूबेदार बाना सिंह	8वीं बटालियन, जम्मू-कश्मीर लाइट इंफैन्ट्री	23 जून, 1987 (सियाचिन ग्लेशियर, लद्दाख)
17. मेजर रामास्वामी परमेश्वरन	8वीं बटालियन, महार रेजिमेंट	25 नवम्बर, 1987 श्रीलंका
18. लेफ्टीनेंट मनोज कुमार पांडे	प्रथम बटालियन, 11वीं गोरखा राइफल्स	3 जुलाई, 1999 (जुबेर टॉप, बटालिक सेक्टर, कारगिल क्षेत्र, लद्दाख)
19. ग्रेनेडियर योगेन्द्र सिंह यादव	18वीं बटालियन, द ग्रेनेडियर्स	4 जुलाई, 1999 टाइगर हिल्स, कारगिल क्षेत्र
20. राइफलमैन संजय कुमार	13वीं बटालियन, जम्मू-कश्मीर राइफल्स	5 जुलाई, 1999 (फ्लैट टॉप क्षेत्र, कारगिल)
21. कैप्टेन विक्रम बत्रा	13वीं बटालियन, जम्मू-कश्मीर राइफल्स	6 जुलाई, 1999 (प्वाइंट 5140, प्वाइंट 4875, कारगिल क्षेत्र)

❖ ❖ ❖

3 ड्रिल एवं कमांड्स (Drill & Commands)

ड्रिल

एनसीसी कैडेटों को आज्ञाकारी एवं सुव्यवस्थित बनने, उचित वस्त्र पहनने, आत्मरक्षा के तरीके सिखाने, एकता एवं अनुशासन की भावना का विकास करने, और शरीर एवं दिमाग के तालमेल को सुदृढ़ बनाने के लिए प्रशिक्षित किया जाता है। वह प्रशिक्षण जिसमें यह सभी बातें सम्मिलित रहती हैं, ड्रिल कहलाती है। ड्रिल के लिए एक कैडेट को निम्नलिखित बातों का विशेष ध्यान रखना चाहिए :

1. वर्दी साफ-सुथरी, कलफ-लगी और इस्तरी की हुई होनी चाहिए।
2. कमीज व पैंट सही प्रकार सिले हुए और बटन लगे हों।
3. बटन समान रंग, आकार व बनावट के होने चाहिएँ।
4. वर्दी न तो अधिक ढीली और न ही अधिक चुस्त होनी चाहिए।
5. जूते अच्छी तरह पॉलिश किए हुए और फीते ठीक से बँधे होने चाहिएँ।
6. पैंट में बेल्ट ठीक से बँधी होनी चाहिए।
7. बेल्ट पर पॉलिश और उसके धातु के हिस्से पर ब्रास-पॉलिश होनी चाहिए।
8. बाल छोटे कटे हुए और साफ-सुथरे होने चाहिएँ।
9. लड़कों की दाढ़ी सही से कटी होनी चाहिए।
10. सिर पर टोपी सही ढंग से लगी होनी चाहिए।

कमांड के शब्द

कमांड के शब्द ड्रिल के संबंध में कुछ आदेशों के प्रतीक होते हैं। यह दो प्रकार के होते हैं :

1. सचेतक
2. कार्यान्वक

उदाहरण के लिए : "परेड आगे बढ़ेगा, दाएँ मुड़"।

यहाँ "परेड आगे बढ़ेगा" सचेतक और "दाएँ मुड़" कार्यान्वक आदेशात्मक शब्द है। अच्छी परेड कमांड के लिए निम्नलिखित बातों का ध्यान रखना चाहिए :

1. आदेशात्मक शब्द जोर से और स्पष्ट बोले जाने चाहिएँ।
2. सचेतक आदेशात्मक शब्द सामान्य स्वर और कार्यान्वक शब्द तेज स्वर में बोले जाने चाहिएँ।
3. सचेतक आदेशात्मक शब्द लम्बा खींच कर जबकि कार्यान्वयन शब्द शीघ्रता से बोले जाने चाहिएँ।
4. दोनों प्रकार के आदेशात्मक शब्दों के मध्य थोड़ा विराम होना चाहिए।

स्थितियाँ एवं आदेश

आदेश : स्क्वैड सावधान

सावधान की स्थिति ड्रिल की मूल गतिविधि है। इसका आदेश मिलने पर बायाँ पैर भूमि से छः इंच ऊपर तेजी से उठाएँ और उसी तेजी से दाएँ पैर के साथ इस प्रकार मिलाकर रखें कि दोनों एड़ियाँ सीधी रेखा में मिली हुई हों; पंजे 30° के कोण पर हों, घुटने एकदम सीधे हों। इसके साथ-साथ पूरा शरीर सीधा तना हुआ हो, दोनों पैरों पर बराबर वजन हो, सीना तना हुआ, कंधे वर्गाकार व समान रूप से फैले हुए, गर्दन सीधी व कॉलर के बीच में हो। दोनों हाथों को इस प्रकार सीधा रखें कि हाथ के अंगूठे पैंट की सिलाई को छूते हुए आगे की ओर हों, मुट्ठियाँ बंद हों। सिर एकदम सीधा, आँखें एकदम सीधे सामने स्थिर अवस्था में होनी चाहिएँ। सभी ड्रिल गतिविधियाँ सावधान अवस्था में आने के पश्चात् ही आरंभ होती हैं। किसी वरिष्ठ अधिकारी द्वारा संबोधित किये जाने के समय भी एक कैडेट को सावधान अवस्था में खड़े रहना चाहिए।

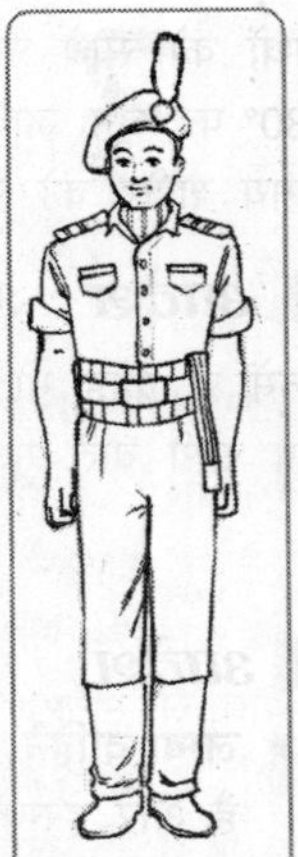

सावधान अवस्था

आदेश : विश्राम

विश्राम का आदेश मिलने पर बाएँ पाँव को 6 इंच ऊपर उठाकर 12 इंच बाईं ओर ले जाकर भूमि पर रखें। शरीर का वजन दोनो पैरों पर बराबर रखें। इसके साथ-साथ दोनों हाथों को तेजी से पीठ के पीछे ले जाएं और इस प्रकार रखें कि दायाँ हाथ बाएँ हाथ के ऊपर हो। हथेलियाँ बाहर की ओर खुली हों और दोनों अंगूठे एक-दूसरे में फँसे हों। इसके अतिरिक्त शरीर के बाकी अंग पूर्ववत् सावधान की स्थिति की भाँति ही सीधे रहते हैं।

विश्राम अवस्था

आदेश : आराम से

'आराम से' का आदेश मिलने पर आप विश्राम अवस्था में थोड़ा और आराम से खड़े हो सकते हैं किंतु आपके पैर उसी अवस्था में रहने चाहिएँ। इसमें भी सिर घुमाना, बातें करना, रूमाल का प्रयोग आदि वर्जित है।

आदेश : दाहिने मुड़

हाथों को सीधा शरीर के साथ चिपकाकर रखें व दायें पैर की ऐड़ी और बाएँ पैर के पंजे की मदद से दाहिनी ओर 90° पर घूम जाएँ तथा तुरंत ही बायाँ पैर तेजी के साथ आगे लाकर दाहिने पैर से मिलाकर सीधा रखें। घूमते समय शरीर का वजन आगे वाले पैर पर व बाद में सामान्य अवस्था में समान रूप से दोनों पैरों पर रखें।

आदेश : बायें मुड़

इस आदेश के मिलने पर बायें पैर की ऐड़ी और दाएँ पैर के पंजे की मदद से बाईं ओर 90° पर घूम जाएँ तथा तुरंत ही दायाँ पैर बाएँ पैर से मिलाकर सीधा रखें। घूमते समय शरीर को सीधा व संतुलन में रखें।

आदेश : पीछे मुड़

हाथों को सीधे रखते हुए, दाएँ पैर की ऐड़ी और बाएँ पैर के पंजे की मदद से दाईं ओर 180° पर घूम जाएँ तथा तेजी से बायाँ पैर आगे बढ़ाकर पैर से मिलाकर सीधा रखें। घूमते समय शरीर को सीधा व संतुलित रखें।

आदेश : आधा दाहिने/आधा बाएँ मुड़

इनमें से कोई भी आदेश मिलने पर कैडेट को बताई गई दिशा में 45° पर मुड़ना होता है। शेष सभी बातें मुड़ने के पूर्व आदेशों के समान ही रहती हैं।

साइजिंग एवं फोर्मिंग

आदेश

* **लम्बा दाहिने, छोटा बाएँ, एक लाइन में–कदवार :** पूरी स्क्वैड दाएँ मुड़ती है, गिनती करती है और इसके बाद प्रशिक्षक के सामने कदवार एक लाइन बनाकर सावधान की मुद्रा में खड़ी होती है।
* **स्क्वैड दाहिने से गिनती कर :** स्क्वैड के सभी कैडेट सीधे खड़े रह कर दाएँ से बाएँ गिनती करते हैं।
* **विषम कैडेट एक कदम आगे, सम कैडेट एक कदम पीछे :** गिनती के समय जिन कैडेटों को 1, 3, 5, 7 आदि विषम संख्या मिलेगी वो एक कदम आगे आएंगे और जिन कैडेटों को 2, 4, 6, 8 आदि सम संख्या मिलेगी वो एक कदम पीछे हट कर सीधे खड़े रहेंगे।
* **दाहिना कैडेट खड़ा रहे। विषम कैडेट दाहिने, सम कैडेट बाएँ, लाइन दाहिने और बाएँ मुड़ :** दाहिने कैडेटों को छोड़कर सभी आदेशानुसार दाएँ और बाएँ मुड़कर खड़े हो जाते हैं।
* **तीन लाइन बनाओ, तेज चल :** इस आदेश पर विषम संख्या वाले कैडेट 1, 3, 5 क्रमशः प्रथम, द्वितीय और तृतीय पंक्ति के नम्बर 1 बन जाते हैं और इस प्रकार पूरी स्क्वैड तीन पंक्तियों में खड़ी हो जाती है। अपनी-अपनी जगह पर पहुँचकर प्रत्येक कैडेट सीधा होकर अपनी ड्रेसिंग के अनुसार सावधान-मुद्रा में खड़ा हो जाता है। तीनों पंक्तियों के बीच 30 इंच का फासला छोड़ा जाता है और प्रत्येक कैडेट दूसरे से एक हाथ की दूरी पर होता है।

नम्बरिंग

प्रत्येक कैडेट सिर और आँखे सीधे सामने की ओर स्थिर रखता है। स्क्वैड की पहली पंक्ति दाएँ से बाएँ की ओर गिनती बोलती है जिसमें सबसे दायाँ कैडेट 'एक' व उसके साथ वाला 'दो' बोलता है और इसी प्रकार गिनती आगे बढ़ती है। बीच वाली और पीछे वाली पंक्ति के कैडेट अपने आगे खड़े कैडेट की संख्या ही अपनाते हैं।

खुली तथा निकट लाइन चल

* **खुली लाइन चल :** यह आदेश मिलने पर बाजुओं को नियंत्रण में रखे हुए पीछे वाली पंक्ति के कैडेट 2 कदम पीछे हटेंगे और आगे की पंक्ति वाले कैडेट 2 कदम आगे बढ़ेंगे। बीच वाली पंक्ति के कैडेट अपने स्थान पर बने रहेंगे।

* **निकट लाइन चल :** यह आदेश मिलने पर आगे वाली पंक्ति के कैडेट 2 कदम पीछे और पीछे वाली पंक्ति के कैडेट 2 कदम आगे बढ़ेंगे। बीच वाली पंक्ति के कैडेट अपने स्थान पर बने रहेंगे।
* **दाहिने सज :** 'दाहिने सज-एक' का आदेश मिलने पर दर्शक के अलावा अन्य सभी कैडेट 15 इंच का एक छोटा कदम आगे बढ़ाएँगे। आदेश 'दो' मिलने पर अपना दायाँ बाजू उठाएँगे, यदि राइफल हाथ में हो तो बायाँ बाजू उठाएँगे तथा इसके साथ-साथ अपना चेहरा और आँख दायीं ओर घुमाएँगे। आदेश 'तीन' मिलने पर चुस्ती के साथ दर्शक के साथ सजें। दूसरी और तीसरी पंक्ति के कैडेट अपने हाथ नहीं उठाएँगे और तिरछी निगाह से प्रथम पंक्ति के पीछे सजेंगे। 'सामने देख' का आदेश मिलने पर बाजू चुस्ती से नीचे लाएँगे और आँखें व गर्दन सीधी सामने की ओर करेंगे।

सलामी देना (Saluting)

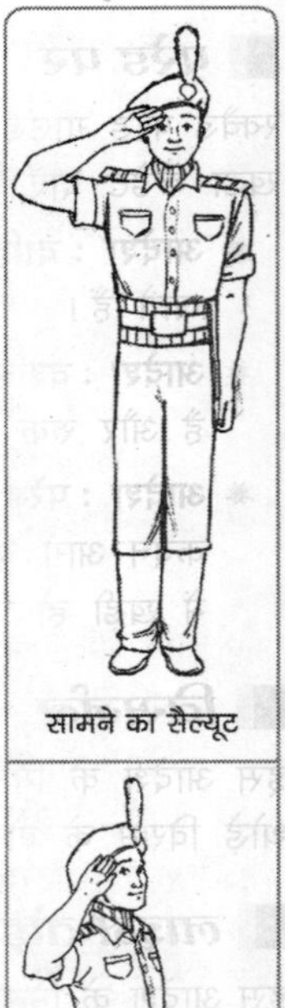
सामने का सैल्यूट

सामने का सैल्यूट

* **आदेश : गिनती से सैल्यूट, सामने सैल्यूट–'एक' :** दायें हाथ को बगल की ओर सीधा रखते हुए क्षैतिज तल (90°) तक चुस्ती से उठाएँ, हथेली खुली सामने की ओर, उंगलियाँ सीधी तथा मिली हुई, अंगूठा तर्जनी उंगली से सटा हुआ हो।
* **आदेश : स्क्वैड–'दो' :** बाजू के ऊपरी हिस्से को इसी प्रकार सीधा रखते हुए कोहनी को चुस्ती से इस प्रकार मोड़ें कि तर्जनी उंगली आँख से एक इंच ऊपर रहे। हथेली सामने की ओर खुली रहे, उंगलियाँ सीधी व आपस में सटी हुई रहें व अंगूठा तर्जनी उंगली से सटा हो।
* **आदेश : स्क्वैड–'तीन' :** बाजू को कोहनी से सीधा करते हुए व मुट्ठी बंद करते हुए चुस्ती से 'सावधान' की मुद्रा में आ जाएं। जब समय-जाँच हो तब हाथ 'सलामी' की मुद्रा में कुछ समय के लिय रोकना चाहिए।
* **पत्र के साथ सैल्यूट :** जिन अधिकारी को पत्र देना है उनके सामने पहुँचकर तीन कदम पहले 'थम' करें। सामने का सैल्यूट दें। पत्र उनके दाएँ हाथ में अपने दाएँ हाथ से दें। एक कदम पीछे हटें और पुनः सैल्यूट करें। पीछे मुड़कर 'तेज चल' करें।

दाहिने को सैल्यूट

बगल की ओर सैल्यूट

* **आदेश : दाहिने को सैल्यूट :** कैडेट सामने के सैल्यूट की पोजीशन लेता है। वह अपना सिर व आँखें दायीं ओर घुमाता है जिससे उसकी दायीं आँख हथेली की सीध में आ जाती है। वह अपने बाजू व बाकी शरीर सीधे ही रखता है व आँखें अपनी ऊँचाई के समांतर रखता है अथवा सलामी दिये जाने वाले अधिकारी की आँखों में देखता है।

* **आदेश : बायें को सैल्यूट :** इस आदेश पर कैडेट अपनी आँखें व सिर बाईं ओर घुमाता है तथा बाकी सभी बातें पहले के समान होती हैं।

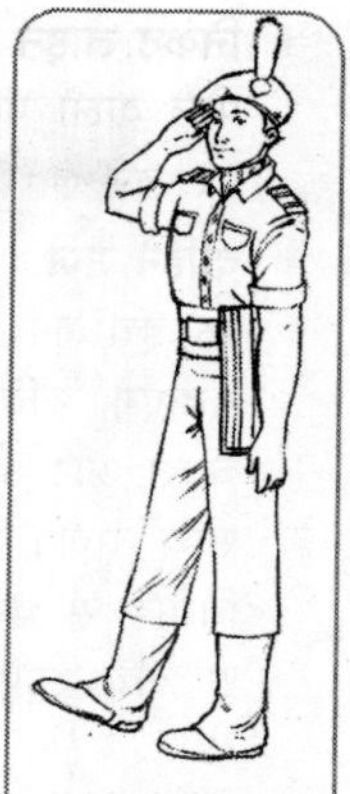

बायें को सैल्यूट

रैंक और फाइल

* **रैंक :** एक रैंक में सभी कैडेट एक सीधी लाइन बनाकर एक-दूसरे के बाजू में खड़े होते हैं। इसमें सभी कैडेट अपने सामने का दृश्य अथवा गतिविधि पूरी तरह देख सकते हैं।
* **फाइल :** एक फाइल में सभी कैडेट एक के पीछे एक खड़े होकर सीधी लाइन बनाते हैं। इसमें केवल सबसे आगे वाला कैडेट ही सामने का पूरा दृश्य या गतिविधि देख सकता है।

परेड पर

स्क्वैड परेड ग्राउंड पर परेड करने की दिशा में मुँह करके 3 रैंक बनाती है। सबसे दाईं ओर खड़ा कैडेट दाएँ दर्शक का कार्य करता है।

* **आदेश : दाहिने :** यह आदेश मिलने पर सभी कैडेट 'विश्राम' की अवस्था में खड़े हो जाते हैं।
* **आदेश : दर्शक :** दायाँ दर्शक 'सावधान' हो जाता है, तेज कदमों से 15 कदम आगे बढ़ता है और रुक कर 'विश्राम' की अवस्था में खड़ा हो जाता है।
* **आदेश : परेड पर :** दर्शक और स्क्वैड 'सावधान' हो जाते हैं। स्क्वैड सामने की ओर 15 कदम आगे बढ़ती है और स्वयं ही 'सज' की कार्यवाही के बाद 'विश्राम' की अवस्था में खड़ी हो जाती है। प्रत्येक गतिविधि के बाद निर्धारित विराम दिया जाता है।

विसर्जन

इस आदेश के मिलने पर दायें मुड़ें, सैल्यूट करें (यदि कोई अधिकारी परेड पर मौजूद हो), थोड़े विराम के बाद तेज चाल से ग्राउंड से बाहर जाएँ।

लाइन तोड़

इस आदेश के मिलने पर दायें मुड़ें और लाइन तोड़ें। इस आदेश पर सैल्यूट नहीं दिया जाता। इसमें कैडेट ग्राउंड में ही परेड के स्थान पर बने रहते हैं। यह परेड का अंत न होकर एक विराम की अवस्था है।

मार्चिंग

मार्चिंग के समय सभी कैडेट सावधान और संतुलन में रहें। हाथ कंधों की ऊँचाई तक स्वाभाविक रूप से आगे-पीछे जाएँ। हाथ यथासंभव शरीर के निकट और मुट्ठियाँ बंद रहें। पैर घुटनों से सही तरह मुड़ें तथा स्वतंत्र व स्वाभाविक रूप से कूल्हे के जोड़ों द्वारा आगे बढ़ें। घुटनों को सीधा रखते हुए पाँव आगे बढ़ाकर भूमि पर रखें।

कमांड के शब्द बोलने का समय

शब्द	बोलने का समय
✦ थम	बायाँ पैर दायें पैर से ले जाते हुए।
✦ थम (कदम ताल में)	बायाँ पैर उठाते हुए।
✦ कदम ताल	दायाँ पैर बायें पैर से ले जाते हुए।
✦ दायें मुड़ (चलते हुए)	दायाँ पैर बायें पैर से ले जाते हुए।
✦ बायें मुड़ (चलते हुए)	दायाँ पैर बायें पैर से ले जाते हुए।
✦ पीछे मुड़ (चलते हुए)	दायाँ पैर बायें पैर से ले जाते हुए।
✦ दायें देख	बायाँ पैर दायें पैर से ले जाते हुए।
✦ बायें देख	दायाँ पैर बायें पैर से ले जाते हुए।
✦ सामने का सैल्यूट	बायाँ पैर दायें पैर से ले जाते हुए।
✦ बायें का सैल्यूट	बायाँ पैर दायें पैर से ले जाते हुए।
✦ दायें का सैल्यूट	बायाँ पैर दायें पैर से ले जाते हुए।
✦ आगे बढ़	बायाँ पैर जमीन से छुआकर।

कदम की लंबाई और मार्चिंग का समय

क्र. सं.	गतिविधि	कदम की लंबाई (इचों में)	एक मिनट में कदम	तय दूरी (गजों में)
1.	धीमी चाल	30	70	
2.	तेज चाल (i) लम्बा कदम (ii) छोटा कदम (iii) बगल कदम	30 33 21 12	120	100
3.	दौड़ चाल	40	180	200

तेज चल

* यह आदेश मिलने पर सावधान अवस्था से तेजी से बायाँ पैर और दायाँ हाथ आगे निकालें ओर इसके साथ ही बायाँ हाथ कंधे से पीछे की ओर निकालें। अगले कदम पर दायाँ पैर और बायाँ हाथ आगे निकालें। कदमों की लम्बाई 30 इंच और एक मिनट में 120 कदम होने चाहिएँ।

धीमे चल

* यह आदेश मिलने पर हाथों को सावधान मुद्रा में सीधे रखते हुए पहले बायाँ पैर और फिर दायाँ पैर क्रमशः आगे बढ़ाएँ। कदमों की लम्बाई 30 इंच और एक मिनट में 70 कदम होने चाहिएँ।

दौड़ चाल

* इस चाल में कदमों की लम्बाई 40 इंच और एक मिनट में 180 कदम होने चाहिएँ।

थम

* यह आदेश तब दिया जाता है जब दायाँ पैर बाएँ के पास से गुजर रहा हो। बाएँ पैर का पग 15 इंच का छोटा कदम लेकर पूरा करें। दायाँ घुटना मोड़ें और दायें पैर को तेजी से बाएँ पैर के बराबर में लाकर रखें। सावधान की मुद्रा में खड़े हो जाएँ।

मार्च करते हुए मुड़ना और घूमना

मार्च करते हुए मुड़ना

✦ आदेश : गिनती से मुड़ना-बाएँ मुड़-'एक'

कैडेट मार्च करते हुए इस प्रकार रुकेगा कि उसका बायाँ पैर आगे और दायाँ पैर उससे 30 इंच पीछे होगा, ऐड़ी उठी हुई, दोनों पैर खुले, शरीर का वजन बराबर दोनों पैरों पर, दायाँ हाथ आगे और बायाँ हाथ पीछे होगा।

* **आदेश : स्क्वैड–'दो'** : कैडेट दोनों हाथों को वापिस अंदर लाकर शरीर के साथ सटाएंगे, दायाँ घुटना मोड़कर पैर भूमि से 6 इंच ऊपर उठाएंगे।
* **आदेश : स्क्वैड–'तीन'** : दायाँ घुटना नई दिशा में सीधा करेंगे। जैसे ही दायाँ पैर भूमि पर आएगा, बायाँ पैर 15 इंच आगे बढ़ाएँगे। हाथ शरीर के साथ सीधे सटे रहेंगे, शरीर सावधान मुद्रा में रहेगा।
* **आदेश : स्क्वैड–आगे बढ़** : बायें पैर को आगे बढ़ाकर दोनों हाथों को आगे-पीछे हिलाते हुए तेज चाल से चलेंगे।
* **कदम तोलकर मुड़ना, बाएँ मुड़** : बायें पैर का कदम रोकें, हाथों को शरीर से सीधा सटाएँ, दायाँ घुटना मोड़ें, शरीर को नई दिशा की ओर मोड़ें, जैसे ही दायाँ पैर भूमि पर आए, बायाँ पैर आगे बढ़ाएँ। 'आगे बढ़' का आदेश मिलने पर बाएँ पाँव को आगे बढ़ाकर, हाथों को आगे पीछे हिलाते हुए तेजी से आगे बढ़ें।

✦ आदेश : गिनती से पीछे मुड़ना-पीछे मुड़-'एक'

बायाँ कदम पूरा करें, दायें पैर से आधा कदम लें, बायाँ हाथ आगे, दायाँ हाथ पीछे और बाएँ पैर की ऐड़ी भूमि पर हो।

* **आदेश : स्क्वैड–'दो'** : हाथों को सीधा शरीर के साथ सटाएँ, दाएँ मुडें, बायाँ घुटना मोडें और सावधान मुद्रा में आ जाएँ।
* **आदेश : स्क्वैड–'तीन'** : एक बार फिर दाईं ओर घूमें और सावधान मुद्रा में आ जाएँ।
* **आदेश : स्क्वैड–'चार'** : बायाँ कदम बढ़ाएँ और सावधान की मुद्रा में आ जाएँ।
* **आदेश : स्क्वैड–'आगे बढ़'** : दायाँ कदम बढ़ाएँ और मार्चिंग पर आगे बढ़ें।

मार्च करते हुए घूमना

* **आदेश : दाहिने/बाएँ घूम** : इस आदेश का प्रयोग तब किया जाता है जब एक अथवा तीन फाइल में मार्चिंग की जा रही हो। अंदर वाला कैडेट 4 फुट व्यास वाले एक वृत्त की परिधि पर घूमता है और 90° दिशा-परिवर्तन करता है। गति पर नियंत्रण बाहर वाले कैडेट के साथ कदम मिलाने हेतु किया जाता है। अंदर वाला कैडेट अपने कदम तद्नुसार समायोजित व छोटे रखता है।

मार्च करते हुए सैल्यूट करना

बगल की ओर सैल्यूट

* **आदेश : गिनती से सैल्यूट–दाहिने सैल्यूट–'एक'** : यह आदेश तब दिया जाता है जब बायाँ पैर भूमि को छूता है। दाएँ पैर को आगे रखकर अगला कदम पूरा करें, ऐड़ी भूमि पर, अंगूठा उठा हुआ, दाएँ हाथ को चुस्ती से सैल्यूट की स्थिति में लाएँ, सिर व आँखें दाईं ओर घुमाएँ, बाएँ हाथ को सीधा कर शरीर से सटाएँ। जैसे ही बायाँ पैर भूमि पर आए, स्क्वैड पुकारेगी 'अप'।
* **आदेश : स्क्वैड–'दो'** : बाएँ हाथ को शरीर से सटाकर सीधा रखें, सैल्यूट की सही स्थिति बनाए रखें, दाएँ पैर से अगला कदम पूरा करें और पुकारें 'दो'। दो, तीन, चार और पाँच के आदेश हर एक कदम पर एक के बाद एक दिये जाते हैं।
* **आदेश : स्क्वैड–'छः'** : कदम को दाएँ पैर से पूरा करें। जैसे ही ऐड़ी भूमि को छुए, आँखें और सिर सीधा सामने की ओर वापिस घुमाएँ, दाएँ हाथ को सीधा करके शरीर से सटाएँ और पुकारें 'डाउन'।
* **आदेश : स्क्वैड–'सात'** : तेज चाल से मार्च करें, हाथों को आगे-पीछे हिलाएँ और पहले कदम के साथ पुकारें 'स्विंग'।
* **आदेश : सैल्यूटिंग, दाहिने को–सैल्यूट** : यह आदेश बाएँ पैर के भूमि पर आने पर दिया जाता है। जब बायाँ पैर दोबारा भूमि को छूए तब सैल्यूट दें और छठे कदम पर हाथ नीचे लाएँ। प्रत्येक कदम पर कैडेट संख्या पुकारते रहें।

अधिकारी के सामने से गुजरते हुए सैल्यूट

जब अधिकारी के सामने से गुजरें, उसके पास पहुँचने से तीन कदम पहले सैल्यूट दें और उससे आगे बढ़ने पर तीसरे कदम पर हाथ नीचे लाएँ। सैल्यूट देने के दौरान पूरी तरह अधिकारी की ओर देखें।

सामने का सैल्यूट

यह आदेश तब दिया जाता है जब दायाँ पैर बाएँ के पास से गुजरता है, जैसा कि 'थम' में किया जाता है। आदेश मिलने पर 'थम' करें, सामने का सैल्यूट करें, थोड़ा विराम लें, दोबारा सामने का सैल्यूट करें, विराम के बाद मुड़ें, थोड़ा रुकें और तेज चाल से आगे बढ़ें।

दाहिने और बाएँ देखना

* **आदेश : दाहिने देख** : एक गठित दल द्वारा मार्च करते हुए, किसी विशेष व्यक्ति को बगल की ओर सैल्यूट करने के लिए यह आदेश दिया जाता है। इसमें गाइड दिशा बनाए रखने के लिए सामने ही देखता है। कमान के सभी अधिकारी सैल्यूट देते हैं और दल के अन्य सदस्य केवल अपने सिर घुमाते हैं। यह आदेश बाएँ पैर के भूमि को छूने के साथ दिया जाता है और प्रत्येक सदस्य अगले कदम में बाएँ पैर के भूमि को छूने के साथ ही दाईं ओर देखता है।

* **आदेश : बाएँ देख :** यह आदेश भी उपरोक्त आदेश की तरह ही होता है और इसमें सैल्यूट तथा देखने की दिशा बायीं ओर होती है।
* **आदेश : सामने देख :** यह आदेश भी उपरोक्त आदेशों की तरह ही होता है और इसमें सैल्यूट तथा देखने की दिशा सामने की ओर होती है।

आगे, पीछे और बगल की ओर चलना

* **आगे और पीछे चलना :** बायाँ पैर वांछित दूरी के लिए आगे या पीछे करें। यदि यह एक कदम से अधिक हो तो सामान्य मार्चिंग, जिसमें एक कदम 30 इंच का होता है, करें। इसमें अधिकतम 3 कदम चलने के लिए आदेश दिया जाता है।
* **आदेश : दाहिने या बाएँ बाजू चल :** यह आदेश बगल की ओर 12 इंच के अधिकतम 12 कदम चलने के लिये दिया जाता है। इसके लिए दाएँ पैर को उठाकर 12 इंच बगल की ओर बढ़ाएँ और बाएँ पाँव को उठाकर उसके समीप रखें, यह दोगुनी चाल से करें। इसमें कंधे सीधे और दिशा सीधी बगल की ओर रहनी चाहिए। प्रत्येक कदम के पश्चात् एक-समान विराम लें।

कदम ताल

कदम ताल के लिए सावधान की मुद्रा में रहें, यह भी मार्चिंग की लय में ही की जाती है।

* **आदेश : तेज कदम ताल :** बायाँ घुटना इतना ऊपर उठाएँ कि बाएँ पैर की जाँघ भूमि के समानांतर आ जाए, घुटने से नीचे का हिस्सा लम्बवत् हो, पाँव का जूता भी भूमि से समानांतर हो, शरीर के बाकी हिस्से सावधान मुद्रा में हों। अब बायाँ पैर सीधा करके भूमि पर रखें और यही क्रम दाएँ पैर से दोहराएँ। मन में बायाँ-दायाँ बोलते रहें और तदनुसार बायाँ और दायाँ पाँव तेजी से ऊपर-नीचे करते रहें।
* **आदेश : थम :** दायाँ पैर चुस्ती से भूमि पर रखें और सावधान की मुद्रा में खड़े हों।
* **आदेश : कदम ताल :** यह आदेश तब दिया जाता है जब बायाँ पैर दायें के पास से निकलता है। इसके लिए दाएँ पैर से 15 इंच का छोटा कदम लें और बाएँ पैर से कदम ताल आरंभ करें।
* **आदेश : आगे बढ़ :** कदम ताल करते समय आगे बढ़ने का आदेश तब दिया जाता है जब बायाँ पैर उठाया गया होता है और दायाँ पैर भूमि पर होता है। बायाँ पैर आगे बढ़ाएँ और मार्चिंग आरंभ करें।

कदम बदलना

गिनती द्वारा तेज चाल से कदम बदलने के लिए निम्नलिखित आदेश दिये जाते हैं :

* **आदेश : कदम बदलना–'एक' :** यह आदेश तब दिया जाता है जब दायाँ पैर भूमि को छूता है। बायें पैर से कदम को पूरा करें जिससे कि बायाँ पैर सीधा भूमि पर टिका हो और दाएँ पैर से 30 इंच आगे हो। दायाँ हाथ शरीर से आगे की ओर, और बायाँ हाथ पीछे की ओर निकालें।
* **आदेश : स्क्वैड–'दो' :** बायाँ पैर मोड़कर एड़ी द्वारा भूमि पर टिकाएँ और हाथों को सीधा शरीर के साथ सटाएँ।
* **आदेश : स्क्वैड–'तीन' :** बायाँ पैर आगे बढ़ाकर ऐड़ी द्वारा भूमि पर टिकाएँ, यह दाएँ पैर से 30 इंच आगे हो।

सशस्त्र ड्रिल

सावधान, विश्राम और आराम से

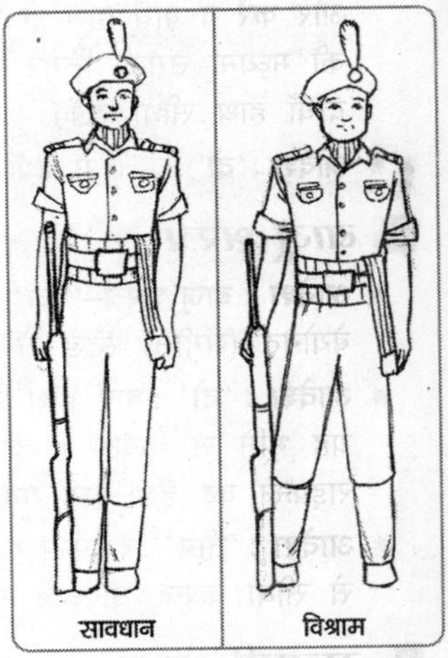

* **सावधान :** सावधान की सामान्य स्थिति में खड़े हों तथा दाएँ हाथ से राइफल को इस प्रकार पकड़ें कि मैगज़ीन सामने की ओर हो, आपका अंगूठा राइफल के बाईं ओर हो, राइफल का बट भूमि पर सटा हो तथा बट का टो (Toe) आपके जूते के टो (Toe) की सीध में हो।
* **विश्राम :** विश्राम की स्थिति में बायाँ पैर दाएँ पैर से 12 इंच की दूरी पर रखें, बायाँ हाथ सीधा सटा रहने दें, राइफल को चुस्ती के साथ दायें हाथ को सीधा रखते हुए आगे की ओर धकेलें।
* **आराम से :** राइफल को थोड़ा और ऊपर से पकड़ते हुए, अपनी कमर से ऊपर के हिस्से को थोड़ा ढीला छोड़कर आराम की स्थिति में आएँ। कमर से नीचे के हिस्से में कोई बदलाव न करें।

राइफल के साथ 'परेड पर' और 'सज'

* **परेड पर :** जब राइफल के साथ परेड पर हों तो राइफल को 'तोल शस्त्र' की स्थिति में उठाते हैं। जब स्क्वैड 'थम' कहती है तब सावधान की मुद्रा में खड़े होकर राइफल का बट भूमि पर, बिना आवाज किये, टिका दिया जाता है।
* **सज :** सज के आदेश पर आगे वाली रैंक दायें हाथ की बजाय बायाँ हाथ उठाती है और चलते समय राइफल को पुनः 'तोल शस्त्र' की स्थिति में उठाते हैं।
* **विसर्जन और लाइन तोड़ :** इस आदेश का सामान्य ड्रिल की भाँति पालन किया जाता है किंतु विसर्जन से पहले राइफल कंधे पर टांगी जाती है।

भूमि शस्त्र

* **आदेश : भूमि शस्त्र–'एक' :** यह आदेश मिलने पर ऊपरी शरीर को कड़ा रखते हुए कमर से झुकें, घुटने सीधे रखें, और राइफल को भूमि पर रखें। राइफल का मज़ल सामने की ओर हो और मैगजीन दाईं ओर हो। हाथ दायें जूते की नोक की सीध में होना चाहिए।
* **आदेश : 'दो' :** राइफल को भूमि पर उसी स्थिति में छोड़ दें और सीधे सावधान की स्थिति में आ जायें।

उठाओ शस्त्र

* **आदेश : उठाओ शस्त्र–'एक' :** यह आदेश मिलने पर फिर से पहले की भाँति भूमि पर झुकें और राइफल को दायें हाथ से पकड़ लें।
* **आदेश : 'दो' :** राइफल को उठाकर वापिस सावधान की स्थिति में आ जाएँ। राइफल की नली ऊपर की ओर सीधी रखें व बट भूमि पर टिका हो।

बगल शस्त्र

बगल शस्त्र

* **आदेश : बगल शस्त्र–'एक'** : यह आदेश मिलने पर राइफल को बायीं ओर करें व बायें हाथ से स्लिंग कड़ी से राइफल को पकड़ें। दायें हाथ की मध्यमा उंगली ट्रिगर गार्ड में रखें। बैरल को दायें कंधे से सटाएँ। दायाँ हाथ सीधा रखें।
* **आदेश : 'दो'** : चुस्ती से बायाँ हाथ सीधा करें और सावधान की मुद्रा में आ जाएँ।

बाजू शस्त्र

* **आदेश : बाजू शस्त्र–'एक'** : यह आदेश मिलने पर बाएँ हाथ से राइफल बेयोनेट (संगीन) स्टैंड से नीचे बैरल से पकड़ें।
* **आदेश : 'दो'** : बाएँ हाथ से पकड़कर राइफल को इतना नीचे करें कि यह भूमि से केवल 1 इंच ऊपर रहे, इसके साथ ही दायें हाथ से राइफल का हैंड गार्ड पकड़े रहें।
* **आदेश : 'तीन'** : राइफल का बट भूमि पर टिका दें और बायाँ हाथ चुस्ती से सीधा करके सावधान मुद्रा में आ जाएँ।

सलामी शस्त्र

सलामी शस्त्र

* **आदेश : सलामी शस्त्र–'एक'** : इस आदेश पर राइफल को दाएँ हाथ से ऊपर उछालें और बाएँ हाथ से इसे संतुलित अवस्था में पकड़ें। बाएँ हाथ का अंगूठा दाएँ हाथ के कंधे की कांख में और दायाँ हाथ बट के छोटे भाग पर, अंगूठा बाईं ओर तथा कोहनी पीछे की ओर रहेगी।
* **आदेश : 'दो'** : राइफल को शरीर के बीच में लम्बवत् स्थिति में लाएँ। ट्रिगर गार्ड बाईं ओर रहेगा। बाएँ हाथ की कलाई मैगजीन पर, उंगलियाँ ऊपर की ओर, बाईं कोहनी बट से सटी हुई और दाईं कोहनी एवं बट शरीर से सटा रहेगा।
* **आदेश : 'तीन'** : राइफल शरीर के बीच, सामने, आपकी बैल्ट से 3 इंच व आँखों से 6 इंच की दूरी पर सीधी हो व मैगजीन सामने बाहर की ओर रहे। साथ ही अपना दायाँ हाथ राइफल समेत सीधा करें और उंगलियाँ नीचे की ओर तिरछी हों। बाएँ हाथ से राइफल स्लिंग के बाहर से और बैकसाइट के उलट पकड़े हुए और बायाँ अंगूठा ऊपर से पकड़े हुए हो। पाँवों के जूते 'T' का आकार बनाए हुए हों। दोनों घुटने सीधे रहेंगे। राइफल का वजन बाएँ हाथ पर संभालना होगा।

सलामी शस्त्र से बाजू शस्त्र

* **आदेश : बाजू शस्त्र–'एक'** : राइफल को दायें हाथ से पकड़ें, बायें हाथ को बाहर लाकर राइफल की नोज़ कैप पर रखें। दाएँ पैर को उठाकर चुस्ती से बाएँ पैर के बराबर में सावधान मुद्रा की भाँति रखें।
* **आदेश : 'दो'** : राइफल को दाईं ओर ले जाएँ और दाएँ हाथ से पिस्टल ग्रिप से पकड़ें।
* **आदेश : 'तीन'** : बाएँ हाथ को सीधा करके सावधान की मुद्रा में खड़े हों।

राइफल के साथ सैल्यूट

- **थम पर :** कंधे पर राइफल के साथ सैल्यूट करने के लिए बाएँ हाथ को इस प्रकार शरीर के आगे लाएँ कि हाथ का आगे का हिस्सा भूमि के समानांतर हो। हैंड गार्ड से हथेली इस प्रकार लगाएँ कि अंगूठे का पोर हैंड गार्ड के बाहरी किनारे के समानांतर हो, उंगलियाँ और अंगूठे सटे हुए और सीधे खुले, हाथ का पृष्ठ भाग सामने की ओर और कोहनी शरीर के साथ सटी हुई हो। एक नियमित विराम के पश्चात् बायाँ हाथ अपनी पूर्व स्थिति में शरीर के साथ सीधा सटाएँ।
- **मार्च पर :** इस सैल्यूट के लिए उपरोक्त के साथ-साथ अधिकारी की ओर मुँह व आँखें घुमाएँ और उसकी ओर पूरी तरह देखें। यह सैल्यूट अधिकारी के सामने पहुँचने से तीन कदम पहले से आरंभ करके तीन कदम आगे निकलने तक दिया जाता है और उसके बाद सामने सीधे देखते हुए मार्च जारी रखा जाता है।

समतोल/तोल शस्त्र

- **आदेश : समतोल शस्त्र :** यह आदेश मिलने पर दायें बाजू को मोड़कर राइफल का बट भूमि से 1 इंच उपर उठाएँ। यह आदेश तब दिया जाता है जब राइफल सहित परेड करनी हो, कदम आगे-पीछे रखने हों अथवा सज्जा करनी हो। गतिविधि पूरी करने पर 'थम' पर राइफल को भूमि पर बेआवाज टिका दिया जाता है।
- **आदेश : तोल शस्त्र :** यह आदेश मिलने पर राइफल को कलाई के झटके से इस प्रकार उठाएँ कि मज़ल थोड़ा आगे की ओर झुका हो, राइफल संतुलन बिंदु से पकड़ी गई हो, हाथ का पृष्ठ भाग दाईं ओर हो, हाथ सीधा हो और मैगजीन नीचे की ओर हो।
- **आदेश : बाजू शस्त्र :** तोल शस्त्र के बाद यह आदेश मिलने पर दायें हाथ से राइफल के बट को भूमि पर धकेलें और मज़ल को ऊपर उठाकर बाजू शस्त्र की स्थिति में आ जाएँ।

बाजू शस्त्र से जाँच शस्त्र

- **आदेश : जाँच शस्त्र :** इस आदेश के मिलने पर घुटना मोड़कर अपने बाएँ पैर को 16 इंच आगे बढ़ाएँ और बाएँ हाथ में हल्का खम देते हुए राइफल को ऊपर स्लिंग कड़ी के निकट से पकड़ें और दायें हाथ का अंगूठा चार्जर गाइड में ऐसे रखें कि उसका नाखून ऊपर की ओर रहे और चारों उंगलियाँ आपस में सटकर भूमि की ओर इंगित करें।
- **आदेश : चाल वाले पुर्जे अलग कर :** इस आदेश पर कॉकिंग हैंडल को खींचें और छोड़ दें। आदेश मिलने पर ट्रिगर दबाएँ। इसके बाद शस्त्र के साथ सावधान की मुद्रा में खड़े हों।

जाँच शस्त्र से बाजू शस्त्र

- **आदेश : बाजू शस्त्र–'एक' :** इस आदेश पर दाएँ हाथ की उंगली और अंगूठे से राइफल को स्लिंग कड़ी के पास से पकड़ते हुए, बायाँ घुटना मोड़ें।
- **आदेश : 'दो' :** बाएँ हाथ की सहायता से राइफल को दाईं ओर नीचे लाएँ। बाएँ हाथ से नोज कैप को थोड़ा नीचे से पकड़ें।
- **आदेश : 'तीन' :** बायाँ हाथ चुस्ती से सीधा करें और सावधान की मुद्रा में आ जाएँ।

राइफल में स्लिंग लगाना

* राइफल की नीचे की स्लिंग कड़ी में स्लिंग को 2 इंच मोड़कर लगाएँ। स्लिंग के दूसरे सिरे को ऊपरी कड़ी से जोड़ दें। देखें कि स्लिंग में कोई बल न रहे।

जाँच शस्त्र

* **आदेश : जाँच शस्त्र :** बायाँ पैर 16 इंच आगे बढ़ाएँ। राइफल को स्लिंग कड़ी के निकट से पकड़ें। दायें हाथ का अंगूठा चार्जर गाइड में रखें।
* **आदेश : बोल्ट चला 'एक' :** बोल्ट को अंगूठे और उंगली की मदद से पकड़ें। दायें हाथ की कोहनी शरीर के विपरीत रखें।
* **आदेश : स्क्वैड 'दो' :** बोल्ट को पाँच बार पूरी तरह खोलें और बंद करें। बोल्ट को पूरा खींचकर छोड़ दें।
* **आदेश : स्क्वैड 'तीन' :** हाथ से बोल्ट को आगे करें और उसके हैंडल को नीचे की ओर कर दें।
* **आदेश : स्क्वैड 'चार' :** दायें हाथ की पहली उंगली से ट्रिगर दबाएँ।
* **आदेश : स्क्वैड 'पाँच' :** दायें हाथ की उंगली से बोल्ट के हैंडल को नीचे की ओर कर दें। पहली उंगली से सेफ्टी कैच पीछे करें।
* **आदेश : स्क्वैड 'छः' :** दाएँ हाथ को बट के छोटे भाग पर वापस लाएँ। उंगली ट्रिगर गार्ड से बाहर रखें।

सेरेमोनियल ड्रिल

एनसीसी में समय-समय पर और कैडेटों का प्रशिक्षण पूरा होने पर सेरेमोनियल ड्रिल आयोजित किये जाते हैं। विभिन्न गणमान्य एवं अति-विशिष्ट व्यक्तियों के सम्मान में भी सेरेमोनियल ड्रिल आयोजित किये जाते हैं। भारत के राष्ट्रपति और विभिन्न राज्यों के राज्यपालों को उनके अपने क्षेत्राधिकार में 'राष्ट्रीय सैल्यूट' दिये जाते हैं। मेजर जनरल और उससे ऊपर की रैंक के गणमान्य व्यक्तियों को 'जनरल सैल्यूट' दिये जाते हैं। इसके अतिरिक्त अन्य गणमान्य व्यक्तियों को 'सलामी शस्त्र' दिये जाते हैं।

सेरेमोनियल परेड इस प्रकार आयोजित की जाती है :

गणमान्य व्यक्ति के आगमन पर व्यक्ति को एनसीसी के मौजूद वरिष्ठ अधिकारी द्वारा सलामी मंच की ओर ले जाया जाता है। गणमान्य व्यक्ति को कार से उतरते देख परेड कमांडर आदेश देता है : 'परेड सावधान'।

जब वह व्यक्ति मंच पर आ जाता है और सलामी लेने के लिए तैयार होता है तो परेड कमांडर उसकी रैंक के अनुरूप आदेश देता है :

(i) 'परेड जनरल सैल्यूट देगी' : 'जनरल सैल्यूट सलामी शस्त्र'

अथवा

(ii) परेड राष्ट्रीय सैल्यूट देगी' : 'राष्ट्रीय सैल्यूट सलामी शस्त्र'

अथवा

(iii) 'परेड सलामी देगी–सलामी शस्त्र' : परेड बाजू शस्त्र

इसके बाद परेड कमांडर चुस्ती से मार्च करते हुए सलामी मंच के निकट जाता है और वीआइपी को सूचना देता है : 'नम्बर 1 बटालियन आपके निरीक्षण के लिए हाजिर हैं' श्रीमान/श्रीमती जी। जब वीआइपी से परेड को विश्राम में खड़े करने की अनुमति मिल जाती है अथवा परेड के निरीक्षण में समय होता है तो परेड कमांडर आदेश देता है : 'नम्बर 1 कम्पनी खड़ा रहे, बाकी विश्राम'।

निरीक्षण के समय वरिष्ठ अधिकारी और परेड कमांडर अनुरक्षा करते हैं। दो चुस्त आर्डरली वीआइपी के आगे चलते हैं। परेड कमांडर वीआइपी के दाईं ओर तथा वरिष्ठ अधिकारी वीआइपी के पीछे चलता है। प्रायः निरीक्षण पैदल चलकर ही किये जाते हैं किंतु बड़ी परेड के समय खुली जीप अथवा कार का प्रयोग किया जाता है।

निरीक्षण पूरा होने के बाद जब वीआइपी सलामी मंच की ओर जाता है तो दोनों आर्डरली और वरिष्ठ अधिकारी उसके साथ मंच तक जाते हैं और 'मार्च-पास्ट' के लिए परेड कमांडर द्वारा निम्नलिखित आदेश दिये जाते हैं :

(i) परेड सावधान
(ii) परेड निकट लाइन चल
(iii) बगल शस्त्र
(iv) परेड कूच कलाम में मंच से गुजरेगी, नम्बर ..... आगे।
(v) परेड तीनों-तीन में दाहिने मुड़।

इस आदेश पर सभी कंपनी कमांडर अपनी-अपनी कंपनी के आगे व परेड में अपनी पोजीशन लेंगे। इसके पश्चात् अपने-अपने क्रम में सभी कंपनी कमांडर 'नम्बर ...... कंपनी बायें से तेज चल' का आदेश देंगे। सलामी मंच से 6 कदम पहले लगी एक छोटी झंडी के निकट पहुँचकर प्रत्येक कंपनी कमांडर 'नम्बर ..... कंपनी दाहिने देख' का आदेश देगा और स्वयं भी दाहिने देखते हुए सैल्यूट करेगा। सलामी मंच से 6 कदम आगे लगी छोटी झंडी के निकट पहुँच कर प्रत्येक कंपनी कमांडर 'कंपनी सामने देख' का आदेश देगा।

कंपनी के वापस अपने स्थान पर पहुँचने पर कमांडर द्वारा 'कंपनी थम' का आदेश दिया जाता है और इसके बाद 'कंपनी आगे बढ़ेगा' और 'बाएँ मुड़' के आदेश दिये जाते हैं। इसी प्रकार सभी कंपनी कमांडर अपनी-अपनी कंपनियों को आदेश देकर अपनी-अपनी कंपनी का मुँह मंच की ओर करवाते हैं। जब सभी कंपनियाँ मंच के सम्मुख आ जाती हैं तो परेड कमांडर संपूर्ण परेड को 'विश्राम' का आदेश देता है।

यदि परेड को मंच के और निकट ले जाना हो तो परेड कमांडर निम्नलिखित आदेश देता है :

(i) परेड सावधान
(ii) परेड मध्य से सज
(iii) परेड सामने देख
(iv) परेड समीक्षा क्रम में मध्य से तेज चल

अंतिम आदेश मिलने पर सभी कैडेट 15 कदम आगे चलकर स्वयं ही 'थम' करते हैं। यदि बैंड उपस्थित हो तो उसके रुकने के साथ ही 'थम' किया जाता है। वीआइपी के ओहदे के अनुसार पुनः सलामी दी जाती है और उसके बाद कैडेट 'विश्राम' की स्थिति में खड़े होते हैं। वीआइपी के संबोधन और प्रस्थान करने के पश्चात् परेड कमांडर द्वारा परेड के 'विसर्जन' का आदेश दिया जाता है।

सम्मान गार्ड

सम्मान गार्ड एनसीसी की सीनियर डिवीजन के कैडेटों द्वारा कुछ सूचीबद्ध गणमान्य व्यक्तियों को दिया जाता है। अन्य गणमान्य व्यक्तियों को यह एनसीसी के संबंधित राज्य के उपमहानिदेशक की पूर्व सहमति से ही तब दिया जाता है जब वे एनसीसी के उत्सवों अथवा शिविरों में सम्माननीय अतिथि के रूप में आमंत्रित होते हैं।

सम्मान गार्ड निम्नलिखित को दिया जाता है :

(i) भारत के राष्ट्रपति, उपराष्ट्रपति और प्रधानमंत्री
(ii) राज्यपाल, उपराज्यपाल और मुख्य आयुक्त
(iii) रक्षामंत्री और उपरक्षामंत्री
(iv) राज्य का मुख्यमंत्री
(v) थलसेना, नौसेना और वायु सेना के सेनाध्यक्ष
(vi) रक्षा सचिव
(vii) जनरल ऑफिसर कमांडिंग-इन-चीफ (थलसेना स्कंध इकाइयों में)
(viii) फ्लैग ऑफिसर कमांडिंग-इन-चीफ (नौसेना स्कंध इकाइयों में)
(ix) एयर ऑफिसर कमांडिंग-इन-चीफ (वायुसेना स्कंध इकाइयों में)
(x) थलसेना, नौसेना और वायुसेना के उपसेनाध्यक्ष
(xi) किसी विश्वविद्यालय के दीक्षांत समारोह को संबोधित करने वाले गणमान्य व्यक्ति
(xii) किसी विश्वविद्यालय के कुलपति
(xiii) किसी विश्वविद्यालय के उपकुलपति, जब वो उसके किसी समारोह में मुख्य अतिथि हों
(xiv) एनसीसी के महानिदेशक

सम्मान गार्ड की संख्या

सम्मान गार्ड में कैडेटों की संख्या निम्न आधार पर होती है :

(i) भारत के राष्ट्रपति के सम्मान गार्ड में 150 कैडेट 3 समान डिवीजन में होते हैं।
(ii) उपराष्ट्रपति और प्रधानमंत्री के सम्मान गार्ड में 100 कैडेट 2 समान डिवीजन में होते हैं।
(iii) अन्य गणमान्य व्यक्तियों के सम्मान में 50 कैडेट 2 समान डिवीजन में होते हैं।

सम्मान

(i) **राष्ट्रीय सैल्यूट :** भारत के राष्ट्रपति और अपने राज्यों के राज्यपाल और उपराज्यपाल
(ii) **जनरल सैल्यूट :** मेजर जनरल और उससे ऊपर की रैंक के गणमान्य व्यक्ति
(iii) **सलामी शस्त्र :** अन्य गणमान्य व्यक्ति

प्रक्रिया

सम्मान गार्ड की प्रक्रिया के निम्नलिखित मुख्य चरण होते हैं :

(i) सम्मान गार्ड देने के स्थान पर 24-24 कैडेटों की 2 पंक्तियाँ एक-दूसरे से 4 कदम की दूरी पर बनाई जाती हैं। दो कैडेटों के मध्य 24 इंच की दूरी रखी जाती है। प्रथम पंक्ति से दो कदम आगे गार्ड के अधिकारी और जेसीओ झंडा लेकर खड़े होते हैं और गार्ड कमांडर प्रथम पंक्ति के मध्य से 8 कदम आगे खड़े होते हैं।

(ii) गार्ड के दायीं ओर, दायें दर्शक से 7 कदम की दूरी पर, बैंड वाले खड़े होते हैं।

(iii) मंच के दोनों ओर, दो कदम आगे, 2 एडीसी खड़े होते हैं।

(iv) संचालक अधिकारी वीआइपी का स्वागत करता है, उसके साथ सलामी मंच तक आता है और उसे मंच पर पहुँचाकर स्वयं मंच के मध्य से 3 कदम पीछे जा कर खड़ा होता है।

(v) जब वीआइपी मंच पर पहुँचकर सलामी लेने की स्थिति में आ जाता है तब पद के अनुसार उपयुक्त सलामी की कार्यवाही की जाती है।

(vi) सलामी देते समय गार्ड कमांडर ऊँची आवाज में राष्ट्रीय सैल्यूट, जनरल सैल्यूट अथवा सलामी शस्त्र देने का आदेश देता है। सलामी के पश्चात् निरीक्षण की कार्यवाही की जाती है।

निरीक्षण

निरीक्षण की प्रक्रिया में निम्नलिखित मुख्य चरण होते हैं :

(i) गार्ड कमांडर गार्ड को 'बाजू शस्त्र' का आदेश देगा और मंच की ओर आगे बढ़कर वीआइपी को सैल्यूट करने के पश्चात् यह सूचना देगा : 'गार्ड (इकाई का नाम) सम्मान गार्ड निरीक्षण के लिए हाजिर है श्रीमान/श्रीमती जी।

(ii) सूचना पाकर वीआइपी मंच से उतरकर गार्ड के निरीक्षण के लिए चलेंगे, गार्ड कमांडर उनके साथ बायीं ओर रहेंगे। बैंड के दायें व्यक्ति के पास पहुँचकर गार्ड कमांडर और दायां दर्शक वीआइपी के दायीं ओर आ जाएंगे और निरीक्षण के समय दायीं ओर ही चलेंगे। निरीक्षण गार्ड के दायीं ओर से शुरू होगा और केवल प्रथम पंक्ति का ही होगा।

(iii) राष्ट्रपति के अतिरिक्त किसी अन्य वीआइपी के आगे एडीसी नहीं चलेंगे। राष्ट्रगान के समय एडीसी सैल्यूट नहीं करते हैं।

(iv) बैंड बजाने वाले, निरीक्षण के दौरान, सीधा सामने देखेंगे और अपना सिर या आँखे वीआइपी की ओर नहीं घुमाएँगे।

(v) निरीक्षण के समय ढोल की पहली ध्वनि के साथ ही सभी गार्ड वीआइपी की ओर सिर व आँखें घुमाकर देखेंगे। जैसे-जैसे वीआइपी आगे बढ़ेगा वैसे-वैसे गार्ड भी अपनी नजरें उस पर टिकाकर सिर घुमाते रहेंगे। जब वीआइपी निरीक्षण पूरा कर लेगा तब ढोल की आखिरी ध्वनि के साथ ही गार्ड फिर से सीधे सामने की ओर देखने लगेंगे।

(vi) गार्ड कमांडर वीआइपी के साथ चलते हुए संचालक अधिकारी की ओर जाएगा और वहाँ पहुँचकर उसे फिर से सैल्यूट करेगा। यदि इसके बाद वीआइपी उससे हाथ मिलाना चाहे तो उसे चुस्ती से उससे हाथ मिलाने के लिए तैयार रहना चाहिए, किंतु स्वयं इसकी पहल नहीं करनी चाहिए।

विसर्जन

वीआइपी को संचालक अधिकारी के पास छोड़कर गार्ड कमांडर पुनः अपने स्थान पर आकर गार्ड को 'विश्राम' का आदेश देगा जोकि तब तक सम्मान गार्ड की स्थिति में होगी। गार्ड तब तक वहाँ से नहीं हटेंगे अथवा 'आराम से' की स्थिति में नहीं आयेंगे जब तक वीआइपी सम्मान गार्ड के स्थान से चला नहीं जाता। वीआइपी के वहाँ से प्रस्थान के पश्चात् ही 'विसर्जन' का आदेश दिया जाता है।

गार्ड माउंटिंग

गार्ड माउंटिंग के लिए गार्ड कमांडर, असिस्टेंट गार्ड कमांडर और 6 कैडेटों की आवश्यकता होती है। गार्ड कमांडर निर्धारित समय से 15 मिनट पहले आकर इसकी व्यवस्था पूरी करता है। एनसीओ गार्ड में दो रैंक में खड़े होते हैं। गार्ड कमांडर प्रथम रैंक के दायीं ओर तथा असिस्टेंट गार्ड कमांडर उसके बायीं ओर खड़ा होता है। गार्ड और गार्ड एनसीओ के मध्य 12 कदम का फासला होता है। गार्ड माउंटिंग एनसीओ निरीक्षण की प्रक्रिया में निम्नलिखित आदेश देता है :

(i) **गार्ड परेड पर :** यह आदेश पाकर गार्ड 'सावधान' की मुद्रा में आ जाएंगे, खुली लाइन चाल करेंगे और 12 कदम की दूरी पर जाकर, दाईं ओर से आरंभ करके, प्रत्येक कैडेट क्रमशः 'विश्राम' में खड़े होंगे।

(ii) **गार्ड सावधान :** यह आदेश पाकर सभी गार्ड 'सावधान' हो जाएंगे।

(iii) **गार्ड दाहिने सज :** गार्ड कमांडर दाईं ओर मुड़कर 5 कदम चलेगा, थम करेगा, पीछे मुड़ेगा और प्रथम रैंक को 'सज' करवाएगा। इसके बाद वह बाएँ मुड़कर 4 कदम आगे चलेगा, दाएँ मुड़ेगा ओर दूसरी रैंक को 'सज' करवाकर 'सामने देख' का आदेश देगा और वापस अपने स्थान पर लौट आएगा।

(iv) **गार्ड बगल शस्त्र :** इस आदेश के मिलने पर गार्ड 'बगल शस्त्र' की कार्यवाही करेंगे।

(v) इसके बाद गार्ड माउंटिंग एनसीओ आर्डरली ऑफिसर को यह सूचना देगा :

'गार्ड निरीक्षण के लिए हाजिर है।'

इसके बाद वह गार्ड के दायीं ओर 6 कदम की दूरी पर जाकर खड़ा होगा।

ऑर्डरली ऑफिसर गार्ड के सम्मुख पहुँच कर निम्नलिखित आदेशों द्वारा निरीक्षण करेगा :

(i) **गार्ड बाजू शस्त्र :** सभी गार्ड बाजू शस्त्र की कार्यवाही करते हैं, इसके निरीक्षण के बाद आर्डरली ऑफिसर वापिस अपने स्थान पर चला जाता है।

(ii) **गार्ड निरीक्षण के लिये जाँच शस्त्र :** सभी गार्ड 'जाँच शस्त्र' की कार्यवाही करते हैं। आर्डरली ऑफिसर सर्वप्रथम गार्ड कमांडर की कार्यवाही का निरीक्षण करता है और इसके पूरा होते ही कमांडर 'बाजू शस्त्र' करके लाइन तोड़कर उसके साथ चलता है। निरीक्षण पूरा होने पर दोनों पुनः अपने स्थान पर लौट आते हैं।

(iii) **गार्ड बोल्ट चलाओ :** गार्ड स्प्रिंग ढीला करेंगे और बोल्ट चलाएंगे।

(iv) **गार्ड बाजू शस्त्र :** गार्ड 'बाजू शस्त्र' की कार्यवाही करेंगे।

(v) **सामने की लाइन स्टिक आर्डरली, स्टिक आर्डरली लाइन तोड़ :** 'स्टिक आर्डरली कैडेट' एक कदम आगे आएगा, बगल शस्त्र करेगा, दाएँ मुड़ेगा, और तेज चाल करते हुए गार्ड माउंटिंग एनओसी के दायीं ओर खड़ा होगा।

(vi) **गार्ड बगल शस्त्र :** सभी गार्ड बगल शस्त्र करेंगे।

(vii) **गार्ड अपनी ड्यूटी के लिए दाहिने से तेज चल :** इस आदेश पर सभी गार्ड मार्च करते हुए प्रस्थान करेंगे और गार्ड कमांडर आर्डरली ऑफिसर के 'दाहिने देख' और 'सामने देख' के बाद पुराने गार्ड की ओर चलेगा।

गार्ड रूम की प्रक्रिया

जब पुरानी गार्ड का संतरी नई गार्ड को अपनी ओर आते देखेगा तो वह पुरानी गार्ड को बाहर करेगा और पुरानी गार्ड का कमांडर अपनी गार्ड को नई गार्ड से 15 कदम की दूरी पर सामने की ओर खड़ा करेगा। नई गार्ड निश्चित स्थान पर 'थम' करेगी।

तत्पश्चात दोनों गार्ड कमांडर अपनी-अपनी गार्ड से यह कार्यवाही करवाएंगे :

(i) पुरानी गार्ड सलामी शस्त्र
(ii) नई गार्ड सलामी शस्त्र
(iii) पुरानी गार्ड बाजू शस्त्र
(iv) नई गार्ड बाजू शस्त्र
(v) पुरानी गार्ड विश्राम
(vi) नई गार्ड विश्राम

इस कार्यवाही के पश्चात् गार्ड कमांडर नई गार्ड को 'सावधान' करवायेगा, गार्ड के जवानों की गिनती करवायेगा, संतरी के लिये कैडेट को चुनेगा और पुरानी गार्ड के असिस्टेंट गार्ड कमांडर द्वारा संतरी की बदली करवायेगा। 'संतरी बदलो' के आदेश पर पुराना संतरी दो कदम आगे बढ़ेगा और नया संतरी उसके दाहिनी ओर दो कदम पर पहुँचेगा।

अब गार्ड कमांडर 'पुराना संतरी तेज चल' का आदेश देगा और पुराने संतरी के साथ मार्च करता हुआ गार्ड रूम में जाकर चार्ज आदि की प्रक्रिया पूरी करेगा। इसके साथ ही नया गार्ड अपना निश्चित स्थान ग्रहण करेगा। पुरानी गार्ड का असिस्टेंट गार्ड कमांडर संतरी की ड्यूटी बताएगा और पुरानी गार्ड के सभी संतरी अपनी गार्ड में मिल जाएँगे।

आखिरी चरण में गार्ड कमांडर पुरानी गार्ड को 'तेज चल' का आदेश देगा, नई गार्ड पुरानी गार्ड को सलामी देगी और पुरानी गार्ड 'दाहिने देख' की कार्यवाही के साथ प्रस्थान करेगी।

❖ ❖ ❖

4 शस्त्र प्रशिक्षण (Weapon Training)

शस्त्र प्रशिक्षण एनसीसी प्रशिक्षण का एक अति-महत्वपूर्ण भाग है। इसके द्वारा कैडेट न केवल निशानेबाजी की कला में निपुणता प्राप्त करके खेल-स्पर्धाओं में भाग लेकर नाम कमा सकते हैं बल्कि आत्मरक्षा और समाज एवं देश की रक्षा के लिए भी स्वयं को योग्य बनाते हैं। इसके साथ-साथ यह कैडेटों में सुस्पष्टता, सटीकता, शारीरिक अंगों में समन्वय बनाने, धैर्य और आत्मविश्वास जैसे गुणों का विकास करके उसे आम जीवन में एक बेहतर व्यक्ति बनाने में भी मददगार होता है।

एनसीसी में आजकल निम्नलिखित दो प्रकार के शस्त्रों का प्रशिक्षण दिया जाता है :

(a) 0.303" बोर राइफल (b) 0.22" बोर राइफल

राइफल के मुख्य भाग

1. स्टॉक
2. हील
3. रिकॉइल पैड
4. टो (Toe)
5. कॉम्ब
6. रिसीवर
7. बोल्ट
8. इंजैक्शन पोर्ट
9. ऑपरेटिंग हैंडल
10. एक्सट्रैक्टर
11. रीयर साइट
12. चैकरिंग
13. फ्रंट साइट
14. मज़ल
15. मैगज़ीन कैप
16. फोर-एंड
17. ग्रिप
18. मैगजीन लोडिंग पोर्ट
19. कैरियर रिलीज
20. ट्रिगर
21. ट्रिगर गार्ड
22. सेफ्टी स्विच
23. मैगज़ीन

एक राइफल के कुछ विशेष पुर्जों पर नम्बर लिखे होते हैं, जैसे–

1. बैरल पर
2. फोरसाइट के पास
3. स्लिंग चेन पर
4. रीयर साइट के पास
5. बोल्ट लीवर पर
6. मैगजीन पर
7. बट प्लेट पर

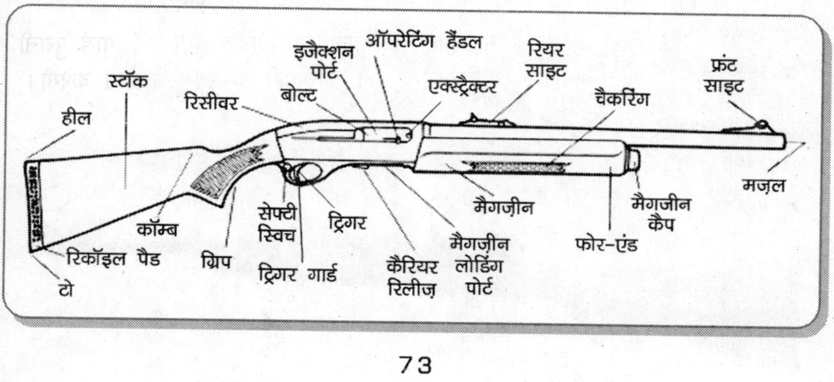

0.303" बोर राइफल की विशेषताएँ

- ✱ संगीन के साथ लंबाई – 5 फुट 1½ इंच
- ✱ संगीन के साथ वजन – 9 पौण्ड 11½ औंस
- ✱ बिना संगीन के लम्बाई – 3 फुट 8½ इंच
- ✱ बिना संगीन के वजन – 8 पौण्ड ½ औंस
- ✱ न्यूनतम रेंज – 200 गज
- ✱ अधिकतम रेंज – 2000 गज
- ✱ कारगर रेंज – 875 गज
- ✱ मज़ल वेलोसिटी (गति) – 2400 फुट प्रति सेकंड
- ✱ मैगज़ीन की कुल क्षमता – 10 राउण्ड
- ✱ फायर की सामान्य दर – 5 राउण्ड प्रति मिनट
- ✱ फायर की तेज दर – 15 राउण्ड प्रति मिनट
- ✱ कारतूस का आकार एवं कैलिबर (बोर) – 0.303"

0.22" बोर राइफल की विशेषताएँ

विशेषता	.22 मार्क IV BA	.22 डीलक्स BA
✱ लम्बाई	45 इंच	43 इंच
✱ वजन	8 पौण्ड 10½ औंस	6 पौण्ड 2 औंस
✱ मैगजीन क्षमता	10 राउण्ड	05 राउण्ड
✱ मज़ल वेलोसिटी	2700 फुट प्रति सेकण्ड	2700 फुट प्रति सेकण्ड
✱ बैरल में खांचे	06	06
✱ कारगर रेंज	25 गज	25 गज
✱ अधिकतम रेंज	1700 गज	1700 गज
✱ कैलिबर (बोर) एवं कारतूस आकार	0.22 इंच	0.22 इंच
✱ फायर की दर		
(i) सामान्य	5 राउण्ड प्रति मिनट	5 राउण्ड प्रति मिनट
(ii) तीव्र	10-15 राउण्ड प्रति मिनट	10-15 राउण्ड प्रति मिनट

सुरक्षा सावधानियाँ

राइफल को खोलना

राइफल को खोलने से पहले जाँच शस्त्र की कार्यवाही की जाती है जिससे यह सुनिश्चित हो जाता है कि कहीं मैगजीन या चैम्बर में कोई कारतूस तो नहीं है। इसके पश्चात् निम्नलिखित क्रम में राइफल को खोलें :

(i) संगीन के स्टड को दबाकर संगीन को राइफल से अलग करें और संगीन को म्यान से अलग करें।

(ii) स्लिंग को राइफल से अलग करें।

(iii) सेफ्टी केच को आगे करके बोल्ट को पीछे करें और बोल्ट हैड को ऊपर करके बोल्ट को बाहर निकाल लें।

(iv) मैगजीन कैच को दबाकर मैगजीन को बाहर निकाल लें।

(v) चैम्बर और मैगजीन का निरीक्षण करें कि वे साफ हों।

राइफल को जोड़ना

राइफल को खोलने के साथ-साथ एनसीसी कैडेटों को राइफल को जोड़ना भी सिखाया जाता है। निरीक्षण के बाद राइफल के विभिन्न भागों को इस क्रम में जोड़ें :

(i) मैगजीन, राइफल और बोल्ट के नंबर आपस में मिला लें कि वह समान हों।

(ii) मैगजीन को राइफल में उनके स्थान पर रखकर दबाएँ व खटाक की आवाज आने पर छोड़ दें।

(iii) बोल्ट हैड को कसें और सेफ्टी कैच को आगे करके राइफल में बोल्ट लगायें।

(iv) बोल्ट को तब तक आगे करें जब तक वह चार्जर गाइड से न छुए, इसके बाद बोल्ट हैड को दायीं ओर कर दें। एक क्लिक की आवाज आने पर छोड़ दें।

(v) बोल्ट को 3-4 बार आगे-पीछे करें और सेफ्टी कैच लगाएं।

(vi) थम्ब स्प्रिंग को दबाकर साइट को सेट करें।

(vii) निचली स्लिंग कड़ी पर 2 इंच मोड़कर स्लिंग लगाएँ। बाकी स्लिंग ऊपरी कड़ी पर मोड़ दें।

(viii) संगीन को उसकी म्यान में रखकर राइफल पर चढ़ाएँ। क्लिक की आवाज आने पर छोड़ दें।

स्मरण रहे :

(i) बोल्ट हैड पूरा कसा हो।

(ii) बोल्ट हैड एवं गाइड रिब और कॉकिंग पीस एवं स्टीललग एक लाइन में हों।

(iii) बोल्ट का नंबर राइफल से अवश्य मिलता हो।

(iv) सेफ्टी कैच लगाना न भूलें।

राइफल की सफाई और देखभाल

राइफल को उपयोगी बनाए रखने के लिए इसकी नियमित सफाई और देखभाल करना अति-आवश्यक है। राइफल की सफाई में निम्नलिखित का प्रयोग किया जाता है :

(i) पुल थ्रू
(ii) वायर गॉज (2.5" × 1.5")
(iii) तेल
(iv) फ्लेनलेट (चिंदी की सफाई के लिए) (4" × 2")
(v) फ्लेनलेट (तेल के लिए) (4" × 1.5")

सफाई की सभी सामग्री का प्रबंध करके राइफल को खोलें और निम्नलिखित क्रम में सफाई करें :

(i) बैरल (ii) चैम्बर (iii) बोल्ट
(iv) मैगजीन (v) संगीन और म्यान

लोडिंग एवं अनलोडिंग

चार्जर में राउंड भरना

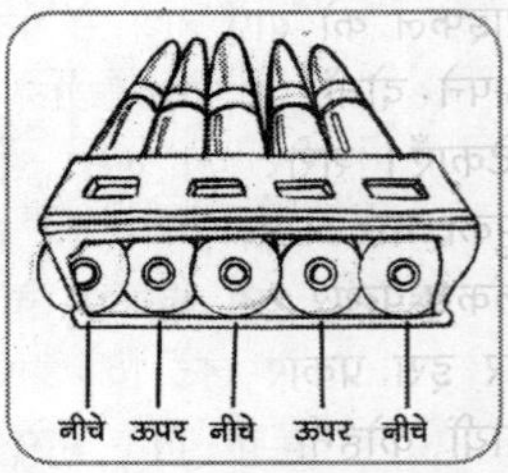

राइफल को लोड करने से पहले चार्जर में राउंड भरे जाते हैं। राउंड भरने से पहले चार्जर और पाँचों राउंड साफ करें। बायें हाथ से चार्जर को पकड़ें और दायें हाथ में एक राउंड लेकर उसे चार्जर के मध्य में प्रवेश कराएँ और राउंड की पेंदी को चार्जर से सटा कर छोड़ दें। इस राउंड के दोनों ओर एक-एक राउंड इस प्रकार प्रवेश कराएँ कि इनकी पेंदी चार्जर की सतह से न टकराए। अब इन दोनों राउंड के दोनों ओर एक-एक राउंड चार्जर की निचली सतह से सटाकर लगाएँ। चार्जर में राउंड भरने की विधि समझने के लिए चित्र ध्यान से देखें।

लोडिंग

लोड करने का आदेश मिलने पर राइफल का सेफ्टी कैच आगे करें, बोल्ट को पीछे की ओर खींचें। चार्जर को पाउच से बाहर निकालें, साफ करें व ध्यानपूर्वक निरीक्षण करें। दायें हाथ से चार्जर क्लिप को पकड़कर राउंड के नुकीले भाग को टारगेट की ओर करके ब्रिज गाइड पर रखें और दायें अंगूठे से दबाकर सभी राउंड मैगजीन के लिप्स में फँसा दें। अब दायें हाथ से चार्जर क्लिप को बाहर निकाल दें। अंत में झटके से बोल्ट आगे करें, सेफ्टी कैच पीछे करें और पाउच का बटन भी बंद कर दें।

अनलोडिंग

आदेश मिलने पर सेफ्टी कैच आगे करें, बोल्ट को तब तक बार-बार आगे-पीछे चलाएं जब तक कि सभी राउंड मैगजीन और चैम्बर से बाहर न निकल जाएं। अंत में बोल्ट को आगे करें, ट्रिगर दबाएं और सेफ्टी कैच पीछे कर के लगा दें।

निशाना लगाने के सिद्धांत

एक अच्छा निशाना लगाने के लिए तीन मुख्य सिद्धांतों का पालन करना आवश्यक है, ये हैं :

(i) राइफल पर अच्छी और मजबूत पकड़ (दायें कंधे से सटाकर पकड़ें)
(ii) लक्ष्य पर सही तरह नजर टिकाना (सही निशाना बाँधना)
(iii) सही तरह ट्रिगर दबाना (ट्रिगर दबाने पर राइफल निशाने से न हिले)

निशाना लगाने की स्थितियाँ

प्रायः चार प्रकार से निशाना लगाया जाता है :

(i) खड़े होकर
(ii) बैठकर
(iii) घुटनों के बल बैठकर
(iv) लेटकर

घुटनों के बल बैठकर निशाना लगाना

लेटकर निशाना लगाना

इन चारों स्थितियों में से लेटकर निशाना लगाना सबसे उत्तम माना जाता है। लेटकर निशाना लगाने का आदेश मिलने पर अपना बायाँ पैर लम्बा करके आगे बढ़ाएँ और राइफल को बाएँ हाथ से पकड़कर पेट के बल लेट जाएँ। अपने दोनों पैर चौड़े खोल कर रखें और एड़ी भूमि पर टिकाएँ। शरीर को लक्ष्य से तिरछा व बायीं ओर हल्का झुका कर रखें। शरीर को व्यवस्थित करें और यदि कोई कंकड़-पत्थर चुभ रहा हो तो उसे निकालकर फेंक दें। भूमि पर इस प्रकार लेटें कि आपका सीना, बायीं कोहनी और दायीं कोहनी के बिंदु भूमि पर एक त्रिभुज का आकार बनाएँ। आपके सामने की ओर से देखने पर आपके दोनों हाथ कोहनियों के बिंदु से भूमि के आधार पर एक खड़े हुए त्रिभुज का आकार बनाएँ। कंधे बराबर हों और दायाँ हाथ स्थिरता प्रदान करते हुए हो। दाएँ हाथ की तर्जनी उंगली ट्रिगर पर रखें। बायाँ हाथ राइफल के अग्रभाग को थामे हुए हो। राइफल की बट प्लेट बाएँ कंधे से सटी हो। ठोड़ी कुछ नीचे झुकी हुई बट से दायीं ओर हो। शरीर को इस प्रकार व्यवस्थित करने के पश्चात् 'लिम्बर अप' करें जिससे कि आपके हाथों, आँखों और मस्तिष्क की क्रियाओं में सही सामंजस्य स्थापित हो जाए, यह आप तब तक करें जब तक आपको ट्रिगर चलाने का पूर्ण अभ्यास न हो जाए।

निशाना बाँधना

एक सटीक निशाना लगाने के लिए सही निशाना बाँधना अति-आवश्यक है। सही निशाना बाँधने के नियम हैं :

(i) राइफल को मजबूती से पकड़ो।
(ii) बायीं आँख बंद करके दायीं आँख से फोरसाइट को फोकस करो।
(iii) टारगेट को फोरसाइट के मध्य में लो।
(iv) टारगेट को फोरसाइट की नोक और बैकसाइट के 'U' की सरल रेखा में लो।

ट्रिगर नियंत्रण

अचूक निशाना लगाने के लिए टारगेट से हिले बिना ट्रिगर चलाने का अभ्यास अति-आवश्यक है। इसके लिए निम्नलिखित अभ्यास किये जाते हैं :

(i) तर्जनी (प्रथम) उंगली को अलग से चलाने का अभ्यास

(ii) हाथ की नसों पर अधिक नियंत्रण पाने का अभ्यास

(iii) मस्तिष्क, दायीं आँख और दायें हाथ की तर्जनी उंगली के बीच सामंजस्य के विकास का अभ्यास

(iv) मजबूत पकड़ वाले तत्व के परिचय के साथ मस्तिष्क, दायीं आँख और दायें हाथ की तर्जनी उंगली में सामंजस्य बिठाने का अभ्यास

(v) मजबूत पकड़ वाले तत्व के साथ मस्तिष्क, बायीं आँख और दायें हाथ की तर्जनी उंगली में दक्षता से सामंजस्य बिठाने का अभ्यास

लिम्बर अप : यह वास्तव में एक राउंड चलाने से पहले हाथों की नसों, आँखों और मस्तिष्क के बीच सही सामंजस्य बिठाने के लिए किया जाने वाला अभ्यास अथवा 'वार्म अप' है।

राउंड चलाना

राउंड चलाने की सही स्थिति में आने, लिम्बर अप और लोडिंग के पश्चात् आप राउंड चलाने के लिए तैयार होते हैं। 'फायर' का आदेश मिलने पर राइफल को कंधे से लगाएँ, सेफ्टी कैच आगे करें और बायें हाथ से राइफल को मजबूती से पकड़कर कंधे से सटाकर 'साइट' लगाएँ। एक आँख बंद करें और 'टारगेट' का खाका मस्तिष्क में बिठा लें। अब फोरसाइट की नोक से फोकस करें और उसे फोरसाइट के सेंटर में लें। टारगेट को फोरसाइट की नोक और बैकसाइट के 'U' की सीध में लें। इनके पूरी तरह सीध में आने पर ट्रिगर पर पहला दबाव डालें व एक सेकंड सांस रोककर निशाना साधे हुए ही ट्रिगर पूरा दबाएँ। ध्यान दें कि आपके बाएँ हाथ की कोहनी अपने स्थान पर टिकी रहे और राइफल भी स्थिर रहे। आदेश मिलने पर बाकी फायर भी इसी प्रकार सावधानी से करें।

राउंड चलाने से पूर्व सावधानियाँ

(i) राउंड चलाने से पहले दृढ़ निश्चय कर लेना चाहिए कि यह आपका एक 'परफैक्ट शॉट' होगा।

(ii) जब सही निशाना तन जाए तो फायर करने में 5 सेकंड से अधिक का समय नहीं लेना चाहिए।

(iii) क्योंकि रेंज पहले ही निर्धारित होती है, अपनी साइट पहले ही एडजस्ट कर लेनी चाहिए और टारगेट दर्शाए जाने की प्रतीक्षा नहीं करनी चाहिए।

(iv) निशाना सध जाने पर ही ट्रिगर पर पहला दबाव डालना चाहिए।

(v) निशाना साधने से पूर्व धीमे से सांस रोक लेनी चाहिए।

(vi) सही निशाना सधते ही तुरंत ट्रिगर पर दूसरा दबाव डालना चाहिए।

(vii) राइफल पर पकड़ और सीध तब तक बनाए रखनी चाहिए जब तक राउंड बैरल से न निकल जाए।

(viii) यदि निशाना सही न लगे तो उसके दाएँ, बाएँ, ऊपर या नीचे होने की स्वयं घोषणा कर देनी चाहिए।

(ix) राउंड चलाने के अथवा घोषणा के पश्चात् तुरंत ही राइफल को दोबारा लोड कर लेना चाहिए।

(x) दोबारा लोड करके टारगेट पर पुनः राइफल की साइट केन्द्रित कर लेनी चाहिए।

रेंज में सुरक्षा सावधानियाँ

(i) राइफल के बट पर एक लाल झंडी का होना यह इंगित करता है कि अभी फायरिंग नहीं करनी है।

(ii) यदि अभ्यास के दौरान फायरिंग पर किसी प्रकार का संदेह हो तो राइफल को भूमि पर रखकर उससे अलग हटकर खड़े हो जाना चाहिए

(iii) निरीक्षण, लोडिंग और अनलोडिंग के समय सभी राइफलों का मुँह लक्ष्य की ओर होना चाहिए।

(iv) 'निरीक्षण के लिए जाँच शस्त्र' के आदेश पर राइफलों को भूमि के समानांतर, और उनका मुँह लक्ष्य की ओर होना चाहिए।

(v) जब तक कि सभी राइफलें अनलोड होने के बाद निरीक्षण न कर ली जाएँ और अधिकारी द्वारा जाने की आज्ञा न मिले तब तक किसी को भी लक्ष्य की ओर नहीं जाना चाहिए।

रेंज प्रक्रिया

फायरिंग रेंज में प्रायः सामान्य प्रक्रिया निम्नलिखित चरणों में होती है :

(i) डीटेल एडवांस 'आगे बढ़' के आदेश पर प्रथम दस्ता आगे बढ़कर फायरिंग प्वाइंट पर पोजीशन लेगा।

(ii) राइफल के बट पर लगे लाल झंडे को नीचे करने पर ऑफिसर 'डीटेल एडवांस' का आदेश देता है।

(iii) कोच सबकी पोजीशन चैक करते हैं और आवश्यक हो तो ठीक करवाते हैं और तब 'लिम्बर अप' का आदेश देते हैं।

(iv) ऑफिसर इसके बाद 'लोडिंग' का आदेश देते हैं।

(v) ऑफिसर-इन-चार्ज के आदेश पर ही फायरिंग आरंभ होती है।

(vi) फायर करने के बाद, फायर करने वाला अपना दायाँ हाथ उठाकर, कोहनी भूमि पर ही रखकर, इशारा देगा।

(vii) जब सभी फायर कर चुके होंगे तो ऑफिसर-इन-चार्ज 'खाली कर' का आदेश देगा। इस पर सभी अपनी राइफल कंधे पर लेंगे, बोल्ट को दो बार आगे-पीछे करेंगे, ट्रिगर दबाएँगे और सीधे खड़े हो जाएंगे।

(viii) जब ऑफिसर-इन-चार्ज 'डीटेल रिपोर्ट' का आदेश देगा तो बाएँ से दायें सभी इस प्रकार रिपोर्ट देंगे : 'नम्बर एक-राइफल ठीक, दो-ठीक, तीन-ठीक, आदि।

(ix) इसी प्रकार दूसरे और तीसरे दस्ते को आदेश देकर बुलाया जाता है और यही प्रक्रिया दोहराई जाती है।

(x) रेंज छोड़ने से पहले सभी कैडेट पुनः शस्त्र निरीक्षण करते हैं। यह भी सुनिश्चित किया जाता है कि किसी कैडेट के पास कोई जिंदा कारतूस तो नहीं रह गया।

एमपीआई और एलीवेशन (ऊँचाई)

एमपीआई

एक फायरिंग ग्रुप के एक ही लक्ष्य और निशाने पर चलाए गए राउंड्स द्वारा बने क्षेत्र का केन्द्र बिंदु 'औसत टकराव बिंदु' (Mean Point of Impact) कहलाता है।

एलीवेशन

जब फायरिंग के दौरान यह देखा जाता है कि राइफल से सही निशाना लगाने और सही तरह फायर करने पर भी शॉट लक्ष्य से ऊपर या नीचे लग रहा है तो राइफल की एलीवेशन को एडजस्ट करना आवश्यक होता है जिससे कि शॉट सही ऊँचाई पर लगे।

साइट में बदलाव

साइट में कितना बदलाव करना है यह निम्न तालिका से समझा जा सकता है। ऐलीवेशन की मात्रा टारगेट की रेंज पर निर्भर करती है।

राइफल की एलीवेशन एवं राउंड का उठना या गिरना

रेंज	50 गज	100 गज	200 गज
200 गज	3 इंच	6 इंच	12 इंच
300 गज	6 इंच	12 इंच	24 इंच
400 गज	9 इंच	18 इंच	36 इंच
500 गज	12 इंच	24 इंच	48 इंच
600 गज	15 इंच	30 इंच	60 इंच

ग्रुप एवं स्नैप शूटिंग

ग्रुप एमपीआई

प्रशिक्षण के समय एक ग्रुप द्वारा एक के बाद एक 5 शॉट एक ही लक्ष्य और निशाने पर चलाए जाते हैं और उनके द्वारा निर्मित क्षेत्र के केन्द्र बिंदु को ग्रुप का 'औसत टकराव बिंदु' कहते हैं।

ग्रुपिंग क्षमता

कैडेटों को अलग-अलग ग्रुपिंग क्षमता के आधार पर वर्गीकृत किया जाता है, यह क्षमता 100 गज की रेंज पर मापी जाती है। इन क्षमताओं को अलग-अलग व्यास वाले वृत्तों जैसे—2 इंच, 4 इंच आदि द्वारा दर्शाया जाता है। एक कैडेट द्वारा चलाए गए सभी पाँच शॉट द्वारा बनाए गए वृत्त का व्यास उसकी ग्रुपिंग क्षमता कहलाता है।

ग्रुप फायर

ग्रुप फायर में एक कैडेट को 25 गज की दूरी पर 1'×1' के टारगेट पर 5 शॉट यथासंभव एक-दूसरे के निकट मारने होते हैं। ग्रुप मापने के लिए 2 शॉट के बीच की दूरी सेंटीमीटर में मापी जाती है। ग्रुप के आकार के अनुसार अंक प्रदान किये जाते हैं। अंकों का विभाजन निम्न प्रकार से होता है। अधिकतम अंक 40 होते हैं।

	ग्रुप का आकार (सेमी)	अंक
1.	2.5 या कम	40
2.	3.0 या कम	36
3.	3.5 या कम	32
4.	4.0 या कम	28
5.	4.5 या कम	24
6.	5.0 या कम	20
7.	5.5 या कम	16
8.	6.0 या कम	12
9.	6.5 या कम	08
10.	7.5 या कम	04

ग्रुप फायर में कैडेट को ध्यान रखना चाहिए कि उसका पहला शॉट जहाँ लगे उसे बाकी के चारों शॉट उसी जगह को टारगेट बना कर चलाने चाहिए और आखिरी शॉट चलाने तक अपने हाथ को एक ही स्थान पर जमाए रखना चाहिए।

एप्लीकेशन फायर

एप्लीकेशन फायर में भी कैडेट को 25 गज की दूरी से 1'×1' के टारगेट पर 5 शॉट चलाने होते हैं। इसमें भी अधिकतम अंक 40 होते हैं और अलग-अलग वृत्त में शॉट मारने पर अलग-अलग अंक मिलते हैं। सबसे छोटे, अंदर वाले वृत्त (बुल) में शॉट मारने पर सबसे अधिक अंक मिलते हैं।

उदाहरण के लिए : "बुल" के लिए 8 अंक

"इनर" के लिए 6 अंक

"मैगपाइ" के लिए 4 अंक

"आउटर" के लिए 2 अंक

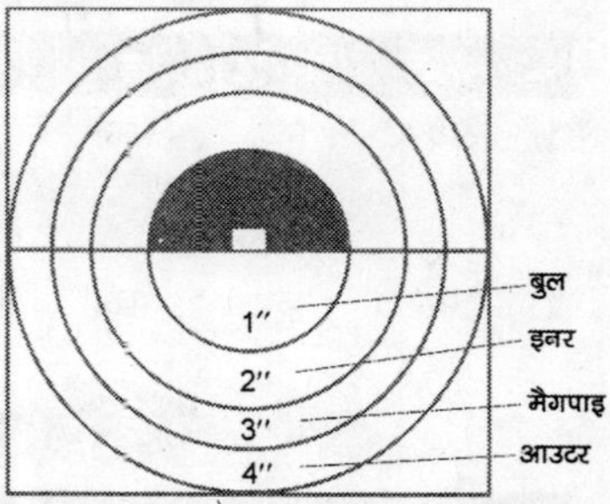

कैडेट को चाहिए कि वह पाँचों शॉट "बुल" को निशाना बना कर मारे, जिससे कि उसे अधिकतम अंक प्राप्त हो सकें।

स्नैप शूटिंग

स्नैप शूटिंग में कैडेट सभी पाँचों शॉट फिगर टारगेट–11 पर 25 गज की दूरी से फायर करता है। प्रत्येक हिट के लिए 10 अंक दिये जाते हैं। इस प्रकार अधिकतम अंक 50 होते हैं। इसमें गति की अपेक्षा सटीक निशाना लगाने का अधिक महत्व होता है।

निरंतर स्नैप शूटिंग

इस शूटिंग में कैडेट को निरंतर सामने आ रहे अलग-अलग टारगेट पर फायर करने होते हैं। वह बिना रुके प्रत्येक टारगेट पर विधिपूर्वक फायर करता है। इसमें गति और सटीक निशाना लगाने, दोनों का ही, समान महत्व है।

एड्वांस शूटिंग प्रतियोगिता

यह प्रतियोगिता नेशनल राइफल एसोसिएशन ऑफ इंडिया (NRAI) टारगेट पर आयोजित की जाती है। इस टारगेट पर 5 "बुल" (वृत्त) बने होते हैं और कैडेट को 25 गज की दूरी से 3 अलग-अलग फायरिंग पोजीशन से फायर करने होते हैं।

(i) **लेटकर :** सर्वप्रथम कैडेट लेटकर 5 गोलियाँ साइट-सेटिंग के लिए चलाता है। अब उन पाँचों के टारगेट पर लगने की स्थिति के अनुसार राइफल की साइट सैट करता है। इसके बाद वह 5 गोलियाँ पुनः चलाता है। इसमें यह आवश्यक होता है कि प्रत्येक "बुल" में उसकी एक-एक गोली अवश्य लगे। इसके लिए समय सीमा केवल 5 मिनट निर्धारित की जाती है।

(ii) **घुटने के बल बैठकर :** इसमें भी कैडेट 5 गोलियाँ साइट-सेटिंग के लिए चलाता है और इसके पश्चात् 10 गोलियाँ पुनः चलाता है। इसमें आवश्यक है कि प्रत्येक "बुल" में उसकी दो-दो गोलियाँ अवश्य लगें।

(iii) **खड़े होकर :** इसमें भी 5 गोलियाँ साइट-सैटिंग के लिये और 10 गोलियाँ बाद में चलाई जाती हैं। इसमें भी प्रत्येक "बुल" में दो-दो गोलियाँ लगना आवश्यक है। पूरी प्रतियोगिता में प्रत्येक हिट के लिए 10 अंक दिये जाते हैं।

शॉर्ट रेंज फायरिंग (0.22" राइफल)

अभ्यास	टारगेट	रेंज	राउंड	स्थिति	अंक
1. डेलिबरेट	1 फुट	25 गज	10	लेटकर	बुल और इनर – 3 अंक मेंगपाइ – 2 अंक आउटर – 1 अंक
2. डेलिबरेट	1 फुट	25 गज	5	लेटकर	एचपीएस – 15 अंक

लॉंग/शॉर्ट रेंज फायरिंग (7.62 मिमी राइफल)

अभ्यास	टारगेट	रेंज	राउंड	स्थिति	अंक
1. डेलिबरेट	4' × 4' 1' × 1'	100 गज 25 गज	5 5	लेटकर लेटकर	बुल और इनर – 3 अंक मेंगपाइ – 2 अंक आउटर – 1 अंक
2. डेलिबरेट	4' × 4'	100 गज	5	लेटकर	एचपीएस – 15 अंक

7.62 मिमी. राइफल

5.56 मि.मी. INSAS राइफल की विशेषताएँ

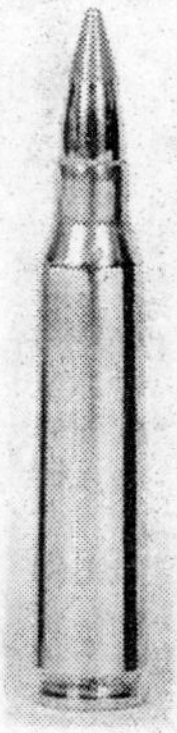

- कैलिबर – 5.56 मि.मी.
- बिना संगीन राइफल की लंबाई – 960 मि.मी.
- संगीन के साथ राइफल की लंबाई – 1110 मि.मी
- बैरल की लम्बाई – 464 मि.मी.
- **वजन**
  - (i) खाली मैगजीन के साथ – 3.6 किग्रा.
  - (ii) भरी हुई मैगजीन के साथ – 3.69 किग्रा.
  - (iii) खाली मैगजीन – 90 ग्राम
  - (iv) भरी मैगजीन – 340 ग्राम
  - (v) संगीन – 305 ग्राम
- कारगर रेंज – 400 मीटर
- साइट का व्यास – 470 मि.मी.
- मज़ल वेलोसिटी – 900 मी./सै.
- ऑपरेशन का सिस्टम – गैस
- भेदन – 3 मि.मी.
- मॉड ऑफ फायर – 1 और 3 शॉट (TRB)
- **फायर की दर**
  - (i) सामान्य – 60 राउंड प्रति मिनट
  - (ii) टीआरबी – 90 राउंड प्रति मिनट
  - (iii) तीव्र – 150 राउंड प्रति मिनट
  - (iv) चक्रीय – 600-650 राउंड प्रति मिनट
- **एम्यूनिशन (गोलियाँ) – 5.56 मिमी.**
  - (i) बॉल राउंड (ii) ट्रेसर राउंड
  - (iii) ब्लेंक राउंड (iv) एच डी राउंड

7.62 मि.मी. SLR राइफल

यह सैनिकों का बुनियादी हथियार है। आजकल यह एनसीसी कैडेटों को अभ्यास के लिए भी उपलब्ध करवाया जाता है।

विशेषताएँ

* कैलिबर – 7.62 मि.मी.
* लंबाई – 45 इंच
* बैरल की लंबाई – 21 इंच
* वजन – 4.4 किग्रा.
* मैगजीन की क्षमता – 20 राउंड
* रेंज – 300 गज
* मज़ल वेलोसिटी – 2700 फुट प्रति सेकण्ड
* फायरिंग की सामान्य दर – 20 राउंड प्रति मिनट
* फायरिंग की तीव्र दर – 60 राउंड प्रति मिनट
* ऑपरेशन का सिस्टम – गैस

मुख्य भाग

1. बट
2. पिस्टल ग्रिप
3. ट्रिगर गार्ड
4. मैगजीन
5. कैरिंग हैंडल
6. हैंड गार्ड
7. स्लिंग कैरियर
8. बैरल
9. गैस प्लग
10. फोरसाइट प्रोटेक्टर
11. पिस्टन
12. इजैक्शन स्लॉट
13. बॉडी कवर
14. बैकसाइट लीफ
15. इजैक्टर

लाइट मशीन गन (LMG)

यह भारतीय सेना का मुख्य हथियार है। यह मशीन गन एक साथ अनेक राउंड फायर कर सकती है। यह गोलियों की बौछार (splash firing) करने में सक्षम है।

यह प्रायः चार प्रकार की होती है :

1. मार्क 1 2. मार्क 2 3. मार्क 3 4. मार्क 4

विशेषताएँ

विशेषता	मार्क 1 और 2 (0.303")	मार्क 3 और 4
* गन का वजन	23 पाउंड	19 पाउंड
* खाली बैरल का वजन	6.5 पाउंड	4.5 पाउंड
* खाली मैगज़ीन का वजन	17 औंस	
* भरी मैगज़ीन का वजन	2.75 पाउंड	(अन्य विशेषताएँ प्रायः समान हैं।)
* मैगज़ीन की क्षमता	30 राउंड	
* राउंड भरने चाहिएं	28 राउंड	
* रेंज	500 गज	
* मज़ल वेलोसिटी	2700 फुट प्रति सेकण्ड	
* फायरिंग का प्रकार	सिंगल एवं ऑटोमैटिक	
* फायरिंग की सामान्य दर	28 राउंड प्रति मिनट	
* फायर की तीव्र दर	84 राउंड प्रति मिनट	

मुख्य भाग

1. बट प्लेट
2. बट प्लेट बफर स्प्रिंग
3. बट हैंडल
4. ट्राइपोड माउंटिंग
5. बट स्ट्रैप
6. रिकॉइल स्प्रिंग
7. पिस्टन बफर स्प्रिंग
8. बॉडी लॉकिंग पिन
9. रिकॉइल स्प्रिंग पुश रॉड
10. शीयर
11. चेंज लीवर
12. ट्रिगर स्प्रिंग
13. ट्रिगर
14. पिस्टन ग्रिप
15. बोल्ट
16. मैगज़ीन कैच
17. ब्रीच ब्लॉक
18. पिस्टन पोस्ट
19. मैगज़ीन
20. स्प्रिंग
21. फोलोअर
22. मैगज़ीन ओपनिंग कवर
23. चैम्बर
24. एक्सट्रैक्टर
25. कैरिंग हैंडल
26. बैरल कैरियर
27. बैरल
28. गैस ब्लॉक
29. फोरसाइट
30. फ्लैश एलिमिनेटर
31. गैस बैंड
32. गैस रेगुलेटर
33. बाइपोड माउंट
34. पिस्टन
35. ट्राइपोड माउंटिंग पिन
36. गैस सिलिंडर

स्टेन गन (कार्बाइन)

यह एक स्वचालित हथियार है। यह एक साथ कई गोलियों की बौछार (Splash Fire) कर सकता है। यह नजदीकी लड़ाई (Close Combat) के लिए एक उम्दा हथियार है। यह कई प्रकार का होता है :

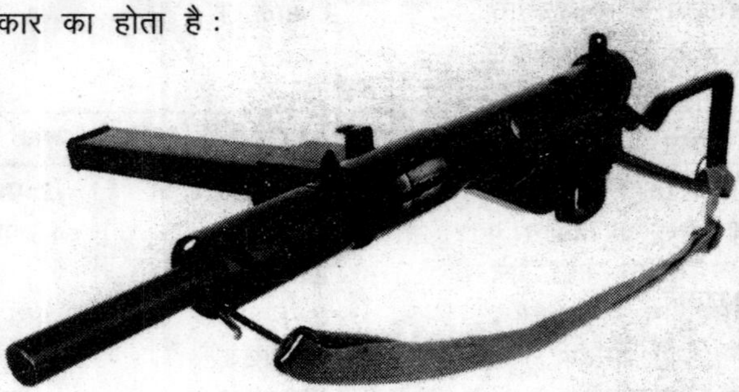

(i) मार्क 1 (ii) मार्क 2 (iii) मार्क 3 (iv) मार्क 4 (v) मार्क 5 (vi) मार्क 6

विशेषताएँ

✱ वजन	–	6.5 पाउंड या 2.9 किग्रा.
✱ बैरल का व्यास	–	9 मिमी.
✱ रेंज (अधिकतम)	–	100 गज
✱ कारगर रेंज	–	30 गज
✱ मज़ल वेलोसिटी	–	1200 फुट प्रति सेकण्ड
✱ मैगजीन की क्षमता	–	30 राउंड

मुख्य भाग

1. बट
2. कैप
3. रिकॉइल स्प्रिंग हाउसिंग
4. रिकॉइल स्प्रिंग
5. कॉकिंग हैंडल
6. ब्रीच ब्लॉक
7. बैरल
8. मैगज़ीन हाउसिंग
9. मैगज़ीन कैच
10. बॉडी
11. चेंज लीवर
12. मैगज़ीन
13. प्लेटफॉर्म
14. स्प्रिंग
15. बॉटम प्लेट

2" या 51 मि.मी. मोर्टार

यह प्लाटून मुख्यालय का हथियार माना जाता है। यह अति-विस्फोटक बमों, सिग्नल बमों, स्मोक बमों और पैराशूट बमों को छोड़ने में प्रयोग किया जाता है।

विशेषताएँ

- वजन – 12 पाउंड
- बैरल का लम्बाई – 19.9 इंच
- रेंज (अधिकतम) – 525 गज
- कारगर रेंज – 200 गज
- बम-संहार क्षेत्र – 8 गज
- बैरल का व्यास – 2 इंच (51 मि.मी.)
- फायर की दर – 3-4 बम प्रति मिनट
- फायर का कोण – 45° से 90° डिग्री

मुख्य भाग

1. बेस प्लेट
2. फिक्सिंग स्क्रू
3. फायरिंग पिन
4. बैरल कैच
5. स्टील पैड
6. बैरल हैंड
7. फायरिंग पिन स्प्रिंग
8. बैरल थ्रेड
9. डायरेक्शन मार्क
10. गार्ड मज़ल कवर

एच.ई. ग्रेनेड

यह एक वजन में हल्का किंतु घातक हथियार है। इसे शत्रु पर हाथ से फेंककर अथवा ग्रेनेड फायरिंग राइफल द्वारा चलाया जाता है। यह प्रयोग के अनुसार तीन प्रकार के होते हैं :

1. प्रशिक्षण वाले ग्रेनेड
2. अभ्यास वाले ग्रेनेड
3. सर्विस (सेना) वाले ग्रेनेड

विशेषताएँ

- वजन – 1 पाउंड, 10.5 औंस
- कारगर रेंज – 9 गज (व्यास)
- संहार क्षेत्र – 300 गज (व्यास)

विस्फोट का समय

- हैंड ग्रेनेड – 4 सेकेंड
- राइफल ग्रेनेड – 7 सेकेंड

मुख्य भाग

1. बेस प्लग
2. सेफ्टी पिन
3. स्ट्राइकर निप्पल
4. बॉडी
5. फिलिंग स्क्रू
6. सेंटर स्लीव
7. साइड स्लीव
8. डेटोनेटर स्लीव
9. डेटोनेटर सेफ्टी फ्यूज

पिस्तौल

यह प्रायः नजदीकी मुठभेड़ में प्रयोग किया जाने वाला छोटा हथियार है। इसका बैरल छोटा होने के कारण इसे लेकर चलना और किसी भी दिशा में घूमकर तेजी से फायर करना अत्यंत आसान होता है। यह प्रायः सेना व पुलिस के अधिकारियों द्वारा प्रयोग किया जाता है। आम लोग भी इसे आत्मरक्षा के लिए रख सकते हैं, किंतु इसके लिए लाइसेंस लेना अति-आवश्यक है। पिस्तौल कई प्रकार की होती हैं। इन्हें साइलेंसर लगाकर भी प्रयोग किया जा सकता है, जिससे गोली चलने पर आवाज नहीं होती।

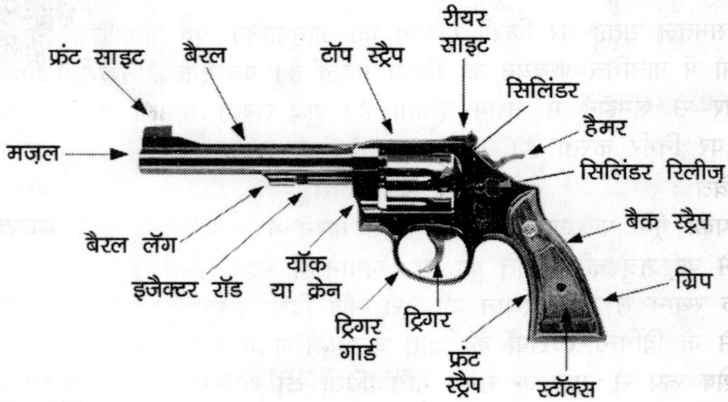

विशेषताएँ

* मॉडल – 0.38 पिस्टल
* बोर – 0.38"
* वजन – 1 पाउंड, 11 औंस
* लम्बाई – 9.5"
* चैम्बर की संख्या – 6

मुख्य भाग

1. मज़ल
2. फ्रंट साइट
3. बैरल
4. टॉप स्ट्रैप
5. रीयर साइट
6. सिलिंडर
7. हैमर
8. सिलिंडर रिलीज़
9. बैक स्ट्रैप
10. ग्रिप
11. स्टॉक्स
12. फ्रंट स्ट्रैप
13. ट्रिगर
14. ट्रिगर गार्ड
15. यॉक अथवा क्रेन
16. इजैक्टर रॉड
17. बैरल लॅग

पिस्तौल के प्रयोग में सावधानियाँ

1. जब तक निरीक्षण न कर लें, पिस्तौल को भरा हुआ समझें।
2. पिस्तौल का बैरल हमेशा लक्ष्य की ओर रखें।
3. पिस्तौल को खेलने अथवा दिखावे के लिए प्रयोग न करें।
4. पिस्तौल को बिना जाँचे न तो किसी को दें और न ही किसी से लें।
5. शत्रु के इतना निकट न जाएँ कि वह आपकी पिस्तौल छीन सके।

❖❖❖

5 मानचित्र अध्ययन (Map Reading)

मानचित्र

यह एक समतल सतह पर किसी भू-भाग का आनुपातिक एवं सांकेतिक चित्रांकन होता है। रक्षा-सेवाओं में मानचित्र-अध्ययन का विशेष महत्व है। यह एक सैनिक को किसी भू-भाग को सही प्रकार से समझने में सक्षम बनाता है। युद्ध-संबंधी मामलों का कार्यान्वयन पूर्णतया मानचित्रों पर निर्भर करता है।

एक मानचित्र :

1. आपको भूमि पर आपकी स्थिति ज्ञात करने में मदद करता है।
2. भूमि पर शत्रु की स्थिति का पता लगाने में मदद करता है।
3. एक स्थान से दूसरे स्थान की दूरी और दिशा ज्ञात करने में मदद करता है।
4. भूमि के विभिन्न स्वरूपों को ज्ञात करने में मदद करता है।
5. विशेष रूप से, युद्ध के समय गतिविधियों की योजना बनाने में मदद करता है।
6. दो अलग-अलग स्थानों की परस्पर दृष्यता के विषय में बताता है।

मानचित्रों के प्रकार

1. भू-आकृति मानचित्र
2. भौगोलिक मानचित्र
3. राजनैतिक मानचित्र
4. ऐतिहासिक मानचित्र
5. सांख्यिकी मानचित्र
6. आर्थिक मानचित्र
7. सैनिक मानचित्र

मानचित्रों की सीमाएँ

1. मानचित्र एक यथार्थ चित्र न होकर केवल एक रेखाचित्र होता है अतः यह भूमि की सतह पर मौजूद हर चीज को नहीं दर्शाता है। इसमें बदलाव आने की भी संभावना रहती है। अतः यह कभी भी अंतिम अथवा पूर्ण नहीं माना जा सकता।
2. यह कागज पर बनाया जाता है, इसलिए इस पर भूमि की संपूर्ण जानकारी प्रदर्शित करना असंभव है।

मानचित्र की संरचना

एक मानचित्र को मुख्य तौर पर तीन भागों में बाँटा जा सकता है :

1. उत्तरी हाशिया अथवा मानचित्र का ऊपरी भाग
2. दक्षिणी हाशिया अथवा मानचित्र का नीचे का भाग
3. आंतरिक हाशिया अथवा मानचित्र का मध्य भाग

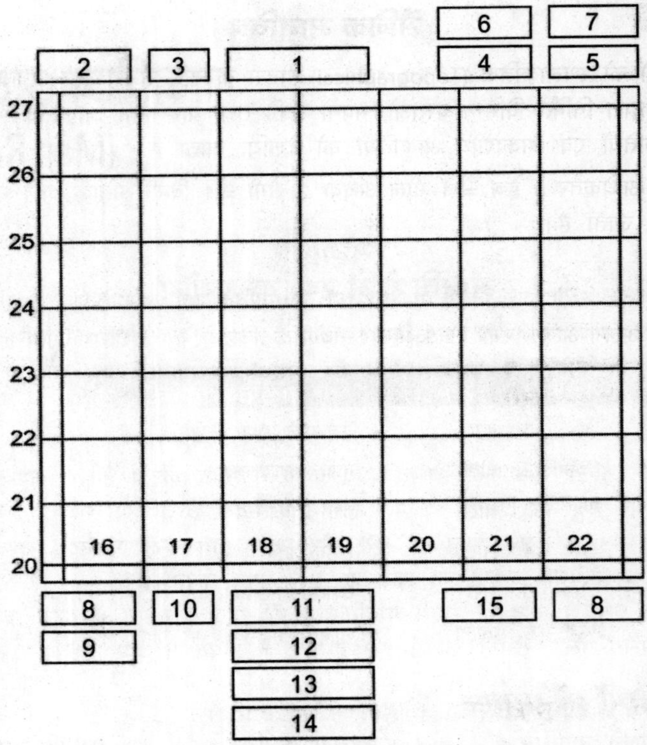

भू-आकृतिक मानचित्र के हाशिए पर दी गई जानकारी

उत्तरी हाशिए पर दर्शाया जाता है :

1. मानचित्र का शीर्षक
2. स्थान/जिले का नाम
3. सर्वेक्षण का वर्ष
4. तीनों उत्तरों की स्थिति व चुम्बकीय उत्तर का घटाव या बढ़ाव
5. मानचित्र संख्या
6. मानचित्र संदर्भ
7. रोमर

दक्षिणी हाशिए पर दर्शाया जाता है :

8. सांकेतिक चिह्नों की सूची
9. प्रकाशन का वर्ष
10. मानचित्र का सूची-पत्र
11. प्रकाशक का नाम
12. मापक व मापक-रेखा
13. परिरेखाओं में परस्पर दूरी
14. ग्रिडों का संदर्भ
15. प्रशासकीय क्षेत्रों की सूची

आंतरिक हाशिए पर दर्शाया जाता है :

16. ग्रिड रेखाओं का संदर्भ
17. चारों कोनों पर अक्षांश व देशांतर रेखाओं की संख्या
18. परिरेखाओं की 'संख्या
19. विभिन्न तहसीलों के नाम
20. मानचित्र में प्रदर्शित भू-भाग से निकलने वाले मार्गों की दिशा

सैनिक मानचित्र

इन मानचित्रों को स्थलाकृतिक (Topographical) शीट्स के नाम से भी जाना जाता है क्योंकि इनमें मानव द्वारा निर्मित विभिन्न वस्तुओं, भवनों आदि तथा प्रायः सभी प्राकृतिक भू-आकृतियों, जलीय आकृतियों एवं आकाशीय आकृतियों को दर्शाया जाता है।

सेना में अधिकतर 1 इंच = 1 मील अथवा 2 सेमी. = 1 किमी. मापक वाले मानचित्रों का प्रयोग किया जाता है।

मानचित्रों में रंगों का प्रयोग

मानचित्रों में अलग-अलग रंगों से विभिन्न सांकेतिक चिह्नों को दर्शाया जाता है, जैसे :

रंग	सांकेतिक चिह्न
1. हरा	वनस्पति, घास, वृक्ष
2. पीला	कृषि योग्य भूमि
3. नीला	जल-आकृतियाँ
4. लाल	सड़कें आदि
5. भूरा	धरातलीय आकृतियाँ
6. काला	मानव निर्मित भवन आदि

सांकेतिक चिह्न (Conventional Sign)

किसी मानचित्र पर भूमि और भूमि पर स्थित सभी प्राकृतिक एवं मानव द्वारा निर्मित मुख्य आकृतियों, भवनों, मार्गों आदि को जिन निश्चित संकेतों द्वारा दर्शाया जाता है, उन्हें सांकेतिक चिह्न (conventional sign) कहते हैं। सांकेतिक चिह्न पारंपरिक रूप से कई प्रकार के होते हैं: जैसे—भौगोलिक सांकेतिक चिह्न, सैन्य सांकेतिक चिह्न और शस्त्र सांकेतिक चिह्न आदि।

भौगोलिक सांकेतिक चिह्न

ब्रॉडगेज डबल रेलवे लाइन	
ब्रॉडगेज सिंगल रेलवे लाइन	
ब्रॉडगेज अंडर कंस्ट्रक्शन	
नैरोगेज सिंगल रेलवे लाइन	
नैरोगेज डबल रेलवे लाइन	
नैरोगेज अंडर कंस्ट्रक्शन	

मंदिर		पक्का कुआँ	●	बाग/उद्यान	
मस्जिद		कच्चा कुआँ	○	कार्ट ट्रैक + पुल	
ईदगाह		एयर बोम्बिंग टारगेट		फुटपाथ + पुल	
मकबरा		धारा		ट्रॉम वे	
गिरजाघर		झरना	+	रोड कटिंग	
पैगोडा		तेल का कुआँ		मेटल्ड रोड	
छतरी		साल्ट पैन		लेवल क्रॉसिंग	
वॉच टावर		नहर-सुरंग		रेलवे स्टेशन	RS
पक्का घर		हैंड पम्प		लाइट शिप	
कच्चा घर		हैलीपैड		लाइट हाउस	
गाँव		पवनचक्की		टेलीफोन लाइन	
गाँव (चारदीवारी)		लंगरगाह		विद्युत लाइन	
गाँव (उजड़ा)		ट्यूबवेल		वायाडक्ट	
किला		फैरी या फोर्ड	Ford (Mar to July) Ferry (July to November)	राइफल रेंज	
सर्किट हाउस	□ CH	दलदल		जल पाइप लाइन	
डाक बंगला	□ DB	बाँध		कैम्पिंग ग्राउंड	CG
रेस्ट हाउस	□ RH	कब्र		मेट्रो रेलवे	
इंस्पेक्शन बंगला	□ IB	युद्ध-स्थल		सर्वेक्षित बाउंड्री पिलर	■
पुलिस स्टेशन	□ PS	गुफा	◇	अन-सर्वेक्षित बाउंड्री पिलर	□
डाक घर	□ PO	वृक्ष		तहसील बाउंड्री	
खान		पाम वृक्ष		विलेज बाउंड्री	
कंटूर		वेजीटेबल गार्डन		स्टेट बाउंड्री	
ग्लेशियर		घास बड़ी/छोटी		अंतर्राष्ट्रीय बाउंड्री	
रेलवे पर सड़क		रेलवे के नीचे सड़क		रेलवे पुल	

सैन्य सांकेतिक चिह्न

1. सैक्शन	•	10. इन्फैंटरी सैक्शन	
2. प्लाटून	• •	11. इन्फैंटरी प्लाटून	
3. कंपनी/बैटरी/स्क्वैड्रन	I	12. इन्फैंटरी कंपनी	
4. बटालियन	II	13. इन्फैंटरी बटालियन	
5. ब्रिगेड	X	14. इन्फैंटरी बटालियन	
6. डिवीजन	XX	15. इन्फैंटरी डिवीजन 12वीं कोर	
7. कोर	XXX	16. फील्ड बैटरी	
8. आर्मी ग्रुप	XXXXX		
9. इन्फैंटरी			

शस्त्र सांकेतिक चिह्न

शस्त्र का नाम	सांकेतिक चिह्न
✦ मशीनगन	
✦ एंटी एयरक्रॉफ्ट मशीन गन	
✦ मोर्टार	
✦ आर्टिलरी गन	
✦ आर्टिलरी-होविट्जर	
✦ एंटी टैंक शस्त्र	
✦ आर्टिलरी-एंटी टैंक	
✦ टैंक	

मापक (Scale)

किसी मानचित्र पर दो निश्चित स्थानों के बीच की दूरी और उन्हीं दो स्थानों के बीच धरातल पर वास्तविक दूरी का अनुपात मानचित्र का मापक पैमाना अथवा स्केल कहलाता है।

एक मानचित्र पर मापक को तीन प्रकार से दर्शाया जा सकता है :

1. कथन द्वारा (By Statement)
2. प्रदर्शक भिन्न द्वारा (By Representation Fraction)
3. रेखात्मक चित्र द्वारा (By Graphic Lines)

(i) **कथन द्वारा :** कथन द्वारा मापक को दर्शाने के लिए उसे शब्दों में लिखा जाता है, t Bs 1 सेमी = 1 किमी.

इसका अर्थ यह हुआ कि यदि दो स्थानों की बीच मानचित्र पर दूरी 1 सेमी. है तो उन दो स्थानों के बीच धरातल पर वास्तविक दूरी 1 किमी. होगी। यह मापक प्रयोग में सरल होता है।

(ii) **प्रदर्शक भिन्न द्वारा :** इस विधि से मापक दर्शाने के लिए उसे भिन्न के रूप में लिखा जाता है। इस भिन्न को प्राप्त करने के लिए निम्न सूत्र का प्रयोग किया जाता है :

$$\text{प्रदर्शक भिन्न (RF)} = \frac{\text{मानचित्र पर दूरी}}{\text{वास्तविक दूरी}}$$

इस विधि में भिन्न इस प्रकार प्राप्त की जाती है कि उसका अंश '1' रहे व उसका हर कोई पूर्णांक ही हो। इस प्रकार यदि मानचित्र पर अंकित मापक 1/63360 हो, तो इसका अर्थ यह हुआ कि मानचित्र की 1 इकाई धरातल पर 63360 इकाइयों के बराबर है। (याद रखें 1 मील में 63360 इंच होते हैं।)

सर्वे ऑफ इंडिया के मानचित्रों में प्रायः निम्नलिखित मापकों का प्रयोग किया जाता है:

कथन मापक	RF मापक
(i) 1 मील के लिए 16 इंच	1/3960
(ii) 1 मील के लिए 4 इंच	1/15840
(iii) 1 मील के लिए 2.53 इंच	1/25000
(iv) 1 मील के लिए 1 इंच	1/63360*
(v) 1 मील के लिए ½ इंच	1/126720
(vi) 1 मील के लिए ¼ इंच	1/253440
(vii) 16 मील के लिए 1 इंच	1/1000000
(viii) 32 मील के लिए 1 इंच	1/2000000

* 1 मील = 1760 गज; 1 गज = 3 फुट; 1 फुट = 12 इंच;

1 मील = 1760 × 3 × 12 = 63360 इंच

(iii) **रेखात्मक चित्र द्वारा :** इस विधि में मापक को एक समविभाजित रेखा द्वारा दर्शाया जाता है। इस रेखा की लम्बाई कुछ भी हो सकती हैं। मापक रेखा को दो प्रकार के सम्भागों में विभाजित किया जाता है। इसमें बायीं ओर छोटे सम्भाग किये जाते हैं और दायीं

ओर बड़े। पहले शून्य से दायीं ओर के सम्भाग किये जाते हैं, जो कि मुख्य सम्भाग कहलाते हैं और पूर्णांकों (1, 2, 3, ...) में दर्शाये जाते हैं। लघु या गौण सम्भाग शून्य से बायीं ओर होते हैं और इनमें से प्रत्येक मुख्य इकाई का कोई भाग (½, ¼, $\frac{1}{10}$ आदि) होता है।

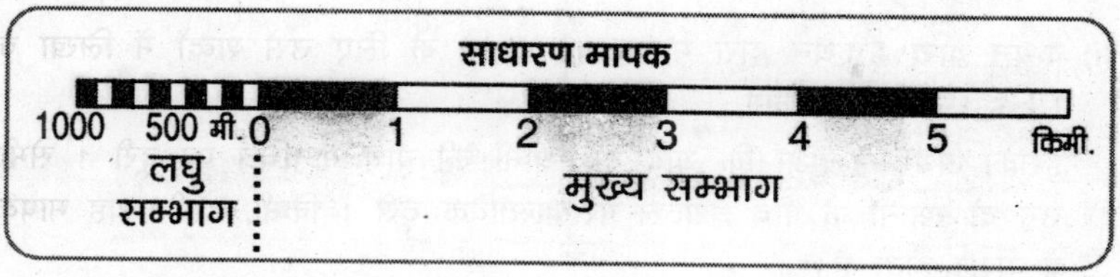

कुछ उदाहरण

प्रश्न 1. कथन मापक 16 इंच = 1 मील को RF मापक में बदलिये।

उत्तर : **मानचित्र पर दूरी धरातल पर दूरी**

16 इंच = 1 मील

16 इंच = 1 × 1760 × 3 × 12 इंच (1 मील को इंचों में बदलिये।)

$$1 \text{ इंच} = \frac{63360}{16} = 3960 \text{ इंच}$$

$$\therefore \quad RF = \frac{1}{3960}$$

प्रश्न 2. RF मापक 1/253440 को कथन मापक (मील/इंच) में बदलिए।

उत्तर : **मानचित्र पर दूरी धरातल पर दूरी**

1 इंच = 253440 इंच

हम जानते हैं, 1 मील = 1760 × 3 × 12 = 63360 इंच

∴ 253440 ÷ 63360 = 4 मील / इंच

अतः मानचित्र पर 1 इंच की दूरी धरातल पर 4 मील के बराबर होगी।

प्रश्न 3. RF मापक पर 1/5000000 को कथन मापक (किमी./सेमी.) में बदलिए।

उत्तर : **मानचित्र पर दूरी धरातल पर दूरी**

1 सेमी = 5000000 सेमी

हम जानते हैं, 1 किमी = 1000 मी. = 1000 × 100 सेमी.

= 100000 सेमी.

∴ 5000000 ÷ 100000 = 50 किमी. / सेमी.

अतः मानचित्र पर 1 सेमी. की दूरी धरातल पर 50 किमी. के बराबर होगी।

प्रश्न 4. कथन मापक 1 सेमी. = 1 किमी. के लिए एक सरल रेखात्मक मापक बनाइए।

उत्तर : एक 10 सेमी. लम्बी सरल रेखा खींचिए। रेखा को 10 बराबर भागों में (प्रत्येक भाग = 1 सेमी.) विभाजित कीजिए। प्रत्येक 1 सेमी. का भाग 1 किमी. को दर्शाएगा। अब सबसे बायीं ओर के एक भाग के दो बराबर भाग कीजिए। बायीं ओर के दोनों छोटे भाग 0.5 किमी. या 5 हैक्टोमीटर की दूरी दर्शाएंगे। रेखा पर चित्र में दिखाए अनुसार संख्याएँ अंकित कीजिए।

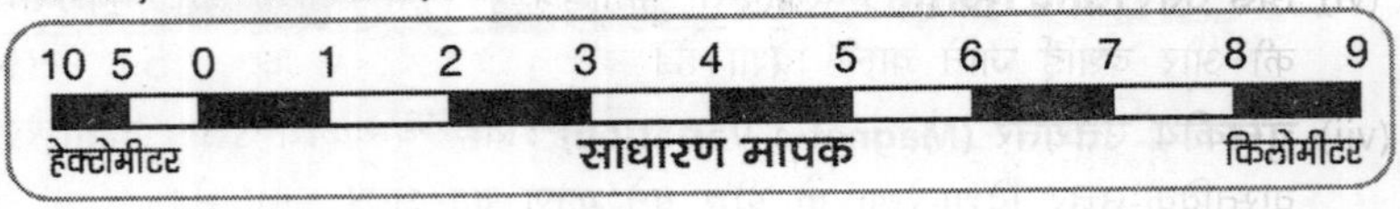

प्रश्न 5. RF मापक पर 1/63360 के लिए एक सरल रेखात्मक मापक बनाइए और इस पर मील और फर्लांग में दूरी अंकित कीजिए।

उत्तर : प्रश्नानुसार,

मानचित्र पर 1 इंच = धरातल पर 63360 इंच

$$1 \text{ इंच} = \frac{63360}{1760 \times 3 \times 12} = 1 \text{ मील}$$

$$\therefore \quad 4 \text{ इंच} = 4 \text{ मील}$$

एक 4 इंच लंबी सरल रेखा खींचिए। रेखा को 4 बराबर भागों में विभाजित कीजिए। प्रत्येक 1 इंच का भाग 1 मील की दूरी दर्शाएगा। अब बायीं ओर के एक भाग को 8 बराबर छोटे भागों में विभाजित करें। प्रत्येक छोटा भाग 1 फर्लांग की दूरी दर्शाएगा। रेखा पर चित्र में दिखाए अनुसार संख्याएँ अंकित कीजिए।

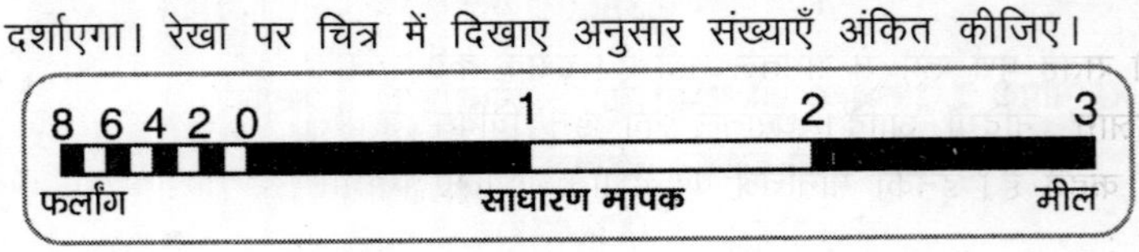

तकनीकी शब्द

मानचित्र-अध्ययन में प्रयोग होने वाले कुछ महत्वपूर्ण तकनीकी शब्द इस प्रकार हैं :

(i) **दिक्मान (Bearing) :** यह एक काल्पनिक कोण होता है जो दर्शक द्वारा दर्शाई गई उत्तर दिशा और लक्ष्य की ओर घड़ी की सुई की दिशा (clockwise) में बनता है। यह धरातल पर चुम्बकीय कम्पास और मानचित्र पर सर्विस प्रोट्रेक्टर द्वारा मापा जाता है। यह हमेशा घड़ी की सुई की दिशा में ही मापा जाता है।

(ii) **तल चिह्न (Benchmark) :** यह किसी दीवार पर भविष्य में संदर्भ के लिए लगाये गये एक या अधिक स्थायी चिह्न होते हैं जो पहले से मापी गई एकदम सही ऊँचाई दर्शाते हैं। आयुध सर्वेक्षण मानचित्रों पर इन्हें BM अथवा BAM से दर्शाते हैं।

(iii) **समोच्च रेखाएँ (Contours) :** यह एक मानचित्र पर खींची गई रेखा होती है जो समुद्रतल से समान ऊँचाई वाले सभी बिंदुओं को जोड़ती है।

(iv) **प्रवणता (Gradient) :** यह वह अनुपातिक भिन्न होती है जो धरातल पर स्थित दो बिंदुओं के बीच ढलांश को दर्शाती है।

(v) **ग्रिड रेखाएँ (Grid Lines) :** यह किसी मानचित्र पर दर्शाई गई उत्तर व दक्षिणी रेखाओं के समानांतर रेखाएँ हैं। इन रेखाओं की मदद से हम किसी स्थान-विशेष को सरलता से मानचित्र पर ढूंढ सकते हैं।

(vi) **ग्रिड उत्तर (Grid North) :** यह किसी मानचित्र पर पूर्वी रेखाओं (Eastings) द्वारा ऊपर की ओर दर्शाई जाने वाली दिशा है।

(vii) **चुम्बकीय उत्तरांतर (Magnetic Variation) :** यह चुम्बकीय-उत्तर दिशा-रेखा और वास्तविक-उत्तर दिशा-रेखा के बीच बने कोण का अंतर होता है।

(viii) **मानचित्र सेट करना (Map Setting) :** मानचित्र को इस प्रकार रखना कि उस पर दर्शायी गई उत्तर दिशा धरातल की उत्तर दिशा की ओर हो; जिससे कि मानचित्र पर दर्शायी गई स्थलाकृतियाँ और धरातल की स्थलाकृतियाँ अपनी-अपनी सही दिशा के अनुरूप व्यवस्थित प्रतीत हों।

(ix) **तिकोन बिंदु (Trig Point) :** यह वह बिंदु होता है जो सर्वेक्षण के आरम्भ में त्रिकोणात्मकता के दौरान निर्धारित किया जाता है और आयुध सर्वेक्षण मानचित्रों पर छोटे त्रिकोण और ऊँचाई द्वारा दर्शाया जाता है।

(x) **वास्तविक उत्तर (True North) :** यह किसी बिंदु से उत्तरी ध्रुव की दिशा दर्शाता है।

उच्चावच (Relief)

पृथ्वी की सतह पूर्ण रूप से समतल नहीं है। इसके कई स्वरूप हैं, जैसे : पर्वत, चट्टानें, पठार, टीले, ढलान, नदियाँ आदि। धरातल की इन विविध ऊँची-नीची संरचनाओं को उच्चावच (Relief) कहते हैं। इनको मानचित्र पर दर्शाने के लिए निम्नलिखित विधियों का प्रयोग किया जाता है :

1. **समोच्च रेखाओं द्वारा (By Contour Lines) :** यह रेखाएँ मानचित्र पर समान ऊँचाई वाले स्थानों को मिलाती हैं।
2. **बिंदु की ऊँचाई द्वारा (By Spot Height) :** इसमें स्पष्ट रूप से अंकों द्वारा किसी बिंदु की समुद्र तल से ऊँचाई को दर्शाया जाता है।
3. **त्रिभुजाकार ऊँचाई द्वारा (By Trigonometrical Height) :** इसमें मानचित्र पर त्रिभुज बनाकर उसके साथ ऊँचाई का अंक (Trig Point) लिखा जाता है।
4. **रूप रेखा द्वास (By Form Lines) :** इसमें स्थलाकृतियों को दर्शाने के लिए रेखाओं का प्रयोग किया जाता है।
5. **आपेक्षिक ऊँचाई द्वारा (By Relative Height) :** इसमें धरातल के एक बिंदु की ऊँचाई दूसरे बिंदु के सापेक्ष दर्शाई जाती है और इसे टूटी हुई रेखाओं द्वारा दर्शाया जाता है। इसमें ऊँचाई को कुछ इस प्रकार दर्शाया जाता है : '5000 *r*'।

6. **तल चिह्न द्वारा (By Bench Mark) :** इसमें विभिन्न स्थानों, जैसे रेलवे स्टेशनों, नहरों, सड़कों आदि के पास प्रायः दीवारों अथवा पत्थरों पर अंकों द्वारा दर्शाया जाता है। इसमें उस स्थान की समुद्र तल से ऊँचाई को दर्शाया जाता है। इसमें ऊँचाई को कुछ इस प्रकार दर्शाते हैं : BM 5500, जिसका अर्थ है कि वह स्थान समुद्र तल से 5500 फुट ऊँचाई पर है।
7. **रेखा चित्रण द्वारा (By Hachures) :** इसमें रेखा-चित्रण द्वारा छोटी स्थलाकृतियों को दर्शाया जाता है जो कि समोच्च रेखाओं द्वारा नहीं दर्शायी जाती हैं, जैसे कि घाटियों के कटाव आदि।
8. **पर्वतीय छाया चित्रण द्वारा (By Hillshading) :** इसमें धरातल की ऊँचाई और नीचाई को विभिन्न रंगों के माध्यम से दर्शाया जाता है, जैसे कि हल्के ढलान हल्के रंग से और गहरे ढलान गहरे रंग से दर्शाये जाते हैं।
9. **रंगों की आभा द्वारा (By Layertint) :** इसमें विभिन्न ऊँचाइयों को दर्शाने के लिए एक रंग की कई आभाओं, जैसे–हल्का, मद्धम, गहरा, अधिक गहरा आदि का प्रयोग किया जाता है। इसमें कभी-कभी अलग-अलग रंगों का प्रयोग भी किया जाता है।

ढलान (Slope)

धरातल पर दो स्थानों के बीच प्राकृतिक उतार-चढ़ाव को ढलान कहते हैं। यह दो प्रकार का होता है :

1. नियमित ढलान
2. अनियमित ढलान

नियमित ढलान में उतार-चढ़ाव एक समान रूप से होता है। इसके भी दो प्रकार होते हैं।

(i) एक समान सुगम ढलान (ii) एक समान तीव्र ढलान

अनियमित ढलान में उतार-चढ़ाव असमान अर्थात् कहीं-कम और कहीं-ज्यादा होता है। इसके भी दो प्रकार होते हैं:

(i) **अवतल ढलान :** जब पहाड़ का निचला भाग विस्तृत हो और चोटी की ओर छोटा हो तो उसको अवतल और सुगम माना जाता है। इसे नतोदर ढलान भी कहते हैं।

(ii) **उत्तल ढलान :** जब पहाड़ का निचला भाग छोटा हो और वह ऊपर की ओर बड़ा हो तो उसका ढलान उत्तल और दुर्गम माना जाता है। इसे उन्नतोदर ढलान भी कहते हैं।

ढलान की माप

दो स्थानों के बीच ढलान और चढ़ाव को दो प्रकार से मापा जा सकता है :

1. प्रवणता द्वारा (By Gradient)
2. ढलान की डिग्री द्वारा (By Degree of Slope)

किसी ढलान के समोच्च रेखाओं के ऊर्ध्व अंतर (Vertical Interval) और क्षैतिज दूरी (Horizontal Equivalent) की अनुपातिक भिन्न को उस ढाल की प्रवणता (Gradient) कहते हैं। इसे अंग्रेजी अक्षर 'g' से दर्शाते हैं।

पां

़ l Interval)

ivalent)

∴ ...(1)

...(2)

...(3)

...(4)

यदि ढलान की प्रवणता (Gradi लिए 60 से गुणा करें।

ढलान (डिग्री में) G =

कुछ उदाहरण

प्रश्न 1. एक चालक अपनी लॉरी द्वारा एक पहाड़ पर चढ़ते समय 4000 मी के बाद अपने प्रारंभिक स्थान से 400 मीटर की ऊँचाई पर है। पहाड़ का ज्ञात कीजिए।

उत्तर : क्षैतिज दूरी (HE) = 4000 मीटर

ऊर्ध्व अंतर (VI) = 400 मीटर

हम जानते हैं, कि

$$g = \frac{VI}{HE} = \frac{400}{4000} = \frac{1}{10}$$

ढलान (डिग्री में) $G = g \times 60$

$$G = \frac{1}{10} \times 60 = 6°$$

प्रश्न 2. एक पहाड़ का ढलान 5° और ऊँचाई 500 मीटर है। उसकी क्षैतिज दूरी (HE) ज्ञात करें।

उत्तर : हम जानते हैं,

ढलान (डिग्री में)

$$G = g \times 60$$

$$\therefore \quad 5 = g \times 60$$

$$g = \frac{5}{60} = \frac{1}{12}$$

प्रश्नानुसार, VI = 500 मीटर

$$\because \quad HE = \frac{VI}{g} = \frac{500}{1/12} = 6000 \text{ मीटर}$$

भू–आकृतियाँ (Topographical Forms)

पृथ्वी के धरातल पर अनेक प्रकार की भू-आकृतियाँ हैं। इनमें प्राकृतिक एवं मानव द्वारा निर्मित दोनों प्रकार की भू-आकृतियाँ हैं। प्राकृतिक भू-आकृतियों में पर्वत, समुद्र, नदी, तालाब आदि। मानव द्वारा निर्मित भू-आकृतियों में भवन, सड़कें, पुल आदि सम्मिलित हैं। कुछ प्रमुख प्राकृतिक भू-आकृतियों का संक्षिप्त परिचय इस प्रकार है :

1. **पर्वत (Mountain) :** पृथ्वी की प्राकृतिक सतह का अत्यधिक विशाल एवं ऊँचा भाग जिसकी ऊँचाई 1000 मीटर से अधिक हो, पर्वत कहलाता है। कई पर्वतों के आस-पास होने पर उन्हें सामूहिक रूप से पर्वतमाला कहते हैं।
2. **पहाड़ (Hill) :** पृथ्वी की प्राकृतिक सतह का अधिक ऊँचा व संकुचित भाग जिसकी ऊँचाई 1000 मीटर से कम हो, पहाड़ या पहाड़ी कहलाता है।
3. **पठार (Plateau) :** एक पहाड़ के ऊपर स्थित समतल भूमि को पठार कहते हैं।
4. **टीला (Knoll) :** पहाड़ियों की किसी श्रृंखला से अलग एक छोटी पहाड़ी जिसका आकार और ऊँचाई अपेक्षाकृत कम होते हैं, टीला कहलाती है।
5. **ठोकर (Spur) :** मैदानी क्षेत्र में उभरा हुआ पर्वतीय भाग ठोकर अथवा पर्वत-स्कंध कहलाता है।
6. **अंतःघाटी (Re-entrant) :** दो पर्वत स्कंधों के बीच की समतल भूमि अंतःघाटी कहलाती है।
7. **कोल और सैडल (Col & Saddle) :** एक पहाड़ की दो चोटियों के बीच में स्थित नीची समतल भूमि को कोल (घाटी) कहते हैं। जब इस भू-भाग का तल पहाड़ की चोटियों से अधिक नीचे नहीं होता है तो इसे सैडल (अवतल घाटी) कहते हैं।
8. **दर्रा और संकीर्ण-दर्रा (Pass & Defile) :** दो पहाड़ों के बीच से निकलने वाला मार्ग दर्रा कहलाता है। जब यह दर्रा अत्यधिक तंग (संकीर्ण) हो जाता है और इसमें से एक-एक करके निकलना पड़ता है तब इसे तंग-दर्रा (Defile) कहते हैं, क्योंकि इससे प्रायः पंक्ति बनाकर निकलना पड़ता है।
9. **शैल (Cliff) :** एक सीधी खड़ी चट्टान को शैल या क्लिफ कहते हैं। मानचित्र पर इसे दर्शाने वाली कंटूर लाइनें प्रायः एक साथ मिल जाती हैं।
10. **कंदर (Gorge) :** अत्यधिक तंग, संकरी व गहरी घाटियाँ जिनके किनारों के ढलान प्रायः खड़े-ढलान होते हैं।
11. **कगार (Escarpment) :** पहाड़ों के अत्यधिक तीव्र ढलान कगार कहलाते हैं।
12. **टिब्बा (Dune) :** हवा के वेग से रेत और मिट्टी आदि के एक बड़े ढेर अथवा टीले का रूप लेने पर टिब्बे का निर्माण होता है।
13. **मृत भूमि (Dead Ground) :** किसी पहाड़ी आदि के नीचे छिपी हुई भूमि मृत या अदृश्य भूमि कहलाती है। युद्धकाल में सैनिक इनका अच्छा उपयोग करते हैं।
14. **तरंगमय भूमि (Undulating Ground) :** अत्यधिक असमान सतह वाली ऊबड़-खाबड़ भूमि, तरंगमय भूमि कहलाती है।

15. **शिखर (Crest) :** किसी पहाड़ अथवा पर्वतमाला की चोटी को उसका शिखर कहते हैं।
16. **बेसिन (Basin) :** पहाड़ों से घिरा एक समतल क्षेत्र अथवा किसी नदी और उसकी उपनदियों द्वारा सिंचित क्षेत्र बेसिन अथवा कुंड कहलाता है।
17. **रिज (Ridge) :** यह किसी उन्नत क्षेत्र, पहाड़, पहाड़ों की शृंखला या पर्वतमाला के शिखरों को मिलाने वाली रेखा या भू-आकृति होती है। प्रायः यह अपने दोनों ओर के भागों को विभाजित करती है और जल का बहाव इसके दोनों ओर विपरीत दिशाओं में होता है।
18. **पनढाल (Watershed) :** एक रेखा जो पानी के बहाव को दो अलग-अलग नदी-प्रणालियों में बाँटती है। यह प्रायः एक नदी के बेसिन का किनारा होती है।

ग्रिड प्रणाली (Grid System)

सैन्य मानचित्रों में प्रायः बैंगनी रंग की समानांतर और लम्बवत् रेखाओं का जाल सा बिछा होता है। इनमें से कुछ रेखाएँ उत्तर और दक्षिण में और कुछ पूर्व और पश्चिम दिशा में जाती हुई प्रतीत होती हैं। यह रेखाएँ संपूर्ण मानचित्र पर छोटे-छोटे वर्गों का आकार बनाती हैं। इन रेखाओं को ग्रिड रेखा कहते हैं। इनकी मदद से किसी स्थान-विशेष को मानचित्र पर सरलता से दर्शाया जा सकता है।

दक्षिण से उत्तर की ओर जाती रेखाओं के सिरों पर लिखे अंकों की संख्या पश्चिम से पूर्व की ओर बढ़ती है। इन रेखाओं को पूर्वी रेखा (Eastings) कहते हैं। पश्चिम से पूर्व की ओर जाती रेखाओं के सिरों पर लिखे अंकों की संख्या दक्षिण से उत्तर की ओर बढ़ती है। इन रेखाओं को उत्तरी रेखा (Northings) कहते हैं।

इन रेखाओं द्वारा निर्मित प्रत्येक वर्ग 1,00,00,00 गज का क्षेत्र दर्शाता है। इनमें से प्रत्येक वर्ग पुनः 100 मध्यम वर्गों में बँटा होता है जिनमें से प्रत्येक वर्ग 10000 गज का क्षेत्र दर्शाता है। प्रत्येक मध्यम वर्ग पुनः 10 छोटे वर्गों में बँटा होता है जिनमें से प्रत्येक वर्ग 1000 गज का क्षेत्र दर्शाता है। इन वर्गों को बनाने वाली रेखाओं के दोनों सिरों पर संबंधित अंक लिखे होते हैं।

ग्रिड निदेशांक (Grid Reference)

किसी मानचित्र पर ग्रिड रेखाओं से बने छोटे-बड़े वर्गों और उनके संबंधित अंकों और संख्याओं की मदद से मानचित्र पर किसी स्थान-विशेष को ढूँढना बहुत आसान होता है। किसी स्थान से संबंधित संदर्भ-संख्याओं को ग्रिड निदेशांक कहते हैं। किसी बिंदु अथवा स्थान-विशेष के लिए ग्रिड निदेशांक देते समय कुछ बातों का विशेष ध्यान रखा जाना चाहिए, जैसे :

(i) उत्तर-पूर्व कोने के ग्रिड-वर्ग का ग्रिड निदेशांक दिया जाना चाहिए।

(ii) ग्रिड निदेशांक लिखने में बीच में कोई अर्द्धविराम, पूर्ण विराम, बिंदु आदि का प्रयोग नहीं किया जाता।

(iii) ग्रिड निदेशांक लिखते समय सबसे पहले संबंधित पूर्वी रेखाओं (Eastings) के अंक तथा उसके बाद उत्तरी रेखाओं (Northings) के अंक लिखे जाते हैं तथा इनके बीच में कोई विराम नहीं लगाया जाता।

(iv) एक ग्रिड निदेशांक में प्रायः 4, 6 अथवा 8 अंक होते हैं। सामान्यतः यह 6 अंकों का होता है जिसमें तीसरा और छठा अंक 1000 गज के 10वें भाग को दर्शाते हैं। उदाहरण के लिए, ग्रिड निदेशांक 2183 (4-अंक) और 214835 (6-अंक)।

प्रमुख दिग्बिंदु (दिशाएँ) और उत्तर दिशा

प्रमुख दिग्बिंदु (Cardinal Points) : चार दिशाएँ—पूर्व, पश्चिम, उत्तर और दक्षिण प्रमुख दिशाएँ कहलाती हैं जबकि उत्तर-पूर्व, उत्तर-पश्चिम, दक्षिण-पूर्व और दक्षिण-पश्चिम छोटे दिशा-बिंदु (Small Cardinal Points) कहलाते हैं। एक दिशासूचक यंत्र अथवा चार्ट में 0° पर उत्तर, 90° पर पूर्व, 180° पर दक्षिण और 270° पर पश्चिम दिशा होती है। मानचित्रों और दिशासूचकों में उत्तर दिशा को अधिक महत्व दिया जाता है जिसके आधार पर आप बाकी सभी दिशाओं का अनुमान लगा सकते हैं। प्रायः मानचित्रों में यह ऊपर की ओर इंगित करती है।

उत्तर दिशा को तीन प्रकार से समझा जा सकता है :

(i) **असल-उत्तर** : पृथ्वी के उत्तर ध्रुव की दिशा को असल-उत्तर, वास्तविक उत्तर अथवा भौगोलिक-उत्तर कहा जाता है। किसी मानचित्र पर नीचे से ऊपर की ओर जाती हुई पतली काली रेखाएँ असल-उत्तर दिशा दर्शाती हैं।

(ii) **ग्रिड-उत्तर** : किसी मानचित्र पर दक्षिणोत्तर ग्रिड रेखाएँ (Eastings) ऊपर की ओर जिस दिशा को इंगित करती हैं, उसे ग्रिड-उत्तर कहते हैं।

(iii) **चुम्बकीय-उत्तर** : किसी दिशासूचक कम्पास की सुई जिस ओर इंगित करती है उस दिशा को चुम्बकीय उत्तर कहते हैं।

प्रमुख दिग्बिंदु

दिक्मान (Bearing)

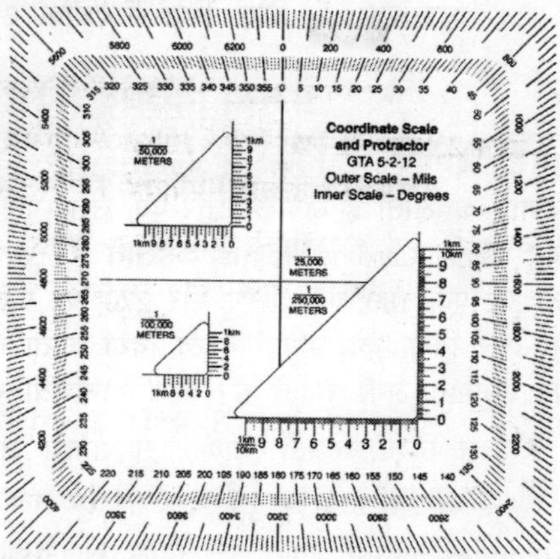

उत्तर दिशा और दर्शक के बीच बनने वाले कोण को दिक्मान अथवा दिक्कोण कहते हैं। दो बिंदुओं को एक सरल रेखा द्वारा मिलाकर उत्तर की ओर बढ़ाने से इसे बनाया जा सकता है। यह हमेशा घड़ी की सुई की दिशा में (Clockwise) बनाया और मापा जाता है।

तीन प्रकार की उत्तर दिशा के अनुसार यह भी तीन प्रकार के होते हैं :

(i) **असल-दिक्मान (True Bearing) :** असल-उत्तर दिशा और दर्शक के बीच बनने वाले कोण को असल-दिक्मान कहते हैं। यह असल-उत्तर और ग्रिड-उत्तर अथवा चुम्बकीय-उत्तर के बीच गणितीय संबंधों की मदद से गणना द्वारा ज्ञात किया जा सकता है।

(ii) **ग्रिड-दिक्मान (Grid Bearing) :** ग्रिड-उत्तर दिशा और दर्शक के बीच बनने वाले कोण को ग्रिड-दिक्मान कहते हैं। इसे मानचित्र पर सर्विस प्रोट्रेक्टर की मदद से मापा जाता है।

(iii) **चुम्बकीय दिक्मान (Magnetic Bearing) :** चुम्बकीय-उत्तर दिशा और दर्शक के बीच बनने वाले कोण को चुम्बकीय दिक्मान कहते हैं। इसे दिशासूचक-कम्पास द्वारा मापा जाता है।

चुम्बकीय ध्रुव (Magnetic Poles)

भू-शास्त्रियों के अनुसार, पृथ्वी का चुम्बकीय ध्रुव 100 वर्षों में उत्तरी ध्रुव की एक परिक्रमा पूरी करता है। इसके कारण चुम्बकीय दिक्मानों में समय के साथ परिवर्तन होता रहता है तथा यह कभी कम और कभी अधिक होते रहते हैं।

चुम्बकीय उत्तरांतर (Magnetic Variation)

चुम्बकीय-उत्तर-दिशा-रेखा और असल-उत्तर-दिशा-रेखा के बीच बनने वाले कोणों में आने वाले अंतर को चुम्बकीय उत्तरांतर कहते हैं।

ग्रिड उत्तरांतर (Grid Variation)

असल-उत्तर-दिशा-रेखा और ग्रिड-उत्तर-दिशा-रेखा के बीच बनने वाले कोणों में आने वाले अंतर को ग्रिड उत्तरांतर कहते हैं।

कुछ उदाहरण

प्रश्न 1. एक सैनिक ने वर्ष 1995 में मानचित्र पर पूर्व-दिशा की ओर 2° का चुम्बकीय उत्तरांतर अंकित किया था। यदि चुम्बकीय उत्तरांतर प्रतिवर्ष 2 मिनट घट जाता है तो वर्ष 2025 में यह कितना होगा?

उत्तर : वर्षों की संख्या = 2025 - 1995 = 30 वर्ष

30 वर्षों में चुम्बकीय उत्तरांतर में कमी = 30 × 2°

= 60 मिनट = 1°

अतः वर्ष 2025 में चुम्बकीय उत्तरांतर होगा = 2° – 1° = 1° पूर्व

प्रश्न 2. एक सैनिक ने वर्ष 1965 में मानचित्र पर चुम्बकीय उत्तरांतर 2° अंकित किया था। यदि चुम्बकीय उत्तरांतर प्रतिवर्ष 5 मिनट बढ़ जाता है तो वर्ष 2025 में यह कितना होगा?

उत्तर : वर्षों की संख्या = 2025 - 1965 = 60 वर्ष

60 वर्षों में चुम्बकीय उत्तरांतर में वृद्धि = 60 × 5 = 300 मिनट

$$= \frac{300}{60} = 5°$$

अतः वर्ष 2025 में चुम्बकीय उत्तरांतर होगा = 2° + 5° = 7°

अग्र और पृष्ठ दिक्मान (Forward and Back Bearing)

दिक्मानों को दो प्रकार से समझा जा सकता है :

(i) **अग्र दिक्मान (Forward Bearing) :** यह दर्शक की स्थिति से लक्ष्य की स्थिति का दिक्मान होता है।

(ii) **पृष्ठ दिक्मान (Back Bearing) :** यह लक्ष्य की स्थिति से दर्शक की स्थिति का दिक्मान होता है।

अग्र दिक्मान को पृष्ठ दिक्मान में बदलना

अग्र दिक्मान और पृष्ठ दिक्मान में हमेशा 180° का अंतर होता है। यदि अग्र-दिक्मान ≤ 180° हो तो पृष्ठ-दिक्मान प्राप्त करने के लिये इसमें 180° जोड़ दें। यदि अग्र-दिक्मान ≥ 180° हो तो पृष्ठ-दिक्मान प्राप्त करने के लिए उसमें से 180° घटा दें।

उदाहरण

प्रश्न 1. P और Q बिंदुओं के अग्र दिक्मान क्रमशः 50° और 220° हैं। उनके पृष्ठ दिक्मान ज्ञात करें।

उत्तर : P बिंदु का पृष्ठ दिक्मान = 50° + 180° = 230°

Q बिंदु का पृष्ठ दिक्मान = 220° − 180° = 40°

सर्विस प्रोट्रेक्टर (Service Protractor)

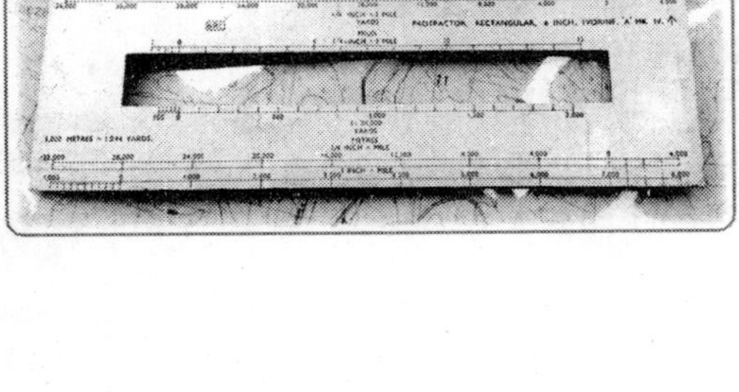

यह प्लास्टिक अथवा लकड़ी का बना हुआ एक आयताकार यंत्र होता है, जिसकी लम्बाई 6 इंच और चौड़ाई 2 इंच होती है। यह मानचित्र पर दिक्मान खींचने और मापने में प्रयोग किया जाता है। सर्विस प्रोट्रेक्टर के तीन किनारों पर

बाहर की ओर 0° से 180° तक अंक छपे होते हैं और चौथे, लम्बाई वाले किनारे पर एक उल्टे तीर का निशान होता है जिसे किसी दिये गए बिंदु पर रखकर डिग्री मापी जा सकती है। तीनों किनारों पर अंदर की ओर 181° से 360° तक छपे होते हैं। बाहर की ओर छपे अंकों से 180° तब और अंदर की ओर छपे अंकों से 180° से अधिक और 360° तक के दिक्मान खींचने और मापने का कार्य किया जाता है। पीछे की ओर दोनों छोटे किनारों पर प्रत्येक 1 इंच और 0.5 इंच पर निशान होते हैं तथा 1 मील को मापक बनाने हेतु क्रमशः 32 और 64 भाग होते हैं। पीछे के लम्बाई वाले किनारे पर इंचों का मापक होता है जिसमें बायीं ओर का भाग दशमलव मापक में विभक्त होता है जिससे सही मापन व गणना में मदद मिलती है।

सर्विस प्रोट्रेक्टर का प्रयोग

सर्विस प्रोट्रेक्टर का प्रयोग सही प्रकार से करने के लिए इन बातों का ध्यान रखें :

(i) 0° से 180° तक दिक्मान खींचने व मापने के लिए इसे पूर्वी रेखा (Eastings) पर अथवा उसके समानांतर व निशान के दायीं ओर रखते हैं।

(ii) 180° से 360° तक दिक्मान खींचने व मापने के लिए इसे निशान के बायीं ओर रखते हैं।

(iii) इसके द्वारा दिक्मान मापने से पहले मानचित्र पर अथवा कागज पर बिंदुओं को पेंसिल से सरल रेखा खींचकर मिलायें।

(iv) खींची गई रेखा पर इसे ग्रिड लाइन के समानांतर रखें और दिक्मान का माप करें। सर्विस प्रोट्रेक्टर द्वारा मापा गया दिक्मान, ग्रिड-दिक्मान कहलाता है। इसे ग्रिड-बियरिंग भी कहते हैं।

रोमर (Romer)

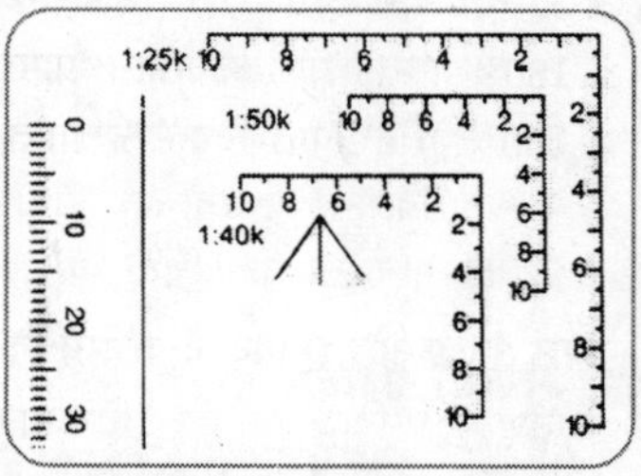

यह प्लास्टिक, सेलुलॉइड, मोटे कागज अथवा गत्ते का बना एक कार्ड होता है। इस वर्गाकार कार्ड के एक कोने के दोनों किनारों पर मानचित्र के ग्रिड वर्ग की भुजा के समानांतर व बराबर लम्बाई लेकर उसे दस समान भागों में विभाजित करके निशान लगा दिये जाते हैं। वर्ग के इस कोने से विकर्ण की तरह एक तीर का निशान लगा दिया जाता है। किसी बिंदु अथवा स्थान के लिये विशुद्ध रूप से छः अंकों वाला निर्देशांक प्राप्त करने के लिये रोमर का प्रयोग किया जाता है। इसके लिए रोमर के तीर वाले कोने को निर्दिष्ट बिंदु पर इस प्रकार रखा जाता है कि उसका विकर्ण ग्रिड वर्ग के दक्षिण-पश्चिम कोने की ओर रहे। इसके पश्चात् रोमर की भुजाओं पर अंकित निशानों को पढ़ा जाता है। इस प्रकार छः-अंकीय मानचित्र निर्देशांक प्राप्त किया जाता है। यह किसी मानचित्र पर सटीकता से किसी स्थान को ज्ञात करने का उत्तम साधन है।

प्रिज्मेटिक कम्पास (Prismatic Compass)

यह एक गोल डिबिया जैसा यंत्र होता है जिसकी सूचक (सुई) सदैव चुम्बकीय-उत्तर दिशा की ओर इंगित करती है। यह दो प्रकार का होता है।

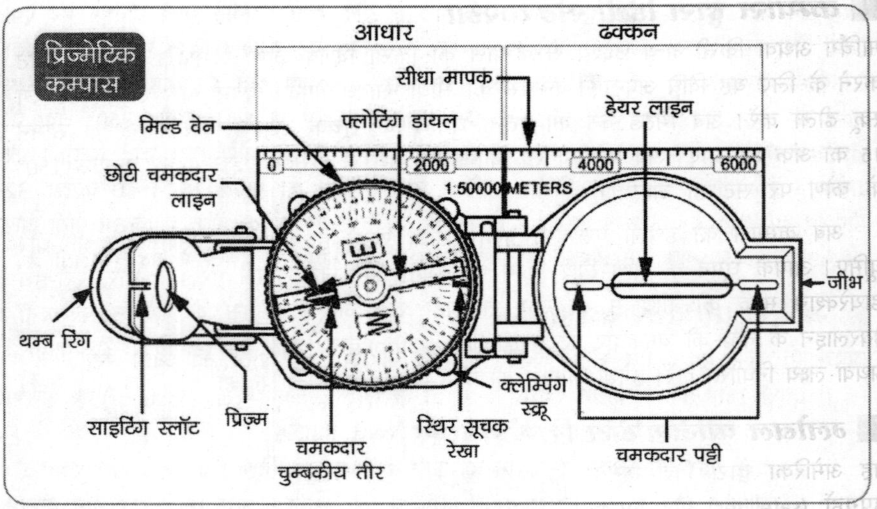

1. शुष्क प्रिज्मेटिक कम्पास
2. तरल प्रिज्मेटिक कम्पास

रक्षा सेवाओं में प्रायः तरल प्रिज्मेटिक कम्पास का प्रयोग किया जाता है।

प्रिज्मेटिक कम्पास के उपयोग

1. यह चुम्बकीय-उत्तर दिशा को दर्शाता है।
2. यह मानचित्र को सेट करने में काम आता है।
3. यह सैनिकों को निश्चित दिशा की ओर कूच करने में मदद करता है।
4. यह विभिन्न स्थानों के दिक्मान ज्ञात करने में मदद करता है।
5. यह मानचित्र पर दर्शाए गए स्थानों की स्थिति (दिशा आदि) ज्ञात करने में मदद करता है।

मुख्य भाग

(i) कार्ड अथवा डायल (Card or Dial)
(ii) मिल्ड वेन (Milled Vane)
(iii) प्रिज्म (Prism)
(iv) हेयर लाइन (Hairline)
(v) लबर लाइन (Lubber line)
(vi) चमकदार पट्टी (Luminous line)

प्रिज्मेटिक कम्पास द्वारा दिक्मान ज्ञात करना

एक हाथ में कम्पास सीधा रखें और दूसरे हाथ से उसका ढक्कन खोलें। प्रिज्म को ऊपर उठाकर थम्ब-रिंग को अंगूठे में फंसाकर कम्पास को उंगलियों से सहारा दें। एक आँख बंद करके दूसरी आँख कम्पास के निकट लाएँ। एक आँख से प्रिज्म के अंदर से देखते हुए हेयर लाइन और, जिस बिंदु का दिक्मान ज्ञात करना है, उसे एक सीधी रेखा में लें। इसके बाद डायल के बाहर की ओर छपी संबंधित डिग्री का माप ध्यान से पढ़ें। यही उस बिंदु का दिक्मान होगा।

कम्पास द्वारा डिग्री सेट करना

मार्चिंग अथवा किसी अन्य उद्देश्य से कम्पास को किसी विशेष कोण, जैसे कि 150° पर, सेट करने के लिए यह विधि अपनाएँ। कम्पास को सीधा, सावधानीपूर्वक पकड़ें और उसका क्लेंपिंग स्क्रू ढीला करें। अब मिल्ड वेन को इतना घुमायें कि सूचक रेखा (लबर लाइन) के सामने 15 का अंक आ जाए। अब क्लेंपिंग स्क्रू को हल्के हाथ से कस दें। इस प्रकार कम्पास 150° के कोण पर सेट हो जाएगा।

अब कम्पास को हथेली पर इसी प्रकार सीधा रखते हुए ही अपने स्थान पर धीरे-धीरे घूमिए। आपके घूमने के साथ-साथ प्रिज्म भी घूमेगा और जब डायल पर बना तीर, एरो-हैड डायरेक्शन मार्क की सीध में आ जाए तो वहीं रुक जाएँ। कम्पास के ढक्कन पर बनी हेयरलाइन के नीचे की चमकदार पट्टी (Luminous Strip) द्वारा दर्शाई जा रही दिशा में मार्च करें अथवा लक्ष्य निर्धारित करें। हमेशा कम्पास की जीभ (Tongue) हथेली पर आगे की ओर सीधी रखें।

ग्लोबल पोजिशनिंग सिस्टम (GPS)

यह अमेरिका द्वारा वित्त-पोषित उपग्रहों (satellites) और प्रापक यंत्रों (Receivers) की एक प्रणाली है जो लोगों और उपकरणों को पृथ्वी पर उनकी उपस्थिति की सटीक जानकारी उपलब्ध करवाती है। सामान्य जीपीएस परिचालन प्रणाली में 24 उपग्रहों का प्रयोग होता है जो 12 घंटे में पृथ्वी की परिक्रमा पूरी करते हैं।

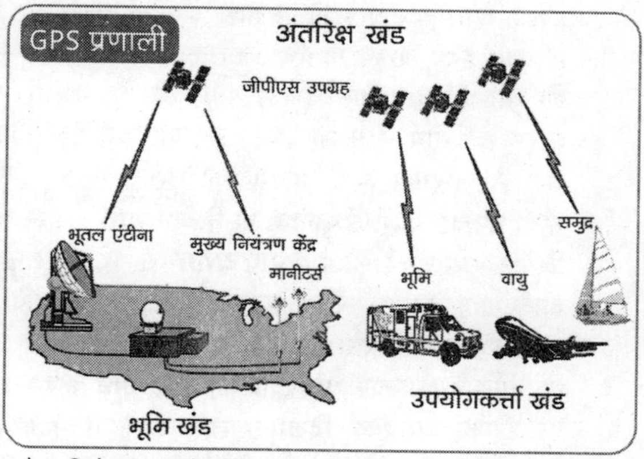

जीपीएस के उपयोग :

(i) यह रक्षा विमानों, जहाजों और विशेष वाहनों में प्रयोग किया जाता है।
(ii) यह युद्ध के मैदानों व आतंकवाद-ग्रस्त क्षेत्रों में सुरक्षा-बलों द्वारा प्रयोग किया जाता है।
(iii) यह आम नागरिक-वाहनों और अर्द्धसैनिक बलों के वाहनों द्वारा मार्ग ढूँढने में प्रयोग किया जाता है।
(iv) यह सैनिकों को घने जंगलों, पहाड़ों और रेगिस्तानों में मार्ग ढूँढने में मदद करता है।
(v) यह मछुआरों और पैदल-यात्रियों द्वारा भी मार्ग ढूँढने में मदद के लिए प्रयोग किया जाता है।
(vi) यह गाइडेड मिसाइल को भी पूर्व-निर्धारित लक्ष्य पर मार करने में मदद करता है।

मानचित्र सेट करना

यदि एक मानचित्र को पृथ्वी की दिशानुसार सीधा ना रखा जाए तो उसकी मदद से किसी भी स्थान अथवा बिंदु की सही स्थिति व दिशा का पता लगाना अत्यंत कठिन और प्रायः असंभव होता है। इसके लिए मानचित्र में दर्शाई गई उत्तर दिशा को, जो प्रायः ऊपर की ओर इंगित करती है, पृथ्वी की उत्तर दिशा से मिला कर रखा जाना चाहिये। मानचित्र को इस स्थिति

में रखने पर मानचित्र पर दर्शाई गई सभी दिशाएँ व स्थान-बिंदु, चिह्न आदि धरातल पर स्थित वास्तविक दिशाओं, स्थानों और चिह्नों के समानांतर होंगे और उन्हें ढूँढना अत्यधिक सरल एवं सुलभ हो जाएगा।

मानचित्र कई प्रकार से सेट किया जा सकता है, इनमें से प्रमुख हैं :

(i) दिक्‌सूचक कम्पास द्वारा

(ii) सीधी बनावट वाली आकृतियों के मिलान द्वारा

(iii) मानचित्र और धरातल की आकृतियों के मिलान द्वारा

(iv) मानचित्र पर अपनी स्थिति की जानकारी द्वारा

(i) **दिक्‌सूचक कम्पास द्वारा :** इस विधि द्वारा मानचित्र सेट करने के लिए पहले मानचित्र को भूमि या समतल सतह पर सीधा फैला कर रखें। प्रायः सैन्य-मानचित्रों में ग्रिड रेखाओं के अतिरिक्त असल-उत्तर दिशा को दर्शाने वाली चार काली रेखाएँ उत्तर से दक्षिण की ओर खिंची होती हैं। इनमें से किसी भी एक रेखा के ऊपर कम्पास को इस प्रकार खोल कर रखें कि उसकी जीभ मानचित्र पर दर्शायी गई उत्तर दिशा की ओर हो तथा हेयर लाइन मानचित्र की काली रेखा को ढंक ले। अब कम्पास-सहित मानचित्र को धीरे-धीरे तब तक घुमाओ जब तक कि कम्पास पर अंकित तीर का निशान हेयर लाइन की सीध में न आ जाए। इन दोनों के एक सीध में होने पर मानचित्र दिशानुकूल सेट हो जाएगा। अन्य विधियों की तुलना में यह विधि सबसे सटीक मानी जाती है।

(ii) **सीधी बनावट वाली आकृतियों के मिलान द्वारा :** इस विधि द्वारा मानचित्र सेट करने के लिये मानचित्र को सीधा फैलाएँ तथा उस पर अपने सबसे निकट की कोई सीधी बनावट वाली आकृति जैसे, रेलवे लाइन, सड़क, नहर आदि की पहचान करें, क्योंकि आपको धरातल पर बनी उस आकृति की दिशा का पहले ही अनुमान है, आप मानचित्र को धीरे-धीरे इस प्रकार घुमायें कि मानचित्र पर बनी उस आकृति की दिशा और धरातल पर उसकी वास्तविक दिशा एक-समान हो जाएं। यह स्थिति आने पर आपका मानचित्र दिशानुकूल सेट हो जाएगा।

(iii) **मानचित्र और धरातल की दो आकृतियों के मिलान द्वारा :** इस विधि द्वारा मानचित्र सेट करने के लिये मानचित्र को फैलाकर उस पर किन्हीं दो स्थानों, भवनों, मंदिर, मस्जिद आदि की पहचान करें। अब मानचित्र पर इन दोनों के बीच पेंसिल से एक रेखा खींच कर उस पर रूलर रख दें। अब मानचित्र को धरातल पर इस प्रकार रखें कि वह रेखा धरातल पर बनी उन दोनों वास्तविक आकृतियों के बीच खिंची एक काल्पनिक रेखा के समांतर अथवा उसका एक भाग प्रतीत हो। यह स्थिति प्राप्त होने पर आपका मानचित्र दिशानुकूल सेट हो जाएगा।

(iv) **मानचित्र पर अपनी स्थिति की जानकारी द्वारा :** इस विधि द्वारा मानचित्र को सेट करने के लिये मानचित्र को फैलाकर, उसमें अपनी स्थिति ज्ञातकर उस पर एक पिन गाड़ दें। अब एक ऐसी आकृति चुनें जो धरातल और मानचित्र दोनों पर सामने हो। अब मानचित्र पर अपनी स्थिति वाले बिंदु से उस आकृति वाले बिंदु तक पेंसिल से एक

रेखा खींचे। अब इस रेखा पर एक रूलर रखकर मानचित्र को धीरे-धीरे इतना घुमाएँ कि मानचित्र पर बनी आकृति की ओर का रूलर का किनारा धरातल पर बनी वास्तविक आकृति की एक दम सीध में आ जाए। ऐसी स्थिति आने पर आपका मानचित्र दिशानुकूल सेट हो जाएगा।

उत्तर दिशा ज्ञात करना

धरातल पर जब आप नये अथवा अनजान स्थान पर जाते हैं तो कई बार दिशाभ्रम के शिकार हो जाते हैं। ऐसी स्थिति में आप अपने मार्ग से भटक सकते हैं और अपने लक्ष्य पर नहीं पहुँच पाते। ऐसी स्थिति में यदि आपको चारों दिशाओं पूर्व, पश्चिम, उत्तर व दक्षिण में से एक का भी अनुमान हो तो आप बाकी की तीनों दिशाओं के विषय में सरलता से जान सकते हैं। इन चारों में से उत्तर दिशा को ज्ञात करना अपेक्षाकृत सरल माना जाता है।

दिशा को ज्ञात करने की कई विधियाँ हैं, जैसे :

(i) घड़ी विधि	(ii) सूर्य विधि	(iii) तारों की विधि
(iv) ईदगाह व मस्जिद	(v) जीपीएस	(vi) कम्पास

(i) **घड़ी विधि :** घड़ी की घंटे वाली सुई सूर्य की ओर घुमाएँ व मिनट वाली सुई 12 पर सेट करें। इस स्थिति में इन दोनों सुइयों से बने कोण को समविभाजित करने वाली रेखा, सुईयों द्वारा बनाए गए न्यून कोण की दिशा में दक्षिण और उसकी विपरीत दिशा में उत्तर दिशा की ओर इंगित करती है। यह विधि तभी कारगर होती है जब आप उत्तरी गोलार्द्ध में हों और घड़ी की सुइयों द्वारा बनाया गया कोण 180° से अधिक न हो। साथ ही सूर्य की अनुपस्थिति में भी यह कारगर नहीं हो पाती है।

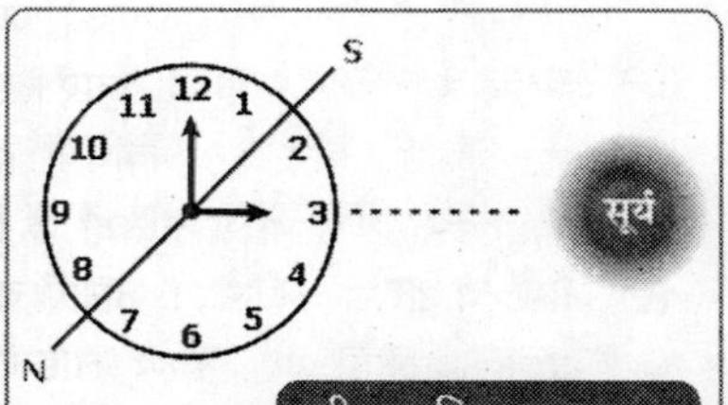

घड़ी द्वारा दिशा ज्ञात करना

(ii) **सूर्य विधि :** सुबह के समय सूर्य पूर्व दिशा से उदय होता है, उस समय यदि आपका मुँह सूर्य की ओर हो तो आपके पीछे की ओर पश्चिम, बाईं ओर उत्तर और दायीं ओर दक्षिण दिशा होती है। इसी प्रकार संध्या के समय ठीक इसके विपरीत स्थिति होती है। यदि आप दोपहर को 12 बजे धूप में खड़े हों तो आपकी छाया भूमि पर उत्तर की ओर बनती है। यह विधि भी सूर्य की अनुपस्थिति में कारगर नहीं होती।

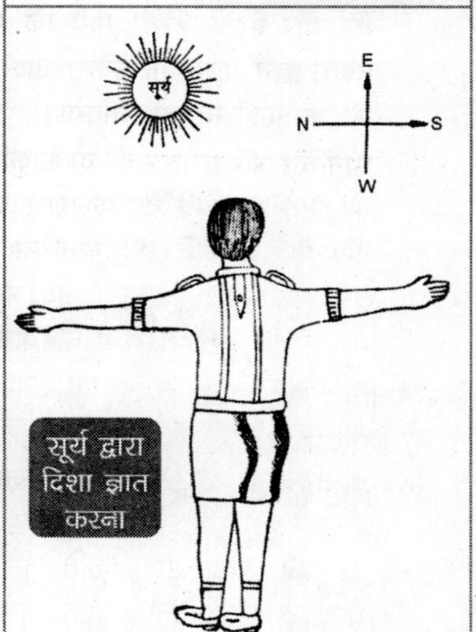

सूर्य द्वारा दिशा ज्ञात करना

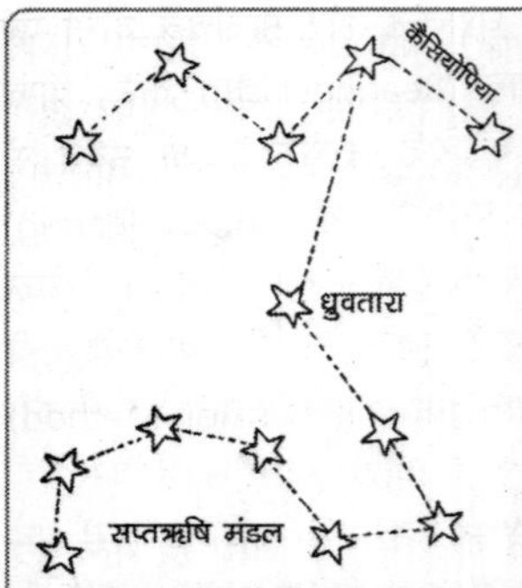

तारों द्वारा दिशा ज्ञात करना

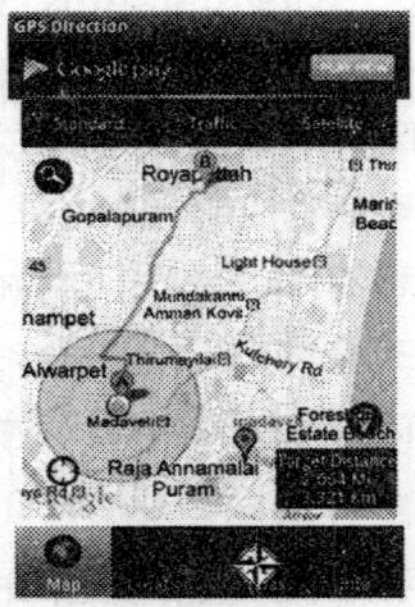

जीपीएस द्वारा दिशा ज्ञात करना

कम्पास द्वारा दिशा ज्ञात करना

(iii) **तारों द्वारा :** संध्या अथवा रात्रि के समय ध्रुव तारे की ओर दृष्टि जमाएँ। यह एक अत्यंत चमकीला तारा है और सरलता से दिखाई देता है। यह हमेशा असल-उत्तर से 2° की स्थिति दर्शाता है। सप्तर्षि मंडल से एक सीधी रेखा के एकदम निकट इसे देखा जा सकता है।

(iv) **ईदगाह व मस्जिद :** भारत में प्रायः सभी ईदगाहों और मस्जिदों के मेहराब पश्चिम दिशा की ओर बने होते हैं। यदि आप मेहराब की ओर मुँह करके खड़े हों तो आपके पीछे पूर्व, दायीं ओर उत्तर और बायीं ओर दक्षिण होगा।

(v) **जीपीएस द्वारा :** जीपीएस द्वारा आसानी से उत्तर सहित सभी दिशाओं व मार्गों की जानकारी प्राप्त की जा सकती है। यह एक आधुनिकतम प्रणाली है किंतु कई दुर्गम स्थानों पर उपग्रह से संकेत न मिल पाने अथवा मोबाइल फोन की बैटरी समाप्त हो जाने पर इसके प्रयोग में बाधा आ जाती है।

(vi) **कम्पास द्वारा :** कम्पास अब आपके लिए एक सुपरिचित उपकरण है जिसके द्वारा आप कभी भी, कहीं भी उत्तर दिशा ज्ञात कर सकते हैं। इसकी सुई हमेशा उत्तर की ओर इंगित करती है। इसका प्रयोग करने के लिये न तो आपको सूर्य की रोशनी की आवश्यकता होती है और न ही उपग्रहों से संकेत प्राप्त करने की, यहाँ तक कि इसमें बैटरी का भी प्रयोग नहीं होता है। बस आवश्यकता होती है तो इसे सावधानीपूर्वक प्रयोग में लाने की।

मानचित्र पर अपनी स्थिति ज्ञात करना

एक मानचित्र पर अपनी स्थिति ज्ञात करने की चार प्रमुख विधियाँ हैं :

(i) निरीक्षण द्वारा (ii) कम्पास द्वारा (iii) निरंतर मानचित्र अवलोकन

(i) **निरीक्षण विधि :** इस विधि द्वारा आप अपने आस-पास धरातल पर मौजूद आकृतियों को मानचित्र पर चिन्हित आकृतियों से मिलाकर अपनी स्थिति का अनुमान लगा सकते हैं। रेलवे स्टेशन, बस स्टैंड, पुल, नदियाँ, सड़कें और मील के पत्थर आदि स्थायी संरचनाएँ और भवन आदि इसमें बहुत सहायक होते हैं।

(ii) **कम्पास द्वारा :** दो या तीन ऐसी स्थलाकृतियाँ चुनिए जो धरातल और मानचित्र दोनों पर ही मौजूद हों। कम्पास द्वारा इन आकृतियों के दिक्मान (Bearings) ज्ञात करें। प्राप्त चुम्बकीय दिक्मानों को मानचित्र पर अंकित चुम्बकीय व ग्रिड उत्तरांतरों की मदद से ग्रिड दिक्मान में बदल लें। अब इन ग्रिड दिक्मानों के पृष्ठ दिक्मान (Back Bearing) ज्ञात करके मानचित्र पर अंकित उन आकृतियों से सर्विस प्रोट्रेक्टर की मदद से पेंसिल द्वारा सरल रेखाएँ खींचिए। मानचित्र पर जहाँ यह रेखाएँ एक-दूसरे को काटेंगी वही बिंदु आपकी स्थिति को दर्शाएगा। इस विधि को 'रिसेक्शन विधि' (Resection Method) भी कहते हैं।

(iii) **निरंतर मानचित्र अवलोकन द्वारा :** अपनी यात्रा प्रारंभ करने के समय के साथ ही मानचित्र पर अपने मार्ग का अवलोकन करते रहें। जैसे-जैसे आप आगे बढ़ें दिक्मान और दूरी को मापते रहें। इसके साथ-साथ मानचित्र पर अंकित और धरातल पर स्थित भौतिक आकृतियों का मिलान करते रहें। इस प्रकार आपको मानचित्र पर अपनी स्थिति की निरंतर जानकारी मिलती रहेगी।

अज्ञात स्थानों को ढूँढना

मानचित्र से धरातल पर

मानचित्र की मदद से धरातल पर अज्ञात स्थानों को ढूँढने के लिये प्रायः तीन विधियाँ प्रयोग में लाई जाती हैं :

(i) **दिक्मान और दूरी विधि :** दिक्मान और दूरी का ज्ञान होने पर मानचित्र पर अपनी स्थिति ज्ञात करें। मानचित्र पर रूलर द्वारा माप कर अज्ञात स्थान की दूरी ज्ञात करें। अब सर्विस प्रोट्रेक्टर की मदद से उस स्थान का दिक्मान ज्ञात करें और उसे चुम्बकीय दिक्मान में बदल लें। कम्पास पर उस चुम्बकीय दिक्मान को सेट करके उस दिक्मान के आधार पर उस स्थान को ढूँढें। धरातल पर दूरी का अनुमान लगाकर उस अज्ञात स्थान को सरलता से ढूँढा जा सकता है।

(ii) **दिशा और दूरी विधि :** मानचित्र पर अपनी स्थिति और अज्ञात लक्ष्य के बीच एक सरल रेखा खींचे। निम्नलिखित में से किसी भी विधि द्वारा दोनों के बीच दूरी की गणना करें और दिशा का पता लगाएँ :

1. स्लाइड रुल की मदद से लक्ष्य की धरातल पर दिशा का अनुमान।
2. मानचित्र पर दो बिंदुओं की मदद से धरातल पर लक्ष्य की दिशा का अनुमान।
3. मानचित्र पर अपनी स्थिति और लक्ष्य के बीच की रेखा पर रूलर रखकर।
4. मानचित्र पर अपनी स्थिति और लक्ष्य की स्थिति, दोनों पर पिन गाड़कर। दोनों पिनों के बीच सीधी रेखा खींचकर दिशा का अनुमान लगाएँ।

(iii) **आकलन विधि :** इस विधि द्वारा दिक्मान, दूरी और दिशा का आकलन करके लक्ष्य के आसपास की अन्य जानकारियों की मदद से लक्ष्य की पहचान की जाती है।

धरातल से मानचित्र पर

धरातल की स्थिति से मानचित्र पर अज्ञात लक्ष्य को ढूँढने के लिए प्रायः निम्न विधि का प्रयोग किया जाता है :

इंटरसेक्शन विधि (Intersection Method) : धरातल और मानचित्र पर किन्हीं दो स्थानों को चुनिए। अब धरातल पर उन दोनों स्थानों से कम्पास द्वारा उस स्थान के दिक्‌मान मापिये जिसकी स्थिति ज्ञात करनी है। अब इन दिक्‌मानों को मानचित्र पर अंकित चुम्बकीय और ग्रिड उत्तरांतरों की मदद से ग्रिड दिक्‌मानों में बदल लें। अब मानचित्र पर अंकित उन्हीं दो स्थानों से सर्विस प्रोट्रेक्टर की मदद से ग्रिड दिक्‌मानों पर रेखाएँ खींचिए। यह दोनों रेखाएँ जहाँ एक-दूसरे को काटेंगी वह बिंदु मानचित्र पर उस स्थान की सही स्थिति दर्शाएगा। यह विधि 'इंटरसेक्शन विधि' कहलाती है। इस विधि का प्रयोग लंबी दूरी वाले अथवा पहाड़ी इलाकों में किया जाता है जहाँ हम सही दूरी का अनुमान नहीं लगा सकते हैं।

नेवीगेशन पार्टी

रात्रि के समय मार्च करने वाले सैन्य दल को नेवीगेशन पार्टी कहते हैं। नेवीगेशन पार्टी की संरचना इस प्रकार होती है :

(i) **गाइड :** यह एक चमकीली छड़ी और सेट-कम्पास लेकर सबसे आगे चलता है।

(ii) **सहायक गाइड :** यह पीठ पर सफेद कपड़ा बाँधकर, गड्ढे और नाले की गहराई मापने वाली छड़ी लेकर दूसरे स्थान पर चलता है।

(iii) **रिकॉर्डर :** यह एक अन्य सेट-कम्पास और जेब में कंकड़ लेकर चलता है जिन्हें यह दूरी मापने में प्रयोग करता है।

(iv) **स्काउट्स :** सबसे पीछे स्काउट्स चलते हैं जिनकी संख्या मार्ग में किये जाने वाले कार्यों के अनुसार 2 से लेकर 4 तक होती है।

नेवीगेशन पार्टी के सदस्यों को निम्न सावधानियाँ बरतनी चाहिएँ।

(i) अपनी व अन्य सदस्यों की सुरक्षा का ध्यान रखें।

(ii) रात्रि-मार्च-चार्ट को पढ़ने के लिए फ्रॉस्टेड टॉर्च का प्रयोग करें।

(iii) मार्चिंग करते समय निश्चित दूरी बनाए रखें।

(iv) धूम्रपान अथवा अन्य प्रयोजन के लिए आग/लाइट न जलाएँ।

(v) मार्चिंग के समय खाँसकर, बातें करके अथवा अन्य प्रकार से शोर उत्पन्न न करें।

रात्रि मार्च चार्ट

एक नेवीगेशन पार्टी मदद के लिये एक रात्रि मार्च चार्ट भी रखती है। इसमें मार्च के प्रारंभिक एवं अंतिम बिंदु अंकित किये जाते हैं।

रात्रि मार्च चार्ट बनाते समय निम्न सावधानियाँ बरतनी चाहिएँ :

(i) चार्ट एक साफ, कोरे कागज पर बनाना चाहिए।

(ii) इसे बनाते समय सॉफ्ट-पेंसिल का प्रयोग करना चाहिए।

(iii) दूरियों को गजों अथवा मीटरों में दर्शाया जाना चाहिए।

(iv) चिह्नों, अंकों, शब्दों आदि को मोटे अक्षरों में लिखना व बनाना चाहिए जिससे कि उन्हें मद्धिम प्रकाश में भी देखा व पढ़ा जा सके।

(v) दिशा-कोण चुम्बकीय-दिशांकों में दर्शाने चाहिएँ।

(vi) चार्ट में प्रारंभिक स्थान सबसे नीचे और अंतिम स्थान-बिंदु सबसे ऊपर दर्शाया जाना चाहिए।

रात्रि मार्च के लिए आवश्यक वस्तुएँ

(i) सफेद कपड़ा (ii) फ्रॉस्टेड (धुंधली) टॉर्च (iii) मार्चिंग चार्ट
(iv) चमकीली छड़ी (v) सफेद चूना/चॉक (vi) सेट-कम्पास
(vii) दूरी मापने के लिए कंकड़

कंकड़ों द्वारा दूरी मापना

नेवीगेशन पार्टी में तीसरे स्थान पर चलने वाला रिकॉर्डर अपनी दायीं जेब में छोटे-छोटे कंकड़ रखता है और प्रत्येक 100 कदम चलने के बाद एक कंकड़ दायीं जेब से निकालकर बायीं जेब में रख लेता है। इस प्रकार बायीं जेब में मौजूद कंकड़ों की संख्या से उसके द्वारा तय की गई दूरी मापी जाती है।

दृष्टिगोचरता (Visibility)

हम प्रायः सुनते व देखते हैं कि सर्दियों के दिनों में कोहरे की अधिकता के कारण विजिबिलिटी कम हो जाती है और हवाई उड़ानों, रेलगाड़ियों और सड़क-परिवहन सेवाओं पर भी इसका बुरा असर पड़ता है और इनमें बाधा उत्पन्न होती है। कई बार इसी कारण बड़ी दुर्घटनाएँ भी हो जाती हैं। एक स्थान पर खड़े होकर दूसरे स्थान को देख पाना उस स्थान की दृष्टिगोचरता अथवा विजिबिलिटी कहलाती है। दो बिंदुओं के मध्य परस्पर दृष्टिगोचरता को मापा जा सकता है। इसके लिये दृष्टि रेखा की जानकारी होनी चाहिए।

दृष्टि रेखा

यह उन दो बिंदुओं को मिलाने वाली काल्पनिक रेखा होती है जिनके मध्य आप दृष्टिगोचरता मापना चाहते हैं।

दृष्टिगोचरता ज्ञात करना

दृष्टिगोचरता ज्ञात करने की तीन मुख्य विधियाँ हैं :

(i) मानचित्र निरीक्षण द्वारा (ii) गणना द्वारा (iii) ग्रेडिएंट की गणना द्वारा

(i) **मानचित्र निरीक्षण द्वारा :** धरातल पर स्थित दो स्थान परस्पर दृष्टिगोचर होंगे अथवा नहीं, यह उनके मानचित्र के निरीक्षण द्वारा ज्ञात किया जा सकता है। इसके लिये मानचित्र पर इन दोनों स्थान-बिंदुओं को पेंसिल द्वारा सरल रेखा खींचकर मिलाएँ। यदि मानचित्र पर दोनों बिंदुओं के मध्य कंटूर रेखाएँ अवनत अथवा एक-समान ढाल दर्शाएँ तो दोनों स्थान परस्पर दृष्टिगोचर होंगे अन्यथा नहीं।

(ii) **गणना द्वारा :** यह दृष्टिगोचरता ज्ञात करने की एक सरल विधि है। इसके लिये मानचित्र पर दोनों स्थान-बिंदुओं को मिलाते हुए पेंसिल द्वारा एक सरल रेखा खींचें और उनकी समुद्रतल से ऊँचाई ज्ञात करें। खींची गई रेखा (दृष्टि-रेखा) पर पड़ने वाले व संभावित बाधा डालने वाले सबसे ऊँचे स्थान-बिंदु की ऊँचाई भी ज्ञात करें। अब तीनों बिंदुओं की परस्पर दूरी (धरातल पर) ज्ञात करें।

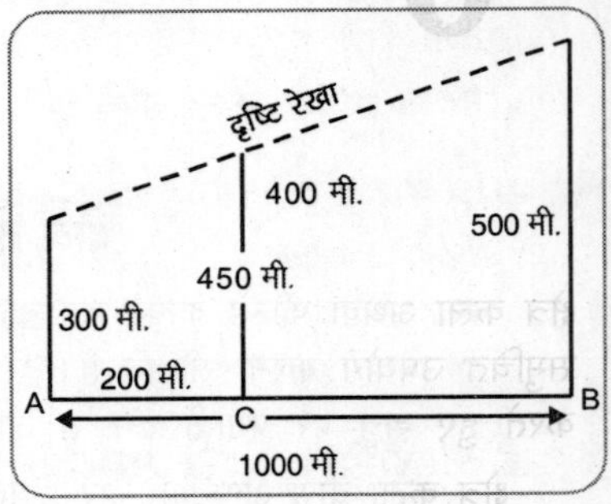

अब आप निम्न विधि द्वारा गणना कर सकते हैं :

समुद्र तल से A बिंदु की ऊँचाई = 300 मीटर

समुद्र तल से B बिंदु की ऊँचाई = 500 मीटर

समुद्र तल से C बिंदु की ऊँचाई = 400 मीटर

A से B की धरातल पर दूरी = 1000 मीटर

A से C की धरातल पर दूरी = 200 मीटर

दृष्टि-रेखा में बाधा डालने वाले अधिकतम बिंदु की ऊँचाई की गणना :

$\because$ 1000 मीटर की क्षैतिज दूरी पर ऊँचाई में अंतर = 200 मीटर

$\therefore$ 200 मीटर की क्षैतिज दूरी पर ऊँचाई में अंतर = $\frac{200}{1000} \times 200 = 40$ मीटर

अतः अधिकतम ऊँचाई = 300 + 40 = 340 मीटर

गणना द्वारा स्पष्ट है कि बिंदु C पर दृष्टि-रेखा की अधिकतम ऊँचाई 340 मीटर होगी। क्योंकि बिंदु C की ऊँचाई 400 मी. है जो कि वहाँ दृष्टिरेखा की अधिकतम ऊँचाई से अधिक है। अतः यह बिंदु दृष्टिगोचरता में अवश्य बाधा डालेगा।

(iii) **ग्रेडिएंट की गणना द्वारा :** इस विधि द्वारा दृष्टि-गोचरता ज्ञात करने के लिये तीन स्थान-बिंदुओं के ग्रेडिएंट लेकर उनकी दृष्टि-रेखा के ग्रेडिएंट से तुलना करते हैं। यदि दृष्टि-रेखा की तुलना में अन्य बिंदुओं के ग्रेडिएंट कम ढाल वाले होंगे तो दोनों स्थान परस्पर दृष्टिगोचर होंगे अन्यथा नहीं। यदि ऊपर वाले उदाहरण के आँकड़ों के आधार पर गणना की जाए, तो वह इस प्रकार होगी :

A तथा B के मध्य दृष्टि-रेखा का ग्रेडिएंट = $\frac{VI}{HE} = \frac{500-300}{1000} = \frac{200}{1000} = \frac{1}{5}$

A तथा C के मध्य दृष्टि-रेखा का ग्रेडिएंट = $\frac{VI}{HE} = \frac{400-300}{200} = \frac{100}{200} = \frac{1}{2}$

क्योंकि $\frac{1}{2} > \frac{1}{5}$

अतः A से C का ग्रेडिएंट A से B के ग्रेडिएंट से बड़ा है।

इससे स्पष्ट है कि बिंदु C दृष्टिगोचरता में अवश्य बाधक बनेगा।

❖ ❖ ❖

6

क्षेत्र एवं युद्ध कौशल (Field & Battle Craft)

क्षेत्र कला एवं युद्ध कला

क्षेत्र कला अथवा फील्ड क्राफ्ट वह कला है जिसके द्वारा हम युद्ध के समय उपलब्ध भूमि का समुचित उपयोग करना सीखते हैं। इस कला के प्रयोग से सैनिक चतुराई से स्वयं का बचाव करते हुए शत्रु पर प्रभावी ढंग से आक्रमण कर सकते हैं।

क्षेत्र कला द्वारा आप भूमि पर स्थित सभी प्राकृतिक एवं मानव-निर्मित संरचनाओं का भरपूर उपयोग करना और शत्रु को अधिकतम हानि पहुँचाना सीखते हैं।

क्षेत्र कला के उद्देश्य

क्षेत्र कला के पाँच मुख्य उद्देश्य हैं, इन्हें '5F' के नाम से भी स्मरण रख सकते हैं :

(i) **ढूँढना (Find) :** शत्रु को ढूँढकर चुपके से उसके निकट पहुँच जाना।

(ii) **पीछा करना (Follow) :** छिपकर शत्रु का पीछा करना।

(iii) **मूर्ख बनाना (Fool) :** शत्रु को धोखा देना।

(iv) **फँसाना (Fix) :** शत्रु को घेरकर फँसाना।

(v) **गोली चलाना (Fire) :** शत्रु को गोली मारकर खत्म करना।

क्षेत्र कला का महत्व

यदि आप क्षेत्र कला में निपुण हैं तभी आप भूमि पर लक्ष्य की ओर आगे बढ़ सकेंगे और शत्रु को समाप्त कर सकेंगे। यह कला आपको इतना निपुण बना देती है कि आप किसी भी प्रकार की भूमि, मैदान, जंगल, पर्वत, घाटी, बर्फ, नदी, रेगिस्तान आदि में शत्रु पर काबू पाने में सक्षम होंगे। रणभूमि की संरचना और सैनिकों के क्षेत्रकला में निपुण होने का युद्ध के परिणाम पर निर्णायक प्रभाव होता है।

क्षेत्र कला में निपुणता प्राप्त करने के लिए आवश्यक गुण

क्षेत्र कला में निपुणता प्राप्त करने के लिए एक सैनिक में निम्नलिखित गुणों का होना आवश्यक है :

(i) भू-अध्ययन की योग्यता
(ii) बुद्धिमत्ता
(iii) मानसिक योग्यता
(iv) शस्त्र-ज्ञान
(v) उत्तम दृष्टि
(vi) अनुशासन
(vii) शारीरिक क्षमता
(viii) आकारगोपन (छलावरण) का ज्ञान

क्षेत्र कला के मुख्य अवयव (Main Parts of Field Craft)

क्षेत्र कला के मुख्य अवयव इस प्रकार हैं :

1. **दूरी का अनुमान लगाना** (Judging Distances)
2. **आड़ लेना** (Taking Covers)
3. **छलावरण एवं छिपाव** (Camouflage and Concealment)
4. **लक्ष्यों को पहचानना तथा संकेत देना** (Recognition and Indication of Targets)
5. **गोलीबारी और चालें** (Fire and Movements)
6. **क्षेत्र-संकेत** (Field Signals)

1. *दूरी का अनुमान लगाना* (Judging Distances)

हम सभी जानते हैं कि विभिन्न शस्त्रों की मारक क्षमता (दूरी) अलग-अलग होती है। शत्रु पर सटीक और प्रभावी निशाना लगाने के लिए शस्त्र और शत्रु के बीच की दूरी का अनुमान होना आवश्यक है। दूरी का अनुमान निम्नलिखित विधियों से लगाया जा सकता है :

1. **मापक इकाई विधि (Unit of Measurement Method):** इस विधि में हम दूरी मापने की कोई सरल एवं सुविधाजनक इकाई (जैसे 100 गज) ले लेते हैं और लक्ष्य से दूरी का अनुमान उसी इकाई के गुणाकों में लगाते हैं।
2. **आभास विधि (Appearance Method):** एक व्यक्ति की आकृति अलग-अलग दूरियों से देखने पर अलग-अलग आभास देती प्रतीत होती है। एक मानव शरीर की आकृति राइफल की साइट द्वारा विभिन्न दूरियों से देखने पर इस प्रकार दिखती है :
   - (i) 200 गज की दूरी से – शरीर के सभी भाग स्पष्ट दिखते हैं।
   - (ii) 250 गज की दूरी से – घुटनों पर बैठा व्यक्ति राइफल के फोरसाइट ब्लेड से ढक जाता है।
   - (iii) 300 गज की दूरी से – चेहरा धुँधला जाता है।
   - (iv) 400 गज की दूरी से – चेहरा नहीं पहचाना जा सकता, राइफल का फोरसाइट ब्लेड खड़े हुए व्यक्ति को ढक लेता है।
   - (v) 500 गज की दूरी से – कंधों से ऊपर का भाग अधिक पतला दिखने लगता है, शरीर की हरकत दिखाई देती है।
   - (vi) 600 गज की दूरी से – सिर एक बिंदु की तरह और कंधों से नीचे का भाग भी पतला दिखाई देता है।
3. **ब्रेकेटिंग विधि (Bracketing Method):** इस विधि में लक्ष्य की अधिकतम और न्यूनतम दूरी का अनुमान लगाकर उसका औसत लिया जाता है।
4. **सेक्शन औसत विधि (Section Average Method):** इस विधि में सेक्शन के सभी सैनिकों से दूरी का अनुमान लगवाया जाता है और उन सभी के द्वारा बताई गई अनुमानित दूरियों का औसत ले लिया जाता है।

5. **परिचित दूरी विधि (Key Range Method) :** इस विधि में किसी ऐसी पूर्व-परिचित आकृति, जिसकी दूरी हमें पहले ही ज्ञात हो, की मदद से दूरी का अनुमान लगाया जाता है। मील के पत्थर, बिजली अथवा टेलीफोन के खम्भे आदि ऐसी ही आकृतियाँ हैं।
6. **आधी दूरी विधि (Halving Method) :** इस विधि में पहले लक्ष्य की आधी दूरी का अनुमान लगाकर बाद में उसे दोगुना करके दूरी का पूर्ण अनुमान लगाया जाता है।

दूरी का अनुमान लगाने में त्रुटियाँ

कई कारणों से दूरी का अनुमान लगाने में त्रुटियाँ हो सकती हैं।

1. **दूरी अधिक आँकने के निम्न कारण हो सकते हैं :**
   (i) उचित प्रकाश न होना
   (ii) आँखों के सामने सूर्य का होना।
   (iii) किसी घाटी में से अनुमान लगाना।
   (iv) लेटी हुई अवस्था में अनुमान लगाना।
   (v) लक्ष्य अपनी निकट वस्तुओं की अपेक्षा छोटा हो।
2. **दूरी कम आँकने के निम्न कारण हो सकते हैं :**
   (i) लक्ष्य पर प्रकाश अधिक हो।
   (ii) सूर्य अनुमान लगाने वाले के पीछे की ओर हो।
   (iii) पहाड़ी के नीचे से ऊपर देखा जा रहा हो।
   (iv) लक्ष्य और अनुमान लगाने वाले के बीच गहराई वाली भूमि हो।
   (v) लक्ष्य अपनी निकट वस्तुओं की अपेक्षा अधिक बड़ा हो।

2. *आड़ लेना* (Taking Covers)

एक आड़ या ओट एक ऐसा स्थान होता है जहाँ युद्ध के समय सैनिक छिप सकें, शत्रु पर सरलता से आक्रमण कर सकें और पकड़े या मारे जाने से बच सकें। यह ऐसा स्थान होता है जहाँ गतिविधियों का संचालन सरलता से किया जा सके और जहाँ ठहरने और आराम करने की व्यवस्था की जा सके। आड़ में होने पर आप शत्रु की सीधी दृष्टि और आक्रमण से बच सकते हैं। आड़ दो प्रकार की होती हैं :

1. **दृष्टि से आड़ (Cover from view) :** शत्रु की दृष्टि में पड़ने से बचने के लिए आप झाड़ियों, पौधों और ऊबड़-खाबड़ जमीन की आड़ ले सकते हैं।
2. **गोली-बारी से आड़ (Cover from fire) :** शत्रु की गोलीबारी से बचने के लिए आप किसी दीवार अथवा बड़े पेड़ की आड़ ले सकते हैं।

आड़ के उचित प्रयोग

(i) जब भी संभव हो आड़ में रहकर ही झाँकें न कि सिर बाहर निकाल कर।
(ii) यदि आड़ में से झाँकना संभव न हो तो भी ऊपर से सीधे सिर बाहर न निकाल कर दायें या बायें से थोड़ा धीरे से निकालें।

(iii) यदि सीधे ऊपर से सिर निकालना आवश्यक हो तो भी यह ध्यान रखें कि ऐसा करने पर आकाशीय रेखा (skyline) न बिगड़े।

(iv) यदि आकाशीय रेखा तोड़ना भी आवश्यक हो तो किसी ऐसी वस्तु का प्रयोग करें जिससे आप अलग से न पहचाने जाएँ।

(v) जब किसी भवन के अंदर से गोलीबारी करें तो छाया का प्रयोग करते हुए पीछे रहकर करें।

(vi) एक खुरदरी, अंधेरी और ऊबड़-खाबड़ पृष्ठभूमि जो आपके वस्त्रों से मिलती-जुलती हो, आपको शत्रु की दृष्टि से अच्छी आड़ प्रदान करती है।

(vii) एक अलग-थलग आड़ खतरनाक हो सकती है क्योंकि वह शत्रु की दृष्टि में आ सकती है और फायर ऑर्डर में सरलता से पहचानी जा सकती है।

3. *छलावरण एवं छिपाव* (Camouflage and Concealment)

• **छलावरण :** यह कृत्रिम वस्तुओं के प्रयोग द्वारा छिपने की कला है।

• **छिपाव :** यह प्राकृतिक दृश्यों व आकृतियों की मदद से शत्रु की दृष्टि और गोलीबारी से छिपने की कला है।

विभिन्न कारण जिनसे आप शत्रु की दृष्टि में आ सकते हैं :

(i) आकार (ii) छाया (iii) छाया-चित्र (iv) सतह
(v) परस्पर दूरी (vi) हरकत (vii) चमक (viii) स्थिति
(ix) विषमता (x) ध्वनि, शोर आदि।

छिपाव की गतिविधि के मौलिक उपाय

(i) **छिपाना (Hiding) :** इसमें वस्तु या व्यक्ति को दृष्टि से पूरी तरह छिपा दिया जाता है। इसके लिए दर्शक और लक्ष्य के मध्य किसी प्रकार की स्क्रीन रख दी जाती है जिससे वह शत्रु को दृष्टिगोचर नहीं होते हैं।

(ii) **सम्मिश्रण (Blending) :** इसमें व्यक्ति या वस्तु पर और उसके आप-पास छलावरण-पदार्थों को इस प्रकार फैला दिया जाता है कि वह अपने परिवेश का ही एक भाग प्रतीत हो।

(iii) **छलावा (Deceiving) :** इसमें व्यक्ति या वस्तु का स्वरूप बदल दिया जाता है जिससे कि वह शत्रु की दृष्टि को धोखा दे सके और उसे कुछ और ही प्रतीत हो।

उत्तम छलावरण व छिपाव के सिद्धांत

1. चमक और आकृति को छिपाएँ
2. छाया का उपयोग करें
3. आकाशीय रेखा न बिगाड़ें
4. हरकत धीमे-धीमे करें
5. प्राकृतिक रंगों और परिवेश से मेल रखें
6. अनावश्यक हरकत न करें
7. पानी में परछाई न पड़ने दें
8. छलावरण की वस्तुएँ समय और परिस्थिति के अनुसार बदल दें।

4. लक्ष्य को पहचानना तथा संकेत देना (Recognition and Indication of Targets)

रणभूमि में जवानों को भूस्थल के चिह्नों और उनकी पहचान के अन्य चिह्नों से अवगत करवाना अनिवार्य होता है ताकि जवान सही लक्ष्य पर निशाना लगा सकें और गोलीबारी कर सकें। किंतु कभी-कभी मिलती-जुलती आकृति की कई वस्तुएँ आदि प्रतीत होती हैं, ऐसे में संकेत देना वाकई कठिन कार्य हो जाता है। लक्ष्य का संकेत देने से पूर्व एक जवान को वहाँ की भूमि का प्रकार, सैक्शन की सीमा और प्रसिद्ध थल-चिह्न आदि से अवगत करवाया जाता है।

भूमि के प्रकार

सैन्य-संकेतों में भूमि का वर्णन करते समय पहले बायीं ओर और फिर दायीं ओर का वर्णन किया जाता है। दूरी के आधार पर भूमि को तीन प्रकार से दर्शाते हैं :

1. **अग्र भूमि :** 300 गज तक दूरी पर।
2. **मध्य दूरी पर :** 500 गज तक दूरी पर।
3. **दूर स्थित :** 500 गज से अधिक दूरी पर।

बनावट के आधार पर भूमि को छः प्रकार से दर्शाते हैं :

1. **ऊबड़-खाबड़ भूमि :** यह अच्छी आड़ देती है किंतु इस पर चाल धीमी रहती है।
2. **मृत भूमि :** यह अपनी गहराई के कारण शत्रु की दृष्टि से बची रहती है।
3. **समतल भूमि :** इसमें चाल सरल, तेज और अवलोकन अच्छा रहता है।
4. **उच्च भूमि :** इसमें चाल, अवलोकन और गोलीबारी का क्षेत्र अच्छा मिलता है।
5. **नीची भूमि :** यह समतल भूमि से नीची और मृत-भूमि से ऊँची होती है।
6. **ढलावदार भूमि :** चढ़ते हुए ढलान आड़ के लिए अच्छे और चाल धीमी कर देते हैं, जबकि उतरते हुए ढलान आड़ नहीं देते किंतु इन पर चाल तेज रहती है।

भूमि के प्रयोग में होने वाली सामान्य असावधानियाँ

1. जवानों द्वारा कहीं टोही कार्यवाही के समय ओट की बजाय असावधानीवश खुले स्थान पर मानचित्र आदि फैलाना।
2. शत्रु की निगरानी वाले स्थान पर अनावश्यक हलचल करना।
3. अलग-थलग पेड़ों, झाड़ियों या झोपड़ियों जैसे सुस्पष्ट भू-चिह्नों का प्रयोग करना।
4. जवानों का सड़कों, क्रासिंग अथवा अन्य मानचित्र-महत्व के स्थानों के निकट ठहरना जो प्रायः शत्रु की निगरानी में रहते हैं।
5. मार्ग में जवानों द्वारा अनुशासनहीनता करना जिससे वो शत्रु की दृष्टि में पड़ सकते हैं।
6. शत्रु की आकाशीय निगरानी से बचाव में असावधानी अथवा विफलता।

सरल लक्ष्यों की पहचान के संकेत

सरल लक्ष्यों की पहचान के संकेत निम्न विधियों द्वारा दिये अथवा समझे जा सकते हैं :

1. **नाम द्वारा :** प्रसिद्ध लक्ष्यों के सीधे नाम लेकर सरल संकेत दिये जा सकते हैं; जैसे—नंबर 1 सैक्शन, मीनार।

2. **सामान्य दिशा द्वारा :** लक्ष्य की सामान्य दिशा बताकर संकेत दिये जा सकते हैं; जैसे—नंबर 1 सैक्शन, आधा बाएँ, झोंपड़ी।
3. **पिछले लक्ष्य द्वारा :** पिछले लक्ष्य के संदर्भ द्वारा संकेत दिये जा सकते हैं; जैसे—नंबर 1 सैक्शन, आधा बाएँ, झोंपड़ी के साथ पेड़।
4. **वर्णन द्वारा :** सरल लक्ष्य के संक्षिप्त वर्णन द्वारा भी संकेत दिये जा सकते हैं; जैसे—सैक्शन पुल।
5. **दिशा/रेंज या दोनों द्वारा :** सरल लक्ष्य दिशा अथवा रेंज या फिर दोनों के द्वारा बनाए जा सकते हैं, जैसे—
   (i) दिशा द्वारा : नंबर 1 सैक्शन, आधा दाएँ, मस्जिद।
   (ii) रेंज द्वारा : नंबर 1 सैक्शन, 300, मस्जिद।
   (iii) दिशा व रेंज द्वारा : नंबर 1 सैक्शन, आधा दाएँ, 300, मस्जिद।

कठिन लक्ष्यों की पहचान के संकेत

कठिन लक्ष्यों की पहचान के संकेत निम्न विधियों द्वारा समझे अथवा दिये जा सकते हैं :

1. **संदर्भ-बिंदु विधि द्वारा :** कठिन लक्ष्यों की पहचान के संकेत संदर्भ-बिंदु अथवा सहायक-बिंदु की पहचान के साथ दिये जाते हैं। जैसे—नंबर 1 सैक्शन, 300, आधा बाएँ, मस्जिद, मस्जिद का नाम (संदर्भ/सहायक बिंदु) थोड़ा दायें, बरगद का पेड़।
2. **सामान्य दिशा-रेखा द्वारा :** कठिन लक्ष्यों की पहचान के संकेत सामान्य दिशा-रेखा की मदद से भी दिये जाते हैं। जैसे—नंबर 1 सैक्शन, 500, सामने देख, अकेला पेड़, नाम अकेला पेड़, थोड़ा दायें, तीन पेड़।
3. **घड़ी की सुई द्वारा :** कठिन लक्ष्यों की पहचान के संकेत घड़ी की सुई की दिशा की मदद से भी दिये जाते हैं। इसमें 12 बजे घड़ी की सुई की दिशा को संदर्भ अथवा सहायक बिंदु मानते हैं और किसी समय-विशेष का संकेत देकर लक्ष्य की दिशा बताई जाती है। जैसे—नंबर 1 सैक्शन, 600, आधा दायें, पुल, 9 बजे, शत्रु-पोस्ट।
4. **डिग्री विधि द्वारा :** कठिन लक्ष्य की पहचान को सरल बनाने के लिये सहायक-कारक के रूप में लक्ष्य की डिग्री बताई जाती है; जैसे—नंबर 1 सैक्शन, 400, आधा दायें, पुल, 7 बजे, 5 डिग्री, पेड़, शत्रु-पोस्ट।

हाथ द्वारा डिग्री मापना

यह बिना किसी उपकरण की मदद लिये लक्ष्य की डिग्री का अनुमान लगाने की एक विधि है जो कि व्यावहारिक प्रयोजनों के लिए पर्याप्त रूप से सटीक विधि है। चित्र में, हाथ द्वारा मापे जाने वाले विभिन्न डिग्री माप दर्शाए गए हैं। स्मरण रहे कि इसके लिए अपने बायें हाथ का प्रयोग करें और उसे पूरा खोलकर वाँछित दिशा में फैला लें। प्रत्येक कैडेट को अपने हाथ से डिग्री मापने का अभ्यास करना चाहिए। चित्र में हाथ द्वारा मापी जा सकने वाली डिग्रियों का अनुमान दर्शाया गया है।

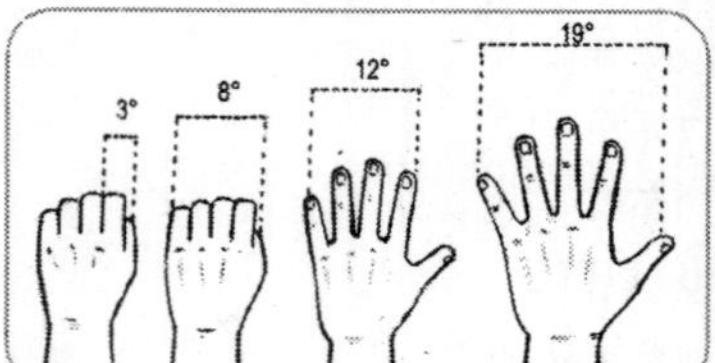

5. *गोलीबारी और चालें* (Fire & Movement)

(i) **फायर अनुशासन :** फायर अनुशासन या फायर नियंत्रण का उद्देश्य कुशल एवं बुद्धिमान फायर यूनिट कमांडरों को तैयार करना है जो कम समय में व कम गोला-बारूद खर्च करके अधिकाधिक परिणाम प्राप्त कर सकें। इसके लिये अनुशासित एवं नियंत्रित रूप में सही समय पर, सही लक्ष्य पर फायर करने की कला आनी आवश्यक है।

(ii) **फायर यूनिट :** यह जवानों की एक छोटी टोली या प्रायः एक सैक्शन होता है जो कि एक फायर कमांडर के नेतृत्व या नियंत्रण में फायर करती है।

(iii) **फायर यूनिट कमांडर :** यह प्रायः जवानों की एक टोली अथवा सैक्शन को नियंत्रित करता है और उन्हें फायर करने से संबंधित आदेश देता है।

फायर ऑर्डर

यह सैन्य उच्चाधिकारियों द्वारा दिये जाने वाले फायरिंग संबंधी विभिन्न आदेश होते हैं। यह तीन प्रकार के होते हैं :

(i) **योजना आदेश (Plan order) :** यह सेना के उच्च-अधिकारियों द्वारा फायरिंग की योजना बनाने वाले अधिकारियों को दिये जाते हैं।

(ii) **फायर निर्देश आदेश (Fire Direction order) :** यह सैन्य उच्चाधिकारियों द्वारा फायर यूनिट कमांडरों को दिये जाते हैं।

(iii) **फायर नियंत्रण आदेश (Fire Control order) :** यह फायरिंग संबंधी आदेश फायर यूनिट कमांडरों द्वारा अपनी यूनिट के जवानों को दिये जाते हैं।

फायर के प्रकार

सेना में फायर प्रायः दो प्रकार के होते हैं :

(i) **संकेंद्रित फायर (Concentrated Fire) :** किसी निश्चित स्थान की ओर केन्द्रित करते हुए फायरिंग यूनिट द्वारा फायर किये जाने को संकेंद्रित फायर कहते हैं।

(ii) **वितरित फायर (Distributed Fire) :** जब सामने बड़ी संख्या में शत्रु मौजूद हो तो लक्ष्य की रैंक में फैलाकर फायर किया जाता है जिससे अधिकाधिक शत्रु सैनिकों को निशाना बनाया जा सके।

आर्क ऑफ फायर (Arc of Fire)

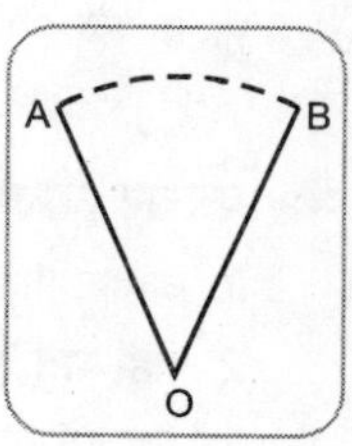

एक फायरिंग यूनिट पर जिस क्षेत्र में शत्रु पर फायर करने का उत्तरदायित्व होता है वह क्षेत्र आर्क ऑफ फायर कहलाता है। इसकी कल्पना एक वृत्त की चाप (Arc) से की जा सकती है। यदि आप O बिंदु पर खड़े हैं और आपकी फायरिंग रेंज त्रिज्या OA और OB के बराबर है तो आपकी आर्क ऑफ फायर $\widehat{AB}$ होगी।

फायर नियंत्रण आदेश का क्रम

फायर नियंत्रण आदेश निम्नलिखित क्रम में दिये जाते हैं। इन्हें 'GRIT' नाम से भी स्मरण रख सकते हैं।

(i) **G (Group) :** फायरिंग ग्रुप का नाम
(ii) **R (Range) :** फायरिंग की रेंज
(iii) **I (Indication of Target) :** लक्ष्य का संकेत
(iv) **T (Type of Fire) :** फायरिंग का प्रकार

फायर नियंत्रण आदेशों के प्रकार

(i) मौका मिलने पर फायर
(ii) तैयारी से फायर
(iii) ब्रीफ फायर
(iv) पूरा फायर

(i) **मौका मिलने पर फायर :** यह फायर आदेश तब दिया जाता है जब शत्रु छिपा हुआ हो और फायर यूनिट कमांडर उसे देख नहीं पा रहा हो।
जैसे–नंबर 3 सैक्शन, 200, दुश्मन खेत में छिपा है, जिसे दिखाई दे फायर करे।

(ii) **तैयारी से फायर :** यह फायर आदेश शत्रु की हरकत दिखाई देने पर दिया जाता है। जैसे–नंबर 2 सैक्शन, सामने देख, 500, दुश्मन आगे बढ़ रहा है, मेरे आदेश पर फायर करना।

(iii) **ब्रीफ फायर :** यह फायर आदेश तब दिया जाता है जब शत्रु दायें/बायें भागता अथवा हमला करता है।
जैसे–ब्रेन ग्रुप, साइट डाउन, दायें/बायें दुश्मन, फायर।

(iv) **पूरा फायर :** यह फायर आदेश तब दिया जाता है जब शत्रु आपकी रेंज में आ जाता है।
जैसे–ब्रेन ग्रुप, 500, आधा बायें, मंदिर के पास दुश्मन, बर्स्ट फायर।

फायर नियंत्रण आदेश में रखी जाने वाली सावधानियाँ

1. यह आदेश संक्षिप्त और स्पष्ट होने चाहिएँ।
2. आदेश इतने जोर से बोले जाएँ कि सभी जवान सुन सकें।
3. आदेश हुक्म की तर्ज पर दिये जाने चाहिएँ।
4. प्रत्येक आदेश के बाद कुछ विराम दें जिससे सभी जवान उन्हें सरल एवं उचित रूप में समझ सकें।

फायर पोजीशन के चुनाव में रखी जाने वाली सावधानियाँ

1. आदर्श फायर पोजीशन शत्रु की दृष्टि से आड़ (Cover) प्रदान करती है।
2. यह शत्रु की गोलीबारी से भी आड़ प्रदान करती है।
3. यह निगरानी वाली भूमि और लक्ष्य का सही दृश्य दिखाती है।
4. यह हथियारों के प्रयोग के लिए पर्याप्त स्थान प्रदान करती है।
5. इसकी प्रवेश और निकासी आड़ में होती है।
6. इससे आगे बढ़ना सरल होता है।

✦ चालें (Movements)

युद्ध के समय शत्रु की निगरानी से बचने के लिए सैनिक कई प्रकार की चालों का प्रयोग करते हैं। प्रत्येक सैनिक को भूमि के सही प्रयोग और अवसर के अनुरूप चाल में चलने की जानकारी होना अति-महत्वपूर्ण है। चालें प्रायः दो प्रकार से वर्गीकृत की जा सकती हैं :

शस्त्र-रहित चालें	शस्त्र-सहित चालें
(i) बंदर की तरह चलना	(i) प्रेत की चाल
(ii) चीते की तरह चलना	(ii) बंदर की चाल
(iii) लुढ़कना (Rolling)	(iii) चीते की चाल
(iv) पेट के बल रेंगना	(iv) लुढ़कना
(v) बिल्ली के बच्चे की तरह रेंगना	(v) मध्यम चाल
(vi) बिल्ली की तरह चलना	
(vii) सामान्य रूप से चलना	

✦ चालें चलते हुए रखी जाने वाली सावधानियाँ

(i) प्राकृतिक छलावरण का प्रयोग करते हुए आड़ में चलें।
(ii) पूरे समय आगे न बढ़ते रहें, बीच-बीच में रुककर देखें और सुनें।
(iii) अपने सामने और दायें-बायें भी देखते रहें।
(iv) रेंगने (Crawl) में चाल धीमी और दृष्टि बाधित हो जाती है अतः आवश्यक होने पर ही ऐसा करें।
(v) चलते समय भी प्रयोग के लिए शस्त्र तैयार रखें।
(vi) पूरी सावधानी से शत्रु के प्रति निगाह चौकन्नी रखें।
(vii) छोटे गड्ढों को तेजी से पार करें।
(viii) गोली लगने पर रेंगकर एक ओर हो जाएँ।
(ix) उपकरणों द्वारा शोर न उत्पन्न होने दें।
(x) हमेशा एक वैकल्पिक मार्ग भी सोच कर रखें।
(xi) पक्षियों, जानवरों आदि को न छेड़ें।

6. क्षेत्र-संकेत (Field Signals)

युद्ध के मैदान में प्रायः विभिन्न संकेत बोल कर देने के स्थान पर बिना आवाज किये अथवा सांकेतिक पक्षियों की बोली में या सीटी बजाकर किये जाते हैं। अधिकतर संकेत विभिन्न प्रकार से हाथ हिलाकर या राइफल दिखाकर दिये जाते हैं। बेआवाज संकेत देने पर आप शत्रु का ध्यान अपनी ओर आकर्षित किये बिना अपनी बात कह सकते हैं और यदि युद्ध छिड़ चुका हो तो उसके शोर में ध्वनि-संकेत पहुँचाना प्रायः कठिन होता है।

क्षेत्र-संकेत प्रायः तीन प्रकार के होते हैं :

(i) हाथों द्वारा संकेत (ii) शस्त्रों द्वारा संकेत (iii) सीटी द्वारा संकेत

हाथों द्वारा संकेत (Hand Signals)

यह संकेत देने के लिये प्रायः दायें हाथ का और कुछ संकेतों में दोनों हाथों का प्रयोग किया जाता है। हाथ द्वारा दिये जाने वाले कुछ प्रमुख संकेत निम्नलिखित हैं :

1. **आगे बढ़ (Advance):** दायाँ हाथ पीछे की ओर सीधा करें, हथेली खुली सामने की ओर रखें और हाथ पीछे से आगे की ओर कंधे से हिलाएँ।
2. **थम (Halt):** दायाँ हाथ सिर से ऊपर पूरा उठाएँ व हथेली खुली सामने की ओर रखें।
3. **तेज चल (Quick March):** दायाँ हाथ कंधे के बराबर उठाएँ, कोहनी शरीर के साथ सटी हुई और हथेली सामने की ओर खुली रखें।
4. **दौड़कर चल (Double March):** दायें हाथ की मुट्ठी बंद करके हाथ को कोहनी से मोड़कर, कंधे व जाँघ के बीच तेजी से ऊपर नीचे करें।
5. **दिशा परिवर्तन (Change Direction):** दायाँ हाथ कंधे की सीध में पूरा सामने की ओर खोलें और इसी अवस्था में शरीर को नई दिशा की ओर घुमाएँ।
6. **मेरे पीछे चल (Follow me):** दायाँ हाथ कंधे से ऊपर सीधा उठाकर, पीछे से आगे की ओर हिलाएँ।
7. **निकट आओ (Close):** दायाँ हाथ सिर से ऊपर उठाएँ, मुट्ठी बंद, कोहनी दायीं ओर मुड़ी हुई रखें। हाथ गिराकर अपेक्षित स्थान की ओर इशारा करें।
8. **फैल जाओ (Spread):** दायाँ हाथ पूरा खोलकर सिर से ऊँचा उठाएँ और चक्राकार घुमाएँ।
9. **शत्रु आ रहा है (Enemy Approaching):** दोनों हाथ खोलकर, कोहनियों से मोड़ें और दोनों ओर बेल्ट पर मुट्ठी बंद करके टिकाएँ।
10. **आक्रमण करो (Attack):** दोनों में से किसी भी हाथ से आक्रमण की दिशा में मुक्का चलाकर संकेत दें।
11. **संकेत समझ लिया (Understood Signal):** दायें हाथ से सामान्य सैल्यूट करें व हाथ नीचे कर लें।
12. **संकेत नहीं समझा (Signal not understood):** दोनों हाथों को कान के पीछे छुआएँ।
13. **मिलन-स्थल पर एकत्र हों (Accumulate at meeting place):** हाथों को कमर तक उठाकर जमा (+) का चिह्न बनाएँ।
14. **सिंगल फाइल फोर्मेशन (Single File Formation):** कोई एक हाथ शरीर के पीछे की ओर सीधा फैलाएं।
15. **फाइल फोर्मेशन (File Formation):** दोनों हाथ शरीर के पीछे की ओर सीधे फैलाएँ।
16. **ऐरो हैड फोर्मेशन (Arrow-Head Formation):** दोनों हाथ 45° का कोण बनाते हुए शरीर से पीछे की ओर फैलाएँ।
17. **डायमंड फोर्मेशन (Diamond Formation):** दोनों हाथों की उँगलियों को आपस में फँसाकर सिर के ऊपर रखें।
18. **स्पीयर-हैड फोर्मेशन (Spear-Head Formation):** बायाँ हाथ कंधे से सीधा फैलाकर सामने और दायाँ हाथ सीधा फैलाकर पीछे की ओर रखें।
19. **एक्सटेंडेंट लाइन फोर्मेशन (Extended Line Formation):** दोनों हाथ शरीर के दोनों ओर सीधे फैलाएँ। दोनों हाथ शरीर के साथ 90° का कोण बनाएँगे।

विभिन्न प्रकार के क्षेत्र-संकेत
(Different Types of Field-Signals)

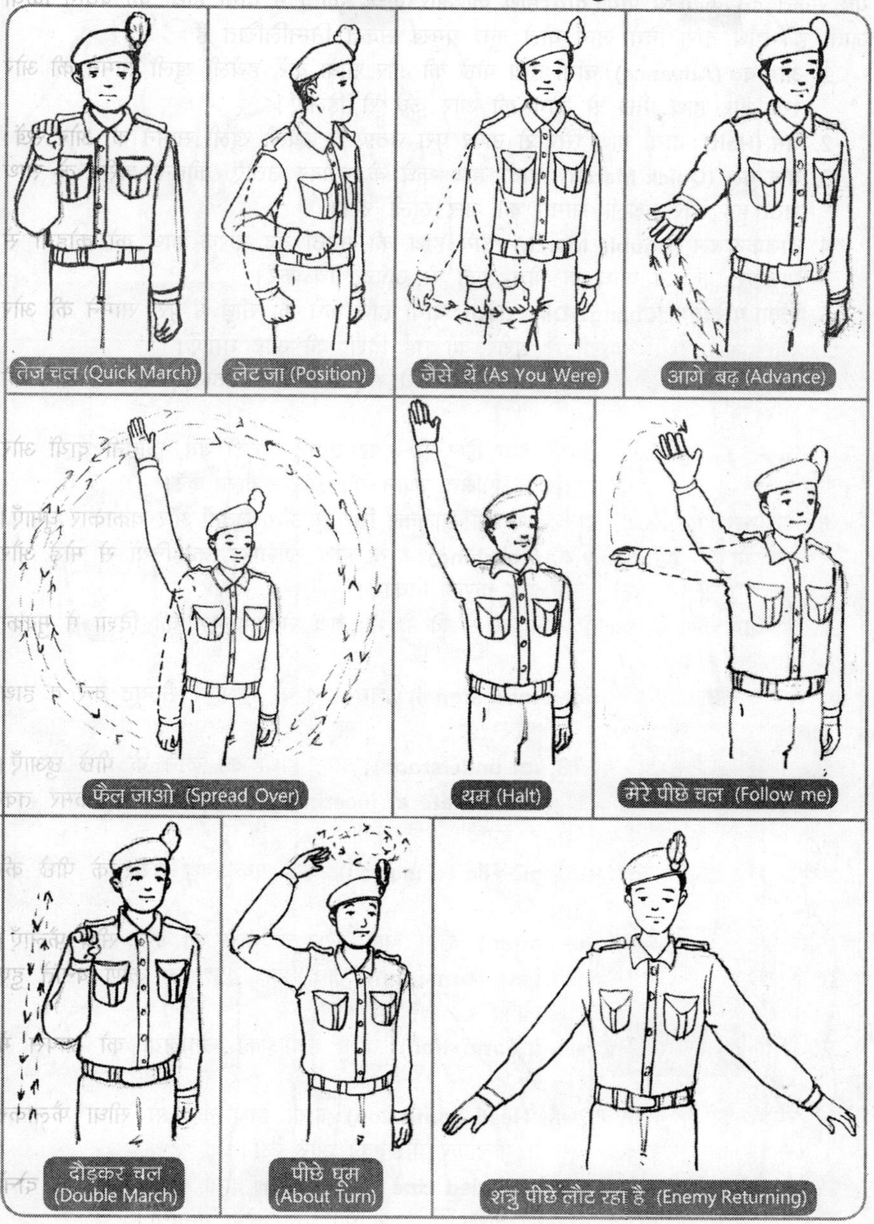

संकेत समझा
(Signal Understood)
फायर बंद करो
(Hold Fire)
शत्रु निकट आ रहा है
(Enemy Approaching)
गोलियाँ खत्म
(No ammunition Left)
शत्रु कम संख्या में है
(Enemy in Less Numbers)
शत्रु बड़ी संख्या में हैं
(Enemy in Large Numbers)
बायें दिशा बदलो
(Left Turn)
एक लाइन बनाओ
(Single File Formation)
लाइनें बनाओ
(File Formation)

शस्त्रों द्वारा संकेत (Arm Signals)

यह संकेत देने में राइफल का प्रयोग किया जाता है। राइफल को विभिन्न स्थितियों में पकड़कर एवं हिलाकर यह संकेत दिये जाते हैं किंतु उसे चलाया नहीं जाता है। राइफल द्वारा दिये जाने वाले कुछ प्रमुख संकेत निम्नलिखित हैं :

1. **शत्रु कम संख्या में हैं :** राइफल को भूमि के समानांतर स्थिति में पकड़कर सिर से ऊपर उठाएँ व राइफल की नाल का मुँह शत्रु की दिशा में रखें।
2. **शत्रु बड़ी संख्या में हैं :** राइफल को भूमि के समानांतर रखते हुए सिर से ऊपर उठाकर ऊपर-नीचे हिलाएँ और उसकी नाल का मुँह शत्रु की ओर ही रखें।
3. **शत्रु दिखाई नहीं दे रहा :** राइफल की नाल का मुँह आकाश की ओर करके उसे कंधे के ऊपर सीधा खड़ा रखें।
4. **गोलियाँ खत्म हैं :** राइफल की नली का मुँह भूमि की ओर करके उसे बीच में से उल्टा पकड़ें।
5. **आगे बढ़ो :** दोनों हाथ ऊपर उठाकर उनसे अंग्रेजी-अक्षर 'U' का आकार बनाएँ। राइफल दोनों हाथों से पकड़कर भूमि के समानांतर ऊँचाई पर रखें।

सीटी द्वारा संकेत (Whistle Signals)

कुछ विशेष स्थितियों में कई सैन्य-संकेत विभिन्न प्रकार से सीटी बजाकर भी दिये जाते हैं। सीटी बजाकर दिये जाने वाले प्रमुख संकेत निम्नलिखित हैं :

1. **खतरा होने पर** : लंबी व छोटी सीटी रुक-रुककर बारी-बारी बजाएँ।
2. **सतर्क करने के लिए** : एक बार छोटी सीटी बजाएँ।
3. **शत्रु-विमान आने पर** : छोटी सीटी रुक-रुककर बजाएँ।
4. **शत्रु-विमान जाने पर** : 5 सेकंड का अंतराल रखते हुए दो बार लंबी सीटी बजाएं।

सैक्शन फोर्मेशन

युद्ध के समय शत्रु-सेना पर अधिकतम गोलीबारी करने, उनकी गोलीबारी की दिशा पहचानने व उससे बचाव करते हुए अपने सैक्शन पर पूरा नियंत्रण रखने की दृष्टि से विभिन्न प्रकार की सैक्शन फोर्मेशन (संरचना) बनाने की जानकारी होना अति-आवश्यक है। प्रायः सभी सैक्शन-संरचनाओं में दिन के समय जवानों के मध्य परस्पर 15-25 गज की दूरी होनी चाहिये। इसके साथ-साथ जवानों को एक सीधी लाइन में न चलकर टेढ़ी-मेढ़ी (zig-zag) लाइन में चलना चाहिए।

प्रमुख सैक्शन फोर्मेशन निम्नलिखित हैं :

1. **सिंगल फाइल (Single File)** : इस संरचना में नियंत्रण व गति अच्छे रहते हैं किंतु शत्रु द्वारा सामने से गोलीबारी करने पर अधिक क्षति होने की संभावना रहती है। यह संरचना दर्रे अथवा सँकरे रास्तों से गुजरने के लिये अधिक उपयुक्त है।

सिंगल फाइल

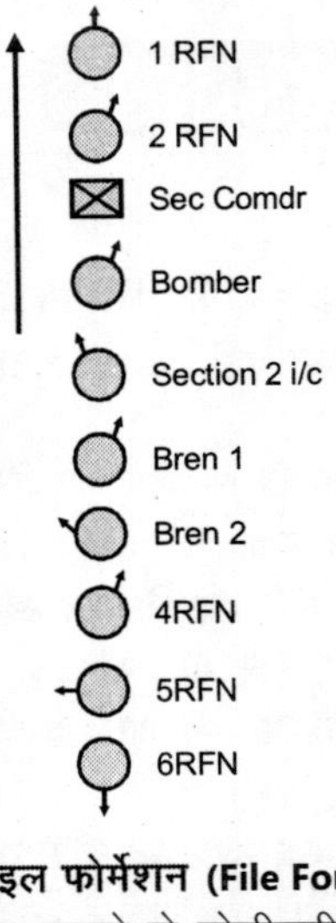

फाइल फोर्मेशन

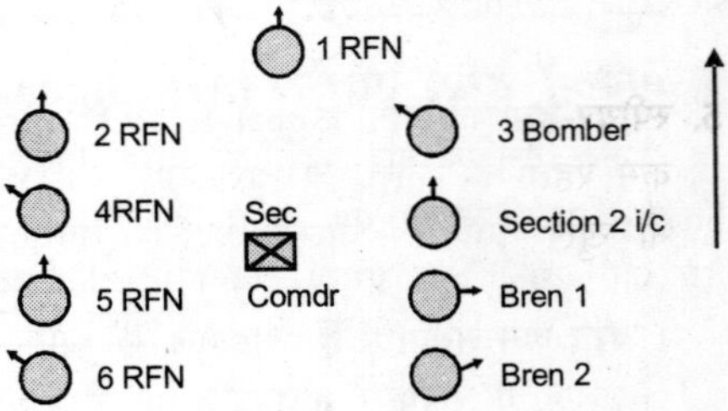

2. **फाइल फोर्मेशन (File Formation)** : इस संरचना में नियंत्रण अच्छा रहता है किंतु शत्रु द्वारा सामने से गोलीबारी करने पर अधिक क्षति होने की संभावना रहती है। यह संरचना सड़कों और जलधाराओं के किनारे पर चलने के लिये अधिक उपयुक्त है।

3. **डायमंड फोर्मेशन (Diamond Formation) :** इस संरचना में नियंत्रण अच्छा रहता है किंतु शत्रु द्वारा सामने गोलीबारी करने पर अधिक क्षति होती है। यह चारों ओर निगरानी करने और गोलीबारी करने के लिए बहुत उपयुक्त है।

डायमंड फोर्मेशन

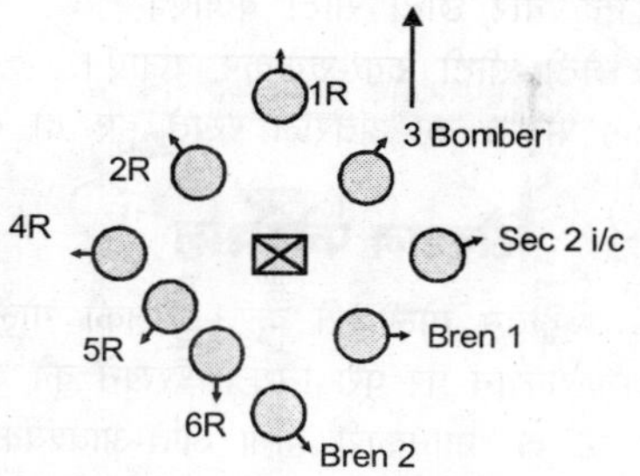

4. **ऐरो-हैड फोर्मेशन (Arrow-Head Formation) :** इस संरचना में नियंत्रण थोड़ा-कम रहता है किंतु शत्रु द्वारा सामने से गोलीबारी करने पर क्षति भी कम होती है। यह खुले मैदानों में चलने के लिए और शत्रु पर गोलीबारी करने के लिए अधिक उपयुक्त है।

ऐरो-हैड फोर्मेशन

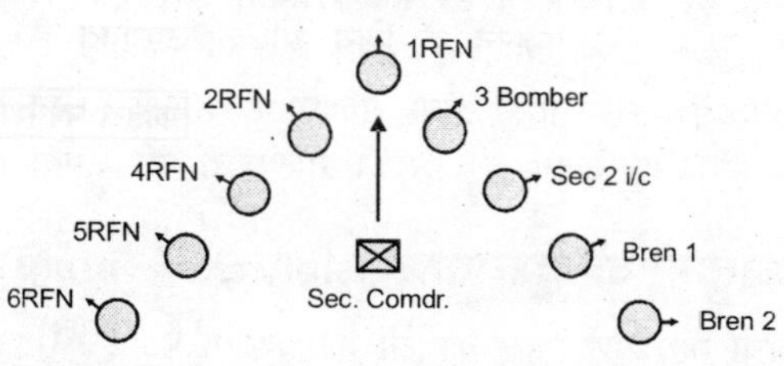

5. **स्पीयर-हैड फोर्मेशन (Spear-Head Formation) :** इस संरचना में नियंत्रण अपेक्षाकृत कम रहता है किंतु शत्रु द्वारा सामने से गोलीबारी करने पर क्षति भी कम होती है। यह भी खुले मैदानों में चलने के लिए उपयुक्त है। इसमें गहराई अधिक होती है।

स्पीयर-हैड फोर्मेशन

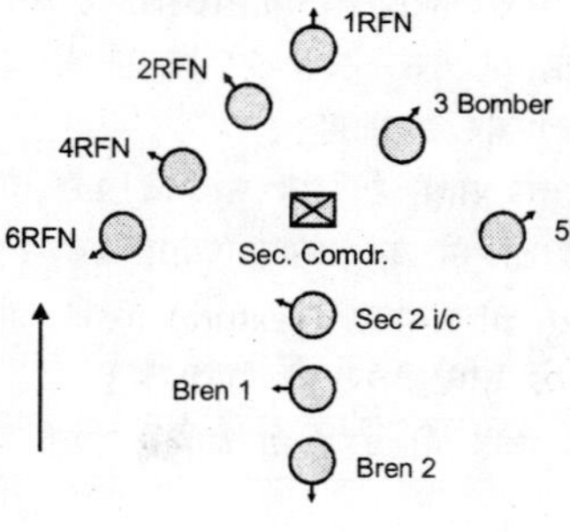

6. **एक्सटेंडेड लाइन फोर्मेशन (Extended Line Formation) :** इस संरचना में नियंत्रण कठिन और गहराई बहुत कम होती है। इसमें शत्रु द्वारा साइड से गोलीबारी करने पर अधिक क्षति की संभावना होती है। यह प्रायः अंतिम अथवा भीषण युद्ध में बनाई जाती है। यह शत्रु पर सामने की ओर आगे बढ़ते हुए गोलीबारी करने और संगीनों से हमला करने के लिये उपयुक्त रहती है।

एक्सटेंडेड लाइन फोर्मेशन

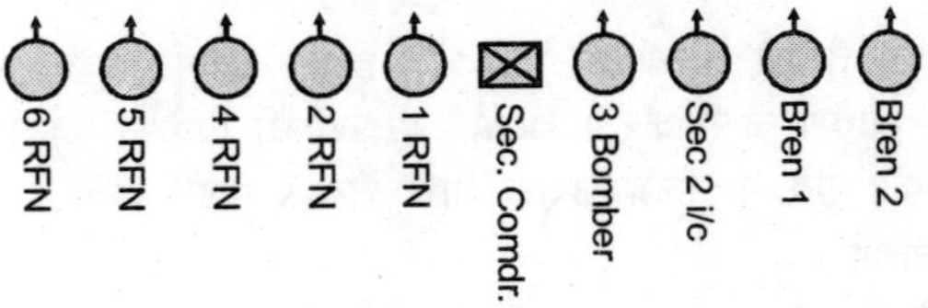

प्लाटून फोर्मेशन

एक प्लाटून की निम्नलिखित प्रकार की संरचनाएँ हो सकती हैं :

1. **वन-अप फोर्मेशन :** इस संरचना में प्लाटून का एक सैक्शन आगे और दो सैक्शन पीछे चलते हैं। यह संरचना आगे बढ़ने के लिए उत्तम है।
2. **टू-अप फोर्मेशन :** इस संरचना में दो सैक्शन आगे और एक सैक्शन पीछे चलता है। यह संरचना आक्रमण करने के लिए उत्तम है।
3. **थ्री-अप फोर्मेशन :** इस संरचना में तीनों सैक्शन साथ-साथ चलते हैं। यह संरचना बड़ा आक्रमण करने के लिए उत्तम है। इसकी गोलीबारी की क्षमता अधिक होती है।

वस्तुओं की दृश्यता (Visibility of Things)

युद्ध कला का एक अन्य महत्वपूर्ण पहलू वस्तुओं की दृश्यता है। इसमें इस बात की जानकारी प्रदान की जाती है कि विभिन्न वस्तुएँ एक-दूसरे से किस प्रकार भिन्न होती हैं और उन्हें कैसे पहचाना जा सकता है।

विभिन्न वस्तुओं की दृश्यता और पहचान निम्नलिखित कारकों पर निर्भर करती है :

1. **आकार :** कई वस्तुएँ अपनी विशिष्ट आकृति और आकार द्वारा पहचानी जा सकती हैं, विशेषतया तब जब वे हमारे आसपास की वस्तुओं से भिन्न हों।
2. **चमक :** कोई भी चमकती हुई वस्तु स्वतः ही किसी भी दृष्टि को आकर्षित कर लेती है और सरलता से दृष्टिगोचर होती है।
3. **छाया :** यदि कोई वस्तु हमें सीधी दिखाई नहीं दे रही हो किंतु उसकी छाया अथवा प्रतिबिंब कहीं दिखाई दे तो भी वह हमारा ध्यान अवश्य आकृष्ट कर लेती है।
4. **बनावट :** यदि किसी वस्तु की बनावट (Texture) उसके आसपास की वस्तुओं से भिन्न हो तो भी वह सरलता से दृष्टिगोचर हो जाती है।
5. **हरकत :** हिलने-डुलने पर कोई भी वस्तु या व्यक्ति स्वतः ही अपनी ओर ध्यान आकृष्ट कर लेता है।

6. **फासला :** प्राकृतिक वस्तुएँ अथवा संरचनाएँ कभी भी परस्पर एक-समान दूरी पर नहीं होती हैं। अतः जब कोई वस्तु या व्यक्ति परस्पर एक-समान दूरी पर होते हैं तो प्राकृतिक प्रतीत नहीं होते और दृष्टि में आ जाते हैं।
7. **विषमता :** अपने आस-पास की वस्तुओं से विपरीत रंगों वाली वस्तुएँ स्वतः ही किसी का भी ध्यान आकर्षित कर लेती हैं।

रण-प्रक्रिया (Battle Procedure)

रण-प्रक्रिया युद्ध की तैयारी करने की विधि है। इसके अंतर्गत एक सेना-कमांडर रेकी करके योजना बनाता है, आदेश जारी करता है और युद्ध-संबंधी विभिन्न कार्यों की सूची तैयार करता है। इन उद्देश्यों की पूर्ति के लिये उसके पास सेनाएँ भेजी जाती हैं।

उसका लक्ष्य होता है :

1. प्रत्येक सैनिक को शारीरिक व मानसिक रूप से युद्ध के लिए तैयार करना।
2. सैन्यबल में यदि किसी प्रकार की घबराहट और चिंता हो तो उस पर नियंत्रण करना, उसमें कमी लाना और अंततः उसका उन्मूलन करना।
3. समय की बचत करना।
4. जवानों को प्रोत्साहित करना।

रण-कवायद (Battle Drill)

रण-कवायद के अंतर्गत प्रत्येक सैनिक को सौंपे गये कार्य की प्रकृति बताई जाती है। युद्ध के समय गतिशीलता बनाए रखने के लिये इसे चार ग्रुपों (ROFT) में बाँटा जाता है।

रण-कवायद में चार मुख्य ग्रुप निम्नलिखित होते हैं :

1. **रेकी ग्रुप (Recce Group) :** इस ग्रुप में प्लाटून कमांडर और एक रनर होता है। इनका कार्य युद्धस्थल की रेकी करना होता है।
2. **ऑर्डर ग्रुप (Order Group) :** इस ग्रुप में तीन सैक्शन कमांडर, मोर्टार कमांडर, रॉकेट लाँचर कमांडर और रनर होते हैं।
3. **फाइटिंग ग्रुप (Fighting Group) :** इस ग्रुप में प्लाटून मुख्यालय के शेष कर्मी और तीनों सैक्शनों के जवान होते हैं।
4. **ट्रांसपोर्ट ग्रुप (Transport Group) :** इस ग्रुप में सैन्य परिवहन से संबंधित कर्मी व जवान होते हैं।

रण-कवायद का महत्व

रण-कवायद का युद्ध लड़ने और उसमें विजय प्राप्त करने में बड़ा महत्व है। इसके प्रमुख तत्व हैं :

1. सूचना परिबोधन (Information-Appreciation)
2. गोलीबारी और चाल (Fire & Movement)
3. मौखिक आदेश (Verbal Orders)

1. सूचना-परिबोधन (Information Appreciation) : युद्ध में विजय बहुत हद तक कमांडर के सूचना-परिबोधन पर निर्भर करती है। सूचना-परिबोधन से तात्पर्य विभिन्न प्रकार के अन्वेषण, निरीक्षण और समीक्षा व समालोचना से है। किसी युद्ध-परिस्थिति में सूचना-परिबोधन निम्न क्रम (AFPPA) में किया जाता है :

(i) **उद्देश्य (Aim) :** उद्देश्य की जानकारी एकदम स्पष्ट होनी चाहिये, जैसे कि शत्रु की चौकी को नष्ट करना।

(ii) **कारक (Factors) :** विभिन्न कारकों के विषय में जानकारी प्राप्त करना; जैसे–अपनी व शत्रु की इकाई का विवरण, भूमि का प्रकार, समय, छिपने का स्थान, ठहरने के स्थान, भोजन, मौसम आदि की पूरी जानकारी प्राप्त करना।

(iii) **मार्ग (Paths) :** अपनी व शत्रु इकाई द्वारा प्रयोग किये जाने वाले मार्गों की पूरी जानकारी प्राप्त करना।

(iv) **कार्य-योजना (Plan of Action) :** सभी कारकों की जानकारी और समीक्षा के बाद आक्रमण अथवा रक्षा की कार्य-योजना बनाई जाती है।

2. गोलीबारी और चाल (Fire & Movement) : सेना के युद्ध-कौशल में निपुण होने में इस कारक का अति-महत्वपूर्ण स्थान है। इस सिद्धांत के अनुसार जब एक सैनिक टोली आगे बढ़ती है तो दूसरी टोली उसे 'कवरिंग फायर' देती है।

गोलीबारी के सिद्धांत	चाल के सिद्धांत
(i) एक गोली, एक जवान।	(i) संगठित समूह में चलें।
(ii) शत्रु के सिर पर निशाना।	(ii) उचित संरचना बनाकर चलें।
(iii) 'कवरिंग फायर' और आक्रमण के बीच न्यूनतम अंतराल।	(iii) चलते समय एक बार में एक पैर ही भूमि पर रहे।

गोलीबारी और चाल के संबंध में रखी जाने वाली सावधानियाँ :

(i) कवरिंग फायर रहित कोई खुली भूमि नहीं होनी चाहिए।

(ii) कमांडर का नियंत्रण बराबर बना रहना चाहिए।

(iii) सीधी मार करने वाले शस्त्रों द्वारा कवरिंग फायर का कोण यथासंभव वृहद होना चाहिए और इसमें समय और नियंत्रण नहीं खोना चाहिए।

(iv) कवर का पूरा प्रयोग किया जाना चाहिए और जब कवर में कमी हो तो धुएँ के बम (Smoke Grenade) का उपयोग करना चाहिए।

(v) कवरिंग फायर देने के लिए सभी उपलब्ध शस्त्रों का प्रयोग किया जाना चाहिए।

गोलीबारी और चाल को प्रभावित करने वाले अन्य कारक हैं :

(i) फायर पोजीशन (फायर करने की मुद्रा) (ii) ऑब्जर्वेशन पोजीशन (प्रेक्षण की स्थिति)

(iii) कवर फ्रॉम फायर (फायर से आड़) (iv) कवर फ्रॉम व्यू (दृश्यता से बचाव)

(v) ऑब्सटेकल्स (बाधाएँ)

3. मौखिक आदेश (Verbal Commands) : जो आदेश एक कमांडर द्वारा अपने जूनियर को बोलकर दिये जाते हैं, उन्हें मौखिक आदेश कहते हैं। एक प्लाटून कमांडर अपनी प्लाटून को और सैक्शन कमांडर अपने सैक्शन को मौखिक आदेश देता है।

मौखिक आदेश निम्न क्रम में दिये जाते हैं :

(i) **भू-चिह्न** : सबसे पहले मदद के लिए भू-चिह्न बताए जाते हैं।

(ii) **सूचना** : शत्रु के पास मौजूद हथियारों की जानकारी दी जाती है।

(iii) **मकसद** : मिशन का मकसद बताय जाता है।

(iv) **विधि** : मिशन पूरा करने की विधि बताई जाती है।

(v) **बंदोबस्त** : मिशन के लिये आवश्यक व्यवस्थाओं का विवरण दिया जाता है।

(vi) **अंत:संचार** : संकेत व्यवस्था का विवरण दिया जाता है।

मौखिक आदेश संबंधी महत्वपूर्ण सावधानियाँ :

(i) आदेश देने का तरीका प्रभावशाली हो।

(ii) आदेश स्पष्ट व संक्षिप्त हो।

(iii) आदेश की भाषा सरल हो।

(iv) आदेश का क्रम सही हो।

(v) आदेश सभी ने सुन व समझ लिया हो।

सैक्शन बैटल ड्रिल

रणभूमि में सैक्शन की निश्चित ड्रिल (कार्यवाही) को चार चरणों में बाँटा जा सकता है :

चरण 1 : शत्रु द्वारा गोलीबारी किये जाने पर कार्यवाही करना

चरण 2 : शत्रु का पता लगाकर उसे बेअसर करना

चरण 3 : आक्रमण करना

चरण 4 : सैक्शन का पुनर्गठन करना

चरण 1 : शत्रु की ओर से गोलीबारी किये जाने पर सैक्शन कमांडर के आदेश पर जवानों को दौड़कर व रेंगकर पूर्व-निश्चित आड़ों में जाकर शत्रु पर फायर करना चाहिए। इस स्थिति में सभी जवान समूह नें न रहकर परस्पर 10-15 गज के फासले पर हों।

चरण 2 : शत्रु की संभावित दिशा में दृष्टि दौड़ाकर दुश्मन का पता लगाने का प्रयास करें। संभावित स्थानों पर गोलीबारी करें। शत्रु द्वारा कोई जवाब नहीं देने पर सैक्शन के एक या दो जवानों को आड़ से 10 गज दूर दूसरी आड़ की ओर तेजी से जाने को कहें। इतनी छोटी दूरी पर तेजी से जाने पर शत्रु द्वारा निशाना लगाना अत्यंत कठिन होता है। यदि शत्रु फायर करता है तो उसे जवाबी फायर दें और यदि शत्रु की ओर से कोई फायर नहीं हो रहा है तो संभवतः वह वहाँ से भाग गया होगा अथवा बड़े हमले के लिये घात लगाकर बैठा होगा।

चरण 3 : अब सैक्शन कमांडर को शत्रु की संख्या और हथियारों का अनुमान लगाना चाहिए। यदि शत्रु कम संख्या में हों तो आक्रमण कर देना चाहिए और अधिक संख्या में हो तो प्लाटून कमांडर को सूचित किया जाना चाहिए। आक्रमण से पहले यह निश्चित कर लेना चाहिए कि आक्रमण किस ओर से करना है, आगे कौन-सा ग्रुप रहेगा और ब्रेन ग्रुप कहाँ तक जायेगा। सैक्शन कमांडर को राइफल ग्रुप के साथ आगे बढ़ना चाहिए और ब्रेन ग्रुप को उन्हें कवरिंग फायर देना चाहिए। जब दुश्मन 50-100 गज की दूरी पर हो तो धावा बोलकर उसे समाप्त कर देना चाहिए। धावा बोलने के समय ब्रेन ग्रुप को फायरिंग बंद कर देनी चाहिए।

चरण 4 : धावे की कार्यवाही के बाद ब्रेन ग्रुप को तेजी से राइफल ग्रुप से जा मिलना चाहिए। सैक्शन कमांडर इन दोनों ग्रुप्स की पोजीशन देखकर फायर का क्षेत्र बाँटेगा। क्षेत्र की तलाशी करवाकर हथियार, गोला-बारूद, घायलों आदि को एकत्र करवाएगा और प्लाटून कमांडर के आदेश की प्रतीक्षा करेगा।

क्षेत्र-रक्षण (Field Defence)

क्षेत्र-रक्षण का मुख्य उद्देश्य सैनिकों और शस्त्रों को इस प्रकार व्यवस्थित करना है कि शत्रु की गतिविधि और आक्रमण को कारगर तरीके से समाप्त अथवा नियंत्रित किया जा सके। क्षेत्र-रक्षण दो प्रकार का होता है :

1. त्वरित रक्षण (Quick Defence)
2. सुविचारित रक्षण (Deliberate Defence)

उत्तम रक्षण की आवश्यकताएँ

उत्तम क्षेत्र-रक्षण के लिए निम्नलिखित की आवश्यकता होती है :

1. उत्तम रक्षण-क्षेत्र का चुनाव
2. गहनता
3. छिपाव
4. पूर्ण सुरक्षा
5. केंद्रित शक्ति
6. जवाबी आक्रमण
7. संचार
8. वीरान क्षेत्र पर कब्जा

रक्षण प्रभाग

उत्तम रक्षण के लिए निम्नलिखित प्रभागों का गठन किया जाता है :

1. कवरिंग ट्रूप्स
2. कवरिंग पेट्रोल्स
3. मेन डिफेंस
4. मोबाइल ट्रूप्स

रक्षा बाधाएँ

सुविचारित रक्षण करते समय रक्षित क्षेत्र के आस-पास निम्नलिखित रक्षा-बाधाओं (Obstacles) का प्रबंध एवं मौजूदगी होना उत्तम रहता है :

1. सड़क बंद करना
2. बूबी ट्रेप्स लगाना
3. सुरंग खोदना/बिछाना
4. कंटीले तार लगाना
5. प्राकृतिक बाधाओं का होना (जैसे—पहाड़, खाई, नदी, नाले आदि।)

क्षेत्र-रक्षण की व्यवस्था करते समय ध्यान-योग्य महत्वपूर्ण बिंदु :

(i) गोलीबारी की खाई इस प्रकार खोदी जानी चाहिए कि युद्ध के समय सैक्शन कमांडर के आदेश स्पष्ट सुने जा सकें।

(ii) उल्टे ढलान छिपाव और चकमा देने में मदद करते हैं किंतु उनमें फायर का क्षेत्र पर्याप्त होना चाहिए।

(iii) वायु में फटने वाले आग्नेयास्त्रों (Missiles) के कारण सिर के ऊपर की ओर से सुरक्षा का महत्व बढ़ गया है, इसके लिये अच्छा छिपाव और मजबूत निर्माण की आवश्यकता होती है।

(iv) खुले क्षेत्रों में गोलीबारी की खाइयों के बीच में आवागमन के लिये रेंगने वाली खाइयाँ खोदनी चाहियें।

विभिन्न प्रकार की क्षेत्र-किलेबंदी निम्नलिखित द्वारा की जाती है :

1. बंकर (Bunker)
2. संचार खाई (Communication Trench)
3. गोलीबारी खाई (Fire Trench)
4. पिल-बॉक्स (Pill Box)
5. झिरी-खाई (Slit Trench)
6. शस्त्र-खोह (Weapons pit)

सन्तरी (Sentry)

संतरी एक सैनिक जवान होता है जिसका कार्य किसी स्थान की निगरानी करना और उसमें प्रवेश को नियंत्रित करना है। एक युद्ध-इकाई में संतरी की भूमिका अति-महत्वपूर्ण होती है। प्रायः दिन के समय एक संतरी और रात्रि में कई संतरी पहरा देते हैं।

एक संतरी को निम्न बातों का ध्यान रखना चाहिए :

1. अपनी ड्यूटी के आरंभ और समाप्ति का समय
2. अपनी इकाई और शत्रु-इकाई की अधिकतम जानकारी
3. चौकसी (Patrolling) का समय
4. चौकसी का क्षेत्र और उसके प्रसिद्ध भू-चिह्न
5. अपना पहचान-शब्द (Password)

संतरी की कार्यवाही

जब संतरी किसी अजनबी को अपनी चौकी की ओर आते देखे तो वह सैक्शन कमांडर को सूचित करें। यदि संतरी काफी निकट है तो उसे रोककर उसका परिचय पूछेगा। यदि अजनबी भागने की कोशिश करे तो संतरी उसे गोली मार सकता है। अजनबी पर संदेह की स्थिति में संतरी सैक्शन कमांडर को सूचित करेगा और कमांडर के आदेश पर सभी जवान पोजीशन लेकर अगले आदेश की प्रतीक्षा करेंगे।

टोह/गश्त (Patrolling)

पैदल चलकर अथवा किसी हल्के वाहन पर घूमते हुए किसी क्षेत्र की निगरानी करने को पेट्रोलिंग कहते हैं। पेट्रोलिंग का उद्देश्य शत्रु के विषय में जानकारी प्राप्त करना और शत्रु की पेट्रोलिंग

से अपनी सैन्य इकाई का बचाव करना है। युद्ध के समय शत्रु-सैनिकों की संख्या, हथियारों आदि की जानकारी का बड़ा महत्व होता है और यह जानकारी प्रायः पेट्रोलिंग द्वारा प्राप्त की जाती है।

पेट्रोलिंग के प्रकार व कार्य

पेट्रोलिंग दो प्रकार से की जाती है :

1. टोही पेट्रोल (Recce Patrol)
2. बचाव पेट्रोल (Protective Petrol)

टोही पेट्रोल के कार्य :

1. दुश्मन की स्थिति, तैयारी और इरादों की जानकारी एकत्र करना।
2. दुश्मन की पहचान, भौगोलिक और तकनीकी जानकारी एकत्र करना।
3. दुश्मन की प्रवृत्ति और प्रकृति के विषय में जानकारी एकत्र करना।

बचाव पेट्रोल के कार्य :

1. दुश्मन के पेट्रोल को अपनी सेना और क्षेत्र की जानकारी एकत्र करने से रोकना।
2. दुश्मन के आगमन की पूर्व-सूचना भेजना और शत्रु को उलझाए रखना।
3. अस्वामिक भूमि (No man's land) पर अपना अधिकार बनाए रखना।

पेट्रोलिंग के विभिन्न चरण

पेट्रोलिंग के तीन मुख्य चरण होते हैं :

1. तैयारी (Preparation) **2.** संचालन (Conduct) **3.** समीक्षा (Debriefing)

1. तैयारी (Preparation) : इस चरण में पेट्रोल मास्टर पेट्रोल कमांडर नियुक्त करता है और उसे निम्नलिखित जानकारियों से अवगत करवाता है :

(i) कार्य (Task)
(ii) पेट्रोल वेज (Patrol Wage)
(iii) अपनी और शत्रु-इकाई की जानकारी
(iv) पेट्रोल पर जाने और आने का समय
(v) पेट्रोल के मार्ग
(vi) शस्त्रों और गोलीबारी की जानकारी
(vii) व्यवस्था / बंदोबस्त
(viii) पहचान-शब्द (Password)

उपरोक्त जानकारी प्राप्त करने के बाद पेट्रोल कमांडर पेट्रोलिंग के लिये जवानों को चुनता है। वह उन्हें हथियारों, वेशभूषा, भोजन आदि से संबंधित आवश्यक निर्देश देता है। इस कार्य के लिए युवा, स्वस्थ, साहसी, चुस्त और बुद्धिमान जवानों को चुना जाता है।

पेट्रोल ग्रुप के लिए चुने गए सभी जवानों को निम्नलिखित के विषय में अधिक जानकारी देने के लिये 'रेत के मॉडल' (Sand Model) के पास ले जाया जाता है :

(i) भू-चिह्न
(ii) स्थिति (अपनी और शत्रु सेना की)
(iii) मिशन
(iv) वेज ऑफ पेट्रोल (नफरी)
(v) आने-जाने का समय
(vi) रास्ते
(vii) सीमाएँ
(viii) संरचनाएँ
(ix) ठहराव
(x) झड़प में फँसने पर कार्यवाही
(xi) संकेत
(xii) पहचान-शब्द

इसके बाद पेट्रोल पार्टी सैंड मॉडल पर 2-3 बार अभ्यास करती है तथा अंततः पेट्रोल मास्टर को निरीक्षण करवाती है।

2. कार्यवाही (Conduct) : पेट्रोलिंग के संचालन अथवा कार्यवाही के दौरान निम्नलिखित बातों का विशेष ध्यान रखना चाहिये :

(i) रात्रि के समय नीची भूमि और दिन के समय ऊँची भूमि पर चलना चाहिए।

(ii) तेजी से चलें (फाँदते हुए कदमों से)

(iii) पेट्रोलिंग के मार्ग में जो भी देखें उसे स्मरण कर लें अथवा लिख लें।

(iv) पेट्रोलिग के दौरान धूम्रपान, बातचीत अथवा खाँसी आदि न करें।

(v) यदि मार्ग में शत्रु मिल जाए तो पहले गोली चलाकर उसे काबू करें।

(vi) वापसी के समय लड़ाई से बचें।

3. समीक्षा (Debriefing) : पेट्रोलिंग की कार्यवाही के पश्चात् ग्रुप के जवानों को थोड़ा विश्राम करने दें और तत्पश्चात् उनसे उनके अनुभव के विषय में प्रश्न पूछकर कार्यवाही की समीक्षा करें व निष्कर्ष निकालें।

समीक्षा में निम्नलिखित बातों का ध्यान रखा जाता है :

(i) पेट्रोल कमांडर को बेझिझक कुछ बताने और पूछने की स्वतंत्रता होती है।

(ii) पेट्रोल ग्रुप के सभी जवानों को पेट्रोलिंग की सभी छोटी-बड़ी जानकारियों से अवगत करवाना चाहिए।

(iii) थके हुए पेट्रोल-जवानों को चाय-कॉफी आदि पेश करनी चाहिए।

(iv) उनसे पूछताछ सहानुभूतिपूर्वक एवं विनम्रता से की जानी चाहिए।

(v) पेट्रोलिंग की सूचनाओं में परस्पर विसंगति अथवा अतिशयोक्ति हो सकती है। ऐसा होने पर जवानों से बहस करने से बचें।

(vi) प्राप्त सूचनाओं का स्पष्ट रूप से विश्लेषण करें।

घात (Ambush)

गतिमान अथवा ठहरे हुए दुश्मन पर छिपकर अचानक हमला करना घात लगाना कहलाता है। घात लगाने की कार्यवाही में अचानक हमला करके वहाँ से तुरंत निकल जाना होता है। घात लगाने की सर्वश्रेष्ठ विधि शत्रु को भ्रमित करना और उस पर हमला करना होती है।

घात के उद्देश्य

1. गोपनीय जानकारी प्राप्त करना।
2. शत्रु की संख्या कम करना।
3. शत्रु को अधिकाधिक परेशान करना।

घात के प्रकार

1. **अवसर घात (Opportunity Ambush) :** यह बिना किसी विस्तृत योजना के लगाई जाती है।
2. **सुविचारित घात (Deliberate Ambush) :** यह योजना बनाकर किसी विशेष स्थान पर लगाई जाती है।

घात की कार्यवाही

घात की कार्यवाही के दो मुख्य चरण होते हैं :

1. संरचना / गठन (Composition) **2.** क्रियान्वन (Execution)

1. संरचना/गठन : प्रायः घात लगाने वाली पार्टी की संरचना इस प्रकार होती है :

(i) **स्काउट्स (Scouts) :** यह वह जवान होते हैं जिन्हें एक सैक्शन के आगे बढ़ने से पहले टोह लेने के लिए आगे भेजा जाता है। यह प्रायः सैक्शन कमांडर के आँख और कान माने जाते हैं।

- यह प्रायः दो जवानों का जोड़ा होता है।
- यह बाउंड दर बाउंड आगे बढ़ते हैं।
- यह सभी प्रकार से अवलोकन करते हैं।
- यह परस्पर दूरी बनाए रखते हैं।

(ii) **कवरिंग पार्टी (Covering Party) :** इसे फायरिंग पार्टी भी कहते हैं। इसका प्रमुख कार्य कमांडर के आदेश पर घात लगाकर शत्रु को परेशान एवं भ्रमित करना है।

(iii) **स्टॉप्स (Stops) :** इनका प्रमुख कार्य घात में फँसे शत्रु को निकल भागने से रोकना है।

(iv) **रिज़र्व पार्टी (Reserve Party) :** इनका प्रमुख कार्य शत्रु पर छिपकर आक्रमण करना और कवरिंग पार्टी की फायरिंग के दौरान शत्रु के साजो-सामान की तलाशी लेकर सैन्य-महत्व की सूचनाएँ एकत्र करना है।

2. क्रियान्वन : इसके प्रमुख चरण इस प्रकार हैं :

- घात की योजना का अभ्यास
- छिपने के स्थान की पहचान
- छिपकर शत्रु पर हमला
- रिजर्व पार्टी द्वारा शत्रु के सामान की तलाशी व कब्जा
- कार्यवाही के पश्चात् घात-पार्टी का मिलन

कार्यान्वयन विधि : शत्रु के दिखाई देने पर स्काउट्स अपनी पार्टी को चेतावनी संकेत भेजते हैं। संकेत मिलते ही पार्टी सुरक्षा-कवच व हथियारों के साथ हमले के लिए तैयार हो जाती है। जब अधिकतम शत्रु-जवान उनकी रेंज में आ जाते हैं तब कमांडर द्वारा फायरिंग का संकेत दिया जाता है। आदेश मिलते ही रिजर्व पार्टी, स्टोप्स और कवरिंग पार्टी तेजी से अपना-अपना कार्य करते हैं।

जब शत्रु को वाँछित क्षति पहुँचा दी जाती है और उसके साजो-सामान हासिल कर लिये जाते हैं तो कमांडर सभी को वापसी का संकेत देता है। संकेत मिलते ही सभी पूर्व-निर्धारित मिलन-स्थल की ओर निकल जाते हैं जहाँ कमांडर फौरी तौर पर स्थिति की जाँच करता है और पार्टी को वापिस जाने का आदेश देता है। पार्टी शत्रु के जब्त किए गए साजो-सामान कमांडर को सौंपकर आदेशानुसार कार्यवाही करती है।

घात को तोड़ना (De-ambushing)

यदि शत्रु सेना की पार्टी आपकी सेना-इकाई पर घात लगाएँ तो उनकी घात को तोड़कर निकलने व उसमें फँसने से बचने के लिए निम्न कार्यवाही करें :

1. अपने सभी साजो-सामान सहित घात वाले स्थान को तुरंत छोड़ दें।
2. जवान परस्पर अधिक फासले पर चलें।
3. बार-बार एक ही मार्ग पर न चलें।
4. मार्ग में किसी प्रकार की बातचीत अथवा हरकत न करें।
5. इन सब सावधानियों के रखते हुए भी यदि किसी प्रकार शत्रु की घात में फँस जाएँ तो आते हुए फायर की दिशा में जवाबी फायर करें और शत्रु की पार्टी का मुकाबला करें।
6. मुकाबले के समय अपने साजो-सामान, विशेषकर गोपनीय सैन्य-दस्तावेजों, मानचित्रों, योजनाओं आदि से संबंधित कागज़ातों को किसी भी हालत में शत्रु के हाथ न लगने दें।

स्काउट्स द्वारा ध्यान रखने योग्य कुछ महत्वपूर्ण बिंदु

(i) स्काउट्स को कवर-से-कवर (आड़ों) में चलना चाहिए और अवलोकन के सही तरीकों का प्रयोग करना चाहिए।

(ii) स्काउट्स को, जहाँ शत्रु के होने की संभावना अधिक हो, वहाँ छोटे व सधे कदमों से चलना चाहिए।

(iii) स्काउट्स की जोड़ी को परस्पर इतने फासले पर चलना चाहिए कि वे एक-दूसरे की आवाज सुन सकें।

(iv) स्काउट्स को हमेशा पूर्णतया सतर्क रहना चाहिए।

(v) स्काउट्स को इस प्रकार चलना चाहिए कि वे गोलीबारी (Fire) द्वारा एक-दूसरे का बचाव कर सकें।

(vi) स्काउट्स भूमि और आड़ों का प्रयोग करते हुए किसी अकेले-अनजान व्यक्ति की तरह चलें।

(vii) स्काउट्स को हमेशा यूनिट के संपर्क में रहना चाहिए।

(viii) परस्पर संचार आगे से पीछे की ओर होना चाहिए और संपर्क दृष्टि से होना चाहिए।

(ix) स्काउट्स को भूमि पर आड़ में रहकर इस प्रकार चलना चाहिए कि वे एक-दूसरे का स्थान न लें।

(x) स्काउट्स को सीमाबंधों पर झुंड नहीं बनाना चाहिए।

❖ ❖ ❖

7 क्षेत्र-अभियांत्रिकी (Field Engineering)

शांतिकाल और युद्धकाल, दोनों के समय, सुरक्षा बलों को अपने सैनिकों, शस्त्रों और अन्य साजो-सामान की रक्षा के लिए समुचित किलेबंदी करनी पड़ती है जिससे कि शत्रु सेनाएँ उन्हें किसी प्रकार की क्षति न पहुँचा सकें। किलेबंदी की कार्यवाही का प्रशिक्षण प्रत्येक सैन्य-अधिकारी व जवान को दिया जाता है तथा इसे क्षेत्र-अभियांत्रिकी के नाम से जाना जाता है।

क्षेत्र-अभियांत्रिकी में सम्मिलित विभिन्न गतिविधियाँ इस प्रकार हैं :

(i) बारूदी सुरंगें बिछाना।
(ii) बारूदी सुरंगें तोड़ना/निष्क्रिय करना।
(iii) क्षेत्र-रक्षणों का निर्माण करना।
(iv) पहाड़ों में मार्गों का निर्माण करना।
(v) सीमावर्ती सड़कों का निर्माण व रखरखाव करना।
(vi) सेनाओं को, विशेषकर रेगिस्तानों में, जल की आपूर्ति करना।
(vii) हैलीपैडों का निर्माण करना।
(viii) आतंकवाद विरोधी अभियान में बमों व अन्य विस्फोटकों का पता लगाना, उन्हें निष्क्रिय करके हटाना और अवरुद्ध मार्ग अथवा सेवा को पुनः खुलवाना।
(ix) आवश्यक सेवाओं का रखरखाव करना।
(x) भूकम्प, बाढ़, सुनामी आदि प्राकृतिक आपदाओं के समय राहत कार्यों में मदद करना।

औजार और कवायद

क्षेत्र-अभियांत्रिकी के औजार

क्षेत्र-अभियांत्रिकी में काम करने वाले मुख्य औजार इस प्रकार हैं :

(i) कुल्हाड़ी (Axe) (ii) बेलचा (Shovel) (iii) गैंती (Entrenching Tool)
(iv) हथौड़ा (Hammer) (v) क्रो-बार (Crow-Bar)

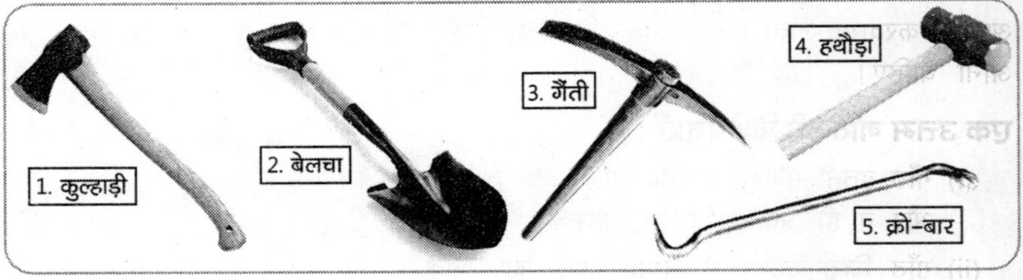

औजारों की कवायद (Tools Drill)

एनसीसी कैडेटों को भी क्षेत्र-अभियांत्रिकी का प्राथमिक प्रशिक्षण दिया जाता है जिससे कि वे सेना में अथवा सेना के बाहर सामान्य जीवन में भी औजारों का प्रयोग करना सीख सकें। यह प्रशिक्षण प्रायः एक कवायद (Drill) के रूप में दिया जाता है। इसमें अनुशासन के तहत औजारों को स्टोर से प्राप्त करना, उनके साथ मार्च करना तथा उनका सही ढंग से प्रयोग करना आदि सम्मिलित हैं।

स्टोर से औजार प्राप्त करने के लिये कैडेट एक लाइन बनाकर प्रवेश करते हैं और अपने दायें हाथ से बेलचा और बाएँ हाथ से गैंती उठाकर बाहर निकलते हैं।

इसके पश्चात् उन्हें औजारों-सहित सावधान, विश्राम, मुड़ना, मार्च करना तथा औजारों को यथास्थान सही ढंग से रखना सिखाया जाता है। इसके बाद उन्हें औजारों का प्रयोग करने की तकनीक सिखाई जाती है। इसमें गैंती द्वारा मिट्टी खोदना और बेलचे द्वारा खुदी हुई मिट्टी को उठाकर फेंकना सम्मिलित हैं।

- **गैंती द्वारा खुदाई करते समय निम्न आदेशात्मक-शब्द बोले जाते हैं–**
  तैयार, उठाओ, मारो, खींचो, उठाओ।
- **बेलचे द्वारा खुदाई करते समय निम्न आदेशात्मक-शब्द बोले जाते हैं–**
  तैयार, मारो, भरो, घुमाओ, फेंको।

इन दोनों ही औजारों से खुदाई करते समय एक नियमित ताल अपनायी जाती है। सामान्यतः प्रत्येक कैडेट से एक मिनट में 18 से 20 बार गैंती और 15 से 20 बार बेलचा चलाने की अपेक्षा की जाती है।

गाँठे और गठबंधन (Knots & Lashes)

खोदने वाले औजारों के साथ-साथ क्षेत्र-अभियांत्रिकी में रस्सी के प्रयोग पर भी बहुत बल दिया जाता है। युद्ध-क्षेत्र, आपदा-ग्रस्त क्षेत्र तथा सामान्य जीवन में भी रस्सी का प्रयोग विभिन्न प्रकार से किया जाता है। रस्सी के प्रयोग में सर्वाधिक महत्व उसके द्वारा लगाई जाने वाली गाँठों और अन्य वस्तुओं (जैसे–लट्ठे, डंडे, बल्ली, बाँस, फट्टे आदि) के साथ गठबंधन का है। सैनिक इनके द्वारा चढ़ाई पर चढ़ना, सीढ़ी बनाना, पुल बनाना, जाल बाँधना, राहत-कार्य आदि सरलता से कर पाते हैं। एनसीसी कैडेटों को भी इसी दृष्टि से इसका अभ्यास करवाया जाता है। प्रत्येक सैनिक को विभिन्न प्रकार की गांठें और गठबंधन बनाना आना चाहिए।

एक उत्तम गाँठ की विशेषताएँ :

(i) गाँठ इतनी मजबूत लगनी चाहिए कि वह खिंचाव अथवा दबाव से स्वयं न खुल जाए और न ही अपने स्थान से खिसके।

(ii) गाँठ जिस उद्देश्य से लगाई जाए, वह उसके अनुरूप और कारगर होनी चाहिए।

(iii) उद्देश्य अथवा कार्य पूरा हो जाने पर गाँठ को खोलना भी सरल होना चाहिए।

गाँठें (KNOTS)

विभिन्न प्रकार की गाँठों के चित्र नीचे दर्शाए गए हैं। चित्र स्वयं व्याख्या करते हैं कि गाँठें किस प्रकार बाँधी गई हैं। प्रत्येक चित्र में अंक '1' रस्सी के ठहरे अथवा बँधे हुए सिरे को दर्शाता है जबकि अंक '2' उसके स्वतंत्र अथवा खुले सिरे को दर्शाता है।

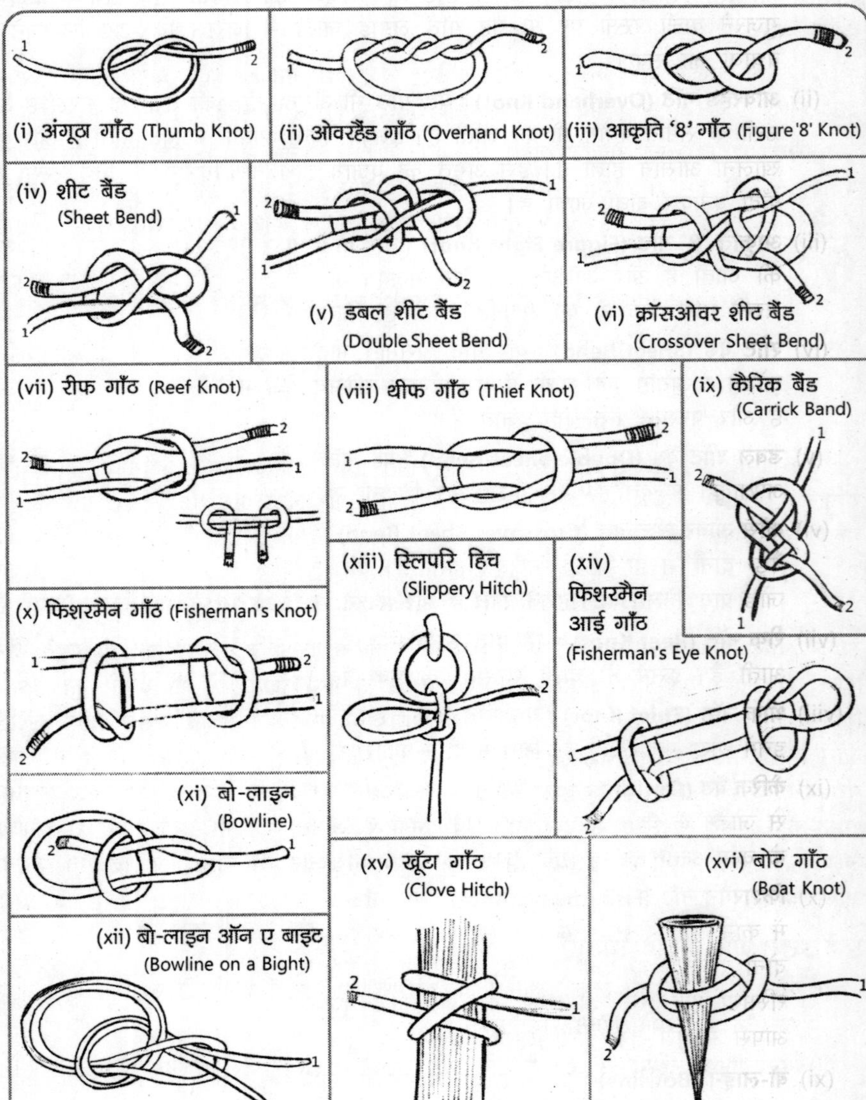

विभिन्न प्रकार की गाँठों का संक्षिप्त वर्णन इस प्रकार है :

(i) **अँगूठा गाँठ (Thumb Knot) :** यह सबसे सरल प्रकार की गाँठ है। इसमें रस्सी के एक सिरे का छोटा फंदा बनाकर उसमें दाँए हाथ का अँगूठा डालकर रस्सी के सिरे को फँदे के बीच से बाहर खींचा जाता है। इस प्रकार की गाँठे प्रायः रस्सी के सिरों पर लगाई जाती हैं ज़िससे कि रस्सी के रेशे न खुल सकें। किसी पुल अथवा पहिए से गुजरने वाली रस्सी पर भी यह गाँठें लगाई जाती हैं जिससे कि उसे फिसलने से बचाया जा सके।

(ii) **ओवरहैंड गाँठ (Overhand Knot) :** यह गाँठ भी अँगूठा गाँठ की तरह ही सरल है और उसी के समान प्रयोग भी की जाती है। इसकी पकड़ अधिक मजबूत होती है और इसे खोलना आसान होता है। इसे अँगूठे की बजाय हाथ के अग्रभाग के गिर्द रस्सी का फँदा बनाकर बाँधा जाता है।

(iii) **आकृति '8' गाँठ (Figure Eight Knot) :** यह गाँठ भी अँगूठा गाँठ की तरह ही प्रयोग की जाती है और अपेक्षाकृत अधिक मजबूत और देखने में अच्छी लगती है। इसमें 'रस्सी द्वारा अंक 8' की आकृति बनती हुई प्रतीत होती है।

(iv) **शीट बैंड (Sheet Bend) :** यह गाँठ असमान मोटाई वाली दो रस्सियों को आपस में जोड़ने में प्रयोग की जाती हैं इसमें दोनों रस्सियों के सिरे मोड़कर हुक बनाए जाते हैं और परस्पर फँसा दिये जाते हैं।

(v) **डबल शीट बैंड (Double Sheet Bend) :** यह गाँठ शीट बैंड से मिलती-जुलती है और अपेक्षाकृत मजबूत है। यह गीली और चिकनी रस्सियों को जोड़ने के काम आती है।

(vi) **क्रॉस ओवर शीट बैंड (Crossover Sheet Bend) :** यह गाँठ शीट बैंड और डबल शीट बैंड, दोनों से ही अधिक मजबूत होती है। यह ऐसी जगह प्रयोग की जाती है जहाँ जोड़ प्रायः हिलते या लहराते रहते हैं और हिलने से उनके खुलने की संभावना होती है।

(vii) **रीफ नॉट (Reef Knot) :** यह गाँठ समान मोटाई वाली दो रस्सियों को जोड़ने के काम आती है। इसमें भी दोनों रस्सियों के हुक बनाकर परस्पर फँसा दिये जाते हैं।

(viii) **थीफ नॉट (Thief Knot) :** यह गाँठ काफी हद तक रीफ नॉट से मिलती-जुलती है पर इनमें थोड़ा फर्क होता है। चित्र में दोनों प्रकार की गाँठों में फर्क जानने का प्रयास करें।

(ix) **कैरिक बैंड (Carrick Bend) :** यह गाँठ भी दो समान मोटाई की रस्सियों को परस्पर मजबूती से जोड़ने के काम आती है। यह विशेषतया स्टील अथवा अन्य धातु के तारों को जोड़ने के काम आती है। यह गाँठ जाम नहीं होती और इसे दोबारा खोलना सरल होता है।

(x) **फिशरमैन नॉट (Fisherman's Knot) :** यह गाँठ दो स्प्रिंगदार रस्सियों आदि को जोड़ने में काम आती है। यह प्रायः मछुआरों द्वारा लंगर आदि बाँधने के काम आती है। इसमें दोनों रस्सियों के एक-एक सिरे पर थम्ब नॉट इस प्रकार लगाई जाती है कि दोनों रस्सियाँ एक-दूसरे की थम्ब नॉट से होकर गुजरती हैं। खींचने पर दोनों की गाँठें आपस में पूरी तरह फँस जाती हैं।

(xi) **बो-लाइन (Bowline) :** यह गाँठ इस प्रकार का एक फँदा बनाने के काम आती है जो रस्सी के सिरे पर नहीं फिसले।

(xii) **बो-लाइन ऑन ए बाइट (Bowline on a Bight) :** यह गाँठ इस प्रकार का एक दोहरा फंदा बनाने के काम आती है जो रस्सी के सिरे पर बिल्कुल न फिसले।

(xiii) **स्लिपरि हिच (Slippery Hitch) :** यह गाँठ आपात स्थिति में सरलता से खुलने के गुण के कारण बहुत उपयोगी है। जब तक बँधे हुए सिरे पर तनाव रहता है, यह मजबूती से बँधी रहती है।

(xiv) **फिशरमैन आई गाँठ (Fisherman's Eye Knot) :** यह गाँठ एक फिशिंग लाइन में ऐसा फँदा बनाने के काम आती है जो रस्सी के सिरे पर बिल्कुल न फिसले।

(xv) **खूँटा गाँठ (Clove Hitch) :** यह गाँठ रस्सी को खूँटे पर बाँधने में काम आती है। रस्सी खींचकर बाँधने पर यह खूँटे से फिसलती नहीं है। गठबंधन में भी यह उपयोगी है।

(xvi) **बोट गाँठ (Boat Knot) :** यह गाँठ किसी नाव पर होल-पिन अथवा किसी अन्य लकड़ी के छोटे टुकड़े को बाँधने के काम आती है। यह सरलता व तेजी से खोली जा सकती है।

गठबंधन (LASHES)

दो बल्लियों, बाँसों, लट्ठों अथवा फट्टों को परस्पर बाँधने के लिए विभिन्न प्रकार के गठबंधनों का प्रयोग किया जाता है। रस्सी के सिरे को किसी बल्ली आदि के साथ बाँधकर स्थिर करने के लिये भी इनका प्रयोग किया जाता है।

कुछ मुख्य प्रकार के गठबंधन इस प्रकार हैं :

(i) **समानांतर बंधन (Shears Lashing) :** जब दो बल्लियों अथवा लट्ठों को आपस में बाँधकर उनकी लम्बाई बढ़ानी हो तो इसका प्रयोग किया जाता है। इसके लिए दोनों बल्लियों के सिरों को समानांतर रखकर रस्सी से मजबूती से बाँध दिया जाता है। इस प्रकार यदि आपके पास 10-10 फुट की दो बल्लियाँ हों तो आप उन्हें जोड़कर 18 फुट की लम्बाई प्राप्त कर सकते हैं।

(ii) **वर्गाकार बंधन (Square Lashing) :** जब आपको दो बल्लियों को इस प्रकार बाँधना हो कि एक बल्ली दूसरी से समकोण (+) पर हो तब यह बंधन बाँधा जाता है। इसके लिये पहले एक बल्ली पर क्लोव हिच अथवा खूँटा गाँठ बाँधें, दूसरी बल्ली उसके ऊपर समकोण पर रखें, रस्सी को 4-5 बार लपेटकर फिर से क्लोव हिच बाँध कर कस दें।

(iii) **कैंची बंधन (Diagonal Lashes) :** जब आपको दो बल्लियों को कैंची अथवा क्रॉस (×) में बाँधना हो तो इस बंधन का प्रयोग किया जाता है। इसके लिये दोनों बल्लियों को कैंची अथवा क्रॉस (×) के आकार बनाते हुए रख दें। अब दोनों बल्लियों के परस्पर काटने वाले स्थान पर लट्ठा-फाँस गाँठ लगा दें और चार खड़े मोड़ देकर उसे कस दें। अब चार आड़े मोड़ देकर पुनः कस दें। अब इसे सीधा खड़ा करके खम्बों के साथ क्लोव हिच बाँधकर कस दें।

(iv) **अष्टाकार बंधन (Figure Eight Lashes) :** जब आपको दो या तीन बल्लियों को बाँधकर किसी स्टैंड, तिपाही, कैंची आदि का आकार बनाना हो तो यह बंधन बाँधा जाता है। इसके लिये तीनों बल्लियों को चित्रानुसार समानांतर रखकर रस्सी से बाँधें। इस बंधन में रस्सी अंक '8' का आकार बनाती प्रतीत होती है। बाँधने के बाद स्टैंड को खड़ा

कर दें। ध्यान रहे कि सभी बल्लियों की लंबाई बराबर हो व सभी को एक समान ऊँचाई पर ही बाँधा गया हो।

गठबंधनों के चित्र नीचे दर्शाए गए हैं :

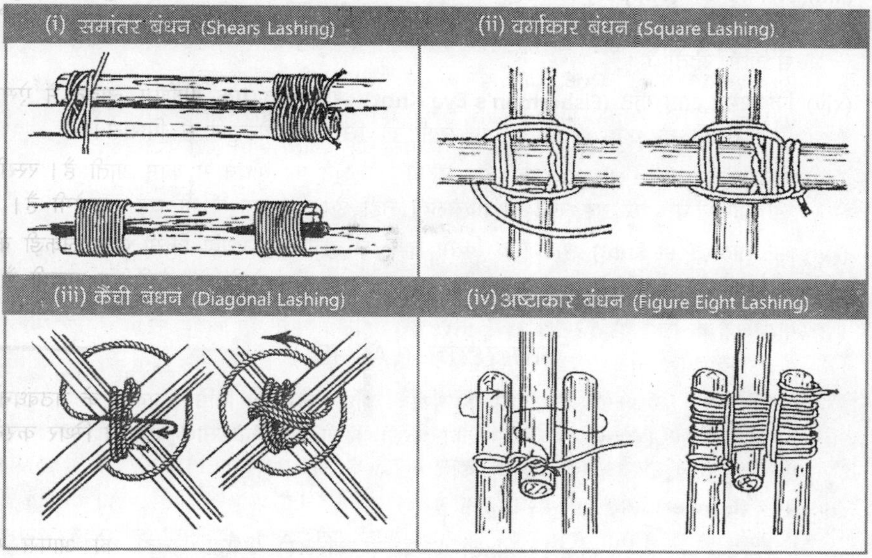

(i) समांतर बंधन (Shears Lashing)

(ii) वर्गाकार बंधन (Square Lashing)

(iii) कैंची बंधन (Diagonal Lashing)

(iv) अष्टाकार बंधन (Figure Eight Lashing)

क्षेत्र-किलेबंदी के सिद्धांत (Principles of Field Defence)

सेना की रक्षा प्रणाली में क्षेत्र की किलेबंदी का बहुत महत्व है। सैन्यकर्मियों और सेना के साजो-सामान व हथियारों की सुरक्षा उचित क्षेत्र-किलेबंदी से ही संभव होती है। इसमें किसी भी प्रकार की ढील अथवा भूल-चूक की कोई गुंजाइश नहीं होती है। क्षेत्र-किलेबंदी के संबंध में तीन मुख्य सिद्धांत बनाए गए हैं जिनका पालन अवश्य होना चाहिए।

1. **प्रभावी शस्त्र प्रयोग :** क्षेत्र-किलेबंदी की संरचना इस प्रकार होनी चाहिए कि आवश्यकता पड़ने पर शस्त्र-प्रयोग प्रभावी ढंग से किया जा सके। यह तभी संभव होता है जब गोलाबारी का क्षेत्र शस्त्रों की कारगर रेंज तक बिल्कुल साफ हो। इसमें किसी भी प्रकार की रुकावट शस्त्र-प्रयोग को प्रभावहीन अथवा कमजोर बना देगी।
2. **बचाव के उपाय :** शत्रु से बचाव के लिए किलाबंदी करने के लिए कारगर उपाय होने चाहिएँ। छोटे शस्त्रों के प्रहार से बचने के लिये मिट्टी खोदकर गड्ढे बनाना व मिट्टी के ढेर बनाना बचाव के लिये कारगर रहता है। खोदी गई मिट्टी का आकार इस प्रकार होना चाहिए :

   (i) छोटे शस्त्र के फायर से बचाव के लिए – 1.50 मी. निट्टी गड्ढे के सामने
   (ii) शैल स्पिलंटर व एयर-बर्स्ट से बचाव के लिए – 0.45 मी. निट्टी बंकर से ऊपर
   (iii) फिंड तोप के प्रहार से बचाव के लिए – 1.20 मी. ऊँचा मिट्टी का ढेर
   (iv) मध्यम गन के सीधे प्रहार से बचाव के लिए – 1.80 मी. ऊँचा मिट्टी का ढेर

3. **छलावरण व छिपाव :** सैन्य ठिकानों को शत्रु की दृष्टि से बचाने के लिये की जाने वाली किलेबंदी में छलावरण व छिपाव का बड़ा महत्व है। इसके लिये निम्नलिखित उपाय कारगर होते हैं :
   (i) ऊपरी तौर पर भू-भाग की प्राकृतिक अवस्था को न बदलें।
   (ii) छिपाव वाले जाल व जालियाँ ढककर हवाई निरीक्षण में दिखने से बचें।
   (iii) चमकने वाली वस्तुओं की चमक को छिपाने के उपाय करें।
   (iv) आम रास्तों का प्रयोग करें व उन्हीं की दूरभाष तारों का प्रयोग करें।
   (v) यदि मिट्टी आदि खोदें तो ढेर लगाने की बजाय भूमि पर फैला दें।

क्षेत्र-रक्षण (Field Defence)

उत्तम क्षेत्र-रक्षण के लिए विभिन्न प्रकार की खाइयाँ, खंदक व गड्ढे खोदे जाते हैं। इनमें से कुछ निम्न प्रकार के होते हैं :

(i) **गोलीबारी के लिए गड्ढे (Fire Trench) :** इसके लिए भूमि की सतह से 4½ फुट गहरा व 2 फुट चौड़ा गड्ढा खोदा जाता है। इसमें पोजीशन संभाल कर एक या दो जवान अपना बचाव करते हुए शत्रु पर गोलीबारी कर सकते हैं।

(ii) **शस्त्रों का गड्ढा (Weapons Pit) :** यह भूमि तल से कुछ नीचे खोदा जाता है। इसमें शस्त्र रखकर जवान उन्हें प्रभावी ढंग से चला सकते हैं और शत्रु को निशाना बना सकते हैं।

(iii) **बंकर (Bunker) :** यह एक छिपा हुआ गड्ढा होता है जो शत्रु के मोर्टार बमों के टुकड़ों (Splinters) से बचाता है। इसमें शत्रु पर गोलीबारी करने के लिए छोटे-छोटे सुराख बनाए जाते हैं। यह अन्य गोलीबारी के गड्ढों से भी जुड़ा रहता है।

(iv) **स्लिट ट्रेंच (Slit Trench) :** भूमि की सतह से कुछ नीचे खोदे गए इस गड्ढे का प्रयोग हवाई हमले से बचाव के लिये किया जाता है।

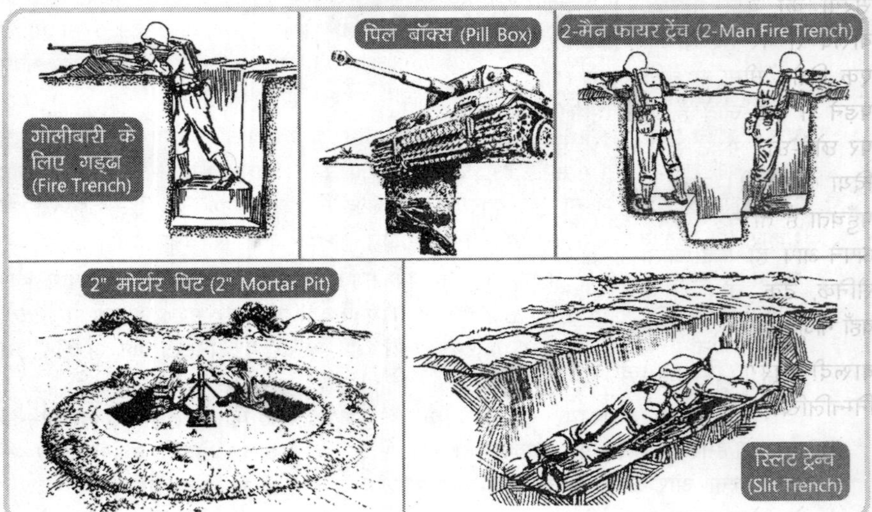

(v) **शेल्टर ट्रेंच (Shelter Trench) :** यह खंदक गोलीबारी के गड्ढे और शस्त्रों के गड्ढे के समीप बनाई जाती है। इसका प्रयोग ऊपर से बर्स्ट शैल की मार से बचाव के लिये किया जाता है। अवसर मिलने पर जवान इसमें विश्राम भी करते हैं।

(vi) **पिल बॉक्स (Pill Box) :** यह रेत की बोरियों अथवा कंक्रीट से निर्मित छोटी सी किलेनुमा संरचना होती है। यह मशीनगन व एंटी मिसाइल टैंक की सीधी मार से बचाव में काम आती है।

(vii) **एलएमजी फायर ट्रेंच (LMG Fire Trench) :** इस खंदक को एलएमजी से शत्रु पर गोलीबारी करने के उद्देश्य से खोदा जाता है। यह बाहर से 6 फुट और अंदर से 4 फुट लम्बी, 2 फुट चौड़ी और 4½ फुट गहरी होती है।

(viii) **टू-मैन फायर पिट (2-man Fire Trench) :** इस खंदक से दो जवान एक साथ कारगर फायर कर सकते हैं। यह भी बाहर से 6 फुट व अंदर से 4 फुट लंबी, 2 फुट चौड़ी और 4½ फुट गहरी होती है।

(ix) **टू-इंच मोर्टार ट्रेंच (2-inches Mortar Pit) :** यह गड्ढा 2" मोर्टार गन से फायर करने के लिए बनाया जाता है। इस गड्ढे के तीन भाग होते हैं। एक भाग में 4½ फुट व्यास तथा 2¼ फुट गहरा गोलाकार गड्ढा होता है। इसके दायीं ओर 1¼ फुट व्यास और 1 फुट चौड़ी जगह गोला-बारूद रखने के लिए बनाई जाती है। बायीं ओर 8 फुट लंबाई और 3 फुट चौड़ाई वाला एक छतदार गड्ढा होता है।

बारूदी सुरंग (Mines)

क्षेत्र-रक्षण करने व शत्रु की घुसपैठ को नाकाम करके उसका सफाया करने में बारूदी सुरंगों का बड़ा महत्व है। बारूदी सुरंगें बारूद से भरे हुए पात्रनुमा बम होते हैं जो एक विशेष सीमा से अधिक वजन या दबाव पड़ने से फट जाते हैं। इन्हें भूमि की सतह पर छोटे-छोटे गड्ढे खोदकर, छिपाकर लगा दिया जाता है। जब शत्रु उस स्थान पर पहुँचता है तो यह उसके वजन के दबाव से अपने-आप ही फट जाती हैं और शत्रु का सैनिक, टैंक, तोप या कोई वाहन, जो भी वहाँ मौजूद होता है, वह तुरंत नष्ट हो जाता है।

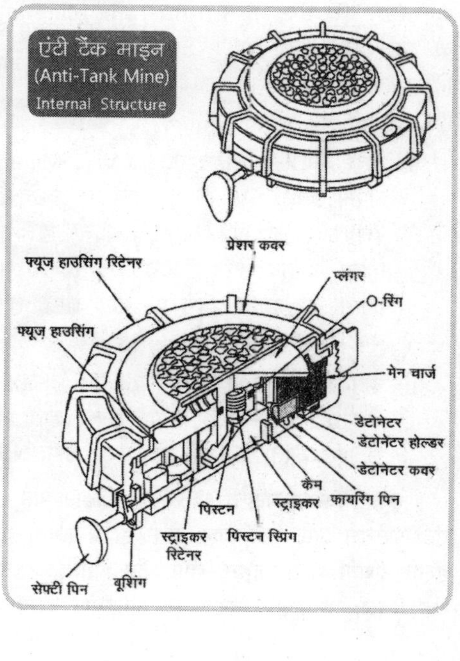

बारूदी सुरंग बिछाने के मुख्य उद्देश्य निम्नलिखित हैं :

(i) शत्रु के हमले में देरी और व्यवधान पैदा करना और उसे अपने रक्षण-क्षेत्र में घुसपैठ करने से रोकना।

(ii) शत्रु को कुछ विशेष मार्गों व स्थानों का चयन करने पर बाध्य करना जहाँ उन्हें घेरकर, आसानी से पकड़ा या मारा जा सके।

(iii) शत्रु की पैदल सेना को उसके टैंकों से अलग करना।

(iv) मुख्य रक्षण-क्षेत्र का निकट से निरीक्षण न करने देना।

तकनीकी आधार पर बारूदी सुरंगें तीन प्रकार की होती हैं :

(क) एंटी पर्सनल माइन (Anti-Personnel Mine) : यह शत्रु के पैदल सैनिकों से सुरक्षा प्रदान करती है। यह 20 पाउंड या अधिक वजन का दबाव पड़ने पर फट जाती है। यह दो प्रकार की होती हैं :

(i) **एनएमएम-14 माइन** (NMM-14 Mine) : इसका अपना वजन 3.5 औंस होता है। यह 20 पाउंड या अधिक वजन के दबाव से फट जाती है। यह एक ब्लास्ट टाइप की प्लास्टिक माइन है। जिसमें 1 औंस प्लास्टिक विस्फोटक होता है।

एंटी पर्सनल माइन (Anti-Personnel Mine)

(ii) **एम-16 माइन** (M-16 Mine) : इसका अपना वजन 7.5 पाउंड होता है। यह 20 पाउंड या अधिक वजन का दबाव पड़ने पर 8 सेकंड में फट जाती है। यह एक फ्रेग्मेंटेशन टाइप की माइन है जिसमें 1 पाउंड ज्वलनशील बारूद होता है। इसकी मार 32 गज व्यास के क्षेत्र में होती है।

(ख) एंटी-टैंक माइन (Anti-Tank Mine) : यह शत्रु के बख्तरबंद हमलों से सुरक्षा प्रदान करती है। यह 75 किग्रा. वजन या अधिक का दबाव पड़ने पर फट जाती है। यह दो प्रकार की होती है :

एंटी टैंक माइन (Anti-Tank Mine)

(i) **मार्क वीएचसी माइन** (Mark VHC Mine) : इसका अपना वजन 5½ किग्रा होता है। इसका व्यास 8 इंच और ऊँचाई 4½ इंच होती है। इसमें 3.8 किग्रा. बारूद होता है। यह 75 किग्रा. या अधिक वजन का दबाव पड़ने पर फट जाती है। यह मध्यम-टैंक, जीप, ट्रक, तोप आदि को नष्ट कर सकती है।

(ii) **नॉन-डिटैचेबल मार्क माइन** (Non-Detachable Mark Mine) : इसका अपना वजन 7½ किग्रा. होता है। इसमें 6.33 किग्रा. बारूद होता है। यह 150 किग्रा या अधिक वजन के दबाव से फट जाती है। यह बड़े टैंकों, तोपों और भारी वाहनों को भी नष्ट कर सकती है।

(ग) मिक्सड माइन (Mixed Mine) : यह एक मिश्रित प्रकार की माइन होती है जो एंटी-पर्सनल और एंटी-टैंक, दोनों ही प्रयोजनों के लिये उपयुक्त है। यह किसी पैदल सैनिक, हल्के अथवा भारी वाहन, तोप, टैंक आदि के वजन के दबाव से फट जाती है। इस प्रकार यह पैदल सेना और बख्तरबंद आक्रमण दोनों के लिए कारगर हथियार है।

बूबी ट्रैप्स (Booby Traps)

यह एक माइन अथवा बारूद से भरा हुआ बॉक्स होता है जो शत्रु-सेना के जवानों अथवा उसकी सैन्य सामग्री को बर्बाद करने के उद्देश्य से छिपाकर लगाया जाता है। इसमें यांत्रिक, विद्युत अथवा रेडियो तरंगों द्वारा विस्फोट करवाया जाता है। इन्हें बूबी ट्रैप्स-आइईडी (Booby Traps-Improvised Explosive Device) भी कहते हैं।

यह प्रायः निश्चित समय, दबाव, खिंचाव, हिलाने-डुलाने अथवा ढक्कन आदि हटाने से भी फट जाते हैं। कुछ ट्रैप्स प्रकाश अथवा ध्वनि से भी फट जाते हैं। आधुनिक ट्रैप्स को बहुत दूर से विभिन्न प्रकार की तरंगों और मोबाइल फोन आदि से भी संचालित किया जा सकता है।

यह प्रायः आमतौर पर प्रयोग की जाने वाली वस्तुओं में छिपाकर किसी आम रास्ते, सड़क, भवन, रेल की पटरी आदि पर लगाया जाता है जहाँ लक्ष्य किये गए शत्रु के होने और उसे स्पर्श आदि करने की प्रबल संभावना हो। यह दुर्भाग्य की बात है कि कुछ आतंकवादी संगठन इस तकनीक का प्रयोग देश में आतंकवाद फैलाने के लिए करते हैं।

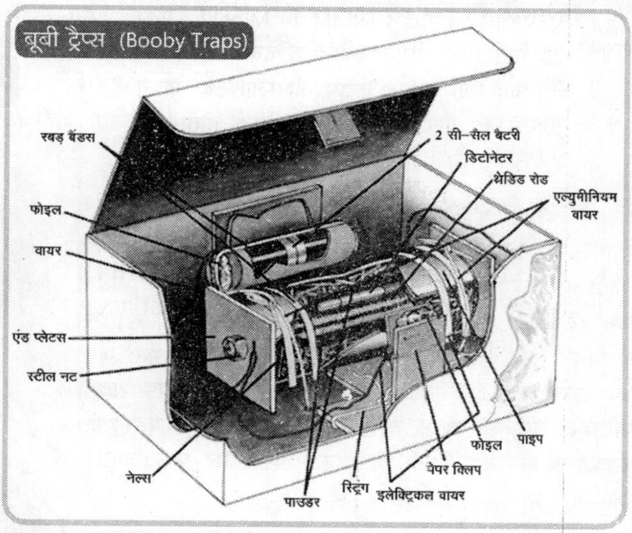

प्रयोग के आधार पर बारूदी सुरंगों को निम्न प्रकारों में वर्गीकृत कर सकते हैं :

1. सुरक्षात्मक (Protective)
2. रक्षात्मक (Defensive)
3. सामरिक (Tactical)
4. उपद्रवी (Nuisance)
5. छद्म (Dummy)

बारूदी सुरंग बिछाना (Laying Mines)

बारूदी सुरंगें भूमि में 3-4 इंच की खुदाई करके गड्ढों में सीधी रख दी जाती हैं और गड्ढों को मिट्टी से ढक दिया जाता है। जिस क्षेत्र में इन्हें बिछाया जाता है उसे माइंस-फील्ड कहते हैं। बारूदी सुरंगें बिछाने की दो मुख्य विधियाँ हैं :

(i) **पट्टी विधि (Strip Method) :** इस विधि में प्रायः एक मध्य रेखा के दोनों ओर समान दूरी पर (1 गज) पर माइंस बिछायी जाती हैं।

(ii) **बिखराव विधि (Scattered Method) :** इस विधि में प्रायः बिना किसी नापतोल के, माइंस बेतरतीब बिछायी जाती हैं।

बारूदी सुरंग बिछाने वाली पार्टी

बारूदी सुरंगें बिछाने वाली पार्टी के विभिन्न अंग इस प्रकार हैं :

1. रेकी पार्टी (Recce Party)
2. सैटिंग आउट पार्टी (Setting out Party)
3. माइन लेइंग पार्टी (Mine Laying Party)
   (i) एंटी पर्सनल पार्टी (Anti-Personnel Party)
   (ii) एंटी टैंक पार्टी (Anti Tank Party)
4. मार्किंग पार्टी (Marking Party)
5. कैरिंग पार्टी (Carrying Party)

बारूदी सुरंग हटाने वाली पार्टी

बारूदी सुरंग हटाने वाली पार्टी के विभिन्न अंग इस प्रकार हैं :

1. सैटिंग आउट पार्टी (Setting out Party)
2. बेसिक ब्रीचिंग पार्टी (Basic Breaching Party)
3. पुलिंग पार्टी (Pulling Party)
4. मार्किंग पार्टी (Marking Party)
5. रिपेयर पार्टी (Repair Party)

बारूदी सुरंग हटाना

बारूदी सुरंग हटाना बहुत ही विषम कार्य है। भूमि के भीतर छिपी हुई सुरंगों को ढूंढना, निकालना, निष्क्रिय करना अथवा उन्हें विस्फोट द्वारा नष्ट करना बहुत ही कठिन कार्य हैं। ऐसे में किसी छिपी हुई माइन पर पाँव पड़ने से उसके फट जाने का खतरा बराबर बना रहता है। यह कार्य माइन हटाने वाली पार्टी के विभिन्न अंगों द्वारा आपसी समन्वय और अत्यंत सावधानी के साथ किया जाता है।

माइन हटाने की मुख्य विधि निम्नलिखित हैं :

1. मशीन द्वारा माइन खोजना व हटाना
2. हाथों से माइन खोजना व हटाना
3. माइन को खोजकर उसमें सुरक्षित तरीके से विस्फोट करवाना

क्षेत्र-बाधाएँ (Field-Obstacles)

किसी क्षेत्र में शत्रु की गतिविधियों और योजनाओं में व्यवधान डालने वाली बाधाओं को क्षेत्र-बाधा कहते हैं। इन बाधाओं के उद्देश्य प्रायः निम्नलिखित होते हैं :

1. शत्रु का मनोबल कम करना।
2. उसकी योजना और आक्रमण को छिन्न-भिन्न करना।
3. व्यवधान डालकर उसे विलम्बित और अव्यवस्थित करना।
4. उसको अचानक आक्रमण करने का अवसर न देना।
5. उसे आपके चुने हुए संहार-क्षेत्र की ओर जाने पर मजबूर करना।
6. शत्रु का समय, श्रम और साजो-सामान नष्ट करना।

क्षेत्र-बाधाओं की विशेषताएँ

क्षेत्र-बाधाओं की मुख्य विशेषताएँ इस प्रकार हैं :

1. यह पर्याप्त मजबूत होनी चाहिएँ जिससे कि शत्रु को अधिकतम विलंब करवाने में सक्षम हों।
2. यह क्षेत्र-योजना के साथ समन्वय में हों, गोलीबारी से कवर हों, और छिपी हुई हों, जिससे कि शत्रु को भ्रमित किया जा सके।
3. यह हथगोलों की रेंज से बाहर होनी चाहिएँ, जिससे कि शत्रु इन्हें नष्ट करके आगे न बढ़ सके।
4. यह :
   (i) आपकी दृष्टि और गोलीबारी में बाधा न डालें।
   (ii) शत्रु को आड़ प्रदान न करें।
   (iii) रक्षा की सही स्थिति न प्रकट करें।
   (iv) आपकी गतिशीलता में बाधा न डालें।
   (v) शत्रु की रेकी करने में आपके लिये बाधा न बनें।

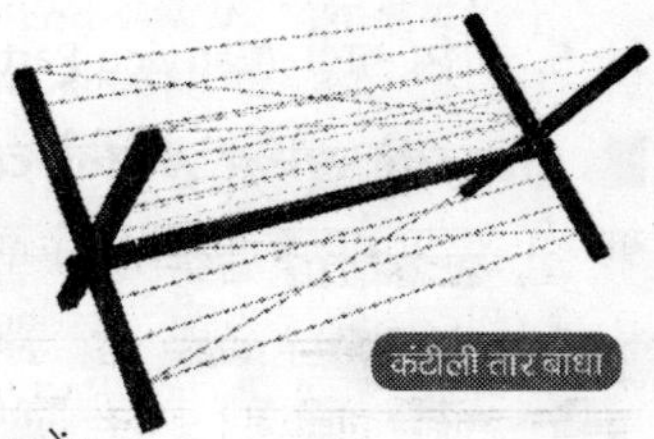

कंटीली तार बाधा

बाधाओं के प्रकार

पैदल सेनाओं के समक्ष प्रायः दो प्रकार की बाधाएँ उत्पन्न होती हैं :

1. **कृत्रिम बाधाएँ (Artificial Obstacles) :** यह मुख्यतः मानव-निर्मित बाधाएँ होती हैं। इनमें प्रमुख बाधाएँ हैं :
   (i) कँटीले तार (ii) कँटीली बाड़ (iii) दीवार
   (iv) पँजी-क्षेत्र (v) सूखी या जलसहित खाई (vi) बारूदी सुरंग
2. **प्राकृतिक बाधाएँ (Natural Obstacles) :** यह मुख्यतः प्रकृति-निर्मित बाधाएँ होती हैं। इनमें प्रमुख बाधाएँ हैं :
   (i) नहर-नदी-नाले (ii) दलदल
   (iii) घनी झाड़ियाँ (iv) चट्टान, कगार और खड़े ढलान

विभिन्न सैन्य-वाहनों और टैंकों के समक्ष दो प्रकार की बाधाएँ उत्पन्न होती हैं :

1. **एंटी-टैंक माइनफील्ड (Anti-Tank Minefield) :** बारूदी सुरंगें बिछाकर एंटी-टैंक माइनफील्ड टैंकों व अन्य सैन्य-वाहनों के लिए बड़ी बाधा उत्पन्न की जाती है।
2. **भौगोलिक बाधाएँ (Physical Obstacles) :** विभिन्न भौगोलिक आकृतियाँ टैंकों व अन्य सैन्य-वाहनों के मार्ग में बाधा उत्पन्न करती हैं। इनमें से प्रमुख हैं :
   (i) **खड़े ढलान (Steep Slopes) :** सामान्य अवस्था में 50° या अधिक के कोण वाले खड़े ढलान टैंकों के लिए बाधा बन सकते हैं। यदि ढलान ढीली-फिसलनी सतह वाले हों और उनकी लम्बाई अधिक हो तो 50° से कम के कोण होने पर भी यह टैंकों के लिए बाधा बन सकते हैं।
   (ii) **खड़े सोपान (Vertical Steps) :** 6 फुट या अधिक ऊँचाई वाले खड़े सोपान टैंकों के मार्ग में प्रभावी बाधा बन सकते हैं।

(iii) **खाइयाँ (Ditches):** एक ऐसी खाई, जिसकी चौड़ाई और गहराई टैंक की नाक (तोप) को इतना नीचे झुकने पर मजबूर कर दे कि वह भूमि पर अपनी पकड़ छोड़ दे, एक टैंक के लिए एक प्रभावी बाधा बन सकती हैं। खाइयाँ तीन प्रकार की होती हैं :

1. वन-वे-डिच (One way Ditch)
2. टू-वे-डिच (Two way Ditch)
3. वी-टैंक-डिच (V-Tank Ditch)

(iv) **जलधाराएँ (Water-bodies):** एक नहर, नाला या नदी जिसकी गहराई इतनी हो कि टैंक का अधिकांश भाग उसमें डूब जाए तो वह एक टैंक के लिए एक प्रभावी बाधा बन सकती है।

जलधाराओं को पार करना

युद्धकाल में विभिन्न प्रकार की जलधाराओं को शीघ्र एवं सुरक्षित तरीकों से पार करना एक कठिन चुनौती होती है। इसके लिए विभिन्न उपकरणों और तरीकों का प्रयोग किया जाता है। इनमें से कुछ इस प्रकार हैं :

(i) ग्राउंडशीट वाटर बेल्ट (ii) टिन फ्लोट (iii) टू मैन इक्विपमेंट और ग्राउंडशीट
(iv) बैम्बू पोल (v) चेट्टिस वाटर विंग्स (vi) वाटर बोल्ट बेल्ट
(vii) ड्रम राफ्ट (viii) बंडल ऑफ लॉग्स (ix) बैम्बू मैट राफ्ट
(x) हे-बंडल राफ्ट (xi) चारपाई राफ्ट

शत्रु द्वारा विस्फोटकों और आइ-ई-डी का प्रयोग कैसे किया जाता है?

इम्प्रोवाइज्ड एक्सप्लोसिव डिवाइस (IED) के मुख्य घटक इस प्रकार हैं :

1. विस्फोटक (Explosive)
2. डेटोनेटर (Detonator)
3. शुरुआत का तंत्र (Initiating Mechanism)
4. शक्ति का स्रोत (Power Source)

◆ शत्रु आइ-ई-डी का प्रयोग कहाँ-कहाँ कर सकता है?

शत्रु अधिकाधिक क्षति पहुँचाने के उद्देश्य से निम्नलिखित में से किसी भी स्थान पर इनका प्रयोग कर सकता है :

(i) सार्वजनिक स्थानों (रेलवे स्टेशन, बस स्टैंड और हवाई अड्डे आदि)।
(ii) सार्वजनिक परिवहन के स्थान (बस, ट्रेन, हवाई जहाज, जलयान आदि)।
(iii) सार्वजनिक उपयोग के स्थान (पुस्तकालय, कार्यालय और उद्योग आदि)।
(iv) सैन्य प्रतिष्ठान (गोला-बारूद भंडार, ईंधन, तेल, गैस डिपो आदि)।
(v) गण-मान्य व्यक्तियों के वाहन।
(vi) मुख्य सड़क मार्ग।
(vii) स्थान जहाँ भारी भीड़ जुटती हो।
(viii) धार्मिक-पूजा स्थल।
(ix) महत्वपूर्ण भवन (स्कूल, कॉलेज, अस्पताल, व्यावसायिक केन्द्र, सरकारी कार्यालय आदि)

(x) महत्त्वपूर्ण पुल व बाँध।

(xi) ऐतिहासिक स्मारक।

◆ आइ-ई-डी को कैसे पहचानें?

शत्रु आइ-ई-डी को कहीं भी छिपा कर लगा सकता है, अतः हमेशा अपने आस-पास चौकन्नी निगाह रखनी चाहिए। यह प्रायः निम्नलिखित रूपों में मौजूद हो सकती है अथवा इनके द्वारा पहचानी जा सकती है :

(i) कोई लावारिस बैग, बॉक्स, बंद बर्तन, सिलिंडर आदि।

(ii) कोई लावारिस आकर्षक वस्तु, मोबाइल फोन, ट्रांजिस्टर, कैमरा आदि।

(iii) कोई अवांछित वस्तु जिसे वहाँ नहीं होना चाहिए, जैसे घड़ी, बैटरी आदि।

(iv) कोई लटकता हुआ बिजली का तार।

(v) कोई एंटीना का तार।

(vi) ताजी खुदी हुई मिट्टी।

(vii) सूखी घास-पत्तियों का ढेर, गोबर-कूड़े का ढेर (छलावरण के लिये)।

(viii) टूटी हुई सड़क अथवा ताजी मरम्मत की हुई सड़क।

(ix) ताजा बना फर्श, प्लाटर अथवा पेंट आदि।

(x) कूड़ेदान, गाड़ी की डिक्की आदि।

◆ आइ-ई-डी का संदेह होने पर क्या करें?

किसी स्थान पर आइ-ई-डी की मौजूदगी का संदेह होने पर पर्याप्त सावधानी व सुरक्षा के उपाय किये जाने चाहिएँ। संदेह होने पर निम्नलिखित सावधानियाँ बरतें और सुरक्षा के उपाय करें :

(i) संदेहजनक वस्तु से दूर रहें।

(ii) बूबी-ट्रेप्स से सावधान रहें।

(iii) अन्य लोगों को भी संदेहास्पद वस्तुओं के प्रति आगाह करें।

(iv) पुलिस/बम निरोधक दस्ते को तुरंत सूचित करें।

(v) भीड़ को नियंत्रित करने और ट्रैफिक सुचारू रखने में पुलिस की मदद करें।

(vi) आस-पास के लोगों को सुरक्षित स्थान पर भेजें।

◆ आइ-ई-डी का संदेह होने पर क्या न करें?

आइ-ई-डी का संदेह होने पर कुछ ऐसी गलतियाँ जाने-अनजाने होने की संभावना रहती है जिनके परिणाम बहुत भयंकर हो सकते हैं और अनेक लोगों के जान-माल का नुकसान हो सकता है। संदेह होने पर निम्नलिखित कार्य न तो स्वयं करें और न ही किसी अन्य व्यक्ति को करने दें :

(i) लावारिस वस्तु को सुरक्षित न समझें।

(ii) संदेहजनक वस्तु को न छुएँ।

(iii) ऐसी वस्तु देखने पर व्यग्रता न दर्शाएँ।

(iv) यह न समझें कि वहाँ ऐसी एक ही वस्तु होगी।
(v) यह न समझें कि पानी में डुबोने से वह निष्क्रिय हो जाएगी।
(vi) घबराहट व अफवाहें न फैलाएँ।
(vii) संदिग्ध वस्तु के आस-पास भीड़ न लगाएँ।
(viii) किसी भी तार को न छेड़ें अथवा काटें।
(ix) संदिग्ध वस्तु के आस-पास शोर न करें।
(x) संदिग्ध वस्तु के आस-पास आग न जलाएँ।
(xi) स्वयं उस वस्तु को वहाँ से हटाने अथवा निष्क्रिय करने की चेष्टा न करें।
(xii) पुलिस/बम निरोधक दस्ते को सूचित करने में कतई देर न करें।

संचार (Communication)

जब दो या अधिक व्यक्ति किसी माध्यम के प्रयोग द्वारा किसी विचार अथवा सूचना को साझा करते हैं तो इसे उनके बीच संचार कहते हैं। सामान्य जीवन के साथ-साथ रक्षा-बलों में भी इसका बहुत महत्व है। संचार प्रक्रिया के प्रायः चार मुख्य तत्व होते हैं :

1. **संचार-स्रोत :** संचार प्रक्रिया जिस किसी व्यक्ति, यंत्र अथवा संस्था द्वारा आरंभ की जाती है, उसे संचार-स्रोत कहा जाता है।
2. **संदेश :** संचार-स्रोत द्वारा जो सूचना, विचार अथवा अन्य जानकारी प्रेषित की जाती है, उसे संदेश कहा जाता है।
3. **संचार-माध्यम :** संचार-स्रोत द्वारा सूचना को प्रेषित करने के लिए जिस भौतिक माध्यम का प्रयोग किया जाता है, उसे संचार-माध्यम कहा जाता है।
4. **संचार-प्राप्तकर्त्ता :** संचार स्रोत द्वारा प्रेषित संदेश को संचार माध्यम द्वारा प्राप्त करने वाले व्यक्ति अथवा व्यक्तियों को संचार-प्राप्तकर्त्ता कहा जाता है।

आजकल अधिकतर संचार यंत्रों के माध्यम से किये जाते हैं अतः उनमें स्रोत, माध्यम और प्राप्तकर्त्ता के पास चालू हालत में यंत्र मौजूद होने आवश्यक हैं। उदाहरण के लिए जब आप अपने किसी मित्र को WhatsApp द्वारा कोई संदेश भेजते हैं तो आपके पास अपना Android Device चालू हालत में होना चाहिए, संचार माध्यम के रूप में काम कर रही Android Serivce देने वाली संस्था के यंत्र भी चालू हालत में होने चाहिएँ और सूचना प्राप्त करने वाले व्यक्ति का Android Device भी चालू हालत में होना चाहिए, तभी आपका संदेश उस तक सही-प्रकार से और सही समय पर पहुँच सकेगा।

संचार की विधियाँ

सेना में संचार की विभिन्न विधियाँ इस प्रकार हैं :

(i) सांकेतिक भाषा द्वारा
(ii) ध्वनि माध्यम द्वारा
(iii) लिखित संदेश द्वारा
(iv) धावकों और संदेशवाहकों द्वारा
(v) लाइन-कम्यूनिकेशन
(vi) रेडियो-कम्यूनिकेशन

(i) **सांकेतिक भाषा द्वारा (Sign Language) :** इस विधि में संदेशों का संचार सांकेतिक भाषा (Code Language) में किया जाता है। इसमें अक्षरों और शब्दों के मायने बदल दिये जाते हैं जिससे कि यदि शत्रु के हाथ में संदेश पड़ जाए तो वह उसका अर्थ न समझ सके।

(ii) **ध्वनि माध्यम द्वारा (Voice Medium) :** इस विधि में संदेश बोलकर अथवा रिकॉर्ड करके भेजे जाते हैं और प्रायः इनमें भी सांकेतिक भाषा का प्रयोग किया जाता है।

(iii) **लिखित संदेश (Written Script) :** इस विधि में संदेश लिखकर भेजे जाते हैं और आवश्यकतानुसार इनमें भी सांकेतिक भाषा का प्रयोग किया जाता है। पुराने समय में कबूतरों द्वारा भी संदेश भेजे जाते थे।

(iv) **धावकों और संदेशवाहकों द्वारा (Runners and Message Bearers) :** इस विधि में सांकेतिक व अन्य संदेश प्रशिक्षित एवं विश्वासपात्र व्यक्तियों के हाथ भेजे जाते हैं।

(v) **लाइन-कम्यूनिकेशन (Line and Cable Medium) :** यह विभिन्न स्थानों पर रुके हुए सैन्य-बलों के बीच संचार की बुनियादी प्रणाली है। दो सैन्य-अधिकारियों के बीच संदेश और सूचनाओं के आदान-प्रदान के लिये यह एक उत्तम प्रणाली है। लाइन कम्यूनिकेशन के लिये भूमिगत, स्थायी, समुद्री केबल और ऑप्टिकल फाइबर्स का भी प्रयोग किया जाता है जो ध्वनि, डेटा और विडियो के आदान-प्रदान में सक्षम हैं। इसमें कई प्रकार के लाइन एक्सचेंज प्रयोग में लाये जाते हैं।

(vi) **रेडियो-कम्यूनिकेशन (Wireless Radio Medium) :** यह गतिमान एवं स्थिर सैन्य-बलों के बीच संदेशों का बेतार संचरण है जो विद्युत-चुम्बकीय विकिरण के द्वारा 30 kHz से 300 GHz की रेडियो आवृत्ति के बीच संकेतों का आदान-प्रदान करता है। यह तरंगें वायु एवं निर्वात (Vacuum) के माध्यम से संकेत पहुँचाती हैं। इसमें ध्वनि-संदेश को पहले विद्युत संदेश, फिर रेडियो संदेश में बदलकर भेजा जाता है और फिर पुनः विद्युत-संदेश एवं रेडियो-संदेश में बदलकर सुना जाता है। रेडियो-संचार दो प्रकार से किया जाता है :

- नेट-रेडियो (Net-Radio) द्वारा
- रेडियो-रिले (Radio-Relay) द्वारा

- **नेट-रेडियो :** जब एक ही आवृत्ति पर कई रेडियो संदेशों का आदान-प्रदान करते हैं तो इसे नेट-रेडियो प्रणाली अथवा रेडियो-जाल कहते हैं। यह गतिमान सैन्य-बलों के लिए आधारभूत संचार प्रणाली है। इसके प्रयोग में निम्नलिखित सुविधाएँ उपलब्ध होती हैं :

1. सिम्प्लेक्स एवं डुप्लेक्स, दोनों ही प्रकार का रेडियो-संचार संभव होता है।
2. संदेशों और मुख्य संवादों के संचार के लिये रेडियो टेलीग्राफी की जा सकती है।
3. रेडियो संचार के साथ प्रिंटर का प्रयोग संभव होता है।

नेट-रेडियो संचार की कार्यक्षमता काफी हद तक मौसम, इलाके, रेडियो सेट की क्षमता, रख-रखाव और सेट-ऑपरेटर के प्रशिक्षण पर निर्भर करती है। यह उच्च-आवृत्ति (High Frequency) और अति-उच्च आवृत्ति (Very High Frequency) पर संचालित किये जा सकते हैं। सेनाओं द्वारा आजकल अधिकांश VHF बैंड के रेडियो उपकरण प्रयोग किये जाते हैं।

- **रेडियो-रिले :** इस रेडियो प्रणाली में प्रत्येक 20-35 किमी. की दूरी पर एक-के-बाद-एक रेडियो संचारक लगे होते हैं जो बिंदु-से-बिंदु के बीच रेडियो संचार करते हैं। इनमें संदेश ग्रहण करने और आगे भेजने के लिये अलग-अलग आवृत्तियों का प्रयोग किया जाता है, अतः बार-बार भेजने/प्राप्त करने वाले बटन को दबाने की आवश्यकता नहीं पड़ती है। यह डुप्लेक्स लिंक होता है, अतः सामान्य लाइन सर्किट को टेलीफोन और टेलीग्राफ एक्सचेंजों के साथ जोड़ा जा सकता है।

विभिन्न संचार माध्यमों के लाभ व हानियाँ

I. लाइन-संचार के लाभ-हानियाँ

लाभ	*हानियाँ*
(i) यह विश्वसनीय और व्यावहारिक रूप से बिजली की गड़बड़ी से मुक्त होता है।	(i) इसके लिये महँगे कर्मियों और सामग्री की आवश्यकता होती है।
(ii) यह अपेक्षाकृत सुरक्षित होता है।	(ii) इसका निर्माण करने में अधिक समय लगता है।
(iii) परिपथों की संख्या व संदेशों को भेजने की क्षमता अधिक होती है।	(iii) निर्माण के पश्चात इसमें बदलाव की संभावना नहीं होती है।
	(iv) यह अपनी पूरी लंबाई के बीच कहीं भी भौतिक अथवा शत्रु द्वारा उत्पन्न गड़बड़ी का शिकार बन सकता है।

II. नेट-रेडियो के लाभ-हानियाँ

लाभ	*हानियाँ*
(i) यह संपर्क स्थापित करने में तेज होते हैं।	(i) इसके परिचालन में पर्याप्त सुरक्षा-चेतना की आवश्यकता होती है।
(ii) यह कर्मियों और उपकरणों में किफायती हैं।	(ii) इसके लिये मानक प्रक्रिया और सुरक्षा कोड का पालन आवश्यक होता है।
(iii) इन्हें सरलता से पुनर्व्यवस्थित किया जा सकता है।	(iii) शत्रु द्वारा इंटरसेप्ट किये जाने से बचाने के लिये इसमें कोड और सिफर का प्रयोग आवश्यक होता है, जिसमें समय लगता है और कर्मियों की संख्या में अधिकता रखनी पड़ती है।
(iv) यह भौतिक रूप से अपेक्षाकृत सुरक्षित हैं।	

III. रेडियो-रिले के लाभ-हानियाँ

लाभ	*हानियाँ*
(i) यह लाइन-संचार की अपेक्षा अधिक लचीलापन प्रदान करता है।	(i) इसके लिये स्थान का चुनाव बहुत ध्यान से करना पड़ता है।
(ii) यह केवल टर्मिनल पर ही भौतिक रूप से कमजोर होता है।	(ii) यह गतिमान अवस्था में कार्य नहीं कर सकता है।

(iii) यह त्वरित रूप से व्यवस्थित किया जा सकता है।	(iii) यह नेट-रेडियो की अपेक्षा थोड़ा महँगा पड़ता है।
(iv) यह कर्मियों और उपकरणों में किफायती है।	(iv) इसके लिये अतिरिक्त सुरक्षा व्यवस्थ की आवश्यकता होती है।
(v) यह उन क्षेत्रों में सरलता से संचालित किया जा सकता है जहाँ भूमि की कोई समस्या अथवा शत्रु की गतिविधि के कारण लाइन-संचार संभव नहीं होता।	(v) इसके संचार में शत्रु द्वारा व्यवधान डाला जा सकता है।
(vi) यह अधिकाधिक संचार-यातायात संभालने में सक्षम है।	(vi) यह शत्रु द्वारा इंटरसेप्ट किया जा सकता है।

संचार मीडिया

संचार के लिये एक उचित माध्यम अथवा मीडिया की आवश्यकता होती है। यह संचार-माध्यम प्रायः दो प्रकार के होते हैं : 1. केबल मीडिया एवं 2. वायरलैस मीडिया।

1. **केबल मीडिया :** केबल मीडिया में संचार तारों (Wires) की मदद से किया जाता है। यह केबल अथवा तार कई प्रकार के होते हैं; जैसे–
   1. कोएक्सियल केबल (Co-axial cable)
   2. ट्विस्टिड पेयर केबल (Twisted Pair cable)
   3. फाइबर-ऑप्टिक्स केबल (Fibre Optics cable)

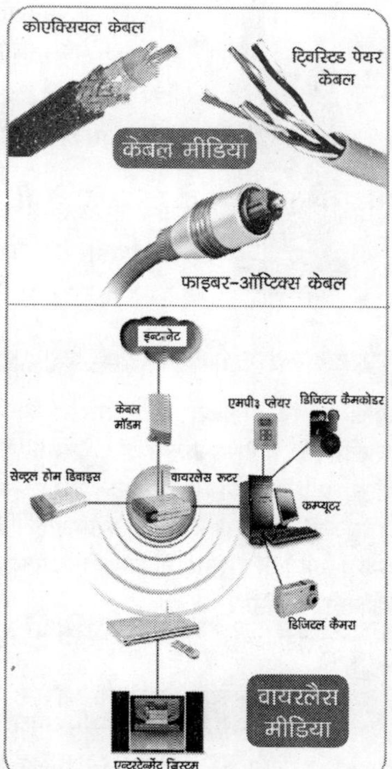

2. **वायरलैस मीडिया :** वायरलैस मीडिया में संचार के लिये तारों की बजाय विभिन्न प्रकार की तरंगों (Waves) का प्रयोग किया जाता है; जैसे–
   1. रेडियो तरंग (Radio Waves)
   2. इन्फ्रारेड तरंग (Infrared Waves)
   3. माइक्रोवेव (Microwave)

   तरंगों का प्रसार : तरंगों का प्रसार विभिन्न स्तरों पर किया जाता है, जैसे–
   1. स्थलीय तरंग प्रसार (Ground Wave Propagation)
   2. आकाशीय तरंग प्रसार (Sky Wave Propagation)
   3. अंतरिक्ष तरंग प्रसार (Space Wave Propagation)
   4. क्षोभमंडलीय विक्षेपण प्रसार (Tropospheric Scatter Propagation)

विभिन्न प्रकार के संचार के लिये विभिन्न माध्यमों और तरंगों का प्रयोग किया जाता है। स्थिति और संसाधनों की उपलब्धता के आधार पर संचार के उचित माध्यम का प्रयोग किया जाता है।

वाइ–फाइ प्रौद्योगिकी (Wi-Fi Technology)

यह प्रौद्योगिकी आपको अपने घर, दफ्तर व सार्वजनिक स्थानों पर बिना तार जोड़े इंटरनेट से कनेक्ट करने की स्वतंत्रता प्रदान करती है। वाइ-फाइ एक बड़े नेटवर्क पर जानकारी प्राप्त करने के लिये पारंपरिक मोडेम से भी तेज है। इसका उपयोग करते हुए आप बिना नेटवर्क के व्यवधान के अपना स्थान बदल सकते हैं। वाइ-फाइ उपकरण उपभोक्ता के नेटवर्क प्रयोग को सुचारू बनाए रखने के उद्देश्य से परस्पर अनुवर्ती बनाए जाते हैं। जिन स्थानों पर उपभोक्ता वाइ-फाइ नेटवर्क से जुड़ सकते हैं उन्हें वाइ-फाइ हॉट-स्पॉट कहा जाता है।

वॉकी–टॉकी (Walkie-Talkie)

एक वॉकी-टॉकी हाथ में पकड़कर चलने वाला द्विपथी रेडियो उपकरण है। इसकी प्रमुख विशेषता इसका हाफ-डुप्लेक्स चैनल और पुश-टु-टॉक स्विच है। इसमें एक बार में एक ही वॉकी-टॉकी से संदेश भेजा जा सकता है और अनेकों द्वारा उसे सुना जा सकता है।

एक वॉकी-टॉकी एक कॉर्डलेस टेलीफोन जैसा दिखता है जिसमें एक एंटेना बाहर निकला रहता है। संदेश सुनने के लिये इसे कान से लगाने की आवश्यकता नहीं होती बल्कि इसके आस-पास मौजूद कई व्यक्ति एक-साथ प्राप्त संदेश को सुन सकते हैं। यह एक ऐसा बेतार यंत्र है जिसका प्रयोग दोनों ओर से गतिमान अथवा स्थिर, दोनों अवस्थाओं में बखूबी किया जा सकता है। रक्षा संस्थान विभिन्न प्रयोजनों के लिये इनका प्रयोग करते हैं।

सामान्य रेडियो टेलीफोनी प्रक्रिया (Basic Radio Telephony Procedure)

रेडियो पर सुरक्षित व सफलतापूर्वक बातचीत करने की प्रक्रिया-विधि को सामान्य रेडियो टेलीफोनी प्रक्रिया कहते हैं। रेडियो के प्रयोग में किसी भी भ्रम की स्थिति से बचाव के लिये इस प्रक्रिया का अनुपालन किया जाता है। यह प्रायः पुलिस, रक्षा-बलों, हवाई यातायात नियंत्रकों (ATCs), समुद्री संचालकों और शौकिया (Amateur) रेडियो संचालकों द्वारा प्रयोग किये जाते हैं। सेना में आर.टी. प्रक्रिया में कुछ नियमों का पालन किया जाता है। इन्हें स्टैंडर्ड आरटी प्रोसीजर कहते हैं।

इसके कुछ लाभ एवं हानियाँ निम्न प्रकार से हैं :

लाभ :
(i) इसे स्थापित करना आसान है।
(ii) यह प्रयोग में लचीला है।
(iii) यह एक से अधिक स्टेशनों पर संचार कर सकता है।

हानियाँ :
(i) इसे बाधित करना आसान है।
(ii) यह अन्य स्टेशनों एवं वायुमण्डलीय कारकों से अवरुद्ध हो सकता है।
(iii) इसे जाम किया जा सकता है।
(iv) इसे कुशल ऑपरेटर ही प्रयोग करते हैं।

स्टैंडर्ड आर.टी. प्रोसीजर की आवश्यकता

सेना में मानक रेडियो टेलीफोनी प्रक्रिया की अति-आवश्यकता होती है। यह गति, एकरूपता एवं सुरक्षा बनाये रखने हेतु और कोड संकेतों व लिंक संकेतों के प्रयोग द्वारा भ्रम एवं गलतफहमी से बचाव करती है और ऑपरेटर एवं इकाई की पहचान को गुप्त रखती है। कड़ा अनुशासन बनाए रखने के लिये आर.टी. प्रोसीजर का अभ्यास होना आवश्यक है।

आर टी प्रोसीजर के सिद्धांत (Principles of RT Procedure): आरटी प्रोसीजर के सिद्धांतों को अंग्रेजी शब्द 'BASS' से स्मरण रखा जा सकता है, इसमें–

(i) B - Brevity : संक्षिप्तता
(ii) A - Accuracy : सटीकता
(iii) S - Security : सुरक्षा
(iv) S - Speed : गति

संचार–क्षेत्र में नये आयाम एवं विकास (Latest Trends and Developments in Communications)

आवश्यकता आविष्कार की जननी है। आवश्यकताओं में परिवर्तन ने आधुनिक प्रौद्योगिकी के विकास का मार्ग खोला है। संचार के क्षेत्र में पिछली सदी के दौरान तेजी से विकास हुआ है। मारकोनी एवं ग्राहम बेल द्वारा रेडियो टेलीफोनी के क्षेत्र में किये गए आविष्कारों से आरंभ होकर इसका विकास बहुत तेजी से हुआ है। संचार माध्यमों के विभिन्न स्वरूपों की खोज की गई है। अंतरिक्ष के माध्यम ने संचार में विशेष महत्व हासिल किया है। संचार के क्षेत्र में नवीनतम प्रचलन इस प्रकार हैं :

(i) ट्रोपोस्केटर
(ii) मोडेम
(iii) फैक्स
(iv) टेलेक्स
(v) सैटेलाइट
(vi) फाइबर ऑप्टिक संचार
(vii) कम्प्यूटर
(viii) इंटरनेट
(ix) सैलफोन
(x) मल्टीमीडिया
(xi) वीडियोफोन

(i) ट्रोपोस्केटर (Troposcatter) : आकाश की 15 किमी. तक ऊँचाई की परत को क्षोभमंडल अथवा ट्रोपोस्फीयर कहते हैं। इस क्षेत्र में मौजूद विभिन्न प्रकार की गैसों के अणु रेडियो तरंगों के विक्षेपण में मदद करते हैं। इस प्रक्रिया द्वारा माइक्रोवेव को UHF और SHF बैंड में प्रसारित करके क्षैतिज रूप में 70 से 1000 किमी. का रेडियो संचार किया जा सकता है। विशेष सिग्नल ग्रुपों द्वारा डिजिटल मोबाइल ट्रोपोस्केटर सिस्टम का संचालन किया जाता है।

ट्रोपोस्केटर के प्रयोग :

1. यह रेगिस्तान, पहाड़ और समुद्र के दुर्गम क्षेत्रों के लिये आदर्श है।
2. यह लंबी दूरी पर स्थित दो बिंदुओं के मध्य संचार के लिये प्रयोग किये जा सकते हैं।
3. इसकी चैनल क्षमता इस प्रकार है :

(i) डाटा : 03
(ii) ध्वनि : 24
(iii) टेलीग्राफ/टेलेक्स : 32

(ii) **मोडेम** **(Modem) :** एक मोडेम टेलीफोन लाइन, केबल, उपग्रह अथवा दृष्टिरेखा-बेतार (Line of sight wireless) द्वारा सूचना का संचार करता है। मोडेम शब्द 'मोड्यूलेट' (Modulate) और 'डीमोड्यूलेट' (Demodulate) दो शब्दों से मिलकर बना है। मोडेम कम्प्यूटर के डिजिटल सिग्नल को टेलीफोन के एनालॉग सिग्नल में परिवर्तित करके भेजता है और दूसरे छोर पर लगा मोडेम इसके विपरीत एनालॉग सिग्नल को डिजिटल सिग्नल में बदल कर पढ़ने योग्य बना देता है। डिजिटल मोडेम कम्प्यूटर द्वारा भेजी जाने वाली डिजिटल सूचना को बिना एनालॉग सिग्नल में परिवर्तित किये भेज देता है। एक मोडेम की क्षमता को उसके द्वारा भेजी अथवा प्राप्त की जाने वाली सूचना की गति से मापा जा सकता है। इसे बॉड रेट (Baud Rate) में मापा जाता है। प्रारंभिक दिनों में मोडेम 2400 बॉड की गति से सूचना का संचार करते थे किंतु अब इसका 56,000 बॉड होना आम बात है। केबल, वायरलेस और डिजिटल सब्सक्राइबर लाइनों (DSL) द्वारा 3,00,000 बॉड और अधिक की गति से सूचनाएँ भेजी व प्राप्त की जा सकती हैं।

(iii) **फैक्स** **(Fax) :** फैक्स अथवा फैक्सिमाइल मशीन एक टेलीफोन लाइन द्वारा, छपी हुई सामग्री (लिखित अथवा चित्र) की प्रतिलिपी, किसी दूसरी फैक्स अथवा कम्प्यूटर को भेंज सकती है। फैक्स द्वारा संचार के मुख्य लाभ इस प्रकार हैं :

1. यह ग्राफिक और अंक-शाब्दिक दोनों प्रकार की सूचनाओं का संचार कर सकती है।
2. इसमें समय की बचत होती है और संचार-त्रुटियाँ नहीं होती हैं।
3. यह किसी भी स्थानीय भाषा में सूचना भेज सकती है।
4. इसमें टेलीफोन लाइन के अलावा माइक्रो रेडियो वेव का भी प्रयोग किया जा सकता है।
5. यह भेजे गए दस्तावेज को फोटोकॉपी के रूप में प्राप्त कर सकती है।

(iv) **सैटेलाइट** **(Satellite) :** एक उपग्रह अथवा सैटेलाइट एक ऐसा यंत्र अथवा पिंड होता है जो किसी अन्य, अपने से कई गुना बड़े पिंड की परिक्रमा करता है। इसकी गति इन दोनों के बीच गुरुत्वाकर्षण की शक्ति से निर्धारित की जा सकती है। अंतरिक्ष-युग से पहले केवल प्राकृतिक ग्रह और चन्द्रमा आदि ही उपग्रह माने जाते थे। 4 अक्टूबर, 1957 को रूस द्वारा प्रथम मानव-निर्मित यांत्रिक उपग्रह 'स्पूतनिक' अंतरिक्ष में स्थापित किया गया। उसके बाद से संचार के क्षेत्र में जैसे एक क्रांति ही आ गई। मानव-निर्मित उपग्रह कई प्रकार के होते हैं, जैसे–

1. संचार उपग्रह
2. मौसम उपग्रह
3. वैज्ञानिक उपग्रह
4. सैन्य उपग्रह
5. दिग्दर्शक उपग्रह (Navigational Satellite)

(v) **फाइबर ऑप्टिक्स संचार** **(Fibre Optics Communication) :** इस माध्यम से संचार करने के लिये सूचना को प्रकाश के स्पंदन (Pulses of light) के रूप में फाइबर ऑप्टिक्स केबल द्वारा भेजा जाता है। प्रकाश द्वारा एक विद्युत्-चुम्बकीय वाहक तरंग का निर्माण किया जाता है जिसको मोड्यूलेट किया जाता है। ऑप्टिकल फाइबर कॉर्निंग काँच की महीन खोखली नलियाँ होती हैं जिनके ऊपर रबर अथवा प्लास्टिक का सुरक्षात्मक

संचार के आधुनिक माध्यम
(Latest Trends in Communications)

ट्रोपोस्केटर (Troposcatter)

मोडम
(Modem)

फैक्स (Fax)

फाइबर ऑप्टिक्स कम्यूनिकेशन
(Fibre Optics Communication)

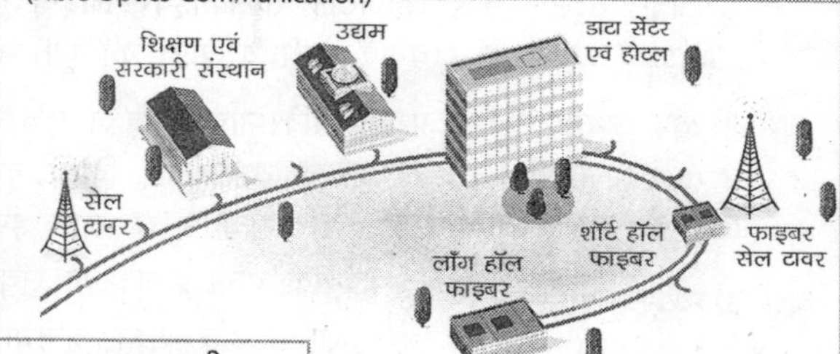

सैटेलाइट (Satellite)

कंप्यूटर (Computer)

सूचना तकनीक
(Information Technology)

इंटरनेट (Internet)

सेल फोन
(Cell Phone)

मल्टीमीडिया
(Multimedia)

वीडियो फोन
(Video Phone)

वीडियो कान्फ्रैंसिंग (Video Conferencing)

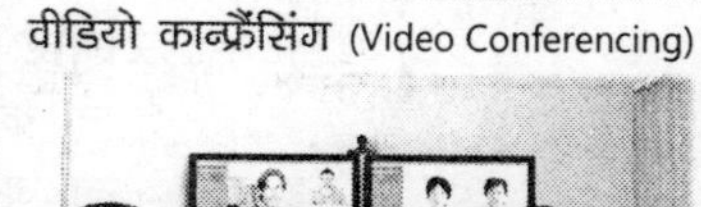

आवरण चढ़ा होता है। इनका व्यास बहुत कम होता है और यह बहुत ही नाजुक होती हैं। इनके द्वारा संचार के मुख्य लाभ तथा हानियाँ निम्नलिखित हैं :

लाभ:

1. इनकी बैंडविड्थ विस्तृत होती है जिससे यह विभिन्न प्रकार की सूचनाएँ एक साथ संचारित कर सकती हैं।
2. इनका केबल का आकार बहुत छोटा होता है अतः इसे बिछाना आसान व किफायती रहता है।
3. इनमें बिजली की खपत कम होती है।
4. यह विद्युत-चुम्बकीय विध्न-बाधाओं से मुक्त होती हैं।
5. इनमें गोपनीयता निहित है क्योंकि सभी सिग्नलों को एक साथ समझना कठिन होता है।
6. लंबी दूरियों पर स्थित इनके रिपीटर स्टेशन, मानव-रहित भी हो सकते हैं।

हानियाँ :

1. यह अधिक महँगा पड़ता है।
2. इसमें जोड़ लगाने में समस्या होती है।
3. इच्छानुसार चैनल छोड़े नहीं जा सकते।

(vi) कम्प्यूटर (Computer) : 'कम्प्यूटर' शब्द लैटिन शब्द 'कम्प्यूट' से बना है, जिसका अर्थ है—गणना करना। कम्प्यूटर एक इलैक्ट्रॉनिक उपकरण है जो डाटा तथा निर्देशों को इनपुट के रूप में ग्रहण करके उनका विश्लेषण करता है तथा आवश्यक परिणामों को निश्चित प्रारूप में आउटपुट साधन के जरिए उत्पन्न करता है। यह डाटा का भंडारण भी करता है। इसकी काम करने की गति बहुत तेज होती है तथा यह त्रुटिरहित कार्य करता है। कम्प्यूटर का प्रयोग शिक्षा, उद्योग, बैंकों, कार्यालयों, रक्षा-संस्थानों और वैज्ञानिक अनुसंधान सहित अनेक क्षेत्रों में किया जाता है।

लाभ:

1. इसमें असीमित सूचनाओं तथा डाटा का संग्रहण किया जा सकता है।
2. यह तेज गति से गणनाएँ करता है तथा 1 सेकण्ड में लाखों गणनाएँ कर सकता है।
3. यह बहुविध-प्रसंस्करण एवं त्रुटिरहित गणनाएँ करता है।
4. यह स्वचालित उपकरण है, एक बार निर्देश लेने के बाद सारा कार्य स्वयं करता है तथा इस दौरान इंसानी हस्तक्षेप की आवश्यकता बहुत ही कम होती है।
5. इसमें एक ऐसा विकल्प होता है जिसके द्वारा मनुष्य अपने डाटा/सूचनाओं को गोपनीय ढंग से रख सकता है।

हानियाँ:

1. इसको निरंतर विद्युत-शक्ति की आवश्यकता होती है।
2. इसके लिए प्रशिक्षित कार्मिकों की आवश्यकता होती है।
3. सूचनाओं (Data) का संग्रहण (Backup) अलग से करना आवश्यक होता है।
4. यदि यह किसी वायरस अथवा साइबर अटैक के शिकार बन जाते हैं तो सूचनाएँ नष्ट हो सकती हैं।

(vii) इन्टरनेट (Internet) : यह अंतर्राष्ट्रीय संचार का एक ऐसा नेटवर्क है जो दुनिया भर के कम्प्यूटरों को एक-दूसरे से जोड़कर सूचनाओं का संचार करता है। इसमें कम्प्यूटर परस्पर टेलीफोन लाइनों, ब्रॉडबैंड, वाइ-फाइ अथवा मोबाइल फोन टेक्नोलॉजी द्वारा जुड़े होते हैं और सूचनाओं का आदान-प्रदान करते हैं। इस विश्वव्यापी नेटवर्क से दुनियाभर के करोड़ों लोग आपस में संपर्क में रहते हैं। इसके द्वारा दुनिया के किसी भी कोने में बैठकर आप सूचनाओं का आदान-प्रदान कर सकते हैं।

लाभ:

1. इंटरनेट की सहायता से हम किसी भी तरह की जानकारी चाहे वो तकनीकी हो या गैर-तकनीकी, सर्च इंजन की मदद से मिनटों में प्राप्त कर सकते हैं।
2. इंटरनेट द्वारा हम ई-मेल, बैंक-व्यवहार, ऑनलाइन शॉपिंग, रेलवे यात्रा/हवाई यात्रा टिकट बुकिंग, अध्ययन व व्यवसाय-संबंधी सुविधायें घर बैठे प्राप्त कर सकते हैं।
3. इसके द्वारा दूर रह रहे लोगों के साथ बातचीत या विडियो कॉलिंग भी कर सकते हैं।
4. सरकारी व गैर-सरकारी संस्थाएँ अपनी-अपनी इंटरनेट वेबसाइट द्वारा अपने विषय में जानकारी और आम लोगों को विभिन्न सेवाएँ उपलब्ध करवाती हैं।
5. इसकी सहायता से हम मनोरंजक एवं अन्य महत्वपूर्ण जानकारियाँ प्राप्त करके उनका संग्रहण भी कर सकते हैं।

हानियाँ:

1. ऑनलाइन बैंकिंग व सोशल नेटवर्किंग साइट आदि के जरिए हमारी निजी जानकारियाँ, जैसे—नाम, पता, मोबाइल नंबर इत्यादि का गलत उपयोग हो सकता है।
2. इंटरनेट का सबसे बड़ा नुकसान पोर्नोग्राफी से है, जिससे हमारे समाज और बच्चों पर बुरा प्रभाव पड़ता है।
3. इसके प्रयोग से वायरस का खतरा बढ़ जाता है जिससे हमारी सूचनाओं (data) और कम्प्यूटर को नुकसान हो सकता है।
4. इंटरनेट के जरिए ई-मेल पर स्पैम यानि अवांछनीय ई-मेल आते हैं जिनका उद्देश्य केवल हमारी गोपनीय सूचनाओं की चोरी करना होता है।

(viii) सैल फोन (Cell Phone) : सैल फोन, जिसे हम मोबाइल फोन के नाम से भी जानते हैं, एक ऐसा उपकरण है जिसके द्वारा एक विस्तृत भौगोलिक क्षेत्र में रेडियो लिंक के द्वारा परस्पर बातचीत की जा सकती है। इसके लिये मोबाइल फोन ऑपरेटर द्वारा सैलुलर नेटवर्क उपलब्ध करवाए जाते हैं जो सार्वजनिक टेलीफोन नेटवर्क से जुड़े होते हैं। बातचीत के अलावा सैलफोन द्वारा व्हाट्सएप (WhatsApp), एसएमएस, एमएमएस, ई-मेल, इंटरनेट, जीपीएस, टेलीविजन, रेडियो, मौसम की जानकारी, इन्फ्रारेड, ब्लूटूथ, गेमिंग, फोटोग्राफी आदि अनेक गतिविधियाँ संभव होती हैं। आधुनिक युग के स्मार्टफोन इन सभी के अतिरिक्त कम्प्यूटरों के भी अनेक गुणों से संपन्न होते हैं और प्रायः कम्प्यूटरों द्वारा किये जा सकने वाले अधिकांश कार्य कहीं भी चलते-फिरते करने की सुविधा प्रदान करते हैं।

लाभ :

1. इसके जरिये आप कहीं भी और किसी भी समय किसी से संपर्क कर सकते हैं।
2. इनमें डाटा एक्सचेंज की गति तेज होती है।
3. इनकी बहुसंख्य ग्राहकों और सूचनाओं को संभालने की क्षमता अधिक होती है।
4. यह कम्प्यूटर नेटवर्क के साथ एकीकृत रूप में भी कार्य कर सकते हैं।
5. आप इसे अपनी जेब में रखकर आराम से कहीं भी ले जा सकते हैं।
6. आप इसके जरिए अलार्म घड़ी, कैल्कुलेटर, टाइमर, नोट बुक, कैलेंडर, फोटो, फिल्म, संगीत, ब्लूटूथ, जीपीआरएस इत्यादि कई अनेक सुविधाएँ प्राप्त कर सकते हैं।

हानियाँ :

1. इनका अत्यधिक प्रयोग स्वास्थ्य के लिए हानिकारक होता है।
2. इनसे हमारे हृदय, कान और मस्तिष्क पर सबसे ज्यादा प्रतिकूल प्रभाव पड़ता है।
3. इनके कहीं खोने या टूटने से सारी सूचनाएँ बर्बाद हो सकती हैं।
4. इनके द्वारा समय व धन का अपव्यय होता है।
5. यदि हम इनका प्रयोग सड़क पर करते हैं तो दुर्घटना हो सकती है।
6. युवा वर्ग के इनकी ओर अत्यधिक आकर्षित होने से उनका समय, पढ़ाई एवं भविष्य खराब होने की संभावना बढ़ गई है।

(ix) मल्टीमीडिया (Multimedia) : मल्टीमीडिया अंग्रेजी के 'multi' तथा 'media' शब्दों से मिलकर बना है जिनका संयुक्त अर्थ होता है 'बहु-माध्यम'। मल्टीमीडिया एक ऐसा माध्यम होता है जिसके द्वारा विभिन्न प्रकार की जानकारियों को विविध प्रकार के माध्यमों जैसे कि टेक्स्ट, ऑडियो, ग्रॉफिक्स, एनिमेशन, वीडियो आदि का संयोजन करके दर्शक/श्रोताओं तक पहुँचाया जाता है। इन सभी के संयोजन द्वारा प्रभावी कार्यक्रम प्रस्तुति संभव हो पाती हैं। मल्टीमीडिया का प्रयोग आजकल व्यापार, शिक्षा, कला, मनोरंजन, पत्रकारिता, विज्ञापन, वीडियो गेम्स, संगीत तथा फिल्मों में स्पेशल इफेक्ट्स देने के क्षेत्र में बखूबी किया जाता है।

(x) वीडियो कॉन्फ्रेंसिंग (Video Conferencing) : यह एक ऐसी तकनीक है जिसके द्वारा दो या अधिक व्यक्ति दुनिया के अलग-अलग कोनों में होते हुए भी परस्पर उन्मुख (Face-to-face) होकर बातचीत और सलाह-मशविरा कर सकते हैं। ऐसा वेबकैम (Webcam) और इंटरनेट टेलीफोन कनेक्शन की मदद से संभव होता है। एक वेबकैम इसके सम्मुख व्यक्ति की आवाज व चलचित्र (Video) रिकॉर्ड करने और भेजने का काम करता है। इस प्रकार दुनिया में दूर-दूर बैठकर भी लोग वीडियो कॉन्फ्रेंसिंग द्वारा बातचीत करके आवश्यक कार्य निपटा सकते हैं। इसमें समय व संसाधनों, दोनों की अत्यधिक बचत होती है। टेलीफोन द्वारा बिना वीडियो की कॉन्फ्रेंसिंग को टेलीकॉन्फ्रेंसिंग कहते हैं।

(xi) वीडियो फोन (Video Phone) : यह टेलीफोन और वेबकैम का मिश्रित रूप है जो आवाज के साथ-साथ चलचित्र को भी डिजिटल कम्यूनिकेशन नेटवर्क द्वारा संचारित करता है। वीडियोफोन के मुख्य लाभ अग्रलिखित हैं :

लाभः

1. उपभोक्ता परस्पर एक-दूसरे को देख सकते हैं।
2. वह अपनी आवाज और वीडियो दोनों भेज सकते हैं।
3. इसके द्वारा वीडियो कॉन्फ्रेंस आयोजित की जा सकती है।
4. इनमें आवाज की गुणवत्ता उत्तम होती है।
5. मानचित्रों का आच्छादन (Map overlays) प्रेषित किये जा सकते हैं।
6. उपभोक्ता द्वारा प्रेषण की गति नियंत्रित की जा सकती है।

(xii) सूचना प्रौद्योगिकी (Information Technology) : सूचना प्रौद्योगिकी से तात्पर्य सूचनाओं के सृजन, संयोजन, प्रसंस्करण, भंडारण, प्रस्तुतिकरण और प्रसार की प्रक्रियाओं व इसके सहायक उपकरणों से है, जो इन्हें संभव बनाते हैं। इसका मुख्य आधार कम्प्यूटर हार्डवेयर, सॉफ्टवेयर और दूरसंचार का बुनियादी ढाँचा है। आधुनिक युग में उन्नति के मार्ग में सूचना प्रौद्योगिकी का बड़ा महत्व है। हमारे जीवन का शायद ही कोई ऐसा क्षेत्र होगा जिसमें इसका योगदान नहीं है। हमारे दैनिक जीवन में भी हम इसे हर कदम पर कहीं न कहीं अपने समीप पाते हैं। यह मुख्य रूप से शिक्षा, उद्योग, व्यवसाय, बैंकिंग, कृषि, होटल, मनोरंजन, मार्केटिंग, सरकारी व गैर-सरकारी संस्थाओं तथा रक्षा बलों द्वारा प्रयोग की जाती है।

रक्षा बलों में संचार का महत्व

रक्षा बलों के लिये संचार का बड़ा महत्व है। सही संकेतों (Signals) के आदान-प्रदान के लिये रक्षा-बल संचार पर निम्न प्रकार से निर्भर होते हैं :

1. कमांडरों और सीमा पर तैनात सैन्य बलों के बीच संवाद करना।
2. शत्रु के सैन्य बलों की गतिविधियों की जानकारी देना।
3. युद्ध की गतिविधियों में बदलाव के संकेत देना।
4. युद्ध-क्षेत्र में आपातकालीन निर्देश देना।
5. दुर्गम-क्षेत्रों और बर्फीले स्थानों पर विशेष आदेश देना।
6. युद्ध-क्षेत्र में प्रभावी परिचालन बदलाव के आदेश देना।
7. शत्रु के विषय में सही-गलत सूचनाएँ प्राप्त/प्रेषित करना।
8. सैनिकों को आगे की परिचालन गतिविधियों के लिए तैयार करना।
9. परिचालन गतिविधियों के जमीनी स्तर पर प्रभाव का अनुमान लगाना।
10. युद्ध-क्षेत्र में बुनियादी सुविधाओं में सुधार करना।
11. सावधानीपूर्वक व गोपनीयता के साथ सुरक्षित और प्रभावी संचार करना।
12. रसद की आपूर्ति, घायलों एवं शहीद हुए सैनिकों के विषय में सूचनाएँ देना।

❖❖❖

8 बाधा प्रशिक्षण एवं साहसिक क्रिया-कलाप (Obstacles Training & Adventure Activities)

बाधाओं का प्रशिक्षण (Obstacles Training)

बाधा-प्रशिक्षण एनसीसी प्रशिक्षण का एक बहुत ही महत्वपूर्ण भाग है। यह प्रशिक्षण कैडेट्स को न केवल शारीरिक रूप से मजबूत बनाता है अपितु उनमें उच्च कोटि का आत्मविश्वास पैदा करता है जिससे कि वे जीवन की कठिन चुनौतियों का सामना साहस और धैर्य के साथ कर सकें। बाधा-प्रशिक्षण कैडेटों में शारीरिक स्वस्थता, शरीर की चपलता, मानसिक मजबूती, शरीर एवं मन का समन्वय एवं संतुलन सुनिश्चित करता है। यह उनकी जोखिम लेने की योग्यता व समस्याएँ सुलझाने के कौशल और मिलजुल कर कार्य करने की भावना का विकास करता है। इसे एसएसबी टेस्ट का पूर्व-अभ्यास भी माना जा सकता है।

यह प्रशिक्षण कैडेट्स को व्यक्तिगत एवं टीम के सदस्यों के रूप में दिया जाता है। प्रतिवर्ष बाधाओं को पार करने की एक प्रतियोगिता एनसीसी की स्थानीय इकाई स्तर पर आरंभ होकर नई दिल्ली में गणतंत्र दिवस शिविर में पूर्ण होती है। यह प्रतियोगिता एक टीम-इवेंट होती है जिसमें कैडेट्स की अलग-अलग टीमें भाग लेती हैं और बिना कोई नियम तोड़े कम-से-कम समय में सभी दस बाधाओं को सफलतापूर्वक पार करने का प्रयास करती हैं। इस प्रतियोगिता में वही टीम विजयी होती है जिसके सभी सदस्य सफलतापूर्वक, न्यूनतम समय में, बिना किसी विराम के सभी दस बाधाओं को पार करते हैं।

बाधा-पथ (Obstacles Course)

बाधा-पथ में प्रायः दस बाधाएँ होती हैं जिन्हें कैडेट्स को दौड़कर, कूदकर, छलाँग मारकर व दीवार फाँदकर पार करना होता है। इसके लिए स्वस्थ व फुर्तीला शरीर, शारीरिक व मानसिक संतुलन, समन्वय, साहस, आत्मविश्वास व टीम-भावना का होना परम आवश्यक है। यह बाधाएँ लकड़ी, ईंटों, कंक्रीट, रेत और मिट्टी से निर्मित होती हैं। प्रत्येक बाधा दूसरी से 25-30 फुट की दूरी पर होती है और एक के बाद एक, बिना रुके, दौड़कर पार करनी होती हैं।

बाधाओं का संक्षिप्त विवरण इस प्रकार है :

(i) **स्ट्रेट बैलेंस (Straight Balance) :** इस बाधा में लकड़ी का एक तख्ता जोकि 3 इंच मोटा, 4 इंच चौड़ा व 12 फुट लंबा होता है, भूमि से 1½ फुट ऊपर खूँटों पर टिका होता है। कैडेट्स को यह इसके ऊपर दौड़कर पार करना होता है। इसे पार करते समय कैडेट्स को अपने दोनों हाथ शरीर के दोनों ओर फैलाकर, शरीर का संतुलन बनाते हुए दौड़ना होता है।

विभिन्न बाधाएँ
(Different Obstacles)

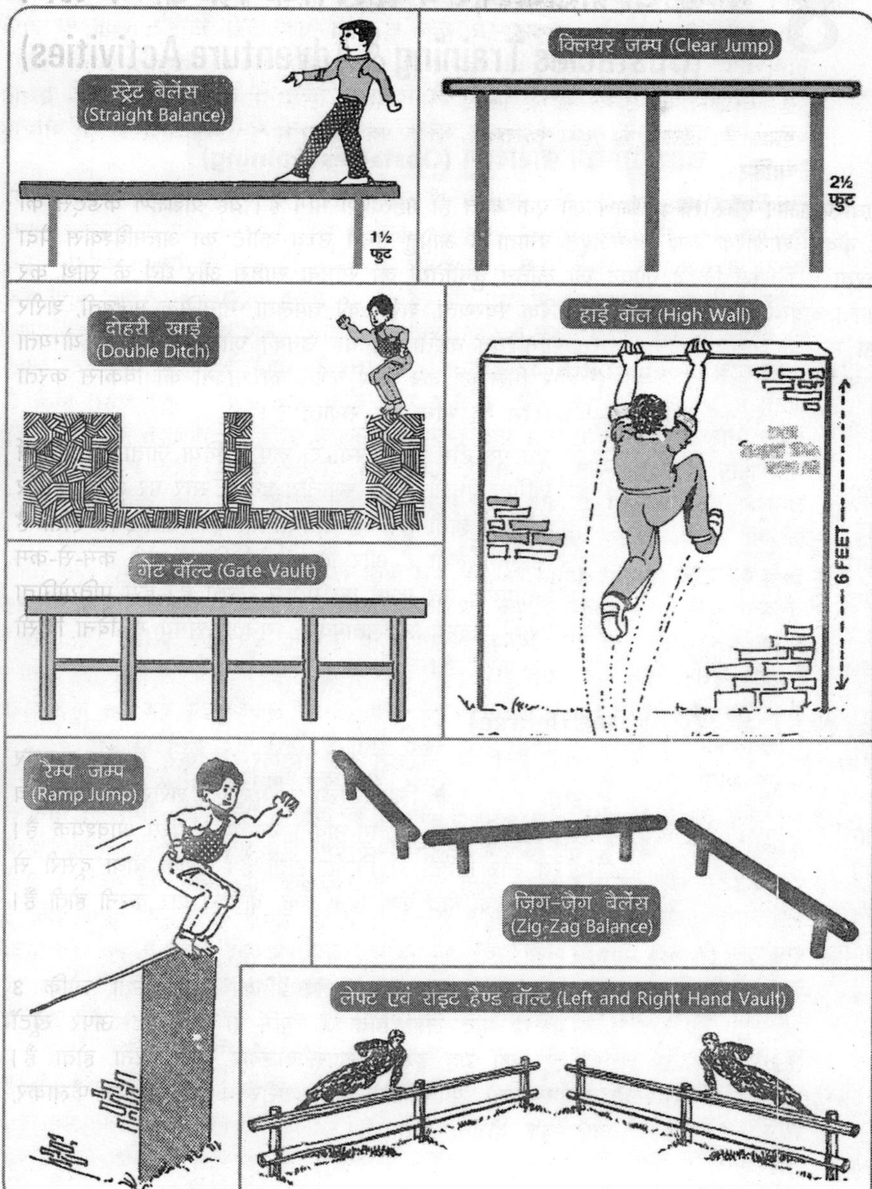

(ii) **क्लियर जंप (Clear Jump) :** इस बाधा में लकड़ी की एक बीम भूमि से 2-2½ फुट की ऊँचाई पर स्थित होती है। कैडेट्स को इसको बिना छुए, कूदकर पार करना होता है।

(iii) **ज़िग-ज़ैग बैलेंस (Zig-zag Balance) :** इस बाधा में लकड़ी की तीन बीम, 3 इंच चौड़ी और भूमि से 1½ फुट ऊँचाई पर एक के बाद एक टेढ़ी-मेढ़ी अवस्था में लगी होती हैं। इनकी कुल लंबाई 18 फुट होती है। इसकी ऊँचाई धीरे-धीरे बढ़ती जाती है। कैडेट्स को इनके ऊपर, लंबाई की दिशा में तेजी से दौड़कर, इन्हें पार करना होता है। इसमें भी हाथ फैलाकर, शरीर को संतुलन में रखकर तेजी से दौड़ना चाहिए।

(iv) **हाई-वॉल (High Wall) :** इस बाधा में 6 फुट ऊँची व 12 फुट लंबी एक दीवार होती है जिस पर दोनों ओर प्लास्टर होता है। कैडेट्स को दीवार के निकट दौड़कर जाना चाहिए व उछलकर अपने दोनों हाथ दीवार के ऊपरी किनारे पर टिकाने चाहिएँ। अब शरीर को दायीं ओर झुलाते हुए दायाँ पाँव दीवार पर रखना चाहिए। इसके बाद बायाँ पाँव भी दीवार पर रखें, शरीर सीधा करें और संतुलन बनाकर दीवार के दूसरी ओर कूद जाएँ।

(v) **डबल-डिच (Double Ditch) :** इस बाधा में दो खाइयाँ लंबाई में एक के बाद एक बनाई जाती हैं जो 6 से 8 फुट लंबी, 4 से 6 फुट चौड़ी और 3 से 4 फुट गहरी होती हैं तथा दोनों के बीच में 3 से 4 फुट तक का फासला होता है। कैडेट्स को शरीर की गति और संतुलन बनाते हुए पहली खाई तक दौड़कर आना होता है और छलाँग लगाकर दोनों खाइयों के बीच वाले स्थान पर पाँव रखते हुए, बिना रुके दूसरी खाई को भी छलाँग मारकर पार करना होता है।

(vi) **राइट हैंड वॉल्ट (Right Hand Vault) :** इस बाधा में लकड़ी की एक 18 फुट लंबी सीधी संरचना भूमि से 3½ फुट ऊँचाई पर स्थित होती है। कैड्रेटस दौड़कर आते हैं और अपना दायाँ हाथ इस पर टिकाकर अपने दोनों पैरों को झुलाकर इससे ऊपर उठाते हैं और इसके पार कूद जाते हैं।

(vii) **लैफ्ट हैंड वॉल्ट (Left Hand Vault) :** इस बाधा में भी लकड़ी की एक 18 फुट लंबी संरचना भूमि से 3½ फुट ऊँचाई पर स्थित होती है। इसे पार करने के लिए कैडेट्स अपना बायाँ हाथ इस पर टिकाकर दूसरी ओर कूद जाते हैं।

(viii) **गेट वॉल्ट (Gate Vault) :** इस बाधा में लकड़ी की दो 18 फुट लंबी बीमों को भूमि से क्रमशः 3 फुट और 5 फुट ऊँचाई पर लगाकर एक फाटकनुमा संरचना बनाई जाती है। कैडेट्स को ऊपरी बीम को दोनों हाथों से पकड़कर और शरीर को उठाकर दोनों पाँव नीचे वाली बीम को बिना छुए, उसके ऊपर से दूसरी ओर कूद जाना चाहिए।

(ix) **रैम्प जम्प (Ramp Jump) :** यह बाधा एक 15 फुट लंबा, 18 फुट चौड़ा व 4½ फुट ऊँचा ढाल होता है। कैडेट्स को रेंगकर ढाल पर चढ़ना होता है, और ऊपरी सिरे पर पहुँचकर दूसरी ओर लंबी छलाँग लगानी होती है। ध्यान रहे कि शरीर की गति व संतुलन बना रहे और दोनों पाँव एक साथ, एक सीध में भूमि को छुएँ।

(x) **स्ट्रेट बैलेंस (Straight Balance) :** यह बाधा प्रायः प्रथम बाधा के समान ही होती है जिसमें कैडेट्स को लकड़ी के पतले तख्ते पर तेजी से चलकर पार करना होता है। ध्यान रखें कि सभी बाधाओं को पार करने में गति व संतुलन बना रहे और नियमों का पूर्णतः पालन हो। बाधाओं के बीच में कहीं भी रुकना नहीं चाहिए।

साहसिक क्रिया-कलाप (Adventure Activities)

एनसीसी प्रशिक्षण में अनेक प्रकार के साहसिक क्रिया-कलाप भी शामिल रहते हैं। कैडेट्स में नेतृत्व, आत्मविश्वास, दृढ़-संकल्प और टीम-भावना के गुणों का विकास करने के उद्देश्य से इनको प्रशिक्षण में सम्मिलित किया जाता है। इन गुणों से परिपूर्ण व्यक्ति जीवन के उतार-चढ़ाव व अच्छी-बुरी सभी परिस्थितियों का सामना साहस के साथ कर सकते हैं और जीवन के किसी भी क्षेत्र में सफलता प्राप्त करते हैं। इसके साथ-साथ वे अपने आस-पास के एवं अन्य लोगों को भी कई कठिन परिस्थितियों से उबार सकते हैं और समाज के लिए अनुकरणीय उदाहरण प्रस्तुत कर सकते हैं।

साहसिक क्रिया-कलाप, जीवन की एकरसता व बोरियत को दूर करने का भी उत्तम साधन होते हैं। जब आप एक ही प्रकार का कार्य करते हुए बोरियत व थकावट अनुभव करते हैं तो आप कहीं दूर जाकर कोई अन्य क्रिया-कलाप या मनोरंजन करके अपने जीवन की एकरसता दूर कर सकते हैं तथा अपने शरीर व मन की क्षीण हो चुकी ऊर्जा को पुनर्जीवित कर सकते हैं।

साहसिक क्रिया-कलापों के मुख्य उद्देश्य

साहसिक प्रशिक्षण एवं क्रिया-कलाप के मुख्य उद्देश्य इस प्रकार हैं :

1. कैडेट्स में साहस, जिज्ञासा, खोज व व्यवहारिक जाँच-परख करने की भावना का विकास करना।
2. कैडेट्स में सहनशक्ति, धीरज, आत्मविश्वास, टीम-भावना और संघभाव का विकास करना।
3. कैडेट्स में प्रकृति-प्रेम तथा पर्यावरण की स्वच्छता के लिए रुचि उत्पन्न करना।
4. राष्ट्रीय एकता व अखंडता की भावना को बढ़ावा देना।

कैडेट्स को साहसिक प्रशिक्षण के लाभ

एनसीसी कैडेट्स को साहसिक प्रशिक्षण व क्रिया-कलापों से अनेक लाभ होते हैं, इनमें से कुछ मुख्य लाभ इस प्रकार हैं :

1. इनसे कैडेट्स का चारित्रिक विकास होता है।
2. इनसे कैडेट्स कष्टों का सामना करना सीखते हैं।
3. इनसे कैडेट्स में धैर्य, सहिष्णुता और साहस की भावना जाग्रत होती है।
4. इनसे कैडेट्स में अनेक मानवीय गुणों का विकास होता है।
5. इनसे कैडेट्स के व्यक्तित्व का विकास होता है।
6. इनसे कैडेट्स के मन का विकास होता है और विचारों में खुलापन आता है।

साहसिक क्रिया-कलापों के प्रकार

विभिन्न साहसिक क्रिया-कलापों को तीन प्रकार से वर्गीकृत किया जा सकता है :

- भूमि-आधारित साहसिक क्रिया-कलाप
- जलीय साहसिक क्रिया-कलाप
- आकाशीय साहसिक क्रिया-कलाप

विभिन्न प्रकार के साहसिक क्रिया-कलाप
(Different Types of Adventure Activities)

पैरासेलिंग (Parasailing)

घुड़सवारी (Horse Riding)

स्कीइंग (Skiing)

स्लिदरिंग (Slithering)

रॉफ्टिंग (Rafting)

पर्वतारोहण (Mountaineering)

साइकिल अभियान (Cycle Expedition)

नौकायन (Sailing)

स्कूबा-गोताखोरी (Scuba Diving)

चट्टानों पर चढ़ना (Rock Climbing)

कायाकिंग (Kayaking)

ट्रेकिंग (Trekking)

✦ भूमि-आधारित साहसिक क्रिया-कलाप

भूमि पर आयोजित किये जाने वाले कुछ प्रमुख साहसिक क्रिया-कलाप निम्न प्रकार हैं :

(i) ट्रेकिंग (Trekking)
(ii) साइकिल एवं मोटरसाइकिल अभियान (Cycle and Motor Cycle Expedition)
(iii) पर्वतारोहण (Mountaineering)
(iv) चट्टानों पर चढ़ना (Rock-climbing)
(v) स्कीइंग (Skiing)

✦ जलीय साहसिक क्रिया-कलाप

जल में आयोजित किये जाने वाले कुछ प्रमुख साहसिक क्रिया-कलाप निम्न प्रकार हैं :

(i) नौकायन (Sailing)
(ii) स्कूबा-गोताखोरी (Scuba Diving)
(iii) रॉफ्टिंग (Rafting)
(iv) विंड सर्फिंग (Wind Surfing)
(v) कायाकिंग (Kayaking)

✦ आकाशीय साहसिक क्रिया-कलाप

आकाश में आयोजित किये जाने वाले कुछ प्रमुख साहसिक क्रिया-कलाप निम्न प्रकार हैं :

(i) पैरासेलिंग (Parasailing)
(ii) स्लिदरिंग (Slithering)
(iii) पैराजम्प्स (Parajumps)
(iv) ग्लाइडिंग (Gliding)
(v) हॉट एयर बैलून (Hot Air Balloon)

साहसिक प्रशिक्षण (Adventure Training)

एनसीसी कैडेट्स को साहसिक अभियानों के लिए तैयार करने के लिये विभिन्न चरणों में प्रशिक्षण दिये जाते हैं। यह प्रायः जूनियर डिवीजन के कैडेट्स में से पूर्ण स्वस्थ व साहसिक क्रिया-कलापों में रुचि रखने वाले कैडेट्स को चुनकर आरंभ किये जाते हैं। चुने गए कैडेट्स को एचएमआई, दार्जिलिंग और एनएमआई, उत्तरकाशी में एडवेंचर कोर्स के प्रशिक्षण के लिए भेजा जाता है। जहाँ उन्हें विभिन्न प्रकार के प्रारंभिक साहसिक अभियानों का परिचय करवाया जाता है।

एक अन्य चरण में कैडेट्स को पैदल यात्रा (Trekking) अभियानों का प्रशिक्षण दिया जाता हैं जिसमें सभी राज्यों से चुने गए 10,000 कैडेट्स को 10 ट्रैकिंग अभियानों का अनुभव करवाया जाता है। ट्रैकिंग अभियान में कैडेट्स 20-25 किमी. पैदल यात्रा करते हैं। यह यात्रा विभिन्न प्रकार के ऐतिहासिक एवं प्राकृतिक संपदा से समृद्ध मार्गों से होकर गुजरती है। यात्रा में कई स्थानों पर मार्ग ऊबड़-खाबड़ व कठिन होते हैं जिन्हें पार करने में कैडेट्स में एडवेंचर की प्रवृत्ति, आत्मविश्वास और टीम-भावना का विकास होता है। साथ-ही उन्हें वनों, वन्य-जीवों, पर्यावरण व प्राकृतिक सौंदर्य का भी अनुभव होता है। वे मार्ग में पड़ने वाले विभिन्न ऐतिहासिक स्थलों, ग्रामीण जीवन, उनके रीति रिवाज, संस्कृति और विविधता के विषय में भी ज्ञान प्राप्त करते हैं। इससे उनके भीतर विविधता में एकता और राष्ट्रीय एकता की भावना का विकास होता है।

इसके अगले चरण में कैडेट्स को साइकिल अभियान का अनुभव करवाया जाता है जिसमें वे लंबी दूरी की साइकिल यात्रा करते हैं और ट्रेकिंग अभियान की तरह ही अपना ज्ञानवर्धन

करते हैं। जो कैडेट्स स्वास्थ्य, आयु व अन्य प्रकार से मोटरसाइकिल अभियान के योग्य होते हैं, उन्हें मोटरसाइकिल अभियान में चुना जाता है और लंबी दूरी, प्रायः 100-200 किमी, के अभियान में शामिल किया जाता है।

अन्य चरणों में कैडेट्स को चट्टानों पर चढ़ने और पर्वतारोहण का प्रशिक्षण दिया जाता है। यह कोर्स एचएमआई (दार्जिलिंग), एनएमआई (उत्तरकाशी) तथा एमएएस (मनाली) में आयोजित किये जाते हैं। यह कोर्स बेसिक एवं एडवांस प्रशिक्षण प्रदान करते हैं। प्रशिक्षण प्राप्त कैडेट्स को पर्वतारोहण अभियानों में शामिल किया जाता है।

इसी प्रकार नौसेना और वायुसेना विंग के कैडेट्स को नौकायन, गोताखोरी, पैरा-सेलिंग, पैरा-जंप्स व स्लिदरिंग आदि का प्रशिक्षण प्रदान किया जाता है तथा प्रशिक्षण पूरा होने पर संबंधित साहसिक अभियानों में शामिल किया जाता है।

साहसिक अभियानों के लिए स्थान का चुनाव

साहसिक अभियानों के लिये स्थान का चुनाव करने में निम्न बातों का ध्यान रखा जाता है :

(i) स्थान प्राकृतिक सौंदर्य से परिपूर्ण हो,
(ii) स्थान अपने राज्य से बाहर हो,
(iii) स्थान का ऐतिहासिक व धार्मिक महत्व हो,
(iv) स्थान पर कोई महत्वपूर्ण ऐतिहासिक स्मारक हो,
(v) ग्रामीण अथवा दूर-दराज का क्षेत्र हो,
(vi) स्थान सामान्य रूप से कैडेट्स के लिये सुरक्षित हो।

साहसिक अभियान की योजना के मुख्य बिंदु

एक साहसिक अभियान को आयोजित करने में निम्न बिंदुओं का ध्यान रखना आवश्यक होता है :

1. यथार्थवादी रहें व अति-महत्वाकांक्षी न बनें।
2. अभियान संबंधी जानकारी एकत्र करें।
3. वित्तीय बाधाओं को हल करें।
4. यातायात की पूरी योजना बनाएँ।
5. मार्गों व ठहरने के स्थान का चुनाव करें।
6. कैडेटों की संख्या निर्धारित करें।
7. योग्य कैडेटों का चुनाव करें।
8. कैडेटों के शारीरिक मानकों के संपर्क में रहें।
9. नागरिक एवं सैन्य-अधिकारियों के संपर्क में रहें।
10. पूर्व-अभियानों में आई समस्याओं के तर्कसंगत हल ढूंढें।

❖ ❖ ❖

9 रक्षा सेवाओं में जीवन-वृत्ति
(A Career in Defence Services)

रक्षा सेवाओं में एक अधिकारी का पद प्राप्त करना युवाओं के लिये सदा ही एक गरिमा और सम्मान का विषय रहा है। 12वीं कक्षा का एक विद्यार्थी संघ लोक सेवा आयोग (UPSC) द्वारा आयोजित लिखित परीक्षा उत्तीर्ण करके राष्ट्रीय रक्षा अकादमी (NDA) अथवा नौसेना अकादमी (NA) में प्रवेश पाकर रक्षा सेवाओं में जीवन-वृत्ति का चुनाव कर सकता है। राष्ट्रीय रक्षा अकादमी आपको विश्व स्तर का सैन्य-प्रशिक्षण प्रदान करती है और साथ में आप स्नातक की उपाधि भी प्राप्त करते हैं। नौसेना अकादमी भी आपको उच्चकोटि के नौसेना प्रशिक्षण के साथ बी.टेक (B.Tech) की उपाधि प्रदान करती है। वायुसेना भी इसी प्रकार AFCAT परीक्षा में उत्तीर्ण अभ्यर्थियों को प्रशिक्षण प्रदान करती है। इन सभी संस्थानों में आप अध्ययन व प्रशिक्षण के साथ-साथ अपने व्यक्तित्व का सर्वांगीण विकास करने के भरपूर अवसर प्राप्त करते हैं। इसके अतिरिक्त आप अपने शौक पूरे करने के लिए 30 से भी अधिक पाठ्येतर क्रिया-कलापों में से अपने लिये उपयुक्त क्रिया-कलाप का चुनाव कर सकते हैं। पूरे प्रशिक्षण, अध्ययन और पाठ्येतर क्रिया-कलापों पर होने वाला संपूर्ण खर्च सरकार द्वारा वहन किया जाता है और इसके साथ-साथ कैडेट्स को मासिक वृत्ति भी प्रदान की जाती है।

भारतीय थल सेना — भारतीय नौसेना — भारतीय वायुसेना

एक स्नातक संघ लोक सेवा आयोग (UPSC) द्वारा आयोजित संयुक्त रक्षा सेवा परीक्षा (CDSE) के माध्यम से एक नियमित अथवा शॉर्ट सर्विस कमीशन अधिकारी का प्रशिक्षण प्राप्त करके रक्षा सेवा के लिए पात्र बन सकता है। नियमित कमीशन अधिकारी के लिये प्रशिक्षण भारतीय मिलिटरी अकादमी (IMA), देहरादून में दिया जाता है जिसे सैन्य नेतृत्व का उद्गम-स्थल माना जाता है। शॉर्ट सर्विस कमीशन के लिए ऑफिसर्स ट्रेनिंग अकादमी (OTA), चेन्नई में प्रशिक्षण दिया जाता है। शॉर्ट सर्विस कमीशन की 5 वर्ष की अवधि पूरी होने पर अभ्यर्थी एवं सरकार दोनों के पास यह विकल्प होता है कि वे कमीशन की अवधि का पुनः विस्तार करें अथवा उसे समाप्त कर दें। विस्तार के अतिरिक्त इसे स्थायी कमीशन में बदलने का भी विकल्प होता है।

इंजीनियरिंग स्नातक पाठ्यक्रम के विद्यार्थी पाठ्यक्रम के अंतिम अथवा अंतिम-पूर्व वर्ष में तकनीकी स्नातक योजना अथवा विश्वविद्यालय प्रवेश योजना के तहत सेना की तकनीकी सेवा/शाखा में बिना लिखित परीक्षा दियें केवल एसएसबी साक्षात्कार द्वारा चुने जा सकते हैं। दोनों ही योजनाओं में प्रशिक्षण के बाद अभ्यर्थी को दो वर्ष की समय-पूर्व वरिष्ठता प्राप्त होती है और एक कैप्टेन के रूप में नियुक्ति होती है।

एनसीसी के 'C' प्रमाण-पत्र धारक भी बिना किसी लिखित परीक्षा के सीधे एसएसबी साक्षात्कार द्वारा चुने जा सकते हैं। स्नातक, स्नातकोत्तर एवं इंजीनियरिंग-स्नातक महिलाएँ भी सीधे एसएसबी साक्षात्कार द्वारा चुनी जा सकती हैं।

यह प्रायः एक सामाजिक भ्रम है कि रक्षा सेवाओं में अच्छा वेतन और सुविधाएँ नहीं दी जाती हैं। इसके विपरीत रक्षा सेवाओं में वेतन और सुविधाएँ दोनों ही बहुत अच्छी होती हैं। आपको सभी प्रशिक्षण निःशुल्क दिये जाते हैं, आपकी पढ़ाई और रुचि का खर्च भी सरकार उठाती है। आपको मासिक वृत्ति भी दी जाती है और नियुक्ति होने पर एक अच्छा मासिक वेतन व आपके तथा आपके परिवार के लिए चिकित्सा, बीमा, कैन्टीन सुविधाओं के साथ-साथ आपके बच्चों की स्कूल की व्यवस्था भी की जाती है।

रक्षा सेवाएँ आपको ऐसी जीवनचर्या प्रदान करती हैं जो आपको किसी अन्य सेवा में नहीं प्राप्त होतीं। सभी सुविधाओं के अतिरिक्त आपको अपनी पसंद के साहसिक खेलों में भाग लेने से लेकर देश के विभिन्न भागों में रहने व विदेश यात्राओं के अद्भुत अनुभव तक, सभी कुछ सुलभ होता है। कमीशन (नियुक्ति) प्राप्त होने पर आप मुफ्त राशन और पूर्ण रूप से सुसज्जित आवास प्राप्त करने के भी पात्र होते हैं।

रक्षा सेवाओं द्वारा दिये जाने वाले प्रशिक्षण भी आपके जीवन में बहुत महत्वपूर्ण होते हैं। यह प्रशिक्षण आपको शारीरिक व मानसिक रूप से मजबूत व सक्षम बनाते हैं। यह आपको आपके सेवाकाल और उसके बाद के जीवनकाल में भी सफलतापूर्वक आगे बढ़ने में मददगार होते हैं। रक्षा कर्मियों को प्रशिक्षण देने वाली अकादमियाँ विश्व की सर्वश्रेष्ठ अकादमियों में होती हैं। यहाँ आपकी शारीरिक व मानसिक स्वस्थता व क्षमता को उसकी पराकाष्ठा तक पहुँचा दिया जाता है और आपके व्यक्तित्व का सर्वांगीण विकास होता है जिसे देखकर कोई भी आपको हज़ारों सामान्य नागरिकों के बीच में भी एक रक्षाकर्मी के रूप में सरलता से पहचान सकता है।

जहाँ कॉर्पोरेट नौकरियाँ आपसे किसी देशी-विदेशी कम्पनी के निजी लाभ के लिये पसीना बहाने की अपेक्षा रखती हैं वहीं रक्षा सेवाएँ आपको देश की सेवा का गौरवपूर्ण अवसर प्रदान करती हैं। आपको एक शानदार यूनीफॉर्म मिलती है जिसमें सुसज्जित होकर आप शान से अपनी मातृभूमि की रक्षा करते हैं। आपके द्वारा मातृभूमि के लिए किया गया यह समर्पण केवल एक भू-भाग की रक्षा करना नहीं है वरन् अपने परिवार, सगे-संबंधियों, मित्रों और उनके जैसे हजारों-लाखों लोगों की रक्षा करने का महान कार्य है।

मातृभूमि की सेवा के साथ-साथ आप रक्षा सेवाओं के कार्यक्रमों में विशिष्ट व्यक्तियों के संपर्क में आते हैं और विभिन्न राष्ट्रीय उत्सवों एवं आनंदपूर्ण गतिविधियों में भाग ले सकते हैं। आमोद-प्रमोद के प्रायः सभी साधन वहाँ आसानी से सुलभ होते हैं। वास्तव में, रक्षा सेवाओं में जीवन-वृत्ति केवल एक नौकरी नहीं बल्कि जीवन जीने का एक अनोखा तरीका है। देश-प्रेम और साहसिक कार्य रक्षा सेवाओं के मूल-मंत्र हैं।

रक्षा सेवाओं में जीवनवृत्ति के विकल्प : थलसेना, नौसेना एवं वायु सेना
Career Options in Defence Services : Army, Navy and Air Force

भारतीय थलसेना

	प्रवेश का प्रकार	प्रवेश का समय	प्रवेश की आयु	शैक्षणिक योग्यता	भर्ती की विधि	आवेदन कैसे करें
1. राष्ट्रीय रक्षा अकादमी						
(i)	राष्ट्रीय रक्षा अकादमी, पुणे	जनवरी व जुलाई	16½ से 19½ वर्ष	10+2 प्रमाण-पत्र अथवा समकक्ष	UPSC द्वारा आयोजित NDA परीक्षा एवं SSB द्वारा साक्षात्कार	मार्च/अप्रैल एवं अक्टू./नवम्बर में प्रकाशित विज्ञापन के अनुसार आवेदन करें।
2. भारतीय सैन्य अकादमी						
(i)	सीधी भर्ती	जनवरी व जुलाई	19 से 24 वर्ष	स्नातक डिग्री या समकक्ष	UPSC द्वारा आयोजित CDS परीक्षा एवं SSB द्वारा साक्षात्कार	मार्च/अप्रैल एवं अक्टूबर/नवम्बर में प्रकाशित विज्ञापन के अनुसार आवेदन करें।
(ii)	इंजीनियरिंग स्नातक	जनवरी व जुलाई	20 से 27 वर्ष	अधिसूचित विषयों में इंजीनियरिंग की डिग्री	सीधा SSB साक्षात्कार	मार्च/अप्रैल एवं अक्टू./नव. में प्रकाशित विज्ञापन के अनुसार आवेदन करें।
(iii)	विश्वविद्यालय भर्ती योजना	जुलाई	19 से 25, 18 से 24 वर्ष	अंतिम या अंतिम-पूर्व वर्ष की इंजीनियरिंग डिग्री	कैम्पस साक्षात्कार एवं SSB साक्षात्कार	जुलाई में प्रकाशित विज्ञापन के अनुसार आवेदन करें।
(iv)	10+2 TES	जनवरी व जुलाई	16½ से 19½ वर्ष	10+2 उत्तीर्ण एवं PCM में 60% अंक	सीधा SSB साक्षात्कार	मई एवं नवम्बर में प्रकाशित विज्ञापन के अनुसार आवेदन करें।
3. ऑफिसर्स प्रशिक्षण अकादमी, चेन्नई						
(i)	शॉर्ट सर्विस कमीशन (गैर-तकनीकी)	मई एवं अक्टू/नव.	20 से 26 वर्ष	डिग्री या समकक्ष	UPSC द्वारा आयोजित CDS परीक्षा एवं SSB द्वारा साक्षात्कार	मार्च/अप्रैल एवं अक्टू./नवम्बर में प्रकाशित आवेदन के अनुसार आवेदन करें।
(ii)	शॉर्ट सर्विस कमीशन (तकनीकी)	मई एवं अक्टू/नव.	20 से 27 वर्ष	अधिसूचित विषयों में इंजीनियरिंग की डिग्री	सीधा SSB साक्षात्कार	मार्च/अप्रैल एवं अक्टू./नवम्बर में प्रकाशित आवेदन के अनुसार आवेदन करें।
(iii)	शॉर्ट सर्विस कमीशन (एनसीसी विशेष भर्ती योजना)	मई एवं अक्टू/नव.	19 से 25 वर्ष	एनसीसी प्रमाण-पत्र 'C' के साथ स्नातक में 50% अंक	सीधा SSB साक्षात्कार	अक्टूबर/नवम्बर में प्रकाशित विस्तृत विज्ञापन के अनुसार आवेदन करें।
(iv)	महिला विशेष भर्ती योजना (ऑफिसर्स)	मार्च एवं सितम्बर	19 से 27 वर्ष	स्नातक/स्नातकोत्तर/एलएलबी/प्रोफेशनल इंजीनियरिंग में स्नातक	सीधा SSB साक्षात्कार	जून एवं दिसम्बर में प्रकाशित विज्ञापन के अनुसार आवेदन करें।

भारतीय नौसेना

	प्रवेश का प्रकार	शैक्षणिक योग्यता	आयु सीमा (वर्षों में)	पुरुष/महिला
(i)	कैडेट भर्ती (10+2) नौसेना अकादमी, गोआ (UPSC द्वारा)	10 + 2 अथवा भौतिकी एवं गणित में समकक्ष	16½ से 19 वर्ष	पुरुषों के लिए
(ii)	कैडेट भर्ती (NDA) (UPSC द्वारा)	10 + 2 अथवा भौतिक विज्ञान एवं गणित में समकक्ष	16½ से 19 वर्ष	पुरुषों के लिए
(iii)	स्नातक मुख्य भर्ती नौसेना अकादमी, गोआ (CDSE द्वारा)	B.Sc (गणित एवं भौतिक विज्ञान) अथवा B.E.	19 से 22 वर्ष	पुरुषों के लिए
(iv)	NCC स्पेशल भर्ती नौसेना अकादमी, गोआ	B.Sc (गणित एवं भौतिकी) या BE (नौसेना विंग के NCC प्रमाण-पत्र 'C' के साथ)	19 से 24 वर्ष	पुरुषों के लिए
(v)	सीधी भर्ती नौसेना आयुध निरीक्षण कैडर	इलेक्ट्रानिक्स/इलेक्ट्रिकल/मैकेनिकल इंजीनियरिंग की डिग्री अथवा इलेक्ट्रॉनिक्स या भौतिकी में स्नातकोत्तर	19½ से 25 वर्ष	पुरुषों के लिए
(vi)	सीधी भर्ती विधि संवर्ग	55% अंकों के साथ अधिवक्ता अधिनियम, 1961 के तहत वकालत की डिग्री	22 से 27 वर्ष	पुरुषों के लिए

शॉर्ट सर्विस कमीशन

	भर्ती का प्रकार	शैक्षणिक योग्यता	आयु सीमा (वर्षों में)	पुरुष/महिला
(i)	विधि संवर्ग	55% अंकों के साथ अधिवक्ता अधिनियम, 1961 के तहत वकालत की डिग्री	22 से 27 वर्ष	पुरुष एवं महिला
(ii)	लोजिस्टिक्स कैडर	BA (अर्थशास्त्र) II श्रेणी या B.Com II श्रेणी, अथवा B.Sc (भौतिकी एवं गणित) II श्रेणी या B.Tech/BE अथवा किसी विषय में स्नातक के साथ मैटीरियल/फाइनेंशियल मैनेजमेंट में डिप्लोमा	19½ से 25 वर्ष	पुरुष एवं महिला
(iii)	एयर ट्रैफिक कंट्रोल (ATC)	B.Sc में प्रथम श्रेणी या M.Sc में द्वितीय श्रेणी	19½ से 25 वर्ष	पुरुष एवं महिला
(iv)	हाइड्रो कैडर	B.Sc में प्रथम श्रेणी या M.Sc में द्वितीय श्रेणी या BE	19½ से 25 वर्ष	पुरुषों के लिए
(v)	सामान्य सेवा	B.Sc में प्रथम श्रेणी या M.Sc में द्वितीय श्रेणी या BE	19½ से 25 वर्ष	पुरुषों के लिए
(vi)	लोजिस्टिक्स (केटरिंग)	होटल मैनेजमेंट की डिग्री अथवा समकक्ष 50 प्रतिशत अंकों के साथ	19½ से 25 वर्ष	पुरुष एवं महिला

भारतीय वायु सेना

	भर्ती का प्रकार	शैक्षणिक योग्यता	आयु सीमा (वर्षों में)	विज्ञापन समय
		फ्लाइंग ब्रांच		
(i)	राष्ट्रीय रक्षा अकादमी (केवल पुरुषों के लिए)	भौतिकी एवं गणित के साथ 10+2	16½ से 19 वर्ष	मार्च/अक्टूबर
(ii)	संयुक्त रक्षा सेवा परीक्षा (केवल पुरुषों के लिए)	10 + 2 में भौतिकी और गणित के के साथ स्नातक हो अथवा BE	20 से 24 वर्ष	अप्रैल/सितम्बर

	भर्ती का प्रकार	शैक्षणिक योग्यता	आयु सीमा (वर्षों में)	विज्ञापन समय
(iii)	NCC विशेष भर्ती (CO यूनिट के द्वारा/DG NCC) (केवल पुरुषों के लिए)	10+2 में भौतिकी और गणित के साथ स्नातक हो अथवा NCC एयरविंग सीनियर डिवीजन का 'C' प्रमाण-पत्र	20 से 24 वर्ष	अप्रैल/सितम्बर
(iv)	शॉर्ट सर्विस कमीशन (केवल महिलाओं के लिए)	10+2 में भौतिकी और गणित के साथ स्नातक हो अथवा BE	20 से 24* वर्ष	मई/नवम्बर
*ऊपरी आयु सीमा में कामर्शियल लाइसेंस धारकों (CPL) के लिए 26 साल तक के लिए छूट				
तकनीकी ब्रांच				
(पुरुषों के लिए PC/ महिलाओं के लिए SSC)**				
(i) (ii)	वैमानिक अभियांत्रिकी (इलेक्ट्रॉनिक्स) वैमानिक अभियांत्रिकी (मैकेनिकल)	विज्ञापन के अनुसार इलेक्ट्रॉनिक्स/मैकेनिकल/संबद्ध विषयों में प्रथम श्रेणी इंजीनियरिंग की डिग्री	20 से 26 वर्ष	अप्रैल/अक्टूबर
महिलाओं के लिए SSC				
(iii)	उपरोक्त की तरह			अक्टूबर
ग्राउंड ड्यूटी ब्रांच				
(पुरुषों के लिए PC/ महिलाओं के लिए SSC)**				
(i)	प्रशासन	विज्ञापन के अनुसार संबंधित विषयों में प्रथम श्रेणी में स्नातक या स्नातकोत्तर	20 से 23 वर्ष	मई/नवम्बर
(ii)	लोजिस्टिक्स			
(iii)	लेखा		20 से 25 वर्ष	
(iv)	शिक्षण	विज्ञापन के अनुसार संबंधित विषयों में स्नातकोत्तर	20 से 25 वर्ष	
** PC = स्थाई कमीशन/SSC = शॉर्ट सर्विस कमीशन				

पूर्णकालिक महिला अधिकारी (WTLO) के लिए चयन प्रक्रिया

संघ लोक सेवा आयोग द्वारा समय-समय पर पूर्णकालिक महिला अधिकारियों (WTLOs) के चयन हेतु प्रतियोगिता परीक्षा आयोजित की जाती है। कुल रिक्तियों का कुछ प्रतिशत एनसीसी की 'C' प्रमाण-पत्र धारक महिलाओं के लिए आरक्षित होता है।

सीधे प्रवेश हेतु पात्रता की शर्तें

(i) आयु – 21 से 25 वर्ष

(ii) शैक्षिक योग्यता – किसी विश्वविद्यालय से स्नातक या समकक्ष।

(iii) सक्रिय सेवा के लिए स्वस्थ शरीर

(iv) स्वास्थ्य मानक :

- ऊँचाई – न्यूनतम 145 सेमी.
- वजन – न्यूनतम 42 किग्रा.

(v) वांछनीय एनसीसी 'C' प्रमाण-पत्र

सेवा के लिए आवेदन-पत्र व बायोडाटा

आजकल प्रायः सभी सेवाओं की भर्ती के लिये आवेदन-पत्र या तो छपे हुए फार्म पर मंगवाए जाते हैं अथवा कम्प्यूटर पर ऑनलाइन ही भरने होते हैं; फिर भी कई बार सरकारी, गैर-सरकारी अथवा निजी संस्थानों में आवेदन-पत्र व जीवन परिचय लिखित में भेजना होता है। अतः इन्हें लिखने का अभ्यास भी सभी कैडेट्स एवं अन्य विद्यार्थियों को होना चाहिए।

एक अच्छा आवेदन-पत्र भावी नियोक्ता का ध्यान आपकी ओर आकर्षित करता है और उसके मन में आपके विषय में अधिक जानने की रुचि उत्पन्न करता है। एक भली प्रकार से तैयार किया गया बायोडाटा उसे आपके विषय में विभिन्न जानकारियाँ जैसे—आपका नाम, पता, शिक्षा, अनुभव, व्यक्तिगत गुण, उपलब्धियाँ, निजी व पारिवारिक जानकारियाँ दर्शाता है और उसकी आपमें रुचि को और अधिक बढ़ाकर आपको व्यक्तिगत साक्षात्कार के लिये आमंत्रित करने पर बाध्य कर देता है।

नौकरी के लिए आवेदन-पत्र का नमूना-प्रारूप

तिथि : ....

सेवा में,

प्रबंधक,

पता ....

....

....

विषय : .... पद हेतु आवेदन-पत्र।

महोदय,

मैं आपके द्वारा दिनाँक .... के .... समाचार-पत्र में विज्ञापित .... पद के लिये आवेदन करना चाहता हूँ। मैंने .... विषयों के साथ .... श्रेणी में स्नातक परीक्षा उत्तीर्ण की है। अध्ययन के साथ-साथ मैंने एनसीसी कैडेट के रूप में भी प्रशिक्षण प्राप्त किया है और इसमें 'C' प्रमाण-पत्र हासिल किया है। इसके अतिरिक्त मैंने खेलों व पाठ्येतर गतिविधियों में बराबर भाग लिया है और कई प्रमाण-पत्र और पुरस्कार जीते हैं। मैंने एनसीसी के कई शिविरों, साहसिक अभियानों और समाज-सेवा से संबंधित कार्यक्रमों में भी भाग लिया है और इन सभी में महत्वपूर्ण भूमिका निभाई है। मैंने अपनी एनसीसी इकाई और महाविद्यालय की क्रिकेट टीम का नेतृत्व भी किया है और कई मैच जीते हैं। आपकी गौरवमयी संस्था के कार्य-क्षेत्र में मेरी गहन रुचि है और मैंने इसी क्षेत्र में अपनी जीवन-वृत्ति बनाने का निश्चय किया है।

इस आवेदन-पत्र के साथ मेरा जीवन परिचय संलग्न है जिसमें मेरी शैक्षिक, निजी, पारिवारिक व अन्य जानकारियाँ विस्तार से दी गई हैं। यदि आपकी संस्था में मुझे अपना योगदान देने का अवसर प्राप्त होता है तो मैं स्वयं को सौभाग्यशाली समझूँगा। आशा करता हूँ कि मुझे आपकी सेवा में उपस्थित होने का सुअवसर अवश्य प्राप्त होगा।

धन्यवाद सहित,

भवदीय

....

जीवन परिचय प्रारूप

पूरा नाम : ....

घर का पता : ....

....

दूरभाष संख्या एवं मोबाइल नम्बर : ....

ई-मेल पता : ....

शैक्षिक योग्यताएँ :

क्रम सं.	कक्षा	बोर्ड / विश्वविद्यालय	वर्ष	विषय	अंक-प्रतिशत
1.	मैट्रिकुलेशन (10वीं)				
2.	उच्चतर माध्यमिक (12वीं)				
3.	स्नातक				
4.	स्नातकोत्तर				
5.	अन्य डिप्लोमा / डिग्री				

वर्तमान नियुक्ति : (फर्म का नाम, पता, कब से कार्यरत, कार्य की प्रकृति इत्यादि)

....

....

....

पारिवारिक विवरण

1. पिता का नाम : ....
2. व्यवसाय : ....
3. माता का नाम : ....
4. व्यवसाय : ....
5. भाई तथा बहन का नाम एवं उनका व्यवसाय

(अ) ....

(ब) ....

(स) ....

व्यक्तिगत विवरण

1. जन्म तिथि : .... 2. जन्म स्थान : ....
3. राष्ट्रीयता : .... 4. वैवाहिक स्थिति : ....
5. आश्रितों की संख्या : .... 6. ऊँचाई : ....
7. वजन : .... 8. स्वास्थ्य : ....
9. उपलब्धियाँ (पदक/प्रमाण-पत्र) ....
....
10. भाषा कौशल : ....
11. रुचियाँ : ....
....
12. अन्य विवरण : ....
....

तिथि : .... हस्ताक्षर

❖❖❖

10 रक्षा-सेवा चयन परीक्षा एवं साक्षात्कार (Defence Services Selection Exam & Interviews)

यह सच है कि स्कूल-कॉलेज का प्रत्येक छात्र बड़ा होकर किसी न किसी रूप में देश की सेवा करना चाहता है। अधिकतर छात्र, विशेषकर एनसीसी कैडेट, रक्षा-सेवाओं में कमीशंड अधिकारी बनने की परम-अभिलाषा रखते हैं। इसके लिए उन्हें कई कठिन परीक्षाओं से होकर गुजरना पड़ता है, जिसकी तैयारी उन्हें अपने स्कूल के अंतिम दो वर्षों में अवश्य आरंभ कर देनी चाहिए। इन परीक्षाओं के लिए न्यूनतम शैक्षिक योग्यता 10+2 अथवा 12वीं कक्षा होती है। अतः जब आप 11वीं कक्षा में हों तभी से एनडीए (NDA) की परीक्षा के विषय में जानकारी प्राप्त करें व तैयारी आरंभ करें। इसी प्रकार आप नेवल अकादमी (NA) और वायुसेना (AFCAT) के लिये भी तैयारी कर सकते हैं। आप स्नातक कोर्स करते समय इन परीक्षाओं को पुनः दे सकते हैं तथा उसके अंतिम वर्ष में अथवा उसके पश्चात् संयुक्त रक्षा सेवा परीक्षा (CDSE) भी दे सकते हैं। यदि इस दौरान आप एनसीसी का 'C' प्रमाण-पत्र प्राप्त कर लेते हैं तो आपको लिखित परीक्षा से छूट मिलती है तथा आपको केवल सर्विस सलेक्शन बोर्ड (SSB) के समक्ष व्यक्तित्व परीक्षा एवं साक्षात्कार के लिये प्रस्तुत होना होगा।

रक्षा-सेवाओं में चयन-प्रक्रिया की संक्षिप्त जानकारी

(i) **प्रवेश प्रक्रिया (Entry Procedure):** यदि आप रक्षा बलों में प्रवेश पाना चाहते हैं, तो इनमें दो प्रकार से प्रवेश हो सकता है। एक, राष्ट्रीय रक्षा अकादमी (NDA) व दूसरी, संयुक्त रक्षा सेवा परीक्षा (CDSE) के माध्यम से।

(ii) **चयन व प्रशिक्षण (Selection and Training):** गणित, भौतिकी तथा रसायन विज्ञान के साथ 10+2 कक्षा उत्तीर्ण करने के बाद पुणे के पास खडगवासला स्थित नेशनल डिफेंस एकेडमी में दाखिला लिया जा सकता है। यहाँ चार वर्ष का प्रशिक्षण दिया जाता है। तीनों सर्विसेज के कैडेट्स एकेडमी में तीन वर्ष बिताते हैं और फिर सेना के तीनों अंगों में से किसी एक में एक वर्ष के लिए प्रशिक्षण प्राप्त करते हैं। इसके बाद आर्मी, नेवी अथवा एयरफोर्स में ऑफिसर बनते हैं।

स्नातक होने पर आप यूपीएससी द्वारा आयोजित संयुक्त रक्षा सेवा परीक्षा (वर्ष में दो बार–मई व अक्टूबर) में सफलता प्राप्त करने के बाद आईएमए–देहरादून, नेवल एकेडमी–गोआ या एयरफोर्स एकेडमी–हैदराबाद में प्रवेश पा सकते हैं।

(iii) **राष्ट्रीय रक्षा अकादमी (NDA) परीक्षा:** इसके लिए संघ लोक सेवा आयोग (यूपीएससी) वर्ष में दो बार (अप्रैल व सितम्बर) अखिल भारतीय स्तर पर प्रतियोगिता परीक्षा लेता

है। लिखित परीक्षा और एसएसबी साक्षात्कार उत्तीर्ण करने के बाद सेना के तीनों अंगों में से किसी एक के लिए आपको चुना जाता है और प्रशिक्षण के बाद ऑफिसर के रूप में कमीशन (नियुक्ति) प्रदान किया जाता है।

(iv) **पात्रता (Eligibility) :**

1. एनडीए के लिए आवेदन करने वाले अविवाहित पुरुष उम्मीदवारों की आयु 16½ से 19½ वर्ष के बीच होनी चाहिए।
2. गणित, भौतिकशास्त्र व रसायनशास्त्र से 10+2 की परीक्षा में उत्तीर्ण (या जिनका परिणाम आने वाला हो) छात्र उसमें आवेदन कर सकते हैं।
3. विभिन्न चरणों में आयोजित परीक्षा के माध्यम से उम्मीदवारों के व्यक्तित्व यानी शारीरिक एवं मानसिक क्षमता की जाँच की जाती है। उम्मीदवारों की ऊँचाई कम से कम 157.5 सेमी. (वायुसेना के लिए 162.5 सेमी.) होनी चाहिए।
4. गोरखा व लक्षद्वीप, गढ़वाल, कुमाउं, पहाड़ी तथा उत्तर-पूर्वी क्षेत्र के उम्मीदवारों के लिए ऊँचाई के मामले में छूट का प्रावधान है।
5. चश्मा पहनने वाले उम्मीदवार वायुसेना के लिए उपयुक्त नहीं माने जाते हैं।

चयन प्रक्रिया : एनडीए कैडेट्स के लिए चयनित होने के लिए आपको तीन चरणों में आयोजित परीक्षा से गुजरना होगा। सबसे पहले यूपीएससी द्वारा आयोजित लिखित परीक्षा, इसके बाद सर्विस सलेक्शन बोर्ड द्वारा आयोजित साक्षात्कार (इंटेलिजेंस व पर्सनेल्टी टेस्ट) और फिर सर्विस मेडिकल बोर्ड द्वारा आयोजित मेडिकल परीक्षा।

लिखित परीक्षा व SSB-साक्षात्कार : एनडीए व नेवल एकेडमी परीक्षा में गणित, अंग्रेजी व सामान्य ज्ञान पर जोर दिया जाता है और प्रश्न मुख्य रूप से इंटरमीडिएट के पाठ्यक्रम पर ही आधारित होते हैं। ध्यान रहे, यदि आपने गलत जवाब दिया, तो इसके लिए अंक काट लिए जाते हैं। गणित का पेपर 300 अंकों का और सामान्य अभियोग्यता पेपर 600 अंकों का होता है। भाग-अ में 200 अंकों के वैकल्पिक प्रश्न होते हैं, जिससे अंग्रेजी की दक्षता आंकी जाती है। भाग-ब 400 अंकों का होता है, जिसमें सामान्य विज्ञान तथा सामान्य ज्ञान से संबंधित प्रश्न पूछे जाते हैं।

लिखित परीक्षा में चयनित उम्मीदवारों को सर्विस सलेक्शन बोर्ड (एसएसबी) द्वारा इंटेलिजेंस व पर्सनेल्टी टेस्ट के लिए बुलाया जाता है, जो कि पाँच दिनों तक चलता है। एसएसबी साक्षात्कार के दौरान ग्रुप डिस्कशन, फिजिकल एन्ड्योरेंस टेस्ट व ग्रुप टास्क आदि का सामना करना पड़ता है। अंत में मेडिकल टेस्ट लिया जाता है। चयनित उम्मीदवार को पुणे स्थित राष्ट्रीय रक्षा अकादमी में तीन वर्ष तक प्रशिक्षण दिया जाता है, जिसकी सफलतापूर्वक समाप्ति के बाद उम्मीदवारों को अलग-अलग अकादमियों— इंडियन मिलिट्री एकेडमी यानी आईएमए, नेवल एकेडमी या एयरफोर्स एकेडमी में प्रशिक्षण के लिए भेज दिया जाता है और यहीं से सेवा की शुरुआत भी हो जाती है।

(v) **एसएसबी में क्या जानने की कोशिश की जाती है? :** एनडीए के माध्यम से तीनों सेनाओं में ऑफिसर्स रैंक पर बहाली होती है, इसलिए लिखित परीक्षा के बाद एसएसबी इंटरव्यू

के दौरान मुख्य रूप से अभ्यर्थी की ऑफिसर्स क्वालिटी (OLQ) को जाँचने-परखने की कोशिश की जाती है। इसमें आफिसर्स क्वालिटी के कुछ मुख्य बिंदुओं को परखा जाता है जैसे—साहस, सकारात्मकता, शारीरिक क्षमता, अभिव्यक्ति, दृढ़ता, सहयोग की भावना, सहभागिता, नेतृत्व के गुण, आत्मविश्वास आदि। इन्हें परखने के लिए अभ्यर्थी को कुछ परिस्थितियाँ एवं शब्द दिए जाते हैं, और उनके विषय में बोलने के लिए कहा जाता है। अभ्यर्थी जिस तरह से अपनी बात रखता है, उससे उसकी सकारात्मक व नकारात्मक सोच का पता चलता है। जैसे, यदि किसी को 'अंधेरा' शब्द दिया जाता है, तो कोई अभ्यर्थी कह सकता है कि अंधेरा बहुत डरावना होता है, लेकिन सकारात्मक सोच वाला अभ्यर्थी यही कहेगा कि घने अंधेरे के बाद सुबह का उजाला अवश्य होता है। इसे मनोवैज्ञानिक या साइकोलॉजिकल टेस्ट भी कहा जाता है। यदि कोई अभ्यर्थी किसी समस्या को सुलझाने के लिए सामूहिक प्रयत्न करने या लोगों से राय-मशविरा करके उसे हल करने की बात करता है या वह हर समय दूसरों की मदद के लिए तैयार रहता है, तो इससे पता चलता है कि देश और समाज के प्रति उसमें सच्ची लगन एवं त्याग की भावना मौजूद है।

(vi) **संयुक्त रक्षा सेवा परीक्षा (CDSE):** यदि आप स्नातक पाठ्यक्रम के अंतिम वर्ष में हैं या स्नातक उत्तीर्ण हैं, तो इस प्रवेश परीक्षा के लिए आवेदन कर सकते हैं। प्रति वर्ष दो बार (फरवरी व सितम्बर में) सीडीएसई प्रवेश परीक्षा आयोजित की जाती है। इसमें आवेदन करने के लिए न्यूनतम आयु सीमा 19 और अधिकतम आयु सीमा 24 वर्ष है। सीडीएसई की परीक्षा विश्लेषणात्मक होती है और इसमें उम्मीदवार के तर्कशक्ति को जाँचा-परखा जाता है। लिखित परीक्षा उत्तीर्ण करने के बाद उम्मीदवारों को एसएसबी की साक्षात्कार प्रक्रिया से होकर गुजरना पड़ता है। मानसिक व शारीरिक दक्षता के अलावा, नेतृत्व क्षमता की भी जाँच की जाती है। उम्मीदवारों को विभिन्न प्रकार के साइकोलॉजिकल टेस्ट यानी कि एसआरटी (सिचुएशन रिएक्शन टेस्ट), सेल्फ-अप्रेजल टेस्ट व ग्रुप डिस्कशन आदि से भी गुजरना पड़ता है। एनडीए व सीडीएस परीक्षा के बारे में और अधिक जानकारी के लिए आप यूपीएससी की वेबसाइट www.upsc.gov.in देख सकते हैं।

(vii) **तकनीकी प्रवेश:** भौतिकी, रसायन व गणित विषयों के साथ यदि आपने 10+2 की परीक्षा कम से कम 70 फीसदी अंकों से पास की है, तो आप तकनीकी प्रवेश के लिए आवेदन कर सकते हैं। यदि आप आवश्यक योग्यता व दक्षता की शर्तों को पूरा करते हैं, तो आपको एसएसबी साक्षात्कार के लिए भेजा जा सकता है। इसमें चयनित उम्मीदवारों को आईएमए में एक वर्ष की बेसिक ट्रेनिंग दी जाती है। इसके बाद पुणे स्थित कॉलेज ऑफ मिलिटरी इंजीनियरिंग, सिकंदराबाद स्थित कॉलेज ऑफ इलेक्ट्रॉनिक्स तथा मैकेनिकल इंजीनियरिंग या मध्य प्रदेश के महू स्थित मिलिट्री कॉलेज ऑफ टेलीकम्युनिकेशन में चार वर्ष का डिग्री कोर्स करवाया जाता है।

(viii) **स्थायी व शॉर्ट सर्विस कमीशन:** स्थायी या शॉर्ट सर्विस कमीशंड ऑफिसर के तौर पर आप रक्षा बलों से जुड़ सकते हैं। स्थायी कमीशन का अर्थ यह है कि रिटायरमेंट तक

आपका कैरियर सेना के साथ ही जुड़ा रहेगा। यद्यपि, 20 वर्ष तक सेवा करने के बाद स्वैच्छिक सेवानिवृति का विकल्प भी खुला रहता है। दूसरी ओर, इस सेवा में कनिष्ठ अफसरों के पदों को शॉर्ट सर्विस कमीशन यानी एसएससी के माध्यम से भरा जाता है। इसके माध्यम से सेना में भर्ती होने वालों को 7 से 10 वर्ष तक काम करने के बाद नियमित नियुक्ति के तौर पर कार्यरत रहने या इस सेवा से अवकाश लेने की स्वतंत्रता होती है। सरकार के पास भी यह अधिकार सुरक्षित होता है कि ऐसे उम्मीदवारों की सेवा आगे भी ले अथवा उन्हें सेवा-मुक्त कर दे।

(ix) **रक्षा बलों में महिलाओं के लिए संभावनाएँ:** कुछ वर्ष पहले तक रक्षा बलों में केवल पुरुषों के लिए ही कैरियर का अवसर हुआ करता था, किंतु अब इस क्षेत्र में महिलाएँ भी आने लगी हैं। विशेषतौर पर, मेडिकल कोर या मिलिटरी नर्सिंग सर्विसेज में महिलाओं के लिए अपार संभावनाएँ हैं। सर्वप्रथम नौसेना ने लॉजिस्टिक्स, लॉ व एयर ट्रैफिक कंट्रोल के नॉन-काम्बेटेंट कैडर्स में महिलाओं के लिए संभावनाओं के द्वार खोले। इसके बाद से बड़ी संख्या में महिलाओं ने टेक्निकल व फ्लाइंग ऑफिसर के तौर पर अपने योगदान दिए हैं। इन सबके अलावा, आर्मी सर्विस कोर, ऑर्डिनेंस कोर, एजुकेशन कोर, जेएजी, सिग्नल्स व आर्मी, इंटेलिजेंस आदि में महिलाओं ने अपना विशेष स्थान बनाया है।

(x) **विशेष बल:** विभिन्न प्रकार की आपातकालीन परिस्थितियों में उच्च दक्षता प्राप्त व विशेष रूप से प्रशिक्षित कमांडोज़ को भेजा जाता है। इसके तीन अंग हैं—मरीन कमांडो, पैरा कमांडो व एनएसजी यानी कि नेशनल सिक्युरिटी ग्रुप या ब्लैक कैट्स कमांडो। रक्षा बलों के ऑफिसर्स को ही विशेष बल में पदस्थापित किया जाता है। इस सेवा के लिए चयनित ऑफिसर्स में से महज 10 फीसदी को ही प्रशिक्षण के लिए चयनित किया जाता है। इसके बाद कठोर प्रशिक्षण का दौर शुरू होता है। जिसके दौरान इन्हें हाई-रिस्क ड्यूटी में भी विशिष्ट प्रदर्शन करने के लायक बना दिया जाता है। यदि आपके दिल में जोश व उमंग है, और अदम्य साहस दिखाने का जज्बा है, तो भारतीय सेना का बेहतरीन कैरियर आपको मनचाही मंजिल तक पहुँचाएगा और भारत देश को आप पर गर्व होगा।

कमांडो

साक्षात्कार मंडल की अभ्यर्थी से अपेक्षा

साक्षात्कार मंडल साक्षात्कार के माध्यम से यह पता लगाने की कोशिश करते हैं कि अभ्यर्थी प्रस्तावित पद के लिए उपयुक्त है या नहीं। कल्पना कीजिए कि आप स्वयं साक्षात्कारकर्ता या नियोक्ता हैं तो आप अपने अभ्यर्थी के विषय में कौन-कौन सी बातें जानना चाहेंगे? आप उसके व्यक्तित्व व चरित्र में किन लक्षणों की खोज करेंगे? अग्रलिखित सूची पर विचार करें :

- **प्रतीति एवं व्यवहार :** अभ्यर्थी का प्रथम प्रभाव कैसा है? क्या वह अनुकूल प्रभाव बनाने में सक्षम है? उसका बनाव व पहनावा कैसा है? क्या वह प्रसन्नचित्त व कांतिमान है? क्या वह मुस्कुराता रहता है? क्या वह साफ-सुथरा रहता है? क्या वह शिष्टाचारपूर्ण है?
- **बुद्धिमत्ता का स्तर :** क्या वह बुद्धिमान व विवेकशील है? क्या वह जागरूक है? क्या उसमें त्वरित व अच्छी समझ है? क्या उसने अपनी पढ़ाई अच्छी तरह की है? क्या उसका सामान्य ज्ञान व व्यावहारिक ज्ञान अच्छा है? पद के अनुसार उसके ज्ञान का स्तर क्या है? उसकी योग्यता व अनुभव क्या है? अपनी पढ़ाई के समय वह कैसा प्रदर्शन कर रहा था? क्या उसमें जल्दी सीखने व प्रशिक्षण द्वारा सुधार की प्रवृत्ति है? क्या वह कल्पनाशील व दूरदर्शी है? क्या वह मानसिक रूप से सचेत है?
- **अभिव्यक्ति की क्षमता:** क्या वह प्रभावशाली ढंग से वार्ता कर सकता है? क्या वह धाराप्रवाह बोल सकता है? क्या वह अपनी बात स्पष्ट व तर्कसंगत रूप में प्रस्तुत करने में सक्षम है? क्या वह वार्ता में अपने विचार प्रभावपूर्ण ढंग से प्रकट कर सकता है? क्या वह उत्साह व रुचिपूर्ण वार्ता करता है? क्या वह सुनने वालों का ध्यान आकर्षित कर सकता है? क्या वह अपनी वार्ता में व्यावहारिक और यथार्थ है? अपनी आलोचना सुनकर वह कैसी प्रतिक्रिया प्रकट करता है? क्या वह अपनी सोच तथा विचारों से सुनने वालों को प्रभावित करने की क्षमता रखता है?
- **संगठनात्मक क्षमता:** क्या वह सूझबूझ वाला है? क्या उसने कोई कठिन समस्या सफलतापूर्वक हल की है? क्या वह व्यावहारिक स्थितियों में कारगर समाधान करने में सक्षम है? क्या वह परिश्रमी, श्रमसाध्य व निपुण है? क्या वह एकाग्रचित है? क्या वह अपने उद्देश्य से जुड़ा रहता है और इधर-उधर भटकता नहीं है? क्या वह अपने मन को समझता है? क्या वह योजनाबद्ध व विधिपूर्ण तरीके से कार्य करता है? क्या वह स्थिरतापूर्ण व सुसंगत तरीके से कार्य आरंभ करता है अथवा लटके-झटके के साथ? क्या वह अपने संसाधनों का प्रयोग सही-सही व मितव्ययिता से करता है? क्या वह नियंत्रण व समन्वय का प्रयोग करते हुए अधिकार और उत्तरदायित्व का विकेंद्रीकरण करने में सक्षम है?
- **शारीरिक स्वस्थता:** क्या उसका स्वास्थ्य अच्छा है? क्या वह शारीरिक रूप से सक्षम व स्वस्थ है? अपने आपको स्वस्थ रखने के लिए वह क्या प्रयत्न करता है? क्या वह नियमित रूप से अभ्यास करता या खेलता है? उसकी सहनशक्ति कैसी है? क्या वह शीघ्र थक जाता है अथवा थकान को प्रभावी ढंग से झेलने में सक्षम है? क्या उसकी शारीरिक गतिविधियों से उसकी शक्ति तथा जीवट का पता चलता है?
- **सक्रियता का गुण:** क्या उसमें उत्साह, उमंग तथा प्रेरणा है? क्या वह सक्रिय, ऊर्जावान तथा जीवंत है? क्या वह प्रणोदन, गति तथा संघर्ष का प्रदर्शन करता है? क्या उसमें उचित प्रकार से कार्य करने व निर्णायक कार्यवाही करने लायक पर्याप्त आत्मविश्वास व साहस है? क्या वह उद्यमी है? क्या वह उचित निर्णय ले सकता है? क्या वह उचित पहल कर सकता है? क्या वह सुदृढ़ व दृढ़-संकल्प वाला है? क्या वह सूझ-बूझ वाला है तथा अवसरों का सही उपयोग कर सकता है? क्या वह जोखिम लेने को तैयार है?

क्या वह धैर्य व विश्वास के साथ कठिनाइयों का सामना कर सकता है? क्या वह रुकावटों व विफलताओं के बावजूद सफलता प्राप्त कर सकता है?

- **सामाजिक गुणः** क्या वह प्रफुल्ल, मित्रतापूर्ण तथा सहयोगी प्रवृत्ति का है? क्या वह आदान-प्रदान वाला व्यवहार प्रदर्शित करता है? क्या वह अन्य लोगों तथा अपने संगठन के लिए बलिदान करने को तत्पर है? क्या वह लचीले स्वभाव, उदार-दृष्टिकोण व सुलभता से मिलने वाला साबित होगा? क्या वह दूसरों के साथ आनंदित होता है? क्या वह अलग-थलग, सुस्त व उदास रहने वाला है या वह ओजस्वी, मिलनसार, हंसमुख व शीघ्र घुल-मिल जाने वाला है? क्या उसका अपने उच्च अधिकारियों, सहकर्मियों तथा मातहतों के साथ सामंजस्य रहेगा? क्या वह स्वयं को आसानी से समायोजित (Adjust) करने में सक्षम है अथवा शिकायत, बहस या विलाप करने वाला है? क्या वह अपने खाली समय का सदुपयोग करता है? क्या उसके बहुत से मित्र हैं? क्या वह मदद के लिए तैयार रहता है? क्या वह किसी सामाजिक आयोजन में सौहार्दपूर्ण तरीके से व सुखद मनःस्थिति से भाग लेता है? क्या वह नए लोगों से मिलने, नए स्थानों को देखने व यात्रा करने का शौकीन है? क्या वह दूसरों की उपस्थिति में सामान्य व सुखद अनुभव करता है? क्या वह पर्याप्त व्यवहार-कुशल है? क्या वह दूसरों के विचारों व भावनाओं का सम्मान करता है? क्या वह बदलते हुए विचारों के साथ सामंजस्य रख सकता है? क्या वह अपने दृष्टिकोण में प्रगतिशील है? क्या उसमें हास्य की भावना भी है?
- **चरित्र तथा नैतिकताः** क्या वह ईमानदार, वफादार और विश्वसनीय है? उसकी वित्त-संबंधी नैतिकता कैसी है? क्या वह दूसरों के विषय में उत्तरदायित्व के साथ बोल सकता है? क्या वह दूसरों के विषय में बुरा बोलने से बचता है? क्या उसमें देशप्रेम की भावना व राष्ट्र के लिए गर्व है? क्या उसकी आदतें अच्छी और सराहनीय हैं? क्या उसमें लालच को काबू में रखने की नैतिक क्षमता है? क्या उसमें अनुशासन व आत्मनियंत्रण की भावना व क्षमता है? क्या उसमें आत्मसम्मान के साथ अपने आदर्शों पर चलने की क्षमता है? क्या वह कर्त्तव्य की भावना प्रदर्शित करता है?
- **नेतृत्व के गुणः** क्या उसमें संघभाव अथवा दलबद्ध रूप से कार्य करने की प्रवृत्ति है? क्या वह औरों के साथ मिलकर कार्य कर सकता है? क्या वह किसी समूह के ऊपर गहरा प्रभाव डालने में सक्षम है? क्या उसमें समूह को एक सुगठित व सामंजस्यपूर्ण दल में बाँधने की क्षमता है? क्या वह दूसरों को प्रोत्साहित करने तथा उनकी प्रतिभा को निखारने में सक्षम है? क्या वह बिना कटुता बढ़ाए व बिना शिकवे-शिकायत को जन्म दिए प्रभावी ढंग से नेतृत्व कर सकता है? क्या वह अपने मातहतों, दल व संगठन के हित को अपने हितों से ऊपर रखेगा? क्या वह औरों को सही सूक्ष्मता के साथ परख सकता है? क्या वह कोई प्रभावशाली और लोकतांत्रिक नायक साबित होगा? क्या वह दूसरों को सफलतापूर्वक प्रेरित व प्रभावित कर सकता है? क्या वह कार्यों को आसानी और कुशलता से निपटाने में सफल रहा है? क्या उसने दूसरों के लिए कोई उदाहरण स्थापित किया है? क्या वह आत्मविश्वास व उत्साह के साथ दूसरों को प्रेरित करने में सक्षम है?

- **आशावादी दृष्टिकोणः** क्या वह अपने कार्यों में आशावाद, सकारात्मक व्यवहार तथा रचनात्मक दृष्टिकोण प्रदर्शित करता है? क्या उसके उद्देश्य स्पष्ट, लक्ष्य निश्चित और अभिलाषाएँ प्रशंसनीय हैं? क्या वह सफलता के लिए आश्वस्त है? क्या वह एक उज्ज्वल, समृद्ध तथा खुशहाल भविष्य के लिए तत्पर है? क्या उसे जीत का भरोसा है? क्या उसके शब्द, विचार, दृष्टिकोण, प्रयास, व्यवहार तथा कार्य अंततः उसकी सफलता की ओर इंगित करते हैं?

अब आप स्पष्ट रूप से जान चुके हैं कि साक्षात्कार मंडल आपके विषय में क्या जानकारी चाहता है। स्पष्ट है कि इन सभी कारकों के विषय में वे आपसे सीधे-सीधे प्रश्न पूछकर सीधे व सच्चे उत्तर नहीं प्राप्त कर सकते हैं। कहावत है कि कर्म बातों से ऊँचा बोलते हैं, अतः साक्षात्कारकर्ता आपसे आपके विषय में, आपके क्रियाकलापों, आपकी उपलब्धियों तथा दूसरों के साथ आपके व्यवहार और संबंधों के विषय में पूछकर इन कारकों के विषय में जानकारी प्राप्त करने का प्रयत्न करते हैं। अब, जब आपको उनकी मनःस्थिति तथा आवश्यकताएँ ज्ञात हैं तो आपको स्वयं को उचित ढंग से प्रस्तुत करने का प्रयास करने की पहल करनी चाहिए। आपको उन्हें यह सभी जानकारियाँ प्राप्त करने के लिए संघर्ष अथवा अत्यधिक प्रयास करवाने के बजाय अवसर मिलते ही, सरलता से प्रस्तुत कर देनी चाहिएँ। आपको यह जानकारियाँ वार्ता के मध्य चतुराई से समाहित करके प्रस्तुत करनी चाहिएँ। यह आपके ऊपर निर्भर है कि वार्ता के मध्य सही अवसर ढूंढकर अपने गुणों व उपलब्धियों के विषय में उचित रूप में कैसे बताते हैं। इस प्रकार आपको अपने विषय में अनुकूल तथ्यों तथा अनुभवों को बताने के लिए अवसर ढूंढते रहना चाहिए तथा कोई भी अवसर गंवाना नहीं चाहिए।

यथासंभव, सभी प्रश्नों के लिए केवल 'हाँ' या 'नहीं' में उत्तर नहीं देने चाहिएँ। पूछे गए प्रश्न को ध्यानपूर्वक सुनकर व समझकर जवाब देना चाहिए। जब साक्षात्कारकर्ता आपसे आपके विषय में, आपकी शैक्षिक योग्यता, खेल-गतिविधियों, रुचियों, पारिवारिक पृष्ठभूमि, मित्रता, संगठन, यात्रा संबंधी, कार्यानुभव, अध्ययन की रुचि, महत्वाकांक्षा आदि के विषय में प्रश्न पूछे तो समझ लेना चाहिए कि आपको मनचाहा अवसर मिल गया है। अब गेंद आपके पाले में है और आप उसे अपने ढंग से खेल सकते हैं। अपने विषय में जो भी अच्छे व अनुकूल तथ्य, गुण, अनुभव अथवा रुचियाँ हैं, आप बड़े ही चतुराईपूर्ण ढंग से प्रस्तुत कर सकते हैं। स्मरण रहे कि कुछ भी अनुचित, बढ़ा-चढ़ा कर अथवा विवादपूर्ण न कहें।

ऐसे अवसर पर उत्तम यही रहेगा कि आप केवल तथ्यों को प्रस्तुत करें तथा स्वयं कोई नतीजे ना निकालें। अपने गुणों व अच्छाइयों के बखान करने की बजाय आप अपने प्रदर्शन व अनुभव के विषय में बताएँ तथा निष्कर्ष निकालने का कार्य साक्षात्कार मंडल पर छोड़ दें। यदि आप अपने शैक्षणिक जीवन में लगातार उत्कृष्ट प्रदर्शन करते रहे हैं तो सही अवसर पाने पर उसके विषय में बताएँ। यदि ऐसा अवसर आपको सीधे-सीधे नहीं मिल पा रहा तो कोई ऐसा उचित अवसर ढूंढें जब यह स्वाभाविक रूप से बताया जा सके। यहाँ आपकी पहल व वार्ता करने की क्षमता काम आएगी। इसी प्रकार अपनी पाठ्येत्तर गतिविधियों के विषय में भी उचित अवसर पाकर बता सकते हैं।

इसी प्रकार अपने अन्य सकारात्मक बिंदुओं के विषय में बताने के लिए भी अवसर पाने के लिए तत्पर रहना चाहिए। साथ ही यह भी स्मरण रहना चाहिए कि आप सीमा में रहें तथा विनम्र व विवेकपूर्ण ढंग से वार्ता करें। स्वयं ही किसी विषय को न बदलें तथा पूर्ण असंबद्ध विषयों को न उठाएँ। किसी भी बात को अन्यथा लंबा न खींचे। अपने आपको अति-उत्साहित भी प्रदर्शित न करें। अन्य शब्दों में, कुछ भी आवश्यकता से अधिक न करें। साक्षात्कारकर्ता को पहले बोलने का अवसर दें व एक अच्छे श्रोता के रूप में प्रस्तुत हों। जब आप एक श्रोता के रूप में हों तो उनकी बातों में रुचि लें, ध्यानपूर्वक सुनें, जीवंत व उत्साहित रहें तथा अवसर मिलने पर सराहना अवश्य करें।

वस्तुतः साक्षात्कार एक विशेष उद्देश्य के लिए आमने-सामने बैठकर वार्ता ही तो है। यदि आप इस वार्ता को रोचक व आनंददायक बना पाते हैं तो समझिए आपने साक्षात्कार का लक्ष्य प्राप्त कर लिया। वार्ता को रोचक बनाने के लिए आपको अवसर के अनुसार सुनना व बोलना चाहिए। आपको रुचिपूर्वक सुनना चाहिए तथा उद्देश्यपूर्वक बोलना चाहिए। आपको सही समय पर सही बात करने का अभ्यास होना चाहिए। सही शुरुआत व सही बात करने का अभ्यास साक्षात्कार में आपकी सफलता सुनिश्चित करता है।

अधिकारी–सरीखे गुण (Officers Like Qualities)

अधिकारी-सरीखे गुण (OLQs) वह गुण हैं जो सर्विस सेलेक्शन बोर्ड (SSB) किसी संभावित उम्मीदवार में सबसे महत्वपूर्ण मानता है और तलाश करता है। सभी उम्मीदवारों को इन गुणों को जानना, समझना व आत्मसात् करना चाहिए। इन गुणों का संक्षिप्त परिचय इस प्रकार है :

1. **योजना एवं संगठन :** यह गुण किसी उम्मीदवार के विभिन्न मानसिक पहलुओं को दर्शाता है, जो निम्न प्रकार के हैं :
   - (i) **प्रभावी बुद्धिमत्ता (Effective Intelligence) :** किसी व्यावहारिक परिस्थिति से निपटने और आवश्यकतानुसार कदम उठाने की योग्यता।
   - (ii) **तार्किक योग्यता (Reasoning Ability) :** किसी परिस्थिति को समझने और तर्कसंगत सोच के साथ सही निष्कर्ष तक पहुँचने की योग्यता।
   - (iii) **आयोजन की क्षमता (Organising Ability) :** योजनाबद्ध तरीके से संसाधनों का आयोजन करने, जिससे कि उनका सर्वश्रेष्ठ उपयोग किया जा सके तथा दिये गए कार्य को व्यवस्थित ढंग से, तय समय में, पूरा करने की योग्यता।
   - (iv) **अभिव्यक्ति की शक्ति (Power of Expression) :** अपनी बात या विचार को सरलतापूर्वक व स्पष्ट रूप में प्रकट करने की योग्यता। उसे एक अच्छा वक्ता एवं अच्छा श्रोता होना चाहिए। उसे आत्मविश्वास के साथ व धाराप्रवाह बोलना चाहिए।
2. **सामाजिक समायोजन :** यह गुण किसी उम्मीदवार के ह्रदय एवं अंतरात्मा से संबंधित निम्नलिखित गुणों को दर्शाता है :
   - (i) **सामाजिक अनुकूलन की क्षमता (Social Adaptability) :** किसी बदलते हुए परिवेश के अनुकूल स्वयं को समायोजित करने की क्षमता।

(ii) **सहयोग की प्रवृत्ति (Co-operation) :** मिलकर काम करने में सहयोग देने की प्रवृत्ति, सद्भावना एवं एक-दूसरे की मदद करने की भावना।

(iii) **उत्तरदायित्व की भावना (Sense of Responsibility) :** कर्त्तव्य व उत्तरदायित्व निभाने की भावना का समावेश।

3. सामाजिक प्रभावशीलता : यह गुण उम्मीदवार के मस्तिष्क की सक्रियता एवं विवेकशीलता संबंधी निम्नलिखित कारकों को दर्शाता है :

(i) **पहल करना (Initiative) :** किसी अच्छे काम की पहल करना व उसे बनाए रखना।

(ii) **आत्मविश्वास (Self-Confidence) :** किसी गंभीर परिस्थिति अथवा घटना का सामना करने की क्षमता का विश्वास होना।

(iii) **त्वरित निर्णय (Speed of Decision) :** किसी व्यावहारिक परिस्थिति का समाधान न्यायपूर्ण तरीके द्वारा शीघ्रता से करने की योग्यता।

(iv) **समूह को प्रभावित करने की क्षमता (Ability to Influence Group) :** समूह को प्रभावित करके इच्छित परिणाम प्राप्त करने की योग्यता।

(v) **जीवंतता (Cheerfulness) :** विकट परिस्थितियों में भी प्रसन्नचित्त बने रहने की क्षमता।

(vi) **साधन-सम्पन्नता (Resourcefulness) :** सामान्यतः उपलब्ध साधनों व सामग्रियों के अभाव में भी परिस्थिति से निपटने वाले नायक की योग्यता।

4. सक्रियता : यह गुण किसी उम्मीदवार के शरीर व दिमाग में समन्वय से संबंधित निम्नलिखित कारकों को दर्शाता है :

(i) **दृढ़ता (Determination) :** दृढ़ता या दृढ़-संकल्प का तात्पर्य उद्देश्य, एकाग्रता एवं इच्छा-शक्ति की अडिगता से है।

(ii) **साहस (Courage) :** जोखिमों से निपटने की योग्यता।

(iii) **सहनशक्ति (Stamina) :** लंबे समय तक शारीरिक व मानसिक तनाव व दबाव झेलने की क्षमता।

सर्विस सलेक्शन बोर्ड में उम्मीदवारों को साक्षात्कार के अलावा बुद्धि-परीक्षण (शाब्दिक एवं अशाब्दिक) से होकर गुजरना होता है, जिसमें उनकी सामान्य बुद्धिमत्ता की जाँच होती है। यह एक स्क्रीनिंग टेस्ट होता है जिसमें उत्तीर्ण होने पर ही उम्मीदवार को परीक्षा के दूसरे चरणों में भेजा जाता है अन्यथा वापिस भेज दिया जाता है। इसके पश्चात् ग्रुप टेस्ट (GTO Tests) होते हैं जिनमें ग्रुप डिस्कशन, ग्रुप प्लानिंग, आउटडोर ग्रुप-टास्क तथा कुछ चुने हुए विषयों पर संक्षिप्त व्याख्यान (Brief Lecturettes) देने होते हैं। इन सभी परीक्षाओं का उद्देश्य उम्मीदवारों की मानसिक एवं शारीरिक क्षमता को जाँचना होता है। दूसरे शब्दों में, यह वास्तव में केवल आपके बौद्धिक गुणों का आकलन न होकर आपके सामाजिक लक्षणों, रुचियों व समसामयिक ज्ञान के साथ-साथ शारीरिक क्षमता व सहनशक्ति का भी आकलन होता है।

स्मरण रखें कि एसएसबी टेस्ट और साक्षात्कार किन्हीं रटी-रटाई किताबी बातों की परीक्षा नहीं है अपितु आपकी बुद्धिमत्ता, व्यावहारिकता, स्पष्टता, शारीरिक व मानसिक क्षमता की एक अद्भुत परीक्षा है जिसमें उत्तीर्ण होने पर आपके समक्ष रक्षा-सेवाओं में एक कमीशंड अधिकारी बनने और गौरवशाली जीवन-वृत्ति अपनाने का स्वर्णिम मार्ग स्वतः ही खुल जाता है।

सामूहिक चर्चा एवं लघु व्याख्यान

एसएसबी टेस्ट में दो परीक्षाएँ ऐसी होती हैं जिनमें आप अपनी वाक्पटुता और अभिव्यक्ति से अपनी स्थिति मजबूत कर सकते हैं, यह हैं :

(i) सामूहिक चर्चा (Group Discussion) (ii) लघु व्याख्यान (Lecturette)

सामूहिक चर्चा (Group Discussion)

यह 6-8 उम्मीदवारों के एक ग्रुप द्वारा GTO के दिए गए किसी विषय पर एक सामान्य चर्चा होती है। प्रत्येक सदस्य दिए गए विषय पर अपने विचार व्यक्त करता है। विषय प्रायः समसामयिक घटनाओं अथवा सामाजिक विषयों पर आधारित होते हैं।

इस परीक्षा में उम्मीदवार के व्यक्तित्व के कुछ विशेष गुणों की जाँच होती है। इसमें उसके नेतृत्व के गुण और सामाजिक सामंजस्यता का पता चलता है। इस ग्रुप का कोई नायक नहीं होता अतः जो सदस्य नायक की भूमिका निभाता है वह लाभ की स्थिति में रहता है। एक नायक की भूमिका निभाने के लिये आपको पूर्ण-आत्मविश्वास व दृढ़-निश्चय दर्शाना चाहिए। जब आपके समक्ष बाधाएँ उत्पन्न हों और आपका विरोध किया जा रहा हो तब भी आप शांतिपूर्वक, स्थिति को संभालते हुए बाधाओं और विरोध का सामना करें और चर्चा को आगे बढ़ाएँ।

सर्वप्रथम आपको दिये गए विषय को ठंडे दिमाग से समझना चाहिए। महत्वपूर्ण बिंदुओं पर विचार करना चाहिए। संकोच त्यागकर चर्चा आरंभ करने की पहल करनी चाहिए। ग्रुप का कोई भी सदस्य जिसमें पहल करने की क्षमता, चातुर्य, आत्म-विश्वास और प्रेरक-शक्ति है, वह अवसर पाकर नायक की भूमिका ग्रहण कर लेता है।

ग्रुप के प्रत्येक सदस्य से दिये गए विषय पर अपने-अपने विचार प्रकट करने की अपेक्षा की जाती है। ऐसा करते हुए ग्रुप के किसी भी सदस्य का अपमान नहीं करना चाहिए। यदि आप उसके विचारों से सहमत नहीं हों तब भी शालीनता से यह कहते हुए, "माफ कीजिएगा, मैं आपके विचारों से सहमत नहीं हूँ" अथवा "माफ कीजिएगा, इस विषय में मेरे विचार थोड़े अलग हैं", अपना मत प्रकट करें। अधिक बोलकर दिखावा न करें, स्वार्थी न बनें और सबको बोलने का अवसर दें। अवाँछनीय इशारे करने और अनुचित व्यवहार करने से बचें। प्रसन्नचित रहें एवं सकारात्मक रूख बनाए रखें। जब बोलने का अवसर मिले तो अपनी बात को प्रभावशाली एवं तार्किक ढंग से सही स्वर व उच्चारण के साथ कहें। अपनी बात संक्षेप एवं स्पष्ट रूप में कहें तथा उसे घुमा-फिरा कर न बोलें।

ग्रुप डिस्कशन में प्रायः 20-20 मिनट के दो राउंड होते हैं। पहले राउंड में दिये गए दो विषयों में से एक को चुनकर उस पर चर्चा करनी होती है जबकि दूसरे राउंड में एक ही विषय दिया जाता है और उसी पर चर्चा करनी होती है। प्रायः सम-सामयिक व सामाजिक विषयों पर चर्चा होती है।

लघु व्याख्यान (Lecturette)

एक लघु व्याख्यान को लेक्चरेट कहते हैं। यह किसी विषय पर कोई जानकारी अथवा सूचना देने वाला छोटा-सा भाषण होता है। एसएसबी में अभिव्यक्ति की क्षमता पर बल दिया जाता

एसएसबी बाधा दौड़
(SSB Obstacles Race)

कमांडो वाक

मंकी क्राल

टारजन स्विंग

डबल प्लेटफार्म जम्प

स्पाइडर्स वैब

वॉल क्लाइंबिंग

बैलेंसिंग बीम

स्लाइड

रोप क्लाइंबिंग

बरमा ब्रिज

द फिगर ऑफ 8

है। इसके द्वारा उम्मीदवार अपनी अभिव्यक्ति, वाक्-प्रवाह, शिष्टाचार, विचारों का लचीलापन और उनकी प्रस्तुति का ढंग दर्शा सकता है।

स्मरण रहे : अच्छा भाषण करने वाले ही अच्छे नायक (Leader) बनते हैं। लेक्चरेट में जीटीओ प्रथम उम्मीदवार को बुलाकर एक कार्ड देता है जिसमें सम-सामयिक, सामाजिक, आर्थिक, पर्यावरण अथवा प्रौद्योगिकी आदि विषयों से संबंधित 3-4 विषय छपे होते हैं। उम्मीदवार को थोड़ा अलग जाकर अपने चुने हुए किसी एक विषय पर बोलने के लिये 3 मिनट की तैयारी का समय दिया जाता है तथा अन्य उम्मीदवार घेरा बनाकर प्रतीक्षा करते हैं। तैयारी के बाद उम्मीदवार को विषय पर बोलने के लिए 3 से 5 मिनट का समय दिया जाता है। यह एक संक्षिप्त भाषण होता है जिसकी आप उसी समय तैयारी करते हैं और वाक्पटुता और भाषण-कला से जीटीओ तथा अपने ग्रुप के सदस्यों को प्रभावित कर सकते हैं। इसमें यह बात बहुत महत्व रखती है कि आप उसी विषय को भाषण के लिए चुनें जिसके विषय में आपको पर्याप्त ज्ञान हो, तभी आप सही ढंग से भाषण दे पाएँगे। इसी प्रकार बारी-बारी सभी उम्मीदवारों को भाषण देने का अवसर दिया जाता है।

एसएसबी कार्यक्रम (SSB Programme)

- **आगमन:** व्यक्तिगत सूचना प्रश्नावली (Personal Information Questionnaire)
- **प्रथम दिन:** स्क्रीनिंग टेस्ट—इंटेलीजेंस टेस्ट (PPDT) तथा पिक्चर परसेप्शन एंड डिस्कशन टेस्ट
- **दूसरा दिन:** साइकोलोजिकल टेस्ट—वर्ड एसोसिएशन टेस्ट (WAT), थीमेटिक एपरसेप्शन टेस्ट (TAT), सिचुएशन रिएक्शन टेस्ट (SRT), सेल्फ डेस्क्रिप्शन (SD)
- **तीसरा दिन:** ग्रुप टेस्टिंग—ग्रुप डिस्कशन (GD), ग्रुप प्लानिंग एक्सरसाइज (GPE), प्रोग्रेसिव ग्रुप टास्क (PGT), ग्रुप ऑब्स्टेबल टेस्ट (GOR), हॉफ ग्रुप टास्क (HGT) और लेक्चरेट (Lecturette)
- **चौथा दिन:** ग्रुप टेस्टिंग—इंडिविजुअल ऑब्स्टेकल्स, कमांड टास्क और फाइनल ग्रुप टास्क (FGT)
- **पाँचवा दिन:** इंटरव्यू तथा कॉन्फ्रेंस

नोट : प्रायः साक्षात्कार दूसरे दिन से ही आरंभ हो जाते हैं और अंतिम दिन तक चलते हैं। अंत में चुने गए कैडेट्स को मेडिकल जाँच के लिए भेजा जाता है।

❖❖❖

11 राष्ट्रीय एकता व अखंडता (National Unity & Integration)

अनेकता में एकता

भारत एक संप्रभु, समाजवादी, धर्मनिरपेक्ष, लोकतांत्रिक एवं गणतांत्रिक देश है जिसमें विभिन्न जाति, धर्म, रीति-रिवाज माने जाते हैं और विभिन्न स्थानों पर विभिन्न भाषाएँ बोलने वाले और विभिन्न रीति-रिवाजों को मानने वाले लोग सौहार्दपूर्वक मिलजुलकर रहते हैं। भौतिक विशेषताओं और सामाजिक परंपराओं में विविधता के बावजूद भी भारत में एकता है। क्षेत्र, भाषा, संस्कृति तथा आर्थिक-अंतर्निर्भरता जैसे कई बंधनों से यह जुड़ा हुआ है। दुर्भाग्यवश भारत के इतिहास में ऐसे भी कई उदाहरण हैं जिनमें हमारे परस्पर विभेद के कारण हमें बड़ी हानि उठानी पड़ी। मोहम्मद गौरी हमारी धरती पर दो भारतीय शासकों के परस्पर विभेद एवं संघर्ष के कारण ही पैर रख सका था। अंग्रेजों ने भी 'फूट डालो शासन करो की नीति अपनाकर भारत को गुलाम बनाया था क्योंकि वो भारतीयों को सरलता से विभाजित कर सके थे। किसी ने सच ही कहा है, "एकता में बल है।"

राष्ट्रीय एकता

राष्ट्रीय एकता सांप्रदायिक शांति और सौहार्द के लिये बहुत आवश्यक है। हम शांति एवं सुरक्षा का आनंद तभी ले सकते हैं जब देश के लोगों के सभी संप्रदायों के बीच आपसी विश्वास और सद्भावना का माहौल हो। कला, साहित्य, विज्ञान, सांस्कृतिक उत्थान और आर्थिक उन्नति सहित किसी भी क्षेत्र में कोई प्रगति नहीं हो सकती यदि विघटनकारी प्रवृत्तियाँ और विभाजनकारी शक्तियाँ हमारे राष्ट्रीय जीवन को तार-तार करने के लिये हमारे आस-पास मौजूद हों। हम अंतर्राष्ट्रीय स्तर पर कोई प्रभावी भूमिका तभी निभा सकते हैं जब हमारा अपना देश मजबूती के साथ खड़ा हो। हमारी एकता ही हमारी शक्ति है।

राष्ट्रीय एकता में बाधाएँ

राष्ट्रीय एकता में बाधा डालने वाले कुछ मुख्य तत्व इस प्रकार हैं :

1. **भाषा (Language) :** अपनी भाषा के प्रति असीम-प्रेम व अन्य भाषाओं के प्रति असम्मान दिखाना राष्ट्रीय एकता के लिए बड़ी बाधा है। स्थानीय भाषाओं को बढ़ावा देने के साथ-साथ एक आम राष्ट्रीय भाषा, जो सभी को स्वीकार्य हो, का पूर्ण रूप से विकास किया जाना चाहिए। यह भाषा संपूर्ण भारत को एक सूत्र में पिरो सकती है तथा भाषा के आधार पर होने वाले भेद-भाव को समाप्त कर सकती है।

2. **जातिवाद (Casteism) :** यह समाज में हर जगह और जीवन के सभी क्षेत्रों में देखा जाता है। जाति के आधार पर ऊँच-नीच की भावना भी राष्ट्रीय एकता में बड़ी बाधा है। जाति के आधार पर भेद-भाव कानूनी अपराध है और इसे पूरी सख्ती से दबाया जाना चाहिए। प्रत्येक भारतीय को उसकी जाति की परवाह किये बिना समान अधिकार मिलने चाहिएँ।
3. **निरक्षरता (Illiteracy) :** शिक्षा व्यक्ति को सभ्य बनाती है। भारत की लगभग एक चौथाई जनसंख्या निरक्षर है। एक निरक्षर व्यक्ति अपना व देश का भला-बुरा ठीक से नहीं समझ सकता। प्रायः शहरों के लोग साक्षर व गाँव-कस्बों के लोग कम पढ़े-लिखे व निरक्षर होते हैं। इस प्रकार देश में समाज के दो अलग-अलग वर्गों का निर्माण होता है जो राष्ट्रीय एकता में बाधा डालता है। यदि संपूर्ण देश के लोगों को शिक्षा के समान अवसर प्राप्त हों तो यह बाधा दूर हो सकती है।
4. **साम्प्रदायिकता (Communalism) :** धर्म अथवा पंथ के आधार पर किसी व्यक्ति अथवा वर्ग के साथ भेद-भाव व असहिष्णुता की भावना रखना भी राष्ट्रीय एकता के मार्ग में बड़ी बाधा है। कई राजनीतिक दल धर्म एवं संप्रदाय के आधार पर लोगों को बाँटकर सत्ता में बने रहने का प्रयास करते हैं। लोगों को उनकी इन चालों को समझना व विफल कर देना चाहिए। सभी धर्मों के लोगों को परस्पर सद्भाव के साथ मिलजुलकर रहना चाहिए और राष्ट्रधर्म को ही सर्वोपरि मानना चाहिए।
5. **क्षेत्रवाद (Regionalism) :** भारत एक विशाल देश है जहाँ अनेक क्षेत्रीय विविधताएँ विद्यमान हैं। प्रायः लोग अपने-अपने क्षेत्र के प्रति विशेष प्रेम तथा उत्तरदायित्व की भावना रखते हैं तथा अन्य क्षेत्रों के साथ सौतेला व्यवहार करते हैं। अनेक राजनेता व अफसर भी अपने-अपने क्षेत्रों में अधिक विकास करना चाहते हैं। इस प्रकार का क्षेत्रीय-भेदभाव भी राष्ट्रीय एकता में बड़ी बाधा है। सभी भारतीयों को संपूर्ण भारत के सभी क्षेत्रों को एक-समान समझना चाहिए तथा इस आधार पर कोई भी भेद-भाव नहीं करना चाहिए।
6. **उग्रवाद (Extremism) :** देश के विभिन्न भागों में चल रहे उग्रवादी-आंदोलन भी राष्ट्रीय एकता में बड़ी बाधा हैं। इन आंदोलनों में बड़े पैमाने पर जान-माल की हानि, भय का वातावरण, उद्योग-धंधों का नुकसान व सरकारी संपत्ति की हानि होती है। कई बार ये किसी जाति या संप्रदाय-विशेष के लोगों की हिंसा भी करते हैं। इस प्रकार की गतिविधियों में संलिप्त लोग भोले-भाले नौजवानों को बहकाकर उग्रवाद और हिंसा के मार्ग पर ले जाते हैं और उनका जीवन बर्बाद कर देते हैं। इस प्रकार के लोगों और उनकी गतिविधियों के प्रति जनता को जागरूक करना चाहिए व उग्रवाद को समाप्त करने के कारगर उपाय किये जाने चाहिएँ।
7. **सामाजिक असमानता (Social Disparity) :** समाज के विभिन्न वर्गों व जातियों में परस्पर तथा अंदरूनी सामाजिक असमानता भी राष्ट्रीय एकता में बड़ी बाधा है। सामाजिक असमानता के कारण तनाव व द्वेष बढ़ता है जो संघर्ष व हिंसा का कारण बनता है। ऐसे प्रयास किये जाने चाहिएँ कि समाज के सभी वर्गों का एक समान उत्थान हो सके जिससे कि समानता की भावना को बल मिले और सभी एकजुट होकर समान भाव से राष्ट्रीय निर्माण में योगदान दे सकें।

राष्ट्रीय एकता के अवसर

राष्ट्र भावना के विकास एवं राष्ट्रीय एकता को बढ़ावा देने के लिये हम विभिन्न संस्थाओं से जुड़कर अपना योगदान दे सकते हैं। निम्नलिखित संस्थाएँ अपनी विभिन्न गतिविधियों और सेवाओं द्वारा राष्ट्रीय एकता को सुनिश्चित करती हैं :

1. **रक्षा बल एवं केन्द्रीय पुलिस/अन्य संगठन :** यह संस्थाएँ हमें राष्ट्रीय एकता को मजबूत करने में हमेशा सहयोग देती हैं। यह अखिल-भारतीय स्तर के संगठन हैं। जिनमें संपूर्ण भारतवर्ष से कार्मिकों की भर्ती होती है जो कि एक साथ मिलकर काम करते हैं, खाते हैं, रहते हैं और देश की एकता व अखंडता के लिये मिलकर लड़ते हैं।
2. **राष्ट्रीय स्तर के खेल :** ओलम्पिक, एशियाड एवं कॉमनवेल्थ खेल आयोजन भी राष्ट्रीय एकता की भावना को बढ़ावा देते हैं क्योंकि इनमें संपूर्ण भारत से खिलाड़ी चुनकर आते हैं और अपने क्षेत्र, राज्य, धर्म, भाषा आदि को भूलकर एक राष्ट्रीय टीम के रूप में खेलते हैं।
3. **एनसीसी :** यह एक उत्कृष्ट संगठन है जो राष्ट्रीय एकता शिविरों, साहसिक अभियानों और गणतंत्र दिवस शिविरों के माध्यम से संपूर्ण देश के कोने-कोने से आए युवाओं को प्रायः सभी प्रकार के प्रशिक्षण देकर राष्ट्रीय एकता के विकास में भरपूर योगदान देता है।

राष्ट्रीय एकता में एनसीसी की प्रासंगिकता

एनसीसी तमाम भाषाई, सांस्कृतिक, धार्मिक और भौगोलिक अवरोधों के होते हुए भी अपने कैडेट्स में भारत की विविध विरासत के प्रति जागरुकता उत्पन्न करने का कार्य करती है। यह कैडेट्स में साथ मिलकर रहने, परस्पर सहयोग करने और अन्य राज्यों के कैडेट्स के साथ, जिन्हें वे पहले से जानते तक नहीं, सद्भाव के साथ कार्य करने का अनुभव प्रदान करती है, जिससे निम्नलिखित मूल्यों के निर्माण द्वारा राष्ट्रीय एकता को बल मिलता है :

1. **नैतिक एवं सामाजिक मूल्य :** यह मूल्य दिन-प्रतिदिन की गतिविधियों के लिये अति-महत्वपूर्ण और व्यक्तित्व के लिये अनिवार्य हैं। एनसीसी इन मूल्यों को, कैडेट्स के मन में एकता की भावना और व्यक्तिगत त्याग का गुण प्रज्वलित करके, उपजाती है।
2. **सांस्कृतिक एवं पारंपरिक मूल्य :** भारत में विविध समूह हैं जो धर्म, जाति, संप्रदाय और भाषा के आधार पर बँटे हैं। एनसीसी विभिन्न शिविरों और सामूहिक गतिविधियों का आयोजन करती है जिनमें कैडेट्स को अन्य प्रांतों के सांस्कृतिक व पारंपरिक कार्यक्रम निकट से देखने का अवसर प्राप्त होता है। इससे कैडेट्स को एक-दूसरे की अनन्यता को समझने और परस्पर मित्रता करने का अवसर प्राप्त होता है।
3. **अनुशासन और देशभक्ति :** एक एनसीसी कैडेट को समाज के लिए निःस्वार्थ सेवा देने और राष्ट्रहित में किसी भी समय उपलब्ध होने के लिए प्रशिक्षित किया जाता है। एनसीसी को राष्ट्र की अनुशासित, प्रशिक्षित और प्रेरित युवा शक्ति के रूप में वर्णित किया जा सकता है, जो विभिन्न स्थानों पर राष्ट्र-सेवा के लिए सहायता प्रदान कर सके और इसके साथ-साथ भविष्य में देश का नेतृत्व कर सके तथा जीवन के सभी क्षेत्रों में भागीदारी निभा सके।

राष्ट्रीय एकता से सम्बद्ध चित्र एवं नारे
(Images & Slogans on National Integration)

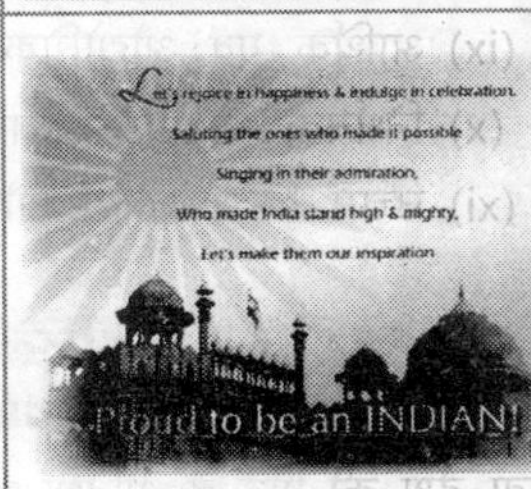

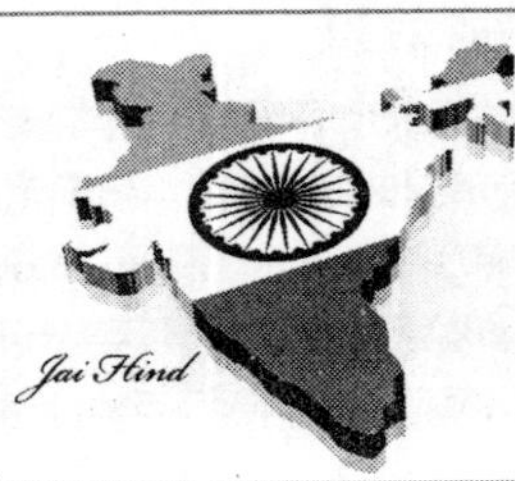

राष्ट्रीय एकता (National Integration)

राष्ट्रीय एकता समाज के विभिन्न वर्गों के बीच एकजुटता की भावना उत्पन्न करने हेतु एक सकारात्मक अवधारणा है। इसका तात्पर्य सभी धर्मों, पहनावों और खान-पान आदि की एकरूपता से नहीं बल्कि विविध संस्कृतियों के संरक्षण के साथ-साथ मिलजुल कर सद्‌भाव के साथ रहने, परस्पर सम्मान करने और राष्ट्र की प्रगति के लिये कार्य करने से है। राष्ट्रीय एकता किसी राष्ट्र की प्रगति के लिए बहुत महत्वपूर्ण है और साथ ही निम्नलिखित के लिए भी :

(i) शांति और सद्‌भाव बनाए रखने के लिये
(ii) राष्ट्र की गरिमा और आत्म-सम्मान के लिये
(iii) राष्ट्र की उन्नति और विकास के लिये
(iv) लोगों के कल्याण और भलाई के लिये
(v) आंतरिक सुरक्षा और कानून-व्यवस्था बनाए रखने के लिये
(vi) राष्ट्र की संप्रभुता और अखंडता के लिये
(vii) सांस्कृतिक एवं धार्मिक विकास के लिये
(viii) तकनीकी ज्ञान एवं सांस्कृतिक आदान-प्रदान के लिये
(ix) आर्थिक एवं औद्योगिक विकास के लिये
(x) निर्धनता और निरक्षरता के उन्मूलन के लिये
(xi) उत्तम विदेश-संबंधों और विश्व के देशों में बेहतर स्थान पाने के लिये

राष्ट्र निर्माण में युवाओं का योगदान (Contribution of Youth in Nation Building)

युवा देश की रीढ़ हैं, भविष्य की आशा हैं, राष्ट्रीय एकता के शक्तिशाली औजार हैं, और राष्ट्र के भाग्य को बनाने वाली बड़ी शक्ति हैं। युवा विभिन्न राज्यों और धर्मों के लोगों को निकट लाने में बड़ी भूमिका निभा सकते हैं जिससे कि उन्हें भावनात्मक, सांस्कृतिक व भौगोलिक रूप से एकीकृत किया जा सके।

राष्ट्र-निर्माण में व्यक्तिगत योगदान के लिये युवाओं को :

(i) उदीयमान मूल्यों को अपनाकर अच्छा इंसान बनना चाहिये।
(ii) समाज के पिछड़े वर्ग से संबंधित मित्रों व सहकर्मियों की मदद करनी चाहिये।
(iii) व्यक्तिगत प्रतिभा का विकास करना, नये कार्य करना व समाज एवं देश के लिये अपनी उपयोगिता बढ़ानी चाहिए।
(iv) समाज के सभी प्रकार के भ्रष्टाचार एवं बुराइयों को हतोत्साहित करना चाहिये।
(v) खेलों व योगाभ्यास आदि के द्वारा व्यक्तिगत स्वास्थ्य व क्षमता में सुधार करना चाहिये।
(vi) जल, ऊर्जा व अन्य प्राकृतिक एवं मानव-निर्मित संसाधनों का उपयोग सावधानी एवं मितव्ययिता के साथ करना चाहिये व अन्य लोगों को भी यह समझाना चाहिये।

(vii) समाज के सभी वर्गों के प्रति धर्म-निरपेक्ष दृष्टिकोण एवं सहिष्णुता की भावना का विकास करना चाहिये।
(viii) प्राकृतिक तथा अन्य आपदाओं के समय नागरिक प्रशासन की स्वैच्छिक रूप से मदद करनी चाहिये।
(ix) स्कूल-कॉलेजों में पढ़ाई के साथ-साथ समाज-सेवा व स्वस्थ राजनीति भी सीखनी चाहिये।
(x) समाज-सुधार की संस्थाओं से जुड़कर उनके कार्यक्रमों में अपना योगदान देना चाहिये।

राष्ट्र-निर्माण के हित में 'क्या न करें'

युवा राष्ट्र-निर्माण में सहयोग देने के लिये निम्नलिखित कार्य 'न' करें :

(i) नशीली दवाओं का सेवन न करें।
(ii) दहेज न माँगे।
(iii) अवैध यौन संबंध न बनाएँ।
(iv) असामाजिक गतिविधियों में न लिप्त हों।
(v) पिछड़े वर्ग के लोगों का शोषण न करें।
(vi) बच्चों से श्रम न करवाएँ।
(vii) परीक्षा में अनुचित साधनों का प्रयोग न करें।
(viii) किसी भी तरह का भ्रष्टाचार न करें।

राष्ट्र-निर्माण के हित में 'क्या करें'

युवा राष्ट्र-निर्माण में सहयोग देने के लिये निम्नलिखित कार्य करें :

(i) सामान्य नियमों का पालन करें व सरकार को राजस्व समय पर अदा करें।
(ii) सड़क नियमों का पालन करें, दुर्घटना से बचें व औरों को भी बचाएँ।
(iii) प्राकृतिक व अन्य आपदाओं के समय सहायता के लिए तत्पर रहें।
(iv) अधिक से अधिक वृक्षारोपण करें व अन्य लोगों को भी इसके लिये प्रेरित करें।
(v) वृद्ध माता-पिता, सगे संबंधियों व पड़ोसियों का ध्यान रखें।
(vi) अपने छोटे भाई-बहनों व बच्चों को अच्छा नागरिक बनने के लिये प्रेरित करें।
(vii) एक जिम्मेदार व्यक्ति की तरह समय, धन व अन्य संसाधनों की बचत करें।
(viii) समाज के पिछड़े वर्ग से संबंधित लोगों की मदद करें।
(ix) असामाजिक तत्वों व उनकी गतिविधियों की सूचना पुलिस एवं प्रशासन को दें।
(x) सामाजिक कल्याण के सरकारी व गैर-सरकारी कार्यक्रमों में अपना योगदान दें।
(xi) स्वयं शिक्षित हों व अन्य लोगों को भी शिक्षित होने के लिए प्रेरित करें।

राष्ट्र-निर्माण एवं राष्ट्रीय एकता में बाधाओं का उन्मूलन

राष्ट्र-निर्माण एवं राष्ट्रीय एकता के मार्ग में बाधाओं के उन्मूलन के लिये निम्नलिखित उपाय किये जा सकते हैं :

(i) शिक्षा-प्रणाली में सुधार होने चाहियें और विद्यार्थियों को धर्म-निरपेक्षता, सहिष्णुता और परस्पर सम्मान करने की शिक्षा दी जानी चाहिये।

(ii) निरक्षरता को यथासंभव शीघ्र समाप्त किया जाना चाहिये।
(iii) आर्थिक असमानता को यथासंभव कम किया जाना चाहिये।
(iv) राजनीतिक दल धार्मिक आधार पर नहीं बनाए जाने चाहियें।
(v) प्रत्येक नागरिक को राष्ट्रभाषा, राष्ट्रीय ध्वज व राष्ट्रगान का सम्मान करना सिखाया जाना चाहिये।
(vi) प्रत्येक नागरिक को राष्ट्रीय उत्सवों में भाग लेना चाहिये व अन्य लोगों को भी इसके लिये प्रेरित करना चाहिये।
(vii) अपने आस-पास, घर, स्कूल, कॉलेज, दफ्तर व सड़कों पर भी स्वच्छता रखनी चाहिये।
(viii) आदर्श नागरिकता की भावना का विकास करना चाहिये।
(ix) सामाजिक समानता लाने का प्रयास करना चाहिये।
(x) राष्ट्रीय एकता संबंधी कार्यक्रमों व शिविरों का आयोजन करना चाहिये।

राष्ट्रीय एकता शिविर के उद्देश्य :

(i) युवाओं में देश की विविध सांस्कृतिक विरासत के प्रति जागरूकता उत्पन्न करना।
(ii) सांस्कृतिक, धार्मिक, भौगोलिक और पर्यावरण की बाधाओं के बावजूद राष्ट्रीय एकता को बढ़ावा देना।
(iii) कैडेट्स को साथ-मिलकर रहने, परस्पर सहयोग करने व अन्य प्रांतों के कैडेट्स के साथ, जिन्हें वे पहले से जानते तक नहीं, सद्भाव के साथ कार्य करने का अनुभव करवाना।
(iv) कैडेट्स में भारतीय राष्ट्रवाद की भावना का विकास करना।

राष्ट्र एवं राष्ट्रीयता (Nation & Nationality)

राष्ट्रीयता की अवधारणा का उदय सर्वप्रथम फ्रांस में 1789 की क्रांति के पश्चात हुआ था। यह एक राजनीतिक घटना थी। इंग्लैंड में भी यह राजनीतिक घटना के साथ आरंभ हुई जबकि जर्मनी व इटली में इसका उदय भाषाई व सांस्कृतिक आधार पर हुआ। वहाँ आस-पास के छोटे-छोटे स्थानीय समूहों ने, जिनकी भाषा व संस्कृति समान थी, अपने राजनैतिक, कानूनी व सामाजिक हितों की रक्षा के लिये परस्पर मिलकर स्वयं को एक राष्ट्र मानना आरंभ किया। बाद में, अमेरिका व भारत-सरीखे औपनिवेशिक देशों ने भी अपने धार्मिक, भाषाई, सांस्कृतिक एवं सामाजिक मतभेदों से ऊपर उठकर एकजुट होने के प्रयास किये। इन गहन प्रयासों और संघर्षों के फलस्वरूप यहाँ भी राष्ट्रीयता की भावना का विकास हुआ और यह स्वतंत्र होने में सफल हुए।

यहाँ समझने लायक बात यह है कि भारत देश तो पहले भी था किंतु इसमें अनेक छोटी-बड़ी रियासतें विद्यमान थीं जो प्रायः अपने-अपने हितों के लिये आपस में लड़ती रहती थीं और इस प्रकार एक-दूसरे को और साथ ही साथ भारत देश को कमजोर बनाती रहती थीं। जब राष्ट्रीयता की भावना का उदय हुआ तो सभी अपने वैर-भाव भुलाकर एकजुट हो गए और गुलामी से आजाद होकर एक मजबूत राष्ट्र का निर्माण किया।

एक राष्ट्र में सभी लोगों व प्रांतों के अपने हितों से बढ़कर राष्ट्रहित सर्वोपरि होता है। सभी अपने-अपने हित के लिये कार्य करते हुए भी राष्ट्रहित को सर्वोपरि रखते हैं। यही राष्ट्र की एकता और अखंडता का मूल-मंत्र है।

तत्कालीन भारत में राष्ट्रवाद के विकास में मदद करने वाले सामाजिक कारक:

(i) धार्मिक, सामाजिक व सांस्कृतिक जागृति
(ii) पश्चिमी-शिक्षा व साहित्य का प्रभाव
(iii) भारतीय पत्रकारिता और साहित्य का प्रभाव
(iv) आधुनिक यातायात व संचार-साधनों का प्रभाव

एक राष्ट्र के रूप में भारत की रक्षा को प्रभावित करने वाले भौगोलिक कारक:

(i) भारत के उत्तर में हिमालय पर्वतमाला
(ii) पश्चिमी सीमाओं पर मरुस्थल
(iii) पश्चिमी तट पर अरब सागर
(iv) दक्षिण में हिंद महासागर
(v) पूर्व में बंगाल की खाड़ी
(vi) पंजाब के मैदान

राष्ट्र-राज्य, राष्ट्रहित एवं उद्देश्य

एक देश को राष्ट्र-राज्य माना जा सकता है यदि उसमें इसके आवश्यक तत्व—जनसंख्या, क्षेत्र, संप्रभुता और सरकार मौजूद हों।

एक देश के राष्ट्र-हित निम्नलिखित होते हैं:

(i) **संप्रभुता :** एक देश का सर्वोपरि हित स्वायत्त एवं स्वतंत्र रहना है।
(ii) **अखंडता:** एक देश पूर्ण रूप से अविभाज्य होता है और इसका क्षेत्र स्पष्ट रूप से परिभाषित होता है।
(iii) **एकता :** एक देश धर्म-निरपेक्ष राज्यों का संघ होता है जहाँ राजनीतिक शक्ति केन्द्र सरकार के पास निहित होती है। इसके लक्ष्य संगठित और अविभाजित होते हैं जिनमें गुटबंदी, सांप्रदायिकता या कट्टरपंथी पूर्वाग्रहों का कोई स्थान नहीं होता। यह जाति, वर्ण, संप्रदाय, धर्म और भाषा के प्रति सहिष्णु होता है।
(iv) **सुरक्षा :** एक देश बाहरी खतरों और आक्रमण से अपने क्षेत्र को सुरक्षित और अखंडित रखना सुनिश्चित करता है।

महत्वपूर्ण उद्देश्य एवं राज्य के नीति-निदेशक सिद्धांत :

(i) सबके लिए शिक्षा।
(ii) सबके लिये समान न्याय।
(iii) सभी नागरिकों को आजीविका के पर्याप्त साधन।
(iv) पुरुषों व स्त्रियों, दोनों के लिए, समान कार्य का समान वेतन।
(v) मातृत्व-राहत का प्रावधान।
(vi) कुटीर उद्योग को प्रोत्साहन।
(vii) श्रम कानून में श्रमिकों व मजदूरों की भागीदारी।
(viii) लोक-स्वास्थ्य में सुधार।
(ix) नशीले पेय-पदार्थों व दवाओं पर रोक।

(x) सभी जाति, संप्रदाय, वर्ण व धर्म के लोगों के लिये एक समान कानून।
(xi) एक ऐसी सामाजिक व्यवस्था को सुनिश्चित करना जो केवल लोक-कल्याण के लिये कार्य करे।
(xii) पिछड़े वर्गों के शैक्षिक और आर्थिक हितों को बढ़ावा देना।
(xiii) न्यायपालिका और कार्यपालिका का पृथक्करण।
(xiv) पर्यावरण, वनों एवं वन्यजीवों का संरक्षण एवं सुधार।
(xv) कृषि एवं पशुपालन का आधुनिक और वैज्ञानिक तर्ज पर आयोजन।
(xvi) राष्ट्रीय स्मारकों का संरक्षण।

नागरिक (Citizen)

एक समुदाय का सदस्य जो देश के प्रति निष्ठा रखता है और देश के संविधान द्वारा दिये गए संरक्षण एवं अधिकारों का पात्र होता है, एक नागरिक कहलाता है।

भारत की नागरिकता निम्न प्रकार से प्राप्त होती है :

(i) **जन्म से (By Birth) :** भारतवर्ष में जन्म लेने वाले सभी व्यक्ति।
(ii) **वंश से (By Descent) :** विदेश में रहने वाले भारतीय नागरिकों की संतानें।
(iii) **आप्रवास से (By Immigration) :** 1947 के विभाजन के समय पाकिस्तान से आए आप्रवासी।
(iv) **पंजीकरण से (By Registration) :** 5 वर्ष या अधिक अवधि से भारत में रह रहे पंजीकृत व्यक्ति।
(v) **राष्ट्रीयता से (By Nationality) :** यदि कोई व्यक्ति भारतीय नागरिकता के लिये आवेदन करता है और कुछ निश्चित शर्तों को पूरा करता है, जैसे कि भारत में आवास, किसी राज्य द्वारा नियुक्ति, भूमि की खरीद अथवा किसी भारतीय नागरिक से विवाह आदि (भारत सरकार द्वारा इस आशय का प्रमाण-पत्र प्रदान करने के उपरांत)। उदाहरण के तौर पर, 1 जनवरी, 2016 से विख्यात पाकिस्तानी गायक अदनान सामी को आवेदन व शर्तें पूरी करने पर भारतीय नागरिकता प्रदान की गई है।

अदनान सामी

राष्ट्रीय एकता परिषद् (National Integration Council)

राष्ट्रीय एकता परिषद् का उदय सितंबर-अक्टूबर, 1961 में तत्कालीन प्रधानमंत्री जवाहरलाल नेहरू द्वारा आयोजित एक सभा में हुआ। इसका प्रमुख उद्देश्य सांप्रदायिकता, जातिवाद और क्षेत्रवाद की समस्याओं का समाधान करना था। सभा में परिषद् का गठन किया गया और राष्ट्रीय एकता के मुद्दों पर पुनर्विचार करने और अपनी सिफारिशें प्रस्तुत करने का आदेश दिया गया। परिषद् की पहली बैठक जून 1962 में हुई थी। बाद के वर्षों में इसका पुनर्गठन और अगस्त 2005 में इसकी एक बैठक हुई। नई गठित परिषद् में कुल 103 सदस्य थे जिनमें 12 मुख्यमंत्री, 12 केन्द्रीय मंत्री और सभी प्रमुख राजनीतिक दलों के नेता थे।

परिषद् का गठन व संरचना
(Organisation & Composition of NIC)

अप्रैल 2010 में परिषद् का फिर से पुनर्गठन किया गया जिसमें 147 सदस्य थे। 19 अक्टूबर, 2010 को सरकार ने परिषद् की एक स्थायी समिति की स्थापना की जिसके अध्यक्ष गृहमंत्री थे तथा 4 केन्द्रीय मंत्री व 9 मुख्यमंत्री इसके सदस्य थे। समिति के मुख्य उद्देश्य मौलिक कर्त्तव्यों के तहत प्रावधानों द्वारा राष्ट्रीय एकता को मजबूत करना था।

परिषद् के प्रमुख उद्देश्य निम्नलिखित हैं :

(i) संविधान का पालन करना, उसमें निहित आदर्शों और संस्थाओं, राष्ट्रीय ध्वज व राष्ट्रीय गान का सम्मान करना।

(ii) उन महान आदर्शों का पालन करना जिन्होंने हमारे राष्ट्रीय स्वतंत्रता संग्राम को प्रेरित किया था।

(iii) देश की रक्षा करना और बुलाये जाने पर राष्ट्रीय सेवा के लिए तत्पर रहना।

(iv) सभी देशवासियों के लिये सद्भावना और आम भाई-चारे की भावना को बढ़ावा देना।

(v) सभी धर्मों, भाषाओं, प्रांतों और वर्गों के लोगों का सम्मान करना।

(vi) महिलाओं की गरिमा को ठेस पहुँचाने वाली प्रथाओं का त्याग करना।

(vii) अपनी संस्कृति की समृद्ध विरासत का महत्व समझना और उसका संरक्षण करना।

(viii) सार्वजनिक संपत्ति की रक्षा करना और हिंसा का त्याग करना।

(ix) व्यक्तिगत एवं सामूहिक गतिविधियों के सभी क्षेत्रों में उत्कृष्टता प्राप्त करने की दिशा में प्रयास करना जिससे कि राष्ट्र निरंतर उपलब्धियों के उच्च स्तर तक पहुँच सके।

❖ ❖ ❖

12 नेतृत्व एवं व्यक्तित्व विकास (Leadership & Personality Development)

नेतृत्व का अर्थ

नेतृत्व लोगों के बीच विश्वास एवं उत्साह का निर्माण करता है और उन्हें अपने निर्देशन में कार्य करने के लिये प्रेरित करता है। विभिन्न क्षेत्रों में नेतृत्व करने वाले व्यक्तियों को अलग-अलग नामों से जाना जाता है, जैसे—नेता, नायक, निदेशक, प्रधान, मुखिया, कमांडर, कैप्टेन आदि। नेता शब्द से तात्पर्य केवल राजनीतिक नेताओं से नहीं है अपितु यह आपकी संस्था के प्रधानाचार्य, आपके कक्षा-अध्यापक, एनसीसी कमांडर अथवा कक्षा के मॉनीटर को भी दर्शाता है।

एक सफल नेता बनने के लिये व्यक्ति के अंदर दूरदर्शिता, प्रेरक शक्ति, पहल-शक्ति, आत्मविश्वास और व्यक्तिगत निष्ठा जैसे गुण होने चाहिएं। विभिन्न परिस्थितियों में विभिन्न प्रकार के नेतृत्व की आवश्यकता होती है।

महान अंग्रेज सैनिक फील्ड मार्शल मोंटेगोमरी के शब्दों में, "एक साझा उद्देश्य के लिये लोगों को एकत्र करने की व्यक्तिगत क्षमता और संकल्प-शक्ति नेतृत्व कहलाती है।" एक अन्य महापुरुष के शब्दों में, "नेतृत्व लोगों को कुछ साझा उद्देश्यों, जो उनके लिये वांछनीय हों, को प्राप्त करने के लिए परस्पर सहयोग करने के लिए प्रभावित करने का कृत्य है।" यह कार्य समाज के कुछ विरले लोग ही सफलतापूर्वक कर पाते हैं।

नेतृत्व एक प्रेरणात्मक प्रक्रिया होती है जो समूह के सदस्यों की आवश्यकताओं को पूरा करती है। इसके अतिरिक्त यह सदस्यों के परस्पर चर्चा व कार्य करने से उभरकर आती है। सही नेतृत्व के अभाव में कोई भी घर, समुदाय, संगठन, उद्योग, संस्था, राज्य और देश प्रगति के मार्ग पर नहीं चल सकता। इसका सीधा अर्थ यह है कि किसी भी समाज और व्यवसाय का कल्याण एवं प्रगति गुणात्मक नेतृत्व पर निर्भर होते हैं। अतः जब एक नेता स्वीकार्य सुझाव देता है, सही मार्ग दिखाता है, अन्य लोगों के लिए एक आदर्श प्रस्तुत करता है, आदेश देता है, जिनका सबके द्वारा सम्मान व पालन किया जाता है, तब यह माना जाता है कि वह नेतृत्व कर रहा है। सभी स्थितियों में एक नेता जो भी करता है उसका प्रभाव उसके स्वयं की तुलना में अन्य लोगों पर अधिक पड़ता है। अपने अनुयायियों के सहयोग के बिना कोई भी नेता अपनी स्थिति और प्रतिष्ठा अधिक समय तक कायम नहीं रख सकता। अतः कुशल नेतृत्व के लिये अपने सदस्यों अथवा अनुयायियों का विश्वास जीतना व सहयोग प्राप्त करना अति-आवश्यक होता है।

नेतृत्व की प्रकृति और लक्षण

नेतृत्व की परिभाषा एवं व्याख्या के आधार पर उसकी निम्नलिखित प्रकृति एवं विशेषताएँ उभर कर आती हैं :

(i) नेतृत्व एक व्यक्तिगत गुण होता है।
(ii) नेतृत्व तभी होता है जब अनुयायी होते हैं।
(iii) नेतृत्व को मानना अनुयायियों की इच्छा पर निर्भर होता है।
(iv) नेतृत्व लोगों को प्रभावित करने की प्रक्रिया है।
(v) एक कुशल नेता को अपने अनुयायियों के व्यवहार, आचरण और विचारों को प्रभावित करने की कला आनी चाहिए।
(vi) नेतृत्व साझा लक्ष्यों व उद्देश्यों की प्राप्ति के लिए होता है।
(vii) प्रत्येक स्थिति में परिणाम की जिम्मेदारी नेतृत्व की ही होती है।
(viii) नेतृत्व अनुयायियों को स्वेच्छा से समूह के उद्देश्यों की प्राप्ति के लिये प्रयास करने के लिये उत्साहित व प्रेरित करता है।
(ix) विभिन्न परिस्थितियों में नेतृत्व की शैली बदलती रहनी चाहिये।
(x) नेतृत्व का अर्थ दादागिरी अथवा केवल हुक्म चलाना नहीं होता बल्कि लोगों को प्रोत्साहित करना होता है।

नेतृत्व के प्रकार (Types of Leadership)

एक नेता, ऐसा व्यक्ति होता है जो अपने समूह के आम सदस्यों से बुद्धिमत्ता व ज्ञान में आगे व उत्तरदायित्व के निर्वाह में अधिक भरोसेमंद होता है। सफल नेताओं में कई जन्मजात गुण होते हैं तथा कई गुण अनुभव द्वारा विकसित होते है, जैसे कि ईमानदारी, नैतिकता, आत्मविश्वास, सही निर्णय लेने की क्षमता तथा उत्तरदायित्व निभाने की अत्यधिक विकसित भावना।

नेतृत्व की शैली (Leadership Styles)

नेतृत्व की शैली प्रायः तीन प्रकार की होती हैं :

(i) **निरंकुश नेतृत्व शैली (Autocratic Leadership Style) :** इस नेतृत्व शैली में सभी नीतियों व प्रक्रियाओं का निर्धारण नेता द्वारा ही किया जाता है।
(ii) **लोकतांत्रिक नेतृत्व शैली (Democratic Leadership Style) :** इस नेतृत्व शैली में सभी नीतियों और प्रक्रियाओं का निर्धारण नेता की प्रेरणा व मदद द्वारा, सामूहिक चर्चा के पश्चात् किया जाता है।
(iii) **अहस्तक्षेप नेतृत्व शैली (Laissezz Faire Leadership Style) :** इस नेतृत्व शैली में नेता सामाजिक भागीदारी में निष्क्रिय रहता है तथा नीति-निर्धारण व प्रक्रिया से संबंधित निर्णय लेने का उत्तरदायित्व किसी समूह अथवा पृथक व्यक्तियों को देता है।

एक नेता के गुण (Qualities of A Leader)

किसी भी क्षेत्र में प्रगति उसमें उपलब्ध व्यावसायिक गुणवत्ता पर निर्भर करती है। जब एक नेता अपने कार्य में प्रगति करता है तो वह प्रत्यक्ष अथवा परोक्ष रूप से स्वयं की भी प्रगति

करता है। प्रत्यक्ष रूप से वह अपने पद व प्रतिष्ठा में प्रगति करता है और परोक्ष रूप से वह अपने कार्यों द्वारा अपने व्यवसाय में लाभ प्राप्त करता है। नेतृत्व कोई ऐसा गुण नहीं है जो किसी व्यक्ति पर थोपा जा सके। कोई भी अचानक ही नेता नहीं बन जाता और यदि किसी प्रकार बन भी जाए तो नेतृत्व के गुणों के अभाव के कारण जल्द ही विफल हो जाता है। नेतृत्व का भार वही उठा सकता है जिसके पास अनुभव व प्रशिक्षण की पृष्ठभूमि के साथ-साथ नेतृत्व के आवश्यक व्यक्तिगत गुण भी हों। यह निश्चित है कि एक नेता में अन्य सामान्य लोगों की अपेक्षा कई ऐसे गुण मौजूद होते हैं जो उसे उन लोगों को नेतृत्व प्रदान करने के योग्य बनाते हैं। सामान्यतः जो गुण एक व्यक्ति को नेता बनाते हैं, वह हैं— आत्मविश्वास, परिश्रम, साहस, दृढ़-संकल्प, इच्छा-शक्ति, दूरदर्शिता, मानसिक सतर्कता, तर्कशक्ति, निर्णयात्मकता, नैतिकता, अनुशासन, उत्तम चरित्र तथा सक्रियता आदि। यूँ तो एक नेता में अनेक गुण होते हैं किंतु इनमें से कुछ मुख्य गुणों को अंग्रेजी शब्द 'Leadership' के माध्यम से स्मरण रखा जा सकता है, जिसके प्रत्येक अक्षर द्वारा नेतृत्व के कई गुणों को दर्शाया जाता है :

L	→	• Loyal	: निष्ठावान	• Lively	: जीवंत
E	→	• Enthusiastic	: उत्साही	• Endurer	: सहिष्णु
A	→	• Alert	: सतर्क	• Adventurous	: साहसी
D	→	• Disciplined	: अनुशासित	• Decisive	: निर्णायक
E	→	• Energetic	: ऊर्जावान	• Earnest	: तत्पर
R	→	• Reliable	: विश्वसनीय	• Righteous	: सदाचारी
S	→	• Sincere	: ईमानदार	• Sympathetic	: सहृदय
H	→	• Healthy	: स्वस्थ	• Humanitarian	: मानवीय
I	→	• Intelligent	: बुद्धिमान	• Initiator	: पहल करने वाला
P	→	• Patient	: धैर्यवान	• Perseverant	: दृढ़-निश्चयी

ऊपर वर्णित गुणों के अतिरिक्त अन्य कई गुण एक नेता की लोकप्रियता बढ़ाने में बहुत मदद करते हैं, जैसे कि अपनी उन्नति व विकास का ज्ञान, नैतिक चरित्र, लिखने व भाषण देने की कला, व्यवहार-कुशलता, आत्मीयता, सहनशीलता, तथा अच्छा स्वभाव आदि। संक्षेप में, एक नेता को क्रियाशील भी होना चाहिए। उसे इस योग्य होना चाहिए कि वह सिद्धांत बना सके, विश्लेषण कर सके, संगठन बना सके, सुधार कर सके, कार्य पालन करवा सके, सामंजस्य स्थापित कर सके, निगरानी कर सके और आवश्यकता पड़ने पर समझौता कर सके अथवा करवा सके। इस प्रकार के गुण परीक्षात्मक परिस्थितियों में उसे लोगों को संभालने, समाज में सम्मान व प्रतिष्ठा प्राप्त करने और अपने अनुयायियों के भाग्य-निर्माण में उसकी मदद करते हैं।

सफल नेतृत्व के गुण (Successful Leadership Qualities)

यह ऐसे विशेष गुण होते हैं जो यदि किसी नेता द्वारा नियमित गतिविधियों में दर्शाए जाएँ तो यह उसके दल के सदस्यों का सम्मान, विश्वास, स्वैच्छिक आज्ञाकारिता और सहयोग प्राप्त

करने में उसकी बहुत सहायता करते हैं। इनमें से कुछ मुख्य गुण निम्नलिखित हैं :

(i) **सतर्कता (Alertness) :** मस्तिष्क की सतर्कता एक व्यक्ति की सही समय पर अवसर का उपयोग करने और स्थिति का अपनी इच्छानुसार लाभ उठाने में मदद करती है।

(ii) **आचरण (Bearing) :** यह हमेशा अनुकूल प्रभाव बनाने, नैतिक व्यवहार व प्रतीति, कार्यों व गतिविधियों में सतर्कता तथा ऊर्जा, और उच्च व्यक्तिगत व्यवहार दर्शाने से तात्पर्य रखता है। प्रतीति और व्यवहार में समर्थता एवं विश्वास झलकना आवश्यक है।

(iii) **साहस (Courage) :** यह एक मानसिक गुण है जो मनुष्य को उत्तरदायित्व लेने और कठिन परिस्थितियों में शांति एवं सुदृढ़ता से सही ढंग से कार्य करने के योग्य बनाता है। इसमें मानसिक, नैतिक व शारीरिक साहस सम्मिलित होते हैं।

(iv) **निर्णायकता (Decisiveness) :** यह तुरंत निर्णय लेने और उन्हें स्पष्ट एवं सशक्त तरीके से घोषित करने की योग्यता होती है।

(v) **विश्वसनीयता (Dependability) :** यह सही ढंग से कर्त्तव्य-निर्वाह करने और वरिष्ठ अधिकारियों के आदेशों का उत्साह, बुद्धिमत्ता और स्वैच्छिक रूप से पालन करने का गुण होता है।

(vi) **धीरज (Endurance) :** यह दर्द, थकान, तनाव और कष्ट झेलने की मानसिक व शारीरिक क्षमता का गुण होता है।

(vii) **उत्साह (Enthusiasm) :** यह कर्त्तव्यों के निर्वाह में गंभीर रुचि व जोश का प्रदर्शन है।

(viii) **पहल (Initiative) :** यह आदेशों के अभाव में भी स्वयं समय के अनुकूल कार्य आरंभ करना और निष्क्रियता से दूर रहना है।

(ix) **समग्रता (Integrity) :** यह उत्तम चरित्र, नैतिक सिद्धांतों की सुदृढ़ता, पूर्ण सत्यनिष्ठा एवं ईमानदारी की शुचिता है।

(x) **निर्णायकता (Judgement) :** यह तार्किक रूप से तथ्यों का विश्लेषण करने और उनके आधार पर निर्णय लेने का गुण होता है।

(xi) **न्यायिकता (Justice) :** यह निष्पक्षता एवं सुसंगतता का गुण होता है।

(xii) **ज्ञान (Knowledge) :** यह एक नेता के अपने दल के सदस्यों से अधिक ज्ञानवान होने का गुण होता है।

(xiii) **निष्ठा (Loyalty) :** यह अपने देश, वरिष्ठ जनों व सहकर्मियों के प्रति वफादारी का गुण होता है।

(xiv) **जीवंतता (Liveliness) :** यह तनाव के समय भी प्रसन्नचित्त रहने का गुण होता है।

(xv) **व्यवहारकुशलता (Tact) :** यह बिना किसी को ठेस पहुँचाए कार्य को साधने का गुण होता है।

(xvi) **निःस्वार्थता (Unselfishness) :** यह अन्य लोगों के हित में अपने स्वयं के आराम और व्यक्तिगत लाभ से परहेज करने का गुण होता है।

नेतृत्व के कुछ अन्य महत्वपूर्ण गुण इस प्रकार हैं :

- सत्यनिष्ठा
- आत्मविश्वास
- परिपक्वता
- संघभाव (दलबद्धता)
- विनम्रता एवं सहानुभूति
- धैर्य

व्यक्तित्व एवं चरित्र का विकास
(Personality & Character Development)

व्यक्तित्व

दैनिक जीवन में सकारात्मक व्यक्तित्व के कारक अति-महत्वपूर्ण हैं। प्रायः संगठन में गलत प्रकार के व्यक्तित्व विनाशकारी साबित होते हैं और अवांछित परिस्थितियों और तनावों का कारण बनते हैं। कुछ लोग अपने व्यक्तित्व द्वारा अपने सहकर्मियों में विरोध और आक्रोश उत्पन्न कर देते हैं जबकि कुछ अन्य लोग उन लोगों में सहानुभूति और समर्थन की भावना उत्पन्न कर देते हैं। कुछ लोग अत्यधिक तनाव की परिस्थितियों में भी सहनशील बने रहते हैं जबकि कुछ अन्य इस प्रकार की परिस्थितियों में संतुलन खो बैठते हैं।

चरित्र

एक अच्छे चरित्र वाला व्यक्ति अन्य लोगों से कई गुणों में उत्कृष्ट होता है। उस व्यक्ति में कुछ विशेष गुण अन्य गुणों की तुलना में अधिक प्रखर होते हैं। अच्छे चरित्र के गुण व्यक्ति के व्यक्तित्व में एक प्रकार का आकर्षण उत्पन्न कर देते हैं जो दिल व दिमाग में कई गुणों के उचित समायोजन से होता है। इन गुणों में ज्ञान, व्यवहार-कुशलता, आत्मीयता एवं सहयोग की भावना सम्मिलित हैं। एक चरित्रवान व्यक्ति में कुछ विशेषताएँ जन्मजात होती हैं और कुछ अनुभव तथा सूझ-बूझ से विकसित होती हैं, जैसे कि समग्रता, नैतिक साहस, आत्मविश्वास, न्यायिकता और उत्तरदायित्व के निर्वाह की अत्यधिक विकसित भावना आदि।

व्यक्तित्व का विकास कैसे करें?

हमारे दैनिक जीवन में शिक्षण और कार्यस्थलों पर कुछ लोग हमेशा आत्मविश्वास से भरे हुए प्रसन्नचित्त एवं गर्वान्वित दिखाई देते हैं। ऐसा प्रतीत होता है जैसे इनके जीवन में सभी कुछ अच्छा ही चल रहा है। यह लोग इन गुणों के साथ ही पैदा नहीं हुए होते बल्कि उनके इस व्यक्तित्व के पीछे बहुत से आदान व प्रयास होते हैं। एक व्यक्ति को अपने व्यक्तित्व में जिन गुणों का विकास करना चाहिए उनमें से कुछ निम्नलिखित हैं :

(i) **निर्णायकता (Judgement) :** अपने व्यक्तिगत हितों और विचारों से ऊपर उठकर अन्य लोगों के दृष्टिकोण से परिस्थिति को समझना व सभी के हित में उचित निर्णय लेना।

(ii) **प्रतिरूपण (Mirroring) :** आदर्श जनों की शारीरिक व मानसिक भाव-भंगिमा को समझना और उसे अपनी अभिवृत्ति में सम्मिलित करना।

(iii) **प्रसन्नचित्तता (Cheerfulness) :** प्रसन्नचित व मनोहर बनें व अन्य लोगों को भी प्रसन्न रखें।

(iv) **विश्वसनीयता (Trustworthiness) :** लोगों में यह विश्वास जमायें कि जब भी उन्हें आवश्यकता होगी आप हमेशा मदद के लिये तत्पर होंगे।

(v) **स्पष्टता (Justification) :** यह स्पष्ट करें कि किस प्रकार आपके विचार और सुझाव अमल में लाने हेतु सबसे प्रभावी होंगे।

(vi) **दृढ़ विश्वास (Conviction) :** किसी अन्य को समझाने के लिए यह अति-आवश्यक है कि सर्वप्रथम आपको अपने विचारों पर दृढ़-विश्वास हो।

(vii) **सकारात्मकता (Positivity) :** इससे लोगों में विश्वास उत्पन्न होता है। परिस्थिति कैसी भी हो किंतु आपको अपनी सोच और दृष्टिकोण सकारात्मक रखने चाहिएँ।

(viii) **नेतृत्व-कौशल (Leadership Skills) :** यह किसी भी स्थिति में एक लक्ष्य की प्राप्ति की दिशा में एक व्यक्ति अथवा समूह को प्रभावित करने का गुण है।

(ix) **संवाद-कौशल (Communication Skills) :** सफलता प्राप्त करने के लिये प्रभावी संवाद-कौशल आवश्यक है। लोगों को प्रभावित करने के लिये यह एक अनिवार्य गुण है।

(x) **शारीरिक क्षमता (Physical Ability) :** व्यक्तित्व के विकास में शारीरिक क्षमता का बहुत महत्व है। यदि आपका स्वास्थ्य अच्छा नहीं है तो आपके सभी गुण व योजनाएँ फीके पड़ जाते हैं और आप उनका सही उपयोग नहीं कर पाते हैं।

व्यक्तित्व के विकास के लिए उपयोगी उपाय (Useful Tips for Personality Development)

एक कैडेट को प्रत्येक संभव उपाय द्वारा अपने व्यक्तित्व का विकास करने का प्रयास करना चाहिये। प्रत्येक व्यक्ति निम्नलिखित उपायों द्वारा अपने व्यक्तित्व में सुधार ला सकता है :

- ईमानदारी से अपने व्यक्तित्व एवं चरित्र के लक्षणों का विश्लेषण करें।
- अपनी बुरी आदतों की सूची बनाएँ और उनसे छुटकारा पाने का प्रयास करें।
- सबकी बातें विनम्रता से सुनें, चाहे वह आपको रुचिकर न भी लगें।
- वार्तालाप के दौरान केवल अपने विषय में ही न बोलते रहें।
- अपनी हार होने पर भी मनोबल ऊँचा रखें और जीतने पर घमंड न करें।
- रचनात्मक तरीकों से अपनी समस्याएँ सुलझाएँ, गलत तरीके न अपनाएँ।
- सभी से अच्छे संबंध बनाएँ, किसी से भी संबंधों को न बिगाड़ें।
- सोच व कार्यशैली में स्वतंत्र किंतु ईमानदार रहें।
- अपने विचार एवं आचरण सकारात्मक रखें।
- मानसिक रूप से सुदृढ़ रहें।
- शारीरिक सौष्ठव, प्रतीति व क्षमता का विकास करें।
- सबके साथ सामंजस्य बिठाने का प्रयास करें।
- श्रेष्ठजनों का सम्मान करें किंतु उनकी नकल न करें बल्कि अपने गुणों को निखारें।
- अपना दृष्टिकोण व्यापक, आत्मविश्वास पूर्ण, सम्मानजनक व आलोचना को भी सकारात्मक रूप में स्वीकार करने वाला बनाएँ।
- प्रसन्नचित रहें व अन्य लोगों को भी प्रसन्न रखें।
- अपने उठने, बैठने व चलने के तरीके में सुधार करें।
- अपनी खाने, रहने व सोने की आदतों में सुधार करें।
- अच्छी पुस्तकें पढ़ें, समाचार देखें व स्वयं भी भाषण-कला का अभ्यास करें।
- अपनी अंग्रेजी व हिन्दी भाषा का ज्ञान बढ़ाएँ तथा वार्तालाप एवं चर्चा का अभ्यास करें।

- सुनने, समझने व स्मरण रखने की क्षमता का विकास करें।
- सभी कार्यों को योजनाबद्ध तरीके से करने की आदत बनाएँ।
- अपने मित्रों का एक समूह बनाएँ और मदद, राहत और सामाजिक कार्यों का आयोजन करें।
- शारीरिक अभ्यास व योगाभ्यास करें और खेलों-प्रतिस्पधाओं में भाग लें।
- अपने घर व पास-पड़ोस की छोटी-बड़ी समस्याओं को सुलझाने का प्रयास करें।

स्मरण रखें, प्रत्येक व्यक्ति का अपना अद्वितीय व्यक्तित्व होना है। प्रत्येक व्यक्ति में कुछ खामियाँ होती हैं तो कुछ खूबियाँ भी होती हैं। सभी को अपने अंदर मौजूद गुणों का विकास करना चाहिए और जिन गुणों की कमी हो अथवा जो न हों उनको अपनाना चाहिये। इस प्रकार आप एक आकर्षक व्यक्तित्व का विकास कर सकेंगे और जहाँ भी जाएँगे वहाँ अपनी उपस्थिति का सुप्रभाव अवश्य दर्शाएंगे।

यदि आप इन छोटे-छोटे किंतु उपयोगी उपायों का ध्यान रखेंगे तो आप अवश्य ही एक आकर्षक एवं प्रभावशाली व्यक्तित्व का निर्माण करने में सफल होंगे जिसमें अधिकारी-सरीखे गुण (Officers-like-qualities) प्रचुरता से होंगे।

चरित्र निर्माण

नेतृत्व के कुछ विशेष गुणों को यदि ईमानदारी के साथ अपनाया जाए और उनका विकास किया जाए तो एक उत्तम चरित्र का निर्माण किया जा सकता है। इनमें से कुछ इस प्रकार हैं :

(i) पहल करना	(ii) साहस दिखाना	(iii) निश्चितता
(iv) उत्साह	(v) नैतिकता	(vi) निष्ठा
(vii) निष्पक्षता	(viii) देश-भक्ति	(ix) कर्त्तव्य-निष्ठा
(x) समग्रता	(xi) अनुशासन	(xii) विनम्रता एवं सहानुभूति

व्यक्तित्व एवं चरित्र के विकास में एनसीसी की भूमिका

एनसीसी अपने प्रशिक्षण तथा विभिन्न गतिविधियों के माध्यम से कैडेट्स के समग्र व्यक्तित्व व चारित्रिक विकास में बहुत मदद करती है। इनमें से प्रमुख हैं :

(i) **अभ्यास (Drill) :** अभ्यास में सक्रिय रूप से भाग लेने से कैडेट्स का शारीरिक विकास होता है तथा उन्हें सही मुद्रा (Posture) में रहने की आदत पड़ती है। वह अन्य विद्यार्थियों की अपेक्षा अधिक आत्म-विश्वास से चलते हैं। एक स्वस्थ शरीर एक अच्छे व्यक्तित्व का अभिन्न अंग होता है। ड्रिल से अनुशासन, पहल, साहस, निश्चितता, उत्साह और निष्ठा जैसे चारित्रिक गुणों का विकास होता है।

(ii) **शिविर (Camps) :** शिविरों में कैडेट्स को देश के विभिन्न भागों से आए दूसरे कैडेट्स के साथ मेल-जोल के अनेक अवसर प्राप्त होते हैं। यहाँ कैडेट्स अपने-अपने प्रांतों की संस्कृति और परंपराओं की जानकारी का आदान-प्रदान करते हैं। इस प्रकार उन्हें देश की विविध संस्कृति का ज्ञान होता है और उनका दृष्टिकोण व्यापक होता है। उनमें मित्रता व भाईचारे की भावना का विकास होता है। शिविर की विभिन्न गतिविधियों व अभियानों द्वारा उनके व्यक्तित्व व चरित्र का बहुमुखी विकास होता है।

(iii) **प्रतियोगिताएँ (Competitions) :** शिविरों व अन्य अवसरों पर आयोजित विभिन्न प्रतियोगिताओं, ड्रिल, सांस्कृतिक कार्यक्रमों द्वारा कैडेट्स में टीम-भावना और अभिव्यक्ति की क्षमता का पर्याप्त विकास होता है।

(iv) **खेल एवं साहसिक अभियान (Sports & Adventure Activities) :** एनसीसी अपनी डायरी, मैनुअल, पुस्तकों व अन्य पत्र-पत्रिकाओं आदि के माध्यम से देश, समाज व विज्ञान से संबंधित अनेक जानकारियों से कैडेट्स को परिचित करवाती है। साथ ही उन्हें राष्ट्रध्वज, राष्ट्रगान व गण-मान्य व्यक्तियों का सम्मान करना सिखाया जाता है। गणतंत्र दिवस शिविर व परेड का अनुभव उनमें राष्ट्र भावना, देश-भक्ति व कर्त्तव्यनिष्ठा जैसे गुणों और भावनाओं का प्रचुर विकास करता है। इस प्रकार एनसीसी प्रशिक्षण कैडेट्स के समग्र व्यक्तित्व व चरित्र का विकास करता है।

मूल्य और नैतिकता (Values and Ethics)

नेतृत्व मानव जीवन की प्रायः प्रत्येक गतिविधि के क्षेत्र में, चाहे वह खेल, कार्य अथवा युद्ध हो, एक महत्वपूर्ण गुण है। वास्तव में, जहाँ भी दो या अधिक व्यक्ति एक साथ कोई गतिविधि करें, वहाँ नेतृत्व की आवश्यकता स्वयं ही उत्पन्न हो जाती है। एक व्यक्ति को अच्छा नेता बनने के लिये उसमें कुछ मूल्यों व नैतिक गुणों का मौजूद होना आवश्यक है।

मूल्यों से तात्पर्य उसके व्यवहार के उच्च मानकों से है जबकि नैतिकता उसके व्यवहार को नियंत्रित करने वाले आचार-संबंधी सिद्धांतों का समुच्चय होता है। उच्च-मूल्यों का पालन करने वाला व्यक्ति सभी क्षेत्रों में अग्रणी रहता है। एक व्यक्ति के विकास में सहायक मूल्य उस समाज से प्राप्त होते हैं जिससे वह संबंध रखता है, यानि कि उसके आस-पास रहने वाले लोगों और काफी हद तक उसके परिवार-जनों से।

एक नेता बुद्धिमान, ज्ञानवान और कड़ा परिश्रम करने वाला हो सकता है किंतु यदि वह नैतिक रूप से मान्य मूल्यों का पालन नहीं करता है तो वह कदापि एक अच्छा नेता नहीं बन सकता। सामान्यतः एक समूह, उसके कार्य और उपलब्धियाँ कुल मिलाकर उसके नेता के मूल्यों, नैतिक व्यवहार और शिष्टाचार द्वारा ही जाने जाते हैं। अतः नेता द्वारा दर्शाए जाने वाले मूल्यों और नैतिकताओं का प्रभाव पूरे समूह पर पड़ता है।

महत्वपूर्ण नैतिक मूल्य :

एक व्यक्ति, जो उच्च मानवीय मूल्यों का पालन करता है और नैतिक सिद्धांतों पर चलता है, वह एक अच्छे नेता के रूप में एक अलग स्थान प्राप्त करता है। दैनिक जीवन में पालन किये जाने वाले कुछ नैतिक मूल्य इस प्रकार हैं :

(i) **ईमानदारी** – झूठ नहीं बोलना, धोखा नहीं देना, चोरी नहीं करना।

(ii) **समग्रता** – शुचिता बनाए रखना।

(iii) **पवित्रता** – अपने विचारों, भाषा व कार्यों में पवित्रता रखना।

(iv) **अनुशासन** – नियम व मानदंडों का पालन करना।

(v) **निःस्वार्थता** – व्यक्तिवाद व स्वार्थ का त्याग करना।

(vi) **निष्ठा** – सत्य एवं कर्त्तव्य के प्रति वफादार रहना।

(vii) **निष्पक्षता** – किसी का पक्ष न लेना, उचित निर्णय करना।
(viii) **समानता** – सभी के साथ बराबरी का व्यवहार करना।
(ix) **आत्मविश्वास** – अपनी योग्यता व क्षमता पर विश्वास रखना।
(x) **मदद** – दूसरों को सहायता, प्रोत्साहन देना व अनुमोदन करना।
(xi) **सम्मान** – सभी का आदर करना।

कौशल विकास (Skill Development)

एक सार्थक व सफल जीवन जीने के लिये प्रत्येक व्यक्ति में कोई-न-कोई कौशल होना आवश्यक है। एक कौशल को किसी विषय, कार्य अथवा गतिविधि आदि के ऊपर विशेषज्ञता, ज्ञान अथवा अधिकार के रूप में परिभाषित किया जा सकता है।

कौशल के प्रकार

विभिन्न प्रकार के कौशलों में प्रमुख निम्न हैं :

(i) **साक्षरता कौशल (Literacy Skills)** : पढ़ना, लिखना, गणना करना व गणितीय कौशल।
(ii) **भाषा कौशल (Language Skills)** : पढ़कर, लिखकर अथवा बोलकर किसी भाषा में अभिव्यक्ति का कौशल।
(iii) **कार्यात्मक कौशल (Functional Skills)** : एटीएम, टेलीफोन, कैलकुलेटर, बैंक फॉर्म भरना, मानचित्र पढ़ना, रेलवे टिकट बुक करना, बल्ब बदलना, नल ठीक करना, साइकिल की चेन चढ़ाना आदि प्रारंभिक कार्यात्मक कौशल हैं।
(iv) **व्यावसायिक कौशल (Vocational Skills)** : आजीविका के अवसर बढ़ाने वाले कौशल जैसे—कम्प्यूटर चलाना, बिजली मैकेनिक, सिलाई करना, हस्तशिल्प कला, बढ़ईगिरी तथा मत्स्य पालन आदि।
(v) **क्रीड़ा कौशल (Sports Skills)** : एक टीम के सदस्य अथवा एकल खिलाड़ी के रूप में मैदान में खेलने का कौशल।
(vi) **सांस्कृतिक कौशल (Cultural Skills)** : विविध सांस्कृतिक गतिविधियों—हास्य-विनोद, गीत, नृत्य आदि के द्वारा अपने समूह की एकरसता व बोझिलता को दूर करना।
(vii) **जीवन-कौशल (Life Skills)** : आत्म-ज्ञान, सहानुभूति, रचनात्मक सोच, तार्किक सोच, प्रभावी अभिव्यक्ति, पारस्परिक संबंध, निर्णयात्मकता, समस्या का हल ढूँढना, तनाव व भावनाओं पर नियंत्रण पाना।

ऊपर दिये गए प्रायः सभी कौशल दैनिक जीवन से संबंध रखते हैं और समझने में सरल हैं। अतः यहाँ हम केवल जीवन कौशल के विषय में थोड़ा विस्तार से समझेंगे।

जीवन-कौशल (Life Skills)

जीवन-कौशल अभ्यास एवं धैर्य से प्राप्त किये जाते हैं। एक कुशल व्यक्ति कम समय, ऊर्जा और साधनों का उपयोग करते हुए भी अच्छे परिणाम दर्शा सकता है। जीवन-कौशल के विकास द्वारा हम परिस्थितियों व लोगों के अनुकूल बनने की क्षमता प्राप्त करते हैं और एक स्वस्थ व सकारात्मक जीवन जी सकते हैं।

एक अन्य परिभाषा के अनुसार, "जीवन-कौशल सकारात्मक व्यवहार को अपनाने की वह योग्यता है जो किसी व्यक्ति को दैनिक जीवन की माँगों और चुनौतियों से प्रभावी ढंग से निपटने के लायक बनाती है।"

एक व्यक्ति के व्यक्तित्व के विकास में सहायता करने वाले 10 मुख्य जीवन-कौशल निम्नलिखित हैं :

(i) **आत्म-ज्ञान (Self Awareness) :** इसका तात्पर्य स्वयं अपने-आपको, अपने चरित्र को, अपनी शक्तियों और कमजोरियों को, इच्छाओं को, पसंद-नापसंद को तथा कौशलों को जानना है। अपने विषय में अच्छी बातें जानने से युवा लोगों में आत्मसम्मान व आत्मविश्वास का विकास होता है। अपनी कमजोरियों को जानने पर वह उन्हें दूर करने के प्रयास कर सकते हैं। यह उन्हें उनकी क्षमता के अनुरूप उपलब्ध अवसरों का लाभ उठाने में मदद करता है। आत्म-ज्ञान जीवन के प्रति सकारात्मक दृष्टिकोण का विकास करने में मदद करता है।

(ii) **तदनुभूति (Empathy) :** यह किसी अन्य व्यक्ति की परिस्थिति के प्रति संवेदनशील होना, उसके दुखों, चिंताओं, डर, आवश्यकताओं तथा उसकी मनःस्थिति को समझने की योग्यता से तात्पर्य रखती है। जब हम अपने प्रियजनों, सहपाठियों, माता-पिता, मित्रों, संबंधियों अथवा सहकर्मियों से सहानुभूतिपूर्ण व्यवहार करते हैं तो यह अद्भुत तरीके से कार्य करती है। यह हमें समाधानों के निकट लाती है, झगड़ों को निपटा देती है, और हमारे जीवन की गुणवत्ता का विकास करती है।

(iii) **तार्किक सोच (Critical Thinking) :** यह उपलब्ध जानकारी व अनुभव का एक उद्देश्यपूर्ण तरीके से विश्लेषण करने की योग्यता है। इससे हम अपने दृष्टिकोण एवं व्यवहार को प्रभावित करने वाले कारकों की पहचान एवं आकलन कर सकते हैं। ऐसे कारकों में मीडिया व मित्रों का दबाव प्रायः सम्मिलित रहता है।

(iv) **रचनात्मक सोच (Creative Thinking) :** रचनात्मकता वर्तमान विचारों के साथ नये विचारों का संयोजन, बदलाव अथवा पुनर्उपयोग करने की योग्यता है। यह हमें हमारे प्रत्यक्ष अनुभव से आगे देखने और हमारे दैनिक जीवन की परिस्थितियों के प्रति अनुरूपता एवं लचीलेपन से प्रतिक्रिया करने में मदद करती है।

(v) **समस्याओं को सुलझाने का कौशल (Problem Solving Skills) :** यह हमें हमारे जीवन की विभिन्न समस्याओं से निपटने में मदद करता है। किसी समस्या का समाधान करने की प्रक्रिया के कई चरण होते हैं। इनमें प्रमुख चरण हैं—समस्या की पहचान, उपलब्ध विकल्पों की तलाश और सर्वश्रेष्ठ समाधान पर निर्णय लेना।

(vi) **निर्णयात्मकता (Decision Making) :** यह मौजूदा विषय पर उपलब्ध जानकारी के आधार पर उपलब्ध विभिन्न विकल्पों में से, प्रत्येक विकल्प के सकारात्मक एवं नकारात्मक नतीजों को ध्यान में रखते हुए, सर्वश्रेष्ठ विकल्प को चुनने की योग्यता है।

(vii) **पारस्परिक संबंध (Interpersonal Relationship) :** सकारात्मक संबंध स्थापित करने का कौशल हमें लोगों के साथ वार्तालाप द्वारा सकारात्मक प्रकार से संबद्ध होने में मदद

करता है। इसका तात्पर्य मित्रतापूर्ण संबंध रखने से है जो कि हमारे मानसिक व सामाजिक हित के लिये महत्वपूर्ण हो सकते हैं। यदि आवश्यक हो तो संबंधों की समाप्ति भी सकारात्मक ढंग से ही की जानी चाहिए। सकारात्मक सम्बंध व्यक्तियों के विकास में मदद करते हैं।

(viii) **प्रभावी अभिव्यक्ति (Effective Communication) :** यह बोलकर, लिखकर अथवा इशारों व शारीरिक गतिविधियों द्वारा, सांस्कृतिक रूप से स्वीकार्य तरीकों द्वारा अभिव्यक्ति का कौशल है।

(ix) **भावनाओं पर नियंत्रण (Coping with Emotions) :** यह किसी समय मन में उठने वाली प्रबल भावनाओं को समझने, भावनाएँ व्यवहार को कैसे प्रभावित करती हैं यह जानने, और भावनाओं पर उचित प्रतिक्रिया एवं नियंत्रण करने की क्षमता है।

(x) **तनाव पर नियंत्रण (Coping with Stress) :** इसका तात्पर्य हमारे जीवन में तनाव उत्पन्न करने वाले कारकों को जानना, वे कैसे हमारे शरीर व मन को प्रभावित करते हैं, यह समझना, और इस प्रकार कार्य करना जिससे हमारा तनाव नियंत्रण में रहे। इसके लिए अपने परिवेश व जीवन-शैली में परिवर्तन करना व तनाव-मुक्त कैसे रहें, यह सीखना आवश्यक है।

आत्म-ज्ञान (Self Awareness)

आत्म-ज्ञान में स्वयं को एवं अपने व्यक्तित्व को जानना और अपनी कमियों के साथ स्वयं को स्वीकार करना सम्मिलित है। इसमें हमारे विषय में सभी तथ्य सम्मिलित हैं, जैसे— हमारे विचार, भावनाएँ, पसंद, नापसंद, शक्तियाँ, कमजोरियाँ, डर, कल्पनाएँ, महत्वाकांक्षाएँ, नैतिक मूल्य, प्राथमिकताएँ, लक्ष्य, इच्छाएँ, आवश्यकताएँ आदि। यह इस बात की स्वीकृति है कि बेशक मेरे अंदर कुछ कमियाँ मौजूद हैं फिर भी मैं स्वयं को पसंद करता हूँ क्योंकि मैं एक अच्छा इंसान हूँ और मेरे अंदर कई खूबियाँ भी हैं। आत्म-ज्ञान के लिए व्यक्ति को दो बातों पर ध्यान केंद्रित करना चाहिये—पहली, हम स्वयं को अपनी शक्तियों, कमजोरियों, गुणों व योग्यताओं के परिपेक्ष्य में कैसे देखते हैं और दूसरी, अन्य लोग हमें कैसे देखते या समझते हैं। इन दोनों दृष्टिकोणों से स्वयं को जानकर ही आप अपनी एक पूरी व सही तस्वीर देख सकते हैं।

SWOT-विश्लेषण द्वारा आत्म-ज्ञान

आत्म-ज्ञान हेतु एक अन्य रुचिकर विधि SWOT-विश्लेषण है। यह आपके आंतरिक व बाह्य वातावरण पर केन्द्रित होता है। इसमें आपके आंतरिक वातावरण में आपकी शक्तियों व कमजोरियों तथा बाह्य वातावरण में आपके समक्ष अवसरों व समस्याओं की जाँच की जाती है। निम्न तालिका से इसे स्पष्टता से समझा जा सकता है :

• **आंतरिक**	आपकी शक्तियाँ (**S**trengths)	आपकी कमजोरियाँ (**W**eaknesses)
• **बाह्य**	अवसर (**O**pportunities)	समस्याएँ (**T**hreats)

मानसिकता (Mindset)

एक व्यक्ति अपने मन में अधिकतर जिस प्रकार के विचार रखता है वह उसकी मानसिकता कहलाती है। यह किसी व्यक्ति, वस्तु अथवा स्थिति के प्रति उसका दृष्टिकोण होता है। इसका उसके मन पर स्थायी प्रभाव होता है तथा इसे बदलना अति-कठिन होता है। कई बार यह नकारात्मक व्यवहार में परिवर्तित हो जाता है और समस्याएँ उत्पन्न कर सकता है। आपकी मानसिकता आपके द्वारा अर्जित ज्ञान का योग होती है जिसमें विश्व व आपके अपने विषय में आपकी धारणा और विचार सम्मिलित होते हैं। यह आपके द्वारा जानकारी प्राप्त करने और प्रतिक्रिया करने का फिल्टर (छलनी) होती है। यह निर्धारित करती है कि आप किसी जानकारी या सूचना पर कैसे प्रतिक्रिया देते हैं। यह प्रायः आपके जीवन के एक विशेष भाग के लिये प्रयोग किया जाता है, जैसे कि एक उद्यमी की मानसिकता अथवा विकास की मानसिकता।

अपनी मानसिकता कैसे बदलें? (How to Change Your Mindset)

(i) अपने अंतर्मन की आवाज सुनें।
(ii) अपनी वर्तमान धारणाओं की जाँच करें।
(iii) अपनी मानसिकता का परीक्षण करें।
(iv) विफलताओं पर मंथन करें।
(v) पूर्णतावादी न बनें/यथार्थवादी बनें।
(vi) उत्तम ज्ञान/जानकारी प्राप्त करें।
(vii) किसी से अपनी तुलना न करें।
(viii) यथार्थ व साक्ष्यों पर ध्यान दें।
(ix) श्रेष्ठ जनों को आदर्श मानें।
(x) लोग क्या सोचेंगे, इसकी चिंता छोड़ दें।
(xi) अपनी मानसिकता को अपने विचारों और लक्ष्यों के अनुरूप ढालें।
(xii) अपनी मानसिकता को दूषित व संकीर्ण होने से बचाएँ।

कोई भी सफलता प्राप्त करने के लिये सही मानसिकता का विकास होना अति-आवश्यक होता है। अपनी मानसिकता के उन क्षेत्रों पर ध्यान दें व सुधार करें जो आपकी सफलता के मार्ग में बाधा बन सकते हैं।

अभिप्रेरण (Motivation)

अभिप्रेरण या प्रोत्साहन देना एक ऐसी प्रक्रिया है जिसमें किसी व्यक्ति को उत्प्रेरक अनुनय की मदद से वाँछित तरीके से कार्य करने के लिये प्रेरित किया जाता है। यह अपनी इच्छा-शक्ति का एक प्रयोग है और सामान्यतः एक इच्छा, कामना, आवश्यकता, प्राथमिकता, अपेक्षा अथवा प्रयास द्वारा अभिव्यक्त किया जाता है। यह लोगों को उनके कार्यों को करने के लिये प्रेरित करने की क्रिया है।

अभिप्रेरण के विभिन्न साधन

(i) जहाँ तक संभव हो, लोगों की व्यक्तिगत आवश्यकताओं और संगठन की आवश्यकताओं का एकीकरण करने का प्रयास करें।

(ii) जहाँ तक व्यावहारिक हो, लोगों को लक्ष्य व प्रदर्शन के मानकों का निर्धारण करने में भाग लेने का अवसर उपलब्ध करवायें। इस प्रकार की भागीदारी से उद्देश्य को सरल-स्वीकृति प्राप्त होती है।

(iii) नेता को स्वयं अपने उत्कृष्ट प्रदर्शन का उदाहरण प्रस्तुत करना चाहिए। किसी भी कार्य में पहले अपना प्रदर्शन देखें फिर अन्य लोगों से अपेक्षा करें।

"तुम, जो मानवों में श्रेष्ठ हो, तुम्हें उदाहरण प्रस्तुत करना चाहिए !" *—श्रीमद् भगवद्गीता*

अवबोधन (Perception)

अवबोधन की प्रक्रिया प्रेरकों के चयन, संगठन एवं व्याख्या की एक जटिल संक्रिया है। अवबोधन में पाँच उप-क्रियाएँ सम्मिलित होती हैं—प्रेरण, अंकन, व्याख्या, प्रतिक्रिया और परिणाम।

(i) **प्रेरण (Stimulation) :** अवबोधन का आरंभ प्रेरण के साथ होता है। एक संगठन में वरिष्ठ अधिकारी अपने अधीनस्थ कर्मियों के लिये प्रेरण की स्थिति उत्पन्न करता है।

(ii) **अंकन (Registration) :** इसमें संवेदी व तंत्रिका-संबंधी, दोनों प्रकार के शारीरिक तंत्र सम्मिलित होते हैं। किसी व्यक्ति की सुनने और देखने की शारीरिक क्षमता उसके अवबोधन को प्रभावित करती है।

(iii) **व्याख्या (Interpretation) :** यह एक अति-महत्वपूर्ण अवबोधन उप-क्रिया है। अन्य शारीरिक प्रक्रियाएँ अवबोधन की व्याख्या में सहायता करती हैं। उदाहरण के लिए, एक संगठन में, एक व्यक्ति का अभिप्रेरण, व्यक्तित्व और सीखने की प्रक्रिया उसकी व्याख्या और प्रेरण स्थिति का निर्धारण करते हैं।

(iv) **प्रतिक्रिया (Reaction) :** यह अवबोधन-घटना के आंकड़ों की व्याख्या के लिये महत्वपूर्ण है। संगठन में, एक वरिष्ठ अधिकारी के व्यवहार में परिवर्तन एक मनोवैज्ञानिक प्रतिक्रिया के रूप में एक अधीनस्थ कार्मिक के अवबोधन को प्रभावित कर सकता है।

(v) **परिणाम (Consequence) :** अवबोधन प्रक्रिया की समाप्ति प्रतिक्रिया अथवा उत्तर के साथ होती है जो प्रकट अथवा अप्रकट रूप में हो सकता है। अवबोधन के परिणाम-स्वरूप एक व्यक्ति कार्य की माँग के अनुसार प्रतिक्रिया देता है। यह उप-क्रियाएँ अवबोधन की प्रक्रिया की जटिलता को दर्शाती हैं।

संचार (Communication)

संचार एक व्यक्ति से दूसरे के बीच कोई सूचना, विचार या अभिव्यक्ति का प्रसार करने की क्रिया है।

संचार के तत्व (Elements of Communication)

संचार के कई तत्व होते हैं। निम्नलिखित तत्वों के आधार पर संचार संभव हो पाता है :

(i) **प्रेषक (Sender) :** संचार-प्रक्रिया का आरम्भ जिस व्यक्ति द्वारा किया जाता है उसे प्रेषक कहते हैं, वह संदेश भेजने का कार्य करता है।

(ii) **संदेश (Message) :** संदेश एक संकेत होता है जो प्रेषक द्वारा प्राप्तकर्ता को भेजा जाता है।

(iii) **संकेतीकरण (Encoding) :** यदि प्रेषक कुछ विशेष शब्दों अथवा अशाब्दिक विधि का प्रयोग करके संदेश को गोपनीय रखना चाहता है, तो इसे संकेतीकरण अथवा कूटबद्धता कहते हैं।

(iv) **माध्यम (Channel) :** यह एक यंत्र माध्यम होता है जिसके द्वारा संदेश भेजा जाता है।

(v) **प्राप्तकर्ता (Receiver) :** यह वह व्यक्ति होता है जो प्रेषित संदेश को प्राप्त करता है और उसे पढ़ता है।

(vi) **अवकूटन (Decoding) :** प्राप्तकर्ता कूटबद्ध शब्दों का विसंकेतीकरण करके संदेश का सही अर्थ निकालता है।

(vii) **प्रतिक्रिया (Feedback) :** प्राप्तकर्ता प्रेषित संदेश को प्राप्त करके उसका अवकूटन करता है तथा अर्थ निकालकर प्रेषक को अपनी प्रतिक्रिया अथवा उत्तर भेजता है।

प्रभावी संचार (Effective Communication)

संचार एक द्विमार्गी प्रक्रिया है। प्रेषित किया गया संदेश प्राप्तकर्ता को पूर्ण रूप से समझ आना चाहिये। संदेश यथासंभव संक्षिप्त होना चाहिये।

अंतःकार्मिक संचार (Inter-Personnel Communication)

एक संगठन में अंतःकार्मिक संचार के कई रूप होते हैं। यह दो व्यक्तियों की पूर्व-निर्धारित अथवा अनायास भेंट द्वारा हो सकता है। कुछ में लोगों के छोटे समूह अथवा सभा सम्मिलित हो सकते हैं। यह बड़े समूहों में भी होता है जिनमें एक अथवा अधिक वक्ता श्रोताओं की बड़ी सभा अथवा रैली को संबोधित करते हैं।

(i) **शाब्दिक संचार (Verbal Communication) :** यह किसी जानकारी, विचार अथवा भावनाओं की शाब्दिक व मौखिक अभिव्यक्ति होती है।

(ii) **अशाब्दिक संचार (Non-Verbal Communication) :** इसमें बिना शब्दों का प्रयोग किये संचार होता है, जैसे—ध्वनि, प्रतीति, चेहरे व आँखों द्वारा, मुद्रा अथवा हरकत द्वारा।

(iii) **लिखित संचार (Written Communication) :** इस संचार में पत्रों, ज्ञापनों, बुलेटिनों, पोस्टरों और रिपोर्ट आदि का प्रयोग होता है।

(iv) **दूरभाष (Telephone) :** इस संचार माध्यम का प्रयोग दूरस्थ संचार के लिये ध्वनि माध्यम से किया जाता है।

(v) **टेली कॉन्फ्रेंसिंग (Teleconferencing) :** सामान्यतः व्यक्तिगत भेंट उत्तम रहती है किंतु भौगोलिक दूरियों के कारण यह हमेशा संभव नहीं होती। इनके स्थान पर टेलीकॉन्फ्रेंसिंग का प्रयोग संचार के लिये किया जाता है जिसमें एक व्यक्ति कई दूरस्थ व्यक्तियों के साथ एक साथ वार्तालाप व चर्चा कर सकता है।

प्रभावी भाषण (Effective Speech)

प्रभावी भाषण के मुख्य तत्त्व इस प्रकार हैं :

(i) **आवाज की गुणवत्ता (Voice Quality) :** आवाज की उत्तम गुणवत्ता का अर्थ है ऐसी वाक्-अभिव्यक्ति जिसमें स्वर का उतार-चढ़ाव हो, बोलने की गति में भिन्नता हो, तथा ध्वनि का स्तर व प्रवाह समयानुकूल हो।

(ii) **भाषण की शैली (Speech Style) :** भाषण की उत्तम शैली एक व्यक्ति के व्यवहार को एक विशिष्टता प्रदान करती है और श्रोता में रुचि उत्पन्न करती है।

(iii) **शब्दावली (Vocabulary) :** प्रभावी भाषण के लिये उत्तम शब्दावली एक महत्वपूर्ण कारक है। शब्दावली जितनी विस्तृत होगी, भाषण उतना ही प्रभावी होगा।

(iv) **अनुकूलन (Adaptation) :** अनुकूलन से तात्पर्य श्रोता के अनुरूप सही शब्दों का चयन, सही स्वर, सही गति, ध्वनि का सही स्तर और सही शैली का प्रयोग करना।

प्रभावी श्रवण (Effective Listening)

प्रभावी श्रवण के मुख्य तत्व इस प्रकार हैं :

(i) वक्ता में रुचि लें।
(ii) मन व ध्यान को केन्द्रित करें।
(iii) चित्त-विक्षेप न होने दें।
(iv) वक्ता को विभ्रांत न करें।
(v) सभा-स्थल पर समय पर पहुँचें।
(vi) केवल शब्दों पर ही नहीं बल्कि वक्ता की भावनाओं पर भी ध्यान दें।
(vii) प्रश्न पूछने में संकोच न करें, किन्तु उचित समय पर ही पूछें।
(viii) वक्ता के विचार संवेदना, सतर्कता व सक्रियता से सुनें।
(ix) भाषण, वार्ता या चर्चा के प्रवाह का ध्यान रखें।
(x) वार्ता के किसी पिछले भाग के विषय में अधिक न सोचें।
(xi) सुनते समय अधिक नोट्स न लिखें बल्कि अधिक सुनने का प्रयास करें।
(xii) प्रभावी श्रवण के लिये भावनात्मक बाधाओं से बचें।

समय प्रबंधन (Time Management)

ब्रह्मांड के लिए समयकाल असीमित व अनंत है किंतु दुनिया में, पृथ्वी पर हमारा जीवनकाल प्रायः केवल कुछ दशकों का ही होता है। इस छोटी-सी अवधि में हम बहुत सारे कार्य पूरे करने का प्रयास करते हैं। इस स्थिति में हम जीवन को हल्के में नहीं ले सकते। बेशक हमें कुछ समय हँसी-मजाक, आनंद, मनोरंजन तथा आमोद-प्रमोद के लिये भी चाहिये किंतु अधिकांश समय हमें गंभीरतापूर्वक कठोर परिश्रम करना चाहिये। सुनियोजित रूप से परिश्रम के साथ एवं गंभीरतापूर्वक कार्य करके ही हम अपने लक्ष्य की प्राप्ति कर सकते हैं। हमें अध्ययन के साथ विभिन्न क्षेत्रों में कई प्रशिक्षण प्राप्त करने होते हैं, और इसमें हमें संकोच नहीं करना चाहिये। हमें सभी कार्य निष्ठा-पूर्वक सही समय पर करने चाहिये। इसके लिये सर्वश्रेष्ठ तरीका अपने जीवन की प्रत्येक गतिविधि के लिये एक निश्चित योजना बनाना है। तभी हम एक संतुलित जीवन जी सकेंगे, जो काम और आराम, मेहनत और मनोरंजन के बीच सही सामंजस्य के साथ हमारे लक्ष्य की प्राप्ति को संभव बना सकेगा।

समय प्रबंधन के सिद्धांत (Principles of Time Management)

(i) समयबद्धता की व्यक्तिगत भावना का विकास करें।
(ii) समय की दैनिकी (log) रखें।
(iii) लंबी-अवधि के लक्ष्यों की पहचान करें।
(iv) दैनिक व साप्ताहिक योजनाएँ बनाएँ।
(v) अपने समय का सदुपयोग करें।
(vi) अपने कार्यों को व्यवस्थित करें।
(vii) अपनी कागजी-कार्यवाही व्यवस्थित करें।
(viii) अपनी मीटिंग आदि का प्रबंधन करें।
(ix) प्रभावी ढंग से कार्य करें व करवाएँ।
(x) समय की प्रतिबद्धता का ध्यान रखें।
(xi) उत्तम फलदायक गतिविधियों पर ध्यान केन्द्रित करें।
(xii) अपने स्वास्थ्य का ध्यान रखें, जिससे बीमारी आदि के कारण आपका समय नष्ट न हो।

समय नष्ट करने वाले मुख्य कारक

(i) टेलीफोन एवं मोबाइल फोन
(ii) अधिक मित्र एवं संबंधी
(iii) अनावश्यक कागज-पत्र
(iv) योजना एवं नियंत्रण में कमी
(v) अधिक सामाजिकता
(vi) अनिर्णय एवं विलंबित निर्णय
(vii) टेलीविजन एवं कम्प्यूटर
(viii) टाल-मटोल एवं आलस्य

तनाव प्रबंधन (Stress Management)

तनाव अन्य लोगों, घटनाओं और हमारे अपने विचारों के प्रति हमारे शरीर की प्रतिक्रिया है। कुछ हद तक तनाव सामान्य है, जैसे कि—किसी परीक्षा, मंच-प्रदर्शन अथवा खेल प्रतिस्पर्धा से पहले। तनाव के प्रबंधन से तात्पर्य है—हमारे जीवन में तनाव के स्रोतों की पहचान करना, वे कैसे शारीरिक व भावनात्मक रूप से हमें प्रभावित करते हैं, यह जानना; और अपने पर्यावरण व जीवन-शैली में बदलाव करके और तनाव रहित रहने के विषय में सीखकर इस प्रकार कार्य करना जिससे हमारे तनाव के स्तर पर नियंत्रण रहे। तनाव प्रबंधन का सबसे अच्छा तरीका उस अवसर की पहचान करना है जब आपका तनाव बढ़ता है। प्रायः हम बाह्य घटनाओं को तनाव का कारण मानते हैं जबकि घटनाएँ अपने-आप में अनिवार्य रूप से तनावपूर्ण नहीं होतीं बल्कि यह हमारा उनके प्रति प्रतिक्रिया करने का ढंग होता है जो हमारे अंदर तनाव उत्पन्न करता है।

तनाव प्रबंधन के उपाय

जब भी आप तनाव अनुभव करें तो अपनी सुविधा व समयानुसार इन सरल उपायों द्वारा तनाव को नियंत्रण में करें :

(i) लंबी साँसे लें।
(ii) किसी से वार्तालाप करें।
(iii) थोड़ा विराम लें।
(iv) मन को शांत करें।

(v) कुछ देर शारीरिक आराम करें।
(vi) शरीर को थोड़ी हरकत दें।
(vii) अपने शरीर की देखभाल करें।
(viii) किसी से हास्य-विनोद करें।
(ix) सही समय-प्रबंधन करें।
(x) अपनी स्थिति व सीमाएँ समझें।
(xi) देखें कि कहीं गलती आपकी तो नहीं।
(xii) आँखें बंद करने अथवा रोने से भी तनाव कम होता है।
(xiii) अपने आस-पास की अच्छी तस्वीरों व दृश्यों को देखें।
(xiv) कम बोलें व अधिक सुनें।
(xv) संगीत सुनने से भी तनाव कम होता है।

संघर्ष एवं समाधान (Conflict & Resolution)

जब दो विभिन्न प्रकार की माँगों, लक्ष्यों अथवा प्रयोजनों का, जो परस्पर असंगत अथवा बेमेल हों, एक साथ टकराव होने की स्थिति आ जाती है तो उसे संघर्ष अथवा द्वंद्व की स्थिति कहा जाता है। इस प्रकार की संघर्ष की स्थिति का वार्तालाप अथवा परस्पर चर्चा द्वारा समाधान किया जा सकता है।

संघर्ष के कारक

परिवार, समाज व संगठन में संघर्ष के मुख्य कारण निम्नलिखित हैं:

(i) सीमित संसाधनों के लिए प्रतिस्पर्धा।
(ii) कार्यक्षेत्र में प्रतिस्पर्धा एवं परिवार की बढ़ती माँगें।
(iii) विभिन्न धर्म व संस्कृतियों वाले कार्यदल।
(iv) लिंग-भेद व लिंग-आधारित उत्पीड़न।
(v) अहम् अथवा व्यक्तित्वों में टकराव।
(vi) पीढ़ीगत अंतर (Generation Gap)।

संघर्ष के स्तर

मानवीय व्यवहार में विभिन्न स्तर पर संघर्ष होता है, जैसे–

(i) भूमिका संघर्ष (ii) पारस्परिक संघर्ष (iii) अंतर्दलीय संघर्ष
(iv) बहुदलीय संघर्ष (v) अंतर्राष्ट्रीय संघर्ष

संघर्ष-समाधान की विधियाँ

विभिन्न स्तर के संघर्षों के समाधान के लिये विभिन्न विधियाँ अपनायी जाती हैं। इनमें से तीन मुख्य विधियाँ हैं :

(i) विजय-विजय विधि (win-win approach)
(ii) विजय-पराजय विधि (win-lose approach)
(iii) पराजय-पराजय विधि (lose-lose approach)

संघर्ष-समाधान की तकनीक

संघर्ष-समाधान की मुख्य तकनीक निम्नलिखित हैं:

(i) टकराव द्वारा समस्या का समाधान करना
(ii) विरोधी को निरस्त्र (निरुत्तर) करना
(iii) संज्ञानात्मक पुनर्गठन (बदलाव)
(iv) तीसरे पक्ष को सम्मिलित करना
(v) परिवेदना (शिकायत) करना

प्रभावित करने के कौशल (Influencing Skills)

दूसरों को प्रभावित करना और अपनी बातें मनवा लेना एक अति-महत्वपूर्ण व लाभप्रद कौशल है। किसी की सफलता के कारणों अथवा उसकी रणनीति पर अंतर्दृष्टि डालने पर आपको ज्ञात होता है कि वह क्या प्रभावपूर्ण बात कहता है और कैसे कहता है। इस कौशल को सीखकर स्वयं अभ्यास करना और सबको प्रभावित करके अपना लक्ष्य प्राप्त करना वास्तव में एक उपलब्धि है।

प्रभावित करने के कौशल के प्रकार

मुख्य तौर पर यह कौशल चार प्रकार के होते हैं:

(i) प्रमाणित करना व सुनना
(ii) सौहार्द बढ़ाना
(iii) विश्वास दिलाना
(iv) निश्चयपूर्वक कहना

प्रभावित करने के सिद्धांत

प्रभाव-कौशल के चार मुख्य सिद्धांत हैं:

(i) प्रभावी शुरुआत करना
(ii) मंथन को समय देना
(iii) असहमति से निपटना
(iv) कठिन परिस्थितियों से कुशलता से निपटना

शारीरिक भाषा (Body Language)

यह मनुष्य की अशाब्दिक संचार की मानसिक व शारीरिक योग्यता का एक प्रकार है जिसमें शारीरिक मुद्रा, इशारे, चेहरे के भाव और आँखों का संचलन सम्मिलित होता है। मनुष्य इस प्रकार के संकेत प्रायः पूर्ण अवचेतना में करते व समझ लेते हैं। शरीर की भाषा किसी व्यक्ति की अभिवृत्ति अथवा मानसिक अवस्था के विषय में संकेत दे सकती है। उदाहरण के लिये, यह उसकी आक्रामकता, सजगता, अनमनस्कता, शिथिलता, उदासी अथवा प्रसन्नता को दर्शा सकती है।

शारीरिक अभिव्यक्तियाँ

शरीर की भाषा प्रायः निम्नलिखित द्वारा अभिव्यक्त की जाती है:

(i) शरीर की मुद्रा (उठना, बैठना, चलना)।
(ii) आँखें मिलाना व आँखों के भाव।
(iii) चेहरे व मुख के भाव (प्रसन्न, उदास, भयभीत, अचंभित इत्यादि)।
(iv) हाथों व उंगलियों की हरकतें।
(v) पैरों की स्थिति व हरकतें।
(vi) आवाज का स्वर (ऊँचा, नीचा, मद्धम, तीखा, मीठा)।

विभिन्न शारीरिक अभिव्यक्तियाँ
(Different Body Expressions)

व्यक्तिगत स्थान एवं दूरियाँ

प्रत्येक व्यक्ति को उठने, बैठने, कार्य करने व आराम करने के लिये व्यक्तिगत स्थान की आवश्यकता होती है। निजत्व व गोपनीयता की दृष्टि से भी एक व्यक्ति को उसका व्यक्तिगत स्थान मिलना आवश्यक होता है। एक व्यक्ति की विभिन्न व्यक्तियों से निकटता एवं दूरी भी उसके संबंधों व संस्कृति के अनुसार अलग-अलग होती है। यह दूरी चार मुख्य वर्गों में विभाजित की जा सकती है:

(i) **अंतरंग दूरी (Intimate Distance):** यह 0-18 इंच होती है और प्रायः परिवार के निकट सदस्यों, घनिष्ठ मित्रों तथा पालतू जानवरों (कुत्ता, बिल्ली आदि) के लिए सुरक्षित रखी जाती है।

(ii) **व्यक्तिगत दूरी (Personal Distance):** यह 18 इंच से 4 फुट होती है और मित्रों से वार्तालाप, सहकर्मियों से बातचीत तथा सामूहिक चर्चाओं व भेंटों के लिए उपयुक्त मानी जाती है।

(iii) **सामाजिक दूरी (Social Distance):** यह 4-8 फुट होती है और प्रायः अजनबियों, नवगठित समूह के सदस्यों तथा नए मित्रों के लिए उपयुक्त मानी जाती है।

(iv) **सार्वजनिक दूरी (Public Distance):** यह 8 फुट से अधिक होती है और भाषणों, व्याख्यानों आदि में वक्ता एवं श्रोताओं अथवा दर्शकों के बीच उपयुक्त मानी जाती है।

शिष्टाचार

यह एक समाज, वर्ग अथवा समूह में समकालीन पारंपरिक मानदंडों पर आधारित आदर्श सामाजिक व्यवहार का ढंग है। शिष्टाचार के नियम किसी समाज के भीतर सामाजिक संबंधों के प्रायः सभी पहलुओं को परिवृत्त करते हैं।

शिष्टाचार के प्रकार

शिष्टाचार के मुख्य प्रकार निम्नलिखित हैं:

(i) **सामाजिक शिष्टाचार :** यह प्रत्येक व्यक्ति के लिये महत्वपूर्ण है क्योंकि यह हमें समाज में अच्छा व्यवहार करना सिखाता है। वरिष्ठजनों का सदा आदर करें।

(ii) **भोजन शिष्टाचार :** प्रत्येक व्यक्ति को इसका ध्यान रखना चाहिये, भोजन करते समय वार्तालाप नहीं करना चाहिए तथा भोजन की शुरुआत व अंत सभी के साथ करना चाहिये। भोजन जूठा नहीं छोड़ना चाहिये।

(iii) **स्नानघर शिष्टाचार :** यह प्रत्येक व्यक्ति को स्नानघर व शौचालय प्रयोग के नियम बताते हैं। जब भी स्नानघर आदि का प्रयोग करें तो उसे अन्य व्यक्तियों के प्रयोग के लिए भी साफ-सुथरा छोड़ें। पानी बर्बाद न करें तथा अन्य किसी का तौलिया प्रयोग में न लायें।

(iv) **टेलीफोन शिष्टाचार :** यह टेलीफोन के प्रयोग-संबंधी शिष्टाचार हैं। लंबी बातें न करें व अधिक देर तक होल्ड न करवायें। बातें करते समय आवाज को सामान्य रखें।

(v) **व्यवसाय शिष्टाचार :** यह व्यवसाय-व्यापार संबंधी शिष्टाचार हैं। कभी भी किसी के साथ छल न करें। अधिक मूल्य न वसूलें तथा सेवा अच्छी दें।

(vi) **संस्थान शिष्टाचार :** यह किसी संस्थान में कार्य-संबंधी शिष्टाचार है। संस्थान की गरिमा बनाए रखें। इधर-उधर न घूमें। ताक-झांक न करें। शोर न करें।

(vii) **भेंट शिष्टाचार :** यह भेंट, सभा, प्रस्तुति आदि से संबंधित शिष्टाचार है। समय पर पहुँचे। निर्धारित स्थान पर बैठें। ध्यान से सुनें व शोर न करें।

(viii) **पार्टी शिष्टाचार :** यह दावत, उत्सव आदि से संबंधित शिष्टाचार है। सभ्यता से पेश आएँ। भोजन बर्बाद न करें। शराब आदि का सेवन न करें। पार्टी छोड़ने से पहले मेजबान से विदा लें।

सभी प्रकार के शिष्टाचार में सबसे मुख्य बात यह है कि आप हमेशा सभ्य व्यवहार करें।

शिष्टाचार की आवश्यकता

जीवन व समाज की प्रत्येक गतिविधि एवं क्षेत्र में शिष्टाचार की बहुत आवश्यकता है। इसके निम्नलिखित मुख्य कारण हैं :

(i) यह आपको एक सुसंस्कृत व्यक्ति बनाता है।
(ii) यह आपको समाज में उत्तम व्यवहार करना सिखाता है।
(iii) यह एक चिरस्थायी प्रभाव के लिये अनिवार्य है।
(iv) यह आपके व्यक्तित्व तथा परवरिश के विषय में दर्शाता है।
(v) यह आपको समाज में सम्मान व प्रशंसा प्राप्त करवाता है।
(vi) यह लोगों में आपके लिये विश्वास व निष्ठा को मजबूत करता है।
(vii) यह आपको संबंधों का मूल्य समझने में मदद करता है।
(viii) इसके द्वारा आप अधिक जिम्मेदार व परिपक्व प्रतीत होते हैं।

सुव्यवहार

हम अपने व्यवहार के अधिकतर ढंग अपने अभिभावकों व शिक्षकों से सीखते हैं, जो हमे अच्छे ढंग से व्यवहार करने का महत्व समझाते हैं। हम जैसे समाज या संगति में रहते हैं उसके आधार पर हमारे व्यवहार को अच्छा या बुरा माना जाता है। ऐसा हमारी अच्छी या बुरी आदतों के कारण होता है।

बुरी आदतें

आयु व कार्यों के अनुसार बुरी आदतें अनेक प्रकार की होती हैं। विद्यार्थी वर्ग के लिये निम्न आदतें बुरी समझी जाती हैं :

(i) नाखून चबाना व यहाँ-वहाँ थूकना
(ii) शोर मचाना
(iii) नाक में उँगली करना
(iv) खाते समय मुँह से आवाज करना
(v) धूम्रपान करना
(vi) बिना मुँह ढके खाँसना, छींकना व उबासी लेना
(vii) आवश्यकता पड़ने पर 'माफ कीजियेगा', 'कृप्या', 'धन्यवाद' आदि न कहना।
(viii) अशिष्टता से बोलना व अश्लील बातें करना
(ix) किसी के कक्ष में बिना आज्ञा प्रवेश करना
(x) किसी की असमर्थता का मजाक उड़ाना
(xi) सड़क के नियमों का पालन न करना
(xii) अनुशासन का पालन नहीं करना
(xiii) समय पर नहीं पहुँचना
(xiv) समय पर कार्य न करना

समाज से सम्मान प्राप्त करने के लिये हमें समाज का सम्मान करना सीखना चाहिये। सभी अच्छे संस्कार घर से ही आरंभ होते हैं। अच्छे संस्कारों से तात्पर्य केवल अच्छे लोगों से मेल-जोल से नहीं है बल्कि अन्य लोगों की भावनाओं को समझने और जिम्मेदारी उठाने से भी है।

मनोवृत्ति (Mental Attitude)

मनोवृत्ति को आपके निजी वातावरण के लोगों, वस्तुओं, घटनाओं, गतिविधियों, विचारों अथवा किसी अन्य बात के सकारात्मक अथवा नकारात्मक मूल्यांकन द्वारा परिभाषित किया जा सकता है।

मनोवृत्ति के प्रकार:

(i) सकारात्मक मनोवृत्ति
(ii) नकारात्मक मनोवृत्ति
(iii) तटस्थ मनोवृत्ति
(iv) विद्रोही मनोवृत्ति
(v) विवेकपूर्ण मनोवृत्ति
(vi) अविवेकपूर्ण मनोवृत्ति
(vii) वैयक्तिक मनोवृत्ति
(viii) सामाजिक मनोवृत्ति

सामाजिक कौशल

प्रायः यह कहा जाता है कि मनुष्य एक सामाजिक प्राणी है, किंतु प्रश्न यह है कि "क्या सभी मनुष्यों के पास वह कौशल है जो उन्हें सामाजिक बनाने के लिये आवश्यक है?" अधिकांश लोगों को बोलने की कला नहीं आती। जहाँ कुछ केवल अयोग्य और अक्षम हैं वहीं कुछ अन्य हैं जिनमें आत्मविश्वास की कमी है, और कुछ अन्यों में सुव्यवहार और शिष्टाचार नहीं है। वर्तमान समय में व्यक्ति में सामाजिक कौशलों का होना अति-आवश्यक है, आप स्वयं थोड़ा-सा प्रयास करके अपने सामाजिक कौशलों में सुधार कर सकते हैं।

सामाजिक कौशलों में सुधार के उपाय

(i) विनम्र बनें।
(ii) जागरूक बनें।
(iii) सतर्क रहें।
(iv) सावधान रहें।
(v) मौलिक रहें।
(vi) जिम्मेदार बनें।
(vii) ईमानदार रहें।
(viii) उन्मुक्त व सुलभ रहें।

समूह एवं दल

समूह (Group)

दो या अधिक लोग जब किसी साझा उद्देश्य की प्राप्ति के लिये एकत्र होते हैं तो इसे एक समूह कहते हैं।

समूह का महत्व: समूह में लोग एक साझा उद्देश्य की प्राप्ति के लिए एकत्र होकर नियमित ढंग से कार्य और संसाधनों का प्रयोग पूर्व-निर्धारित लक्ष्यों की प्राप्ति के लिये करते हैं।

समूहों के प्रकार

प्राथमिक लक्ष्यों के विकास के आधार पर समूहों का वर्गीकरण निम्न प्रकार से किया जाता है:

1. **मैत्री समूह (Friendship Group):** इसका विकास अनौपचारिक रूप से इसके सदस्यों से मिलने, व्यक्तिगत सुरक्षा, सम्मान और संबंधों की आवश्यकता के प्रयोजन से होता है।

2. **कार्य समूह (Task Group):** यह प्रबंधन द्वारा संगठन के निश्चित लक्ष्यों की प्राप्ति के उद्देश्य से बनाया जाता है। कार्य समूह निम्न प्रकार के होते हैं :

(i) **औपचारिक समूह (Formal Groups):** इनकी स्थापना किसी संगठन द्वारा प्रत्यक्ष रूप से संगठन के उद्देश्यों की पूर्ति के लिये की जाती है।

(ii) **अनौपचारिक समूह (Informal Groups):** इनका विकास सदस्यों की दैनिक गतिविधियों, बातचीत और भावनाओं के आदान-प्रदान द्वारा उनकी सामाजिक आवश्यकताओं की पूर्ति के लिये होता है।

(iii) **प्रभावी समूह (Effective Group) :** एक प्रभावी समूह की निम्नलिखित विशेषताएँ होती हैं :

- इसके सदस्य जानते हैं कि समूह क्यों बनाया गया है और इसके साझा उद्देश्य क्या हैं।
- इसके सदस्य दिशा-निर्देशों और निर्णय लेने की विधियों पर सहमत होते हैं।
- इसके सदस्य स्वतंत्र रूप से परस्पर संवाद करते हैं।
- इसके सदस्य परस्पर मदद करना सीख चुके होते हैं।
- इसके सदस्य समूह की प्रक्रियाओं को जान चुके होते हैं और वे व्यक्तिगत व समूह के कामकाज में सुधार करते हैं।

दल (Team)

दो या अधिक परस्पर निर्भर व्यक्ति जो परिणामों की साझा जिम्मेदारी उठाएँ, और जो स्वयं तथा अन्य लोगों द्वारा एक बड़ी सामाजिक व्यवस्था में एक अक्षुण्ण (intact) सामाजिक इकाई माने जाते हों, एक दल अथवा टीम कहलाते हैं।

दल का महत्व: एक दल या टीम में सीमित संख्या में सदस्य होते हैं जिनमें पूरक क्षमता, कौशल और जानकारी होती है और जो साझा प्रदर्शन, लक्ष्यों और कार्यात्मक संबंध के लिये प्रतिबद्ध हों, और इनके लिये परस्पर स्वयं को जवाबदेह मानते हों। दलगत कार्य का मुख्य उद्देश्य दल की सह-क्रिया है जिससे कि संयुक्त-व्यक्तिगत योगदानों द्वारा उत्तम गुणवत्ता के परिणाम प्राप्त हो सकें। एक दल में हम एक सहमति-प्राप्त दिशा-निर्देशों (नियमों) के समुच्चय (Set) की स्थापना कर सकते हैं। हम दल के सभी सदस्यों को, उनकी शक्तियों को, उनके पसंदीदा कार्य करने के तरीकों और पसंदीदा भूमिकाओं को जानते हैं। हम कार्य-संबंधी समस्याओं पर विचार-विमर्श कर सकते हैं जिससे कि एक साझा सहमति बनाई जा सके और उसे किसी परियोजना के साथ जोड़ा जा सके।

दल के प्रकार

दलों को मुख्य तौर पर चार वर्गों में बाँट सकते हैं:

(i) **कार्यात्मक दल (Functional Teams):** यह प्रायः उन लोगों को दर्शाते हैं जो दैनिक रूप से विभिन्न संयुक्त एवं व्यक्तिगत उद्देश्यों पर साथ-मिलकर कार्य करते हैं।

(ii) **समस्या-समाधान दल (Problem-Solving Teams):** यह प्रायः अपने उत्तरदायित्व वाले क्षेत्र की विशेष समस्याओं पर ध्यान केंद्रित करते हैं, उनके कारगर समाधान खोजते हैं और प्रायः एक सीमा के भीतर कार्यवाही करने के लिये सक्षम होते हैं।

(iii) **पार-कार्यात्मक दल (Cross-Functional Teams):** यह विभिन्न कार्य-क्षेत्रों के लोगों के ज्ञान तथा कौशल को संयुक्त रूप से प्रयोग करके विभिन्न आपसी समस्याओं की पहचान करते हैं व उनका समाधान करते हैं।

(iv) **स्व-प्रबंधित दल (Self-Managed Teams):** यह प्रायः उन सदस्यों का दल होता है जिन्हें प्रभावी रूप से रोज मिलकर संपूर्ण उत्पाद (मुख्य उत्पाद-घटक) का निर्माण करना या सेवा प्रदान करनी होती है।

दल की विशेषताएँ

एक दल की मुख्य विशेषताएँ निम्नलिखित हैं:

(i) अभेद्यता का आभास
(ii) सामूहिक युक्तिकरण
(iii) निर्विवाद विश्वास
(iv) नियत विचार
(v) प्रत्यक्ष दबाव
(vi) स्व-नियंत्रण
(vii) सर्व-सम्मति का साझा आभास

❖❖❖

13 नागरिक सुरक्षा एवं आपदा प्रबंधन (Civil Defence & Disaster Management)

नागरिक सुरक्षा

युद्ध, प्राकृतिक आपदा अथवा किसी अन्य प्रकार की आपदा के समय आपदा के प्रभाव को कम करने के उद्देश्य से नागरिकों, सरकार, स्थानीय निकायों तथा स्वैच्छिक संस्थाओं द्वारा नागरिकों के जान-माल की रक्षा के लिये कई उपाय किये जाते हैं, इन्हें नागरिक सुरक्षा के उपाय कहते हैं। दूसरे शब्दों में इन्हें 'नागरिकों द्वारा नागरिकों की सुरक्षा' कहा जाता है। नागरिक सुरक्षा उपायों में निम्नलिखित सम्मिलित होते हैं :

(i) **बचाव के उपाय (Preventive Measures):** यह उपाय आपदा के घटित होने से पूर्व किये जाते हैं, जैसे कि लोगों को अन्यत्र भेजना, उद्योगों को बचाना, छलावरण व आश्रय-स्थलों को बनाना, चेतावनी व प्रशिक्षण देना आदि।

(ii) **नियंत्रण के उपाय (Control Measures):** यह उपाय आपदा घटित होने के तुरंत बाद किये जाते हैं, जैसे कि टोह लेना, हानि व बम आदि की सूचना देना, घायलों को बचाना, सेवाओं का नियंत्रण करना, आग बुझाना व मलबा आदि हटाना।

(iii) **पुनःस्थापन के उपाय (Restorative Measures):** यह उपाय नियंत्रण के उपायों के तुरंत बाद किये जाते हैं, जैसे कि भोजन, आश्रय व वस्त्रादि की व्यवस्था करना, संपत्ति का बचाव, मृतकों को निकालना, संक्रमण व प्रदूषण पर नियंत्रण पाना, नागरिक सेवाओं के साधनों को पहुँची हानि की मरम्मत करना आदि।

नागरिक सुरक्षा सेवाएँ (Civil Defence Services)

नागरिक सुरक्षा सेवाओं को निम्न प्रकार से वर्गीकृत किया जा सकता है :

(i) **मुख्यालय सेवा (Headquarters Service):** यह सेवा नागरिक सुरक्षा के सभी कार्यों का नियंत्रण करती है। सभी कार्य-दल इसके निर्देश पर कार्य करते हैं।

(ii) **वार्डन सेवा (Warden's Service):** यह नागरिकों व अधिकारियों के बीच एक कड़ी का कार्य करती है। इसके ऊपर स्वयं-सहायता दलों व अग्नि दलों को संगठित करने, प्रकाश-प्रतिबंध की जाँच, हानि की सूचना देने व गृह-विहीन लोगों को आश्रय-स्थल पर पहुँचाने आदि की जिम्मेदारी होती है।

(iii) **अग्नि-शमन सेवा (Fire Fighting Service):** यह सेवा दल विभिन्न स्थानों पर लगी हुई आग का पता लगाकर आग को बुझाते हैं।

(iv) **आपूर्ति सेवा (Supply Service):** यह आवश्यक सामग्री की योजना बनाते हैं, प्रबंध करते हैं तथा उचित भंडारण व त्वरित वितरण करवाते हैं।

(v) **कल्याण सेवा (Welfare Service):** यह लापता व मृत व्यक्तियों के विषय में सूचनाएँ देते हैं और आश्रय, भोजन तथा वस्त्रादि उपलब्ध करवाते हैं तथा पीड़ितों की निकासी का प्रबंध करते हैं।

(vi) **निस्तारण सेवा (Salvage Service):** यह क्षतिग्रस्त भवनों से सामान निकलवाकर सुरक्षित स्थान पर रखवाते हैं।

(vii) **बचाव सेवा (Rescue Service):** यह मलबे में दबे घायलों को निकालते हैं।

(viii) **प्रशिक्षण सेवा (Training Service):** यह कर्मचारियों को नागरिक सुरक्षा कार्यों का प्रशिक्षण देते हैं।

(ix) **परिवहन सेवा (Transport Service):** यह आपदा-स्थल तक सुरक्षा कर्मियों व सहायता-सामग्री को पहुँचाने और वापिस लाने का कार्य करते हैं।

(x) **संचार सेवा (Communication Service):** यह आपदा की चेतावनी देने और विभिन्न माध्यमों से संचार सुविधा उपलब्ध करवाने का कार्य करते हैं।

(xi) **आकस्मिक सेवा (Casualty Service):** ये आपदा-स्थल पर ही प्राथमिक उपचार उपलब्ध करवाते हैं तथा अधिक उपचार के लिये घायलों को अस्पताल भिजवाते हैं।

(xii) **शव निपटान सेवा (Corpse Disposal Service):** यह शवों को एकत्रित करने, उनकी पहचान करवाने और उनके उचित निपटान का कार्य करते हैं।

आपदाएँ

एक आपदा सामान्यतः कोई असामान्य प्राकृतिक अथवा मानव-रचित घटना होती है जिसमें किसी क्षेत्र के लोगों को भारी कष्ट का अनुभव हो।

आपदाओं का वर्गीकरण

आपदाओं को निम्न प्रकार से वर्गीकृत किया जा सकता है :

1. **प्राकृतिक आपदाएँ (Natural Disasters):** यह प्राकृतिक कारणों से घटित होती है। यह प्रायः तीन प्रकार की होती हैं :

   (i) **वायु-संबंधी :** तूफान, चक्रवात, बवंडर, समुद्री तूफान आदि।

   (ii) **जल-संबंधी :** बाढ़, बादल-फटना, भारी बारिश, भारी हिमपात, सूखा आदि।

   (iii) **भूमि-संबंधी :** भूकंप, सुनामी, हिमस्खलन, भू-स्खलन, ज्वालामुखी विस्फोट आदि।

2. **मानव-रचित आपदाएँ (Man-made Disasters):** यह आपदाएँ मानवीय-कारणों से घटित होती हैं। यह निम्न प्रकार की हो सकती हैं :

   (i) **यातायात दुर्घटनाएँ :** सड़क, रेल, वायुयान एवं जलयान दुर्घटनाएँ आदि।

   (ii) **औद्योगिक दुर्घटनाएँ :** गैस का रिसाव, विस्फोट, तोड़फोड़, सुरक्षा में सेंध आदि।

   (iii) **आग लगना :** भवनों की आग, कोयला-खानों अथवा तेल रिफाइनरी की आग, जंगल की आग आदि।

   (iv) **प्रदूषण/विषाक्तता :** भोजन, जल, वायु, शराब आदि की विषाक्तता।

(v) **आतंकवादी गतिविधियाँ :** बम-विस्फोट, गोली-बारी आदि।

(vi) **पारिस्थितिकी-संबंधी :** प्रदूषण (वायु, जल, ध्वनि), मृदाक्षरण, जैव विविधता का ह्रास, ग्लोबल वार्मिंग, समुद्र तल का बढ़ना, जहरीला कचरा, परमाणु दुर्घटनाएँ।

(vii) **युद्ध संबंधी :** पारंपरिक, रासायनिक व परमाणु युद्ध।

अग्नि-शमन

युद्ध के समय दुश्मन बमबारी द्वारा आग बरसाकर अत्यधिक हानि कर सकता है। आतंकवादी गतिविधियों व अन्य कारणों से भी कई बार भयंकर आग लग सकती हैं। प्रत्येक नागरिक, विशेषतया नागरिक सुरक्षा से संबद्ध लोगों व एनसीसी कैडेट्स को इसका प्रशिक्षण तथा यह जानकारी होनी आवश्यक है कि आग लगने की स्थिति में उस पर किस प्रकार काबू पाया जाए और आग लगने और बढ़ने के कारक क्या होते हैं।

कहीं भी आग लगने के तीन महत्वपूर्ण कारक होते हैं :

(i) ईंधन अथवा ज्वलनशील पदार्थ (ii) ऑक्सीजन अथवा वायु (iii) ऊष्मा अथवा गर्मी

कहीं भी आग लगने के तीन महत्वपूर्ण कारण होते हैं :

(i) असावधानी (ii) दुर्घटना (iii) आतंकवाद अथवा युद्ध

आग का प्रसार

आग का प्रसार निम्नलिखित में से किसी एक अथवा एक से अधिक के संयोजन से ऊष्मा के प्रसारण द्वारा होता है :

(i) **चालन (Conduction):** इसमें मध्यस्थ सामग्री द्वारा ऊष्मा का अंतरण होता है। कुछ पदार्थ विशेषतया धातुएँ स्वयं ज्वलनशील नहीं होतीं किन्तु अपने द्वारा ऊष्मा का चालन होने देती हैं जिससे उनके आसपास मौजूद ज्वलनशील पदार्थ आग पकड़ लेते हैं।

(ii) **संवहन (Convection):** यह गैसों अथवा धुएँ द्वारा ऊष्मा के अंतरण से होता है। गैस व धुआँ ऊपर उठकर छत व अन्य स्थानों तक पहुँचता है और आग की ऊष्मा अपने साथ ले जाकर जहाँ भी ज्वलनशील पदार्थों तक पहुँचता है वहाँ आग का प्रसार कर देता है।

(iii) **विकिरण (Radiation):** इसमें आग के स्रोत द्वारा ऊष्मा का सीधा अंतरण होता है। इसमें कोई चालक अथवा संवाहक पदार्थ नहीं होते। इस प्रकार की आग को रोकने के लिये 'जल-आवरण' की आवश्यकता पड़ती है।

(iv) **प्रत्यक्ष ज्वलन (Direct Burning):** यह प्रायः उपरोक्त में से किन्ही दो अथवा तीन कारकों के संयोजन से होता है।

अग्नि-शमन

आग को निम्नलिखित प्रकार से बुझाया जा सकता है :

(i) **वंचन (Starvation):** यह आग के स्थान से ईंधन व ज्वलनशील पदार्थों को हटाकर किया जा सकता है।

(ii) **शीतन (Cooling):** यह जलते हुए पदार्थ व ज्वलनशील पदार्थ के ऊपर पानी डालकर उसे ज्वलनांक बिंदु तक गर्म होने से रोककर किया जा सकता है।

(iii) **रोधन (Smothering):** यह जलते हुए व ज्वलनशील पदार्थ को ऑक्सीजन आपूर्ति के मार्ग को अवरुद्ध करके किया जा सकता है। इसके लिये उन्हें रेत, मिट्टी अथवा अज्वलनशील झागों से ढक दिया जाता है।

गृह-अग्नि दल

इसमें चार व्यक्ति होते हैं जो रकाब पंप (Stirrup pumps) तथा बाल्टियाँ लेकर चलते हैं। ये अग्नि-प्रहरी की भूमिका निभाते हैं और वार्डन के आदेशों पर कार्य करते हैं। इनके पास एक रकाब पंप, दो बाल्टियाँ, एक टॉर्च तथा एक कुल्हाड़ी होती है। प्रत्येक के पास एक स्टील हेल्मेट और एक सीटी होती है।

सहायक अग्नि सेवा

इसमें आठ व्यक्ति होते हैं। इनके पास अन्य उपकरणों के साथ-साथ एक ट्रेलर पंप भी होता है जो दूर से भी आग पर पानी फेंक सकता है। यह आग बुझाने में अधिक सक्षम होते हैं।

मुख्य अग्निशमन उपकरण :

(i) अग्निशामक सिलिंडर
(ii) रकाब पंप (Stirrup Pump)
(iii) बाल्टी / कनस्तर (Buckets/Tins)
(iv) फायर-बीटर व हुक

अग्नि-शामक सिलिंडर

ये प्रायः तीन प्रकार के होते हैं :

(i) **सोडा-एसिड अग्निशामक (Soda Acid Extinguishers):** यह अग्निशामक साधारण ज्वलनशील पदार्थों में लगी आग को बुझाने में प्रयुक्त होते हैं। इनमें शीतन का प्रभाव सोडा एसिड व जल के विलयन द्वारा प्राप्त किया जाता है। यह प्रायः शंक्वाकार अथवा बेलनाकार होते हैं।

(ii) **फोम-टाइप अग्नि शामक व शुष्क रासायनिक पाउडर अग्निशामक (Foam Type and Dry Chemical Powder Extinguishers):** इन अग्निशामकों में शुष्क अथवा विलयन के रूप में रसायनों का प्रयोग किया जाता है। यह प्रायः तरल ज्वलनशील पदार्थों,

विभिन्न प्रकार के अग्निशामक सिलिंडर

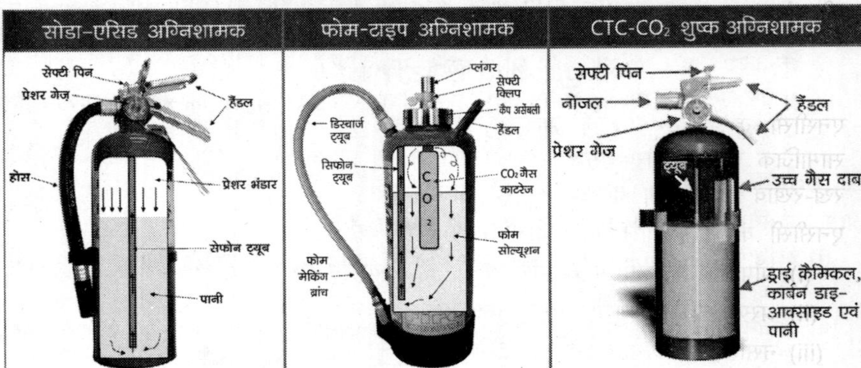

जैसे—तेल, घी, ग्रीस आदि में लगी आग को बुझाने में प्रयोग किये जाते हैं। यह उनके ऊपर झाग (फोम) आदि का एक आवरण बना देते हैं जिससे उन्हें जलने के लिये ऑक्सीजन नहीं मिल पाती।

(iii) **सीटीसी कार्बन-डाइऑक्साइड व शुष्क रासायनिक अग्निशामक (CTC Carbondioxide and Dry Chemical Extinguishers):** इन अग्निशामकों में CO_2 गैस तथा शुष्क रासायनिक पदार्थों का प्रयोग किया जाता है। इनका प्रयोग प्रायः विद्युत उपकरणों में लगी आग को बुझाने में किया जाता है। इनमें विद्युत के कुचालक अग्निशामक पदार्थों का प्रयोग किया जाता है जिससे शॉर्ट-सर्किट व बिजली का झटका लगने की संभावना को समाप्त किया जा सके। इनमें मुख्य रूप से कार्बन-डाइऑक्साइड गैस का प्रयोग किया जाता है जो स्वयं एक सक्षम अग्निशामक गैस है।

अनिवार्य सेवाएँ

अनिवार्य सेवाएँ उन जनोपयोगी सेवाओं, सार्वजनिक सुरक्षा सेवाओं अथवा समाज के जीवन के लिये आवश्यक आधारभूत सुविधाओं और सेवाओं के तंत्र का रख-रखाव करने से तात्पर्य रखती हैं जिनकी अनुपलब्धता की स्थिति में नागरिकों को अत्यधिक कठिनाई का सामना करना पड़ता है। मुख्य अनिवार्य सेवाएँ इस प्रकार हैं :

(i) डाक-तार व दूरभाष सेवाएँ।
(ii) रेल, सड़क, वायु व समुद्री परिवहन सेवाएँ।
(iii) हवाई-अड्डों, रेलवे स्टेशनों व बंदरगाहों का संचालन।
(iv) विद्युत, जल व स्वच्छता की व्यवस्था।
(v) चिकित्सा सेवा व दवाओं आदि की आपूर्ति।
(vi) आवश्यक वस्तुओं का उत्पादन तथा आपूर्ति।
(vii) मुद्रा-टकसाल व सुरक्षा-छापाखाना का संचालन।

सरकार द्वारा अनिवार्य सेवाओं को हर कीमत पर बहाल रखना होता है क्योंकि उनके अभाव में देश में जीवन अस्त-व्यस्त हो सकता है। प्रत्येक जिले को इन सेवाओं में गड़बड़ी की संभावना को ध्यान में रखते हुए पहले से ही योजना बना लेनी चाहिये।

एनसीसी कैडेट्स की भूमिका

एनसीसी के कैडेट जो कि प्राथमिक चिकित्सा, गृह-चिकित्सा, सिग्नल्स, नेतृत्व के गुणों, सामाजिक सेवाओं और नागरिक सुरक्षा सेवाओं का प्रशिक्षण प्राप्त करते हैं, वे इन सेवाओं के रख-रखाव में सहयोग देकर महत्वपूर्ण भूमिका निभा सकते हैं।

एनसीसी कैडेट निम्नलिखित सेवाओं में सहयोग कर सकते हैं :

(i) ऑपरेटर के रूप में दूरभाष केन्द्रों का संचालन।
(ii) अस्पतालों में अनुशासन व सुरक्षा व्यवस्था में सहयोग।
(iii) नर्सों के रूप में व रोगियों तथा अस्पताल के कर्मचारियों के बीच कड़ी के रूप में।

(iv) प्राथमिक चिकित्सा केंद्रों की स्थापना व संचालन करना।
(v) सिविल डिफेंस वार्डनों की सहायता करना।
(vi) आस-पड़ोस में लोगों को प्रेरित करने वाले अभियान चलाना।
(vii) झूठी खबरों व अफवाहों के प्रति लोगों को आगाह करना व उनका मनोबल बढ़ाना।
(viii) नागरिक प्रशासन अधिकारियों की मदद करना।

कुछ अन्य महत्वपूर्ण कार्य जिनमें एनसीसी कैडेट्स मदद कर सकते हैं :

(i) आपदा-क्षेत्र में फँसे लोगों को खोजना व निकालना।
(ii) क्षतिग्रस्त भवनों से संपत्ति को निकालना।
(iii) राहत-सामग्री का वितरण करना।
(iv) राहत-भंडार, भोजन व पानी की व्यवस्था में समन्वय करना।
(v) अनिवार्य सेवाओं के यंत्रों की मरम्मत करके उन्हें बहाल करना जिससे बचाव व राहत के कार्य सुचारु रूप से चल सकें।

हवाई हमले से बचाव

शत्रु के वायुयान के आने की पूर्व-चेतावनी नागरिकों की सुरक्षा के लिये अति-महत्वपूर्ण होती है क्योंकि इससे उन्हें संभलने और सुरक्षित स्थान पर शरण लेने का समय मिल जाता है। इसके लिए तुरंत चेतावनी संदेश भेजे जाते हैं जो लाल व हरे रंग के होते हैं जिनकी प्राप्ति पर सायरन बजाकर तुरंत लोगों को चेतावनी दी जाती है।

चेतावनी संदेश

(i) **हवाई हमले की चेतावनी (लाल) (Air Raid Warning-Red) :** इस संदेश का अर्थ होता है कि शत्रु के विमान हमले के लिये आ रहे हैं। यह संदेश मिलते ही दो मिनट के लिये सायरन बजाए जाते हैं। पहले एक छोटा सायरन और उसके पश्चात् एक लंबा सायरन बजाया जाता है, और 3 सेकेंड के अंतराल के बाद यही क्रम दोहराया जाता है।
(ii) **हवाई हमला टलने का संकेत (हरा) (Air Message-Green) :** इस संदेश का अर्थ होता है कि हवाई हमला टल चुका है या शत्रु के विमान जा चुके हैं। यह संदेश मिलने पर दो मिनट तक निरंतर सायरन बजाया जाता है।

एनसीसी कैडेट्स को अपने आस-पड़ोस के लोगों को इन संकेतों के विषय में जानकारी देनी चाहिये, इनके अर्थ समझाने चाहियें और जब कभी इस प्रकार के संकेत प्राप्त हों तो पुनः लोगों को त्वरित रूप से आगाह एवं जाग्रत करना चाहिये।

बचाव के उपाय

हवाई हमले से होने वाली जीवन की क्षति से बचने के लिये नागरिकों को इससे बचाव के उपाय सीखने चाहियें। सबसे अच्छा उपाय एक सुरक्षित आश्रय (Cover) में छिपना है। यदि रात्रि का समय हो तो सभी प्रकार की रोशनी बुझा देनी चाहिएँ।

हमले की विभिन्न परिस्थितियों में आश्रय (Covers) निम्न प्रकार से ले सकते हैं :

(i) **खाइयों में (In Trenches) :** 8-10 फुट लंबी तथा 2-4 फुट गहरी जेड (z) आकार की खाई पहले से खोदकर रखें और चेतावनी मिलने पर उसमें आश्रय लें।

(ii) **खुले मैदान में (In Open Grounds) :** यदि आप हमले के समय खुले मैदान में हैं तो अपने दाँतों के बीच रूमाल गोल करके फँसा लें और सिर नीचे की ओर करके पेट के बल लेट जाएँ।

(iii) **वाहन में (In a Vehicle) :** यदि हमले के समय आप किसी वाहन में हैं, तो तुरंत वाहन को एक तरफ खड़ा करें, चाबी लगी रहने दें तथा तुरंत निकट के खुले स्थान या अन्य स्थान पर आश्रय लें।

(iv) **भवन में (Inside a Building) :** यदि हमले के समय आप किसी भवन में हैं, तो नीचे की मंजिल, जीने के नीचे, कोने, पलंग अथवा मेज के नीचे शरण लें। भवन की बिजली व अन्य रोशनी अवश्य बंद कर दें।

(v) **रेल में (In a Train) :** यदि हमले के समय रेल में यात्रा कर रहे हों, तो रोशनी बुझा दें और सीट के नीचे छिप जाएँ।

(vi) **सिनेमा में (In a Theatre) :** यदि हमले के समय किसी सिनेमा हॉल आदि में हैं, तो अपनी सीट पर बैठे रहें। दरवाजों पर भीड़ न लगाएँ।

भूकम्प से बचाव

भूकम्प एक प्राकृतिक आपदा है जिसकी न तो कोई पूर्व-चेतावनी प्राप्त होती है और न ही उसे रोका जा सकता है। जब कभी भूकंप के झटके अनुभव करें तो बचाव के निम्नलिखित उपाय करें :

1. घबराएँ नहीं, शांत रहें व औरों को भी शांत करें।
2. यदि किसी भवन में हैं तो निम्न उपाय करें :
   (i) दरवाजों की ओर न दौड़ें, वहाँ भीड़ न लगाएँ।
   (ii) लिफ्ट का प्रयोग न करें, सीढ़ियों से उतरें।
   (iii) खिड़कियों, दर्पणों, शीशों, चिमनियों और हल्के फर्नीचर से दूर रहें।
   (iv) किसी मजबूत लैंटर की छत के नीचे, कमरे के कोने में अथवा मजबूत मेज अथवा पलंग के नीचे शरण लें।
3. यदि गली में हैं तो निम्न उपाय करें :
   (i) दौड़ें नहीं, सावधानी से खुले स्थान की ओर बढ़ें।
   (ii) भवनों, बिजली की तारों, ढलानों व कच्ची दीवारों से दूर रहें।
4. यदि गाड़ी में हों तो निम्न उपाय करें :
   (i) गाड़ी को आस-पास के खुले स्थान पर धीरे से रोकें।
   (ii) गाड़ी में सावधानी से बैठे रहें, अथवा
   (iii) खुले मैदान में शरण लें, खड़े न रहें, बैठ जाएँ।

भूकम्प के बाद के उपाय

जब भूकम्प के झटके आने कम अथवा बंद हो जाएँ तो निम्नलिखित उपाय करें :

1. ट्रांजिस्टर अथवा रेडियो खोलें तथा निर्देश व जानकारी सुनें।
2. समुद्र तट व नदियों के किनारों से दूर रहें, कोई बड़ी लहर उठ सकती है।
3. सावधान रहें, भूकंप के बाद के झटके कुछ अंतराल के बाद पुनः लग सकते हैं।

चक्रवात/सुनामी से बचाव

चक्रवात तथा सुनामी दोनों ही जल-संबंधी प्राकृतिक आपदाएँ हैं। चक्रवात की पूर्व-चेतावनी मिल जाती है किंतु सुनामी अचानक ही आती है। दोनों से बचाव के उपाय प्रायः एक-समान ही होते हैं, जो निम्नलिखित हैं :

(i) सूचना के लिये रेडियो, ट्रांजिस्टर अथवा टेलीविजन चालू रखें।
(ii) यदि खुले स्थान पर हैं तो तुरंत आश्रय ढूँढें।
(iii) यदि घर या दफ्तर में हैं तो उसके सबसे मजबूत भाग में रहें।
(iv) यदि तूफान से छत हिलने लगे तो खिड़कियाँ खोल दें।
(v) चक्रवात में अंतराल के समय बाहर न निकलें।
(vi) यदि समुद्रतट के निकट रहते हैं तो बाढ़ से बचने के उपायों का भी ध्यान रखें।

बाढ़ से बचाव के उपाय

बाढ़ की पूर्व-चेतावनी मिलने पर निम्नलिखित उपाय करें :

(i) नई जानकारी के लिये ट्रांजिस्टर, रेडियो अथवा टेलीविजन चालू रखें।
(ii) यदि बाढ़ का पानी घर में घुसने लगे तो सभी विद्युत उपकरण बंद कर दें।
(iii) सभी वाहनों, जानवरों, कीमती साजो-सामान को सुरक्षित स्थान पर भेज दें।
(iv) सभी रासायनिक पदार्थों व कीटनाशकों आदि को पानी से दूर रखें।
(v) यदि घर छोड़कर निकलना पड़े तो बिजली व गैस आदि बंद कर दें।
(vi) खाने-पीने का सामान व दवाओं को साथ ले लें।
(vii) डूबने से बचाव के लिये रस्सी व रबर की ट्यूब आदि साथ रखें।
(viii) बाढ़ के पानी में बिना विशेष कारण के न घूमें।

राहत शिविरों की स्थापना

आपदाओं के घटित होने के पश्चात् राहत उपायों में खोज, बचाव, पीड़ितों की निकासी, पशुओं को राहत, मलबे की सफाई, मृतकों का निपटान, आग पर नियंत्रण, क्षति का अनुमान लगाना तथा पीड़ितों को आश्रय देने के कार्य सम्मिलित होते हैं। राहत शिविरों की स्थापना में आपात राहत कार्यों और दीर्घकालीन पुनर्वास योजना के रूप में आश्रय के प्रावधान सम्मिलित हैं।

आश्रय स्थल पर पीड़ितों को बुरे तत्वों से सुरक्षा, रहने और सामान के लिये स्थान, निजता व भावनात्मक सुरक्षा अवश्य प्राप्त होनी चाहिये। आवास में एक विस्थापित व्यक्ति की सांस्कृतिक व सामाजिक आवश्यकताओं की पूर्ति होनी चाहिये।

प्रशिक्षित एवं संगठित युवाओं के रूप में एनसीसी कैडेट्स पीड़ितों के अनुकूलन और आपदाओं के प्रभाव को कम करने के लिये स्थानीय लोगों को तैयार करने में बड़ा योगदान कर सकते हैं।

राहत सामग्री का संग्रहण एवं वितरण

किसी संकट अथवा आपदा के समय आपातकालीन आवश्यकता की वस्तुओं के संग्रहण तथा वितरण हेतु वैकल्पिक व्यवस्था की तत्काल आवश्यकता होती है जिससे कि उन्हें यथाशीघ्र प्रभावित व्यक्तियों तक पहुँचाया जा सके। राहत सामग्री के संग्रहण व वितरण में एनसीसी कैडेट्स महत्वपूर्ण भूमिका निभा सकते हैं। उनके द्वारा किये जाने वाले कुछ मुख्य कार्य निम्नलिखित हैं :

1. संग्रहण चरण :

(i) कैडेट्स स्रोतों, महत्व के क्षेत्रों और एजेंसियों की पहचान कर सकते हैं।
(ii) कैडेट्स संग्रहण कार्य व लेखा-जोखा रखने में मदद कर सकते हैं।
(iii) वस्तुओं की छँटाई व छोटे-छोटे पैकेट बनाने में मदद कर सकते हैं।
(iv) विभिन्न साधनों द्वारा वस्तुओं को आगे भेजने में मदद कर सकते हैं।
(v) एनसीसी इकाई अपना स्वयं का संग्रहण व वितरण केन्द्र खोल सकती है।

2. वितरण चरण :

(i) लोक वितरण प्रणाली (PDS) के साथ सहयोजित वितरण की व्यवस्था करवा सकते हैं।
(ii) गैर-सरकारी संगठन (NGO) व अन्य संस्थाओं के साथ मिलकर वितरण कर सकते हैं।
(iii) एनसीसी के संग्रहण व वितरण केन्द्र की श्रृंखला में भूमिका निभा सकते हैं।
(iv) आपदा प्रबंधन में रक्षा बलों के साथ मिलकर कार्य कर सकते हैं।
(v) मार्गदर्शन व पथप्रदर्शन हेतु बनी चौकियों का संचालन कर सकते हैं।

मलबे की सफाई

आपदा के बाद यथाशीघ्र मलबा साफ किया जाना चाहिये जिसमें उखड़े हुए पेड़, रेत-मिट्टी, कीचड़, क्षतिग्रस्त भवनों का मलबा, क्षतिग्रस्त वाहन, मृत पशु-पक्षी तथा निजी संपत्तियों का कबाड़ आदि सम्मिलित होता है। मलबे की सफाई और आपातकालीन सुरक्षा उपाय लोगों के जीवन, स्वास्थ्य व सुरक्षा आदि को तत्काल खतरों से बचाव की दृष्टि से अति-आवश्यक हैं। साथ ही यह सार्वजनिक व निजी संपत्तियों की क्षतिपूर्ति, पीड़ितों के आर्थिक सुधार कार्यों व संपूर्ण समाज के हित के लिये महत्वपूर्ण हैं।

एनसीसी कैडेट्स को इस कार्य में नियोजित किया जा सकता है जिससे कि वे स्थिति की भयावहता, मलबे की सफाई, पहचान व निर्देशों, निपटान क्षेत्रों, पर्यावरण मानकों के प्रयोगों और स्वास्थ्य के प्रति खतरों के विषय में जानकारी व सूचना लोगों तक पहुँचा सकें।

आपदा प्रबंधन एवं यातायात नियंत्रण

आपदा के समय लोगों के बीच व चारों ओर घबराहट और अफरा-तफरी का माहौल होता है। ऐसे में लोग बिना सोचे-समझे इधर-उधर भागते-दौड़ते रहते हैं जिसके कारण यातायात पर

नियंत्रण नहीं रह पाता और हर ओर ट्रैफिक-जाम हो जाते हैं। इन परिस्थितियों में यातायात का नियंत्रण करना वास्तव में एक चुनौती होती है। यातायात पुलिस में कर्मियों की संख्या सीमित होती है, ऐसे में एनसीसी कैडेट्स यातायात नियंत्रण में उनकी मदद कर सकते हैं। आपदा के समय यातायात नियंत्रण में मदद के मुख्य उद्देश्य इस प्रकार होते हैं :

(i) आपदा की स्थिति से सुगमता से निपटना।
(ii) पर्याप्त यातायात सुरक्षा प्रदान करना।
(iii) आपदा-ग्रस्त लोगों की निकासी करवाना।
(iv) घायल व्यक्तियों को अस्पताल पहुँचाना।
(v) आपदा-क्षेत्र पर भीड़-नियंत्रण करना।
(vi) अग्निशमन दल, चिकित्सा दल व अन्य कर्मियों की मदद करना।
(vii) विभिन्न आपदा-राहत दलों को आपदा स्थल तक पहुँचने में मदद करना।
(viii) तमाशबीनों और अनावश्यक लोगों के वाहनों के जमावड़े पर नियंत्रण करना।
(ix) अफरा-तफरी के कारण होने वाले झगड़ों व दुर्घटनाओं को रोकना।

यातायात के नियम

सड़क पर यातायात को सुचारु रूप से चलाने तथा अव्यवस्था से बचाने के लिये यातायात के कुछ नियम बनाए गए हैं तथा कुछ संकेत भी निर्धारित किये गए हैं। इन यातायात नियमों व संकेतों का पालन करना प्रत्येक वाहन चालक और सड़क पर चलने वाले पैदल यात्रियों के लिये भी सुरक्षा की दृष्टि से आवश्यक है। एनसीसी कैडेट्स और अन्य विद्यार्थियों को भी इनसे भली-भाँति परिचित होना चाहिये जिससे कि वे सड़क पर अपनी व अन्य लोगों की सुरक्षा में योगदान दे सकें और आवश्यकता पड़ने पर यातायात पुलिस की मदद कर सकें। इनमें से कुछ मुख्य नियम निम्नलिखित हैं :

सड़क पार करना

पैदल यात्रियों से संबंधित अधिकतर दुर्घटनाएँ और आकस्मिक मौतें प्रायः सड़क पार करते समय उनकी असावधानी अथवा लापरवाही के कारण होती हैं। पैदल यात्रियों को निम्न बातों का विशेष ध्यान रखना चाहिये :

(i) **जेब्रा क्रॉसिंग (Zebra Crossing) :** यह विशेष रूप से पैदल यात्रियों के सुरक्षित रूप से सड़क पार करने के लिये बनाए जाते हैं। सड़क पार करने के लिये इनका प्रयोग तब करना चाहिये जब सड़क पार करने का संकेत हरा हो तथा वाहन रुके हुए हों। वाहन चालकों को भी लाल बत्ती देखकर जेब्रा क्रॉसिंग से पहले खिंची रेखा से पहले ही अपने वाहन रोक लेने चाहिएँ और पैदल यात्रियों को जेब्रा क्रॉसिंग से सुरक्षित रूप से सड़क पार करने का अवसर देना चाहिए।

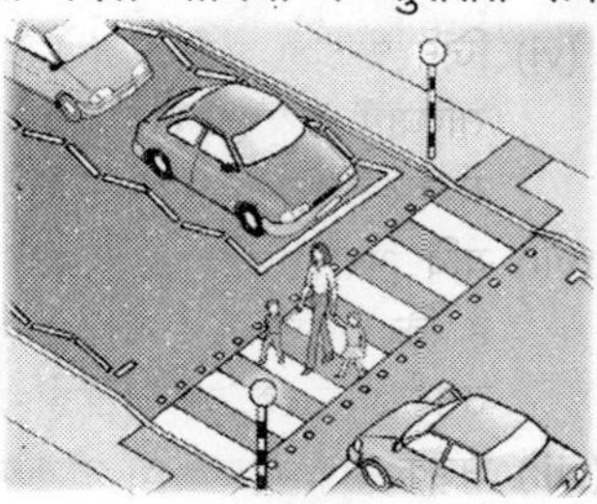
जेब्रा क्रॉसिंग

(ii) **सब-वे (Sub-way) :** अधिक यातायात वाली सड़कों को पार करने के लिये सड़कों के नीचे से पैदल यात्रियों के लिए मार्ग बनाए जाते हैं, इन्हें सब-वे कहते हैं। इनके द्वारा आप निश्चिंत होकर कभी भी सड़क पार कर सकते हैं और इनसे यातायात में भी कोई रुकावट नहीं आती।

सब–वे

(iii) **उपरगामी पुल (Overhead Bridges) :** अधिक यातायात वाली सड़कों पर सड़क पार करने के लिये उपरगामी पुलों का भी निर्माण किया जाता है। इनके द्वारा भी निश्चिंत रूप से कभी भी सड़क पार की जा सकती है और यातायात भी सुचारू रूप से चलता रहता है।

सड़क पर पैदल चलना

(i) हमेशा सड़क के किनारे पर बने फुटपाथ पर चलें। जहाँ फुटपाथ नहीं बने हों वहाँ सड़क के एकदम दायीं ओर चलें जिससे कि आप पीछे से आने वाले किसी वाहन की चपेट में न आ सकें और सामने से आते हुए वाहनों से भी बचे रहें। सड़कों पर अनावश्यक घूमना व भागना-दौड़ना नहीं चाहिये।

(ii) सड़क हमेशा जेब्रा-क्रॉसिंग, सब-वे, उपरगामी पुल द्वारा अथवा ट्रैफिक सिग्नल के निकट से पार करनी चाहिये। जहाँ इनमें से कोई भी व्यवस्था मौजूद नहीं हो वहाँ दोनों ओर देखकर सावधानीपूर्वक सड़क पार करनी चाहिये।

(iii) सिग्नल के निकट से सड़क पार करते समय तभी सड़क पार करें जब आपके सड़क पार करने की दिशा का सिग्नल हरा हो तथा पार की जाने वाली सड़क पर यातायात रुका हुआ अथवा धीमा हो।

(iv) सड़क के किनारे पर रुके हुए वाहनों के बीच से सड़क पार करने के समय यह ध्यान रखें कि उनमें से कोई वाहन उसी समय चलने वाला तो नहीं है। यह भी ध्यान दें कि जब आप दो खड़े हुए वाहनों के बीच से सड़क पर निकलें तो कुछ क्षण वहीं रुकें और दोनों ओर देखकर सड़क पार करें।

(v) यदि सड़कें दोहरी व बहुत चौड़ी हों और दोनों ओर की सड़कों के बीच फुटपाथ जैसी पट्टी बनी हो तो ऐसी सड़कों को दो भागों में ही पार करें। पहले एक सड़क पार करें, बीच की पट्टी पर रुकें, फिर सावधानीपूर्वक दूसरी सड़क पार करें। एक ही बार में दौड़कर दोनों सड़कों को पार करने का प्रयास न करें।

(vi) जिन सड़कों पर कई लेनों में यातायात चलता है, उन्हें पार करने के लिये अतिरिक्त सावधानी बरतें। इनकी अलग-अलग लेनों में प्रायः यातायात अलग-अलग व बहुत तेज गति से चलता है। जब तक सड़क दूर तक खाली न हो, उसे पार करने का प्रयास न करें।

(vii) यदि आप किसी ऐसी सड़क पर हैं जिसके कोने पर कोई भवन आदि इस प्रकार बना है कि दूसरी ओर से आने वाली गाड़ियाँ आपको दिखाई नहीं पड़ रहीं हैं तो आप भी उनके चालकों को दिखाई नहीं पड़ेंगे। ऐसी स्थिति में अधिक चौकसी से सड़क पार करें।

(viii) सड़क पर भागना-दौड़ना कभी भी सुरक्षित नहीं होता, आप फिसलकर, ठोकर खाकर अथवा किसी वाहन अथवा व्यक्ति से टकराकर गिर सकते हैं और घायल हो सकते हैं।

बस से यात्रा करना

(i) घर से सही समय पर निकलें जिससे कि आपको बस पकड़ने के लिए दौड़ना न पड़े।

(ii) बस-स्टैंड पर पंक्ति में खड़े हों। बस के पूरी तरह रुक जाने पर ही बस पर चढ़ें। चढ़ते समय धक्का-मुक्की न करें।

(iii) बस में शोर-शराबा न करें। इससे चालक का ध्यान-भंग हो सकता है और दुर्घटना हो सकती है।

(iv) लाल-बत्ती अथवा अन्य स्थान पर रुकी हुई अथवा धीमी-तेज चलती हुई बस में चढ़ने-उतरने का प्रयास न करें।

(v) यदि बस में सीट खाली न हो तो सीट अथवा छत पर लगा हुआ डंडा पकड़कर खड़े हों।

(vi) कभी बस के फुटबोर्ड पर बैठकर, खड़े होकर अथवा लटककर यात्रा न करें।

(vii) बस की खिड़की अथवा दरवाजे से शरीर का कोई भी अंग बाहर न निकालें।

(viii) महिलाओं, बच्चों, बूढ़ों, दिव्यांगों आदि को सीट दें तथा यात्रा के समय पूरी तरह सतर्क रहें।

यातायात नियंत्रण संगठन

किसी राष्ट्र का विकास उसकी सड़कों के जाल के विस्तार से मापा जाता है। किंतु सड़कों के जाल का विस्तार, वाहनों की बढ़ती संख्या और देश की बढ़ती हुई जनसंख्या सड़क-दुर्घटनाओं की संख्या में बढ़ोतरी और इनके कारण घायल व्यक्तियों तथा मृत-व्यक्तियों की संख्या में भी अवांछित रूप से बढ़ोतरी कर देते हैं। सड़क-दुर्घटनाएँ मानवीय त्रासदी हैं जिनमें मानव-मात्र को अत्यधिक पीड़ा का सामना करना पड़ता है। इनके द्वारा उन्हें भारी सामाजिक-आर्थिक कीमत चुकानी पड़ती है जिनमें असमय मृत्यु होना, अपंग होना, बुरी तरह घायल होना तथा संभावित आय की हानि आदि आम बातें हैं। सड़क दुर्घटनाओं के दुष्प्रभाव बहुत व्यापक हो सकते हैं और इनके नकारात्मक प्रभाव केवल उसमें शामिल व्यक्तियों के स्वास्थ्य व कल्याण पर ही नहीं बल्कि अर्थव्यवस्था पर भी अनुभव किये जाते हैं। परिणामतः सड़क-सुरक्षा एक राष्ट्रीय चिंता का विषय बन गई है।

किसी भी शहर में और उसके बाहर यातायात-नियंत्रण का उत्तरदायित्व यातायात पुलिस विभाग का होता है जो जिला-पुलिस प्रमुख के अंतर्गत कार्य करता है।

यातायात पुलिस संगठन

(i) किसी शहर का संपूर्ण यातायात पुलिस आयुक्त (यातायात) द्वारा नियंत्रित किया जाता है। विभिन्न सहायक पुलिस आयुक्त, पुलिस-निरीक्षक, उपनिरीक्षक, हैड-कांस्टेबल व कांस्टेबल उसकी सहायता के लिये होते हैं। इनकी संख्या शहर के आकार और यातायात पर निर्भर करती है।

(ii) यातायात-नियंत्रण के लिये शहर को मंडलों (Zones) तथा खण्डों (Divisons) में विभाजित किया जाता है। प्रत्येक मंडल एक सहायक-आयुक्त और खण्ड एक निरीक्षक के अंतर्गत आता है। इसके अतिरिक्त एक नियंत्रण कक्ष (Control Room) कार्य करता है जो सभी यातायात कैमरों (Cameras) और संचार (Communication) पर नजर रखता है।

यातायात पुलिस के कार्य

यातायात पुलिस मुख्यतः निम्नलिखित कार्य करती है :

(i) यातायात का प्रबंधन तथा विनियमन करना।
(ii) सड़कों को विशिष्ट व्यक्तियों की आवाजाही, मरम्मत आदि के लिए खोलना/बंद करना।
(iii) वाहनों के परमिट, स्वामित्व, बीमा तथा प्रदूषण आदि के दस्तावेजों की जाँच करना।
(iv) वाहनों को सीमा से अधिक सवारी/माल ढोने से रोकना।
(v) सड़कों पर संकेतों के सही अंकन व स्थापना सुनिश्चित करना।
(vi) मुख्य सड़कों/राजमार्गों पर वाहनों द्वारा गश्त लगाना।
(vii) सड़कों के चौराहों, एकल-मार्गों व चैक-पोस्टों का संचालन करना।
(viii) पीसीआर तथा रिकवरी वैनों का संचालन करना।
(ix) सड़क दुर्घटनाओं की जाँच करना, रिपोर्ट बनाना व घायलों को अस्पताल पहुँचाना।
(x) दुर्घटना अथवा किसी अन्य कारण हुए सड़क अवरोधों को हटवाना।
(xi) सामान्य नागरिकों को सड़क-सुरक्षा के नियम समझाना।
(xii) सड़क-सुरक्षा से संबंधित गोष्ठियाँ तथा प्रशिक्षण आयोजित करना।
(xiii) वाहनों की गति, प्रदूषण व सड़कों पर चलने की सक्षमता की जाँच करना।
(xiv) चालकों के लाइसेंस, सीट-बेल्ट, हेल्मेट आदि, संबंधी जाँच करना।
(xv) यह सुनिश्चित करना कि चालक सुरक्षित ढंग से वाहन चला रहा है या नहीं।
(xvi) यह जाँचना कि कहीं चालक शराब पीकर तो वाहन नहीं चला रहा।

शराब पीकर वाहन चलाना

आँकड़ों के अनुसार, भारत में 78 प्रतिशत सड़क-दुर्घटनाएँ चालकों की गलती से होती हैं। इनमें से 39 प्रतिशत दुर्घटनाएँ चालकों के शराब पीकर वाहन चलाने से होती हैं। विश्व के अन्य देशों की तरह ही भारत में भी शराब पीकर वाहन चलाना कानूनी अपराध है। इसे अपराध मानने का एक बड़ा कारण सड़क-सुरक्षा में सुधार करना और चालकों की गलती से होने वाली सड़क-दुर्घटनाओं में कमी लाना है।

शराब-निरोधक वाहन-चालन कानून

भारत में यदि वाहन चलाते समय किसी व्यक्ति के रक्त में ब्लड-एल्कोहल-कंटेंट (BAC), ब्रीथ-एनालाइजर (Breath Analyzer) द्वारा मापे जाने पर, 30 मिग्रा. प्रति 100 मिली. से अधिक पाया जाता है तो इसे उसका प्रथम अपराध मानकर कार्यवाही की जा सकती है। इसके लिये छः माह की जेल की सजा अथवा/तथा ₹ 10,000 का जुर्माना किया जा सकता है। तीन वर्ष की अवधि में दो या अधिक बार पकड़े जाने पर उसे 2 वर्ष की जेल की सजा अथवा/तथा ₹ 15,000 का जुर्माना किया जा सकता है।

शराब पीकर वाहन चलाने वालों में अधिकतर निम्नलिखित पाए गए हैं :

(i) अधिकतर ट्रक-चालक।

ड्रिंक्स की संख्या	ब्लड एल्कोहल कंटेंट (BAC) चार्ट								
	ब्लड एल्कोहल प्रतिशत								
	शरीर का वजन (पाउंड में)								प्रभाव
	100	120	140	160	180	200	220	240	
0	.00	.00	.00	.00	.00	.00	.00	.00	सुरक्षित सीमा
1	.04	.03	.03	.02	.02	.02	.02	.02	सुरक्षित ड्राइविंग
2	.08	.06	.05	.05	.04	.04	.03	.03	आपराधिक कार्यवाही की संभावना
3	.11	.08	.08	.07	.06	.06	.05	.05	
4	.15	.12	.11	.09	.08	.08	.07	.06	कानूनी रूप से नशे में
5	.19	.16	.13	.12	.11	.09	.09	.08	
6	.23	.19	.16	.14	.13	.11	.10	.09	
7	.26	.22	.19	.16	.15	.13	.12	.11	जुर्माना व सजा
8	.30	.25	.21	.19	.17	.15	.14	.13	
9	.34	.28	.24	.21	.19	.17	.15	.14	
10	.38	.31	.27	.23	.21	.19	.17	.16	मृत्यु की संभावना

(ii) 16 से 25 वर्ष की आयु के व्यक्ति।

(iii) नववर्ष की पार्टी अथवा होली के हुड़दंग में शामिल लोग।

(iv) शहरों के पब (शराबखानों) व पार्टियों से लौटते लोग।

इन सभी में पुरुषों की संख्या अधिक पायी जाती है तथा पब पार्टियों में शराब पीने वालों में कई बार महिलाएँ भी कुछ संख्या में शामिल रहती हैं।

बचाव के उपाय

शराब पीकर वाहन चलाने के कारण होने वाली दुर्घटनाओं/मौतों से बचाव के लिये मुख्य उपाय निम्नलिखित हैं :

(i) शराब पीकर कदापि वाहन न चलाएँ व अन्य लोगों को भी यह समझाएँ।

(ii) यदि किसी को नशे में वाहन चलाते देखें तो पुलिस को सूचित करें।

(iii) पुलिस द्वारा सघन जाँच अभियान व जागरूकता अभियान चलाना।

(iv) वर्तमान कानून में बदलाव करके कड़ी सजा का प्रावधान करना।

(v) यदि ऐसी किसी पार्टी आदि में जाना अनिवार्य हो तो किसी ड्राइवर अथवा मित्र को वाहन चलाने के लिये साथ रखें या टैक्सी आदि का प्रयोग करें।

यातायात संकेत और सड़क के नियम

सड़कों पर लगी लाल, पीली, हरी बत्तियाँ, यातायात पुलिस के कर्मी और सड़कों पर लगे विभिन्न प्रकार के यातायात चिह्न आपको विभिन्न संकेत देते हैं। इन संकेतों के अनुसार चलकर आप सड़क का प्रयोग सुरक्षित ढंग से कर सकते हैं। इनमें से मुख्य संकेत इस प्रकार हैं :

* **लाल बत्ती : रुकिये :** वाहन चलाते समय लाल बत्ती होने पर स्टॉप लाइन से पहले वाहन रोकें। इससे आगे बढ़कर चौराहे पर भीड़ न लगायें। इससे दूसरी ओर से निकल रहे वाहन चालकों को असुविधा होती है तथा पैदल चलने वाले भी जैब्रा-क्रॉसिंग का प्रयोग ठीक से नहीं कर पाते। लाल बत्ती होने पर आप न तो सीधे आगे बढ़ सकते हैं और न ही दायीं ओर मुड़ सकते हैं किंतु यदि बायीं ओर मुड़ना निषेध न हो तो आप बायीं ओर सावधानी से मुड़ सकते हैं। ऐसा करते समय भी आपको पैदल-यात्रियों और अन्य दिशाओं से आ रहे वाहनों का विशेष ध्यान रखना चाहिये।

* **पीली बत्ती : सावधान :** जब आपके सामने हरी बत्ती होती है और आप आगे बढ़ रहे होते हैं तो वह अचानक हरी से लाल नहीं होती बल्कि पहले कुछ क्षणों तक पीली (Amber) रहती है। ऐसा आपको सावधान करने के लिये होता है। इसका अर्थ होता है—यदि आप सिग्नल से आगे बढ़ चुके हैं तो पार निकल जाएँ और यदि सिग्नल से पीछे हैं तो सिग्नल से पहले स्टॉप लाइन पर रुक जाएँ। ऐसे में कभी जल्दबाजी अथवा लापरवाही न करें।
* **हरी बत्ती : चलिये :** यदि आप सिग्नल पर रुके हुए हैं और सिग्नल हरा हो जाता है तो एकदम से वाहन को गति न दें बल्कि दाएँ, बाएँ व सामने की ओर ध्यान से देखें। यह ध्यान रखें कि कोई पैदल यात्री या दूसरी ओर जाने वाला कोई वाहन आपके सामने न आ जाए। जब रास्ता साफ हो तभी वाहन को गति दें।
* **जलती-बुझती लाल बत्ती :** रुककर सब ओर के वाहनों और पैदल यात्रियों की ओर देखें। जब रास्ता साफ तथा सुरक्षित मिले तो सावधानी से आगे बढ़ें।
* **जलती-बुझती पीली बत्ती :** इसका अर्थ होता है कि सब ओर के वाहन चालक धीमे-धीमे सावधानीपूर्वक आगे बढ़ सकते हैं। यह सभी वाहन चालकों के लिये 'देखो और आगे बढ़ो' का संकेत देती है।
* **जलती-बुझती हरी बत्ती :** प्रायः दायीं ओर मुड़ने का संकेत देने वाली बत्ती बंद होने से पहले कुछ क्षणों तक जलने-बुझने का संकेत देती है। इसका अर्थ होता है कि अब दायीं ओर मुड़ने का समय समाप्त हो रहा है और, यदि आप आगे बढ़ चुके हैं तो आपको मुड़ जाना चाहिये और यदि पीछे ही हैं तो रुक जाना चाहिये। कई स्थानों पर बायीं ओर मुड़ने के लिये भी संकेत दिये जाते हैं।

यातायात पुलिस के हाथ के संकेत
(Traffic Police Hand Signals)

बाएँ के वाहन दाएँ मुड़ें दाएँ के रुकें	सामने के वाहन रुकें	पीछे से आ रहे वाहन रुकें	सामने और पीछे से आ रहे वाहन रुकें

दाएँ और बाएँ से आ रहे वाहन रुकें

सामने के वाहन रुकें व बाएँ के चलें

पीछे के वाहन रुकें व दाएँ के चलें

संकेत बदलना

T-प्वाइंट पर सामने के वाहन चलें

T-प्वाइंट पर सामने के वाहन बाईं ओर चलें

वीआईपी सेल्यूट देना

बाएँ के वाहन चलें दाएँ के रुकें

अनिवार्य यातायात संकेत
(Mandatory Traffic Signs)

रुकिये

रास्ता दें

प्रवेश निषेध

सीधे निषेध

एक तरफा रास्ता

एक तरफा रास्ता

वाहनों का प्रवेश वर्जित

हॉर्न निषेध

पैदल निषेध

साइकिल निषेध

दायाँ मोड़ निषेध
बायाँ मोड़ निषेध
U–टर्न निषेध
आगे निकलना निषेध
ट्रक निषेध
ताँगा निषेध
सभी वाहन निषेध
हाथगाड़ी निषेध
बैलगाड़ी निषेध
बैल व हाथगाड़ी निषेध
नो पार्किंग
रुकना मना
50
गतिसीमा 50
4T
एक्सेल लोड सीमा
2m
चौड़ाई सीमा
3.5m
ऊँचाई सीमा
10m
लम्बाई सीमा
5T
वजन सीमा
सीमा समाप्त
बाएँ मुड़िए
दाएँ मुड़िए
सीधे या बाएँ बढ़ें
सीधे या दाएँ बढ़ें
सीधे चलें
बाएँ चलें
साइकिल रिक्शा
स्लिप रोड आगे
मुख्य सड़क आगे
केवल पैदल
केवल बस के लिए

चेतावनी यातायात संकेत
(Warning Traffic Signs)

सूचनात्मक सड़क-संकेत
(Informatory Road Signs)

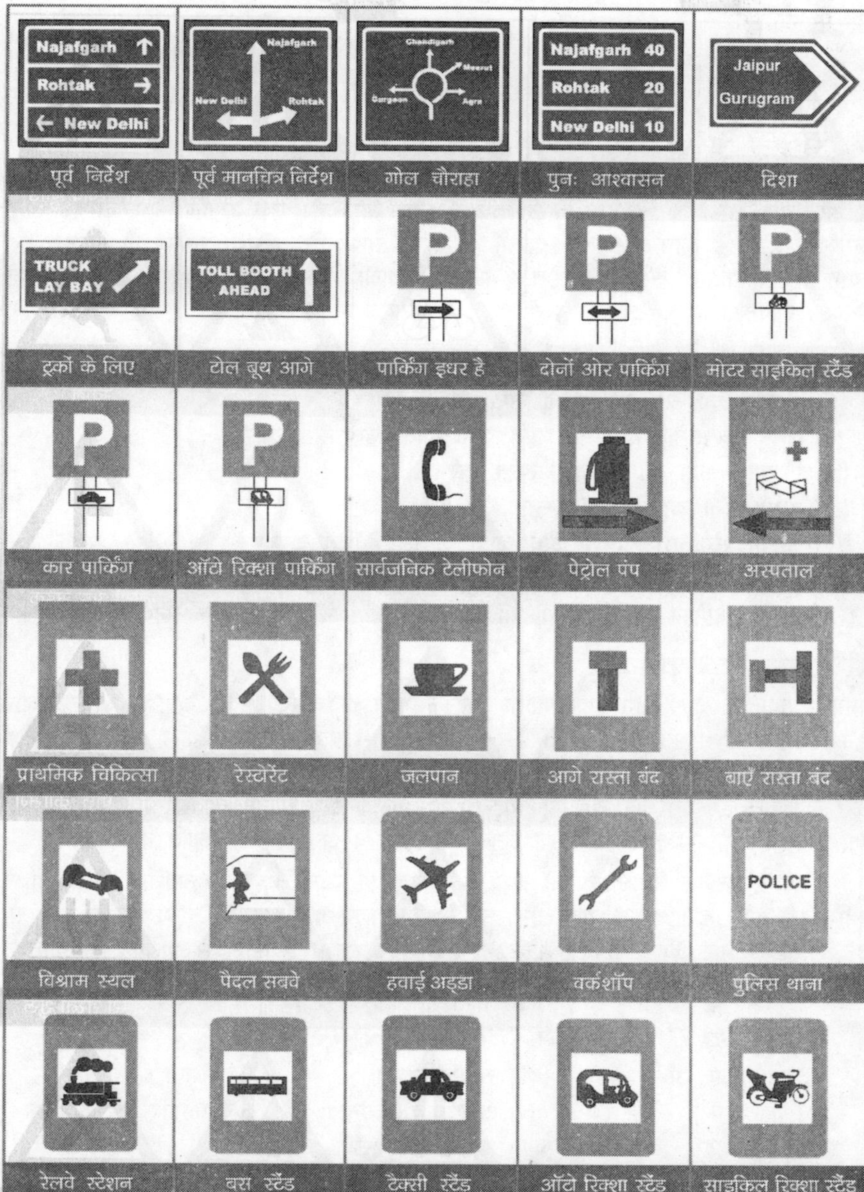

❖ ❖ ❖

14 सामाजिक जागरूकता (Social Awareness)

समाज सेवा

मनुष्य एक सामाजिक प्राणी है। समाज ऐसे लोगों का समूह होता है जो एक क्षेत्र में रहते हैं और एक-दूसरे पर किसी-न-किसी रूप में निर्भर होते हैं। एक समाज में छोटी-बड़ी कई समस्याएँ होती हैं जिनका इसके सदस्यों को अपने सह-अस्तित्व तथा समाज के विकास हेतु ध्यान रखना चाहिये। समाज के हित में की जाने वाली निःस्वार्थ सेवा को समाज सेवा कहते हैं। इसमें एनसीसी कैडेट्स के द्वारा भी बड़ी भूमिका निभाई जाती है।

एनसीसी में समाज सेवा के लक्ष्य व उद्देश्य

(i) कैडेट्स को श्रम की गरिमा समझाना
(ii) उनमें रचनात्मक कार्यों के प्रति जागरूकता उत्पन्न करना
(iii) निःस्वार्थ सेवा की भावना उत्पन्न करना
(iv) टीम-भावना का विकास करना
(v) उनको संगठित रूप से कार्य करने के लिए प्रेरित करना
(vi) उनको अपने रिक्त समय, ऊर्जा व अन्य संसाधनों का सदुपयोग करना सिखाना
(vii) उनको विभिन्न सामाजिक व आर्थिक गतिविधियों में भाग लेने के लिये प्रेरित करना।

समाज के कमजोर वर्ग

समाज सेवा की अधिकतम आवश्यकता हमारे समाज के कमजोर वर्ग को है। यह कमजोर वर्ग प्रायः वंचित समूह के लोग होते हैं जैसे कि झुग्गी-झोंपड़ियों में रहने वाले, शहरी असंगठित मजदूर, बंधुआ मजदूर, मैला ढोने वाले, वनवासी, मछुआरे, परंपरागत कारीगर और खेतिहर मजदूर और विशेषकर इन वर्गों की महिलाएँ। यह लोग आधुनिक विकास की नीतियों में हाशिये पर रह गए हैं। इन वर्गों में अधिकतम संख्या अनुसूचित जाति व अनुसूचित जनजाति के लोगों की है।

इन कमजोर वर्ग के लोगों को कभी भी भारत की सामाजिक और आर्थिक योजनाओं में सम्मिलित नहीं किया गया। यह लोग कई असमानताओं के शिकार हैं। व्यवहारिक रूप से, इन लोगों के पास बहुत कम या फिर न के बराबर साधन हैं और ये आर्थिक, राजनीतिक, शैक्षिक, सांस्कृतिक तथा सामाजिक रूप से हाशिये पर हैं।

हमारे देश में बुनियादी सामाजिक समस्याएँ

(i) सामाजिक असमानता
(ii) सांप्रदायिकता
(iii) आवास की कमी
(iv) जाति प्रथा
(v) अशिक्षा व अज्ञानता
(vi) बीमारियाँ व कुपोषण
(vii) लिंग भेद
(viii) अधिक जनसंख्या

समाज सेवा के विभिन्न प्रकार

(i) शिक्षा का प्रसार
(ii) रोजगार को बढ़ावा
(iii) परिवार कल्याण, चिकित्सा, परिवार नियोजन व पोषण
(iv) जल, रसोई के ईंधन, सड़कों, बिजली तथा स्वच्छता के उपाय
(v) वृद्धावस्था सहायता प्रणाली
(vi) सामाजिक सहायता, सुरक्षा, देखभाल व संरक्षण
(vii) आवास तथा पुनर्वास
(viii) मनोरंजन, खेल तथा सामाजिक गतिविधियाँ

एनसीसी कैडेट्स द्वारा की जाने वाली प्रमुख सामाजिक गतिविधियाँ

(i) रक्तदान अभियान
(ii) प्रौढ़ शिक्षा अभियान
(iii) दहेज विरोधी अभियान
(iv) कुष्ठ रोग विरोधी अभियान
(v) नशा विरोधी अभियान
(vi) वृक्षारोपण अभियान
(vii) नेत्रदान अभियान
(viii) पर्यावरण कार्यक्रम
(ix) वृद्धाश्रमों में सेवा कार्य करना
(x) बाढ़, भूकंप आदि जैसी प्राकृतिक आपदाओं के समय सहायता कार्य करना।

सामाजिक कल्याण की दिशा में युवाओं का योगदान

युवा सामाजिक कल्याण की दिशा में निम्न प्रकार से योगदान दे सकते हैं :

(i) नेतृत्व-गुणों के विकास एवं प्रयोग द्वारा।
(ii) सामुदायिक सेवा में भाग लेकर।
(iii) राष्ट्रीय व सांप्रदायिक एकता के लिये कार्य करके।
(iv) शिक्षा व साक्षरता के प्रसार द्वारा।
(v) पर्यावरण सुधार व संरक्षण के लिये कार्य द्वारा।
(vi) स्वास्थ्य व परिवार कल्याण के लिये कार्य करके।
(vii) शारीरिक शिक्षा व साहसिक अभियान द्वारा।
(viii) वृद्धावस्था-देखभाल के कार्यों में सहयोग देकर।
(ix) जलाशयों व बंजर भूमि के विकास में सहयोग करके।
(x) अन्य लोगों को समाज कल्याण के कार्य करने के लिये प्रेरित करके।

परिवार नियोजन

परिवार नियोजन किसी व्यक्ति अथवा दम्पत्ति द्वारा परिवार के आकार को सीमित रखने तथा बच्चों के जन्म के बीच अंतर रखने के उद्देश्य से लिया जाने वाला स्वैच्छिक तथा उत्तरदायित्व-पूर्ण निर्णय है। परिवार नियोजन की विभिन्न विधियाँ इस प्रकार हैं :

(i) पुरुष व महिला नसबंदी (ii) निरोध का प्रयोग (iii) गर्भनिरोधक दवा

एचआइवी और एड्स (HIV & AIDS)

'एचआईवी' (HIV) ह्यूमन इम्यूनोडेफिसिएन्सी वायरस का संक्षिप्त रूप है, जिसके कारण एड्स (AIDS : Acquired Immuno Deficiency Syndrome) होता है। एड्स एक जानलेवा बीमारी है। एचआइवी संक्रमण की अंतिम अवस्था एड्स है। मानव शरीर में प्राकृतिक तौर पर सीडीफोर सेल्स का एक प्रतिरक्षा तंत्र होता है जो शरीर के अंदर संक्रमण और बीमारियों का मुकाबला करता है। शरीर में प्रवेश करते ही यह वायरस शरीर की सीडीफोर सेल्स पर हमला करता है और उसमें अपनी संख्या बढ़ाकर उनका विनाश शुरू कर देता है। कुछ वर्षों में धीरे धीरे सीडीफोर सेल्स कम होने लगते हैं, जिससे शरीर का प्रतिरक्षा तंत्र कमजोर पड़ जाता है। परिणामस्वरूप शरीर सामान्य संक्रमण और बीमारियों का सही प्रकार से मुकाबला नहीं कर पाता। इस अवस्था को एड्स कहते हैं जो अंततः रोगी की मृत्यु का कारण बनती है। इस रोग में संक्रमण निरोधक शक्ति का धीरे-धीरे क्षय हो जाता है। इस कारण साधारण संक्रमण भी जानलेवा बीमारी का रूप ले लेते हैं। टीबी, डायरिया, निमोनिया, फंगल संक्रमण और हरपीज संक्रमण आदि ऐसे रोग हैं, जिन्हें एचआईवी संक्रमण और भी जटिल बना देता है।

एचआइवी संक्रमण/एड्स के कारण

(i) एचआईवी का मुख्य कारण संक्रमित व्यक्ति के साथ असुरक्षित यौन संबंध स्थापित करना है।
(ii) ब्लड ट्रांस्फ्यूजन के दौरान शरीर में एचआइवी संक्रमित रक्त के चढ़ाए जाने से।
(iii) एचआइवी पॉजिटिव व्यक्ति पर प्रयोग की गई इंजेक्शन की सुई का इस्तेमाल करने से।
(iv) एचआइवी पॉजिटिव गर्भवती महिला गर्भावस्था के समय, प्रसव के दौरान या अपना दूध पिलाते समय नवजात शिशु को संक्रमित कर सकती है।

एचआइवी पॉजिटिव रोगी के लक्षण

(i) कई हफ्तों तक लगातार बुखार रहना।
(ii) अधिक समय तक खांसी रहना।
(iii) अकारण वजन का घटना।
(iv) मुँह में घाव होना।
(v) भूख खत्म हो जाना।
(vi) बार-बार दस्त लगना।
(vii) गले में सूजन भरी गिल्टियाँ होना।
(viii) त्वचा पर खुजली और चकत्ते हो जाना।
(ix) सोते समय पसीना आना।
(x) लसिकाओं व ग्रंथियों में सूजन होना।

एचआइवी संक्रमण से बचने के उपाय

(i) असुरक्षित यौन संबंधों से बचें और निरोध का प्रयोग करें।
(ii) अस्पताल आदि में सुई लगवाते समय हमेशा नई सिरिंज का ही प्रयोग करवाएँ।
(iii) यदि बाहर दाढ़ी आदि बनवानी हो तो हमेशा नये ब्लेड का प्रयोग करवाएँ।
(iv) शरीर में खून चढ़वाने से पहले उस खून की जाँच करवाएँ।

एनसीसी कैडेटों द्वारा HIV जागरुकता संबंधी रैली :

(i) AIDS रोगी से हाथ मिलाने, चूमने या छूने से नहीं फैलता।
(ii) AIDS रोगी के साथ रहने से या खाना-खाने से नहीं फैलता।
(iii) AIDS छींकने, खाँसने और मच्छर के काटने से नहीं फैलता।
(iv) AIDS रोगी का शौचालय प्रयोग करने से नहीं फैलता।

कर्करोग/कैंसर (Cancer)

हमारा शरीर अरबों-खरबों कोशिकाओं (Cells) से मिलकर बना है। प्रतिदिन हमारे शरीर में लाखों कोशिकाएँ नष्ट होती और नई जन्म लेती हैं। नयी कोशिकाएँ पुरानी कोशिकाओं का प्रतिरूप होती हैं। जब खराब जीवन शैली के कारण यह क्रिया अनियंत्रित हो जाती है तो शरीर में कोशिकाओं की असामान्य वृद्धि होने लगती है। शरीर के किसी हिस्से में होने वाली कोशिकाओं की इस असामान्य वृद्धि को कैंसर कहा जाता है। कैंसर कोशिकाएँ एक जगह टिककर नहीं रहतीं, वे शरीर में किसी दूसरी जगह जमकर वहाँ भी अपनी तरह की बीमार कोशिकाओं का समूह बना लेती हैं जिससे उस अंग के कामकाज में भी रुकावट आने लगती है। इन अधूरी बीमार कोशिकाओं का समूह ही कैंसर है; अर्थात् कैंसर बेकाबू व सीमा से अधिक कोशिकाओं के बढ़ने से होने वाली घातक बीमारी है।

कैंसर के प्रकार

कैंसर कई प्रकार के होते हैं। आमतौर पर कैंसर के जो प्रमुख प्रकार होते हैं उनका विवरण निम्नलिखित है :

(i) त्वचा का कैंसर	(ii) रक्त का कैंसर	(iii) हड्डियों का कैंसर
(iv) मस्तिष्क का कैंसर	(v) स्तन का कैंसर	(vi) मुख का कैंसर
(vii) गले का कैंसर	(viii) फेफड़ों का कैंसर	(ix) आमाशय का कैंसर
(x) सर्वाइकल कैंसर	(xi) गर्भाशय का कैंसर	

कैंसर के प्रमुख लक्षण

1. खून की कमी (एनीमिया) होना, हड्डियों व जोड़ों में दर्द होना।
2. मूत्र, मल एवं खाँसी के दौरान खून आना और साँस लेने में कठिनाई होना।
3. स्तन में गाँठ का पड़ना।
4. भूख की कमी, वजन गिरना तथा निगलने में कठिनाई होना।
5. मुख के भीतर या शरीर के किसी भाग में गाँठ का होना।
6. शरीर में घाव या पित्त बन जाना या सूजन होना।
7. अनियमित मासिक स्राव होना।

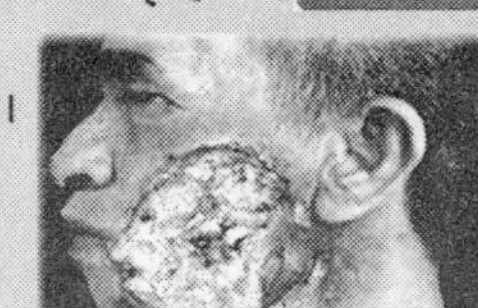

मुख का कैंसर

कैंसर के प्रमुख कारण

1. तम्बाकू, गुटका, पान-मसाला, सुपारी का सेवन
2. शराब और सिगरेट का अधिक सेवन
3. अत्यधिक मोटापा एवं वसायुक्त आहार
4. धुआँ, प्रदूषण एवं रासायनिक पदार्थ
5. गर्भनिरोधक गोलियों का अधिक प्रयोग
6. रिफाइंड एवं पामोलिन तेल का अधिक सेवन
7. तले, भुने, चर्बीयुक्त खाद्य पदार्थों का सेवन
8. नमक और शक्कर का अधिक सेवन
9. अनुवांशिकता
10. X-ray विकिरण

कैंसर से बचने के उपाय

1. शराब, सिगरेट, तम्बाकू, गुटका, पान-सुपारी का सेवन न करें।
2. चर्बी वाले, तले हुए व जंक फूड का त्याग करें तथा बादाम, मेवों आदि का सेवन करें।
3. पेड़-पौधों से प्राप्त रेशेदार भोजन जैसे फल, सब्जियाँ, सलाद व अनाज खायें।
4. अधिक कैलोरी वाला खाना कम मात्रा में खाएँ, नियमित कसरत करें।

विशेष : शरीर की नियमित जाँच करवाएँ तथा चिकित्सक से परामर्श लें। शुरुआत में कैंसर का इलाज सरल होता है।

गैर-सरकारी संगठन और उनकी गतिविधियाँ (Non-Governmental Organisations and Their Activities)

एनजीओ का शाब्दिक अर्थ गैर-सरकारी संगठन है। गैर-सरकारी संगठन वह संगठन या समूह हैं जो बिना किसी सरकारी भागीदारी या प्रतिनिधित्व के, किसी राजनैतिक ढाँचे के बाहर रहकर सामाजिक कल्याण के कार्य करें। इनकी शुरुआत अमेरिका से हुई थी। ये ऐसे संगठन होते हैं जो सरकार या किसी बड़ी संस्था से अनुदान प्राप्त करके सामाजिक कार्य करते हैं। कोई एक व्यक्ति एनजीओ नहीं होता बल्कि यह एक संस्था होती है। भारत में लगभग सभी एनजीओ सोसायटीज एक्ट के अंतर्गत आते हैं।

गैर-सरकारी संगठनों के प्रकार

मुख्य गैर-सरकारी संगठन निम्न प्रकार के होते हैं :

(i) **INGO** : अन्तर्राष्ट्रीय गैर-सरकारी संगठन
(ii) **BINGO** : व्यापार-उन्मुख अन्तर्राष्ट्रीय गैर-सरकारी संगठन
(iii) **RINGO** : धार्मिक अन्तर्राष्ट्रीय गैर-सरकारी संगठन
(iv) **ENGO** : पर्यावरणीय गैर-सरकारी संगठन

गैर-सरकारी संगठनों की गतिविधियाँ

गैर-सरकारी संगठनों द्वारा आयोजित की जाने वाली गतिविधियाँ :

(i) बच्चों की देखभाल
(ii) पोलियो उन्मूलन कार्यक्रम
(iii) वृक्षारोपण कार्यक्रम
(iv) रक्तदान कार्यक्रम
(v) दहेज विरोधी कार्यक्रम
(vi) युवा साक्षरता
(vii) नशा विरोधी कार्यक्रम
(viii) कुष्ठरोग विरोधी कार्यक्रम
(ix) मानवाधिकार
(x) जागरूकता अभियान
(xi) वन्यजीवन एवं पशुओं की देखभाल
(xii) प्राकृतिक आपदाओं के दौरान मदद
(xiii) परिवार नियोजन कार्यक्रम
(xiv) सामुदायिक विकास के कार्यक्रम
(xv) पर्यावरण कार्यक्रम
(xvi) अनाथालय और वृद्धाश्रम
(xvii) कुटीर उद्योग
(xviii) एड्स जागरूकता अभियान
(xix) सामाजिक समानता का संवर्धन
(xx) स्कूली शिक्षा सुविधा उपलब्ध करवाना
(xxi) स्वास्थ्य और स्वच्छता का बुनियादी ढाँचा उपलब्ध करवाना।

नशीली दवाओं की तस्करी

ऐसे नशीले पदार्थ जो मनुष्य के केन्द्रीय तंत्रिका तंत्र (Central Nervous System) पर क्रिया करके मस्तिष्क की क्रियापद्धति को बदल देते हैं, मनोसक्रिय औषधि कहे जाते हैं। इनके सेवन के बाद मनुष्य के व्यवहार, सोच एवं चेतना में परिवर्तन देखने को मिलता है। इन पदार्थों का उपयोग विभिन्न बुरे उद्देश्यों, अपनी चेतना के स्तर को बढ़ाने, दिमाग की प्रतिक्रिया तेज करने या नशीली दवा के रूप में किया जाता है।

वर्तमान समय में नशीले पदार्थों (दवाओं) की तस्करी दुनिया में सबसे गंभीर समस्याओं में से एक है। आदिम काल से ही मनुष्य ऐसी दवाओं का प्रयोग करता आ रहा है जो मस्तिष्क और जीवन पर बहुत बुरा असर करती हैं। यह मनोसक्रिय औषधियाँ मनुष्य की मनोदशा, सोच, चेतना एवं बर्ताव को बदल देती हैं और धीरे-धीरे उसे इनकी आदत पड़ जाती है क्योंकि ये चेतना और मिजाज में व्यक्तिपरक परिवर्तन लाती हैं जो व्यक्ति को तब अच्छा प्रतीत होता है। यह मनुष्य के केन्द्रीय तंत्रिका तंत्र पर अपना प्रभाव दिखाती हैं। ये मनोसक्रिय औषधियाँ वानस्पतिक व रासायनिक संश्लेषित रूप यानि पाउडर, इंजेक्शन, टेबलेट्स व केप्स्युल्स के रूप में मिलती हैं। अवैध रूप से इनका व्यापार वैश्विक स्तर पर होता है।

नशीली दवाओं के प्रकार

नशीली दवाओं को उनके प्रभाव के अनुसार तीन समूहों में विभाजित किया जाता है :

1. **उत्तेजक (Stimulants) :** यह पदार्थ मस्तिष्क को उत्तेजित करते हैं तथा अकारण उत्साह भी उत्पन्न करते हैं। यह मस्तिष्क की धारणा को प्रभावित नहीं करते परन्तु शारीरिक प्रतिक्रियाओं को तेज कर देते हैं। इनमें प्रमुख हैं :
   (i) कैफीन (ii) हेरोइन (iii) निकोटिन (iv) एफिड्रिन
2. **अवसादक (Depressants) :** यह पदार्थ मस्तिष्क की धारणा को अधिक प्रभावित किए बिना शारीरिक क्रियाओं और मस्तिष्क के कार्य को मंद कर देते हैं। यह व्यक्ति को विश्राम या उसके अपराध बोध व समस्याओं से अस्थायी तौर से बचने की मिथ्या अनुभूति देते हैं। इनसे मस्तिष्क शून्य हो जाने के कारण, अन्य विचार भी नहीं आते। जिसके कारण मस्तिष्क के सामान्य निरोधात्मक नियंत्रण या विवेक की क्षति होती है। इन पदार्थों में धुत होकर व्यक्ति बहक जाते हैं। इनमें प्रमुख हैं :
   (i) एल्कोहल (शराब) (ii) कोकीन, हेरोइन
   (iii) बेंजीन, कार्बनटेट्राक्लोराइड (iv) बारबिट्यूरेट, अफीम
3. **भ्रांतिजनक (Hallucinogenic) :** यह पदार्थ चेतना को गड़बड़ाए बिना मस्तिष्क की जानकारी को विकृत कर देते हैं जिससे दिमागी धारणा बदल जाती है। इनके सेवन से मनुष्य मिथ्या दृढ़विश्वास जैसी अवस्था में आ जाता है और वह ऊँचाई से कूदने, वाहन के आगे आने और स्वयं को गोली मारने की हिम्मत कर सकता है। इनमें प्रमुख हैं :
   (i) भांग, चरस, गांजा (ii) एलएसडी, मेस्केलिनन, सीलोसायिबिन
   (iii) हशीश, धतूरा, कीटामिन (iv) मारिजुआना, हेम्प

मद्यपता (Alcoholism)

शराब पीना सदा एक अभिशाप रहा है। शराब मूलतः इथाइल एल्कोहल है जो किण्वन द्वारा शर्करा से प्राप्त होता है। शराब की लत एक अभ्यस्तिक सेवन होता है। इसके सेवन और लत से मनुष्य के पूरे जीवन (स्वास्थ्य, परिवार और सामाजिक जीवन) पर प्रतिकूल प्रभाव पड़ता है। इसके अत्यधिक सेवन से यकृत सबसे अधिक प्रभावित होता है और यह सिरोसिस रोग का कारण बनता है। मनुष्य को इसके सेवन से बचना चाहिए और आनंदपूर्ण जीवन जीना चाहिए।

ग्रामीण विकास कार्यक्रम

हमारे देश की जनसंख्या मुख्य रूप से दो क्षेत्रों में विभाजित है—शहरी तथा ग्रामीण आबादी। शहरी क्षेत्रों में प्रायः सभी सुविधाएँ, विशेषतया आधारभूत सुविधाएँ, जैसे—स्वास्थ्य की देखभाल, शिक्षा, जल, विद्युत, दूरसंचार, सड़कें, परिवहन, रेलें आदि सरलता से उपलब्ध होती हैं। ग्रामीण क्षेत्रों में अधिकतर इन सुविधाओं का अभाव रहता है अथवा ये अपर्याप्त होती हैं। अधिकतर गाँव ग्रामीण क्षेत्रों में ही होते हैं।

ग्रामीण विकास

ग्रामीण विकास की प्रक्रिया का उद्देश्य ग्रामीण क्षेत्रों में रहने वाले लोगों के जीवन की गुणवत्ता में सुधार करना तथा उनके जीवन-स्तर को ऊँचा उठाना है। इसको ग्रामीण क्षेत्रों के समग्र विकास तथा ग्रामीण लोगों के जीवन की गुणवत्ता में सुधार लाने की प्रक्रिया के रूप में परिभाषित कर सकते हैं। यह ग्रामीण क्षेत्रों के विकास हेतु एक समन्वित एवं सतत् प्रक्रिया है जिसमें समाज के गरीब वर्ग के लोगों का सामाजिक, आर्थिक, राजनीतिक और आध्यात्मिक विकास सम्मिलित है।

ग्रामीण विकास के निम्नलिखित उद्देश्य हैं :

1. ग्रामीण लोगों की भागीदारी से ग्रामीण जीवन के सुधार के तरीके ढूँढना जिससे कि ग्रामीण क्षेत्रों की आवश्यकताओं की पूर्ति हो सके।
2. इसमें निम्नलिखित गतिविधियाँ सम्मिलित हैं :
   - (i) स्वास्थ्य-सुधार
   - (ii) शिक्षा-प्रसार
   - (iii) आजीविका-विकास
   - (iv) सड़क-सुधार
   - (v) बैंकिंग-संबंधी
   - (vi) जल व विद्युत संबंधी
   - (vii) ग्रामीण पर्यटन संबंधी
   - (viii) फसल, मुर्गीपालन तथा पशुपालन
   - (ix) लघु उद्योग एवं कृषि उत्पादों का विकास

ग्रामीण विकास की आवश्यकता

भारत की 70 प्रतिशत जनसंख्या प्रायः शून्य अथवा बहुत कम सुविधाओं के साथ ग्रामीण क्षेत्रों में रहती है। ग्रामीण क्षेत्रों के विकास की आवश्यकता निम्नलिखित कारणों से है :

- (i) ग्रामीण जनसंख्या के सशक्तीकरण हेतु
- (ii) आजीविका के अधिक अवसरों के सृजन हेतु
- (iii) शहरी व ग्रामीण जीवन के बीच की खाई को पाटने हेतु
- (iv) संसाधनों और विकास-गतिविधियों के समान वितरण हेतु
- (v) शहरी व ग्रामीण जनसंख्या के बीच की आर्थिक खाई को पाटने हेतु
- (vi) ग्रामीण क्षेत्रों से शहरों की ओर हो रहे बड़े पैमाने पर पलायन पर नियंत्रण हेतु

महत्वपूर्ण भारतीय ग्रामीण विकास कार्यक्रम (Important Rural Development Programmes in India)

महात्मा गाँधी राष्ट्रीय ग्रामीण रोजगार गारंटी अधिनियम (MGNREGA)

महात्मा गांधी राष्ट्रीय ग्रामीण रोजगार गांरटी अधिनियम (मनरेगा) भारत में लागू रोजगार गारंटी योजना है, जिसे 25 अगस्त, 2005 को विधान द्वारा अधिनियमित किया गया। पहले इस योजना को 'नरेगा' कहा जाता था, 2010 से इसे 'मनरेगा' का नाम दिया गया। यह योजना प्रत्येक वित्तीय वर्ष में किसी भी ग्रामीण परिवार को न्यूनतम 100 दिन के लिए दिहाड़ी रोजगार पक्के तौर पर उपलब्ध कराती हैं, बशर्ते उसके सदस्य अकुशल श्रम कार्य करने के इच्छुक हैं। यह अधिनियम, राज्य सरकारों को "मनरेगा योजनाओं" को लागू करने के निर्देश देता है। मनरेगा के तहत, केन्द्र सरकार मजदूरी की लागत, माल की लागत का 3/4 और प्रशासनिक लागत का कुछ प्रतिशत खर्च वहन करती है।

अधिनियम की मुख्य विशेषताएँ निम्नलिखित हैं :

(i) रोजगार गारंटी अधिनियम में 15 दिन के भीतर मजदूरी देने का प्रावधान है।

(ii) इस अधिनियम में ठेकेदारों और मशीनरी के उपयोग की बजाए श्रम-आधारित काम पर अत्यधिक जोर दिया गया है।

(iii) इस अधिनियम के तहत पुरुषों और महिलाओं के बीच किसी भी भेदभाव की अनुमति नहीं है। इसलिए, पुरुषों और महिलाओं को समान वेतन भुगतान किया जाना चाहिए।

(iv) इस अधिनियम में 33 प्रतिशत भागीदारी महिला मजदूरों की होगी।

(v) यह योजना 2 फरवरी, 2006 को 200 जिलों में शुरू की गई जिसे 2007-2008 में अन्य 130 जिलों में विस्तारित किया गया और 1 अप्रैल, 2008 तक अंततः भारत के सभी जिलों में इसे लागू कर दिया गया।

(vi) इस अधिनियम में जल संरक्षण, संचयन, वनीकरण, वृक्षारोपण, भूमि समतल करने, ग्रामीण संपर्क-तंत्र, बाढ़ नियंत्रण और तटबंधों का निर्माण, मरम्मत आदि के निर्माणों को महत्व दिया जाता है।

स्वर्णजयंती ग्राम स्वरोजगार योजना (SGSY)

स्वर्णजयन्ती ग्राम स्वरोजगार योजना (SGSY)

इस योजना की शुरूआत अप्रैल, 1999 में की गई है। इसका मुख्य उद्देश्य गरीबी रेखा से नीचे गुजर-बसर करने वाले ग्रामीण परिवारों के स्वयं सहायता समूहों का संगठन, प्रशिक्षण, ऋण, प्रौद्योगिकी और बाजार से जोड़कर स्वरोजगार प्रदान करना है। यह एक केन्द्र संपोषित योजना है जो इस योजना के पूर्व में संचालित 6 योजनाओं (समेकित ग्रामीण विकास कार्यक्रम, ग्रामीण महिला एवं ग्रामीण शिशु विकास कार्यक्रम, ग्रामीण युवाओं के स्वनियोजन के लिए प्रशिक्षण कार्यक्रम, दस लाख कूप (कुएँ), गंगा कल्याण योजना और ग्रामीण कारीगरों को उन्नत किस्म के औजारों की पूर्ति योजना) को एक साथ मिलाकर बनायी गयी है।

योजना के मुख्य उद्देश्य एवं विशेषताएँ निम्नलिखित हैं :

(i) गरीब परिवारों को स्वरोजगारी द्वारा 5 वर्ष के भीतर गरीबी रेखा से ऊपर उठाना।

(ii) आय वृद्धि कार्यक्रम द्वारा सम्पत्ति का सृजन करना।

(iii) बैंक से ऋण एवं सरकारी अनुदान प्रदान करना।

(iv) तीन वर्षों के भीतर सहायता प्राप्त परिवारों को कम-से-कम 2000/- रुपये की आय प्रति महीना सुनिश्चित करना अथवा गरीबी रेखा से ऊपर उठाना।

(v) ग्रामीण क्षेत्रों में छोटे उद्योगों व व्यवसायों का चुनाव करना।

(vi) इस योजना के अंतर्गत संबंधित सरकारी विभाग, बैंक एवं अन्य वित्तीय संस्थान पूर्णरूप से परियोजना प्रतिवेदन बनाने एवं कार्यान्वयन में सहयोग करेंगे।

प्रधानमंत्री आवास योजना-ग्रामीण (PMAY-G)

प्रधानमंत्री आवास योजना–ग्रामीण (पीएमएवाई–जी) मंत्रालय की प्रमुख योजनाओं में से एक है जिसका उद्देश्य वर्ष 2024 तक ग्रामीण क्षेत्रों में सभी बेघर परिवारों एवं कच्चे तथा जीर्ण–शीर्ण पुराने घरों में रहने वाले परिवारों को अन्य योजनाओं के साथ सम्मिलन कर बुनियादी सुविधाओं के साथ 2.95 करोड़ पक्के मकान उपलब्ध करवाकर 'सभी के लिए आवास' के उद्देश्य को प्राप्त करना है। अब तक 2.95 करोड़ मकानों के पूर्ण लक्ष्य राज्य/संघ राज्य क्षेत्रों को आवंटित किए जा चुके हैं और 2.94 करोड़ से अधिक मकानों को राज्य सरकारों द्वारा मंजूरी दी जा चुकी है। 10 जून, 2024 तक राज्य/केंद्र शासित प्रदेशों द्वारा 2.62 करोड़ मकानों का निर्माण पूरा कर लिया गया है।

योजना का उद्देश्य : इस योजना का मुख्य उद्देश्य अनुसूचित जाति/जनजाति और मुक्त बंधुआ मजदूरों के सदस्यों द्वारा मकानों के निर्माण में मदद करना तथा गैर-अनुसूचित जाति/जनजाति के गरीबी रेखा से नीचे के ग्रामीण लोगों को अनुदान मुहैया करवाकर मदद करना है।

विशेषताएँ व लाभार्थियों के चयन में प्राथमिकता :

(i) मुक्त बंधुआ मजदूर, अनुसूचित जाति/जनजाति परिवार, जो बाढ़, आगजनी, भूकंप आदि प्राकृतिक आपदाओं से पीड़ित हैं तथा अनुसूचित जाति/जनजाति परिवार की मुखिया विधवाएँ व अविवाहित महिलाएँ हैं।

(ii) 3 प्रतिशत निधियाँ गरीबी रेखा से नीचे के शारीरिक रूप से दिव्यांग लोगों के लिए निर्धारित की गई हैं।

(iii) युद्ध में मारे गए सेनानियों, अर्द्धसैनिक बलों के कर्मियों की विधवाएँ/परिवारजन।

(iv) विकास परियोजनाओं के कारण विस्थापित हुए व्यक्ति, खानाबदोश, आदिवासी, आंतरिक शरणार्थी, बशर्ते कि ये परिवार गरीबी की रेखा से नीचे हों।

प्रधानमंत्री जनधन योजना (PMJDY)

इस योजना की घोषणा 15 अगस्त, 2014 को तथा इसका शुभारंभ 28 अगस्त, 2014 को प्रधानमंत्री श्री नरेन्द्र मोदी ने किया। इस योजना के अंतर्गत 45.06 करोड़ से अधिक खाते खोले गए हैं। इस योजना के

तहत देश के हर नागरिक के लिए एक बैंक का बचत खाता खोलने की सुविधा उपलब्ध करवाई गई। इस योजना में प्रधानमंत्री देश की आम जनता को जीवन में वित्तीय स्थिरता देना चाहते हैं। पहले गाँवों में लोग अपना पैसा अपने घर पर ही रखते थे लेकिन अब वह अपना पैसा बैंक में जमा कर सकते हैं। खाता खोलने से आम लोगों को बैंक में जमा पैसे पर ब्याज भी मिलेगा, जिससे बैंक में उनका पैसा और बढ़ेगा।

योजना के मुख्य लाभ :

(i) सिर्फ एक पहचान-पत्र से ही खाता खुल जाता है।

(ii) सरकार निर्धनों को दी जाने वाली राशि को सीधे उसके खाते में भेज सकती है।

(iii) खाता धारक को ₹ 30000 का जीवन बीमा और ₹ 200000 का आकस्मिक कवर भी मिलता है।

(iv) इस योजना के तहत लोगों को 'रुपे' नामक एक डेबिट कार्ड भी दिया जाता है जिसकी मदद से लोग पैसा एटीएम मशीन से भी निकाल पाते हैं। किसानों के लिए प्रधानमंत्री ने एक विशेष कार्ड बनवाया है जिसका नाम है 'रुपे (Rupay) किसान कार्ड'।

(v) शिकायतों के लिए एक टोल फ्री नंबर भी उपलब्ध है।

प्रधानमंत्री जन आरोग्य योजना (PM-JAY)

प्रधानमंत्री नरेंद्र मोदी ने 14 अप्रैल, 2018 को डॉ. भीमराव अंबेडकर के जन्मदिन के अवसर पर आयुष्मान भारत योजना की शुरूआत की। इस योजना के तहत देश के करीब 50 करोड़ लोगों को 5 लाख रुपये का स्वास्थ्य बीमा मुफ्त मिलेगा। यदि कोई भारतीय नागरिक जिसके पास विकट स्वास्थ्य परिस्थितियों में इलाज हेतु ना तो कोई बीमा पॉलिसी हो और ना ही उसके पास इतना धन हो कि वह अपना इलाज करवा सके, तो उस स्थिति में वह व्यक्ति आयुष्मान भारत योजना की सहायता से मुफ्त इलाज करवा सकता है। इस योजना के लागू होने के पश्चात निर्धन व्यक्ति भी बीमारी की स्थिति में अच्छी स्वास्थ्य सुविधाएं प्राप्त कर सकेंगे।

प्रधानमंत्री जीवन ज्योति बीमा योजना (PMJJBY)

प्रधानमंत्री जीवन ज्योति बीमा योजना भारत सरकार द्वारा समर्थित एक जीवन बीमा योजना है। इसका आरंभ कोलकाता में 9 मई, 2015 को प्रधानमंत्री नरेन्द्र मोदी द्वारा किया गया।

योजना की मुख्य बातें :

(i) इसकी वार्षिक प्रीमियम राशि केवल ₹ 436 होगी।

(ii) बीमा राशि ₹ 2 लाख होगी जो किसी भी कारण से मृत्यु होने की स्थिति में देय होगी।

(iii) बीमा अवधि एक वर्ष (1 जून से 31 मई), हर वर्ष 31 मई तक नवीकरण करवाना होगा।

(iv) 18 से 50 साल की आयु वर्ग के खाताधारक इसके पात्र होंगे।

(v) एक से अधिक बैंक खातों के जरिये एक से अधिक सदस्यता लेने पर एक ही सदस्यता वैध होगी, अन्य का प्रीमियम जब्त होगा।

(vi) एक बार सदस्य बनने के बाद 55 वर्ष की आयु तक लाभ प्राप्त कर सकते हैं।

प्रधानमंत्री सुरक्षा बीमा योजना (PMSBY)

प्रधानमंत्री सुरक्षा बीमा योजना

प्रधानमंत्री सुरक्षा बीमा योजना एक प्रकार की दुर्घटना बीमा पॉलिसी है जिसकी घोषणा तत्कालीन वित्त मंत्री अरुण जेटली ने 28 फरवरी, 2015 को अपने वार्षिक बजट 2015-16 में की थी।

योजना की मुख्य बातें :

(i) वार्षिक प्रीमियम राशि ₹ 20 होगी।

(ii) बीमा राशि ₹ 2 लाख होगी जो दुर्घटना के कारण मृत्यु अथवा शारीरिक रूप से अक्षम होने की स्थिति में देय होगी।

(iii) बीमा अवधि एक वर्ष (1 जून से 31 मई) होगी, हर वर्ष नवीकरण करवाना होगा।

(iv) 18 से 70 वर्ष की आयु वर्ग के खाताधारक इसके पात्र होंगे।

अटल पेंशन योजना (APY)

अटल पेंशन योजना असंगठित क्षेत्र के कामगारों के लिए महत्वाकांक्षी सामाजिक सुरक्षा योजना है जिसकी औपचारिक घोषणा प्रधानमंत्री नरेन्द्र मोदी द्वारा 9 मई, 2015 को की गई और यह 1 जून, 2015 से प्रभाव में आई।

योजना की मुख्य बातें :

(i) असंगठित क्षेत्र में काम करने वालों पर केंद्रित।

(ii) 18 से 40 वर्ष तक की आयु के ऐसे बैंक खाताधारक जिनकी आय कर-योग्य नहीं है और जो किसी सामाजिक सुरक्षा योजना का लाभ नहीं उठा पा रहे हैं, इसके पात्र होंगे।

(iii) ₹ 41 से ₹ 210 प्रतिमाह तक योगदान करने पर, 60 वर्ष की आयु से ₹ 1000 से लेकर ₹ 5000 तक प्रतिमाह पेंशन मिलेगी, जो उनके अंशदान पर निर्भर होगी।

सामाजिक सुरक्षा की अन्य प्रमुख योजनाएँ

- **इंदिरा गाँधी राष्ट्रीय वृद्धावस्था पेंशन योजना :** इस योजना के अंतर्गत गरीबी रेखा से नीचे रहने वाले 60-79 वर्ष की आयु के व्यक्तियों को ₹ 400 मासिक पेंशन और 80 वर्ष की आयु के ऊपर के व्यक्तियों को ₹ 500 मासिक पेंशन दी जाती है।
- **इंदिरा गाँधी राष्ट्रीय विधवा पेंशन योजना :** इस योजना के अंतर्गत गरीबी रेखा से नीचे रह रहीं 40-59 वर्ष की आयु की विधवाओं को ₹ 300 मासिक पेंशन दी जाती है।
- **इंदिरा गाँधी राष्ट्रीय विकलांग पेंशन योजना :** इस योजना के अंतर्गत गरीबी रेखा से नीचे जीवन-यापन कर रहे शारीरिक रूप से विकलांग व्यक्ति, जिनकी आयु 18-59 वर्ष की है, को ₹ 300 मासिक पेंशन दी जाती है।
- **राष्ट्रीय परिवार लाभ योजना :** इस योजना के तहत गरीबी रेखा से नीचे रह रहे परिवारों में 18-64 वर्ष की आयु के एकमात्र कमाने वाले की मृत्यु होने पर ₹ 20,000 की एकमुश्त रकम दी जाती है।
- **अन्नपूर्णा योजना :** इस योजना के अंतर्गत उन वृद्ध व्यक्तियों को एक माह में 10 कि.ग्रा. अनाज दिया जाता है, जिन्हें वृद्धावस्था पेंशन नहीं मिल रही है।

राष्ट्रीय सामाजिक सहायता कार्यक्रम योजना के अंतर्गत राज्यों को अपने स्रोत से समान राशि का योगदान करना होता है। योजना के अंतर्गत दी जाने वाली पेंशन बैंक/डाकखाने में बचत खाते के जरिए दी जाती है।

अन्य विकास परियोजनाएँ

अन्य प्रमुख ग्रामीण विकास परियोजनाओं का विवरण निम्न प्रकार है :

(i) **संपूर्ण ग्रामीण रोजगार योजना (SGRY) 2001:** ग्रामीण क्षेत्रों में आजीविका के अतिरिक्त अवसरों और खाद्य सुरक्षा के साथ-साथ स्थायी सामुदायिक संपत्तियों का सृजन करना।

(ii) **राष्ट्रीय काम के बदले अनाज योजना (NFWP) 2004:** देश के 150 अति-पिछड़े जिलों में अनुपूरक मजदूरी रोजगार के सृजन और खाद्य सुरक्षा के प्रावधान हेतु SGRY के अंतर्गत संसाधनों के अतिरिक्त अन्य संसाधन उपलब्ध करवाना।

(iii) **सूखा-संभावित क्षेत्र कार्यक्रम (DPAP) 1974:** सूखा-संभावित क्षेत्रों के निवासियों की विशेष समस्याओं का समाधान करना।

(iv) **रण (सूखा-ग्रस्त) क्षेत्र विकास कार्यक्रम (DDP) 1978:** ग्रानीण क्षेत्रों में मरुस्थलीकरण के प्रतिकूल प्रभाव को कम करने हेतु कार्यक्रम।

(v) **समेकित बंजरभूमि विकास कार्यक्रम (IWDP) 1990:** DPAP अथवा DDP के अंतर्गत नहीं आने वाले क्षेत्रों के विकास हेतु परियोजनाएँ।

(vi) **राजीव गाँधी राष्ट्रीय पेयजल मिशन (RGNDWM) 1991:** सभी गाँवों को सुरक्षित पेयजल उपलब्ध करवाना, पेयजल के स्रोतों को सही स्थिति में बनाए रखना तथा अनुसूचित जातियों व अनुसूचित जनजातियों के लिये जल-व्यवस्था पर विशेष ध्यान देना।

(vii) **केन्द्रीय ग्रामीण स्वच्छता कार्यक्रम (CRSP) 1986:** ग्रामीण लोगों के जीवन की गुणवत्ता में सुधार करना तथा महिलाओं को निजत्व तथा गरिमा प्राप्त करवाना।

आतंकवाद और उसका निवारण

आतंकवाद का उद्देश्य लोगों में भय फैलाकर तथा हिंसा के माध्यम से अपने मत को प्रचारित करना या अपने लक्ष्य की पूर्ति के लिए प्रयत्न करना है। जो लोग इस उद्देश्य के लिए कार्य करते हैं उन्हें आतंकवादी कहा जाता है। आतंकवाद की जड़ में कुछ कट्टर धार्मिक मान्यताएँ भी हैं जो व्यक्ति-विशेष को हिंसा का मार्ग चुनने के लिए प्रेरित करती हैं। यही कारण है कि विभिन्न राष्ट्रों के सामूहिक प्रयत्न के बावजूद आतंकवाद की समस्या को जड़-मूल समाप्त नहीं किया जा सका है। जब कभी आतंकवादी अपने नापाक उद्देश्यों की पूर्ति में सफल होते हैं तो आम लोगों को भारी कष्ट उठाना पड़ता है। कई निर्दोषों की जान चली जाती है, कई लोग बेघर हो जाते हैं तथा करोड़ों की संपत्ति नष्ट हो जाती है। आतंकवादी गलत कार्यों को अंजाम देते समय यह भूल जाते हैं कि वे मानवता के प्रति कितना बड़ा अपराध कर रहे हैं। वे अपना संगठन बनाकर कार्य करते हैं तथा दूसरों से करवाते हैं। कई बार ऐसे संगठनों को राजनैतिक संरक्षण भी मिल जाता है और उनकी शक्ति में वृद्धि होती रहती है।

महत्वाकांक्षा का नशा बहुत शक्तिशाली होता है। इस नशे के आदी मनुष्य राजसत्ता पर भी कब्जा करना चाहते हैं। इसके लिए वे हथियारों की तस्करी, नशे का व्यापार तथा राजनेताओं को अपनी ओर मिलाने का प्रयत्न करते रहते हैं। अनेक असामाजिक एवं अवांछित तत्व भोले-भाले लोगों को धर्म और उनकी खराब परिस्थितियों को आड़ में भड़काते हैं और उनकी इसी कमजोरी का लाभ उठाकर उन्हें आतंकवाद की दलदल में घसीट लेते हैं। कुछ

धार्मिक कट्टरपंथी अपने निहित स्वार्थ के लिए मानसिक रूप से कमजोर व्यक्तियों को आतंकवाद के रास्ते पर धकेलते हैं।

प्रमुख आतंकवादी संगठन

(i) इस्लामिक स्टेट (ISIS) (ii) हिज़बुल मुजाहिद्दीन (iii) जैश-ए-मोहम्मद (iv) अलकायदा (v) बोको हरम (vi) तहरीके तालिबान (vii) लश्कर-ए-तैयबा

आतंकवाद के लिए जिम्मेदार पहलू

(i) समाज व सरकार के प्रति आक्रोश (ii) सामाजिक परिवेश का मन पर असर (iii) बड़ी महत्वाकांक्षाएँ (iv) धार्मिक कट्टरपंथ (v) प्रगतिशील शिक्षा का अभाव (vi) राजनैतिक स्वार्थों की पूर्ति

आतंकवाद के प्रकार

(i) बम विस्फोट (ii) सशस्त्र हमले और हत्या (iii) अपहरण व बलात्कार (iv) डकैती व लूट (वसूली) (v) साइबर अटैक (vi) हथियारों की तस्करी (vii) नशे का कारोबार (viii) मानव तस्करी

आतंकवाद का मुकाबला और निवारण

दुनिया के अधिकांश देश आतंकवाद को गंभीर समस्या मानते हैं, उसकी निंदा करते हैं तथा समस्या के समाधान के लिए एक दूसरे को सहयोग भी प्रदान करते हैं। इस समस्या को हल करना आसान नहीं है परन्तु आपसी सहयोग, गुप्त सूचनाओं के आदान-प्रदान, आम लोगों की जागरूकता तथा राजनीतिक इच्छा-शक्ति के बलबूते इस समस्या पर काबू पाया जा सकता है। कुछ निम्नलिखित निवारण/उपाय हैं जिनसे हम आतंकवाद से मुक्ति पा सकते हैं :

(i) आतंकवाद को मिटाने के लिए लोग अपने स्तर पर पर्याप्त जागरूकता दिखाएँ तथा शिक्षा के क्षेत्र में ऐसे परिवर्तन करें जिससे छात्रों का संपूर्ण मानसिक एवं नैतिक उत्थान हो सके।

(ii) हमें संसाधनों के न्यायपूर्ण एवं समान वितरण पर जोर देना होगा। समाज एवं प्रशासन यह सुनिश्चित करें कि जाति, धर्म, वर्ग के आधार पर कभी किसी को अन्याय और अपमान नहीं सहना पड़ेगा।

(iii) स्वतंत्रता, समानता एवं बंधुत्व की भावना से आतंकवाद का नाश किया जा सकता है।

(iv) आतंकवाद को मिटाने के लिए हमें धर्म के सही मायने समझने होंगे और विश्व में धर्म के प्रति बन चुकी कट्टर मान्यताओं के चंगुल से निकलना होगा।

(v) पुलिस एवं अन्य सुरक्षा एजेंसियों को पूर्ण सहयोग प्रदान करें। बस में, ट्रेन में तथा सार्वजनिक स्थानों पर पर्याप्त सतर्कता बरती जाए तथा कोई संदेहास्पद वस्तु दिखाई देने पर उसकी सूचना तुरंत पुलिस को दी जाए।

(vi) देश के प्रमुख प्रतिष्ठानों, हवाई अड्डों, रेलवे स्टेशनों, बाजारों, तीर्थों, दर्शनीय स्थलों, महत्वपूर्ण इमारतों आदि में सुरक्षा की पुख्ता व्यवस्था होनी चाहिए।

(vii) आतंकवाद को समाप्त करने में अंतर्राष्ट्रीय सहयोग का भी बहुत महत्व है। अतः अंतर्राष्ट्रीय समुदाय समस्या की गंभीरता को समझकर खुला एवं उदार दृष्टिकोण अपनाए तथा इसके समाधान के लिए आवश्यक कदम उठाए जाएँ।

भ्रष्टाचार (Corruption)

भ्रष्टाचार का अर्थ है 'भ्रष्ट आचरण' या 'पतित व्यवहार'। स्वार्थ में लिप्त होकर किया गया कोई भी गलत कार्य भ्रष्टाचार होता है। भ्रष्टाचार का दायरा विशाल है। इसके कई रूप हैं—रिश्वत/कमीशन लेना, कालाबाजारी, मुनाफाखोरी, मिलावट, कर्तव्य से भागना, चोर-अपराधियों को सहयोग करना, अतिरिक्त गलत कार्यों में रुचि लेना आदि सभी अनुचित कार्यों को भ्रष्टाचार कहा जाता है।

भारत में वैसे तो अनेक समस्याएँ विद्यमान हैं जिनके कारण देश की प्रगति धीमी है। उनमें से प्रमुख हैं बेरोजगारी, गरीबी व अशिक्षा आदि। लेकिन वर्तमान में सबसे अधिक यदि कोई देश को बाधित कर रहा है तो वह है भ्रष्टाचार की समस्या। आज इससे सारा देश त्रस्त है। वैसे देखा जाए तो संपूर्ण विश्व में भ्रष्टाचारी राक्षस का आतंक फैला हुआ है।

भ्रष्टाचार के कारण

(i) धन का सम्मान
(ii) धन कमाने की तृष्णा
(iii) भूख एवं गरीबी
(iv) बेरोजगारी
(v) प्रभावी कानून की कमी
(vi) नैतिकता का पतन

भ्रष्टाचार के क्षेत्र

भारत की प्रशासनिक व्यवस्था से लेकर शैक्षिक, न्यायिक व प्रायः सभी क्षेत्रों में भ्रष्टाचार का राज है। इसके प्रमुख क्षेत्र निम्नलिखित हैं :

(i) **राजनीतिक क्षेत्र (Political Sector) :** आजकल सबसे अधिक भ्रष्टाचार राजनैतिक क्षेत्र में हो रहा है। कई नेताओं को धनी व्यक्तियों से धन लेकर अपराधियों को देना पड़ता है ताकि वे चुनाव जीत सकें।

(ii) **शैक्षिक क्षेत्र (Education Sector) :** शैक्षिक क्षेत्र भी भ्रष्टाचार से बचा नहीं है। अध्यापक के पास जो छात्र ट्यूशन लेते हैं उन्हें परीक्षा में अधिक नंबर मिल जाते हैं, जबकि जो छात्र पढ़ने में अच्छा है, उसे कम अंक मिलते हैं। दाखिले और डिग्रियों के लिए भी रिश्वत ली जाती है।

(iii) **चिकित्सा क्षेत्र (Medical Sector) :** धनी व्यक्तियों का इलाज पहले किया जाता है, लेकिन गरीब व्यक्ति को चाहे जितनी भी बड़ी बीमारी हो, उसकी अनदेखी की जाती है। दवाइयों में मिलावट की जाती है, जो रोगी के लिए बहुत खतरनाक होती है।

(iv) **धार्मिक क्षेत्र (Religious Sector) :** कई बड़े धार्मिक स्थलों में पैसे लेकर जल्दी दर्शन करवा दिये जाते हैं। बिना दक्षिणा के कोई धार्मिक कार्य या अनुष्ठान नहीं करवाया जा सकता।

(v) **व्यापार क्षेत्र (Business Sector) :** खाद्य पदार्थों से लेकर हर चीज में मिलावट हो रही है, किसी में कंकड़ तो किसी में रेत मिला हुआ है। सीमेंट में भी अधिक रेत मिलाकर कमज़ोर गगनचुंबी इमारतें और बड़े-बड़े पुल बनाए जाते हैं।

(vi) **सरकारी क्षेत्र (Government Sector) :** सभी प्रकार के कार्यालयों में, चाहे वह अर्द्ध-सरकारी हों या सरकारी, रिश्वत के बिना कोई कार्य नहीं किया जाता।

(vii) **न्यायिक क्षेत्र** (Judiciary Sector)**:** न्यायालयों में भी आप वकील को मोटी रकम दिए बिना कोई कार्य नहीं करवा सकते। न्यायालयों में कई कर्मचारी व अधिकारी अपने-अपने स्तर पर भ्रष्टाचार करते हैं।

भ्रष्टाचार के माध्यम

(i) **रिश्वत:** यह भ्रष्टाचार का सबसे आम रूप है। इसमें पैसा देना, उपहार, एहसान, मनोरंजन, रोजगार और राजनीतिक लाभ आदि शामिल हैं।

(ii) **अनुचित राजनीतिक दान:** इसमें अवैध बिजली/पानी इत्यादि प्राप्त करने के लिए राजनीतिक दलों को चंदा, सहायता आदि शामिल हैं।

(iii) **अपनी शक्ति/विवेक का दुरुपयोग:** एक न्यायाधीश, पुलिस अधिकारी अथवा आयकर अधिकारी द्वारा एक आपराधिक मामले को खारिज करना इसमें शामिल है।

(iv) **जबरन वसूली और ब्लैकमेल:** इसमें एक व्यक्ति को पूर्व अपराधों की सजा या झूठी कार्यवाही की धमकी, मीडिया में जाने की धमकी, गोपनीयता के बदले में पैसे की माँग आदि शामिल हैं।

(v) **गबन, चोरी और धोखाधड़ी:** इसमें किसी की संपत्ति या पैसे को अवैध रूप में नियंत्रण में लेना, चोरी या गबन करना आदि शामिल है।

(vi) **भाई-भतीजावाद:** इसमें परिवार के सदस्य या मित्र-संबंधी के पक्ष में रहकर कार्य करना या उसके हित से संबंधित कार्य करना शामिल हैं।

भ्रष्टाचार को रोकने के उपाय

(i) भ्रष्टाचार को खत्म करने के लिए देश में कठोर और प्रभावी कानून व्यवस्था बनाई जानी चाहिए जिससे कि भ्रष्टाचारियों के खिलाफ सख्त कार्यवाही की जा सके।

(ii) आत्मनियंत्रण, नैतिक उत्थान तथा सभी प्रकार के लेन-देन में पारदर्शिता होना।

(iii) सभी में जनचेतना जाग्रत करने से और जन-आंदोलनों से भ्रष्टाचार को दूर किया जा सकता है।

(iv) सरकारी अधिकारियों के विवेकाधिकारों को सीमित करने से भी भ्रष्टाचार को कम किया जा सकता है। यदि ऊँचे पद के अधिकारी भ्रष्टाचार नहीं करेंगे तो कोई छोटा कर्मचारी भी नहीं कर सकेगा।

(v) लोकपाल या लोकायुक्त के लिए भ्रष्टाचार के मामलों में स्वतंत्रतापूर्वक मामले की जाँच करने की स्वतंत्रता।

कन्या भ्रूण हत्या (Female Foeticide)

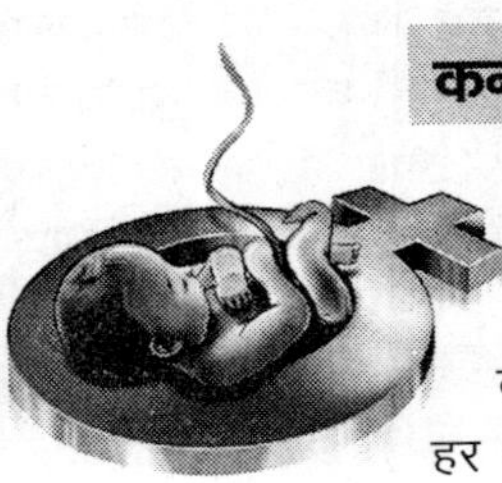

गर्भ में भ्रूण के लिंग परीक्षण व भ्रूण के कन्या होने की दशा में जन लेने से पूर्व ही उसकी हत्या कर देना कन्या भ्रूण हत्या कहलात है। भारत में आज से नहीं, बल्कि दशकों पहले से ही भ्रूण हत्य की शुरूआत हो गई थी। किसी एक जाति या समुदाय में नहीं बल्कि हर धर्म, हर जाति और हर वर्ग में यह घिनौनी सोच प्रतिफलित है

भ्रूण हत्या के लिए केवल पुरुष को दोषी ठहराना उचित नहीं होगा। आजकल तो कई पढ़ी-लिखी महिलाएँ स्वयं भी क्लिनिक में जाकर टेस्ट करवाती हैं और यदि आने वाली संतान कन्या हो, तो उसको दुनिया में आने से पहले ही समाप्त करवा देती हैं। नरक का भय, स्वर्ग की चाहत, बेटी पराया धन होती है इत्यादि-इत्यादि जैसी रूढ़ि-रिवाजों और विचारों से लोग अपने को जोड़े रखते हैं, जिसके कारण वे ऐसा कुकृत्य करते हैं। किसी भ्रूण की जन्म से पहले हत्या करना हिंसा है, पाप है और क्रूरता है। जानवरों के लिये प्रकृति का पर्यावरणीय नियम है जिसके तहत एक बड़ा जीव छोटे जीव का वध करके उसे खा जाता है, किन्तु जब एक मनुष्य, दूसरे मनुष्य का अकारण वध करने लगे तो ऐसे मनुष्य को दानवी प्रवृत्ति का कहा जाता है।

कन्या भ्रूण हत्या के कारण

(i) पुरुष शिशु की चाहत
(ii) अवांछित गर्भ
(iii) विकृत चिकित्सा प्रणाली
(iv) दहेज प्रथा
(v) महिलाओं की खराब स्थिति
(vi) पारिवारिक दबाव

कन्या भ्रूण हत्या के कुप्रभाव

(i) असंतुलित लिंगानुपात
(ii) महिलाओं की तस्करी
(iii) बलात्कार और महिला-अपराधों में वृद्धि
(iv) महिला जनसंख्या में गिरावट

कन्या भ्रूण हत्या रोकने के उपाय

कन्या भ्रूण हत्या रोकने के प्रमुख उपाय निम्नलिखित हैं :

(i) कन्या भ्रूण हत्या के दुष्प्रभावों के विषय में व्यापक अभियान चलाना।
(ii) इसमें शामिल लोगों के खिलाफ भारी जुर्माना लगाना एवं न्यायिक कार्यवाही करना।
(iii) जो चिकित्सक अवैध लिंग जाँच और गर्भपात में शामिल हों, उनका लाइसेंस रद्द करना।
(iv) माता-पिता और पति की सम्पत्ति में महिलाओं का समान अधिकार सुनिश्चित करना।
(v) शिक्षा के क्षेत्र में बालिकाओं के लिए उच्च प्रोत्साहन एवं रोजगार की व्यवस्था करना।

दहेज (DOWRY)

दहेज का तात्पर्य उस सम्पत्ति से है जो विवाह के समय वधू के परिवार की ओर से वर को दी जाती है। दहेज को उर्दू में 'जहेज़' कहते हैं। यूरोप, एशिया, अफ्रीका और दुनिया के अन्य भागों में दहेज प्रथा का लंबा इतिहास है। भारत में दहेज को, हुँडा या वर-दक्षिणा के नाम से भी जाना जाता है तथा वधू के परिवार द्वारा नकद या वस्तुओं के रूप में यह वर के परिवार को वधू के साथ दिया जाता है। संभवतः इस प्रथा को उन समाजों में महत्व प्राप्त हुआ होगा, जहाँ छोटी उम्र में विवाह प्रचलित रहे होंगे।

दहेज एक सामाजिक अपराध है जो महिलाओं पर कल्पना से परे प्रताड़नाओं तथा अपराधों का कारण है। इस अपराध ने समाज के सभी तबकों में महिलाओं की जानें ली हैं—चाहे वह गरीब हों, मध्यम वर्ग की हो या धनाढ्य हो। लेकिन गरीब लोग इसके जाल में सबसे ज्यादा फँसते हैं एवं शिकार बनते हैं, जिसका मुख्य कारण है जागरूकता तथा शिक्षा का अभाव। यह

दहेज प्रथा की वजह से ही है कि पुत्रियों को पुत्रों की अपेक्षा कम महत्व दिया जाता है। उन्हें बोझ समझा जाता है एवं द्वितीय श्रेणी का दर्जा दिया जाता है, चाहे वह शिक्षा हो या अन्य सुविधाएँ। अब यह समाज पर निर्भर है कि वह जागरूक हो तथा स्थिति को समझे। यह हम सबका दायित्व है कि आवश्यक बदलाव के लिए कदम उठाएँ एवं दहेज लेना व देना बंद करें।

दहेज प्रथा रोकने के प्रमुख उपाय

कुछ बातों को अपनाकर समाज से इस बुराई को मिटाया जा सकता है :

(i) अपनी बेटियों को शिक्षित करें।
(ii) उन्हें अच्छा कैरियर बनाने के लिए प्रोत्साहित करें।
(iii) उन्हें स्वतंत्र और जिम्मेदार होना सिखाएँ।
(iv) अपनी बेटी के साथ बिना किसी भेदभाव के समानता का व्यवहार करें।
(v) दहेज देने या लेने की प्रथा को प्रोत्साहित न करें।
(vi) दहेज लेने व देने वालों को इसके दुष्परिणामों से अवगत कराएँ।

दहेज प्रथा के कुप्रभाव

(i) कन्या भ्रूण हत्या
(ii) घरेलू हिंसा
(iii) दहेज के मुकदमे
(iv) महिलाओं की तस्करी
(v) ऋणों में वृद्धि
(vi) दहेज-हत्या

बाल शोषण (Child Abuse)

बच्चे राष्ट्र की अमूल्य सम्पत्ति होते हैं, इसके बावजूद भी हमारे देश में 5 से 12 वर्ष तक की आयु के छोटे बच्चे शोषण और दुर्व्यवहार के सबसे अधिक शिकार होते हैं। इन शोषणों में शारीरिक, यौन, आर्थिक तथा भावनात्मक शोषण मुख्य हैं।

बाल शोषण के प्रकार

(i) **शारीरिक शोषण (Physical Abuse) :** रोजाना बहुत से बच्चे मार-पीट का शिकार होते हैं जिन्हें हम अपनी रोजमर्रा जिंदगी में शोषण के तौर पर देखते ही नहीं, फिर चाहे वो घर में काम करने वाला बाल मजदूर हो या स्कूलों में बच्चों की शिक्षकों के हाथों पिटाई।

(ii) **भावनात्मक शोषण (Emotional Abuse) :** आज के समय में हर दूसरा बच्चा भावनात्मक शोषण का शिकार है। बालक और बालिका के समान प्रतिशत ने भावनात्मक शोषण का सामना करने की बात स्वीकार की है। इस शोषण का सबसे अधिक शिकार बालिकाएँ होती हैं। यह शोषण माता-पिता द्वारा सबसे अधिक किया जाता है।

(iii) **यौन शोषण (Sexual Abuse) :** निश्चित तौर पर सबसे भयावह शोषण बाल यौन शोषण है। बच्चा चाहे 3-4 साल का ही क्यों न हो, उसका यौन शोषण होता है तो उसकी मानसिकता पर उतना ही बुरा प्रभाव पड़ता है जितना बड़े बच्चों पर। घर में ही नहीं, स्कूल, समाज, और स्वास्थ्य केंद्रों पर भी बच्चे सुरक्षित नहीं हैं।

(iv) **बच्चे की उपेक्षा (Child Neglect) :** बच्चों की बुनियादी जरूरतों की उपेक्षा करना भी एक प्रकार का शोषण है। यह उपेक्षा शारीरिक, शैक्षिक, भावनात्मक या मानसिक हो सकती है।

(v) **अभाव (Deprivation) :** बच्चों को समय पर भोजन, आश्रय, चिकित्सा व अन्य बुनियादी सुविधाओं का प्राप्त न होना भी शोषण का ही एक रूप है।

(vi) **अन्य प्रकार (Other Forms) :** बच्चों को आगे बढ़ने की प्रेरणा से वंचित रखना, उनमें मानवता का भाव जागृत न करना, उनकी गरिमा को नीचा दिखाना भी शोषण ही है।

सूचना का अधिकार (RTI) अधिनियम, 2005

भारत एक लोकतांत्रिक देश है। लोकतांत्रिक व्यवस्था में आम नागरिक ही देश का असली स्वामी होता है। इसलिए स्वामी होने के नाते उसे यह जानने का पूरा हक है कि जो सरकार उसकी सेवा के लिए बनाई गई है वह क्या, कहाँ और कैसे कर रही है। इसके साथ ही प्रत्येक नागरिक सरकार को व्यवस्था चलाने के लिए कर (Tax) देता है, इसलिए भी नागरिकों को यह जानने का हक है कि उनका पैसा कहाँ खर्च किया जा रहा है। जनता के यह सब जानने का अधिकार ही सूचना का अधिकार है। वर्ष 2005 में भारत की संसद ने एक कानून पारित किया जिसे सूचना का अधिकार अधिनियम, 2005 के नाम से जाना जाता है। इस अधिनियम में व्यवस्था की गई है कि किस प्रकार नागरिक सरकार से सूचना माँगेंगे और किस प्रकार सरकार जवाबदेह होगी। आज सूचना का अधिकार कानून विश्व के 80 से ज्यादा देशों की शोभा बढ़ा रहा है। जिन देशों ने सूचना के अधिकार को महत्ता दी उनमें स्वीडन का स्थान प्रथम है। स्पष्ट शब्दों में कहा जाए तो स्वीडन सूचना के अधिकार कानून की जन्मस्थली है।

सूचना के अधिकार के प्रमुख प्रावधान

(i) सूचना का अधिकार कानून पूरे भारत में लागू है। यह कार्यपालिका, विधायिका और न्यायपालिका सहित सभी संवैधानिक संस्थाओं पर लागू होता है।

(ii) सभी सरकारी विभाग, पब्लिक सेक्टर यूनिट, किसी भी प्रकार की सरकारी सहायता से चल रही गैर सरकारी संस्थाएँ व शिक्षण संस्थाएँ, आदि विभाग इसमें शामिल हैं। पूर्ण निजी संस्थाएँ इस कानून के दायरे में नहीं हैं लेकिन कोई भी सरकारी विभाग निजी संस्था से जानकारी माँग सकता है।

(iii) प्रत्येक सरकारी विभाग में एक या एक से अधिक लोक सूचना अधिकारी बनाए गए हैं। यह वह अधिकारी हैं जो सूचना के अधिकार के तहत आवेदन स्वीकार करते हैं, माँगी गई सूचनाएँ एकत्र करते हैं और उसे आवेदनकर्ता को उपलब्ध करवाते हैं।

(iv) धारा-5(1) के अंतर्गत लोक सूचना अधिकारी की जिम्मेदारी है कि वह 30 दिन के भीतर (कुछ मामलों में 45 दिन तक) आवेदक को सूचना उपलब्ध करवाए।

(v) यदि लोक सूचना अधिकारी आवेदन लेने से इंकार करता है या समय सीमा में सूचना उपलब्ध नहीं करवाता या गलत, भ्रामक जानकारी देता है तो उस पर 250 रुपए प्रतिदिन के हिसाब से अधिकतम 25000 तक का जुर्माना लगाकर उसके वेतन में से काटा जा सकता है।

(vi) लोक सूचना अधिकारी को यह अधिकार नहीं है कि वह सूचना माँगने का कारण पूछे।

(vii) केन्द्र सरकार ने सूचना माँगने के आवेदन के लिए 10 रुपए की फीस तय की है।

(viii) सूचना का अधिकार अधिनियम प्रत्येक नागरिक को अधिकार देता है कि वह :
- सरकार से कोई भी सवाल पूछ सके या कोई भी सूचना ले सके।
- किसी भी सरकारी दस्तावेज की प्रमाणित प्रति ले सके।
- किसी भी सरकारी दस्तावेज की जाँच कर सके।
- किसी भी सरकारी काम की जाँच कर सके।
- किसी भी सरकारी काम में प्रयुक्त सामग्री का प्रमाणित नमूना ले सके।

अधिकार के दायरे में प्रमुख विभाग

- राष्ट्रपति, प्रधानमंत्री और मुख्यमंत्री कार्यालय
- चुनाव आयोग
- सरकारी कार्यालय
- पुलिस कार्यालय
- सार्वजनिक क्षेत्र की इकाइयाँ
- टेलीफोन कंपनियाँ
- संसद और विधानमंडल
- न्यायालय
- सरकारी बैंक
- सेना के तीनों अंग
- सरकारी बीमा कंपनियाँ
- सरकार से वित्त-प्राप्त एनजीओ

अधिकारों के दायरे से मुक्त विभाग

- खुफिया एजेंसियाँ
- विदेशी राजदूत कार्यालय
- निजी संस्थान

शिक्षा का अधिकार (RTE) अधिनियम, 2010

वर्ष 2002 में शिक्षा का अधिकार मौलिक अधिकार के रूप में पहचाना जाने लगा। यह अधिनियम भारत के संविधान के अंतर्गत 6 से 14 वर्ष तक आयु के सभी बच्चों को मुफ्त और अनिवार्य शिक्षा के अधिकार का प्रावधान करता है। यह अधिनियम भारत में 1 अप्रैल, 2010 को लागू किया गया। इसके अंतर्गत सरकारी स्कूल सभी बच्चों को मुफ्त शिक्षा उपलब्ध करवायेंगे और स्कूलों का प्रबंधन स्कूल प्रबंधक समितियों द्वारा किया जाएगा। निजी स्कूल न्यूनतम 25 प्रतिशत बच्चों को बिना किसी शुल्क के प्रवेश देंगे।

शिक्षा के अधिकार के प्रमुख प्रावधान

(i) भारत में 6 से 14 वर्ष तक के बच्चों को मुफ्त शिक्षा।

(ii) गुणवत्ता समेत प्रारंभिक शिक्षा के सभी पहलुओं पर निगरानी के लिए प्रारंभिक शिक्षा के लिए राष्ट्रीय आयोग बनाया जायेगा।

(iii) प्रत्येक इलाके में एक विद्यालय का होना आवश्यक है।

(iv) 6 से 14 वर्ष आयुवर्ग के किसी बच्चे को नौकरी में नहीं रखने का प्रावधान है।

(v) इस प्रावधान के अंतर्गत बच्चों के अभिभावकों से किसी तरह की कोई फीस या अप्रत्यक्ष मूल्य (यूनीफॉर्म, पाठ्य-पुस्तकें,. दोपहर का भोजन, परिवहन) नहीं लिया जाएगा। सरकार बच्चों को निःशुल्क स्कूलिंग उपलब्ध करवाएगी जब तक कि उनकी प्राथमिक शिक्षा पूरी नहीं हो जाती।

(vi) यह अधिनियम जम्मू-कश्मीर को छोड़कर भारत के सभी राज्यों में लागू होगा।

(vii) इसमें जो छात्र अपनी प्रारंभिक शिक्षा पूर्ण करता है, उसे प्रमाण-पत्र प्रदान किया जाएगा।

(vii) शिक्षकों को उनकी व्यावसायिक डिग्री के लिए पाँच वर्ष का समय दिया जाएगा अन्यथा वो अपनी नौकरी जारी नहीं रख सकेंगे।

(viii) निजी स्कूलों को आरटीई प्रावधान का उल्लंघन करने पर दंड का प्रावधान।

बाल यौन अपराध संरक्षण अधिनियम, 2012

भारत दुनिया का दूसरा सबसे बड़ी आबादी वाला देश है और इसकी कुल आबादी के लगभग 45 फीसदी की आयु 18 वर्ष से कम है। देश के बच्चों का स्वास्थ्य और सुरक्षा देश की प्रगति और विकास के लिए अनिवार्य है, फिर भी हमारे देश में बाल यौन अपराध फैलता जा रहा है।

इसी बुराई को नियंत्रण में करने के लिए 10 मई, 2012 को राज्यसभा में एक बिल पारित किया गया तथा 19 जून, को राष्ट्रपति ने इसको स्वीकृति प्रदान की। 14 नवम्बर, 2012 को यह पूर्ण रूप से अस्तित्व में आया जिसका नाम बाल यौन अपराध अधिनियम, 2012 था।

अधिनियम के मुख्य प्रावधान

(i) यह कानून 18 वर्ष से कम आयु के सभी बच्चों को सुरक्षा प्रदान करता है।

(ii) यह अधिनियम अपराध की गंभीरता के अनुसार, सश्रम कड़े दंड का प्रावधान करता है।

(iii) इसमें बच्चों के सर्वोत्तम हितों को ध्यान में रखते हुए अधिनियम के तहत अपराधों की सुनवाई के लिए विशेष न्यायालयों की स्थापना का प्रावधान किया गया है।

(iv) इस अधिनियम में प्रमाण, जाँच और अपराधों की सुनवाई की रिकार्डिंग व रिपोर्टिंग के लिए बच्चों के अनुकूल प्रक्रियाओं को शामिल किया जाता है।

(v) इसमें बच्चों की सुरक्षा के लिए एक विशेष महिला अधिकारी की नियुक्ति की जाती है, बच्चों के बयान के समय पुलिस अधिकारी वर्दी में नहीं होते हैं।

(vi) इस अधिनियम में मीडिया को विशेष अदालत की अनुमति के बिना पीड़ित बच्चों की पहचान का खुलासा करने पर रोक लगा दी गई है। मीडिया द्वारा इस नियम का उल्लंघन करने पर छह महीने से 1 साल तक की सजा का प्रावधान है।

(vii) त्वरित सुनवाई के लिए, इस अधिनियम के अंतर्गत 30 दिनों के भीतर मामले की छानबीन का निर्देश है।

(viii) यह अधिनियम पीड़ित बच्चों की चिकित्सा, देखभाल और संरक्षण के लिए 24 घंटे के अंदर व्यवस्था का प्रावधान करता है।

अधिनियम में अपराध के लिए दंड

(i) **अंतर्वेधी यौन शोषण (धारा 3):** कम से कम 7 वर्ष व अधिकतम आजीवन कारावास तथा आर्थिक दंड की सजा।

(ii) **गंभीर अंतर्वेधी यौन शोषण (धारा 5):** कम से कम 10 वर्ष व अधिकतम आजीवन कारावास तथा आर्थिक दंड की सजा।

(iii) **यौन शोषण (धारा 7):** कम से कम तीन व अधिकतम 5 वर्ष तक की सजा तथा जुर्माना।

(iv) **गंभीर यौन शोषण (धारा 9):** कम से कम 5 व अधिकतम 7 वर्ष की सजा व जुर्माना।

(v) **बच्चे का यौन उत्पीड़न (धारा 11):** 3 वर्ष की सजा और जुर्माना।

(vi) **अश्लील प्रयोजनों के लिए बच्चों का प्रयोग (धारा 13):** कम-से-कम 5 वर्ष व अधिकतम 7 वर्ष की सजा व जुर्माना।

नागरिक भावना एवं जिम्मेदारियाँ

देश के नागरिकों में नागरिक भावनाएँ उनको एक अच्छा नागरिक बनाती हैं। एक अच्छे नागरिक का सबसे महत्वपूर्ण कार्य अपने समाज के कर्त्तव्यों की पूर्ति करना है। उसे हमेशा अपने समाज और देश के हितों की रक्षा करनी चाहिये। आज हर व्यक्ति का जीवन बहुत व्यस्त हो गया है और उसका दूसरों के लिए कुछ करना प्रायः असंभव हो गया है। ऐसे में हमें दूसरों के साथ व्यवहार करने में सावधान रहना चाहिए। यदि हम दूसरों की मदद नहीं कर सकते तो कम से कम हमें दूसरों के लिए हानिकारक कार्य भी नहीं करने चाहिएँ। हमें एक-दूसरे के विचारों का सम्मान करना चाहिए। जो महापुरुष हमारे राष्ट्रीय स्वतंत्रता संग्राम के आधार थे उनके आदर्शों का सम्मान करना चाहिए, संविधान का पालन करना चाहिए। भाषाई, धार्मिक, क्षेत्रीय, वर्ग एवं जातीय विविधताओं के बावजूद सभी भारतीय नागरिकों के बीच शांति और भाईचारे का संदेश स्थापित करना चाहिए। महिलाओं की गरिमा को विखंडित करने वाली प्रथाओं को बंद करना चाहिए। सभी को भारत की एकता और अखंडता को बढ़ावा देना, सार्वजनिक संपत्ति की रक्षा करना, राष्ट्रहित की दिशा में योगदान, समाज के उत्थान और सुधार की भावना, एक वैज्ञानिक सोच और भारत के प्राकृतिक पर्यावरण की रक्षा के लिए और प्राणियों के प्रति एक दयालु दृष्टिकोण रखना चाहिए। देश के किसी नागरिक को केवल अधिकारों का दावा नहीं करना चाहिए और केवल अधिकारों का आनंद नहीं लेना चाहिए, बल्कि देश व समाज के प्रति अपने कर्त्तव्यों का पालन भी अवश्य करना चाहिए।

❖ ❖ ❖

15 स्वास्थ्य एवं स्वच्छता (Health & Hygiene)

मानव शरीर एक अद्भुत मशीन की भाँति है। एक स्वस्थ जीवन जीने के लिये आपको इसकी संरचना और इसके मुख्य अंग-प्रत्यंगों के कार्यों की बुनियादी जानकारी होनी चाहिये। इसके साथ-साथ उत्तम स्वास्थ्य के लिए शरीर की स्वच्छता, संतुलित आहार, शारीरिक व मानसिक स्वास्थ्य के उपाय, प्राथमिक चिकित्सा के उपाय आदि के विषय में जानना भी आवश्यक है।

मानव शरीर (The Human Body)

मानव शरीर विभिन्न संरचनात्मक स्तरों का एक जटिल संगठन है। कोशिकाएँ, ऊतक, अंग एवं जटिल संस्थान या तन्त्र परस्पर मिलकर सम्पूर्ण मानव शरीर का सृजन करते हैं।

मानव शरीर के मुख्य अंग

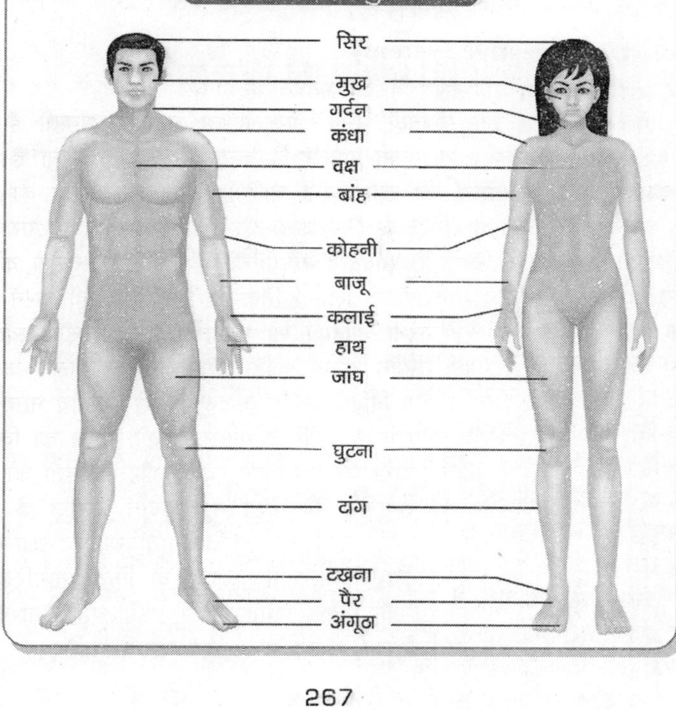

मानव शरीर के मूल भाग

मानव शरीर के मूल भाग निम्नलिखित हैं :

(i) कोशिकाएँ (Cells) (ii) ऊतक (Tissues)

(iii) अंग (Organs) (iv) अंग-संस्थान या तंत्र (Organ Systems)

बहुत-सी कोशिकाएँ मिलकर ऊतकों का निर्माण करती हैं। कई प्रकार के ऊतक मिलकर शरीर के विभिन्न अंगों का निर्माण करते हैं। इसी प्रकार, एक प्रकार के कार्य करने वाले विभिन्न अंग मिलकर एक अंग-तंत्र का निर्माण करते हैं और कई अंग-तंत्र मिलकर जीव (जैसे, मानव शरीर) की रचना करते हैं।

मानव शरीर के विभिन्न अंग-तंत्र

मानव शरीर के अंग-तंत्रों को उनकी क्रियाओं के अनुसार निम्न प्रकार से विभाजित किया जाता है:

श्वसन तंत्र (Respiratory System)

श्वसन तंत्र में श्वास क्रिया में काम करने वाले समस्त अंगों का वर्णन आता है। जिसमें नाक, मुख, गला, श्वासनली, श्वसनी व फेफड़े आते हैं। इस तंत्र द्वारा रुधिर का शोधन होता है। मनुष्य एक मिनट में 16-20 बार श्वास लेता है। सांस के माध्यम से शरीर के प्रत्येक भाग में ऑक्सीजन पहुँचती है और कार्बन डाईऑक्साइड बाहर निकलती है। रक्त श्वसन तंत्र में सहायता करता है। शिराएं अशुद्ध रक्त का वहन करती हैं और धमनियाँ शुद्ध रक्त विभिन्न अंगों में पहुँचाती हैं।

पाचन तंत्र (Digestive System)

इस तंत्र में वह सभी अंग सम्मिलित हैं जो भोजन के पाचन, अवशोषण एवं चयोपचय से संबंधित हैं, जैसे मुख, होठ, दाँत, जिह्वा, कंठ, ग्रासनली, आमाशय, पक्वाशय, लघु एवं वृहत् आंत्र, मलाशय, यकृत, अग्नाशय तथा लारग्रंथियाँ। आहारनाल तथा उससे सम्बन्धित पाचन ग्रन्थियाँ सम्मिलित रूप से पाचन तंत्र बनाती हैं।

आहारनाल : मनुष्य में 8 से 10 मीटर लम्बी आहारनाल पाई जाती है। जो मुख से मलद्वार तक फैली रहती है। इसकी भित्ति मुख्यतः अरेखित पेशियों से बनी होती है। आहारनाल में निम्नलिखित अंग होते हैं :

(i) **मुख :** मुख ग्रासन गुहिका में खुलता है। दोनों होठ मुख को खोलने और बंद करने के अतिरिक्त भोजन को पकड़ने तथा बोलने में सहायक होते हैं। मनुष्य की मुख ग्रासन गुहिका सदैव लार नामक तरल से नम बनी रहती है। मुख गुहा दो प्रमुख भागों में विभेदित रहती है–जिह्वा और दाँत।

(ii) **ग्रसनी :** ग्रसनी ग्रासन गुहिका का पिछला छोटा भाग होती है। इसके पृष्ठ भाग को नासाग्रसनी तथा आहार भाग को मुखग्रसनी कहते हैं।

(iii) **ग्रासनली :** यह लगभग 25 सेमी लम्बी एवं संकरी पेशीय नली होती है। यह ग्रीवा तथा वक्षस्थल में होती हुई डायफ्रॉम से होकर उदरगुहा में प्रवेश करती है।

(iv) **आमाशय :** यह उदरगुहा में बाईं ओर तनुपट (डायफ्रॉम) के ठीक पीछे स्थित होता है। यह आहारनाल का सबसे अधिक चौड़ा तथा पेशीय भाग होता है।

(v) **आन्त्र :** आमाशय का शेष भाग आन्त्र या आँत कहलाता है। इसकी लम्बाई 7.5 मीटर होती है और दो प्रमुख भागों में विभेदित रहती है–छोटी आँत एवं बड़ी आँत।

श्वसन, पाचन, अंतःस्रावी एवं उत्सर्जन तंत्र
(Respiratory, Digestive, Endocrine & Excretory System)

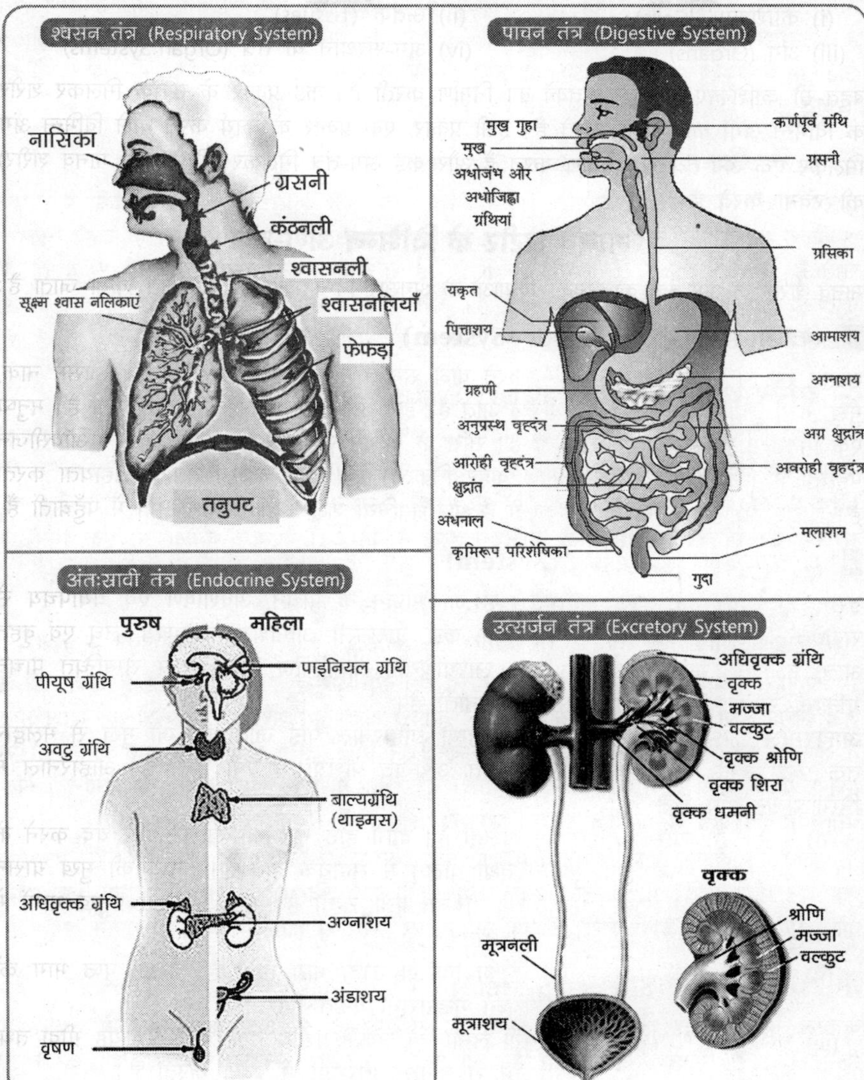

भोजन का पाचन : पाचन तंत्र में भोजन के पचने की क्रिया होती है। भोजन में हम मुख्य रूप से प्रोटीन, कार्बोहाइड्रेट और वसा लेते हैं। इनका पाचन पाचन-तंत्र में उपस्थित एन्जाइम व अम्ल के द्वारा होता है।

अंतःस्रावी तंत्र (Endocrine System)

शरीर के विभिन्न भागों में उपस्थित नलिका विहीन ग्रंथियों को अंतःस्रावी तंत्र कहते हैं। इनमें हार्मोन बनते हैं और शरीर की सभी रासायनिक क्रियाओं का नियंत्रण इन्हीं हार्मोनों द्वारा होता है। उदाहरणः अवटु ग्रंथि (Thyroid Gland), अग्नाशय (Pancreas), पीयूष ग्रंथि (Pituitory Gland), अधिवृक्क (Adrenal Gland) इत्यादि। पीयुष ग्रंथि को मास्टर ग्रन्थि भी कहते हैं। यह परावटु ग्रंथि को छोड़कर अन्य ग्रंथियों को नियंत्रित करती है।

उत्सर्जन तंत्र (Excretory System)

उत्सर्जन तंत्र में मलाशय, फुफ्फुस, यकृत, त्वचा तथा वृक्क आते हैं। शारीरिक क्रिया में उत्पन्न अपशिष्ट पदार्थ और आहार का बिना पचा हुआ भाग उत्सर्जन तंत्र द्वारा शरीर के बाहर निकलते रहते हैं। मानव शरीर में जो पथरी बनती है वह सामान्यतः कैल्शियम ऑक्जेलेट से बनती है। फुफ्फुस द्वारा हानिकारक गैसें निकलती हैं। त्वचा द्वारा पसीने की ग्रंथियों से पानी तथा लवणों का विसर्जन होता है। वृक्क में मूत्र का निर्माण होता है।

परिसंचरण तंत्र (Circulatory System)

शरीर के विभिन्न भागों में रक्त का विनिमय रुधिर परिसंचरण तंत्र के द्वारा होता है। रक्त परिसंचरण तंत्र में हृदय, रक्तवाहिनियाँ नलियाँ, धमनी, शिराएँ, केशिकाएँ आदि सम्मिलित हैं। हृदय में रक्त का शुद्धिकरण होता है। हृदय की धड़कन से रक्त का संचरण होता है। रक्त संचरण की खोज सन् 1628 में विलियम हार्वे ने की थी। सामान्य व्यक्ति में एक मिनट में 72 बार हृदय में धड़कन होती है।

रुधिर परिसंचरण को तीन चक्रों में विभक्त किया जा सकता है :

(i) फुफ्फुसीय (Pulmonary), (ii) दैहिक (Systemic) (iii) निवाहिका (Portal)।

फुफ्फुस (फेफड़े) एवं वृक्क में जाने वाली धमनियाँ अशुद्ध रुधिर ले जाती हैं तथा वहाँ से शुद्ध किया हुआ रुधिर शिराओं से हृदय को वापिस आता है। शरीर में धमनियों का जाल होता है तथा उनकी शाखाएँ एवं प्रशाखाएँ एक-दूसरे से मिल जाती हैं, जिससे एक के कटने पर दूसरी धमनी द्वारा अंग को रुधिर पहुँचाया जाता है। मस्तिष्क तथा हृदय की धमनियाँ अंत-धमनियाँ कहलाती हैं, क्योंकि उनकी शाखाएँ आपस में संगम नहीं करतीं।

रुधिर में प्लाज़्मा, लाल रुधिर कोशिकाएँ तथा श्वेत रुधिर कोशिकाएँ आदि रहती हैं। मानव के एक घन मिमी. रुधिर में 50 लाख लाल रुधिर कोशिकाएँ तथा 6,000 से 9,000 तक श्वेत रुधिर कोशिकाएँ रहती हैं। रुधिर शरीर में नहीं जमता, पर शरीर से बाहर निकलते ही जमने लगता है।

कंकाल तंत्र (Skeletal System)

कंकाल मानव शरीर के ढाँचे को कहते हैं जो अस्थियों से और कुछ भागों में उपास्थियों (कार्टिलेज) से मिलकर बना होता है। उपास्थि नरम और लचीली हड्डियों को कहते हैं। हड्डियों से बने ढाँचे को कंकाल-तंत्र कहते हैं। अस्थियों द्वारा रुधिर कणों का निर्माण भी होता है। मानव शरीर में कुल 206 अस्थियाँ होती हैं जो इस प्रकार हैं : मेरुदंड (रीढ़) : 26, खोपड़ी : 22, हायोइड (कंठिका) अस्थि : 1, पर्शुका (पसली) और उरोस्थि (छाती की हड्डियाँ) : 25, ऊर्ध्व शाखा (बाहु आदि) : 64, अधःशाखा (जाँघ आदि) : 62, श्रोणि अस्थिका : 6।

अस्थियों के कार्य :

(i) शरीर को आकार प्रदान करना।
(ii) शरीर को सहारा एवं दृढ़ता प्रदान करना।
(iii) शरीर के भीतरी अंगों की रक्षा करना।
(iv) कार्य के लिए उत्तोलक तथा संधियाँ प्रदान करना।
(v) पेशियों को संलग्न करना तथा शरीर को गति प्रदान करना।

संधियाँ (Joints) :

दो या अधिक अस्थियों के बीच जोड़ के स्थान को संधि कहते हैं। संधि फल्कों की भाँति कार्य करती हैं जिस पर अस्थि उत्तोलक (lever) की भाँति चलती है। संधियाँ तीन प्रकार की होती हैं :

1. **अचल संधि** : दाँतों के जबड़ों की अस्थियों से संधि तथा करोटि अस्थियों की संधि।
2. **अपूर्ण संधि** : इस संधि के स्थान पर गति बहुत कम या सीमित होती है। कशेरुकों के बीच की संधि, उरोस्थि तथा पसलियों के बीच संधि आदि इसी प्रकार की संधियाँ हैं।
3. **पूर्ण या चल संधि** : इस सन्धि पर दो अस्थियों के सिरे आसानी से हिलडुल सकते हैं। दो अस्थियों की जुड़ने वाली सतहों पर काचाभ उपास्थि होती है, जिस पर साइनोवियल कला ढकी रहती है। बीच के स्थान में साइनोवियल द्रव भरा रहता है। इस प्रकार पूरी सन्धि साइनोवियल सम्पुट से ढकी रहती है तथा अस्थियों के बीच घर्षण नहीं होता।

परिसंचरण एवं कंकाल तंत्र
(Circulatory & Skeletal System)

परिसंचरण तंत्र (Circulatory System)

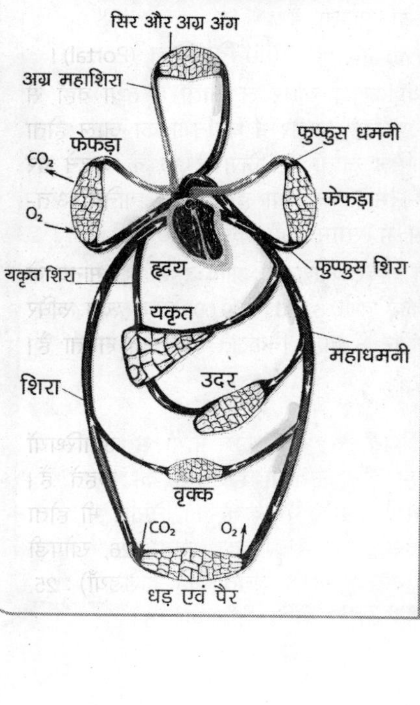

कंकाल तंत्र (Skeletal System)

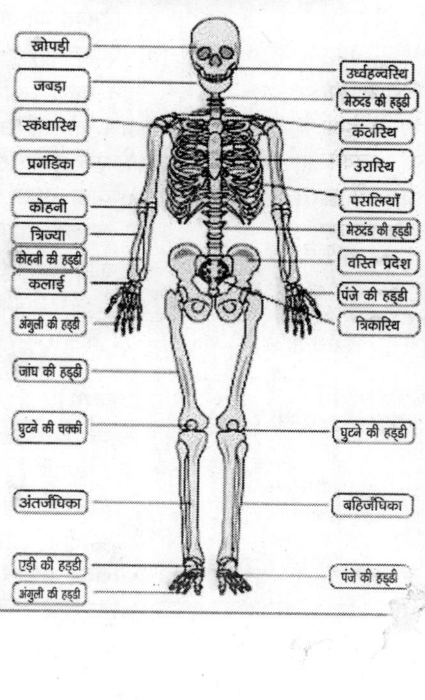

तंत्रिका तंत्र (Nervous System)

तंत्रिका तंत्र पेशी संकुचन, ग्रंथि स्राव, हृदय कार्य, उपापचय तथा जीव में निरंतर घटने वाली अनेक क्रियाओं का नियंत्रण करता है। इसमें मस्तिष्क, मेरुरज्जु और तंत्रिकाएँ आती हैं। इसको दो भागों में विभाजित कर सकते हैं :

(i) **केंद्रीय तंत्रिका तंत्र :** केन्द्रीय तंत्रिका तंत्र को मस्तिष्क मेरु तंत्रिका भी कहते हैं। इसके अंतर्गत अग्र मस्तिष्क, मध्यमस्तिष्क, पश्च मस्तिष्क, अनुमस्तिष्क, पौंस, चेतक, मेरुशीर्ष, मेरु एवं मस्तिष्कीय तंत्रिकाओं के 12 जोड़े तथा मेरु तंत्रिकाओं के 31 जोड़े होते हैं। मस्तिष्क करोटि गुहा में होता है तथा तीन कलाओं से, जिन्हें तंत्रिकाएँ कहते हैं आवृत रहता है। भीतर दो कलाओं के मध्य में एक तरल होता है, जो मेरुद्रव कहलाता है। यह तरल मस्तिष्क के भीतर पाई जानेवाली गुहाओं में तथा मेरु की नलिका में भी होता है।

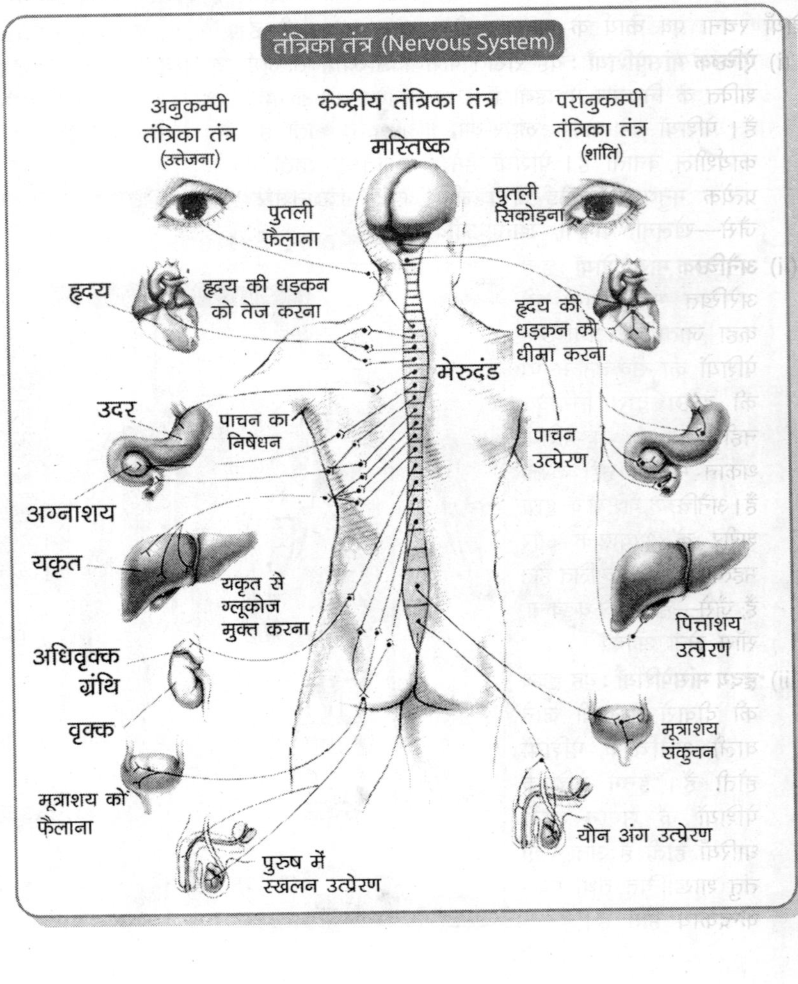

मेरु कशेरुक नलिका में स्थित होता है और मस्तिष्कावरणों से आवृत रहता है। यह तरल इन अंगों को पोषण देता है, इनकी रक्षा करता है तथा मलों का विसर्जन करता है।

(ii) **स्वतंत्र तंत्रिका तंत्र :** स्वतंत्र तंत्रिका तंत्र स्वेच्छा से कार्य करता है। इसमें एक दूसरे के विरुद्ध कार्य करने वाली अनुकंपी तथा परानुकंपी दो प्रकार की तंत्रिकाएँ होती हैं। शरीर के अनेक कार्य, जैसे रुधिर परिसंचरण पर नियंत्रण, हृदयगति पर नियंत्रण आदि स्वतंत्र तंत्रिका से होते हैं। अनुकंपी श्रृंखला करोटि गुहा से श्रोणि गुहा तक कशेरुक दंड के दोनों ओर होती है तथा इसमें कई गुच्छिकाएँ होती हैं।

पेशी तंत्र (Muscular System)

मांसपेशियाँ त्वचा के नीचे होती हैं। पेशियों का निर्माण कई पेशी तंतुओं के मिलने से होता है। सम्पूर्ण मानव शरीर में 500 से अधिक पेशियाँ होती हैं।

पेशियाँ रचना एवं कार्य के अनुसार तीन प्रकार की होती हैं :

(i) **ऐच्छिक मांसपेशियाँ :** यह रेखित पेशियाँ अस्थियों से जुड़ी रहती हैं तथा मनुष्य की इच्छा शक्ति के नियंत्रण में रहती हैं। यह तंत्रिका तंत्र के द्वारा कार्य के लिए प्रेरित की जाती हैं। पेशियों का पोषण रुधिर-वाहिकाओं द्वारा होता है। ये शरीर को सुंदर, सुडौल व कार्यशील बनाती हैं। पेशियाँ हमेशा स्फूर्तिमय रहती हैं। ऐच्छिक मांसपेशियों के द्वारा प्रत्येक मनुष्य या कोई अन्य जीव अपनी इच्छानुसार कोई भी कार्य कर सकता है; जैसे—खेलना, दौड़ना, खाना आदि।

(ii) **अनैच्छिक मांसपेशियाँ :** इन्हें अरेखित मांसपेशियाँ भी कहा जाता है। अनैच्छिक पेशियों का संकुचन मनुष्य की इच्छा द्वारा नियंत्रित नहीं होता है। ये पेशियाँ थकान महसूस नहीं करती हैं। अनैच्छिक पेशियों के द्वारा शरीर के आवश्यक और महत्वपूर्ण कार्य संचालित होते हैं; जैसे—हृदय का धड़कना, साँस लेना आदि।

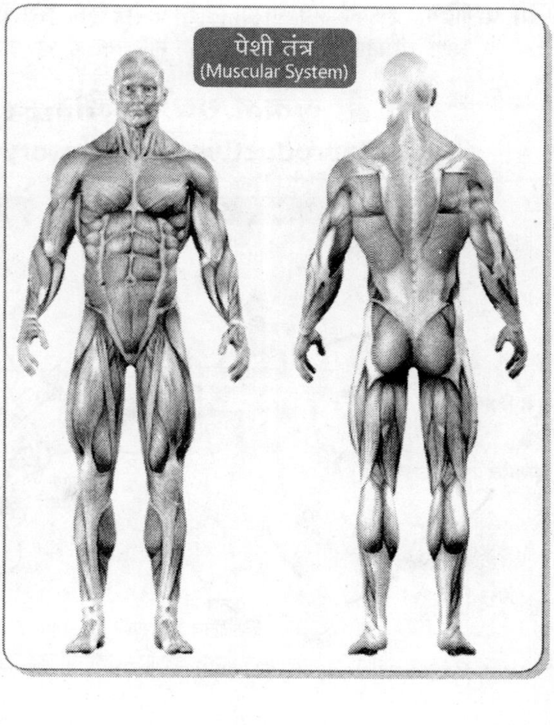

(iii) **हृदय मांसपेशियाँ :** यह हृदय की दीवारों में पायी जाने वाली अनैच्छिक पेशियाँ होती हैं। इनमें ऐच्छिक पेशियों के समान आड़ी धारियाँ होती हैं अतः पेशी तंतु शाखान्वित तथा एक-केन्द्रकीय होते हैं।

जनन तंत्र (Reproductive System)

सभी जीवों में अपने ही जैसी संतान उत्पन्न करने का गुण होता है। पुरुष व स्त्रियों में जनन तंत्र के भिन्न-भिन्न अंग होते हैं। पुरुष के अंडकोष में दो अंड ग्रंथियाँ होती हैं। यहाँ पर शुक्राणुओं का निर्माण होता है। ये शुक्राणु शुक्रवाहिनियों द्वारा श्रोणिगुहा स्थित दो शुक्राशयों में ले जाए जाते हैं। जहाँ शुक्राशय द्रव इनमें मिल जाता है। दोनों शुक्राशय मूत्रनली के पुरस्थ भाग में खुलते हैं। मैथुन के समय पुरुष अपने शुक्र का त्याग मूत्रनली द्वारा करता है। स्त्रियों में भगास्थि तथा मूत्राशय के पीछे ऊर्ध्व, लंबा गर्भाशय स्थित होता है। श्रोणि गुहा में दोनों ओर बादाम के समान ग्रंथियाँ होती हैं, जिन्हें डिंब ग्रन्थियाँ कहते हैं। इनमें ग्राफियन पुटिका से डिंब (अंडाणु) का निर्माण होता है। डिंब प्रति मास डिंब वाहिनियों द्वारा ग्रहण किया जाता है और वहाँ शुक्राणु द्वारा निषेचित होने पर गर्भाशय में अवस्थित होकर, विकसित होता है, अन्यथा प्रतिमास गर्भाशय अंतकला के टूटकर निकलने से होनेवाले मासिक रुधिरस्राव के साथ, यह अनिषेचित डिंब निष्कासित हो जाता है।

ज्ञानेन्द्रिय तंत्र (Sensory System)

सभी मनुष्यों में विभिन्न प्रकार से अपने वातावरण का अनुभव करने के लिये ज्ञानेन्द्रिय तंत्र होता है। इसके द्वारा मनुष्य देखकर, सुनकर, सूँघकर, चखकर अथवा स्पर्श करके विभिन्न वस्तुओं का अनुभव कर सकते हैं।

ज्ञानेन्द्रिय तंत्र के प्रमुख भाग हैं : घ्राणेंद्रिय, स्वादेंद्रिय, दृष्टींद्रिय, श्रवणेंद्रिय, स्पर्शेंद्रिय।

(i) **घ्राणेंद्रिय :** इसका अंग नासा (नाक) है। इसके द्वारा गंध का ज्ञान होता है। नासा-छत से घ्राण तंत्रिका गंध के ज्ञान को मस्तिष्क में ले जाती है।

जनन एवं ज्ञानेन्द्रिय तंत्र
(Reproductive and Sensory System)

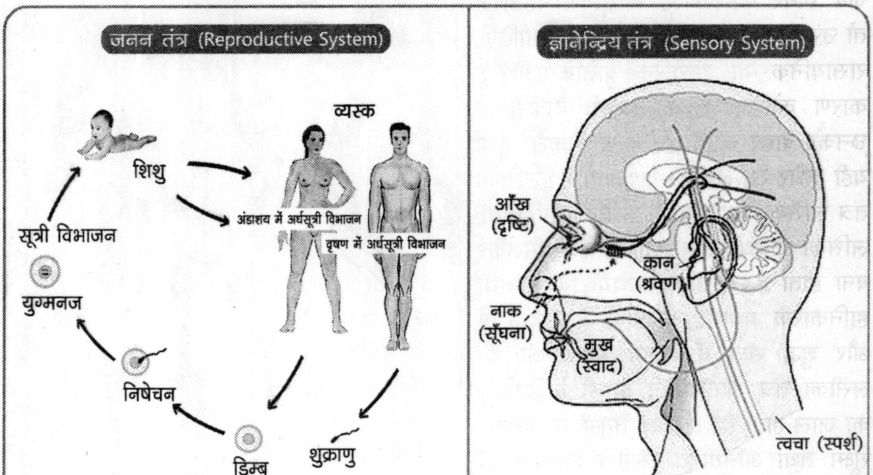

(ii) **स्वादेंद्रिय :** जिह्वा के स्वादांकुर इसका अंग होते हैं, जो विभिन्न प्रकार के स्वादों को भिन्न-भिन्न स्थानों से ग्रहण करते हैं।

(iii) **दृष्टींद्रिय :** इसका मुख्य अंग नेत्र हैं। नेत्र गोलक फोटो कैमरे के समान होते हैं। यह श्वेत पटल, मध्य-पटल तथा दृष्टि-पटल (रेटिना) से निर्मित है। इसमें रेटिना ही दृष्टींद्रिय का काम करता है।

(iv) **श्रवणेंद्रिय :** इसका अंग कर्ण है। कर्ण के तीन भाग हैं : बाह्यकर्ण, मध्यकर्ण एवं अंतःकर्ण। बाह्यकर्ण के आंतरिक छोर पर स्थित श्रवण पटल पर शब्द के कंपन, ध्वनि लहरियों के रूप में होते हैं, जिन्हें मध्य कर्ण की तीन अस्थियाँ, मैलियस, इंकस तथा स्टेपीज ग्रहण करती हैं तथा अंतःकर्ण के कर्णावर्त की ओर भेजती हैं। कर्णावर्त में तरल रहता है तथा श्रवण तंत्रिकाओं द्वारा ध्वनि का ग्रहण कर अग्र मस्तिष्क की शंखपालि में श्रवण का कार्य होता है। कर्ण शंखास्थि में स्थित होता है।

(v) **स्पर्शेंद्रिय :** इसके अंतर्गत त्वचा आती है। त्वचा से ही गरमी, ठंडक, मृदुता, कठोरता, पीड़ा, स्पर्श आदि का ज्ञान होता है। त्वचा के दो भाग होते हैं : 1. बाह्य त्वचा तथा 2. अंतःत्वचा। तलुए और हथेली में त्वचा की मोटाई सामान्य से 10 गुनी होती है। त्वचा शरीर को बाहर से आवृत्त कर रक्षा एवं मलविसर्जन भी करती है। त्वचा में एक स्तर रंजक कणों का भी होता है। त्वचा में रोमकूप तथा स्वेद ग्रंथियाँ भी होती हैं। त्वचा शारीरिक ताप का नियंत्रण करती है तथा अवशोषण का कार्य भी करती है।

लसीका तंत्र (Lymphatic System)

सभी मनुष्यों में रुधिर परिसंचरण में अतिरिक्त लसिका परिसंचरण तंत्र पाया जाता है। जब रुधिर कोशिकाओं से होकर बहता है तो उसका द्रव भाग (रुधिर रस) कुछ भौतिक, रासायनिक या शारीरिक प्रतिक्रियाओं के कारण कोशिकाओं की पतली दीवारों से छनकर बाहर जाता है। बाहर निकला हुआ यही रुधिर रस लसीका कहलाता है। लसिका तंत्र लसिका कोशिकाओं, लसिका वाहिनियों, लसिका ग्रंथियों व लसिका अंगों से मिलकर बना होता है। लसीका ग्रंथियाँ विषैले तथा हानिकारक पदार्थों को नष्ट कर देती हैं और शुद्ध रक्त में मिलने से रोकती हैं। लसीका तंत्र छोटी-छोटी पतली वाहिकाओं का जाल होता है। लसीका तंतुओं के असंख्य सूक्ष्म तथा अनियमित लसीका-अंतरालों में प्रकट होती है।

लसीका तंत्र (Lymphatic System)

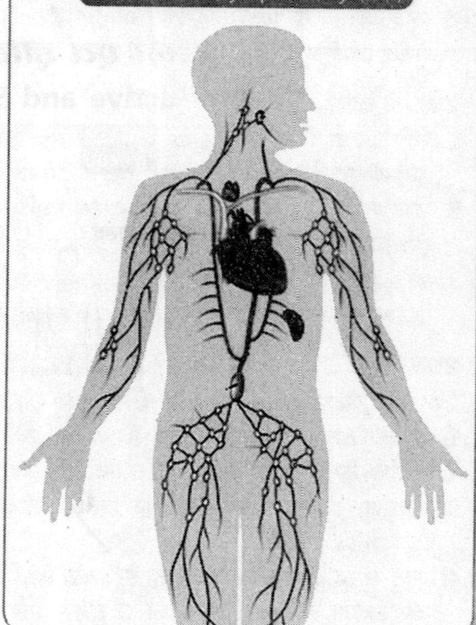

रक्त (Blood)

मानव शरीर में संचरण करने वाला तरल पदार्थ जो शिराओं के द्वारा हृदय में जमा होता है और धमनियों के द्वारा पुनः हृदय से संपूर्ण शरीर में परिसंचरित होता है, रक्त कहलाता है। यह हल्के या गहरे लाल रंग का अपारदर्शी, गाढ़ा, क्षारीय व स्वाद में नमकीन होता है। रक्त मानव शरीर का एक महत्वपूर्ण भाग और तरल संयोजी ऊतक है। यह रक्त वाहिनियों के अंदर विभिन्न अंगों में नियमित रूप से गतिशील रहता है। यह एक जीवित ऊतक है। रक्त का निर्माण प्लाज्मा और रक्त कणों से मिलकर होता है। मनुष्य के शरीर में रक्त की मात्रा शरीर के भार का लगभग 7 से 8 प्रतिशत होती है। अतः एक स्वस्थ मनुष्य के शरीर में लगभग 5 से 6 लीटर रक्त होता है, जो उसके सम्पूर्ण शरीर के भार का लगभग 9/13वाँ भाग होता है। स्त्रियों के शरीर में रक्त की मात्रा लगभग 4 से 5 लीटर होती है।

रक्त के विभिन्न अवयव

(i) **प्लाज्मा :** यह रक्त का हल्के पीले रंग का तरल भाग होता है, जिसमें 90 प्रतिशत जल, 8 प्रतिशत प्रोटीन तथा 1 प्रतिशत लवण होता है।

(ii) **लाल रक्त कणिकाएँ :** यह गोलाकार, केन्द्रक रहित और हीमोग्लोबिन से युक्त होती हैं। इनका मुख्य कार्य ऑक्सीजन एवं कार्बन डाईऑक्साइड का संवहन करना है। इनका जीवनकाल औसतन 120 दिनों का होता है।

(iii) **श्वेत रक्त कणिकाएँ :** इनमें हीमोग्लोबिन नहीं होता है। इनका मुख्य कार्य रोगाणुओं से रक्षा के लिए शरीर की प्रतिरोधक क्षमता बढ़ाना होता है। इनका जीवनकाल 24 घंटे से 30 घंटे का होता है।

(iv) **प्लेटलेट्स :** ये रक्त कोशिकाएं केन्द्रक रहित एवं अनिश्चित आकार की होती हैं। इनका मुख्य कार्य घाव होने पर रक्त को जमने में मदद करना होता है।

रक्त के कार्य

1. रक्त का कार्य ऑक्सीजन को फेफड़े से लेकर कोशिकाओं तक तथा कोशिकाओं से कार्बन डाइऑक्साइड को लेकर फेफड़ों तक पहुँचाना होता है।
2. रक्त शरीर में उत्पन्न अमोनिया, यूरिया, यूरिक अम्ल, अपशिष्ट व हानिकारक पदार्थों को एकत्रित करके मूत्र तथा पसीने के रूप में शरीर से बाहर पहुँचाने में मदद करता है।
3. रक्त शरीर के तापक्रम को नियंत्रित बनाए रखता है और शरीर की जीवाणुओं, विषाणुओं व रोगाणुओं से रक्षा करता है व रक्त का थक्का जमाने व घाव के भरने में मदद करता है।

रक्त-समूह : रक्त-समूह की खोज सन् 1900 में कार्ल लैंडस्टीनर ने वियेना में की थी। रक्त चार प्रकार के होतें हैं : A, B, AB और O।

1. A रक्त-समूह के व्यक्ति केवल A तथा AB रक्त-समूह के व्यक्तियों को रक्त दे सकते हैं।
2. B रक्त-समूह के व्यक्ति केवल B तथा AB रक्त-समूह के व्यक्तियों को रक्त दे सकते हैं।
3. रक्त-समूह AB सर्व-प्राप्तकर्ता वर्ग होता है, अर्थात वह किसी भी व्यक्ति का रक्त ग्रहण कर सकता है।
4. रक्त-समूह O सर्वदाता वर्ग होता है अर्थात वह किसी भी रक्त-समूह वाले व्यक्ति को रक्तदान कर सकता है किन्तु वह केवल O समूह वाले व्यक्ति से ही रक्त प्राप्त कर सकता है।

व्यक्तिगत स्वच्छता (Personal Hygiene)

प्रत्येक मनुष्य अपने जीवन का पूरी तरह आनन्द लेना चाहता है। जीवन का पूरा आनन्द सही अर्थों में तभी लिया जा सकता है जब व्यक्ति-विशेष का स्वास्थ्य अच्छा हो। अच्छा स्वास्थ्य, व्यक्ति के अच्छे स्वास्थ्य-सम्बन्धी आचरण पर निर्भर करता है। हमारा दैनिक आचरण, रहन-सहन, खान-पान, व्यवहार-विचार आदि हमारे स्वास्थ्य को प्रभावित करते हैं।

व्यक्तिगत स्वच्छता क्या है?

व्यक्तिगत स्वच्छता दो शब्दों से मिलकर बना है "व्यक्ति" एवं "स्वच्छता" जिनका अर्थ हुआ—स्वास्थ्य व सफाई के सिद्धान्त जो कि मनुष्यों द्वारा व्यक्तिगत स्तर पर व्यवहार में लिये जाते हैं। व्यक्तिगत स्वच्छता एवं स्वास्थ्य के लिए व्यक्ति को स्वयं ही प्रयत्नशील होना पड़ता है, स्वयं ही साधन जुटाने होते हैं एवं अपेक्षित स्वास्थ्य नियमों का पालन करना होता है।

व्यक्तिगत स्वास्थ्य संबंधी आचरण जैसे शरीर की स्वच्छता, दाँतों की सफाई, नाखूनों तथा पैरों की देखभाल, भोजन, आहार, व्यायाम, विश्राम एवं निद्रा, धूमपान से बचाव, मानसिक विचार तथा मद्यपान संबंधी नियमों का पालन व्यक्तिगत स्वच्छता के अन्तर्गत आते हैं। इनके प्रति लापरवाही हमारे स्वास्थ्य पर बुरा प्रभाव डाल सकती है।

व्यक्तिगत स्वास्थ्य एवं स्वच्छता की आवश्यकता

1. एक सुंदर सुडौल शरीर बनाये रखने में।
2. माँसपेशियों की शक्ति बनाये रखने में।
3. सुन्दर, स्वच्छ एवं स्वस्थ मुख बनाये रखने में तथा दाँतों को नष्ट होने से बचाने में।
4. त्वचा (चमड़ी) को स्वस्थ रखने एवं रोगों से मुक्त रखने में।
5. आँख, कान एवं नाक को स्वस्थ एवं रोगों से मुक्त बनाने में।
6. शरीर में ऊर्जा-शक्ति को बनाये रखने तथा कार्य-क्षमता बढ़ाने में।
7. शरीर में रोगों के खिलाफ लड़ने की शक्ति को बनाये रखने तथा संक्रमण की रोकथाम करने में।

व्यक्तिगत स्वच्छता संबंधी विभिन्न पहलू एवं कार्य

व्यक्तिगत स्वच्छता एवं स्वास्थ्य के लिए शुद्ध जल, शुद्ध वायु, संतुलित आहार एवं शारीरिक स्वच्छता पर नियमित रूप से ध्यान देना अति आवश्यक है। इसके लिये निम्नलिखित आवश्यक हैं।

शुद्ध एवं स्वच्छ वायु एवं जल

वायु सभी प्राणियों के जीवन का आधार है। यह जीवन को बनाये रखने का प्रमुख साधन है। जीवन का दूसरा आधार शुद्ध जल है। शुद्ध वायु व जल प्रकृति की अनुपम देन हैं। उनको दूषित होने से बचाना चाहिए। व्यक्तिगत रूप में हमें प्रातः एवं सायं खुले स्थानों में नियमित भ्रमण, बाग-बगीचे में विचरण करके, पर्याप्त मात्रा में ऑक्सीजन प्राप्त करनी चाहिए जो रक्त की शुद्धि के लिए अति-आवश्यक है। शुद्ध एवं स्वच्छ जल हमें आंत और पेट संबंधी संक्रामक

रोगों से बचाने के साथ-साथ हमारे शरीर की आवश्यकताओं की पूर्ति भी करता है। सामान्यतः एक स्वस्थ व्यक्ति के लिए जल की दैनिक मात्रा लगभग 4 लीटर होती है।

त्वचा एवं बालों की सफाई

त्वचा शरीर की सुरक्षा के साथ-साथ शरीर के अपशिष्ट पदार्थों को बाहर निकालती है। त्वचा शरीर का तापमान संतुलित बनाए रखती है। पसीने के साथ निकलने वाले अपशिष्ट पदार्थ त्वचा पर मैल के रूप में जमने लगते हैं, एवं धूल, मिट्टी के कारण त्वचा के छिद्र बंद होने लगते हैं इससे पसीने के निकलने में रुकावट पैदा होती है। अतः त्वचा की नियमित सफाई करनी चाहिए। प्रतिदिन स्नान करना चाहिए अन्यथा त्वचा से दुर्गंध आयेगी तथा सफाई के अभाव में बाहरी रोगाणुओं द्वारा फोड़े, फुन्सी, दाद, खाज, खुजली आदि रोग तथा जुएँ शरीर में उत्पन्न हो जाएंगी। बालों और सिर की सफाई शैंपू, साबुन एवं साफ पानी से नियमित करनी चाहिए और बालों में तेल लगाना चाहिए ताकि सिर में जुओं व खुजली की संभावना न रहे।

याद रखें

- प्रतिदिन साफ पानी से अच्छी तरह स्नान करें, स्नान के लिये उपयुक्त साबुन जिसमें क्षार की मात्रा कम हो, प्रयोग करें।
- बालों को भी प्रतिदिन भलीभांति धोना और कंघी करना चाहिए।
- नहाने के बाद साफ तौलिये से शरीर को रगड़कर, पोंछकर, सुखाकर स्वच्छ वस्त्र धारण करने चाहिएँ।
- केवल अपना तौलिया काम में लेना चाहिए।

नाखूनों व हाथों की सफाई

नाखूनों से हम खुजलाते हैं, खुरचते हैं और अनेक कार्यों में इनका प्रयोग करते हैं। इससे नाखूनों के नीचे कई प्रकार के अवांछनीय तत्व, मैल आदि जमा हो जाते हैं जिनमें रोग उत्पन्न करने वाले कीटाणु भी रहते हैं। यह मुख के द्वारा हमारे शरीर में प्रवेश कर हमें रोग-ग्रस्त कर सकते हैं। अतः नाखूनों की समुचित सफाई रखना व काटना आवश्यक है। हमारे हाथ भोजन खाने व अन्य कार्यों में काम आते हैं। हाथों को गन्दे व दूषित होने से बचाने, पेट के रोगों से बचने तथा रोगाणुओं को हाथों द्वारा भोजन के साथ पेट में पहुँचने से रोकने के लिए हमें हाथों को साबुन व साफ पानी से भली प्रकार से अवश्य धोना चाहिए। शौच जाने के पश्चात, भोजन करने, परोसने और पकाने से पूर्व हाथों को भली प्रकार धोना चाहिए। मल या मूत्र त्याग के बाद अपने अंगों को साफ पानी से धोयें। उसके पश्चात् अपने हाथों को साबुन व साफ पानी से धोयें। शौचालय, स्नानागार और आसपास के स्थान को साफ रखें।

मुख एवं दाँतों की सफाई

प्रतिदिन उठने के बाद साफ पानी से हाथ मुँह धोना, कुल्ला करना, ठंडे पानी से नेत्रों को छींटे लगाकर धोना ताजगी लाता है तथा सुस्ती दूर करता है। शौचादि से निवृत होने के बाद दाँतों, मसूढ़ों व जिह्वा की समुचित सफाई करना जरूरी है। दाँत में दर्द की तकलीफ आजकल आम बात हो गई है। यदि जरा सी सावधानी बरती जाये तो दाँत हमेशा पूर्ण स्वस्थ रखे जा सकते हैं। इसलिए दिन में दो बार ब्रुश अवश्य करना चाहिए, पहली बार, जब आप जागें और फिर रात को सोने से पहले। दाँतों की सफाई के लिए अच्छा दंत-ब्रुश, दातुन एवं दन्त-पाउडर या दन्त-क्रीम प्रयोग करना चाहिये। ऐसा करने से भोजन के कण दाँतों में नहीं फँसते और दाँतों में सड़न पैदा होने तथा उनमें कीटाणु पैदा होने से बचाते हैं। अधिक मीठा

खाते रहने व दाँतों की सफाई न करने से मीठे के कण दाँतों में फँसे रह जाते हैं, जिससे उनमें कीड़ा लगने की संभावना हो जाती है। दाँतों की मजबूती के लिए कैल्शियम एवं विटामिन-सी वाले पदार्थ, जैसे—दूध, मूली, गाजर, बन्द गोभी, हरी पत्ते वाली सब्जियाँ, आँवला, नींबू, टमाटर आदि का प्रतिदिन सेवन हितकर होता है। रेत, कोयले या राख से दाँत साफ नहीं करने चाहिएँ अन्यथा दाँतों की ऊपरी परत जल्द नष्ट हो जाएगी तथा मसूढ़े छिल जायेंगे। दाँतों पर ब्रुश विधिवत रूप से करना चाहिए। इसके लिए ब्रुश को ऊपर से नीचे और नीचे से ऊपर की ओर घुमाने से दाँतों की दीवारों में फँसे सभी महीन कण आसानी से बाहर निकल आते हैं। जबड़ों के भीतर और बाहर की ओर से भी साफ करना चाहिए। पौष्टिक भोजन लें। मिठाई, चॉकलेट, आइसक्रीम और केक कम खायें। पान, सुपारी, तम्बाकू, गुटके आदि दाँत व मसूड़ों के लिए घातक हैं, इनका सेवन नहीं करना चाहिए। जब आप दाँतों में सड़न देखें तो तत्काल किसी विशेषज्ञ से संपर्क करें।

आँख, नाक, कान एवं गले की देखभाल

आँखें हमारे शरीर का सबसे कोमल एवं महत्वपूर्ण अंग हैं। इन्हीं के द्वारा हम पूरी सृष्टि को देख पाने में सक्षम होते हैं। आँखों की समुचित सफाई, धूल, धूप, धुआँ, तेज प्रकाश तथा विभिन्न कीटों से आँखों का बचाव आवश्यक है। आँखों की सफाई करने के लिए स्वच्छ रुमाल तथा स्वच्छ पानी प्रयोग में लाना चाहिए। कम रोशनी में एवं बहुत तेज प्रकाश में पुस्तक को बहुत निकट रखकर पढ़ना, लेटकर पढ़ना, चलती गाड़ी या ट्रेन में पढ़ना आँखों को कमजोर बनाता है। तेज धूप एवं धूल से बचने के लिए धूप के चश्मे का प्रयोग करना चाहिए। घर में धुआँ-रहित चूल्हे का प्रयोग करना चाहिए। आँखों के रोगों का उपचार नेत्र चिकित्सक से करवाना चाहिए। आँखों की निकट व दूर की दृष्टि की जाँच नेत्र चिकित्सक से नियमित रूप से करवाकर चिकित्सक की सलाह के अनुसार चश्मा आदि लगाना चाहिए।

आँखों के लिए विटामिन 'ए' युक्त खाद्य पदार्थ, जैसे—गाजर, आम, पपीता, पत्तेदार सब्जियाँ, पीले फल, दूध, मक्खन, घी आदि का प्रयोग करना चाहिए।

नाक, कान एवं गले का पारस्परिक संबंध है। यदि नाक या गले में कोई संक्रमण हो तो वह कान के भीतरी भाग में भी पहुँच सकता है। कान की सफाई पर विशेष ध्यान देना चाहिए। कान में मैल जमने से हवा का रास्ता रुक जाता है। इससे दर्द भी होता है। इसलिए सप्ताह में एक बार रुई से कानों को साफ करें। कान से मैल निकालने के लिए नुकीली वस्तु का प्रयोग नहीं करना चाहिए। भीड़ भरे स्थानों व शोरगुल से दूर रहना चाहिए।

नाक से निकलने वाले पदार्थ सूख कर जम जाते हैं और बाद में नाक को बंद कर देते हैं। इसलिए प्रतिदिन नाक को साफ करते रहें। नाक की सफाई हेतु स्वच्छ रुमाल का प्रयोग करना चाहिए।

चिकित्सकीय स्वच्छता

घावों की मरहम-पट्टी में सावधानी बरतें और उपयुक्त आकार की स्वच्छ पट्टियों का इस्तेमाल करें। दवा खरीदते समय एक्सपायरी की तारीख जरूर देखें। अनावश्यक दवाओं को सुरक्षित ढंग से फेंके। डॉक्टर के परामर्श के बिना किसी भी दवा का सेवन न करें।

संतुलित आहार (Balanced Diet)

संतुलित आहार उस भोजन सामग्री को कहते हैं जिसमें सभी पोषक तत्व उचित मात्रा में उपस्थित होते हैं और जो शरीर के कार्यों के लिए सभी महत्वपूर्ण और आवश्यक पोषक तत्व प्रदान करे। हम जो भी खाते हैं उसका असर हमारे शरीर पर पड़ता है। जन्म के बाद खाद्य-पदार्थ हमारे विकास को निर्धारित करते हैं। संतुलित आहार से शरीर का उचित विकास होता है और शरीर स्वस्थ रहता है, जिससे हमें रोगों से सुरक्षा मिलती है।

संतुलित आहार के लिए खाद्य पदार्थ

* **प्रोटीन :** संतुलित आहार में प्रोटीन की भरपूर मात्रा अवश्य शामिल होनी चाहिए। प्रोटीन हमारे शरीर का मूल तत्व है। शरीर में ऊतकों, मांसपेशियों और रक्त का निर्माण करना प्रोटीन का कार्य है। शरीर को ऊर्जा व तंदुरुस्ती प्रोटीन से ही मिलती है।
  स्रोत : चना, दालें, बादाम, काजू, अनाज, दूध, पनीर, सोयाबीन, माँस-मछली, अण्डे व अनाज।

* **वसा :** शरीर में ऊर्जा के संकेन्द्रित स्रोत का काम करना और घुलनशील विटामिनों की पूर्ति करना वसा का ही काम है।
  स्रोत : मक्खन, घी, वनस्पति तेल, तिलहन व गिरी, मछली का तेल और अण्डे की जर्दी।

* **कैल्शियम :** कैल्शियम हड्डियों और दाँतों का निर्माण करने, रक्त बढ़ाने, पेशियों और नाड़ियों के उचित रूप से काम करने में सहायक होता है। इसके अलावा यह हमारे शरीर की रंगत को निखारता है और बालों को घना और मजबूत करता है।
  स्रोत : दूध और उसके उत्पादों, पत्तेदार सब्जियों, पनीर, दही, छाछ आदि में पाया जाता है।

* **कार्बोहाइड्रेट :** यह ऊर्जा का एक स्रोत है और शरीर को शक्ति प्रदान करता है। इससे शारीरिक कमजोरी एवं आलस्य दूर भागता है। शरीर में यह तीन रूपों में होता है—स्टॉर्च, फाइबर और ग्लूकोज।
  स्रोत : अनाज, बाजरा, चावल, कन्दमूल जैसे कि आलू, चुकन्दर, अरबी, चीनी तथा गुड़।

* **विटामिन :** विटामिन हमारे शरीर के विभिन्न अंगों और सम्पूर्ण कार्यप्रणाली को सुचारु और स्वस्थ रखते हैं। यह हमारे शरीर के विकास एवं रोगों से रक्षा के लिए आवश्यक हैं।
  स्रोत : गेहूँ, दूध से बने पदार्थ, मक्खन, फल व ताजी सब्जियाँ, नींबू, अंडा, टमाटर आदि।

* **लौह तत्व (आयरन) :** शरीर में रक्त के लिए आयरन की आवश्यकता होती है। यदि शरीर में आयरन की कमी हो जाती है तो खून की लालिमा कम हो जाती है तथा खून शरीर के सभी हिस्सों तक जरूरी ऑक्सीजन नहीं पहुँचा पाता। प्रोटीन के साथ मिलकर हीमोग्लोबिन (रक्त में एक लाल पदार्थ जो कोशिकाओं में ऑक्सीजन ले जाता है) बनाना आयरन का ही काम है।

स्रोत : हरी सब्जियाँ, अनाज, अंडे, दालें, गुड़, सूखे मेवे और फलियाँ आदि।

जल आपूर्ति एवं शुद्धिकरण (Water Supply and Purification)

जल ही जीवन है। जल के बिना धरती पर मानव जीवन की कल्पना भी नहीं की जा सकती। मनुष्य चाँद से लेकर मंगल तक की सतह पर पानी तलाशने की कवायद में लगा है, ताकि वहाँ जीवन की संभावनाएँ तलाशी जा सकें। लेकिन, क्या हम धरती पर मौजूद पानी के महत्व को समझते हैं? जल हमें किसी भी स्रोत से प्राप्त हो किंतु हमें उसे कदापि व्यर्थ नहीं बहाना चाहिये तथा संचय एवं शुद्ध करके उपयोगी बनाना चाहिये।

जल के स्रोत

जल के तीन मुख्य स्रोत हैं :

(i) वर्षा का जल (ii) सतही जल व (iii) भूमिगत जल।

* **वर्षा का जल :** यह जल वर्षा के माध्यम से आता है। यह जल पीने के योग्य नहीं होता।
* **सतही जल :** पृथ्वी की सतह पर पाए जाने वाले जल को सतही जल कहते हैं। झील, नदी और तालाब इसके प्रमुख स्रोत हैं।
* **भूमिगत जल :** वह जल जो मिट्टी, चट्टानों और सतह से अत्यधिक गहराई में पाया जाता है उस जल को भूमिगत जल कहा जाता है।

जल शुद्धिकरण की प्रक्रिया

जल के शुद्धिकरण में निम्न तरीके प्रयोग किए जाते हैं :

(i) **पानी को उबालना :** पानी को शुद्ध करने के लिए एक सरल तरीका पानी को उबालना है। पानी को सुरक्षित और कीटाणुमुक्त करने के लिए उसे 100°C तक 15 से 20 मिनट के लिए उबालें।

(ii) **प्यूरिफायर द्वारा :** जल को प्यूरिफायर के जरिए भी शुद्ध कर सकते हैं। बाजार में कई रासायनिक प्यूरिफायर उपलब्ध हैं, जो आयोडीन तरल रूप में व गोली के रूप में हैं। इसको पानी में मिलाने से पानी का रंग और स्वाद दोनों बदल जाते हैं। वर्तमान समय में इलेक्ट्रॉनिक प्यूरिफायर भी उपलब्ध हैं जो आधुनिक तरीके से पानी को कई स्तर पर शुद्ध करते हैं।

(iii) **कीटाणु शोधन :** पानी को हम क्लोरीन गैस, फिटकरी या ब्लीचिंग पाउडर द्वारा भी शुद्ध कर सकते हैं।

(iv) **पोटेशियम परमैग्नेट :** पोटेशियम परमैग्नेट के प्रयोग द्वारा भी हम पानी को शुद्ध कर सकते हैं।

शारीरिक एवं मानसिक स्वास्थ्य

पुराने समय में डॉक्टर रोग या बीमारी की अनुपस्थिति को ही साधारणतया स्वास्थ्य की परिभाषा मानते थे। 1948 में विश्व स्वास्थ्य संगठन (WHO) की स्थापना के पश्चात् स्वास्थ्य को केवल रोग या दुर्बलता की अनुपस्थिति न मानकर शारीरिक, मानसिक तथा सामाजिक खुशहाली की पूर्ण स्वास्थ्य की स्थिति के रूप में परिभाषित किया गया।

* **शारीरिक स्वास्थ्य :** यह रोगों व दुर्बलता की अनुपस्थिति है और इसका अनुमान शरीर के स्वास्थ्य मानकों द्वारा लगाया जा सकता है।
* **मानसिक स्वास्थ्य :** इसका तात्पर्य मानसिक कार्यों के सफल निष्पादन से है जिनका परिणाम उत्पादक गतिविधियाँ, अन्य लोगों के साथ मधुर संबंध, संपूर्णता, बदलाव को स्वीकार करने और कठिनाइयों से निपटने की उत्तम क्षमता होता है।

उत्तम स्वास्थ्य की विशेषताएँ

एक उद्देश्यपूर्ण अस्तित्व के लिये उत्तम स्वास्थ्य एक अनिवार्य स्थिति है। उत्तम स्वास्थ्य की मुख्य विशेषताएँ इस प्रकार हैं :

(i) सभी प्रकार के रोगों की अनुपस्थिति
(ii) तनाव एवं कष्ट सहने की क्षमता
(iii) तंदुरुस्ती की भावना
(iv) उन्मुक्तता
(v) उत्साह
(vi) सबल मानसिक अभिवृत्ति
(vii) आत्म-विश्वास एवं आत्म-नियंत्रण
(viii) साहसिकता
(ix) उत्साह एवं दक्षता के साथ कठित परिश्रम करने की क्षमता
(x) शारीरिक मानदंड मापकों के अनुरूप शरीर

स्वस्थ मन की विशेषताएँ

स्वस्थ मन वाले व्यक्ति में निम्नलिखित विशेषताएँ उपस्थित होती हैं :

(i) अच्छी भूख लगना
(ii) धैर्य
(iii) प्रसन्नचित्त अभिवृत्ति
(iv) मृदु स्वभाव
(v) अच्छी नींद आना
(vi) उत्तम प्रवृत्ति
(vii) उत्तम शारीरिक क्षमता
(viii) नए विचारों को ग्रहण करना
(ix) यौन चेतना
(x) सृजनात्मक विचार एवं कार्य

प्राथमिक चिकित्सा

किसी आकस्मिक रूप से घायल या बीमार व्यक्ति को तुरंत अस्थायी मदद देने के उद्देश्य से दिए जाने वाले चिकित्सा-उपचार को प्राथमिक चिकित्सा कहते हैं। तुरंत दी जाने वाली इस

मदद में सरल चिकित्सा विधियाँ सम्मिलित होती हैं जो उस समय पीड़ित व्यक्ति के लिये अति-महत्वपूर्ण होती हैं और प्रायः उसका जीवन बचाने में मदद करती हैं। किसी भी व्यक्ति को प्राथमिक चिकित्सा देने के लिये प्रशिक्षित किया जा सकता है जो कि प्रायः न्यूनतम उपकरणों के प्रयोग द्वारा दी जा सकती है। प्राथमिक चिकित्सा का बुनियादी प्रशिक्षण सभी स्कूलों, कॉलेजों व कार्यालयों में दिया जाना चाहिये और यह हम सभी को सीखना चाहिये क्योंकि यह आज के आधुनिक व तनावपूर्ण जीवन में अति-आवश्यक है।

उद्देश्य

प्राथमिक चिकित्सा देने के तीन मुख्य उद्देश्य होते हैं जिन्हें '3 Ps' के नाम से भी स्मरण रख सकते हैं :

(i) जीवन की रक्षा करना (Preserve life)
(ii) अधिक चोट से बचाव (Prevent further injury)
(iii) उबार को प्रोत्साहन (Promote recovery)

प्राथमिक चिकित्सा चिह्न

हालाँकि सामान्यतः लाल रंग का '+' का चिह्न प्राथमिक चिकित्सा का चिह्न समझा जाता है किंतु यह रैड क्रॉस (Red Cross) का आधिकारिक बचाव चिह्न है। जेनेवा समागम एवं अंतर्राष्ट्रीय कानूनों के अनुसार इस चिह्न का प्रयोग अंतर्राष्ट्रीय रेड क्रॉस और रेड क्रेसेंट की आधिकारिक संस्थाओं के चिकित्सक दलों द्वारा युद्ध आदि की स्थिति में बचाव चिह्न के रूप में प्रयोग किया जाता है। प्राथमिक चिकित्सा के लिये हरे रंग की पृष्ठभूमि पर सफेद रंग का '+' का चिह्न अंतर्राष्ट्रीय स्वास्थ्य संगठन (WHO) से मान्य प्रतीक चिह्न है।

प्राथमिक चिकित्सा किट

प्राथमिक चिकित्सा किट प्रायः स्वास्थ्य संबंधी किसी भी आपातस्थिति में मदद करती है। यदि कोई व्यक्ति घायल हो, कोई घाव हो जाए अथवा जल जाए तो यह किट बहुत काम आती है। कुछ चोटें ऐसी होती हैं जिनके लिये तुरंत डॉक्टर के पास अथवा अस्पताल जाने की आवश्यकता नहीं होती। इस किट द्वारा छोटी-मोटी चोटों का उपचार करना सीखने से आपातस्थिति टल सकती है। प्राथमिक चिकित्सा किट के मुख्य अवयव निम्नलिखित हैं :

- विभिन्न आकार के चिपकने वाले बैंडेज
- चिपकने वाली टेप
- रुई का रोल
- कैंची
- रबर के दस्ताने
- शोषक गॉज का छोटा रोल
- तिकोनी और रोलर बैंडेज
- बैंड-एड
- पेन-टॉर्च
- चिमटी

- सुई
- तौलिया या साफ कपड़ा व साबुन
- एंटीसेप्टिक क्रीम व घोल
- थर्मामीटर
- पेट्रोलियम जेली
- सेफ्टी पिन (विभिन्न आकार)
- **सामान्य दवाएँ :** दस्त की दवा, कब्ज की दवा, पोटेशियम आयोडाइड, एंटेसिड दवा, एस्पिरिन या अन्य दर्द-निवारक दवा।

प्राथमिक चिकित्सा हेतु महत्वपूर्ण बिंदु

- ✦ पीड़ित को सुरक्षित स्थान पर ले जाएँ।
- ✦ उसके वस्त्र ढीले कर दें अथवा उतार दें।
- ✦ यदि आवश्यक हो तो कृत्रिम श्वास दें।
- ✦ खून का बहना रोकें।
- ✦ प्राथमिक सहायता देने वाले व्यक्ति में आत्मविश्वास, सामान्य बुद्धिमत्ता और सही निर्णय लेने की योग्यता होनी चाहिये।

सामान्य चिकित्सा-आपातस्थिति में प्राथमिक उपचार

सभी एनसीसी कैडेट्स के लिये सामान्य चिकित्सा आपातस्थिति में दी जाने वाली प्राथमिक चिकित्सा का ज्ञान होना अति-आवश्यक है। ऐसे कई अवसर आएँगे जब आपको किसी दुर्घटना अथवा आपदा से पीड़ित व्यक्ति को प्राथमिक उपचार उपलब्ध करवाना होगा। इनमें से प्रमुख का वर्णन नीचे दिया गया है।

श्वास अवरुद्ध होने पर कृत्रिम श्वास या पुनर्जीवन देना

जब पीड़ित व्यक्ति नाक और मुँह दोनों में से किसी के भी द्वारा श्वास लेने में असमर्थ होता है तो उसे तुरन्त कृत्रिम श्वास देना आवश्यक होता है अन्यथा उसकी मृत्यु भी हो सकती है। कृत्रिम श्वास से तात्पर्य किसी अन्य व्यक्ति द्वारा पीड़ित व्यक्ति के मुँह द्वारा वायु प्रवेश करवाकर साँस देने से है। आपातस्थिति में किसी पीड़ित व्यक्ति को कृत्रिम श्वास देकर जीवित रखने को उसे पुनर्जीवन देना कहते हैं। इसकी आवश्यकता निम्नलिखित परिस्थितियों में पड़ सकती है :

(i) पीड़ित के पानी में डूबने पर
(ii) जब पीड़ित किसी भावनात्मक सदमे में हो
(iii) जब पीड़ित बिजली के झटके का शिकार हो
(iv) जब व्यक्ति जहरीली गैस का शिकार हो
(v) जब किसी भी कारण से व्यक्ति की साँस रुक गई हो

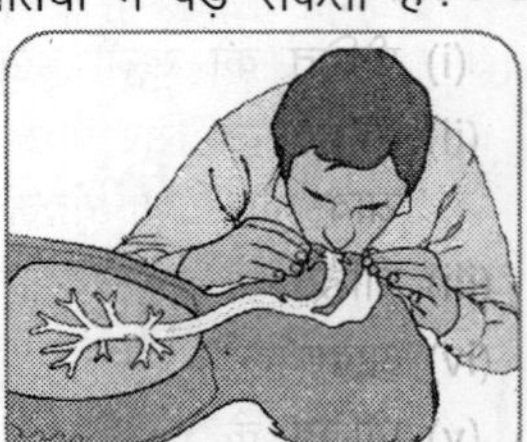

उपचार :

यदि किसी व्यक्ति की साँस रुक गई हो तो उसे तुरंत पीठ के बल सीधा लिटा दें और उसके सिर को थोड़ा पीछे की ओर करें और ठोड़ी को आगे करें जिससे कि वायु मार्ग सीधा हो सके। यदि यह करने पर भी वह साँस न ले तो मुँह द्वारा कृत्रिम-श्वास देने की प्रक्रिया तुरंत आरंभ करें जिससे कि उसका जीवन बचाया जा सके।

कृत्रिम श्वास देने के लिये अपना मुँह खोलकर गहरी साँस लें। अब पीड़ित की नाक को अपनी उँगलियों से दबाकर बंद करें और अपना मुँह उसके मुँह से पूरी तरह से मिलाकर जोर से पूरी साँस उसके मुँह में छोड़ें। ऐसा करने पर उसकी छाती ऊपर की ओर उठेगी और आपके मुँह हटाने पर वापिस नीचे हो जाएगी। इस प्रक्रिया को जल्दी-जल्दी कम-से-कम 4-5 बार दोहराएँ। इसके पश्चात् पीड़ित स्वयं श्वास लेने लगेगा।

बेहोशी/मूर्च्छा

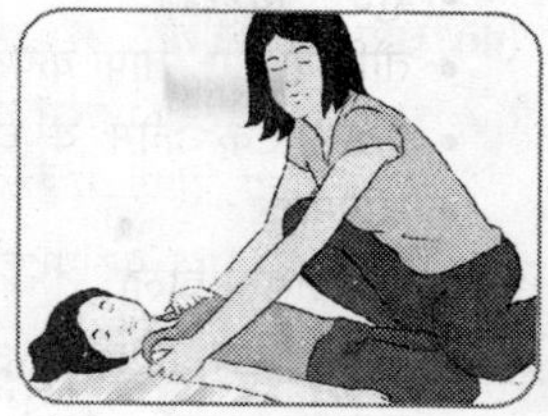

कई कारणों जैसे, सिर पर चोट लगने, अधिक खून बहने, दिल का दौरा पड़ने, भावोन्माद (हिस्टीरिया), बिजली का झटका लगने, नींद की गोलियाँ खा लेने अथवा नशे की दवा खा लेने के कारण व्यक्ति अचेत हो सकता है, ऐसी अवस्था को बेहोशी अथवा मूर्च्छा कहा जाता है। यह बेहोशी आंशिक भी हो सकती है और पूर्ण भी, जिसमें व्यक्ति कोमा में भी जा सकता है।

उपचार :

(i) पीड़ित को पीठ के बल सीधा लिटा दें और उसका सिर एक ओर सुविधाजनक स्थिति में कर दें जिससे कि उसे साँस लेने में कठिनाई न हो।
(ii) यदि मिर्गी आदि का दौरा पड़ा हो तो एक चम्मच को रुमाल में लपेटकर उसके जबड़ों के बीच फँसा दें ,जिससे कि उसकी जिह्वा दाँतों के बीच आकर कटे नहीं।
(iii) पीड़ित के वस्त्र ढीले कर दें व जूते आदि उतार दें।
(iv) यदि आवश्यकता हो तो तुरंत कृत्रिम श्वास दें।
(v) मूर्छित व्यक्ति के मुँह में पानी, कोई तरल अथवा खाने-पीने की वस्तु न डालें, इससे उसकी श्वास अवरुद्ध हो सकती है।

नक्सीर छूटना

कई बार अत्यधिक गर्मी अथवा नाक पर चोट लगने के कारण नाक से रक्त बहने लगता है। बच्चों में प्रायः ऐसा होता रहता है। बड़ों में भी कई कारणों से ऐसा होता है।

उपचार :

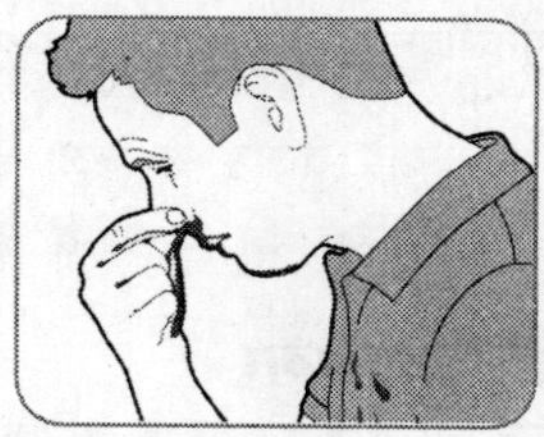

(i) पीड़ित को खुली हवा में सीधा लिटाएँ।
(ii) पीड़ित का सिर पीछे की ओर झुका दें जिससे कि रक्त-स्राव की दिशा बदल जाए और अधिक रक्त न बहे।
(iii) पीड़ित के वस्त्र ढीले कर दें और जूते आदि उतार दें।
(iv) आवश्यकता हो तो मुँह द्वारा साँस दें।
(v) पीड़ित के सिर पर बर्फ की थैली रखें और उसे मुल्तानी-मिट्टी सुंघाएँ।
(vii) पीड़ित के पैर हल्के गर्म पानी में रखें जिससे रक्त का बहाव पाँवों की तरफ हो।
(viii) पीड़ित की नाक को उँगलियों के बीच दबाकर बंद करें व उसे मुँह से साँस लेने दें।

रक्तस्राव

शरीर का कोई अंग कटने, छिलने अथवा घाव लगने के कारण रक्त का बहना एक सामान्य बात है। बच्चे व बड़े, सभी, कई बार छोटी-बड़ी दुर्घटनाओं के कारण इस स्थिति में आ जाते हैं।

उपचार :

(i) यदि घाव छोटा, खुला और साफ हो तो उँगलियों या हाथ के दबाव से रक्त को रोकें।

(ii) रुई व पट्टी द्वारा बड़े घावों की ड्रेसिंग की जा सकती है।
(iii) घाव के आकार के अनुरूप पट्टी का प्रयोग करें।
(iv) घाव पर पट्टी करने से पहले उसे किसी एंटीसेप्टिक घोल द्वारा साफ करें। उसके पश्चात ही पट्टी बाँधें।
(v) ध्यान रहे, घाव पर पट्टी ज्यादा तंग अथवा ढीली न हो।

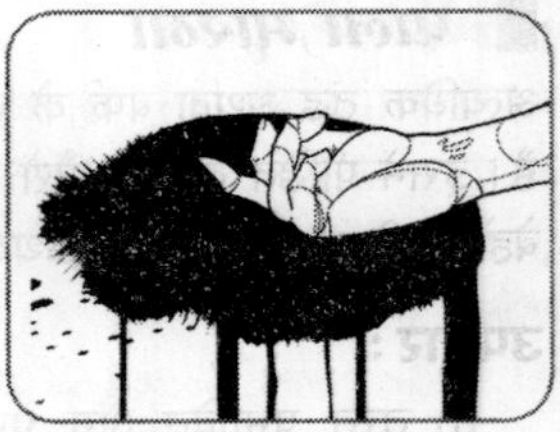

जलना व छाले पड़ना

आग अथवा अधिक गर्म वस्तु को छू लेने पर कई बार शरीर के अंग जल जाते हैं। गर्म भाप द्वारा भी कई बार त्वचा पर छाले या पपड़ी बन जाती है। ऐसा होने पर तुरंत प्रभावित अंग के ऊपर ठंडा पानी डालें। इसके पश्चात् उसे साफ कपड़े से ढक दें। अधिक जलने पर सदमे का उपचार करें और तुरंत चिकित्सा-सहायता उपलब्ध करवाएँ। जले हुए भाग पर कोई मरहम या तेल न लगाएँ।

उपचार :

(i) जले हुए भाग पर पट्टी अथवा साफ कपड़ा ढक दें।
(ii) पीड़ित को सीधा लिटा दें।
(iii) पीड़ित का शरीर गर्म रखें।
(iv) उसे अधिक तरल पदार्थ पिलाएँ।
(v) यदि आवश्यक हो तो दर्द-निवारक दवा दें।
(vi) पीड़ित के वस्त्र ढीले कर दें किंतु उतारें नहीं।
(vii) छालों को न छेड़ें और न फोड़ें।
(viii) छालों पर कोई लेप आदि न लगाएँ।
(ix) यदि तेजाब से जला हो तो घाव पर पानी डालते रहें।
(x) पीड़ित को यथाशीघ्र डॉक्टर के पास अथवा अस्पताल ले जाएँ।

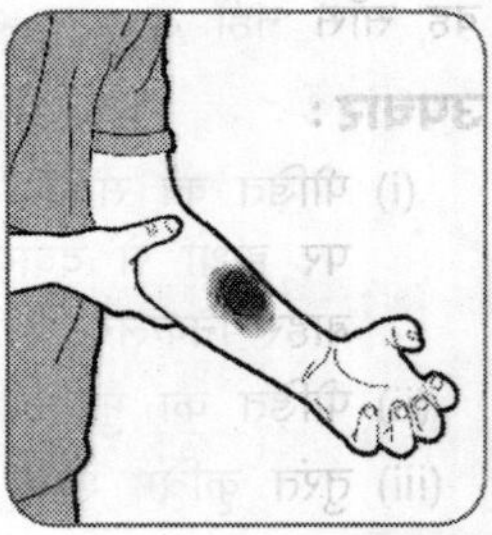

लू लगना

तेज धूप व वातावरण में अधिक गर्मी होने के कारण कई लोग लू के शिकार हो जाते हैं जिससे शरीर में पानी की कमी हो जाती है और शरीर की गर्मी बढ़ जाती है।

उपचार :

(i) पीड़ित को नमक का पानी पिलाएँ।
(ii) पीड़ित के वस्त्र उतारकर उसे छाँव में खुली हवा में लिटाएँ।
(iii) उसके शरीर पर ठंडा पानी डालें।
(iv) आवश्यकता हो तो कृत्रिम श्वास दें।
(v) यदि स्थिति गंभीर हो तो तुरंत डॉक्टर के पास अथवा अस्पताल ले जाएँ।

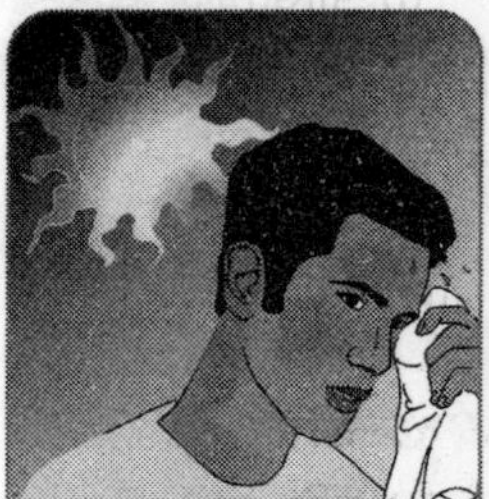

पाला मारना

अत्यधिक ठंड अथवा बर्फ के कारण कई बार शरीर का कोई भाग सुन्न अथवा निष्क्रिय हो जाता है। इसमें पीड़ित के हाथ-पैरों और चेहरे की ओर खून का प्रवाह कम हो जाता है, जिससे पीड़ित बेहोश भी हो सकता है अथवा कई अन्य समस्याएँ हो सकती हैं।

उपचार :

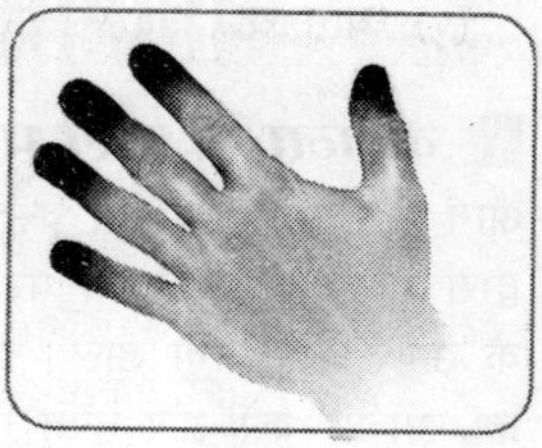

(i) तुरंत प्रभावित अंग पर हल्का-गर्म पानी डालें।
(ii) प्रभावित अंग पर गर्म कपड़ा ढक दें।
(iii) प्रभावित अंग पर अपने गर्म हाथ रखें।
(iv) आवश्यकता हो तो दर्द-निवारक (ऐस्प्रिन) दवा दें।
(v) गंभीर स्थिति में अस्पताल ले जाएँ।

डूबना

जब कोई व्यक्ति पानी में डूब जाता है तो उसके फेफड़ों में पानी भर जाता है जिसके कारण वह साँस नहीं ले पाता और परिणामस्वरूप उसकी मृत्यु हो सकती है।

उपचार :

(i) पीड़ित को सीधा लिटाएँ और उसके पेट के ऊपरी भाग पर हाथों से दबाव डालें और पानी को उसके मुँह से बाहर निकलने दें।
(ii) पीड़ित का मुँह और गला साफ करें।
(iii) तुरंत कृत्रिम श्वास दें।
(iv) हृदय वाले भाग पर हल्की मालिश करें।
(v) गंभीर स्थिति में तुरंत अस्पताल ले जाएँ।

गला अवरुद्ध होना

यह प्रायः भोजन आदि के साँस की नली में फँस जाने के कारण होता है। इसमें पीड़ित को काफी तकलीफ और साँस लेने में कठिनाई होती है।

उपचार :

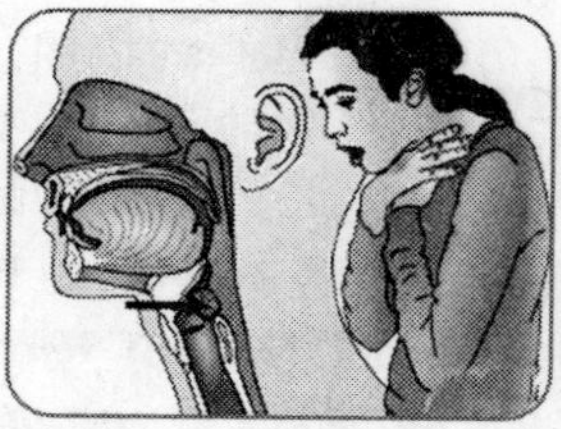

(i) पीड़ित को आगे की ओर झुकाएँ और उसकी पीठ पर कंधों के बीच में हथेली द्वारा थपकें।
(ii) यदि पीड़ित छोटा बालक हो तो उसे हाथ में उल्टा लटकाकर उसकी पीठ को थपकी दें।
(iii) यदि इससे काम न बने तो पीड़ित के गले के पृष्ठ भाग में अपनी उँगलियों से गुदगुदी करें। इससे पीड़ित को खाँसी अथवा उल्टी आ जाती है और उसके साथ ही अवरोधक पदार्थ निकल जाता है।
(iv) यदि कोई भी उपाय काम न आए तो तुरंत डॉक्टरी सहायता उपलब्ध करवाएँ।

बिजली का झटका

किसी असुरक्षित विद्युत उपकरण को उसकी चालू अवस्था में छूने अथवा उसके सम्पर्क में आने से लगने वाला बिजली का झटका पीड़ित व्यक्ति को मृत्यु के मुख तक ले जा सकता है।

उपचार :

(i) यदि पीड़ित किसी विद्युत उपकरण के साथ चिपका हुआ है और आप बिजली या उपकरण को बंद करने की स्थिति में नहीं हैं तो बिना रबर के दस्ताने और जूते पहने उपकरण या पीड़ित को न छुएँ।

(ii) सुरक्षित रूप से उसे छुड़ाने के पश्चात् उसे सीधा लिटा दें और आवश्यकतानुसार कृत्रिम श्वास दें।

(iii) यदि वह जल गया हो तो जलने की अन्यथा सदमे की प्राथमिक चिकित्सा करें।

(iv) यदि स्थिति गंभीर हो तो तुरंत डॉक्टर के पास ले जाएँ।

विषाक्तता

किसी व्यक्ति अथवा अन्य जीव के शरीर में किसी ऐसे पदार्थ का प्रवेश होना जो उसे गंभीर हानि पहुँचाकर उसकी मृत्यु का कारण बन जाए, उस पदार्थ को विष अथवा जहर कहते हैं और उस स्थिति को विषाक्तता कहा जाता है। विषाक्तता जहरीले भोजन, पेय पदार्थ, गैस, धुएँ, रसायनों अथवा घटिया शराब द्वारा हो सकती है।

विष अनेक प्रकार के होते हैं, वह शरीर के भिन्न-भिन्न भागों पर प्रभाव डालते हैं और उनके उपचार भी भिन्न-भिन्न होते हैं। कुछ विष और उनके प्रभाव निम्न प्रकार हैं :

- सोडियम हाइड्रॉक्साइड, सल्फ्यूरिक एसिड और पोटेशियम हाइड्रॉक्साइड मुँह और गले को जला देते हैं और भीषण पेट-दर्द उत्पन्न करते हैं।
- आर्सेनिक और मरकरी (पारा) से उल्टी और दस्त लग जाते हैं।
- मॉर्फीन और जहरीली शराब से बेहोशी आती है और शरीर की चयोपचय प्रक्रिया क्षीण पड़ जाती है।

उपचार :

(i) सबसे पहले श्वास की जाँच करें। यदि वह रुक गई हो, तो तुरंत अपने मुँह द्वारा कृत्रिम श्वास देने की प्रक्रिया शुरू करें।

(ii) फिर पीड़ित को उल्टी करवाने का प्रयास करें। इससे जो भी जहर लिया गया है, उसे पहचानने में मदद हो सकती है।

(iii) जितनी जल्दी हो सके, पीड़ित को अस्पताल या डॉक्टर के पास ले जाएँ।

(iv) यदि पीड़ित के आस-पास कोई टैबलेट, शीशी, बोतल रखी हो, तो अस्पताल में जाँच के लिए उसे साथ रखें। इससे पीड़ित द्वारा लिए जहर को पहचानने में मदद मिलेगी।

(v) पीड़ित को ठंडा रखें। माथे पर ठंडा पैड रखें और शरीर पर ठंडे पानी से स्पंज करें।

यदि पीड़ित होश में हो और विष की पहचान हो गई हो तो निम्नलिखित उपचार करें :

(i) यदि विष की प्रकृति अम्लीय है जैसे—ऑक्जेलिक, नाइट्रिक अथवा सल्फ्यूरिक अम्ल तो उसे प्रभावहीन करने के लिए क्षारीय पेय पदार्थ दें, जैसे कि, सोडावाटर, चाक का घोल, दूध, मिल्क ऑफ मैग्नीशिया आदि।

(ii) यदि विष की प्रकृति क्षारीय है जैसे—अमोनिया, कॉस्टिक सोडा, कार्बोलिक आदि तो उसे प्रभावहीन करने के लिए अम्लीय पेय पदार्थ दें। जैसे—नींबू पानी, सिरका और पानी की पर्याप्त मात्रा। इसमें उल्टी लाने वाली दवा न दें।

(iii) यदि पीड़ित ने नींद की गोलियाँ खाई हों तो उसे नमक का पानी दें।

(iv) यदि पीड़ित ने मॉर्फीन लिया हो तो उसे पानी में पोटेशियम परमेंगनेट घोलकर दें और उल्टी करवाने का प्रयास करें।

(v) यदि व्यक्ति जहरीली गैस से पीड़ित हो और होश में हो तो उसे खुली हवा में लिटा कर कृत्रिम श्वास और गर्मी दें।

(vi) धीमी नब्ज, पीलापन, निद्रा और कई बार आँख की ठहरी हुई पुतलियाँ नींद की गोलियों और नशीली दवाओं की अधिक मात्रा लेने की निशानी है। इस स्थिति में उल्टी लाने वाली दवा दी जाती है।

सदमा लगना

मनुष्य के मानसिक अथवा शारीरिक प्रतिरूप पर आक्रमण करने वाली प्रतिक्रिया को आघात अथवा सदमा लगना कहते हैं। यह कई प्रकार का होता है, जैसे गंभीर रूप से जलने अथवा घायल होने पर व्यक्ति को सदमा लग जाता है। वह पीला पड़ जाता है, उसकी त्वचा ठंडी और चिपचिपी-सी हो जाती है, उसकी श्वास तेज और अनियमित हो जाती है और नब्ज भी तेज हो जाती है। इसमें मनुष्य बेहोश भी हो सकता है।

उपचार :

(i) पीड़ित को इस प्रकार सीधा लिटाना चाहिए कि उसका सिर थोड़ा पीछे की ओर झुका हो और पुट्ठे और पाँव थोड़ा ऊपर की ओर हों।

(ii) पीड़ित को गर्म रखने का प्रयास करना चाहिए यदि वह होश में हो तो उसे गर्म पेय पदार्थ पिलाना चाहिए, किंतु कोई उत्तेजक पेय पदार्थ न दें।

(iii) उसे चुप रहने दें और आश्वस्त करें।

आँख में अशुद्धि गिरना

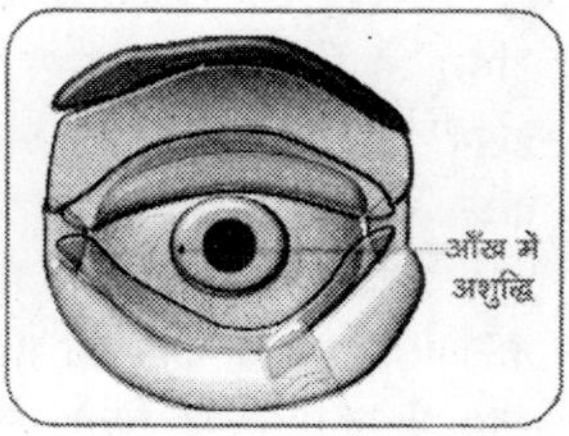

आँख में कोई अशुद्धि का कण अथवा मच्छर आदि गिरने से कई बार व्यक्ति विचलित हो जाता है। ऐसी स्थिति में ऊपर की पलक को पकड़कर नीचे की पलक के ऊपर लाने से वह निकल जाता है। इसके लिये दूसरी आँख को हल्के से मसलने

से आँखों में पानी आ जाता है और उसके साथ अशुद्धि भी बाहर निकल जाती है। यदि अशुद्धि आँख में स्पष्ट दिखाई दे रही हो तो नरम कागज का फटा हुआ नम टुकड़ा उस पर आहिस्ता से स्पर्श करें तो वह उसमें चिपककर बाहर आ जाएगी। इसके लिये कभी भी चिमटी, सख्त या किसी नुकीली वस्तु का प्रयोग न करें। पीड़ित आँख को न मसलें। यदि अशुद्धि आँख की पुतली या किसी अन्य भाग में धँस गई हो तो पीड़ित को तुरंत डॉक्टर के पास लेकर जाएँ।

साँप के काटने पर

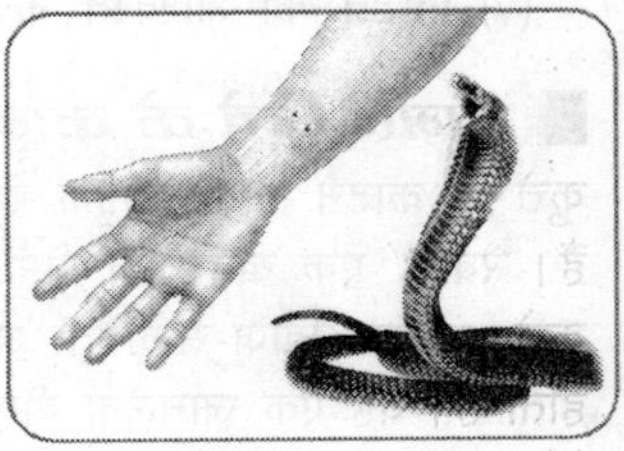

साँप के काटने के दौरान जहर साँप के खोखले, नुकीले दाँतों से होकर व्यक्ति के शरीर में प्रविष्ट कर जाता है। साँप अधिकतर व्यक्ति के खुले अंगों, जैसे पैरों व हाथों पर काटते हैं। साँप के काटने में गंभीर ऊतक-क्षति होने की संभावना होती है। किंतु सभी साँप जहरीले नहीं होते।

उपचार :

सर्पदंश के सभी मामलों को प्रथम-दृष्टि में जहरीले साँप द्वारा ही काटा गया मानकर प्राथमिक उपचार किया जाना चाहिये जिससे पीड़ित व्यक्ति को बचाया जा सके। इसके लिए निम्न उपाय करें :

(i) सर्पदंश के बाद नींद का आना पहला लक्षण है। पीड़ित को सीधा लिटा दें किन्तु सोने कदापि न दें।

(ii) पीड़ित को भय और मृत्यु के डर से उबारें और आवश्यक हो तो उसे कृत्रिम श्वास दें।

(iii) घाव को साफ व खुले पानी से धोना चाहिये, पर घाव को दबाएँ नहीं।

(iv) सर्पदंश के स्थान से थोड़ा ऊपर से पीड़ित के अंग को किसी पट्टी, फीते आदि से बाँध देना चाहिये, जिससे जहर पूरे शरीर में न फैले।

(v) शरीर का दंश वाला अंग प्रायः हृदय की अपेक्षा नीचे के स्तर पर रखे जिससे विष का हृदय तक पहुँचने से बचाव होगा।

(vi) दंश की जगह काटना, चूसना, दबाना आदि बिल्कुल न करें।

(vii) पूरे शरीर में जहर फैलने में कम से कम 3 घंटे का समय लगता है, पर कुछ जहर बहुत ही ज्यादा तीव्र होते हैं जो पीड़ित व्यक्ति को कुछ ही मिनटों में मौत की नींद सुला सकते हैं, इसीलिए बिना समय व्यर्थ किए पीड़ित को यथाशीघ्र अस्पताल या डॉक्टर के पास ले जाएँ।

बिच्छू के काटने पर

दुनिया में बिच्छू की लगभग 1000 प्रजातियाँ पाई जाती हैं। इसमें सिर्फ भारत में 76 प्रतिशत प्रजातियाँ हैं। ग्रामीण व कच्चे इलाकों में साँप-बिच्छू अधिक पाए जाते हैं और लोग प्रायः इनके डंक के शिकार हो जाते हैं। बिच्छू का विष साँप के विष जैसा ही जहरीला होता है। बिच्छू के काटने पर भी साँप के काटने पर किये जाने वाले उपाय किये जाते हैं।

उपचार :

(i) पीड़ित को सीधा लिटा दें परन्तु सोने न दें।

(ii) घाव को अच्छी तरह एंटीसेप्टिक घोल से धोकर साफ करें।

(iii) घाव के ऊपर की ओर कसकर पट्टी बाँध दें।

(iv) पीड़ित को तुरंत डॉक्टर के पास ले जाएँ।

(v) पीड़ित को आश्वस्त करते रहें और धैर्य बंधाएँ।

पागल कुत्ते के काटने पर

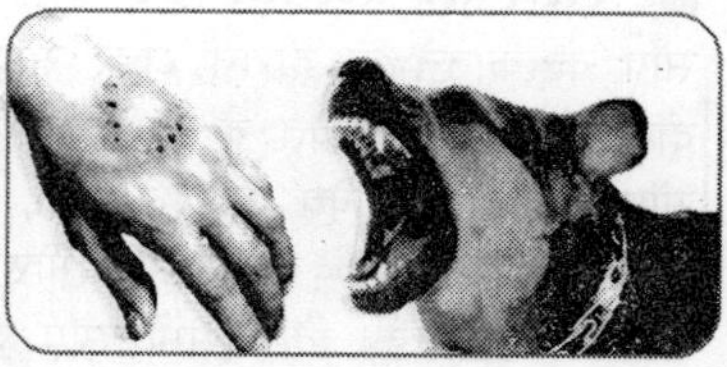

कुत्ते के काटने से खतरनाक संक्रामक रोग हो सकते हैं। 'रैबीज' एक खतरनाक बीमारी है जो किसी पागल कुत्ते अथवा रैबीज-संक्रमित जानवरों के काटने से होती है। यह एक जानलेवा बीमारी है। जिस कुत्ते को रैबीज संक्रमण हो, उसकी लार में वायरस होता है जब कुत्ता किसी को काटता है तो यह संक्रमित लार इस जख्म के रास्ते उस व्यक्ति के शरीर में पहुँच जाती है। एंटी-रैबीज टीके लगवाकर समय रहते इस बीमारी से बचा जा सकता है।

रैबीज (Rabies) क्या है?

रैबीज एक तंत्रिका-आक्रम्य (Neuro Invasive) वायरल बीमारी है। रेबीज का वायरस केन्द्रीय तंत्रिका तंत्र (Central Nervous System) पर आक्रमण करता है, जिससे पीड़ित व्यक्ति सामान्य नहीं रह पाता। रैबीज कुत्तों के अलावा अन्य पशुओं जैसे भेड़िया, लोमड़ी, सियार, गीदड़, बंदर, चीता, बिल्ली आदि मांसाहारी जानवरों के काटने से भी होता है। पालतू जानवरों की लार के संपर्क में आने पर भी रैबीज रोग हो सकता है।

रैबीज के लक्षण

- गले की मांसपेशियों में खिंचाव पैदा हो जाता है।
- पीड़ित व्यक्ति कुत्ते की तरह भौंकने भी लगता है।
- बैचेनी, पक्षाघात, भ्रम, अनिद्रा और निगलने में कठिनाई इसके अन्य लक्षण हैं।
- रैबीज का शिकार बने जीवों का दिमागी संतुलन बिगड़ जाता है।
- रैबीज हो जाने पर मरीज पानी से डरने लगता है।
- इस रोग का प्रकोप जानवर के काटने के बाद कभी भी हो सकता है।

रैबीज का उपचार : कई बार पीड़ित व्यक्ति को तुरंत उपचार नहीं मिल पाता और ऐसे में कुछ घरेलू उपचार जीवनदायी साबित होते हैं।

(i) घाव को पानी की तेज धार से अथवा एंटीबैक्टीरियल साबुन से धोएँ।

(ii) घाव से अगर खून बह रहा हो तो, उसे कस के दबा दें।

(iii) घाव पर एंटीसेप्टिक घोल या क्रीम लगाकर बैंडेज लगाएँ।

(iv) पीड़ित और कुत्ते पर 10 दिन तक निगरानी रखें।

(v) यदि पीड़ित की हालत बिगड़ती है अथवा कुत्ता मर जाता है तो डॉक्टर को सूचित करें।

घावों की मरहम-पट्टी करना

घाव

किसी चोट आदि के लगने से शरीर की त्वचा अथवा पेशी की झिल्ली की निरंतरता के टूटने को घाव होना कहा जाता है। घावों को निम्नलिखित प्रकार से वर्गीकृत कर सकते हैं :

(i) **चीरा घाव (Incision wound) :** किसी तेज धार वाले औजार, जैसे—ब्लेड, चाकू आदि से कटने पर होने वाले घावों को चीरा घाव कहते हैं।

(ii) **वेधन घाव (Punctured wound) :** किसी सुई, चाकू, खंजर अथवा संगीन द्वारा सीधे घुस जाने पर होने वाले घाव को वेधन घाव कहते हैं।

(iii) **कुटन घाव (Contusion) :** यह घाव किसी कुंद साधन अथवा मुक्का आदि मारने पर होता है। इसे गुम-चोट भी कहते हैं।

(iv) **विदीर्ण घाव (Lacerated wound) :** यह घाव प्रायः किसी कुंद-भारी साधन द्वारा होते हैं। इनके किनारे फटे हुए अथवा टेढ़े-मेढ़े होते हैं।

(v) **गोली का घाव (Gun Shot wound) :** यह घाव बंदूक की गोली लगने पर होता है। कई बार यह शरीर के आर-पार होता है। इसमें अस्थि-भंग भी हो सकता है।

(vi) **बम का घाव (Shell wound) :** यह घाव किसी बम अथवा ग्रेनेड के छर्रों से होता है। यह घाव बहुत गहरे होते हैं। इनका कोई निश्चित आकार-प्रकार नहीं होता।

घावों की प्राथमिक चिकित्सा

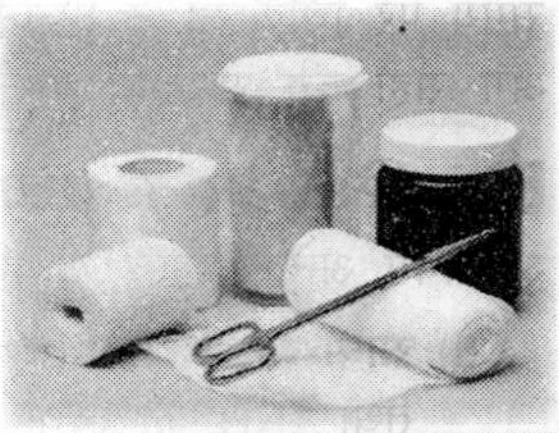

आवश्यक वस्तुएँ

(i) एंटीसेप्टिक लोशन, क्रीम व पाउडर (ii) रुई

(iii) गॉज (iv) पट्टियाँ

(v) बैंड-एड (vi) कैंची

रोलर पट्टी और उनके प्रयोग

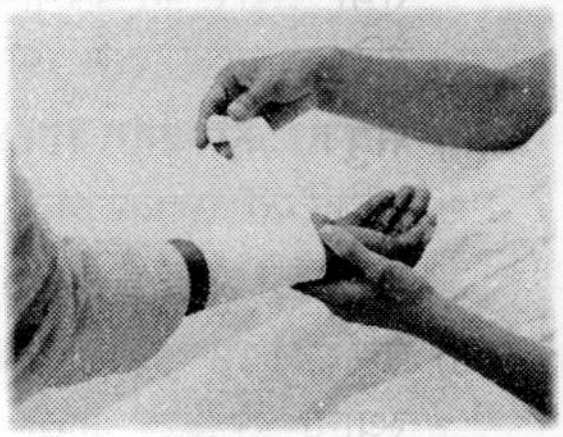

(i) उंगली के लिए – 1" चौड़ी

(ii) सिर और हाथ के लिये – 2½" चौड़ी

(iii) पैर के लिये – 3½" चौड़ी

(iv) धड़ के लिये – 6" चौड़ी

पट्टी करने के सामान्य नियम

(i) पीड़ित के सामने की ओर रहें।

(ii) पट्टी का रोल दाएँ हाथ में पकड़ें।

(iii) पट्टी के खुले सिरे को वहाँ रखें जहाँ आप गाँठ लगाना चाहते हैं।

(iv) पट्टी को नीचे से ऊपर की ओर तथा भीतर से बाहर की ओर लपेटें।

(v) पट्टी को कई परतों में लपेटें जिससे यह घाव को पूरी तरह से ढक ले।

(vi) पट्टी को न तो अधिक तंग न ही अधिक ढीली बाँधें।

(vii) पट्टी लपेटने के बाद घाव से दूर गाँठ लगाकर अथवा चिपकाने वाली टेप अथवा सेफ्टी पिन से सुरक्षित रूप से उसके सिरे बाँध दें।

पट्टी बाँधने की विधि

(i) पीड़ित को आश्वस्त करें और सुविधाजनक स्थिति में रखें।
(ii) खून का बहाव रोकने के उपाय करें।
(iii) यदि घाव में कोई बाहरी तत्व हो तो उसे सावधानी से निकालें।
(iv) घाव को रुई और एंटीसेप्टिक लोशन से साफ करें।
(v) घाव पर एंटीसेप्टिक क्रीम अथवा पाउडर लगाएँ और गॉज से ढक दें।
(vi) घड़ी की सुई की दिशा में पट्टी लपेटें।
(vii) पट्टी की गाँठ घाव से थोड़ा हटाकर लगाएँ।

अस्थिभंग

शरीर का आकार और विभिन्न शारीरिक क्रियाएँ हड्डियों के ढाँचे पर आधारित होती हैं। जब किसी दुर्घटनावश इस ढाँचे की किसी भी हड्डी की बनावट में टूट-फूट हो जाती है तो इसका प्रभाव शरीर के आकार व कार्य दोनों पर पड़ता है और पीड़ित व्यक्ति सामान्य रूप से जीवन जीने और कार्य करने में असमर्थ अनुभव करता है। यही अवस्था अस्थिभंग कहलाती है। एक्स-रे द्वारा अस्थिभंग का साफ तौर पर पता लगाया जा सकता है। अस्थिभंग होने पर विशिष्ट उपचार की आवश्यकता होती है। अस्थिभंग वाले अंग को कुशलतापूर्वक सहारा देकर स्थिर व सुविधाजनक बना देना चाहिये तथा तुरंत डॉक्टर के पास ले जाना चाहिये। सही एवं समय पर चिकित्सा न मिलने पर हड्डी स्वयं ही यथास्थिति में जुड़ने लगती है और प्रायः अंग सही ढंग से कार्य करने लायक नहीं रहता।

अस्थिभंग के प्रकार

अस्थिभंग अनेक प्रकार के होते हैं, जिनके प्रमुख प्रकार निम्नलिखित हैं :

(i) **साधारण अस्थिभंग (Simple Fracture)**: इस अस्थिभंग में केवल एक हड्डी टूटती है तथा शरीर की त्वचा अथवा भीतरी अंगों को कोई हानि नहीं पहुँचती। यह अनुप्रस्थ, रैखिक या तिरछी अस्थिभंग हो सकती है। इसमें संक्रमण का खतरा नहीं होता है।

(ii) **संयुक्त अस्थिभंग (Compound Fracture)**: इस अस्थिभंग में हड्डी के टूटने के अतिरिक्त उसके निकट माँस व त्वचा को भी हानि पहुँचती है तथा हड्डी का टूटा हुआ सिरा भी बाहर दिखने लगता है। इसमें संक्रमण का भी खतरा बना रहता है।

(iii) **बहु-अस्थिभंग (Multiple Fracture)**: इस प्रकार के अस्थिभंग में एक ही हड्डी कई स्थानों से टूट जाती है। इसके लिये प्रायः शल्य-चिकित्सा करनी पड़ती है।

(iv) **विखंडित अस्थिभंग (Comminuted Fracture)**: इस प्रकार के अस्थिभंग में प्रायः हड्डी का चूरा हो जाता है। यह बहुत जोर से गिरने अथवा कुचले जाने से होता है।

(v) **पेंचदार अस्थिभंग (Spiral Fracture)**: जब किसी घूमने वाले बल द्वारा अस्थिभंग होता है तो हड्डी टूटकर घूम जाती है, इसे पेंचदार अस्थिभंग कहते हैं।

(vi) **अपूर्ण अस्थिभंग (Greenstick Fracture)**: बच्चों की कोमल हड्डियाँ प्रायः पूरी तरह नहीं टूटतीं बल्कि कच्ची टहनियों की तरह मुड़ जाती हैं और उनमें दरारें पड़ जाती हैं। इस प्रकार के अपूर्ण अस्थिभंग प्रायः इलाज द्वारा शीघ्र ठीक हो जाते हैं।

अस्थिभंग के विभिन्न प्रकार (Different Types of Fractures)

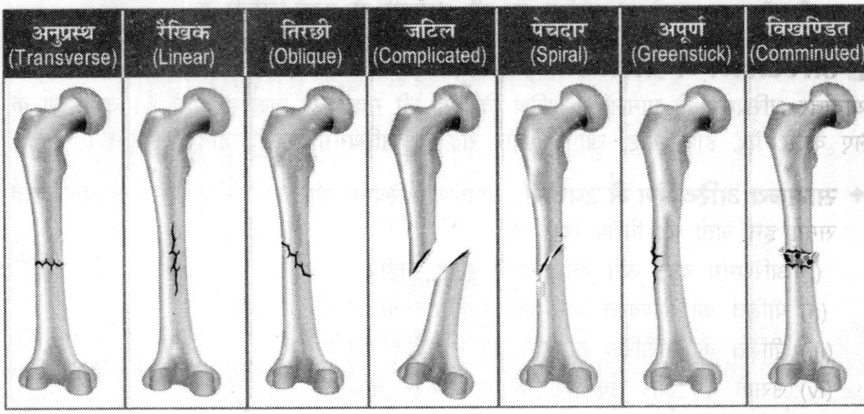

(vii) **अंतर्घट्ट अस्थिभंग (Impacted Fracture):** इस प्रकार के अस्थिभंग में टूटी हुई हड्डी के सिरे बाँस के पच्चड़ों के समान टूट कर एक-दूसरे में घुस जाते हैं।

(viii) **जटिल अस्थिभंग (Complicated Fracture):** इस प्रकार के अस्थिभंग में हड्डी टूटकर मांस व त्वचा को फाड़कर बाहर आ जाती है तथा प्रायः धमनी तथा शिरा भी फट जाती है। इनका इलाज थोड़ा जटिल होता है।

(ix) **तनाव अस्थिभंग (Stress Fracture):** इस प्रकार का अस्थिभंग तब होता है जब मांसपेशियाँ अत्यधिक कार्य के बाद तनावग्रस्त एवं थकी हुई होती हैं और चोट के झटके को अवशोषित करने की बजाय उसे हड्डी पर लगने देती हैं। इससे हड्डी पर महीन अस्थिभंग हो जाते हैं।

अस्थिभंग की पहचान

अस्थिभंग की पहचान करने के कई तरीके हैं। असहनीय पीड़ा, सूजन, कोमलता, विकृति, क्षतिग्रस्त अंग का काम करना बंद करना और हड्डी टूटे हुए स्थान से आसामान्य आवाज (कर्कर) का आना अस्थिभंग के मुख्य लक्षण हैं। हड्डी टूटने के कारण होने वाला दर्द असहनीय होता है। इसमें कभी-कभी व्यक्ति बेहोश भी हो सकता है।

अस्थिभंग के कारण

अस्थिभंग होने के प्रमुख कारण निम्नलिखित हैं :

(i) **प्रत्यक्ष प्रभाव (Direct Impact):** किसी सीधी चोट या टक्कर के प्रभाव स्वरूप, जैसे कि, लाठी या डंडे के प्रहार के स्थान पर अस्थिभंग।

(ii) **अप्रत्यक्ष प्रभाव (Indirect Impact):** यदि अस्थिभंग चोट के स्थान की बजाय किसी अन्य स्थान पर हो तो इसे अप्रत्यक्ष प्रभाव के कारण अस्थिभंग कहा जाता है।

(iii) **मांसपेशियों में अत्यधिक संकुचन प्रभाव (Forcible Muscular Contraction):** कुछ अस्थिभंग मांसपेशियों में अत्यधिक संकुचन के कारण भी हो सकते हैं, जैसे कि, जाँघ की मांसपेशियों में अत्यधिक संकुचन द्वारा घुटने की पटेला हड्डी का और जोरदार खाँसी द्वारा पसली की हड्डी का टूटना।

(iv) **हड्डियों के रोग (Diseases of Bones) :** हड्डियों के रोग हड्डियों को कमजोर बना देते हैं और वह हल्के से आघात पर भी आसानी से टूटने लगती हैं।

अस्थिभंग में प्राथमिक उपचार

ज्यादातर अस्थिभंग के मामलों में अस्थि विशेषज्ञ की मदद की जरूरत होती है। उदाहरण के लिए कूल्हे, पैर, हाथ, बाँह, खोपड़ी और रीढ़ के अस्थिभंग काफी जटिल होते हैं।

- **सामान्य अस्थिभंग में उपचार :** साधारण अस्थिभंग की स्थिति में प्राथमिक उपचार करते समय इन बातों पर विशेष ध्यान दें :
  (i) अस्थिभंग वाले अंग को हिलाएँ-डुलाएँ नहीं।
  (ii) पीड़ित को आश्वस्त करें और सुविधाजनक स्थिति में रखें।
  (iii) पीड़ित के शारीरिक तापमान को उपयुक्त गर्म रखें।
  (iv) उसके दर्द और तकलीफ को कम करने का प्रयास करें।
  (v) अस्थिभंग के स्थान पर चपटी लकड़ी आदि लगाकर उसे स्थिर कर दें।
- **संयुक्त व जटिल अस्थिभंग में उपचार :** संयुक्त एवं जटिल अस्थिभंग की स्थिति में प्राथमिक उपचार करते समय इन बातों पर विशेष ध्यान दें :
  (i) विकल अंग को हिलाएँ-डुलाएँ नहीं।
  (ii) यदि घाव में कोई बाहरी अशुद्धि आदि हो तो सावधानी से रुई में एंटीसेप्टिक घोल लगाकर साफ करें।
  (iii) रक्तस्राव रोकने का प्रयास करें तथा घाव को पट्टी या साफ कपड़े से ढक दें।
  (iv) चपटी लकड़ी द्वारा विकल अंग को स्थिर बनाएँ।
  (v) असहनीय दर्द की स्थिति में पीड़ित को दर्द-निवारक दवा दे सकते हैं।

अस्थि-विस्थापन (Dislocation)

अस्थि-विस्थापन का तात्पर्य एक अथवा अधिक हड्डियों का उनकी संधि (Joint) के स्थान से खिसक जाना है। जिन अंगों में प्रायः यह समस्या अनुभव की जाती है उनमें कंधा, कोहनी, अंगूठे, उंगलियाँ तथा निचला जबड़ा प्रमुख हैं।

- **लक्षण**
  (i) तीव्र पीड़ा
  (ii) जोड़ पर सूजन
  (iii) जोड़ की विकृति
  (iv) शक्तिहीनता
- **प्राथमिक उपचार**
  (i) विकल अंग को हिलाएँ नहीं।
  (ii) ठंडी (बर्फ की) सिकाई करें।
  (iii) अंग को स्थिर बनाएँ।
  (iv) दर्द-निवारक दवा दें।

मोच आना (Sprain)

जब शरीर के किसी जोड़ के आस-पास के स्नायु-बंधनों व ऊतकों में विदीर्णता या मुड़ाव आ जाता है तो इस स्थिति को मोच आना कहते हैं।

✦ **लक्षण**

(i) पीड़ा

(ii) सूजन

(iii) अंग चलाने में असमर्थता

✦ **प्राथमिक उपचार**

(i) जोड़ को सुविधाजनक स्थिति में रखें और उस पर कसकर पट्टी बाँधें।

(ii) पट्टी पर ठंडा पानी डालें जिससे कि सूजन में कमी आए।

(iii) उपचार का एक अन्य तरीका जोड़ पर हल्की मालिश करके क्रेप बैंडेज बाँधना है।

(iv) पीड़ित को दर्द-निवारक दवा दें।

क्रेप बैंडेज (Crepe Bandage)

यह लोचदार पदार्थ से बनी हुई खिंचने वाली मजबूत पट्टी होती है जो जोड़ को मजबूती से बाँध देती है और सूजन कम करने और जोड़ को हिलाने-डुलाने में मदद करती है और इस प्रकार दर्द में कमी करके आराम पहुँचाती है। यह जोड़ों की मोच व खिंचाव में बहुत उपयोगी रहती है। प्रायः इसको बाँधने के लिए गाँठ नहीं लगानी पड़ती बल्कि इसके साथ एक क्लिप लगा होता है जो इसके सिरे को पट्टी में अटका देता है। इसको अनेक बार धोकर पुनः प्रयोग में लाया जा सकता है।

खिंचाव (Strain)

खिंचाव आने से तात्पर्य शरीर की किसी मांसपेशी के ऊपर अत्यधिक खिंचाव पड़ने के कारण प्रकट होने वाली दुष्कर स्थिति से है।

✦ **लक्षण**

(i) तीव्र पीड़ा

(ii) अंग हिलाने में कठिनाई

(iii) सूजन या ऐंठन

✦ **प्राथमिक उपचार**

(i) पीड़ित को सुविधाजनक स्थिति में रखें।

(ii) ठंडी सिकाई करें।

(iii) विकल अंग को पट्टी बाँधकर सहारा दें।

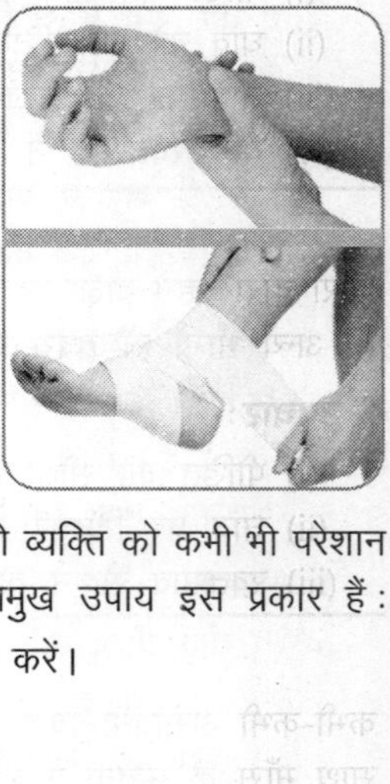

✦ **मोच एवं खिंचाव से बचाव के उपाय :** मोच व खिंचाव किसी भी व्यक्ति को कभी भी परेशान कर सकते हैं। इनसे बचाव के लिये किये जाने वाले कुछ प्रमुख उपाय इस प्रकार हैं :

(i) मांसपेशियों की ताकत बढ़ाने के लिये प्रतिदिन व्यायाम करें।

(ii) प्रतिदिन स्ट्रेचिंग (Stretching) का अभ्यास करें।

(iii) हमेशा सही आकार के जूते पहनें।

(iv) संतुलित आहार द्वारा अपनी मांसपेशियों का सही पोषण करें।

(v) किसी भी खेल-गतिविधि से पहले अपने आप को वार्म-अप (Warm-up) करें।

(vi) हमेशा खेल गतिविधि के अनुरूप वस्त्र व उपकरण प्रयोग करें।

(vii) मोच व खिंचाव से निपटने के लिये क्रेप बैंडेज अपने साथ रखें।

रक्तस्राव (Haemorrhage)

जब शरीर से, किसी चोट के लगने अथवा ब्लेड या चाकू से कटने पर, खून बहने लगता है तो इस स्थिति को रक्तस्राव कहते हैं। यह दो प्रकार का होता है :

(i) बाह्य रक्तस्राव (ii) आंतरिक रक्तस्राव

बाह्य रक्तस्राव

यह रक्तस्राव शरीर के बाहरी अंगों से होता है और इसे हम अपनी आँखों से प्रत्यक्ष देख सकते हैं। यह प्रायः किसी कारण से किसी धमनी, शिरा, अथवा ऊतकों को हानि पहुँचने पर होता है। प्रायः इसको पट्टी बाँधकर रोका जा सकता है। अधिक रक्तस्राव के कारण व्यक्ति बेहोश हो सकता है तथा उसकी मृत्यु भी हो सकती है।

धमनी का रक्तस्राव

कभी-कभी दुर्घटनावश किसी व्यक्ति की कोई धमनी कट जाती है तो उससे रक्तस्राव होने लगता है। धमनी से बहने वाला रक्त शुद्ध व चमकीले रंग का होता है। यह हृदय से बाकी शरीर के भागों की ओर रुक-रुक कर बहता है।

✦ **उपचार :**

(i) पीड़ित को सीधा लिटा दें तथा विकल अंग को पीड़ित के हृदय से ऊँचा उठाएँ।
(ii) घाव को एंटीसेप्टिक घोल से साफ करें तथा उस पर रूई रखकर पट्टी बाँध दें।
(iii) घाव पर रूई रखकर पट्टी बाँध दें।
(iv) यदि रक्तस्राव न रुके तो तुरंत डॉक्टर के पास ले जाएँ।

शिरा का रक्तस्राव

शिरा द्वारा बहने वाला रक्त अशुद्ध व गहरे लाल अथवा बैंगनी रंग का होता है। यह शरीर के अन्य भागों से हृदय की ओर निरंतर एक समान रूप से बहता है।

✦ **उपचार :**

(i) पीड़ित को सीधा लिटाएँ तथा उसके विकल अंग को हृदय से ऊँचा रखें।
(ii) घाव पर टिंक्चर आयोडीन पाउडर छिड़ककर उस पर रूई रखकर पट्टी बाँध दें।
(iii) रक्तस्राव रोकने के लिए घाव पर बर्फ रखें या ठंडा पानी भी डाल सकते हैं।

ऊतकों/कोशिकाओं का रक्तस्राव

कभी-कभी असावधानीवश कोई छोटी-मोटी चोट लगने अथवा कटने के कारण त्वचा के साथ माँस के ऊतक व कोशिकाएँ भी क्षतिग्रस्त हो जाती हैं, जिनसे हल्का रक्तस्राव होने लगता है। ऐसी चोटें प्रायः बच्चों को खेलते समय लगती हैं।

✦ **उपचार :**

(i) घाव को किसी एंटीसेप्टिक घोल से साफ करके हाथ से 4-5 मिनट तक दबाएँ।
(ii) यदि रक्तस्राव बंद न हो तो घाव पर फिटकरी का पाउडर छिड़ककर पट्टी बाँध दें।

आंतरिक रक्तस्राव

कभी-कभी अचानक चोट लग जाने के कारण शरीर पर बाहर से कोई घाव नजर नहीं आता लेकिन शरीर के अंदर की कोशिकाओं को हानि पहुँचती है और शरीर के अंदर रक्तस्राव होने लगता है। इसका पता भी देर से चलता है।

✦ लक्षण

(i) सांस लेने में तकलीफ
(ii) घबराहट व बैचेनी
(iii) चेहरा पीला पड़ना
(iv) दिल की धड़कन अनियमित होना
(v) नाड़ी-दर मंद पड़ना
(vi) शरीर का तापमान गिरना
(vii) सर्दी में भी पसीना आना
(viii) शक्तिहीनता अनुभव करना

✦ प्राथमिक उपचार

(i) पीड़ित को ठंडा पानी पिलायें अथवा उसके मुँह में बर्फ रखें।
(ii) पीड़ित को कुछ अन्य पदार्थ खाने-पीने को न दें।
(iii) यदि रक्तस्राव के स्थान का अनुमान हो तो उस पर भी बर्फ रखें।
(iv) पीड़ित को खुले व हवादार स्थान में रखें।
(v) पीड़ित व्यक्ति को तुरंत डाक्टर के पास ले जाएँ।

घायलों की निकासी (Evacuation of Wounded)

भूकम्प, चक्रवात, सुनामी, बाढ़, भूस्खलन और हिमस्खलन जैसी प्राकृतिक आपदाएँ अचानक ही बिना चेतावनी के आती हैं और बड़े पैमाने पर जान-माल की हानि करती हैं। बड़ी संख्या में लोग रेल, वायुयान, जहाज और सड़क-दुर्घटनाओं के शिकार बन जाते हैं। ऐसी आपदाओं के समय मृतकों व घायलों की निकासी एक बड़ी चुनौती होती है। ऐसे में घायलों को शीघ्रता से सुरक्षित बाहर निकालकर चिकित्सा केन्द्रों व अस्पतालों में पहुँचाने के लिये कई प्रकार की तैयारी करनी पड़ती है। एनसीसी कैडेट इसमें बहुत मदद कर सकते हैं।

अग्रिम तैयारी

घायलों के प्राथमिक चिकित्सा पोस्ट तक पहुँचने से पहले :

(i) यदि प्राथमिक चिकित्सा पोस्ट उपलब्ध न हो तो किसी एक छायादार स्थान पर उसे स्थापित करें।
(ii) अधिक से अधिक प्राथमिक चिकित्सा बॉक्स, रूई व पट्टियाँ एकत्र करें।
(iii) कुछ कम्बल, चारपाइयाँ, दरियाँ व चादरें एकत्र करें।
(iv) पीने के स्वच्छ जल की व्यवस्था करें।

घायलों के प्राथमिक चिकित्सा पोस्ट तक पहुँचने के बाद :

(i) आपदा/दुर्घटना का विवरण नोट करें।
(ii) पीड़ा के चिह्न/संकेत नोट करें।
(iii) पीड़ा के लक्षण नोट करें।

✦ उपचार :

(i) पीड़ितों को धैर्य बंधाएँ।

(ii) तमाशबीनों की भीड़ को हटाएँ।

(iii) घावों पर पट्टियाँ बाँधें।

(iv) टूटी हुई हड्डियों पर स्पिलिंट लगाएँ।

(v) यदि साँस अवरुद्ध हो तो कृत्रिम श्वास दें।

(vi) यदि जले हुए हों तो घावों को स्वच्छ पट्टियों व चादरों से ढक दें।

(vii) यदि विष के लक्षण हों तो शरीर से विष निकालने के उपाय करें।

(viii) यदि पानी में डूबे हुए हों तो पेट से पानी निकालने के उपाय करें।

एक प्राथमिक चिकित्सा देने वाले को पीड़ित को उबारने के सभी उपाय करने चाहियें ताकि डॉक्टर के उपलब्ध होने तक उसकी हालत बिगड़े नहीं। उन्हें कभी भी एक डॉक्टर द्वारा किये जाने वाले कार्य करने का प्रयास नहीं करना चाहिये और पीड़ित को यथाशीघ्र अस्पताल पहुँचाना चाहिये।

रोगियों/घायलों को ले जाने की विधि

एक रोगी अथवा घायल व्यक्ति की निकासी की कई विधियाँ होती हैं। यह आवश्यक नहीं कि उस समय स्ट्रेचर, व्हीलचेयर अथवा उसे उठाकर ले जाने के लिए कई व्यक्ति मौजूद हों। इस प्रकार की स्थितियों में समय के अनुसार निकासी की निम्नलिखित विधियों का प्रयोग किया जाता है :

1. जब बचावकर्ता केवल एक हो :

(i) मानव बैसाखी

(ii) गोद में उठाना

(iii) पीठ पर लादना

(iv) रेंगकर बचाव

(v) सीढ़ी से उतारना

(vi) कंधे से खींचना

(vii) पाँवों से खींचना

2. जब बचावकर्ता केवल दो हों :

(i) फायरमैंस लिफ्ट

(ii) दो हाथों का आसन

(iii) तीन हाथों का आसन

(iv) चार हाथों का आसन

(v) आगे और पीछे से पकड़कर

(vi) दो मानव बैसाखी

(vii) चादर / कम्बल द्वारा

3. कामचलाऊ स्ट्रेचर द्वारा

जब निकासी के लिये स्ट्रेचर उपलब्ध न हों तो डंडों अथवा बांसों और कम्बलों, चादरों अथवा दरियों की मदद से कामचलाऊ स्ट्रेचर बनाकर घायलों की निकासी करनी चाहिये।

घायल/रोगी को ले जाने के विभिन्न तरीके
(Different Methods of Carrying Injured/Patient)

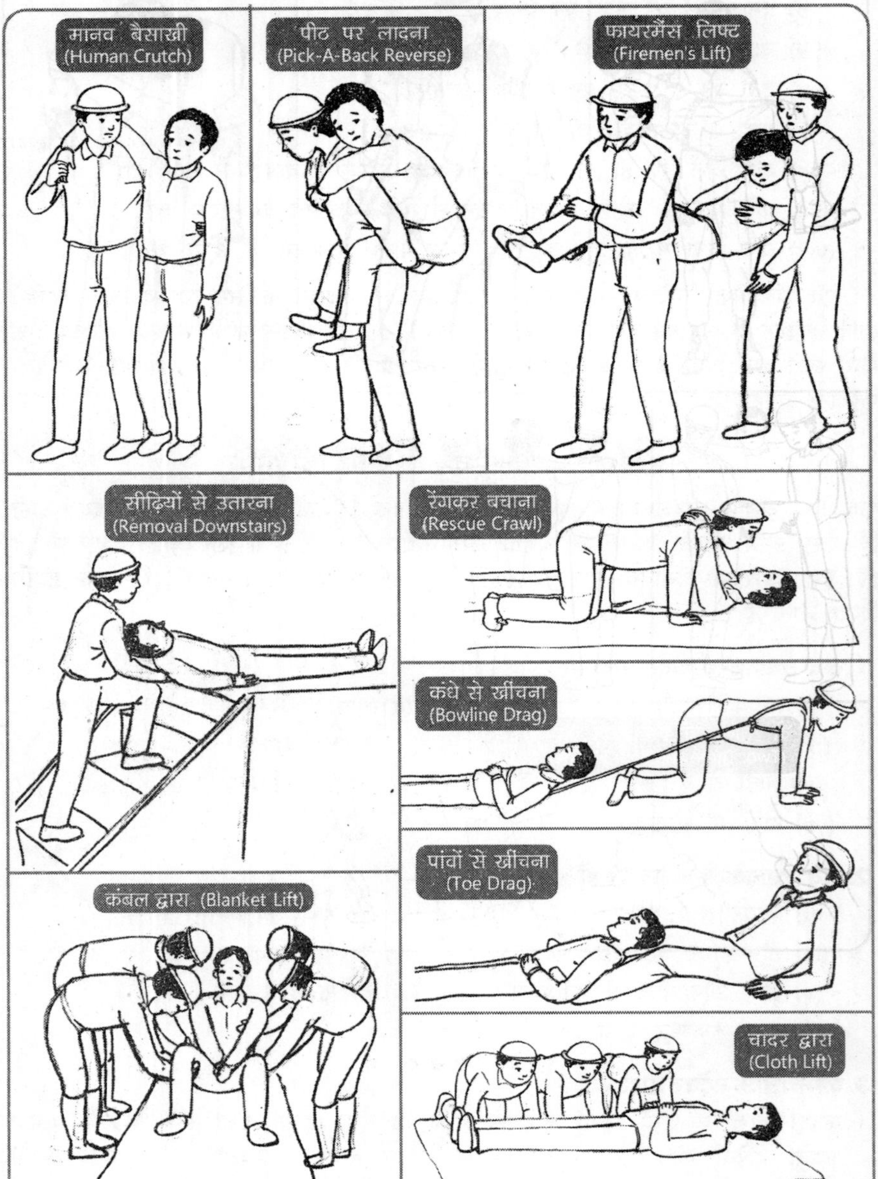

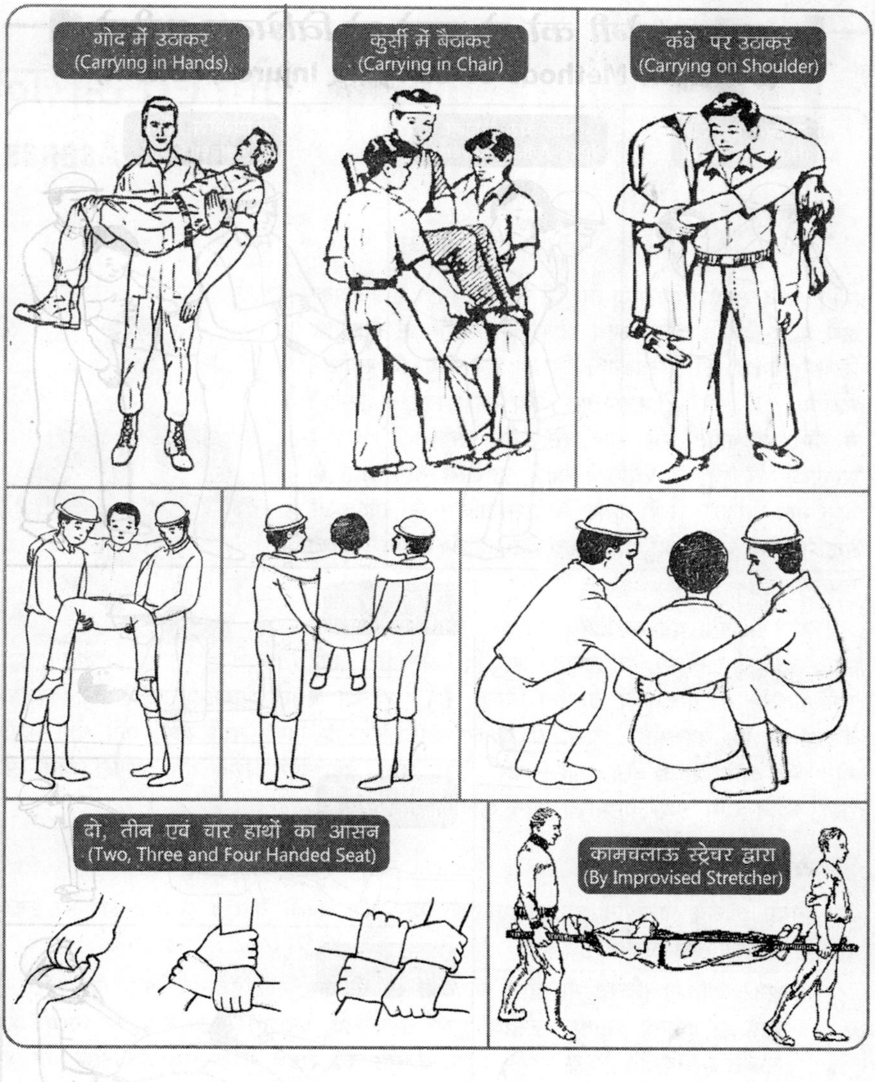
गोद में उठाकर
(Carrying in Hands)
कुर्सी में बैठाकर
(Carrying in Chair)
कंधे पर उठाकर
(Carrying on Shoulder)
दो, तीन एवं चार हाथों का आसन
(Two, Three and Four Handed Seat)
कामचलाऊ स्ट्रेचर द्वारा
(By Improvised Stretcher)

16 योग एवं आसन (Yoga & Asanas)

योग

'योग' शब्द समाध्यर्थक युज् धातु से निष्पन्न होता है, जिसका अर्थ है 'समाधि'। 'योग' आर्य जाति की प्राचीनतम विद्या है, जिसमें विवाद को प्रश्रय नहीं मिलता है। योग ही सर्वोत्तम मोक्षोपाय है। भव ताप सन्तप्त जीव को ईश्वर से मिलाने में योग ही भक्ति और ज्ञान का प्रधान साधन है। यद्यपि उपलब्ध योगसूत्रों के रचयिता महर्षि पतंजलि माने जाते हैं, किंतु योग पतंजलि से भी प्राचीन अध्यात्म-प्रक्रिया है। संहिताओं, ब्राह्मणों तथा उपनिषदों में अनेकत्र इसका संकेत एवं विवेचन उपलब्ध है।

'योग' अत्यंत व्यापक विषय है। वेद, उपनिषद, भागवत आदि पुराण, रामायण, महाभारत, आयुर्वेद, अलंकार आदि सभी शास्त्रों में 'योग' का उल्लेख मिलता है। योग की अनेक शाखा-प्रशाखाएँ हैं। विश्लेषण के आधार पर यह अनेक नामों से पुकारा जाने लगा है जैसे—चर्या योग, कर्म योग, ध्यान योग, हठ योग, मन्त्र योग, अद्वैत योग, लक्ष्य योग, ब्रह्म योग, शिव योग, सिद्धि योग, लय योग, ध्यान योग तथा प्रेमभक्ति योग और समाधि योग।

योग के अंग

यम, नियम, आसन, प्राणायाम, प्रत्याहार, धारणा, ध्यान और समाधि योग के ये आठ अंग हैं। इनका संक्षिप्त विवरण इस प्रकार है :

1. **यम :** अहिंसा (किसी भी प्राणी को जरा सा भी कष्ट न पहुँचाना), सत्य (जो जैसा है, वैसा ही कहना, बताना), अस्तेय (चोरी न करना), ब्रह्मचर्य (काम भाव का त्याग) और अपरिग्रह (किसी भी तरह की भोग सामग्री का संग्रह न करना) इन सभी को यम कहते हैं।
2. **नियम :** शौच (बाहर-भीतर की पवित्रता), संतोष (सुख-दुःख, लाभ-हानि, सम्मान-अपमान, अनुकूलता-प्रतिकूलता में सदा प्रसन्नचित रहना), तप (धर्मपालन के लिए कष्ट सहना), स्वाध्याय (वेद आदि शास्त्रों का अध्ययन करना), और ईश्वर प्रणिधान (ईश्वर की भक्ति करना) ये पाँच नियम हैं।

3. **आसन :** जिस तरीके से योगी सुखपूर्वक स्थिरता से बैठ सके, उसे आसन कहते हैं। आसन अनेक प्रकार के होते हैं। संसार में जितने जीव हैं, उनके बैठने के जितने प्रकार हैं, उतने ही आसन हो सकते हैं। आसनों के अभ्यास से नाड़ी समूह की मृदुता प्राप्त होती है, सहनशीलता की वृद्धि होती है। शरीर की लघुता एवं मन की एकाग्रता बढ़ जाती है और प्राण तत्व का उर्ध्वगमन होता है तथा शरीर के रोगों की निवृत्ति होती है। जहाँ तक आरोग्यता का संबंध है सिर्फ योगियों को ही नहीं, बल्कि बाल, युवा, स्त्री-पुरूष सभी को इनका अभ्यास करना चाहिए।

4. **प्राणायाम :** शास्त्रोक्त विधि से अपने स्वाभाविक श्वास और प्रश्वासों को रोक लेना प्राणायाम कहलाता है। प्राणायाम के तीन भेद हैं :

   - पूरक
   - कुंभक
   - रेचक

   जिस तरह धातुओं को आग में तपा देने से उनके सारे दोष दूर हो जाते हैं, उसी प्रकार प्राणायाम से शरीर के सारे दोष दूर हो जाते हैं। आरोग्यता एवं स्वास्थ्य की दृष्टि से प्राणायाम बहुत ही उत्तम साधन है।

5. **प्रत्याहार :** जब सभी इन्द्रियाँ विषयों के बंधन से मुक्त हो जाती हैं, तब सब कामों में चित्त (अंतरात्मा) की राह देखना प्रत्याहार कहलाता है।

6. **धारणा :** किसी एक ध्येय स्थान में चित्त को बाँध देना, स्थिर कर देना 'धारणा' कहलाता है।

7. **ध्यान :** ध्येय स्थान (जहाँ चित्त एकाग्रता से बाँधा गया है) पर चित्त का अनवरत लगा रहना, ध्यान कहलाता है।

8. **समाधि :** जिस अवस्था में योगी को केवल ध्येय स्वरूप का ही भान होता है और अपने स्वरूप के भान का अभाव-सा रहता है, उसे समाधि कहते हैं।

आसन

सुविधापूर्वक एकचित्त और स्थिर होकर बैठने को आसन कहा जाता है। आसन का शाब्दिक अर्थ है—बैठना, बैठने का आधार, बैठने की विशेष प्रक्रिया आदि। आसन योग का तीसरा अंग है। इन्हें योगासन भी कहते हैं। चित्त की स्थिरता, शरीर और उसके अंगों की दृढ़ता पाकर कायिक सुख के लिए इस क्रिया का विधान मिलता है। हमारे ऋषि-मुनि मोक्ष प्राप्ति के लिए जीवन भर तप और स्वाध्याय करते थे। उन्होंने आसनों और प्राणायाम के रूप में उन शारीरिक क्रियाओं का आविष्कार किया जिनसे वे कभी भी रोगों से ग्रसित नहीं होते थे और सभी तरह की शारीरिक, मानसिक और आध्यात्मिक शक्तियों से युक्त होकर सैकड़ों वर्षों तक सुखमय जीवन व्यतीत करते थे।

योगासन हमारे ऋषि महात्माओं द्वारा आविष्कृत वो शारीरिक क्रियाएँ हैं, जिनका हमारे मन एवं मस्तिष्क पर सीधा एवं सकारात्मक प्रभाव पड़ता है। इनके नियमित अभ्यास से मनुष्य का विवेक जाग उठता है और अभ्यास के बाद एक नया और उत्साह से भरा अनुभव प्राप्त होता है। आसनों के अभ्यासी में आत्मविश्वास एवं साहस कूट-कूट कर भरा होता है।

विभिन्न आसन

सूर्य नमस्कार

सूर्य नमस्कार योगासनों में सर्वश्रेष्ठ है। यह एक अभ्यास ही साधक को सम्पूर्ण योग व्यायाम का लाभ पहुँचाने में समर्थ है। इसके अभ्यास से साधक का शरीर निरोग और स्वस्थ होकर तेजस्वी हो जाता है। 'सूर्य नमस्कार' स्त्री, पुरुष, बाल, युवा तथा वृद्धों सभी के लिए उपयोगी माना जाता है।

सूर्य नमस्कार में बारह मंत्रों का उच्चारण किया जाता है। प्रत्येक मंत्र में सूर्य का भिन्न नाम लिया जाता है। हर मंत्र का एक ही सरल अर्थ है–सूर्य को (मेरा) नमस्कार है। सूर्य नमस्कार की बारह स्थितियों या चरणों में इन बारह मंत्रों का उच्चारण किया जाता है।

सूर्य नमस्कार के 12 मंत्र

1. ॐ मित्राय नमः
2. ॐ रवये नमः
3. ॐ सूर्याय नमः
4. ॐ भानवे नमः
5. ॐ खगय नमः
6. ॐ पुष्पे नमः
7. ॐ हिरण्यगर्भाय नमः
8. ॐ मारिचाये नमः
9. ॐ आदित्याय नमः
10. ॐ सावित्रे नमः
11. ॐ आर्काय नमः
12. ॐ भास्कराय नमः

विधि :

1. दोनों हाथों को जोड़कर सीधे खड़े हों। नेत्र बंद करें। ध्यान 'आज्ञा चक्र' पर केंद्रित करके 'सूर्य भगवान का आह्वान 'ॐ मित्राय नमः' के द्वारा करें।
2. श्वास भरते हुए दोनों हाथों को कानों से सटाते हुए ऊपर की ओर तानें तथा भुजाओं और गर्दन को पीछे की ओर झुकाएँ। ध्यान को गर्दन के पीछे 'विशुद्धि चक्र' पर केन्द्रित करें।
3. तीसरी स्थिति में श्वास को धीरे-धीरे बाहर निकालते हुए आगे की ओर झुकाएँ। हाथ गर्दन के साथ, कानों से सटे हुए नीचे जाकर पैरों के दाएँ-बाएँ पृथ्वी का स्पर्श करें घुटने सीधे रहें। माथा घुटनों का स्पर्श करता हुआ ध्यान नाभि के पीछे 'मणिपूरक चक्र– पर केन्द्रित करते हुए कुछ क्षण इसी स्थिति में रुकें। कमर एवं रीढ़ के दोष वाले व्यक्ति इसे न करें।
4. इसी स्थिति में श्वास को भरते हुए बाएँ पैर को पीछे की ओर से जाएँ। छाती को खींचकर आगे की ओर तानें, गर्दन को अधिक पीछे की ओर झुकाएँ। टाँग तनी हुई सीधी पीछे की ओर खिंचाव और पैर का पंजा खड़ा हुआ। इस स्थिति में कुछ समय रुकें। ध्यान को 'स्वाधिष्ठान' अथवा 'विशुद्धि चक्र' पर ले जाएँ। मुखाकृति सामान्य रखें।
5. श्वास को धीरे-धीरे बाहर निष्कासित करते हुए दाएँ पैर को भी पीछे ले जाएँ। दोनों पैरों की एड़ियाँ परस्पर मिली हुई हों। पीछे की ओर शरीर को खिंचाव दें और एड़ियों को पृथ्वी पर मिलाने का प्रयास करें। नितम्बों को अधिक से अधिक ऊपर उठाएँ। गर्दन को नीचे झुकाकर ठोड़ी को कण्ठकूप में लगाएँ। ध्यान 'सहस्रार चक्र' पर केन्द्रित करने का अभ्यास करें।

6. श्वास भरते हुए शरीर को पृथ्वी के समानांतर, सीधा साष्टांग दण्डवत करें और पहले घुटने, छाती और माथा पृथ्वी पर लगा दें। नितम्बों को थोड़ा ऊपर उठा दें। श्वास छोड़ दें। ध्यान को 'अनाहत चक्र' पर टिका दें। श्वास की गति सामान्य करें।

7. इस स्थिति में धीरे-धीरे श्वास को भरते हुए छाती को आगे की ओर खींचते हुए हाथों को सीधे कर दें। गर्दन को पीछे की ओर ले जाएँ। घुटने पृथ्वी का स्पर्श करते हुए तथा पैरों के पंजे खड़े रहें। मूलाधार को खींचकर वहीं ध्यान को टिका दें।

8. श्वास को धीरे-धीरे बाहर निष्कासित करते हुए दाएँ पैर को भी पीछे ले जाएँ। दोनों पैरों की एड़ियाँ परस्पर मिली हुई हों। पीछे की ओर शरीर को खिंचाव दें और एड़ियों को पृथ्वी पर मिलाने का प्रयास करें। नितम्बों को अधिक से अधिक ऊपर उठाएँ। गर्दन को नीचे झुकाकर ठोड़ी को कण्ठकूप में लगाएँ। ध्यान 'सहस्रार चक्र' पर केन्द्रित करने का अभ्यास करें।

9. इसी स्थिति में श्वास को भरते हुए बाएँ पैर को पीछे की ओर ले जाएँ। छाती को खींचकर आगे की ओर तानें। गर्दन को अधिक पीछे की ओर झुकाएँ। पैर तने हुए सीधे

पीछे की ओर खिंचाव और पैर का पंजा खड़ा हुआ। इस स्थिति में कुछ समय रुकें। ध्यान को 'स्वाधिष्ठान' अथवा 'विशुद्धि चक्र' पर ले जाएँ। मुखाकृति सामान्य रखें।

10. तीसरी स्थिति में श्वास को धीरे-धीरे बाहर निकालते हुए आगे की ओर झुकाएँ। हाथ गर्दन के साथ, कानों से सटे हुए नीचे जाकर पैरों के दाएँ-बाएँ पृथ्वी को स्पर्श करें। घुटने सीधे रहें। माथा घुटनों को स्पर्श करते हुए ध्यान नाभि के पीछे 'मणिपूरक चक्र' पर केन्द्रित करते हुए कुछ क्षण इसी स्थिति में रुकें।
11. श्वास भरते हुए दोनों हाथों को कानों से सटाते हुए ऊपर की ओर तानें तथा भुजाओं और गर्दन को पीछे की ओर झुकाएँ। ध्यान को गर्दन के पीछे 'विशुद्धि चक्र' पर केन्द्रित करें।
12. यह स्थिति पहली स्थिति की भाँति ही रहेगी।

लाभ

* सूर्य नमस्कार की उपरोक्त बारह स्थितियाँ हमारे शरीर के संपूर्ण अंगों की विकृतियों को दूर करके निरोग बना देती हैं। यह पूरी प्रक्रिया अत्यधिक लाभकारी है। इसके अभ्यास से हाथ-पैरों के दर्द दूर होकर उनमें सबलता आ जाती है।
* गर्दन, फेफड़े तथा पसलियों की मांसपेशियाँ सशक्त हो जाती हैं, शरीर की फालतू चर्बी कम होकर शरीर हल्का-फुल्का हो जाता है।
* सूर्य नमस्कार से त्वचा रोग समाप्त हो जाते हैं अथवा इनके होने की संभावना समाप्त हो जाती है।
* इस अभ्यास से कब्ज आदि उदर रोग समाप्त हो जाते हैं और पाचनतंत्र की क्रियाशीलता में वृद्धि होती है।
* इस अभ्यास के द्वारा हमारे शरीर की छोटी-बड़ी सभी नस-नाड़ियां क्रियाशील हो जाती हैं, इसलिए आलस्य, अतिनिद्रा आदि विकार दूर हो जाते हैं।

सावधानियाँ

* उच्च रक्तचाप विकार और हर्निया के रोगी इस अभ्यास को न करें।
* सूर्य नमस्कार की तीसरी और पाँचवीं विधि सर्वाइकल और स्लिप-डिस्क वाले रोगियों के लिए वर्जित है।
* कमर एवं रीढ़ के दोष वाले व्यक्ति न करें।
* गर्भवती स्त्रियाँ व अन्य महिलाएँ मासिक धर्म के दौरान इसे न करें।

शवासन

विधि :

1. पीठ के बल लेट जाएँ और दोनों पैरों में डेढ़ फुट का अंतर रखें। दोनों हाथों को शरीर से 6 इंच की दूरी पर रखें। हथेली की दिशा ऊपर की ओर रखें।

2. सिर को सहारा देने के लिए तौलिया या किसी कपड़े को दोहरा कर सिर के नीचे रख सकते हैं। इस दौरान यह ध्यान रखें कि सिर सीधा रहे।
3. शरीर को तनावरहित करने के लिए अपनी कमर और कंधों को व्यवस्थित कर लें। शरीर के सभी अंगों को ढीला छोड़ दें। आँखों को कोमलता से बंद कर लें। शवासन करने के दौरान किसी भी अंग को हिलाना-डुलाना नहीं चाहिये।
4. आप अपनी सजगता (ध्यान) को साँस की ओर लगाएँ और उसे अधिक-से-अधिक लयबद्ध करने का प्रयास करें। गहरी साँसे भरें और साँस छोड़ते हुए ऐसा अनुभव करें कि पूरा शरीर शिथिल होता जा रहा है। शरीर के सभी अंग शांत हो गए हैं।
5. कुछ देर साँस की सजगता को बनाए रखें, आँखें बंद ही रखें और भ्रू-मध्य (भौहों के मध्य स्थान पर) में एक ज्योति का प्रकाश देखने का प्रयास करें।
6. यदि कोई विचार मन में आए तो उसे साक्षी भाव से देखें, उससे जुड़िए नहीं, उसे देखते जाएँ और उसे जाने दें। कुछ ही पल में आप मानसिक रूप से भी शांत और तनाव रहित हो जाएँगे।
7. आँखे बंद रखते हुए इसी अवस्था में आप 10 से 1 तक उल्टी गिनती गिनें। उदाहरण के तौर पर "मैं साँस छोड़ रहा हूँ 10, मैं साँस ले रहा हूँ 9, मैं साँस छोड़ रहा हूँ 8, मैं ......। इस प्रकार शून्य तक गिनती को मन ही मन गिनें।
8. यदि आपका मन भटक जाए और आप गिनती भूल जाएँ तो दोबारा उल्टी गिनती आरंभ करें। साँस की सजगता के साथ गिनती करने से आपका मन थोड़ी देर में शांत हो जाएगा।

कितनी देर करें

* योग की पाठशाला में आप 1 या 2 मिनट तक शवासन का अभ्यास कर सकते हैं। अलग से समय निकाल पाएँ तो 20 से 30 मिनट तक शवासन का अभ्यास नियमित रूप से करना चाहिए। विशेषकर थक जाने के बाद या सोने से पहले।

सावधानियाँ

* आँखें बंद रखनी चाहिएँ। हाथ को शरीर से छह इंच की दूरी पर व पैरों में एक से डेढ़ फीट की दूरी रखें। शरीर को ढीला छोड़ देना चाहिए।
* शवासन के दौरान किसी भी अंग को हिलाएंगे नहीं। सजगता को साँस की ओर लगाकर रखें। अंत में अपनी चेतना को शरीर के प्रति लेकर आएँ।
* दौनों पैरों को मिलाकर, दोनों हथेलियों को आपस में रगड़िए और इसकी गर्मी को अपनी आँखों पर धारण करें। इसके बाद हाथ सीधे कर लें और आँखें खोल लें।

लाभ

* शवासन एकमात्र ऐसा आसन है, जिसे हर आयुवर्ग के लोग कर सकते हैं।
* यह सरल भी है। पूरी सजगता के साथ किया जाए तो तनाव दूर होता है, उच्च रक्तचाप सामान्य होता है, अनिद्रा को दूर किया जा सकता है।
* इस आसन को करने से मन शांत होता है और शरीर को ऊर्जा प्राप्त होती है।

शीर्षासन

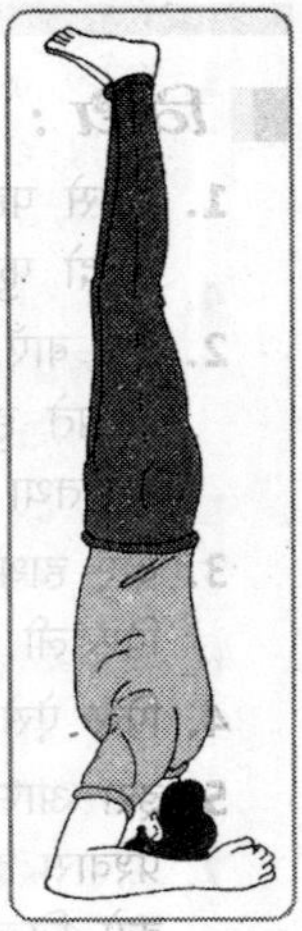

विधि :

1. किसी वस्त्र की गोल गद्दी-सी बना लें जिस पर सिर आराम से रखा जा सके। अब घुटनों के बल बैठ जाएँ।
2. दोनों हाथों की उँगलियों को आपस में डालकर गोल गद्दी के पीछे इस तरह से रखें कि हथेलियाँ ऊपर की ओर रहें और कलाई से लेकर कोहनी तक दोनों हाथ जमीन पर टिके रहें।
3. अब सिर को गद्दी पर इस प्रकार रखें कि सिर्फ माथा ही गद्दी पर टिका रहे।
4. अब पैरों को धीरे-धीरे ऊपर को उठाएँ और सिर के बल खड़े हो जाएं। पूरा शरीर एक सीध में रहे।
5. पैरों की उंगलियों को ऊपर की ओर खीचें, घुटनों को ढीला रखें। श्वास-प्रश्वास सामान्य गति से चलता रहे।
6. शुरुआत में इस आसन को करने के लिए दीवार का सहारा ले लेना चाहिए। कुछ दिनों के अभ्यास के बाद अपने आप शरीर का संतुलन बनने लगेगा।
7. शीर्षासन करते समय आँखों को चारों ओर घुमाएँ या फिर एक ही स्थान पर जमा कर रखें। इससे आँखों को बहुत लाभ होता है।

सावधानियाँ

* आरम्भ में शीर्षासन को अधिक देर तक न करें। आधा मिनट से इसकी शुरुआत करें। फिर जैसे-जैसे अभ्यास बढ़ता जाए और आसानी से होने लगे तो 10-15 मिनट तक इसे कर सकते हैं।
* पाँच मिनट से ज्यादा समय तक इस आसन को करने वाले व्यक्ति को पौष्टिक आहार अवश्य लेना चाहिए।
* बढ़े हुए रक्तचाप (ब्लड प्रेशर) और आँखों व कानों के रोगों में भी इसे नहीं करना चाहिए।
* इस आसन को करने के पश्चात् उतनी ही देर तक सीधा खड़ा रहना चाहिए।

लाभ

* इस अवस्था में पूरे शरीर का झुकाव हृदय की ओर हो जाता है जिससे पूरे शरीर का रक्त शुद्ध हो जाता है और हृदय की शक्ति बढ़ जाती है।
* यह आसन चमड़ी के रोग, पेट के रोग, बवासीर, ऊँचा सुनना, नेत्र रोग और स्मरण शक्ति में लाभदायक है। इस आसन से पूरा शरीर हल्का एवं जोशीला हो जाता है।
* स्वप्नदोष को रोकने में भी यह आसन बहुत लाभदायक है।
* इस आसन से आगे निकला हुआ पेट कम हो जाता है और पाचनशक्ति बढ़ जाती है।
* इस आसन से मुखमण्डल पर तेज एवं कांति आती है एवं इससे गर्दन मजबूत एवं पुष्ट हो जाती है। पतली दिखने वाली गर्दन भी निरंतर अभ्यास से सुदृढ़ हो जाती है।

त्रिकोणासन

विधि :

1. सबसे पहले सीधे खड़े हो जाएँ, फिर दोनों पैरों के बीच में दो फुट का फासला कर लें।
2. अब बाएँ हाथ को ऊपर उठाएँ और इसे ऊपर की ओर खींचते हुए दाईं ओर झुक जाएँ। हथेली जमीन की ओर रहे तथा कंधा कान से सटा रहे।
3. दाएँ हाथ को नीचे की तरफ इस तरह खींचें कि यह दाईं पिण्डली को छूने लगे।
4. फिर ऐसे ही विपरीत दिशा में यानी कि दाईं ओर करें।
5. इस आसन को आप अंदर श्वास रोकते हुए भी कर सकते हैं और सामान्य श्वास-प्रश्वास करते हुए भी। इसमें शरीर की आकृति त्रिकोण की भाँति हो जाती है। इसलिए इसे त्रिकोणासन कहते हैं।

लाभ

* इस आसन से हाथों, पैरों एवं शरीर की अन्य रगों में तनाव पैदा होता है, जिससे ये निरोग रहती हैं।
* कमर पर लटकते हुए माँस (चर्बी) को कम करने में यह विशेष सहायक है।
* यह घुटनों के दर्द और शारीरिक थकान को भी दूर करता है।

सर्वांगासन

विधि :

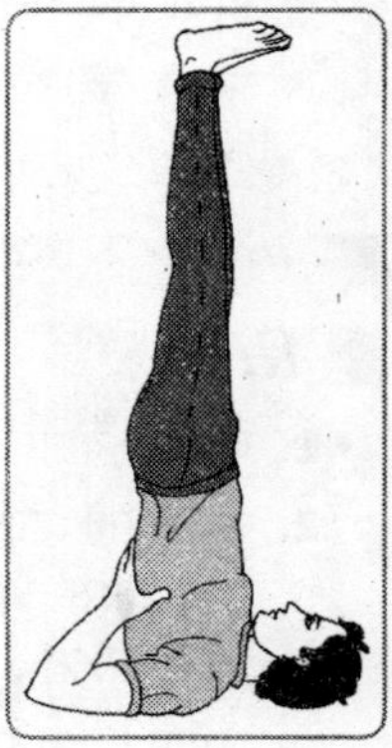

1. सबसे पहले सीधे लेट जाएँ।
2. फिर दोनों पैरों को ऊपर उठाते हुए बिलकुल सीधे कर दें।
3. अब दोनों हाथों की हथेलियों को कमर के पीछे लगा दें।
4. कमर को भी ऊपर उठाते हुए धड़ और पैरों को एक सीध में कर दें।
5. अपनी ठोड़ी को सीने में लगाए रखें।
6. जीभ दाँतों के बीच में रहे और मुँह को बंद रखें।
7. इस प्रकार सामान्य श्वास-प्रश्वास लेते हुए एक-दो मिनट तक अभ्यास करें।
8. घुटनों एवं कमर को मुड़ने न दें।

लाभ

* यह आसन कब्ज को दूर करता है।

* इससे भूख बढ़ती है और पाचनशक्ति दुरूस्त होती है।
* यह यकृत (लिवर) को शक्ति प्रदान करता है और आँतों को शुद्ध करता है। यह कद को भी बढ़ाता है।
* यह श्वास के रोगों में लाभदायक है।
* गले के सब प्रकार के रोग एवं मोटापा इससे दूर होते हैं।
* थायराइड ग्रंथि को भी यह स्वस्थ बनाए रखता है।
* यह शारीरिक कमजोरी एवं थकावट को दूर करता है।

गरुड़ासन

विधि :

1. सीधे खड़े हो जाएँ।
2. अब बाएँ पैर पर खड़े रहें और दाएँ पैर को ऊपर लपेटते हुए, दाएँ पैर के पंजे को बाएँ पैर की पिण्डली में अटका दें।
3. फिर बाएँ हाथ को कोहनी से मोड़कर मुख के सामने ले आएँ।
4. अब दाएँ हाथ की कोहनी को बाईं कोहनी के नीचे लगाकर, दाएँ हाथ की उँगलियों को बाईं हथेली पर लगा दें।
5. इसी विधि को दाएँ पैर और दाएँ हाथ के साथ भी दोहराएँ।

लाभ

* घुटनों एवं हाथ पैर के जोड़ों के दर्द को दूर करता है।
* अण्डकोश की वृद्धि का रोग इसके करने से नहीं होता है।
* हाथों एवं पैरों को निरोग बनाता है।
* पेशाब के रोगों को दूर करता है।

पश्चिमोत्तानासन

विधि :

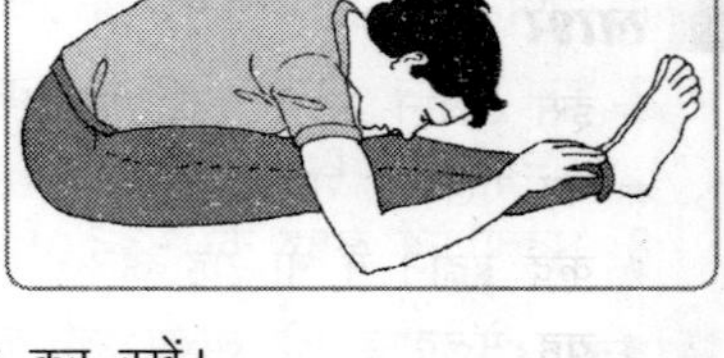

1. बैठकर दोनों पाँवों को सामने पसार दें।
2. अब दोनों हाथों से पैरों के अँगूठों को पकड़ें। पूरा श्वास बाहर निकाल दें।
3. फिर धीरे-धीरे झुकते हुए सिर को घुटनों से लगाएँ। घुटनों को सीधे रखें, मुड़ने न दें।
4. नीचे जब तक रुकें, श्वास को बाहर ही रोक कर रखें।
5. जब श्वास लेने की इच्छा हो, तब धीरे-धीरे श्वास लेते हुए ऊपर उठें।

6. पुनः श्वास को बाहर निकाल दें और सिर घुटनों से लगाएँ। इस प्रकार 5 से 10 बार तक करें।
7. प्राणायाम के तीनों भेद यानी रेचक, पूरक और कुंभक का अभ्यास करने के लिए यह उत्तम आसन है।
8. जब आपका सिर घुटनों के बीच से जमीन में लगने लग जाए, तब इस आसन की पूर्ण अवस्था होती है। धीरे-धीरे अभ्यास से आपको इसमें सफलता मिलती है।

लाभ

* कमर का अकड़ना इस आसन से ठीक हो जाता है।
* सभी प्रकार के पेट के दोषों को दूर करके पाचन शक्ति को बढ़ाता है। इससे भूख खूब बढ़ती है। आँतों को साफ करता है और कब्ज व गैस को होने से रोकता है।
* कद बढ़ाने में सहायता करता है। यकृत (लिवर) की शक्ति को बढ़ाता है और रक्त को शुद्ध भी करता है।
* इससे रीढ़ की हड्डी मजबूत होती है।

हलासन

विधि :

1. सीधे लेट जाएँ।
2. दोनों हाथों को शरीर के साथ सीधे रखें और हथेलियों को जमीन की ओर रखें।
3. अब दोनों पैरों को आपस में मिलाकर ऊपर उठाएं और धीरे-धीरे ले जाकर सिर के पीछे जमीन पर रख दें। पैरों को घुटनों से मुड़ने न दें। इस आसन को हलासन कहते हैं।
4. शुरुआत में थोड़ी मुश्किल हो तो हाथों को आगे ले आएँ और दोनों हाथों से पैरों के अँगूठों को पकड़ कर रखें।
5. चार-पाँच दिन इस प्रकार अभ्यास करने के बाद ऊपर वाली विधि से ही इस आसन को करें। प्रत्येक आसन को कम-से-कम एक मिनट तक अवश्य करना चाहिए तभी सही लाभ होता है।

लाभ

* इस आसन से पेट के रोग व कमरदर्द दूर हो जाते हैं।
* यह गले के रोगों को दूर करता है। आंतों को बलवान बनाता है।
* कद बढ़ाने में भी यह आसन सहायक है।
* यह मेरूदण्ड को स्वस्थ एवं लचीला बनाता है।
* पीठ के दर्द में भी यह आसन लाभदायक है।

पादहस्तासन

विधि :

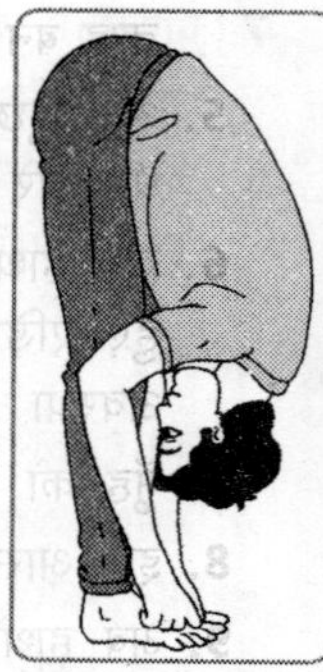

1. सीधे खड़े हो जाएँ।
2. श्वास को बाहर निकालते हुए धीरे-धीरे नीचे झुकें। अब दोनों हाथों से दोनों पैरों के अँगूठे पकड़ लें।
3. श्वास को बाहर ही रोके रखें तथा पेट को अंदर सिकोड़ें।
4. अब सिर को घुटनों में लगाएँ। जब श्वास लेने की इच्छा हो, तब ऊपर उठते हुए श्वास लेकर पूरक करें।
5. फिर से श्वास को बाहर निकालते हुए नीचे झुककर वही क्रिया करें।
6. इस प्रकार इस क्रिया को बार-बार करें। इस आसन को भी रेचक, पूरक और कुंभक तीनों प्राणायाम का अभ्यास करते हुए करें।

कुछ लोगों का शरीर शुरुआत में आसानी से मुड़ता नहीं है। इसलिए ज्यादा जोर-जबरदस्ती न करें। जितना आसानी से मुड़ जाए, वहाँ तक इसी क्रिया से अभ्यास करें। धीरे-धीरे अभ्यास से शरीर का लचीलापन बढ़ता जाता है और फिर आसन की पूर्ण अवस्था तक पहुँचने में सफलता मिलने लगती है। शुरुआत में नीचे झुककर हाथों की उँगलियों से जमीन को छुएं। जब उँगलियाँ जमीन को आसानी से छूने लग जाएं, तब इस प्रकार अभ्यास बढ़ाते हुए हथेलियों को भी जमीन पर रखने की कोशिश करें और इसी तरह सिर को भी घुटनों की तरफ बढ़ाते जाएँ। कुछ दिनों के निरंतर अभ्यास से ही सफलता मिलने लगेगी।

लाभ

* यह आसन कद को बढ़ाता है।
* इससे पीठ, मेरूदण्ड (रीढ़ की हड्डी) और कमर की माँसपेशियों को शक्ति मिलती है। जिससे ये निरोग बनते हैं।
* यह पेट की बढ़ी हुई चर्बी को कम करता है। पेट के विकारों को दूर करता है। भूख को बढ़ाता है, मल को साफ कर आँतों को शुद्ध करता है।
* इससे यकृत और अग्न्याशय को बल मिलता है।

चक्रासन

विधि

1. सीधे लेट जाएँ। अब दोनों पैरों को मोड़कर दोनों नितंबों के पास रख दें।
2. इसके बाद दोनों हाथों को कंधों के पास सिर के दोनों ओर इस प्रकार रखें कि उँगलियाँ कंधों की तरफ रहें और पूरी हथेली जमीन पर टिकी रहे।

3. अब दोनों हाथों और पैरों के बल पर बीच में से पूरे शरीर को धीरे-धीरे ऊपर उठाएँ।
4. इस अवस्था में शरीर की आकृति चक्र (पहिए) की तरह बन जाती है। इसीलिए यह चक्रासन कहलाता है।

5. अब कुछ देर इसी अवस्था में रहें। फिर हाथों को धीरे-धीरे पैरों की तरफ बढ़ाएँ।
6. जब हाथ पैरों को छू जाएँ तब सिर को नीचे करते हुए एड़ियों के पास रखें। यह इस आसन की पूर्ण अवस्था है।
7. मुँह को बन्द और जीभ को दाँतों के बीच में रखें।
8. इस आसन को खड़े होकर भी किया जाता है। पहले सीधे खड़े हो जाएँ।
9. अब हाथों को उपर ऊठाएँ और धीरे-धीरे पीछे की तरफ झुकाते हुए जमीन पर रख दें। लेकिन यह विधि नए अभ्यासी के लिए कठिन है।
10. शुरुआत में ऊपर बताई गई पहली विधि से ही अभ्यास करें। कुछ महीनों के अभ्यास के बाद जब शरीर पर संयम हो जाए, तब खड़े होकर इस आसन को करने का अभ्यास करें।

लाभ

* यह आसन कद को बढ़ाता है।
* मेरूदण्ड (रीढ़ की हड्डी) पर इस आसन का सबसे ज्यादा प्रभाव पड़ता है। यह मेरूदण्ड को शक्ति देता है और लचीला बनाता है। इसके अभ्यास से पीठ दर्द कभी नहीं होता है।
* इस आसन में हाथों से लेकर मुँह, गले, छाती, हृदय, यकृत, फेफड़ों, श्वास नली, अग्न्याशय, छोटी आँत, बड़ी आँत, मूत्रेन्द्रिय, मलद्वार और पैरों की एड़ियों तक लगभग सभी अंगों की नाड़ियों एवं माँस पेशियों में तनाव होता है। इस प्रकार से यह पूरे शरीर में ही रक्त संचार एवं आरोग्यता की वृद्धि करता है।
* इस आसन को करने से पेट कभी नहीं निकलता और यह पेट की चर्बी कम करता है।
* इससे मल-शुद्धि भलीभाँति होने लगती है और भूख बढ़ जाती है।

धनुरासन

विधि

1. पेट के बल लेट जाएँ और दोनों हाथों को शरीर के साथ मिलाकर रखें।
2. अब पैरों को मोड़कर पीठ की ओर ले जाएँ।
3. अब दोनों हाथों से पैरों को टखनों एवं पिण्डली के बीच से पकड़ें। बाएँ हाथ से बाएँ पैर को तथा दाएँ हाथ से दाएँ पैर को पकड़ें।

4. सिर, गर्दन एवं छाती को ऊपर उठाएँ। अब पूरा श्वास अन्दर भरकर कुंभक कर लें।
5. फिर हाथों से पैरों को खींचें तथा पैरों को हाथों से विपरीत दिशा में पीछे की ओर खीचें।
6. घुटने जमीन से ऊपर उठे रहें। ऐसा करते समय छाती एवं कंधों में चट-चट की आवाज होती है। पूरे शरीर की नसों एवं चेहरे पर तनाव आ जाता है।
7. जब श्वास छोड़ना हो, तब फिर से सामान्य स्थिति में आ जाएँ।
8. दो तीन बार सामान्य श्वास-प्रश्वास लेकर फिर से यही क्रिया करें। इस प्रकार तीन-चार बार करें।

लाभ

- इस आसन से छाती एवं पेट के सभी अंग निरोग एवं बलवान हो जाते हैं।
- चेहरे पर निखार आता है एवं चेहरे के तेज में वृद्धि होती है।
- पेट में गैस बनना, कब्ज रहना, अफारा होना इत्यादि रोग नष्ट हो जाते हैं।
- पैरों की मांसपेशियों और घुटनों के जोड़ों का बल बढ़ता है।
- यह मेरूदण्ड को लचीला एवं स्वस्थ बनाता है।
- यह मूत्र रोगों को दूर करता है। कद की वृद्धि होती है।
- स्त्रियों की ऋतुकाल (मासिक धर्म) से संबंधित बीमारियों को दूर करता है।

अर्द्धमत्स्येन्द्रासन

विधि

1. दोनों पैरों को सीधे फैलाकर बैठ जाएँ।
2. अब दाएँ पैर को घुटने से मोड़कर थोड़ा ऊपर उठाएँ।
3. अब बाएँ पैर को मोड़कर दाएँ पैर के नीचे से ले जाकर दाएँ कूल्हे से लगा दें।
4. फिर दाएँ पैर को उठाकर बाएँ घुटने के पास बाईं ओर रख दें।
5. अब बाएँ हाथ को दाएँ पैर के घुटने के दाईं ओर से ले जाकर इस पैर के अंगूठे को पकड़ें।
6. फिर दाएँ हाथ को पीठ के पीछे से ले जाकर उँगलियों को बाईं ओर कमर में लगा दें।
7. अब श्वास अंदर भरें तथा मुख एवं गर्दन को मोड़कर दाईं तरफ देखें। इसी प्रकार इस आसन को दाएँ पैर के साथ भी करें।

लाभ

- यह पेट के सभी प्रकार के रोगों को दूर करता है।
- मेरुदण्ड की सभी नस-नाड़ियों में इससे रक्त-संचार बढ़ता है। यह कमर-दर्द में लाभदायक है।
- यह दमा एवं अन्य श्वास रोगों में भी लाभदायक है।

बकासन

विधि

1. दोनों हथेलियों को जमीन पर जमाकर पंजों पर बैठ जाएँ। हथेलियों के बीच करीबन 9 इंच की दूरी रखें।
2. अब थोड़ा आगे की ओर झुकें तथा हाथों को कोहनियों से पीछे की तरफ थोड़ा मोड़ लें।
3. अब पैरों को उठाकर घुटनों को कोहनियों से थोड़ा ऊपर बाजुओं पर रख दें। मुँह को आगे की तरफ निकालकर आगे देखें।
4. इस अवस्था में आने के बाद गहरे श्वास लेने का अभ्यास करें। पूरा श्वास अंदर लें, कुछ देर रोकें तथा फिर पूरा श्वास एक साथ बाहर निकाल दें। पुनः पूरा श्वास अंदर भर लें। इस प्रकार कम-से-कम एक मिनट तक अभ्यास करें।

लाभ

* इस आसन से हाथों एवं भुजाओं का बल बढ़ता है।
* इससे चेहरे पर चमक आती है और रक्त की शुद्धि होती है।
* यह पेट एवं पेशाब के रोगों को दूर करता है।
* यह रीढ़ की हड्डी एवं पीठ के जोड़ों के लिए लाभदायक है।
* यह गर्दन को बल प्रदान करता है।

पद्मासन

विधि

1. आराम से बैठ जाएँ। अब दाएँ पैर को मोड़कर बाईं जाँघ पर रख दें।
2. अब इसी प्रकार बाएँ पैर को उठाकर दाईं जाँघ पर रख दें।
3. दोनों पैरों को आराम से जमा दें।
4. दोनों घुटने जमीन पर लगे रहें।
5. अब बाएँ हाथ की हथेली को ऊपर की ओर रखते हुए हाथ को नाभि से लगा दें, फिर इसके ऊपर दाएँ हाथ को भी इसी प्रकार रख दें।
6. ठोड़ी का झुकाव थोड़ा आगे की ओर रखें तथा रीढ़ की हड्डी, गर्दन एवं सिर को बिलकुल एक सीध में रखें।
7. दृष्टि को नाक के अग्र भाग पर केन्द्रित करें।
8. इसी प्रकार इस आसन को दूसरे पैर को बदलकर भी करें।

लाभ

* इस आसन को करने से मन की चंचलता नष्ट होती है और एकाग्रता बढ़ती है।
* ईश्वर का ध्यान करने के लिए यह बहुत अच्छा आसन है।
* इस आसन में बैठने से आलस्य एवं निद्रा दूर हो जाती है।
* पैरों की नस-नाड़ियों का रक्त इससे शुद्ध हो जाता है।
* हृदय के रोगियों के लिए भी यह आसन लाभदायक है।
* इससे पाचनशक्ति बढ़ती है और मूत्र-रोग दूर होते हैं।

भुजंगासन

विधि

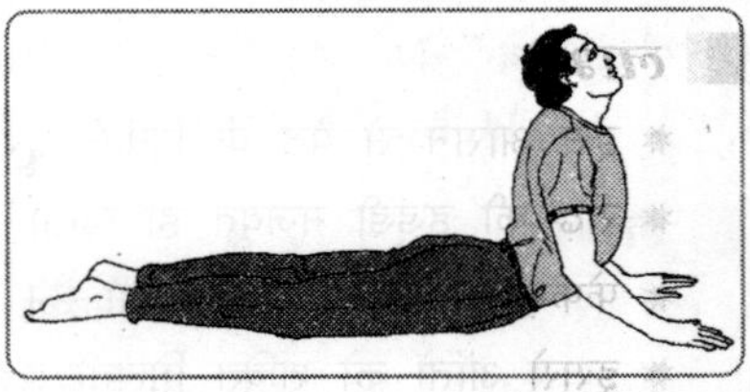

1. पेट के बल लेट जाएँ।
2. पैरों को सीधा, लम्बा फैला कर रखें व हथेलियों को कंधों के नीचे जमीन पर रखें।
3. अपनी कुहनियों की दिशा ऊपर आसमान की ओर रखें।
4. अब धीरे-धीरे सिर को और कंधों को जमीन से ऊपर उठाइये। सिर को ऊपर उठाते समय श्वास अंदर लेना है। हाथों का अंदरूनी हिस्सा शरीर से स्पर्श कर रखें।
5. हाथों पर अधिक दबाव न आने दें।
6. अब धीरे-धीरे हाथों को कुहनियों से सीधा कर, पूरी पीठ को पीछे की ओर झुकाएँ। नाभि को जमीन से लगाकर रखें। इस स्थिति में श्वास सामान्य रखें। इस स्थिति में 20 से 30 सेकण्ड तक रुकें और अभ्यास के साथ अंतराल बढ़ायें।
7. इस अंतिम स्थिति में कुछ देर रुकने के बाद धीरे-धीरे नीचे आएँ तथा पूर्व स्थिति में विश्राम करें। यह क्रिया श्वास को बाहर छोड़ते हुए करनी है।

लाभ

* इससे रीढ़ की हड्डी लचीली बनती है और पीठ मजबूत होती है।
* पेट की चर्बी कम करने और मोटापा दूर करने में मदद मिलती है।
* गले की खराबी और दमा-पीड़ित व्यक्तियों को लिए यह लाभदायक आसन है।
* कब्ज दूर होती है एवं महिलाओं में प्रजनन और मासिक-संबंधी समस्या में लाभ मिलता है।

सावधानियाँ

* हर्निया के रोगी व पेट-दर्द के समय इस आसन को न करें।
* यह आसन अपनी क्षमता अनुसार ही करें अथवा विशेषज्ञ की सलाहानुसार ही करें।
* पीछे की ओर अकस्मात् सिर और पीठ नहीं झुकाना चाहिए।

उष्ट्रासन

विधि

1. दोनों घुटनों को जमीन पर रखकर (एक दूसरे से थोड़ा दूर) खड़े हो जाएँ।
2. पीछे से पंजों को जमीन पर टिका दें और एड़ियों को सीधी ऊपर की ओर रखें।
3. अब पीछे की ओर झुककर दोनों हाथों से पैरों को टखनों के थोड़ा ऊपर से पकड़ लें।
4. अब पूरा श्वास अंदर भरकर पेट एवं छाती को आगे की ओर खींचें। सिर को पीछे की तरफ झुकाएँ तथा ऊपर देखें।

लाभ

* इस आसन से पेट के विकार दूर हो जाते हैं।
* रीढ़ की हड्डी मजबूत हो जाती है और कमर-दर्द दूर होता है।
* फेफड़ों की शक्ति बढ़ जाती है। श्वास के रोगियों के लिए यह लाभदायक है।
* इससे आँतों को शक्ति मिलती है तथा कद भी बढ़ता है।

वृश्चिकासन

विधि

1. सीधे बैठ जाएँ।
2. दोनों हथेलियों को एक दूसरे से मिलाकर जमीन पर रखें, साथ ही कोहनी तक पूरे हाथों को जमीन पर रखें।
3. दोनों हाथों के अँगूठे और आगे से तर्जनी उँगली (अँगूठे के साथ वाली उँगली) आपस में मिली रहें।
4. दोनों कोहनियों को एक दूसरे से 9 इंच या एक फुट (अपने शरीर की चौड़ाई के अनुसार) की दूरी पर रखें। अब श्वास अंदर भरें और सामने की ओर देखते हुए दोनों पैरों को ऊपर की ओर उछाल दें।
5. पैरों को ऊपर ले जाने के बाद घुटनों को मोड़कर सिर की ओर पंजों का खिंचाव करें। इस आसन में शरीर की आकृति बिच्छू की तरह हो जाती है और संस्कृत में बिच्छू को वृश्चिक कहते हैं। इसीलिए इसे वृश्चिकासन कहा जाता है।
6. पैर ऊपर ले जाने के बाद श्वास बाहर छोड़ दें। इससे पैरों को आगे झुकाने में आसानी हो जाएगी और थोड़ा-थोड़ा श्वास भी लेते रहें। इस आसन को कम से कम एक मिनट अवश्य करें।

शुरुआत में यह आसन बहुत कठिन लगता है, लेकिन जब अभ्यास में सफलता मिल जाती है, तो इसे करना बहुत आसान हो जाता है। इसलिए शुरुआत में इसका अभ्यास करने के लिए दीवार का सहारा लें। दीवार की ओर मुख करके बैठ जाएँ और दोनों हथेलियों को दीवार के पास मिलाकर इस तरह रखें कि दोनों हाथों की मध्यमा उँगलियों (हाथ की सबसे लंबी उँगली) का आगे का हिस्सा दीवार से लगा रहे। अब पैरों को ऊपर उछाल दें। अब आपके पैर पीछे दीवार से लग जाएँगे। इस प्रकार दीवार के साथ कुछ दिन अभ्यास करें। जब शरीर का संतुलन बनने लग जाए, तब दीवार का सहारा लेना छोड़ दें।

लाभ

* यह आसन मेरूदण्ड (रीढ़ की हड्डी) को लचकदार एवं स्वस्थ बनाता है। कमर के जोड़ों को निरोग बनाता है। कमर-दर्द को दूर करता है।
* इस आसन को करने से गले के रोग, पेशाब के रोग व कब्ज दूर होती है।
* शरीर हल्का एवं फुर्तीला हो जाता है और मन प्रसन्न हो जाता है। इससे हाथों एवं कंधों का बल बढ़ता है। यह पेट की बढ़ी हुई चर्बी को कम करता है।
* इस आसन से पाचन-शक्ति बढ़ती है एवं कद में वृद्धि होती है।

नटराजासन

'नटराज' शिव के तांडव नृत्य' का प्रतीक है। उनकी इसी नृत्य मुद्रा पर एक आसन का नाम है—नटराज आसन (नटराजासन)।

विधि

1. सबसे पहले आप सीधे खड़े हो जाइए।
2. फिर दाएँ पैर को पीछे ले जाकर जमीन से ऊपर उठाएँ।
3. इसके बाद घुटने से मोड़कर उस पैर के पंजे को दाएँ हाथ से पकड़ें।
4. फिर दाएँ हाथ से दाएँ पैर को अधिकतम ऊपर की ओर उठाने का प्रयास करें और फिर बाएँ हाथ को सामने की ओर ऊपर उठाएँ। इस दौरान सिर को ऊपर की ओर उठा कर रखें।
5. 30 सेकंड के बाद वापस पूर्व स्थिति में आ जाएँ। फिर इसी क्रिया को दूसरे पैर अर्थात् बाएँ पैर को पीछे ले जाकर जमीन से ऊपर उठाकर करें।

लाभ

* यह आसन स्नायुमण्डल को सुदढ़ बनाता है।
* इससे पैरों की मांसपेशियों को सुदृढ़ता मिलती है। इसके नियमित अभ्यास से तंत्रिकाओं में आपसी तालमेल बेहतर होता है।
* इसके प्रभाव से शारीरिक स्थिरता आती है और मानसिक एकाग्रता बढ़ती है।

बालासन

विधि

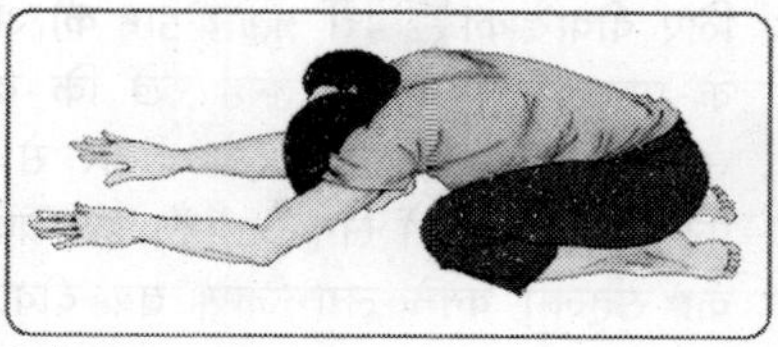

1. पैरों को मोड़कर दोनों घुटनों पर खड़े हो जाएँ। फिर दोनों पैरों के पंजों को पीछे की ओर मोड़कर शरीर को ऐड़ियों के बल टिकाएँ।
2. अब एड़ियों के ऊपर बैठ जाएँ। अब सिर को जमीन पर लगाएँ और हाथों को सीधा रखें।
3. यह आसन करते समय ध्यान रखना जरूरी होता है कि शरीर का भार गर्दन और माथे पर नहीं हो।
4. यदि सिर को जमीन से लगाना कठिन हो तो आप बाहों को मोड़ कर सिर को उस पर टिका सकते हैं।

लाभ

* इस आसन से मेरूदंड मजबूत होती है और कमर से सम्बन्धित विकार दूर होते हैं।
* शरीर में रक्त संचार सुचारू रूप से होता है।
* शरीर का संतुलन बना रहता है।

वृक्षासन

विधि

1. सीधे खड़े होकर दायें पैर को उठा कर बाईं जाँघ पर इस प्रकार रखें कि पैर का पंजा नीचे की ओर तथा एड़ी जंघा के मूल में लगी हुई हो।
2. दोनों हाथों को नमस्कार की स्थिति में ऊपर की ओर रखें।
3. इस स्थिति में यथाशक्ति बने रहने के पश्चात् इसी प्रकार दूसरे पैर से अभ्यास करें।

लाभ

* यह मन की चंचलता को दूर करता है।
* स्नायुमण्डल का विकास कर स्थिरता प्रदान करता है।

विडालासन

विधि

1. दोनों हाथों की हथेलियों एवं घुटनों को भूमि पर टिकाकर स्थिति लीजिए।
2. अब श्वास अंदर करके छाती एवं सिर को ऊपर उठाएँ, कमर नीचे की ओर झुकी हुई हो।

3. थोड़ी देर इस स्थिति में रहकर श्वास बाहर छोड़ते हुए पीठ को ऊपर उठाएँ तथा सिर को नीचे झुकायें। इस प्रकार 5-6 बार अभ्यास करें।

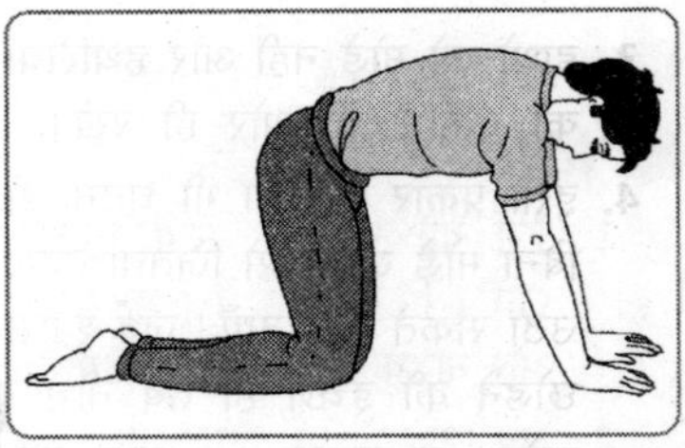

लाभ

* कटि पीड़ा एवं गुदा भ्रंश में लाभकारी है।
* फेफड़ों को बलवान बनाता है।
* गर्भाशय के बाहर निकलने के रोग को दूर करता है।

सावधानियाँ

* जिनकी कलाइयों व घुटनों में किसी प्रकार की परेशानी हो उन्हें इस योग का अभ्यास नहीं करना चाहिए।

वज्रासन

विधि

1. पैरों को मोड़कर दोनों घुटनों पर खड़े हो जाएँ।
2. दोनों पैरों के पंजों को पीछे की ओर इस प्रकार फैलाएँ कि दोनों पैरों के अँगूठे एक दूसरे से मिले रहें और एड़ियाँ दूर-दूर रहें।
3. अब एड़ियों के ऊपर बैठ जाएँ। सिर, गर्दन एवं मेरुदण्ड़ को बिलकुल एक सीध में रखें।
4. दोनों घुटनों को मिला कर रखें और दोनों हाथों को घुटनों पर रखें।
5. अब श्वास को अंदर भरें तथा छाती को बाहर निकालें। जब श्वास निकालना हो, तो पूरा श्वास बाहर निकालकर फिर से श्वास भर लें।
6. इस प्रकार कम से कम एक मिनट तक इसका अभ्यास जरूर करें।

लाभ

* इस आसन को करने से मन की चंचलता दूर होती है।
* इस आसन को आप कभी भी कर सकते हैं, यहाँ तक कि भोजन करने के बाद भी।
* यह पेट के लिए लाभदायक है। पाचन-क्रिया के विकारों को दूर करता है तथा घुटनों के दर्द में भी यह आसन लाभदायक है।

नौकासन

विधि

1. पृष्ठतानासन की स्थिति में लेट जाएँ। श्वास को पूरा अंदर भर लें।
2. अब दोनों हाथों, सिर, गर्दन व छाती को जमीन से जितना ऊपर उठा सकते हैं, उठाएँ।

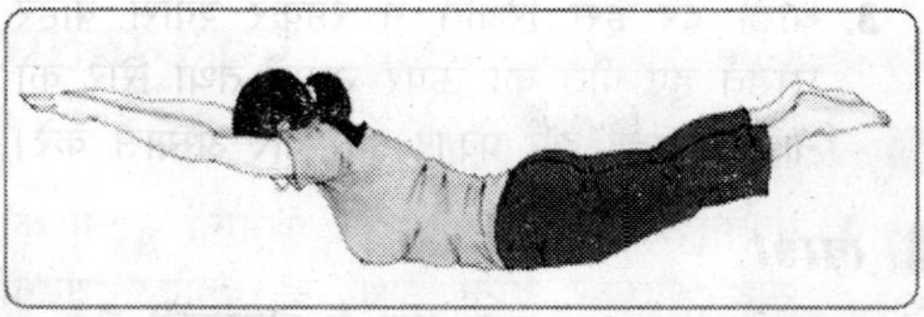

3. हाथों को मोड़ें नहीं और हथेलियों को जमीन की ओर ही रखें।
4. इसी प्रकार पैरों को भी घुटनों से बिना मोड़े जमीन से जितना ऊपर उठा सकते हैं, उठाएँ। जब श्वास छोड़ने की इच्छा हो तब नीचे को आ जाएँ। फिर से श्वास अंदर भरकर यही क्रिया करें। इस प्रकार 4-5 बार करें।

लाभ

* इस आसन को करने से नाभि अपने स्थान से खिसकती नहीं है। मेरूदण्ड (रीढ़ की हड्डी) को मजबूत करता है।
* भूख को बढ़ाता है। पेट की चर्बी को कम करता है।
* ब्रह्मचर्य की रक्षा करता है और पौरुष शक्ति को बढ़ाता है।

जानुशिरासन

विधि

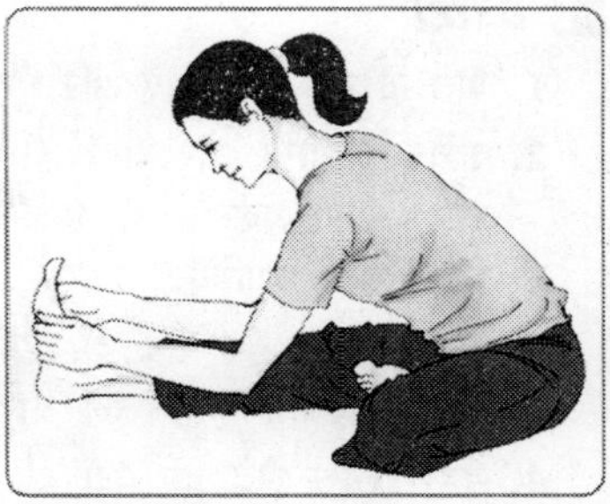

1. दोनों पाँवों को सामने फैला कर बैठ जाएँ।
2. अब दाएँ पैर को मोड़कर बाएँ पैर की जाँघ में तथा इस पैर की एड़ी को गुदा द्वार और मूत्र इन्द्रिय के बीच में लगा दें।
3. अब दोनों हाथों से बाएँ पैर के अँगूठे को पकड़ें और श्वास को बाहर निकालते हुए नीचे झुककर सिर को घुटने से लगा दें।
4. श्वास को बाहर ही रोक कर रखें। जब श्वास लेने की इच्छा हो तो सिर को ऊपर उठाते हुए धीरे-धीरे श्वास लें।
5. पूरा श्वास भरकर फिर से बाहर निकालते हुए नीचे घुटने में सिर लगा दें। इस तरह 5 से 10 बार करें। फिर यही क्रिया दाएँ पैर के साथ भी करें।
6. कुछ लोगों को शुरुआत में पश्चिमोत्तानासन करने में बड़ी कठिनाई होती है। उनका सिर घुटनों में नहीं लग पाता है। उनको पहले जानुशिरासन कर लेना चाहिए। इसके बाद पश्चिमोत्तानासन करने में थोड़ी सुविधा हो जाती है।

लाभ

* इस आसन के लाभ पश्चिमोत्तानासन के समान ही हैं।
* इसमें एड़ी का दबाव मूत्र एवं वीर्य वाहक नाड़ियों पर पड़ता है जिससे मूत्र रोग नहीं होते। जैसे—बार-बार पेशाब जाना, पेशाब रुक-रुक कर आना इत्यादि।
* यह आसन धातु के रोगों से भी रक्षा करता है और ब्रह्मचर्य पालन में सहायता करता है।

पवनमुक्तासन

विधि

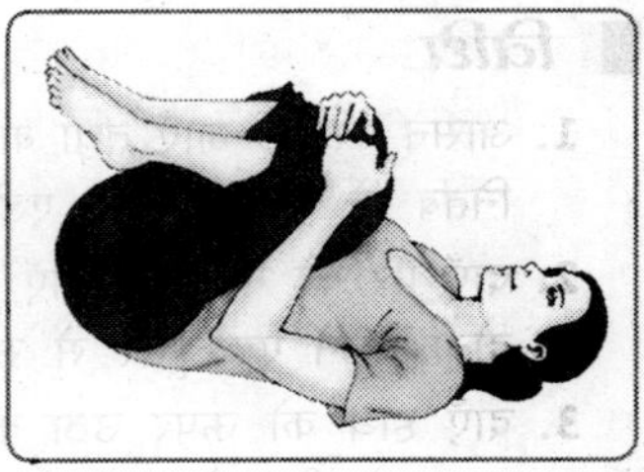

1. पवनमुक्तासन की इस विधि में दोनों घुटनों को एक साथ मोड़कर दोनों हाथों से दबाकर घुटनों को छाती से लगाते हैं।
2. दोनों हाथों की उँगलियों को आपस में मिलाए रखते हैं।
3. फिर नाक को दोनों घुटनों के बीच में लगाते हैं।

लाभ

* जैसे कि नाम से पता चलता है, इससे अपानवायु बाहर निकलती है। पेट के दोषों को यह दूर करता है। पेट की बढ़ी हुई चर्बी को यह कम करता है।
* स्त्रियों के लिए यह आसन विशेष लाभदायक है।

सेतुबंधासन

विधि

1. पीठ के बल लेट जाएँ और घुटनों को मोड़कर तलवों को अच्छी तरह जमीन पर टिकाएँ।
2. शरीर के दोनों ओर बाँहों को भूमि से लगाकर रखें। इस अवस्था में हथेलियाँ जमीन पर टिकी होनी चाहिएँ।

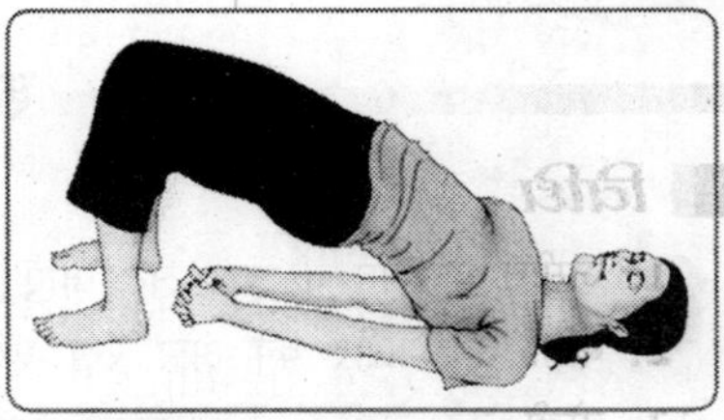

3. साँस छोड़ते हुए रीढ़ की हड्डियों को खींचें और कमर को जमीन की ओर धीरे से दबाएँ।
4. गहरी साँस लेते हुए पैरों को जमीन की ओर दबाएँ एवं पेडु को जितना हो सके ऊपर की ओर उठाएँ।
5. इस मुद्रा में 30 सेकण्ड से 1 मिनट तक बने रहें।
6. साँस छोड़ते हुए धीरे-धीरे सामान्य अवस्था में लौट आएँ।

लाभ

* स्लिप डिस्क, कमर एवं ग्रीवा व उदर रोगों में विशेष लाभप्रद है।
* पेट की मांसपेशियों और जाँघों के लिए भी यह एक अच्छा व्यायाम होता है।
* इस आसन से शरीर में ऊर्जा का संचार होता है। जो चक्रासन नहीं कर सकते, वे इस आसन से लाभान्वित हो सकते हैं।

सावधानियाँ

* यदि गर्दन में, घुटनों में, कंधों में, कमर में किसी प्रकार की परेशानी हो अथवा उच्च रक्तचाप हो तो व्यक्ति को सेतुबंधासन का अभ्यास नहीं करना चाहिए।

गौमुखासन

विधि

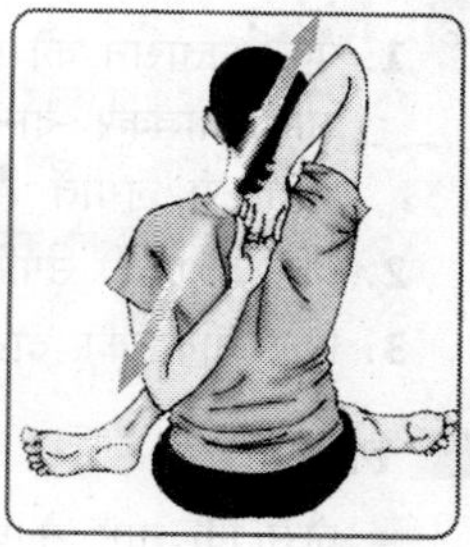

1. आसन पर बैठ जाएँ तथा बाएँ पैर को मोड़ कर एड़ी को दाएँ नितंब के पास रखें या एड़ी पर बैठ भी सकते हैं।
2. दाएँ पैर को मोड़ कर बाएँ पैर के ऊपर इस प्रकार रखें कि दोनों घुटने एक-दूसरे से स्पर्श करते हों।
3. दाएँ हाथ को ऊपर उठा कर पीठ की ओर मोड़ें और बाएँ हाथ को पीठ के पीछे से लेकर दाएँ हाथ को पकड़ें।
4. गर्दन और कमर सीधी रखें।
5. एक ओर से करने के बाद दूसरी ओर से भी इसी तरह करें।

लाभ

* फेफड़ों के लिए सर्वोपयोगी है। विशेषकर दमे के रोगियों के लिए।
* अंडकोषों की आकार-वृद्धि को रोकता है।
* मधुमेह, प्रमेय, बहुमूत्र एवं वीर्य सम्बन्धी विकारों को दूर करता है।
* हर्निया, पीठ दर्द एवं गर्दन के दर्द में लाभ देता है।

शलभासन

विधि

1. जमीन पर पेट के बल लेट जाएँ। इस अवस्था में पैर नितम्ब के समांतर होने चाहिएँ।
2. बाँहों को शरीर की ओर रखें एवं हथेलियों को जमीन से लगाकर रखें।
3. ठोड़ी को जमीन से लगाकर रखें।

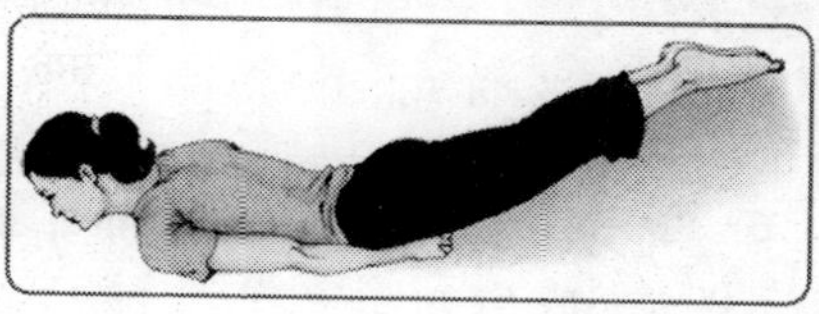

4. बाँहों को बारी-बारी से शरीर के नीचे ले जाएँ और उँगलियों को आपस में बाँध लें।
5. कंधों को ढीला रखें और बाहों को सीधा करते हुए हाथों को फैलाएँ।
6. सांस छोड़ते हुए पेडु और नितम्बों को जमीन की दिशा में दबाएँ।
7. पैरों को बाहर की ओर खींचे और सांस लेते हुए दोनों पैरों को छत की दिशा में ऊपर उठाएँ।
8. हाथ और बांहों को जमीन की ओर दबाएँ।
9. इस अवस्था में 5 से 30 सेकेण्ड तक बने रहें।
10. साँस छोड़ते हुए धीरे-धीरे सामान्य अवस्था में लौट आएँ।

लाभ

* इस आसन से कमर और पैरों में दृढ़ता आती है एवं पाचन शक्ति में वृद्धि होती है।

सुप्त पादांगुष्ठासन

विधि

1. पीठ के बल लेट जाएँ। पैर जमीन से लगाकर सीधा एवं नितम्ब की चौड़ाई में फैलाकर रखें।
2. दाएँ घुटने को मोड़ें और छाती की ओर खींचे। इस अवस्था में बाएँ पैर को सीधा जमीन पर टिकाए रखें।
3. दाएँ पैर के तलवे के बीच में फीता लपेट कर उसे दोनों हाथों से पकड़ कर रखें।
4. योग मुद्रा के दौरान बांहों और कंधों को जमीन से टिकाकर रखें।
5. साँस लेते हुए दाएँ पैर को छत की ओर ऊपर उठाएँ।
6. दाएँ नितम्ब को जमीन की ओर हल्का सा दबाएँ और दायीं एड़ी को छत की दिशा में उठाएँ। पैर की उँगलियों को शरीर की ओर मोड़ें।
7. इस मुद्रा में 30 सेकेण्ड से 1 मिनट तक बने रहें फिर साँस छोड़ते हुए पैर को नीचे सामान्य स्थिति में ले आएँ। इस क्रिया को दोनों ओर 1 से 8 बार दोहराएँ।

लाभ

* पैरों की मांसपेशियों को बल मिलता है और पैरों में रक्तसंचार सुचारू रूप से होता है।
* कमर में मौजूद तनाव को दूर करने में यह आसन लाभप्रद है।
* नितम्ब, टखनों, जाँघों के लिए भी यह आसन महत्वपूर्ण है।

सुप्त बद्धकोणासन

विधि

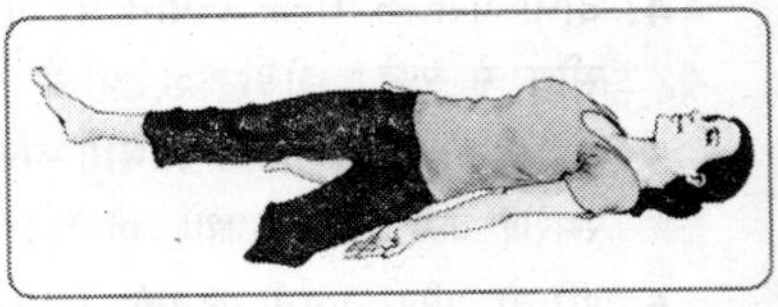

1. शवासन की मुद्रा में पीठ के बल लेट जाएँ।
2. बाँहों को शरीर के दोनों तरफ पैर की दिशा में फैलाकर रखें। इस स्थिति में हथेलियाँ छत की दिशा में रहनी चाहिएँ।
3. घुटनों को मोड़ें और तलवों को जमीन से लगाकर रखें।
4. दोनों तलवों को नमस्कार की मुद्रा में एक-दूसरे के करीब लाकर जमीन से लगाएँ।
5. जितना संभव हो एड़ियों को जाँघों की ओर करीब लाएँ।
6. इस मुद्रा में 30 सेकेण्ड से 1 मिनट तक बने रहें।
7. हाथों से दोनों जाँघों को दबाएँ और धीरे-धीरे सामान्य स्थिति में लौट आएँ।

लाभ

* जाँघों, नितम्बों एवं पेडु के तनाव को दूर करने के लिए यह उत्तम व्यायाम है।
* पैरों में दर्द एवं थकान की स्थिति में इस आसन का अभ्यास लाभप्रद होता है।

वीरभद्रासन

विधि

1. सबसे पहले सीधे खड़े हो जाएँ। फिर दोनों पैरों के बीच में दूरी बढ़ाएँ, दूरी कम-से-कम 3 से 4 फुट होनी चाहिए।
2. फिर साँस को खींचते हुए दोनों हाथों को नमस्कार की स्थिति में ऊपर की ओर ले जाएँ। दृष्टि सामने की ओर तथा सीना तना हुआ होना चाहिए।

लाभ

* पूरे शरीर को स्वस्थ रखता है, साँसों की गति बढ़ती है और रक्त का संचार शरीर में सुचारू रूप से होता है।
* यह आसन पीठ, जाँघों, पेट और हृदय की पेशियों को मजबूत करता है।

सिद्धासन

प्राणायाम के अभ्यास तथा ईश्वर के ध्यान के लिए यह सबसे श्रेष्ठ आसन है।

विधि

1. सीधे बैठ जाएँ। अब बाएँ पैर को मोड़कर इसकी एड़ी को गुदा द्वार तथा मूत्रेन्द्रिय के बीच में लगा दें।
2. फिर दाएँ पैर की एड़ी को मूत्रेन्द्रिय के ऊपर इस प्रकार लगा दें जिससे दोनों पैरों के टखने आपस में मिले रहें।
3. दाएँ पैर के पंजे को बाएँ पैर की जाँघ तथा पिण्डली के बीच में लगाएँ।
4. दोनों पैरों के घुटने जमीन पर टिके रहें। सिर, गर्दन तथा रीढ़ की हड्डी को बिलकुल सीध में रखें। ठोड़ी को थोड़ी नीचे झुकाकर रखें।
5. दृष्टि को नाक के अग्र भाग पर केंद्रित करें या फिर आँखें बन्द रखें और ईश्वर का स्मरण करें। दोनों हाथों को घुटनों पर इस प्रकार रखें कि हथेलियाँ ऊपर की ओर हों।
6. अँगूठों और तर्जनी उँगली (अँगूठे के साथ वाली उँगली) के अग्र भाग को आपस में मिला दें तथा बाकी तीन उँगलियों को सीधी रखें।

लाभ

* ब्रह्मचर्य की रक्षा करने लिए यह सबसे श्रेष्ठ आसन है। इस आसन को करने से वीर्य संबंधी सभी रोग दूर हो जाते हैं। काम वासना की इच्छा नियंत्रित रहती है।
* इससे मन की एकाग्रता बढ़ती है एवं बुद्धि तेज हो जाती है। पेशाब के रोग दूर होते हैं। पाचन शक्ति बढ़ती है। श्वास के रोग दूर होते हैं।

❖❖❖

17

गृह परिचर्या
(Home Nursing)

रोगियों, घायलों एवं कमजोर व्यक्तियों की देखभाल के लिए प्रशिक्षित कर्मियों को नर्स अथवा परिचारिका कहते हैं। प्रायः नर्स छोटे-बड़े अस्पतालों में सेवारत होती हैं किंतु विशेष परिस्थितियों में पीड़ित को घर पर ही सेवा दी जाती है, इसे गृह परिचर्या कहते हैं।

एक अच्छी नर्स की विशेषताएँ

(i) एक अच्छी नर्स ईमानदार, सत्यनिष्ठ व समय की पाबंद होनी चाहिए।
(ii) उसे अपने रोगी की देखभाल समझदारी और करुणा के साथ करनी चाहिए।
(iii) वह हँसमुख व मृदु स्वभाव की होनी चाहिए।
(iv) एक अच्छी नर्स को अपने रोगी की हालत की छोटी-से-छोटी जानकारी पर ध्यान देना चाहिए।
(v) एक अच्छी नर्स चिड़चिड़े व तनावग्रस्त रोगियों को भी अपनी व्यवहार-कुशलता और चतुराई से संभाल सकती है और वह अपने सेवाभाव से रोगी की पीड़ा, दर्द और बेचैनी बहुत कम कर सकती है।
(vi) एक अच्छी नर्स को डॉक्टर के आदेशों का पालन बिना तर्क-वितर्क के आत्म-अनुशासन से करना चाहिये।

नर्स के कर्त्तव्य

(i) रोगी का बुनियादी विवरण नोट करना, जैसे कि—नाम, आयु, लिंग, पता, व चिकित्सा का संपूर्ण विवरण आदि।
(ii) रोगी की हालत का पूरा विवरण रखना।
(iii) रोगी के कमरे की देखभाल करना।
(iv) रोगी की साफ-सफाई करना व उसे भोजन करवाना।
(v) रोगी के वस्त्र और बिस्तर की चादर आदि बदलवाना।
(vi) नियमित समय पर उसकी नब्ज, तापमान व रक्तचाप आदि की जाँच करना।
(vii) परीक्षण के लिये रोगी के मल-मूत्र, रक्त आदि के नमूने लेना।
(viii) रोगी के घावों की मरहम-पट्टी करना।
(ix) रोगी को दवा, इंजेक्शन व ग्लूकोज आदि समयानुसार देना।
(x) रोगी की सुविधा और आराम का ध्यान रखना।

रोगी का कमरा

(i) यह शोर-शराबे और व्यवधानों से दूर होना चाहिये।
(ii) इसके साथ या निकट स्नानघर व शौचालय होना चाहिये।
(iii) यह पूर्ण व्यवस्थित, स्वच्छ, प्रकाशमय व हवादार होना चाहिये।
(iv) रोगी की आवश्यकतानुसार कमरे को ठंडा व गर्म करने की सुविधा होनी चाहिये।
(v) कमरे की खिड़की से ताजी हवा व धूप आना रोगी के लिये लाभदायक रहता है।

रोगी के कमरे की आवश्यक वस्तुएँ:

(i) उचित बिस्तर
(ii) छोटी मेज और दो कुर्सियाँ
(iii) एक स्टूल व फूलदान
(iv) वॉश बेसिन
(v) मग, साबुन व बाल्टी
(vi) कूड़ेदान
(vii) तौलिया व पर्दे
(viii) समाचार-पत्र व टेलीविजन

रोगी के कमरे की सफाई:

रोगी के कमरे की सफाई करते समय निम्न बातों का ध्यान रखना चाहिये :

(i) कमरे की सफाई इस प्रकार करें कि रोगी को कोई परेशानी न हो।
(ii) सफाई से पहले हल्का सामान खिसका दें।
(iii) प्रत्येक वस्तु को कीटाणुनाशक घोल से साफ करें।
(iv) धूल साफ करने का कार्य गीले कपड़े से करें।
(v) फर्श की धूल इस प्रकार साफ करें जिससे कि वह उड़े नहीं।
(vi) रात्रि के समय फूलदान से फूलों को निकाल दें।
(vii) प्रतिदिन सुबह ताजे फूल फूलदान में लगाएँ।
(viii) बिस्तर की चादरें आदि प्रतिदिन बदलें।

नब्ज, श्वास और तापमान की जाँच करना

- **नब्ज (Pulse):** नब्ज हृदय की धड़कन होती है और प्रायः कलाई के रेडियल बिंदु पर अनुभव की जाती है। एक सामान्य मनुष्य की नब्ज की दर एक मिनट में 72 धड़कन होती है। शिशुओं की नब्ज की दर 100 से 140 और बच्चों की 90 से 100 धड़कन प्रति मिनट होती है। नब्ज और श्वास का अनुपात प्रायः 4 : 1 होता है।
- **श्वास (Respiration):** व्यक्ति जितनी बार साँस द्वारा वायु अंदर खींचता है उतनी बार ही उसका सीना ऊपर उठता है, इसे निकट से देखकर गिना जा सकता है। विभिन्न आयु-वर्ग के लिये श्वसन-दर इस प्रकार हैं :

  (i) शिशु 30-40 प्रति मिनट (ii) बच्चे 24-28 प्रति मिनट (iii) वयस्क 15-20 प्रति मिनट
- **तापमान (Temperature):** मानव शरीर का सामान्य तापमान 98.6° F अथवा 37°C होता है। फॉरेनहाइट (F) को सेंटीग्रेड (°C) में बदलने के लिए सूत्र है : °F – 32° × 5/9 = °C.

✦ **तापमान ज्ञात करना (Taking Temperature) :** थर्मामीटर के बल्ब (अग्रभाग) को सावधानी से रोगी की जिहवा के नीचे अथवा बगल में दो मिनट के लिए लगाएँ और तापमान नोट करें। प्रत्येक बार थर्मामीटर का बल्ब साफ पानी से धोएँ।

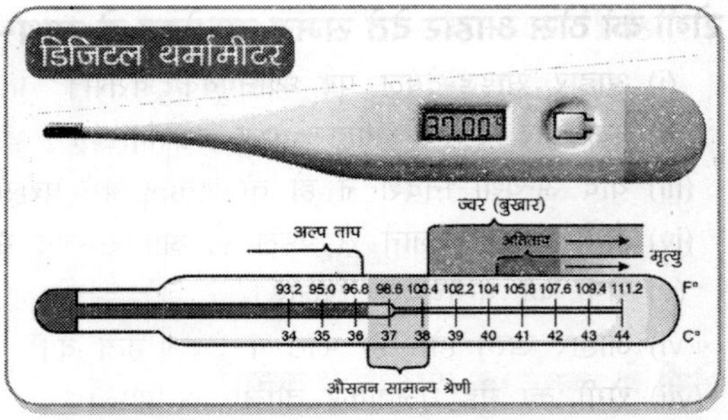

रोगी का प्रेक्षण

रोगी की सही परिचर्या और इलाज के लिये प्रेक्षण हेतु मुख्य बिंदु :

(i) **प्रतीति :** त्वचा का रंग, दाने, चकत्ते, सूजन, दाग, चोट, आदि।

(ii) **तापमान, नब्ज व श्वास :** रोगी के तापमान, नब्ज व श्वास की जाँच चिकित्सक के निर्देशानुसार अथवा दिन में 2 से 4 बार करनी चाहिए।

(iii) **मल :** मलत्याग की आवृत्ति, प्रकार, रंग, उसमें रक्त, मवाद, कीड़े अथवा अनपचे भोजन की उपस्थिति आदि। परीक्षण के लिए मल का नमूना लेना चाहिये।

(iv) **मूत्र :** मूत्र त्याग की आवृत्ति, मात्रा, रंग, रक्त, मवाद, पथरी आदि। परीक्षण के लिये मूत्र का नमूना अवश्य लेना चाहिए।

(v) **थूक एवं बलगम :** थूक व बलगम की आवृत्ति, मात्रा, रंग, रक्त आदि की उपस्थिति, निकालने में कठिनाई आदि। परीक्षण के लिए नमूना अवश्य लेना चाहिये।

(vi) **वमन :** उल्टी का भोजन के सापेक्ष समय, मात्रा, आवृत्ति, रक्त, रंग, अनपचे भोजन की उपस्थिति आदि। परीक्षण के लिये नमूना सुरक्षित रखें।

रोगी को आहार देना

रोगी को तरल भोजन करवाते समय निम्न बातों का ध्यान रखें :

(i) रोगी का मुँह सावधानी से धुलवाकर तौलिए से पोंछ दें।

(ii) तरल पदार्थ किसी कप प्लेट अथवा गिलास में दें।

(iii) यदि पाइप (Straw) की आवश्यकता हो तो व्यवस्था करें।

(iv) यदि रोगी बैठने में असमर्थ हो तो फीडर का प्रयोग करें।

(v) एक साफ रुमाल रोगी के मुँह के नीचे लगाएँ।

(vi) रोगी के सिर को अपने हाथ का सहारा देकर उठाएँ।

(vii) तरल को धीरे-धीरे रोगी के मुँह में जाने दें।

(viii) एक बार में एक घूँट भरने दें।

(ix) संभव हो तो चम्मच से पिलाएँ।

(x) अंत में फिर से रोगी का मुँह तौलिए से साफ करें।

रोगी को ठोस आहार देते समय उपरोक्त के साथ-साथ निम्न बातों का ध्यान रखें :

(i) आहार साइड-टेबल पर ध्यानपूर्वक परोसें।
(ii) एक बार में एक आहार वस्तु परोसें।
(iii) यदि अन्यथा निर्देश न हो तो आहार गर्म परोसें।
(iv) रोगी के पास लाने से पहले ही आहार प्लेट में रखें।
(v) रोगी को चम्मच से खिलाएँ।
(vi) आहार खत्म होते ही प्लेट व टेबल हटा दें।
(vii) रोगी का मुँह धुलवाकर तौलिए से पोंछें।

रोगी को दवा देना

रोगी को तरल दवा देते समय रखी जाने वाली सावधानियाँ :

(i) दवा के लेबल को डॉक्टर के पर्चे से मिलाएँ और निर्देशों को पढ़ें।
(ii) दवा की बोतल को अच्छी तरह हिलाकर दवा को एकसमान करें।
(iii) बोतल से सावधानीपूर्वक दवा चम्मच या मापक में डालें और ढक्कन बंद कर दें।
(iv) यदि दवा में पानी मिलाकर देना है तो एक ट्रे में पानी का गिलास भी साथ लाएँ।
(v) यदि दवा अधिक कड़वी हो और रोगी को मधुमेह न हो तो रोगी को कुछ मीठा दें।
(vi) यथाशीघ्र दवा की बोतल, मापक, चम्मच, गिलास आदि रोगी के पास से हटा दें।
(vii) यदि दवा किसी कारण चम्मच या मापक में बच जाए तो उसे वापिस बोतल में कदापि न डालें बल्कि वाश बेसिन में उलट दें।

रोगी को अन्य प्रकार की दवाएँ देते समय रखी जाने वाली सावधानियाँ :

(i) गोलियाँ, कैप्सूल और पाउडर ताजा व स्वच्छ पानी के साथ दिये जाने चाहिएँ।
(ii) गोली व कैप्सूल को खाने के लिए जिह्वा के पीछे की ओर रखने चाहिएँ।
(iii) पाउडर घोलकर अथवा जिह्वा पर पलटकर ऊपर से पानी पिलाना चाहिये।
(iv) आयरन मिश्रण से दाँतों पर दाग पड़ जाते हैं अतः पाइप से दें।
(v) इस प्रकार की दवा देने के तुरंत बाद रोगी का मुँह व दाँत धुलवा दें।
(vi) इंजेक्शन देने के लिए हमेशा नई सिरिंज व नई सुई का ही प्रयोग करें।

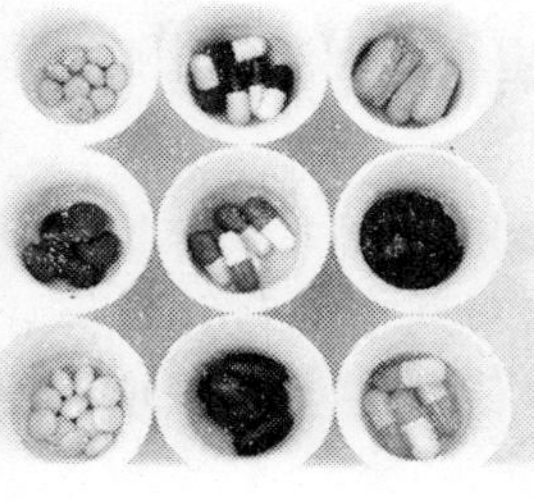
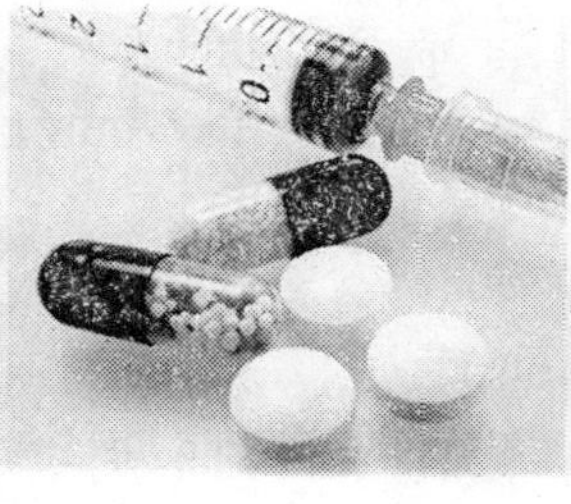
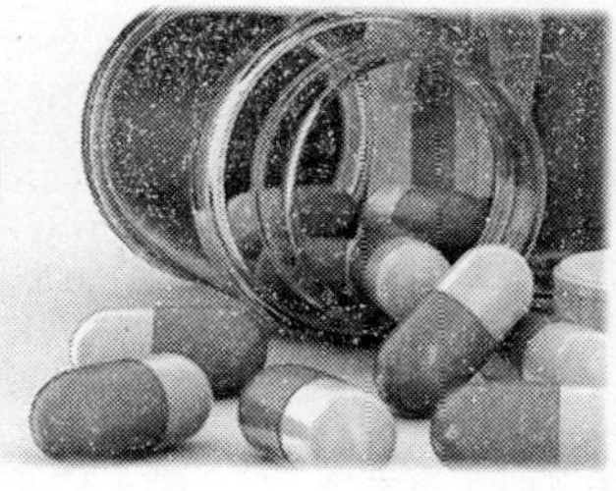

चिकित्सा के लैटिन शब्द-संक्षेप

शब्द-संक्षेप	लैटिन नाम	हिन्दी एवं अंग्रेजी अर्थ
a.c.	ante cibum	खाने से पहले (before meals)
aq	aqua	पानी (water)
bis	bis	दो बार (twice)
b.i.d.	bis in die	दिन में दो बार (twice daily)
b.s.		रक्त शर्करा (blood sugar)
c	cum	साथ में (with)
cc	cum cibos	भोजन के साथ (with food)
e.m.p.	ex modo prescripto	जैसा निर्देशित किया गया (as directed)
ex aq	ex aqua	पानी में (in water)
h.s.	hora somni	सोते समय (at bedtime)
inj.	injectio	इंजेक्शन (Injection)
m.	misce	मिश्रण (mix)
noct.	nocte	रात को (at night)
non rep.	non retetatur	दोबारा नहीं (no repeats)
nmt		से अधिक नहीं (not more than)
nte		सीमा से अधिक नहीं (not to exceed)
o.u.	oculus uterque	दोनों आँखें (both eyes)
p.c.	post cibum	खाने के बाद (after meals)
q	quaque	प्रत्येक (every)
q.h.	quaque hora	प्रत्येक घंटे (every hour)
q.s.	quantum sufficiat	उचित मात्रा (a sufficient quantity)
q.d.	quaque die	प्रतिदिन (every day)
q.h.s.	quaque hora somni	रोजाना सोते समय (every night at bedtime)
q.i.d.	quater in die	दिन में चार बार (four times a day)
q.a.d.	quaque alternis die	हर दूसरे दिन (every other day)
q.q.h.	quater quaque hora	हर चार घंटे में (every four hours)
q.w.k.		प्रति सप्ताह (every week)
s.a.	secundum artum	अपने निर्णय का प्रयोग (use your judgement)
ss	semis	आधा (one half)
s.o.s.	si opus sit	यदि वहाँ जरूरत है (if there is a need)
tbsp		बड़ा चम्मच (tablespoon)
tsp		छोटा चम्मच (teaspoon)
t.i.d.	ter in die	दिन में तीन बार (three times a day)
t.d.s.	ter die sumendum	दिन में तीन बार (three times a day)
X4		चार बार (four times)

ज्वर, संक्रमण एवं रोग

ज्वर (Fever)

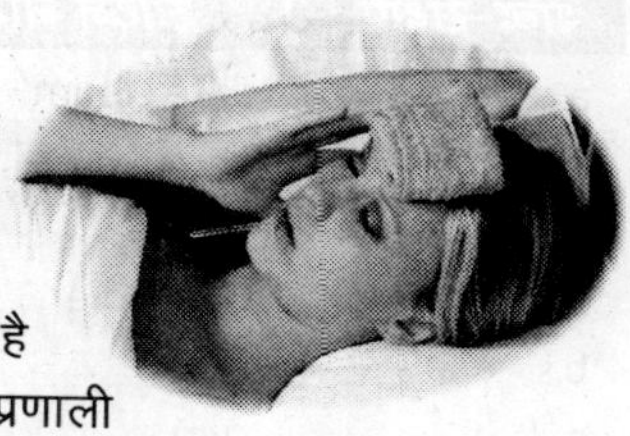

मनुष्य के शरीर का सामान्य तापमान 37 डिग्री सेल्सियस या 98.6 डिग्री फॉरेनहाइट होता है। जब शरीर का तापमान सामान्य से अधिक हो जाये तो उस अवस्था को ज्वर या बुखार (Fever) कहते हैं। यह रोग नहीं बल्कि एक लक्षण है जो बताता है कि शरीर का तापमान नियंत्रित करने वाली प्रणाली ने शरीर का वांछित तापमान 1-2 डिग्री बढ़ा दिया है। किसी भी प्रकार के संक्रमण के प्रति यह शरीर द्वारा दी गई प्रतिक्रिया है। बढ़ता हुआ ज्वर किसी रोग की गंभीरता के स्तर की ओर संकेत करता है और शरीर में दर्द, बेचैनी, व कमजोरी आदि का अनुभव होता है।

ज्वर के मुख्य प्रकार

(i) मलेरिया (ii) टायफॉयड (iii) तपेदिक (टीबी)
(iv) गठिया रोग से संबंधित ज्वर (v) खसरा (vi) कनफेड़े
(vii) श्वसन संबंधी ज्वर (न्युमोनिया) (viii) मस्तिष्क ज्वर (ix) डेंगू

सामान्य उपचार

1. रोगी को साफ और हवादार कमरे में रखें, स्वच्छ एवं मुलायम वस्त्र पहनाएँ, पर्याप्त विश्राम अति आवश्यक है।
2. रोगी को स्वच्छ एवं उबला हुआ पानी पिलाएँ, शरीर को पर्याप्त ऊर्जा देने के लिए ग्लूकोज, आरोग्यवर्धक पेय, फलों का रस आदि तथा आसानी से पचने वाला भोजन दें।
3. यदि ज्वर 39.5 डिग्री से. या 103.0 फॉरेनहाइट से अधिक हो या फिर 48 घंटों से अधिक समय से हो तो चिकित्सक से परामर्श लें।
4. रोगी को मांस, अंडा, दही एवं तेल में पकाये गये खाद्य पदार्थ न दें।

संक्रमण (Infection)

एक जीव से दूसरे जीव में किसी भी माध्यम द्वारा रोगाणुओं का प्रसार होने की क्रिया को संक्रमण कहते हैं। संक्रमण प्रायः निम्नलिखित माध्यमों द्वारा फैलता है :

(अ) वायु द्वारा : एक रोगी व्यक्ति अपनी साँस के साथ रोगाणुओं को वायु में छोड़ता है जो कि उसके निकट मौजूद किसी अन्य व्यक्ति द्वारा साँस लेने पर उसके शरीर में प्रविष्ट हो जाते हैं। कोविड-19, तपेदिक और इंफ्लुएंजा इसी प्रकार वायु द्वारा फैलते हैं।

(ब) जल द्वारा : किसी जीव या व्यक्ति द्वारा दूषित जल जब किसी अन्य व्यक्ति द्वारा प्रयोग किया जाता है तो रोगाणु उसके शरीर में संक्रमण करके उसे बीमार बना देते हैं। हैजा, पेचिश, टाइफाइड और पीलिया इसी प्रकार जल द्वारा फैलते हैं।

(स) कीटों द्वारा : कई कीट-पतंगे, जैसे—मक्खी, मच्छर, जूएँ, खटमल, पिस्सू आदि रोगाणुओं के वाहक होते हैं। जब यह किसी व्यक्ति को काटते हैं तो रोगाणु उसके शरीर को संक्रमित करके उसे बीमार बना देते हैं। मलेरिया, डेंगू, प्लेग आदि बीमारियाँ इसी प्रकार फैलती हैं।

मानव रोग : संक्षिप्त विवरण

बैक्टीरिया (जीवाणु) से होने वाले रोग

रोग का नाम	रोगाणु का नाम	प्रभावित अंग	लक्षण
* हैजा	विब्रियो कोलेरी	पाचन तंत्र	उल्टी, दस्त, मरोड़ एवं पानी की कमी
* तपेदिक (टीबी)	माइकोबैक्टीरियम ट्यूबरकुलोसिस	फेफड़े	खांसी, बुखार, छाती में दर्द, मुँह से रक्त आना
* कुकुरखांसी	वैसिलम परटूसिस	फेफड़े	बार-बार खांसी का आना
* न्यूमोनिया	डिप्लोकोकस न्यूमोनियाई	फेफड़े	छाती में दर्द, सांस लेने में परेशानी बुखार
* ब्रोंकाइटिस	बैक्टीरिया	श्वसन तंत्र	छाती में दर्द, बुखार, सांस लेने में परेशानी
* प्लूरिसी	बैक्टीरिया	फेफड़े	छाती में दर्द, बुखार, सांस लेने में परेशानी
* प्लेग	पास्चुरेला पेस्टिस	लिम्फ ग्रंथियां	शरीर में दर्द एवं तेज बुखार, आँखों का लाल होना तथा गिल्टी का निकलना
* डिफ्थीरिया	कोर्नीबैक्टीरियम	गला	गलशोथ, श्वास लेने में दिक्कत
* कोढ़	माइकोबैक्टीरियम लेपरी	तंत्रिका तंत्र	उँगलियों का गलना, शरीर पर दाग
* टाइफायड	टाइफी सालमोनेला	आंत	बुखार का तीव्र गति से चढ़ना, पेट में खराबी और बदहजमी
* टिटेनस	क्लोस्ट्रिडियम टिटेनी	मेरुरज्जु	मांसपेशियों में सिकुड़न व बेडौल शरीर
* सुजाक	नाइजेरिया गोनोरी टिटोनाई	प्रजनन अंग	प्रजनन अंगों में घाव, मूत्र त्याग में कठिनाई, अधिक मासिक स्राव, अंडग्रंथि में दर्द
* सिफलिस	ट्रिपोनीमा पैलीडियम	प्रजनन अंग	प्रजनन अंगों में घाव, मूत्र त्याग में परेशानी, शरीर पर चकत्ते, गुदा के आस-पास मस्से
* मेनिनजाइटिस	ट्रिपोनेमा पैडेडम	मस्तिष्क	सरदर्द, बुखार, उल्टी एवं बेहोशी
* इंफ्लुएंजा	फिफर्स वैसिलस	श्वसन तंत्र	नाक से पानी आना, सिरदर्द, आँखों में दर्द
* राइनाटिस	एलर्जन्स	नाक	नाक का बंद होना, सरदर्द
* स्कारलेट ज्वर	बैक्टीरिया	श्वसनतंत्र	लाल-बुखार

प्रोटोजोआ से होने वाले रोग

रोग का नाम	प्रभावित अंग	लक्षण
* मलेरिया	श्वसन-तंत्र	सर्दी, बुखार, कमजोरी, उल्टी, दस्त, बदनदर्द, रक्ताल्पता
* श्वेत प्रदर	प्रजनन अंग	रक्ताल्पता, अत्यधिक मासिकस्राव, कमजोरी
* काला-आजार	रक्त कोशिकाएं	बुखार, दस्त, कठोर प्लीहा, शरीर का कालापन, अनीमिया

वायरस (विषाणु) से होने वाले रोग

रोग का नाम	प्रभावित अंग	लक्षण
* कोविड-19	श्वसन तंत्र	बुखार, जुकाम, खांसी, सांस फूलना
* फ्लू या इंफ्लुएंजा	श्वसन तंत्र	बुखार, शरीर में पीड़ा, सिरदर्द, जुकाम एवं खांसी
* डेंगू	पूरा शरीर	तेज बुखार, उल्टी, दस्त, मांसपेशियों में दर्द आदि
* एड्स	पूरा शरीर	वजन गिरना, थकान, जोड़ों में दर्द, तनाव, जुकाम, उल्टी
* रैबीज	तंत्रिका तंत्र	बुखार, शरीर में पीड़ा, पानी से भय, लकवा, बेहोशी
* खसरा	पूरा शरीर	बुखार, पीड़ा, पूरे शरीर में खुजली, आँखों में जलन
* चेचक	पूरा शरीर	बुखार, पीड़ा, जलन व बेचैनी, पूरे शरीर में फफोले
* पोलियो	तंत्रिका तंत्र	मांसपेशियों के संकुचन में अवरोध व हाथ-पैर में लकवा
* हर्पीज	त्वचा	त्वचा में जलन, बेचैनी, शरीर पर फ़ोड़े, दर्द
* पीलिया	तंत्रिका तंत्र	बुखार, कमजोरी, त्वचा, नाखून, पेशाब व आँखों का रंग पीला
* एन्सेफलाइटिस	तंत्रिका तंत्र	बुखार, बेचैनी, दृष्टि-दोष, अनिद्रा, बेहोशी

विटामिन* के स्रोत एवं उनकी कमी से होने वाले रोग

विटामिन	स्रोत	कमी से होने वाले रोग
* A	दूध, मक्खन, घी, अण्डा, गाजर, मछली का तेल	रतौंधी, हाइपरकेराटोटिस
* B_1	दाल, खाद्यान्न, अण्डा, खमीर, माँस, फलियाँ	बेरी-बेरी
* B_2	पनीर, माँस, दूध, अण्डा, पत्तीदार सब्जियाँ	चर्म रोग, आँत का अल्सर, जीभ के छाले, आँखों में लालपन
* B_3	खमीर, अण्डा, माँस, बीजवाली एवं हरी सब्जियाँ, मूंगफली	चर्म रोग, बाल सफेद, वृद्धि कम, जनन क्षमता कम
* B_5	यीस्ट, माँस, मछली, अनाज, दालें	पेलेग्रा
* B_6	दूध, अण्डे की जर्दी, माँस, दाल एवं फल	चर्म रोग, एनीमिया
* B_{12}	दूध, मांस, मछली, अण्डा	रक्तक्षीणता और धीमी वृद्धि
* C	नींबू, आंवला, संतरा, टमाटर, आलू, मौसमी	स्कर्वी रोग
* D	मक्खन, घी, गेहूँ, अण्डा, दूध	सूखा रोग एवं ऑस्टोमैलेशिया
* E	हरी पत्तेदार सब्जियाँ, गेहूँ एवं अण्डे की जर्दी	प्रजनन क्षमता की कमी
* K	अण्डा, जिगर, टमाटर	रक्त का थक्का न बनना
* H	यीस्ट, चॉकलेट, गेहूँ, फल, सब्जियाँ एवं मूंगफली	चर्म रोग एवं तंत्रिका तंत्र में विकार
* फॉलिक एसिड	अण्डा, सोयाबीन, पत्तेदार सब्जियाँ, यीस्ट	रक्ताल्पता, पेचिश

*विटामिन भोजन के वे अवयव (कार्बनिक यौगिक) हैं जो शरीर को सामान्य और स्वस्थ बनाए रखने के लिए आवश्यक होते हैं, अर्थात् ये रक्षात्मक खाद्य हैं तथा सभी रोगों से सुरक्षा में सहायक हैं। यह शरीर द्वारा स्वयं उत्पन्न नहीं किए जाते, बल्कि भोजन के रूप में लिये जाते हैं। विटामिनों के अलावा शरीर को कैल्शियम, आयरन तथा फॉलिक एसिड की भी अति आवश्यकता होती है।

चिकित्सा संबंधी खोज एवं आविष्कार

वैज्ञानिक	चिकित्सा खोज
* रोनाल्ड रोस	मलेरिया
* जोनस ई. साल्क	एंटी-पोलियो
* सिम्पसन एवं हैरिसन	क्लोरोफॉर्म
* सेलमान अब्राहम वाकमैन	स्ट्रेप्टोमाइसिन
* फ्रैडरिक जी. बैन्टिंग	इन्सुलिन
* क्रिस्टियन बर्नार्ड	मानव हृदय प्रत्यारोपण
* यू.एन. ब्रह्मचारी	काला ज्वर से बचाव
* क्रिस्टियन इज्कमैन	बेरी-बेरी के कारण
* एलैक्जेण्डर फ्लेमिंग	पेनिसिलीन (1929 में)
* विलियम हार्वे	रक्त का संचार
* सैमुअल हैनीमैन	होम्योपैथी (खोजकर्ता)
* फ्रैडरिक हॉपकिंस	विटामिन D
* एडवर्ड जेनर	स्मॉलपॉक्स (चेचक)
* रॉबर्ट कोच	ट्यूबरकल बैकिलस
* रेने लेईनेक	स्टेथोस्कोप
* लॉर्ड जोसेफ लिस्टर	एंटीसेप्टीक उपचार
* लुईस पाश्चर	रैबीज उपचार; हाइड्रोफोबीया उपचार

रोनाल्ड रोस

जोनस ई. साल्क

सेलमान वाकमैन

फ्रैडरिक बैन्टिंग

क्रिस्टियन बर्नार्ड

एलेक्जेंडर फ्लेमिंग

फ्रेडरिक हॉपकिंस

एडवर्ड जेनर

राबर्ट कोच

रेने लेईनेक

जोसेफ लिस्टर

लुइस पाश्चर

मानव शरीर से सम्बन्धित महत्वपूर्ण तथ्य

* मानव शरीर में अस्थियों की संख्या	206
* मांसपेशियों की संख्या	639
* खोपड़ी में अस्थियों की संख्या	28
* कशेरुकाओं की संख्या	33
* पसलियों की संख्या	24
* गर्दन में कशेरुकाएं	7
* श्वसन गति	16 से 20 बार प्रति मिनट
* हृदय गति	72 से 75 बार प्रति मिनट
* सामान्य रक्त दाब	120/80
* शरीर का तापमान	37 डिग्री या 98.6° फॉरेनहाइट
* लाल रक्त कणिकाओं (RBC) की आयु	120 दिन
* श्वेत रक्त कणिकाओं (RBC) की आयु	1 से 3 दिन
* लाल रक्त कणिकाओं (RBC) की संख्या	(a) पुरुष : 4.5-5.0 मिलियन / क्यूबिक एमएम (b) महिला : 4.0-4.5 मिलियन / क्यूबिक एमएम
* चेहरे की अस्थियाँ	14
* जत्रुक की संख्या	2
* हथेली की अस्थियाँ	14
* पंजे की अस्थियाँ	5
* हृदय की दो धड़कनों के बीच का समय	0.8 सेकण्ड
* एक श्वास में खींची गई वायु	500 मि.मी.
* सुनने की क्षमता	20 से 120 डेसीबल
* कुल दाँत	32
* दूध के दाँतों की संख्या	20
* शरीर में अमीनो अम्ल की संख्या	22
* शरीर में तत्वों की संख्या	24
* शरीर में रक्त की मात्रा	5 से 6 लीटर (शरीर के भार का 7 प्रतिशत)
* शरीर में पानी की मात्रा (प्रतिशत में)	70 प्रतिशत
* रक्त का pH मान	7.4

* मूत्र का pH मान	6.0
* पुरुष हृदय का भार	300 ग्राम
* महिला हृदय का भार	250 ग्राम
* पुरुष मस्तिष्क का भार	1380 ग्राम
* महिला मस्तिष्क का भार	1250 ग्राम
* रक्त संचारण में लगने वाला समय	22 सेकण्ड
* छोटी आंत की लम्बाई	22 फीट
* शरीर में पानी की मात्रा	22 लीटर
* गुणसूत्रों की संख्या	23 जोड़े
* जीन्स की संख्या	97 अरब
* रक्त सर्वदाता	O ग्रुप
* रक्त सर्वग्राही	AB ग्रुप
* सामान्य शरीर भार (वयस्क)	70 किलोग्राम
* रक्त थक्का बनने का समय	2–5 मिनट
* सबसे बड़ी ग्रन्थि	यकृत (लीवर)
* रक्त प्लेटलेट्स संख्या	2,00,000-4,00,000 लाख मिमी.
* हीमोग्लोबिन	(a) पुरुष में : 14-15.6 ग्राम/रक्त का 100 c.c. (b) महिला में : 11-14 ग्राम/रक्त का 100 c.c.
* सबसे बड़ी अंत:स्रावी ग्रंन्थि	थायराइड
* सबसे बड़ी शिरा	इन्फिरियर वेनाकेवा
* सबसे बड़ी कोशिका	न्यूरॉन
* सबसे लम्बी पेशी	शायटिक
* गर्भावधि	9 माह (253-266 दिन)
* अस्थियों का वजन	14 प्रतिशत (शरीर के भार का)
* सर्वाधिक पुनरुद्भवन की क्षमता	यकृत में
* सबसे कम पुनरुद्भवन की क्षमता	मस्तिष्क में
* सबसे बड़ी माँसपेशी	ग्लूटियस मैक्सिमस (पुट्ठे की मांसपेशी)
* सबसे छोटी माँसपेशी	स्टेपिडियस

❖ ❖ ❖

18 शारीरिक मुद्रा प्रशिक्षण (Physical Posture Training)

शारीरिक मुद्रा

शारीरिक मुद्रा से तात्पर्य हमारे शरीर के विभिन्न अंगों और सम्पूर्ण शरीर की संस्थिति से है। शारीरिक मुद्राएँ किसी भी व्यक्ति के व्यक्तित्व की पहचान करवाती हैं। हमारा व्यक्तित्व व कार्यक्षमता हमारी शारीरिक मुद्राओं से बहुत अधिक प्रभावित होते हैं।

उचित तथा अनुचित शारीरिक मुद्रा

उचित शारीरिक मुद्रा शरीर की वह स्थिति होती है जब सभी अंग सर्वश्रेष्ठ ढंग से एक-दूसरे पर अवलंबित होते हैं, सही ढंग से बिना किसी अवरोध के चलते हैं तथा शरीर कुशलतापूर्वक कार्य करता है। जब शरीर के सभी अंग सीधी रेखा में होते हैं तो उनकी कार्यक्षमता अधिकतम होती है व कार्यों में अधिक प्रयास नहीं करना पड़ता तथा वह शरीर को शक्ति, संतुलन तथा अवलम्बन (सम्बल) प्रदान करते हैं।

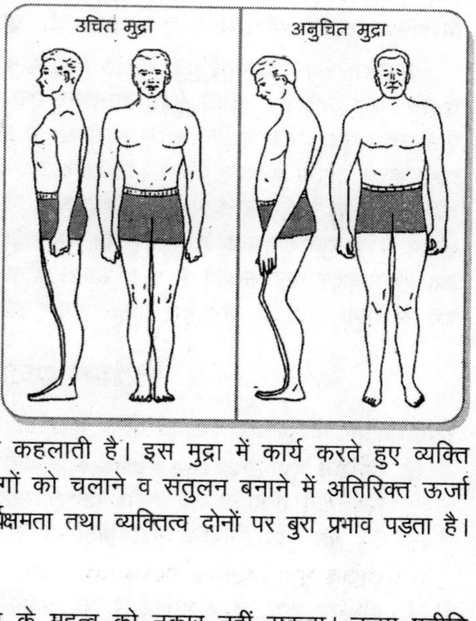

जब शरीर के सभी अंग सीधी रेखा में न होकर ढुलमुल तरीके से एक-दूसरे पर टिके होते हैं तो यह अनुचित शारीरिक मुद्रा कहलाती है। इस मुद्रा में कार्य करते हुए व्यक्ति शीघ्र थक जाता है क्योंकि उसे शरीर के अंगों को चलाने व संतुलन बनाने में अतिरिक्त ऊर्जा खर्च करनी पड़ती है। इस प्रकार उसकी कार्यक्षमता तथा व्यक्तित्व दोनों पर बुरा प्रभाव पड़ता है।

उचित मुद्रा का महत्व

कोई भी हमारे दैनिक जीवन में उचित मुद्रा के महत्व को नकार नहीं सकता। उत्तम प्रतीति और उत्तम मुद्रा एक व्यक्ति के पूर्ण स्वस्थ होने का प्रतीक हैं। यह उसकी सजगता, सक्रियता, चुस्ती तथा तंदुरुस्ती को दर्शाती है। उचित मुद्रा में ऊर्जा, प्रयास और समय का न्यूनतम अथवा मितव्ययिता से प्रयोग होता है जबकि अनुचित मुद्रा में यह अधिक व्यय होते हैं। उत्तम मुद्रा और उत्तम स्वास्थ्य में एक निश्चित संबंध है। उत्तम मुद्रा के लिए व्यक्ति उत्तम स्वास्थ्य की आदतें बनाता है जो उसे स्वस्थ जीवन जीने में सक्षम बनाती हैं।

प्रायः यह देखा जाता है कि जिन व्यक्तियों की शारीरिक मुद्रा उत्तम होती है वे अधिक फुर्तीले होते हैं तथा उनकी गतिविधियाँ अधिक लचीली, समन्वित, तालबद्ध व शालीनतापूर्ण होती हैं। इसके अतिरिक्त अच्छी मुद्रा शारीरिक शक्ति, स्वास्थ्य तथा व्यक्ति की खेल-क्षमता का भी विकास करती है।

यदि शरीर संतुलित और सीधा होगा तो उसके प्रत्येक अंग के गुरुत्वाकर्षण का केन्द्र एक सीधी खड़ी रेखा में होगा और शरीर का भार उठाने वाले भाग सही सीध में होंगे। इस प्रकार वे खड़े हुए अथवा चलते हुए शरीर को कम-से-कम तनाव व खिंचाव के साथ मजबूती व सम्बल प्रदान कर सकेंगे। उत्तम मुद्रा व्यक्ति को विभिन्न दैनिक कार्यों के लिए आवश्यक क्रियाशीलता के प्रति सक्षम, सहज व आरामदेह अनुभव करवाती है। उत्तम मुद्रा को बनाए रखने में अनुचित मुद्रा की अपेक्षा मांसपेशियों को कम प्रयास करना पड़ता है। अनुचित मुद्रा में रहने से शरीर के अंगों व जोड़ों पर बुरा प्रभाव पड़ता है और दीर्घ समय में यह विकृतियों का रूप ले लेती हैं। संतुलन की अवस्था में हमारा शरीर विभिन्न अंगों पर कम दबाव डालता है और इस कारण व्यक्ति कम थकान अनुभव करता है। उत्तम मुद्रा के ढंग हमारे शरीर की महत्वपूर्ण शारीरिक क्रियाओं विशेषतया श्वसन परिसंचरण एवं पाचन की सामान्य कार्यप्रणाली को प्रोत्साहित करते हैं।

अनुचित अथवा दोषपूर्ण मुद्रा व्यक्ति में मनोवैज्ञानिक, भावनात्मक उतार-चढ़ाव तथा हीनभावना उत्पन्न कर देती है। उचित मुद्रा अपनाकर इस प्रकार की समस्याओं से बचा जा सकता है। एक उत्तम मुद्रा वाला व्यक्ति सरलता से अपनी ओर ध्यान आकृष्ट करने, सामाजिक स्वीकार्यता प्राप्त करने, अपनी पहचान बनाने और सामाजिक प्रभाव प्राप्त करने में सक्षम होता है। उत्तम मुद्रा की शिष्टता व सौंदर्य के प्रभाव से इन्कार नहीं किया जा सकता। उत्तम मुद्रा व्यक्ति की आर्थिक क्षमता में भी सुधार करती है, क्योंकि वह आत्मविश्वास से भरा होता है और लोगों से प्रभावशाली ढंग से व्यवहार कर सकता है तथा सफल होता है। वह अपने कर्त्तव्य अधिक प्रभावी व सक्षम ढंग से निभा पाता है और इस प्रकार अपने जीवन-वृत्ति के अवसरों का पूर्ण लाभ उठाता है।

विभिन्न शारीरिक मुद्राएँ

क्रियाशीलता के आधार पर शारीरिक मुद्रा दो प्रकार की होती हैं :

(i) **निष्क्रिय मुद्रा (Inactive Posture) :** जब व्यक्ति सो रहा होता है अथवा आराम की स्थिति में होता है तब शरीर को मांसपेशियों के न्यूनतम प्रयास की आवश्यकता होती है। यह मुद्रा निष्क्रिय मुद्रा कहलाती है।

(ii) **सक्रिय मुद्रा (Active Posture) :** जब व्यक्ति बैठकर, खड़े होकर, चलकर अथवा दौड़कर कोई कार्य करता है तब उसके शरीर को मांसपेशियों की एकीकृत गतिविधि की आवश्यकता होती है। इस प्रकार की स्थिति सक्रिय मुद्रा कहलाती है। सक्रिय मुद्रा स्थिर अथवा गतिशील दोनों प्रकार की हो सकती है। स्थिर मुद्रा में शरीर निष्क्रिय, गतिहीन एवं अपरिवर्तनीय होता है और आंतरिक बल संतुलन में होते हैं। गतिशील मुद्रा में शरीर गति में, सक्रिय एवं परिवर्तनशील होता है।

स्थिति के अनुसार शारीरिक मुद्राएँ चार प्रकार की होती हैं :

(i) खड़े होने की मुद्रा
(ii) बैठने की मुद्रा
(iii) लेटने की मुद्रा
(ii) चलने की मुद्रा

1. खड़े होने की मुद्रा

किसी व्यक्ति की खड़े होने की मुद्रा उसकी सभी मुद्राओं की परिचायक मानी जा सकती है। सीधे खड़े होने की स्थिति में पूरा शरीर सीधा, संतुलन में व स्थिर रहता है, इसमें सिर, छाती, पेट, और श्रोणि के मध्य से गुरुत्वाकर्षण केन्द्र की रेखा गुजरती है। इस अवस्था में शरीर का पूरा भार दोनों पाँवों पर एक समान रूप से पड़ता है तथा पैर का भार उसके कन्दुक और एड़ी पर समान रूप से पड़ता है। प्रायः अधिक देर तक स्थिर सीधे खड़े रहने से मांसपेशियों पर तनाव व खिंचाव उत्पन्न होने लगता है। इसी कारण जब कैडेट्स को अधिक देर खड़ा होना होता है तो उन्हें 'सावधान' से 'विश्राम' अथवा 'आराम से' करवा दिया जाता है। इस प्रकार आप मांसपेशियों में तनाव व खिंचाव के कारण होने वाली थकावट से बच जाते हैं और देर तक खड़े रह सकते हैं।

2. बैठने की मुद्रा

बैठने की मुद्रा प्रायः चार मुख्य प्रकार की होती हैं:

(i) साधारण बैठना (Simple Sitting) : साधारण बैठने की स्थिति में व्यक्ति की मांसपेशियों में न्यूनतम खिंचाव व तनाव होता है। इस स्थिति में शरीर के भाग जैसे सिर, कंधे तथा कूल्हे परस्पर सीध में होते हैं। सिर और कंधों सहित, धड़ प्राकृतिक, सीधा और विराम की अवस्था में होना चाहिये। रीढ़ एक-दम सीधी होनी चाहिये। जाँघें भूमि के समानांतर, पैर 90° के कोण पर और पंजे व एड़ी भूमि पर टिके हुए होने चाहिएँ। हाथ कोहनियों से थोड़े मुड़े हुए व जाँघों पर टिके होने चाहियें। आगे की ओर झुककर बैठना अथवा पीछे की ओर पीठ को सहारा देकर बैठना अनुचित मुद्रा माना जाता है।

(ii) बैठकर पढ़ना (Reading, While Sitting) : बैठकर पढ़ने की मुद्रा काफी हद तक साधारण बैठने की मुद्रा के समान ही है। इसमें उपरोक्त के अलावा पुस्तक की आँखों से दूरी व आँखों का कोण बहुत महत्वपूर्ण होता है। सामान्यतः यह दूरी 30 सेमी. होती है और पुस्तक के तल से आँखों का कोण 45° होना अच्छा रहता है। इस अवस्था में आपके हाथ जाँघों पर होने की बजाय मेज के ऊपर पुस्तक को पकड़े हुए रहते हैं। इसके अतिरिक्त मेज-कुर्सी की ऊँचाई भी व्यक्ति के कद के अनुरूप होनी चाहिये तथा प्रकाश व्यवस्था भी उचित होनी चाहिये जिससे कि आँखों पर जोर न पड़े। प्रकाश पुस्तक पर ऊपर की ओर से सीधा पड़ना चाहिये अथवा व्यक्ति के बायीं ओर से आना चाहिये।

(iii) बैठकर लिखना (Writing, While Sitting) : लिखने की मुद्रा में कुर्सी को थोड़ा और मेज के अंदर की ओर खिसका लेना चाहिये अथवा थोड़ा-आगे होकर बैठना चाहिये। इस अवस्था में आपके दाएँ हाथ का आगे का भाग पेन के साथ आपकी नोटबुक पर टिका होता है और बायाँ हाथ नोटबुक को सहारा देता है। शरीर के अन्य अंग उपरोक्त दोनों बैठने वाली मुद्राओं के समान ही रहते हैं। लिखते समय आगे की ओर अधिक झुकना, गर्दन टेढ़ी करना और कोहनियाँ मेज पर टिका कर लिखना अनुचित मुद्राएँ मानी जाती हैं।

(iv) **बैठकर कार्य करना (Working, While Sitting) :** बैठकर कार्य करने की मुद्रा प्रायः बैठकर पढ़ने व लिखने के समान ही होती है। आजकल अधिकतर कार्य कंप्यूटर द्वारा ही किये जाते हैं। अतः आपको पढ़ने-लिखने वाली मुद्रा में कुर्सी पर बैठकर, अपनी कमर सीधी रखते हुए, पाँवों को भूमि पर पूरा टिकाकर बैठना चाहिए। कुर्सी की ऊँचाई इस प्रकार सेट करें कि आपके पैर भूमि के साथ टिककर घुटनों पर प्रायः 90° का कोण बनाएँ। दोनों हाथ भी कोहनियों से 90° पर मुड़े हों तथा कोहनियाँ स्वतंत्र हों। हाथों की उंगलियाँ की-बोर्ड पर सीधी हों तथा हथेली कहीं टिकी न हों। मॉनीटर से आँखों की दूरी सामान्यतः 30 सेमी. होती है। कार्य करते समय गर्दन सीधी रखें तथा पांवों व कुर्सी को घुमाते या हिलाते न रहें।

3. लेटने की मुद्रा

लेटने की सबसे उत्तम अवस्था वह होती है जिसमें शरीर के सभी अंग ऐसी स्थिति में हों कि उन पर कोई तनाव या खिंचाव न पड़ रहा हो। सामान्यतः इस प्रकार सीधा लेटना उत्तम मुद्रा माना जाता है जिसमें कमर सीधी बिस्तर को छू रही हो, पैर सामने की ओर सीधे खुले हों तथा दोनों हाथ शरीर के दोनों ओर सीधे खुले हों। दोनों पाँवों के मध्य व हाथों व शरीर के मध्य थोड़ा अंतर आरामदायक रहता है। यह मुद्रा प्रायः योगासन के 'शवासन' के समान ही होती है और विश्राम तथा निद्रा की दृष्टि से सर्वोत्तम मानी जाती है। सोते हुए दायीं अथवा बायीं करवट लेना प्राकृतिक रूप से स्वाभाविक है। बिस्तर सीधा व नर्म होना चाहिये तथा सख्त अथवा एक से अधिक तकिया लगाना अच्छा नहीं रहता है। पेट के बल लेटना कदापि सही नहीं माना जाता है।

4. चलने की मुद्रा

गतिशील अवस्था में चलने की दिशा सीधी सामने की ओर तथा प्रमुख जोड़ों, पैरों, घुटनों, कूल्हों और कंधों के बीच की रेखा की सीध में होनी चाहिये। रीढ़ प्रायः सीधी रखनी चाहिये। सिर सीधा व आरामदायक प्राकृतिक अवस्था में रहना चाहिये तथा दोनों हाथ, पाँवों के साथ ताल मिलाते हुए आगे-पीछे हिलने चाहियें। सामान्य रूप से चलने में शरीर अथवा हाथ-पैर अकड़े हुए प्रतीत नहीं होने चाहियें बल्कि यह गतिविधि तनाव-रहित होनी चाहिये। शरीर का संतुलन बना रहना चाहिये और पाँव एक समान पड़ने चाहियें।

अनुचित शारीरिक मुद्राएँ

अनुचित शारीरिक मुद्राओं को दो मुख्य प्रकारों में वर्गीकृत कर सकते हैं :

(i) अर्जित (Acquired) : आदतन अथवा किसी दुर्घटना या बीमारी के कारण

(ii) जन्मजात (Congenital) : जन्म से अथवा वंशानुगत दोष

अनुचित शारीरिक मुद्राओं के कारण उत्पन्न होने वाली विकृतियाँ दो प्रकार की होती हैं :

(i) कार्यात्मक विकृति (Functional divergence) और

(ii) ढाँचागत विकृति (Structural divergence)

अनुचित शारीरिक मुद्राओं के मुख्य कारण

1. **चोट लगना (Injury):** जब किसी चोट के लगने से कोई हड्डी, संधि अथवा मांसपेशी घायल हो जाती है तो वह कमजोरी अथवा विकृति के कारण शरीर को संतुलन में नहीं रख पाती और शरीर में मुद्रा दोष का कारण बन जाती है।
2. **बीमारी (Disease):** कई बीमारियाँ, जैसे पोलियो और रिकेट्स, शरीर की हड्डियों, संधियों और मांसपेशियों को कमजोर बना देती हैं जिसके परिणामस्वरूप वह शरीर का भार सही व संतुलित ढंग से नहीं उठा पातीं और पीड़ित मुद्रा-दोष का शिकार बन जाता है।
3. **प्रवृत्ति (Habit):** यदि बचपन से ही अनुचित ढंग से उठने-बैठने और चलने आदि की आदत पड़ जाए तो बड़े होने पर उसे बदलना बहुत कठिन होता है। इसके अतिरिक्त लंबे समय तक अनुचित मुद्रा अपनाये रखने से शारीरिक दोष भी उत्पन्न हो सकते हैं, जैसे—झुक कर बैठना, झुक कर चलना आदि।
4. **कमजोरी (Weakness):** शरीर की उचित मुद्रा को बनाए रखने में ऊर्जा की कुछ मात्रा व्यय होती है। यदि व्यक्ति ऊर्जावान नहीं है और उसकी मांसपेशियाँ कमजोर हैं तो वह चाहकर भी उचित मुद्रा में अधिक देर स्वयं को नहीं रख सकता और प्रायः अनुचित मुद्रा में ही रहता है।
5. **मानसिक अभिवृत्ति (Mental Attitude):** हमारी शारीरिक मुद्रा हमारी मानसिक अभिवृत्ति से प्रभावित होती है। जो लोग आनंद, आत्मविश्वास व संतुष्टि से भरे होते हैं उनकी शारीरिक मुद्रा स्वतः ही उत्तम प्रतीत होती है जबकि उदास और अवसादग्रस्त लोगों की शारीरिक मुद्रा उनकी आत्महीनता को दर्शाती है।
6. **आनुवंशिकता (Heredity):** अनुचित एवं दोषपूर्ण शारीरिक मुद्रा का एक कारण आनुवंशिक दोष भी है। कई दोष जैसे—कुबड़ापन, आनुवांशिक दोषों के कारण भी हो सकते हैं।
7. **अनुचित वस्त्र (Improper Clothing):** आपके द्वारा धारण किये गए वस्त्रों व परिधानों का प्रभाव आपकी शारीरिक मुद्रा पर दिखाई पड़ता है। अधिक चुस्त अथवा ढीले-ढाले वस्त्र एवं जूते-चप्पल आपकी मुद्रा पर बुरा प्रभाव डालते हैं।
8. **अनुचित आहार या कुपोषण (Improper Diet or Malnourishment):** असंतुलित आहार एवं कुपोषण के कारण विटामिनों और खनिज पदार्थों की कमी होने से शरीर में कई बीमारियाँ उत्पन्न हो जाती हैं, जैसे—रिकेट्स, जिससे व्यक्ति उचित मुद्रा में रहने में असमर्थ हो जाता है।
9. **दीर्घकालिक थकावट (Chronic Fatigue):** निरंतर कड़ा परिश्रम व विश्राम और निद्रा का अभाव शरीर में थकावट उत्पन्न कर देता है और जब यह स्थिति लंबे समय तक चलती है तो इसका प्रभाव हमारी शारीरिक मुद्रा व कार्यक्षमता पर दिखाई पड़ता है।
10. **अतिभार (Overload):** निरंतर क्षमता से अधिक भार उठाकर चलना भी शारीरिक मुद्रा पर बुरा प्रभाव डालता है। इससे रीढ़, कंधों व गर्दन में विकार उत्पन्न हो जाते हैं। छोटे स्कूली बच्चों पर भारी बस्तों का बोझ लादना इसका एक ज्वलंत उदाहरण है।
11. **नकल करना (Imitation):** बच्चे प्रायः टेलीविजन व सिनेमा के अपने प्रिय कलाकारों की नकल करते हैं और उन्हीं की तरह उठने-बैठने, चलने-फिरने और स्टंट करने की

अनुचित शारीरिक मुद्राएँ
(Poor Physical Postures)

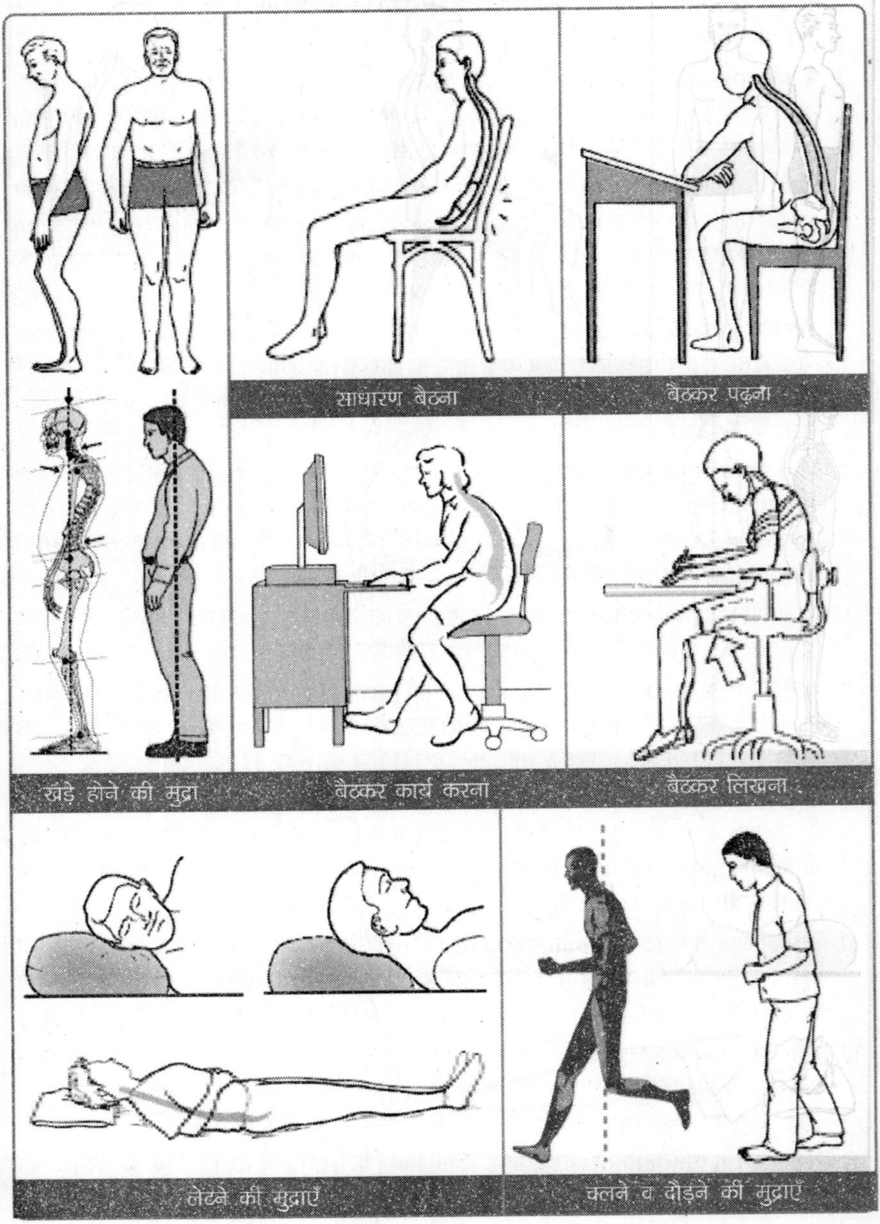

उचित शारीरिक मुद्राएँ
(Good Physical Postures)

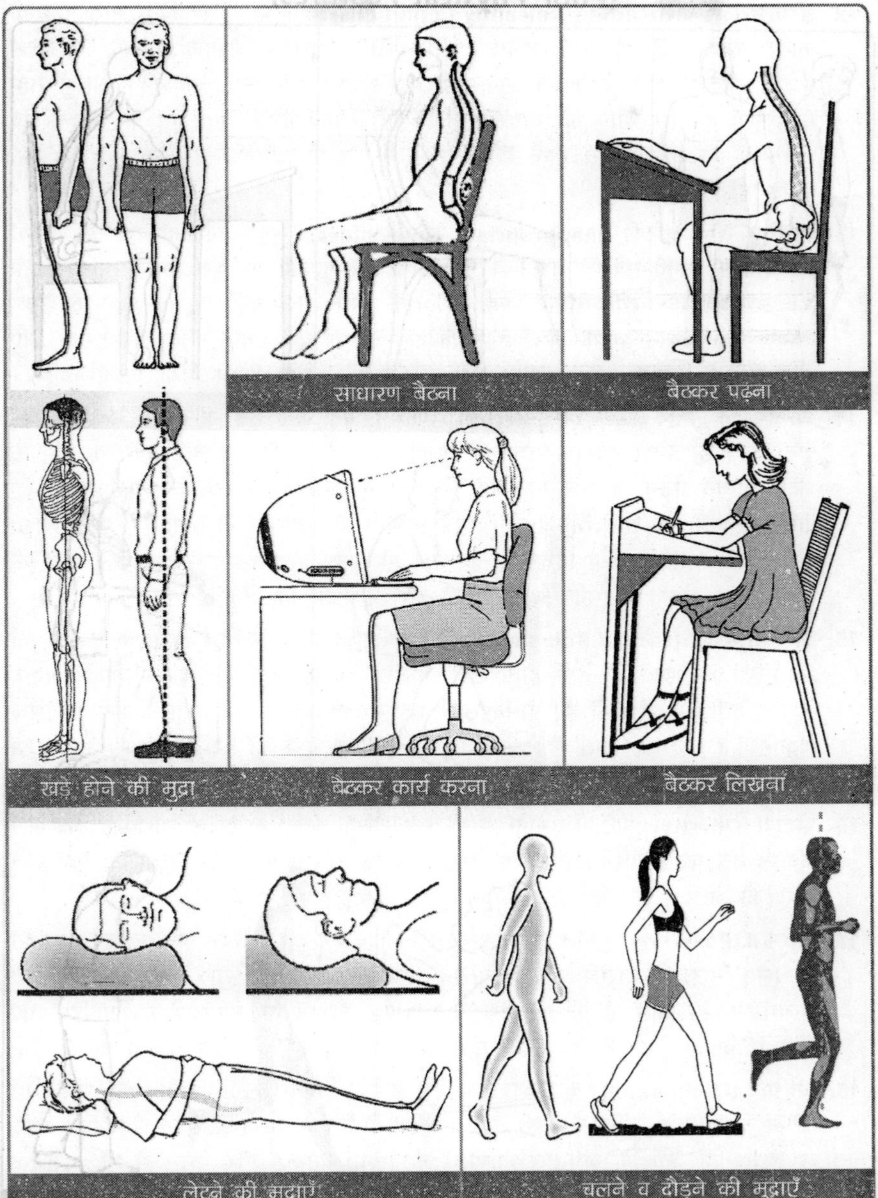

कोशिश करते हैं। इसके परिणाम स्वरूप उनकी अपनी प्राकृतिक शारीरिक मुद्रा प्रभावित होती है। कभी-कभी वे इनके कारण दुर्घटनाओं के शिकार भी बन जाते हैं।

12. **अस्वास्थ्यकर परिस्थितियाँ (Unhealthy Conditions) :** हम प्रायः अत्यधिक भीड़-भाड़ के कारण अपने चारों ओर अस्वास्थ्यकर परिस्थितियाँ देखते हैं, जैसेकि आपकी स्कूल-बस में पूरी सीटें न होने के कारण आप सही ढंग से बैठ नहीं पाते। आपकी कक्षा में सही मेज-कुर्सी अथवा डेस्कों की व्यवस्था नहीं होती। सार्वजनिक यातायात के साधनों एवं स्थानों में भी यही स्थिति होती है। ये सभी कारण भी आपकी शारीरिक मुद्रा पर बुरा प्रभाव डालते हैं।

13. **अनुचित समयसारिणी (Inappropriate Time-tables) :** स्कूल-कॉलेजों एवं कार्यालयों की दोषपूर्ण समय़-सारिणी बच्चों व बड़ों सभी की मुद्राओं पर बुरा प्रभाव डाल सकती है। उदाहरण के लिये लगातार कई घंटों तक डेस्क, मेज-कुर्सी पर कम्प्यूटर के समक्ष बैठकर पढ़ने अथवा कार्य करने से शारीरिक मुद्रा पर बुरा प्रभाव पड़ता है। इसके लिए बीच बीच में विश्राम, खेल अथवा अन्य गतिविधि के लिए समय दिया जाना चाहिये।

14. **व्यायाम का अभाव (Lack of Exercise) :** व्यायाम रीढ़ की नसों और पेट के अंगों को पुष्ट करते हैं, इनसे मुद्रा व पाचन में सुधार आता है, शरीर का लचीलापन व अंगों के बीच समन्वय बढ़ता है और मानसिक तनाव कम होता है। इससे शरीर को नई ऊर्जा प्राप्त होती है जो शारीरिक व कार्यक्षमता बढ़ाती है। व्यायाम के अभाव में शरीर सुस्त व जड़ हो जाता है तथा पाचनतंत्र कमजोर हो जाता है, जिस कारण व्यक्ति शारीरिक व मानसिक तनाव अनुभव करता है जो उसकी मुद्रा को विकृत बनाते हैं।

15. **ज्ञान का अभाव (Lack of Knowledge) :** अधिकतर लोगों को उचित शारीरिक मुद्राओं की अवधारणा का ज्ञान ही नहीं होता और वे अज्ञानतावश अनुचित मुद्रा अपनाकर अपना जीवन व्यतीत करते रहते हैं। दीर्घकाल में यह उनकी आदत बन जाती है और शारीरिक विकृतियों का रूप ले लेती है। अपने मित्रों व परिवारजनों को इस अवधारणा से अवश्य अवगत करवायें।

16. **मोटापा (Obesity) :** मोटापा अथवा अनुचित शारीरिक वजन शरीर के मांसपेशी तंत्र और कंकाल-तंत्र पर अतिरिक्त तनाव व खिंचाव उत्पन्न करता है जिससे शारीरिक मुद्रा दोष स्वतः ही उत्पन्न हो जाते हैं।

17. **निर्धनता (Poverty) :** निर्धनता के कारण व्यक्ति कुपोषण का शिकार, अनुचित वस्त्र पहनने के लिए मजबूर, शारीरिक व मानसिक रूप से कमजोर, साधनहीन, अशिक्षित व अज्ञानग्रस्त हो जाता है जिससे उसे आत्महीनता की भावना, कमजोरी व बीमारियाँ घेर लेती हैं जोकि उसकी शारीरिक मुद्रा को विकृत करने के लिये पर्याप्त कारण हैं।

18. **व्यवसाय (Occupation) :** कुछ व्यवसाय ऐसे होते हैं जिनमें लगातार झुककर, खड़े, बैठे अथवा चलते रहना होता है, जैसे कि, दर्जी, मोची-मिस्त्री, यात्री-सहायक व मजदूर आदि के कार्य यहाँ तक कि लगातार कम्प्यूटर के सामने बैठकर कार्य करने से भी शारीरिक मुद्रा-दोष उत्पन्न हो सकते हैं।

अनुचित मुद्राओं के उपचार एवं निवारण

अनुचित शारीरिक मुद्राओं में से कुछ का निवारण निम्न प्रकार से कर सकते हैं :

1. कूबड़ निकलना : वक्ष की मांसपेशियों में आगे की ओर खिंचाव व पीछे की ओर फैलाव के कारण कमर में कूबड़ सा प्रतीत होता है।

उपचार :

(i) दोनों हाथों की उंगलियाँ आपस में फँसाकर गर्दन के पृष्ठ भाग में रखें। अब गर्दन को पीछे की ओर बल दें और हाथों से उसे आगे की ओर बल दें। ऐसा कई बार करें।

(ii) भूमि पर लेटकर एक रेत का थैला कंधों के नीचे तकिये की तरह लगाएँ। अब गर्दन को पीछे की ओर बल दें। ऐसा कई बार करें।

2. कंधे गोल होना : कंधों की मांसपेशियों के उतार-चढ़ाव के कारण कई लोगों के कंधे गोल से प्रतीत होते हैं।

उपचार :

(i) दोनों हाथों को कंधों से बारी-बारी चकरी की तरह घुमाएँ।

(ii) अपने दोनों हाथ पीछे की ओर करके कुर्सी के हत्थों को पकड़ें और हाथों के बल शरीर को उठाएँ-गिराएँ।

3. कंधे झुके होना : कूल्हे की मांसपेशियों के छोटे-बड़े होने से कई लोगों के कंधे झुके हुए प्रतीत होते हैं।

उपचार :

(i) दोनों हाथों को कंधों से बारी-बारी आगे-पीछे घुमाएँ।

(ii) धनुरासन और नौकासन का अभ्यास करें।

4. रीढ़ का झुकना : कई कारणों से लोगों की रीढ़ झुकी हुई प्रतीत होती है।

उपचार :

(i) भूमि पर पीठ के बल लेटकर दोनों घुटने ऊपर की ओर मोड़ें व उन्हें हाथों से पकड़कर शरीर के साथ दबाएँ।

(ii) इसी प्रकार लेटे रहकर पाँवों से हवा में साइकिल चलाएँ।

(iii) पश्चिमोत्तानासन तथा धनुरासन का अभ्यास करें।

5. रीढ़ का अकड़ना : आलस्य, चोट अथवा बीमारी के कारण कई बार लोगों की रीढ़ में अकड़ाव उत्पन्न हो जाता है।

उपचार :

(i) दोनों पाँव यथासंभव फैलाकर खड़े हों और बारी-बारी दोनों हाथों से उनकी विपरीत दिशा के पाँव के अँगूठे को छुएँ।

(ii) दोनों पाँव मिलाकर खड़े हों और दोनों हाथों को सीधे सिर के ऊपर उठाकर झुकाते हुए दोनों पाँवों के अँगूठों को बिना घुटने मोड़े छुएँ।

अनुचित मुद्रा विकार निवारण के कुछ व्यायाम
(Some Relief Exercises for Bad Postures)

6. घुटने मिलना : विटामिनों की कमी, मोटापे, बीमारी व अन्य कई कारणों से कई लोगों के दोनों घुटने परस्पर टकराते हैं।

उपचार :

(i) कैल्शियम व विटामिन 'डी' वाली खुराक लें तथा धूप में बैठें।

(ii) साइकिल चलाएँ एवं घुड़सवारी करें।

7. पैर चपटे होना : कुछ लोगों के पाँव कमजोरी, आलस्य, मोटापे अथवा कई अन्य कारणों से नीचे से चपटे हो जाते हैं।

उपचार :

(i) पैदल चलना एवं दौड़ लगाना।

(ii) पंजों के बल बैठना, उठना, खड़े होना व चलना।

8. अन्य मुद्रा दोष : उपरोक्त मुद्रा दोष और उपचारों के अतिरिक्त भी अन्य कई प्रकार के मुद्रा दोष लोगों में देखे जाते हैं। गंभीर मुद्रा दोषों का निवारण चिकित्सक की देखरेख में होना चाहिये जबकि सामान्य स्थितियों में इन पर नियंत्रण पाने के लिये निम्न उपाय करें :

उपचार :

तेज चलना, सैर करना, दौड़ लगाना, योगासन करना, शारीरिक अभ्यास करना, संतुलित आहार लेना, सही फिटिंग वाले कपड़े व जूते पहनना, शरीर का वजन सही रखना और सही ढंग से उठना-बैठना, चलना-फिरना, विश्राम करना व सोना।

❖ ❖ ❖

19

आत्म-रक्षा (Self-Defence)

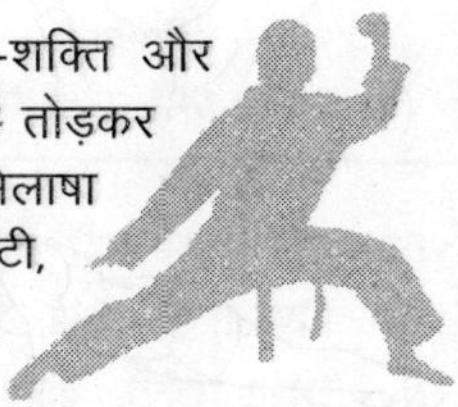

आज के युग में जहाँ हमारी युवा पीढ़ी अपनी शिक्षा, ज्ञान, इच्छा-शक्ति और सद्भाव की भावना से जात-पात, भाषा-धर्म और देश-विदेश की दीवारें तोड़कर संपूर्ण विश्व को एक सूत्र में पिरोकर चाँद-सितारों को छूने की अभिलाषा रखती है वहीं कुछ तत्व केवल शरारत, चोरी, गुंडागर्दी, छीना-झपटी, तस्करी, बलात्कार, हत्या और आतंकवाद जैसे अपराधों में संलिप्त हैं। प्रत्येक व्यक्ति को, विशेषकर लड़कियों व महिलाओं को, शरारती तत्वों व अपराधियों से बचाव के लिये आत्म-रक्षा के उपाय अवश्य सीखने चाहियें।

आत्म-रक्षा के उपाय मुख्यतः दो प्रकार के होते हैं :

(i) नैतिक आत्म-रक्षा उपाय (ii) शारीरिक आत्म-रक्षा उपाय

नैतिक आत्म-रक्षा उपाय

जैसा कि एक पुरानी कहावत है : 'इलाज से रोकथाम बेहतर है' (Prevention is Better than Cure) प्रत्येक व्यक्ति को अवांछनीय घटनाओं से बचना चाहिये। ऐसा करने में हम न केवल अपनी व अन्य लोगों की सहायता करते हैं बल्कि समाज को रहने के लिए एक बेहतर स्थान बनाने में भी मदद करते हैं। एनसीसी कैडेट्स के रूप में यह स्वतः ही हमारा उत्तरदायित्व बन जाता है कि हम किसी भी अवांछनीय घटना की अनिवार्य रूप से रोकथाम के भरसक उपाय करें।

सामान्यतः जो अवांछनीय घटनाएँ हमारे समक्ष घटती हैं उनमें से प्रमुख हैं :

(i) सड़क दुर्घटनाएँ;
(ii) जेब कटना, गुंडा-गर्दी, छीना-झपटी, चोरी व डकैती;
(iii) लड़कियों व महिलाओं को सताना, छेड़खानी करना व यौन उत्पीड़न;
(iv) सार्वजनिक वाहनों व स्थलों में धूम्रपान, नशाखोरी व शराब पीना।

उपरोक्त घटनाओं को रोका जा सकता है यदि प्रत्येक व्यक्ति समाज के प्रति अपनी नैतिक जिम्मेदारी को समझे और इस प्रकार की घटनाओं को घटित होने से रोकने का सार्थक प्रयास करे।

सड़क दुर्घटनाएँ

सड़क दुर्घटनाओं से बचाव के लिये हमें :

(i) सड़कों पर सावधानीपूर्वक चलना व वाहन चलाना चाहिये।
(ii) सड़क सुरक्षा के तथा यातायात के सभी नियमों का पालन करना चाहिए।
(iii) गंतव्य पर समय से पहुँचने के लिये समय से निकलें व तेज गति से वाहन न चलाएँ।

(iv) नशे में वाहन कदापि न चलाएँ।
(v) हमेशा जैब्रा क्रॉसिंग, फुट-ओवरब्रिज अथवा सबवे से सड़क पार करें।
(vi) सभी बच्चों को सड़क-सुरक्षा के नियम सिखाएँ।

जेब कटना, गुंडा-गर्दी, छीना-झपटी, चोरी व डकैती

(i) भीड़-भाड़ वाले स्थानों की यात्रा से बचें तथा कम-से-कम रुपये और कीमती सामान लेकर निकलें।
(ii) स्वयं कभी गुंडा-गर्दी में संलिप्त न हों तथा अन्य लोगों को भी इससे दूर रखने का प्रयास करें।
(iii) यदि गुंडा-गर्दी की घटना होती देखें तो उसका शांतिपूर्ण हल करने का प्रयास करें, विफल होने पर निकट के पुलिस पोस्ट को सूचित करें।
(iv) छीना-छपटी, चोरी व डकैती की घटनाओं के प्रति सतर्क रहें और यदि वह घटित होती हैं तो पुलिस को तुरंत सूचना दें।

लड़कियों व महिलाओं को सताना, छेड़खानी करना व यौन-उत्पीड़न

(i) लड़कों को यह समझना चाहिये कि लड़कियों को सताना, छेड़खानी करना व यौन-उत्पीड़न करना कानूनी-अपराध हैं।
(ii) लड़कों को लड़कियों की गरिमा का सम्मान करना चाहिये तथा लड़कियों को अपनी मर्यादा का ध्यान रखना चाहिये।
(iii) विपरीत लिंग के व्यक्तियों के साथ मिलकर पढ़ने, खेलने व कार्य करने के लिए स्वस्थ वातावरण का निर्माण करना चाहिये।
(iv) यदि आस-पास किसी को किसी लड़की या महिला से दुर्व्यवहार करते देखें तो उसे निरुत्साहित करें, अन्यथा पुलिस को सूचना दें।

धूम्रपान, नशाखोरी व शराब पीना

(i) इनसे स्वयं बचें व आस-पास के लोगों को जागरूक करें।
(ii) अपने परिवार के साथ अधिक समय बिताएँ व अभिभावकों से मित्रों का परिचय करवायें जिससे वे भी जानें कि आप अच्छे मित्रों की संगत में हैं।
(iii) यह समझना व समझाना चाहिये कि धूम्रपान, नशाखोरी और मद्यपान स्वास्थ्य के लिए हानिकारक हैं तथा सामाजिक बुराइयाँ हैं।
(iv) यह समझना व समझाना चाहिये कि नशीली दवाओं को रखना, बेचना व अन्य लोगों को इसकी लत लगाना कानूनी अपराध है।

शारीरिक आत्म-रक्षा उपाय

जीवन में कई बार हमें ऐसी परिस्थितियों का सामना करना पड़ता है जब नैतिक आत्मरक्षा के उपाय विफल हो जाते हैं और पुलिस आदि की मदद भी तुरंत उपलब्ध नहीं होती, ऐसे स्थिति में हमें स्वयं ही शारीरिक उपायों द्वारा आत्मरक्षा करनी पड़ती है। शारीरिक आत्म-रक्षा उपाय,

निःशस्त्र होते हुए भी आपको शत्रु का मुकाबला करने के लिये सक्षम बनाते हैं। यह मार्शल आर्ट और कोम्बेट स्पोर्ट्स से ली गई विभिन्न बचाव व आक्रमण की तकनीकों पर आधारित हैं। यह कई विषम परिस्थितियों में सशस्त्र दुश्मन का भी मुकाबला करने में प्रभावी उपायों से लैस हैं।

शारीरिक आत्म-रक्षा अथवा निःशस्त्र लड़ाई के सिद्धांत

(i) बेझिझक आक्रमण की क्रूरतम विधि का प्रयोग करना चाहिये।
(ii) हमला लक्ष्य पर पूरी ताकत और निश्चय के साथ करना चाहिये।
(iii) शत्रु के सबसे संवेदनशील (कमजोर) भाग को लक्ष्य बनाना चाहिये।
(iv) प्रथम आक्रमण शत्रु को अक्षम बनाने और दूसरा तेजी से उसे पकड़ने, जकड़ने अथवा पटकने के लिए करना चाहिये।
(v) शत्रु को अचंभे में डालते हुए बचाव की मुद्रा से एकदम आक्रमण की मुद्रा में आ जाएँ।
(vi) शत्रु पर नियंत्रण पाने के लिये आश्चर्य, गति, शक्ति, सफाई से निष्पादन, पहल करना और उसे बनाए रखना अति-महत्वपूर्ण होता है।

मानव शरीर के आघात-योग्य भाग

मानव शरीर में कई भाग बहुत संवेदनशील अथवा आघात-योग्य होते हैं जिनको निःशस्त्र लड़ाई में मर्मस्थल अथवा महत्वपूर्ण बिंदु माना जाता है। इन स्थानों पर प्रहार करने पर शरीर के अन्य भागों की अपेक्षा अधिक पीड़ा और आघात लगता है। इनमें से कुछ इस प्रकार हैं :

- **शरीर का अग्रभाग :** आँख, नाक, कान, कनपटी, मुँह, ठोड़ी, गला, पसलियाँ, पेट, अंडकोष, घुटने तथा टखने आदि।
- **शरीर का पृष्ठभाग :** खोपड़ी का आधार (गर्दन), रीढ़ की हड्डी, गुर्दे आदि।

शरीर के आघात योग्य भाग

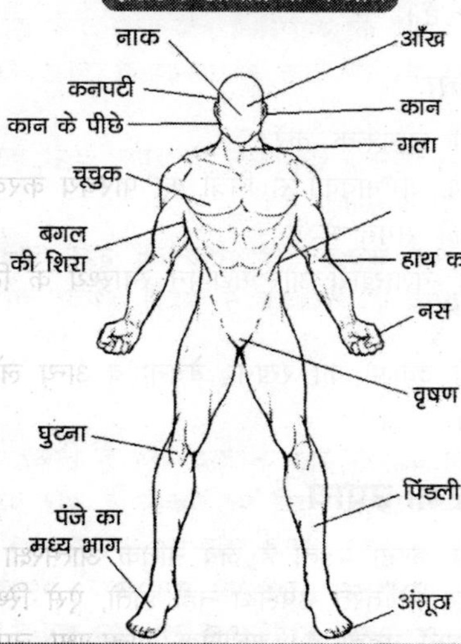

शरीर के आघात योग्य बिंदु

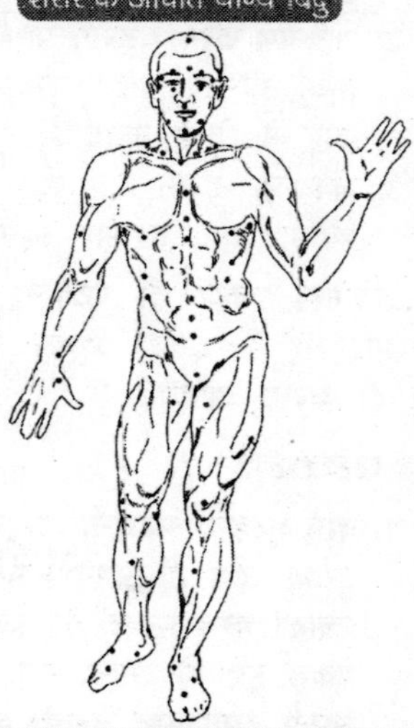

प्रत्येक कैडेट को मानव शरीर के इन मर्मस्थलों से भली प्रकार अवगत होना चाहिये जिससे कि वह आवश्यकता पड़ने पर इन पर प्रहार करके शत्रु को नियंत्रण में कर सके और साथ-ही अपने इन अंगों का बचाव शत्रु से कर सके।

आत्म-रक्षा प्रशिक्षण की मूल बातें

(i) आक्रमण व बचाव के लिये दोनों हाथों का प्रयोग करना सीखना चाहिए।
(ii) अभ्यास यथार्थ किंतु सुरक्षा-सीमा के भीतर होना चाहिए।
(iii) अभ्यास पंचिंग बैग और लकड़ी के पतले फट्टों पर होना चाहिए।
(iv) आक्रमण पूरे जोर से व तुरंत दोबारा किया जाना चाहिए।
(v) प्रत्येक चाल को सीखकर उसमें निपुणता प्राप्त करके गति व समन्वय के लिये कड़ा अभ्यास करना चाहिये।
(vi) प्रत्येक बचाव की चाल के बाद तुरंत आक्रमण की चाल चलें।
(vii) पहला अवसर मिलते ही पहले आक्रमण करें।
(viii) शत्रु को ऐसा प्रतीत करवाएँ कि आप घायल हैं और आक्रमण नहीं करेंगे।
(ix) शत्रु को खींचकर अथवा धकेलकर उसका संतुलन बिगाड़ें।.
(x) अचंभे में डालने वाले और अप्रत्याशित आक्रमण महत्वपूर्ण कारक हैं।
(xi) शारीरिक शक्ति व फुर्ती इसके दो अन्य महत्वपूर्ण कारक हैं।

पटकना एवं आक्रमण करना

निःशस्त्र रूप से शत्रु का मुकाबला करने के प्रायः तीन मुख्य ढंग होते हैं :

(i) पटकना (ii) आक्रमण करना (iii) जकड़ना

1. **पटकना :** इसमें प्रायः जूडो की आत्मरक्षा तकनीकों द्वारा शत्रु को उठाकर पटका जाता है और उस पर काबू पाया जाता है।
2. **आक्रमण करना :** इसमें प्रायः कराटे, कुंग-फू आदि की आत्मरक्षा तकनीकों द्वारा शत्रु पर हाथों और पैरों से सटीक प्रहार किये जाते हैं और उसे अक्षम अथवा घायल करके काबू में किया जाता है।
3. **जकड़ना :** इसमें प्रायः शत्रु को अपने हाथों से विभिन्न तकनीकों के प्रयोग द्वारा कसकर पकड़ा जाता है और अक्षम बनाकर काबू किया जाता है।

विभिन्न प्रकार की पटकनी, आक्रमण करने एवं जकड़ने की तकनीकें आगे संक्षेप में समझाई गईं हैं। इनका अभ्यास किसी योग्य प्रशिक्षक की देखरेख में गद्दों अथवा नर्म भूमि पर ही करना चाहिये।

पटकनी

1. **दायें कूल्हे की पटकनी :** अपना बायाँ पाँव आगे बढ़ाकर शत्रु के दायें पाँव के निकट रखें। इसके साथ ही अपने बायें हाथ की हथेली से उसके कंधे पर धक्का दें और वहीं से उसका वस्त्र पकड़ लें। इस तरह से उसका संतुलन बिगड़ जाएगा। अब उसका वस्त्र पकड़े हुए ही अपने बायें पाँव की कन्दुक (Ball) पर 180° पर घूम जाएँ। घूमते हुए अपना दायाँ हाथ उसकी कमर में डालकर उसे अपने दायें कूल्हे की ओर धकेलें। इस

पटकनी के तरीके
(Techniques of Throws)

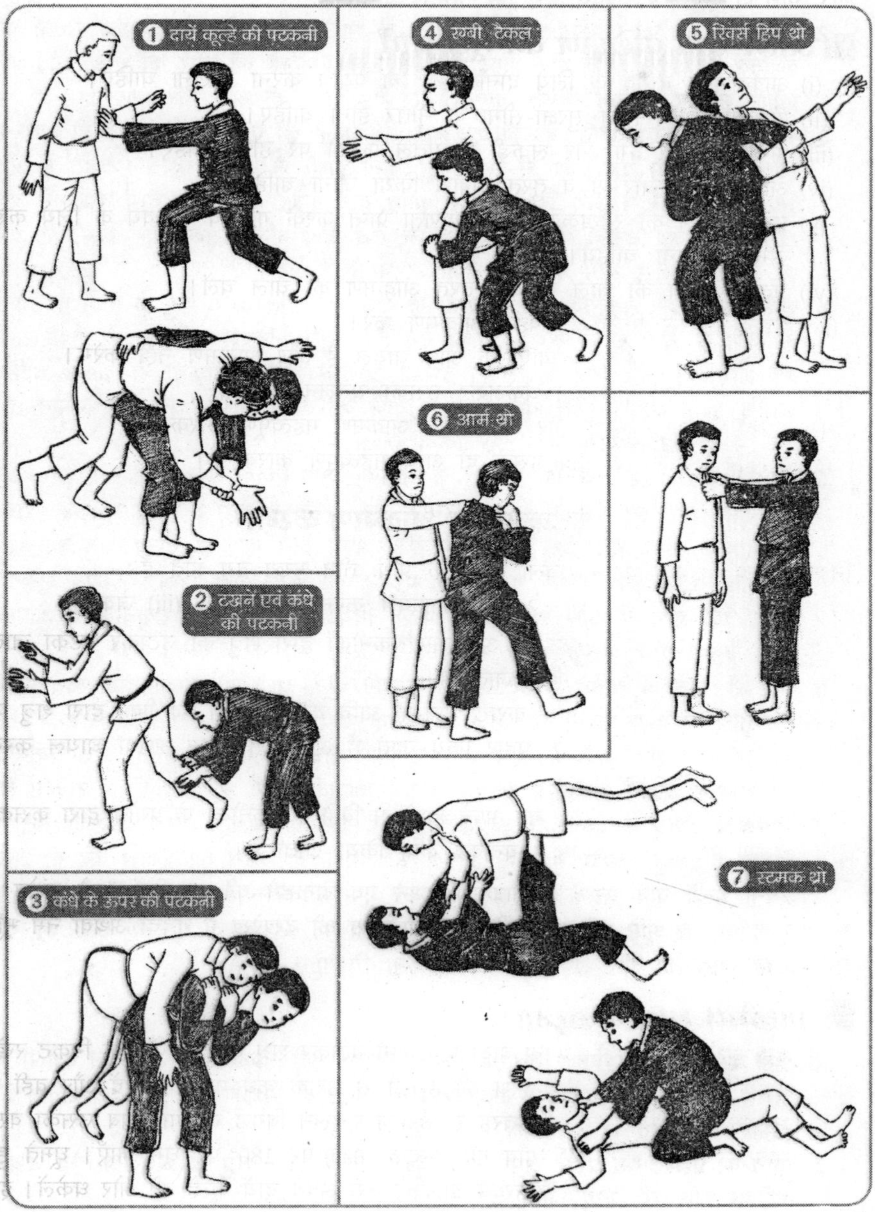

प्रकार उसके दोनों पाँव भूमि से ऊपर उठ जाएँगे और वह आपके दायें कूल्हे पर टंगा-सा होगा। अब उसे दोनों हाथों से पकड़े हुए ही अपने पाँव सीधे रखकर आगे की ओर झुकें और उसे तेजी से भूमि पर पटक दें।

2. **टखने एवं कंधे की पटकनी :** तेजी से शत्रु के पीछे जाकर, झुककर उसके टखने को कसकर पकड़कर खींचे और अपने कंधों से उसके कूल्हों को जोर का धक्का दें। इस प्रकार उसका संतुलन बिगड़ जाएगा और वह आगे की ओर गिर जाएगा।
3. **कंधे के ऊपर की पटकनी :** इसकी शुरुआत दाएँ कूल्हे की पटकनी की भाँति ही होती है किंतु इसमें आप एक हाथ के स्थान पर दोनों हाथों से उसका वस्त्र पकड़ते हैं और 180° पर घूमकर व आगे झुककर उसे अपने दायें कूल्हे की बजाय दायें कंधे की ओर खींचते हैं। जब उसके पाँव भूमि से ऊपर उठ जाएँ और उसका भार आगे की ओर आ जाए तो उसे आगे की ओर तेजी से पटक दें।
4. **रग्बी टैकल :** इस तकनीक में आप रग्बी के खेल की भाँति अपने शत्रु के पाँवों पर, पीछे की ओर से तेजी से उछलकर, धक्का देते हैं। संतुलन बिगड़ने और धक्के के जोर से वह आगे की ओर गिर जाता है। इसका अभ्यास बहुत सावधानी से करना चाहिये क्योंकि इसमें आपके साथ अभ्यास करने वाले व्यक्ति को गंभीर चोट लग सकती है। शुरू में इसका अभ्यास 'डमी' पर किया जाता है।
5. **रिवर्स हिप थ्रो :** इस तकनीक में शत्रु के सामने उसके एकदम निकट खड़े होकर पहले की भाँति धकेलकर उसका संतुलन बिगाड़ दिया जाता है तथा तेजी से घूमकर उसका दायाँ हाथ अपने बायें हाथ से जकड़कर व अपने दायें हाथ से उसके धड़ को आगे की ओर से पकड़कर, अपने दायें कूल्हे पर उसका बायाँ कूल्हा रखकर, आगे झुककर अपने दायें हाथ के जोर से उठाकर पटक दिया जाता है। इस तकनीक में आपका दायाँ कूल्हा प्रायः उसके शरीर के लिये उत्तोलक का कार्य करता है।
6. **आर्म थ्रो :** शत्रु के सामने, निकट खड़े हों, अपने दोनों हाथों से उसका दायाँ हाथ पकड़ कर तेजी से ऊपर उठाएँ और तेजी से उसके नीचे घूम जाएँ। इस प्रकार उसका हाथ मुड़ जाएगा। अब आगे की ओर झुककर उसे खींचकर आगे पटक दें। इस तकनीक का अभ्यास अत्यंत सावधानी से करें अन्यथा आपके साथी का कंधा उतर सकता है।
7. **स्टमक थ्रो :** शत्रु के दोनों कॉलर पकड़कर उसे पीछे की ओर धकेलकर उसका संतुलन बिगाड़ दें। जब आपका शत्रु भी आपके साथ ऐसा ही करने का प्रयास करे तो तुरंत अपना दायाँ पाँव उसके पेट पर टिकाकर, उसके कॉलर पकड़े-हुए अपनी कमर व कूल्हे के बल भूमि पर कलाबाजी खायें। इस प्रकार वह आपके पाँव के ऊपर झूलकर अपने आगे की ओर अपने ही जोर से जा गिरेगा।

आक्रमण तथा जकड़ना

1. **ठोड़ी पर प्रहार :** यह प्रहार शत्रु के सामने, निकट खड़े होकर दाएँ हाथ की हथेली के निचले भाग से पूरी ताकत से सीधा शत्रु की ठोड़ी के निचले भाग पर किया जाता है। इसका रुख नीचे से ऊपर की ओर होता है।
2. **घुटने का प्रहार :** यह प्रहार अपने दायें घुटने को मोड़कर शत्रु के अंडकोष, पेट अथवा मुँह पर जोर से किया जाता है।

आक्रमण के तरीके
(Techniques of Attacks)

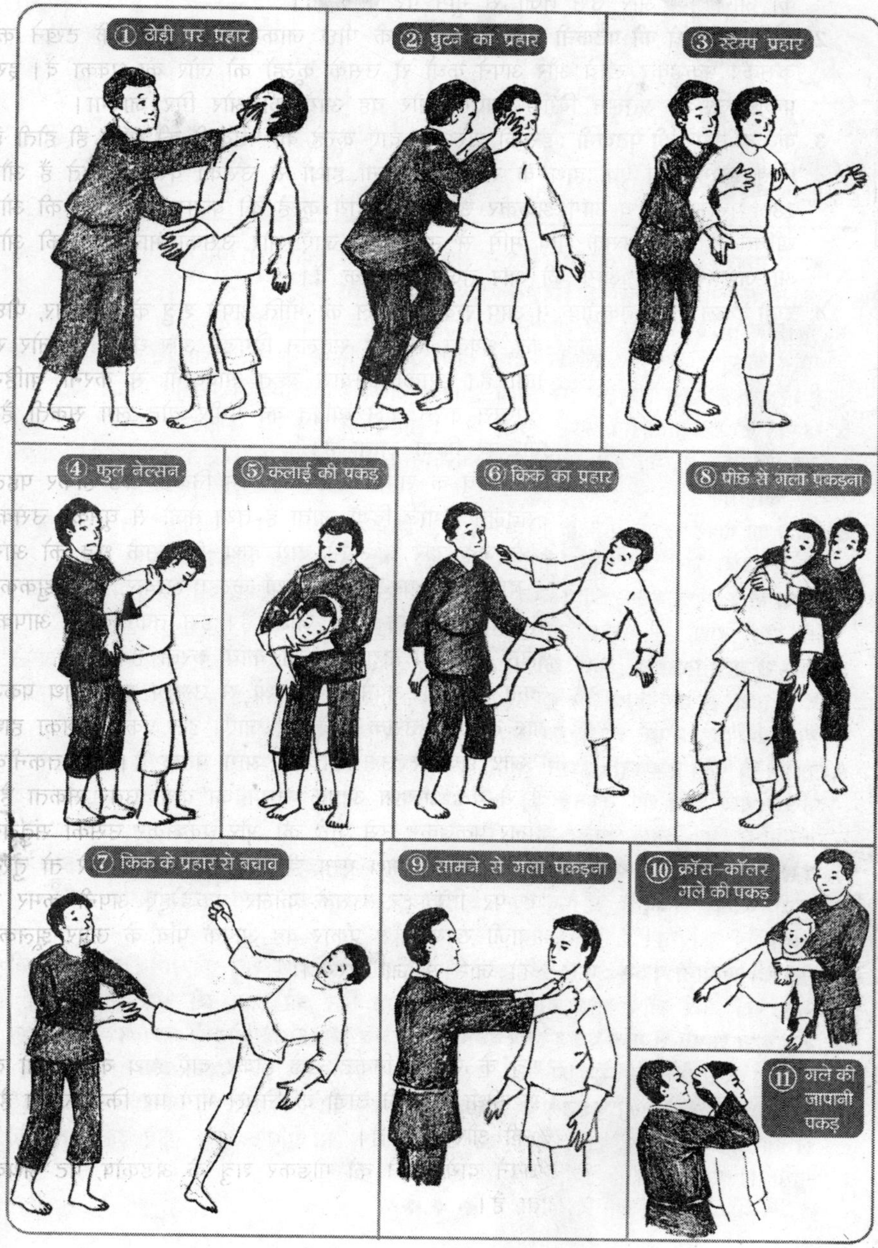

3. **स्टैम्प प्रहार :** जब शत्रु आपको सामने अथवा पीछे से पकड़ ले तब यह प्रहार अपने पैर के निचले भाग से उसकी पिंडली पर किया जाता है।
4. **फुल नेल्सन :** इसमें पीछे की ओर से शत्रु की बगलों में दोनों हाथ डालकर व घुमाकर उसकी गर्दन के पृष्ठ भाग पर रखकर, दोनों हाथों की उंगलियाँ परस्पर फँसा ली जाती हैं। अब हाथों से ऊपर से दबाकर उसे नीचे झुकाया जाता है। यह बहुत मजबूत पकड़ होती है।
5. **कलाई की पकड़ :** इसमें अपने हाथों की कलाइयों में शत्रु की कलाइयों अथवा उंगलियों को फँसाकर मरोड़ें। इस प्रकार उसे असहनीय पीड़ा होगी और उसे काबू करना सरल हो जाएगा।
6. **किक का प्रहार :** अपने पाँव के निचले भाग से शत्रु के घुटने पर पूरी ताकत से सीधा प्रहार करें। इससे उसे असहनीय पीड़ा होगी और वह असंतुलित होकर गिर भी सकता है।
7. **किक के प्रहार से बचाव :** यदि शत्रु आप पर किक का प्रहार करने की चेष्टा करे तो फुर्ती से दोनों हाथों से उसका पाँव पकड़कर मरोड़ दें।
8. **पीछे से गला पकड़ना :** पीछे की ओर से शत्रु के गले में अपने दोनों हाथ डालकर अपने दायें हाथ से बाएँ हाथ की कलाई को मजबूती से पकड़ लें। इस प्रकार शत्रु की गर्दन के इर्द-गिर्द आपके हाथों का मजबूत फंदा बन जाएगा।
9. **सामने से गला पकड़ना :** इसमें सामने की ओर से शत्रु की गर्दन में दायाँ हाथ डालकर उससे बायें हाथ की कलाई को कसकर पकड़ लिया जाता है और फंदा बनाकर शत्रु की गर्दन पर दबाव डाला जाता है।
10. **क्रॉस-कॉलर गले की पकड़ :** अपने दायें हाथ से शत्रु का बायाँ कॉलर और बायें हाथ से दायाँ कॉलर मजबूती से पकड़कर खींचें। इससे उसका गला घुटने लगेगा और वह अक्षम हो जाएगा।
11. **गले की जापानी पकड़ :** पीछे की ओर से अपना दायाँ हाथ शत्रु की गर्दन पर आगे की ओर रखें और खींचें तथा बायें हाथ से उसके सिर को आगे की ओर धकेलें।
12. **शत्रु द्वारा सामने से गला पकड़ने पर बचाव :** यदि शत्रु सामने की ओर से आपकी गर्दन पकड़ ले तो तुरंत तेजी से घूमकर उस पर क्रॉस-कॉलर गर्दन की पकड़ का दाव लगाएँ।
13. **शत्रु द्वारा पीछे से गला पकड़ने पर बचाव :** यदि शत्रु पीछे की ओर से आपकी गर्दन पकड़ ले तो तुरंत तेजी से आगे नीचे की ओर अधिक से अधिक झुक जाएँ और शत्रु को भूमि पर पटक दें।

❖ ❖ ❖

20 पर्यावरण एवं पारिस्थितिकी
(Environment & Ecology)

पर्यावरण क्या है?

हिन्दी शब्द पर्यावरण 'परि' तथा 'आवरण' दो शब्दों का युग्म है। 'परि' का अर्थ है–'चारों ओर' तथा 'आवरण' का अर्थ है—'घेरा' अर्थात प्रकृति में जो भी चारों ओर परिलक्षित है सभी पर्यावरण के अंग हैं। दूसरे शब्दों में, वनस्पतियों, प्राणियों, मानव जाति सहित सभी सजीवों और उनसे सम्बन्धित भौतिक परिसर को पर्यावरण कहते हैं। वास्तव में पर्यावरण में वायु, जल, भूमि, पेड़-पौधे, जीव-जन्तु, मानव और उसकी विविध गतिविधियों के परिणाम आदि सभी का समावेश होता है।

पर्यावरण के प्रकार

पर्यावरण के दो प्रकार होते हैं : 1. भौतिक पर्यावरण तथा 2. जैविक पर्यावरण।

1. **भौतिक घटकों की तीन अवस्थाओं—ठोस, द्रव तथा गैस के आधार पर पर्यावरण की तीन श्रेणियाँ हैं :**
   1. स्थलमण्डलीय पर्यावरण
   2. जलमण्डलीय पर्यावरण
   3. वायुमण्डलीय पर्यावरण
2. **इसी प्रकार जैविक घटकों की दो कोटियों—वनस्पति तथा जीव के आधार पर जैविक पर्यावरण की दो श्रेणियाँ हैं :**
   1. वानस्पतिक पर्यावरण
   2. जैव पर्यावरण

ध्यातव्य है कि भौतिक पर्यावरण तथा जैविक पर्यावरण एक दूसरे को प्रभावित करते हैं। तात्पर्य यह है कि भौतिक पर्यावरण बदलने से जैविक पर्यावरण भी बदल जाता है। विभिन्न जीवधारियों द्वारा सामाजिक समूह एवं संगठन की रचना करने के कारण सामाजिक पर्यावरण का निर्माण होता है। जिसके अंतर्गत प्रत्येक जीवधारी को अपने जीवन-निर्वाह, अस्तित्व एवं संवर्द्धन करने के लिए भौतिक पर्यावरण से पदार्थ को प्राप्त करना पड़ता है, फलस्वरूप आर्थिक पर्यावरण का निर्माण होता है। इसी प्रकार मानव द्वारा सांस्कृतिक एवं राजनीतिक पर्यावरण का निर्माण होता है।

पर्यावरणीय समस्या

सामान्य जीवन प्रक्रिया में जब अवरोध होता है तब पर्यावरण की समस्या जन्म लेती है। यह अवरोध प्रकृति के कुछ तत्वों के अपनी मौलिक अवस्था में न रहने और विकृत हो जाने से प्रकट होता है। इन तत्वों में प्रमुख हैं—जल, वायु, मिट्टी आदि। जब ये तीन प्रमुख तत्व दूषित होने लगते हैं तो पर्यावरण दूषित होने लगता है, जो संपूर्ण सृष्टि के लिए हानिकारक है। पर्यावरणीय समस्याओं से मनुष्य और अन्य जीवधारियों को अपना सामान्य जीवन जीने में कठिनाई होने लगती है और कई बार जीवन-मरण का प्रश्न पैदा हो जाता है। उद्योगों और मोटर-वाहनों का बढ़ता उत्सर्जन और वृक्षों की निर्मम कटाई प्रदूषण के मुख्य कारण हैं। कारखानों, बिजलीघरों और मोटर-वाहनों में खनिज ईंधनों (डीजल, पेट्रोल, कोयला आदि) का अंधाधुंध प्रयोग होता है। इनको जलाने पर कार्बन डाइआक्साइड, कार्बन मोनोऑक्साइड, मीथेन, नाइट्रस आक्साइड आदि गैसें निकलती हैं। इनके कारण हरितगृह प्रभाव नामक वायुमंडलीय प्रक्रिया को बल मिलता है, जो पृथ्वी के तापमान में वृद्धि करता है और मौसम में अवांछनीय बदलाव लाता है। अन्य औद्योगिक गतिविधियों से क्लोरोफ्लोरोकार्बन नामक मानव-निर्मित गैस का उत्सर्जन होता है जो उच्च वायुमंडल की ओजोन परत को नुकसान पहुँचाती है। इन गैसों के उत्सर्जन से पृथ्वी के वायुमंडल का तापमान लगातार बढ़ रहा है। साथ ही समुद्र का तापमान भी बढ़ने लगा है। पिछले सौ वर्षों में वायुमंडल के तापमान में 3 से 6 डिग्री सेल्सियस की वृद्धि हुई है। जिससे दोनों ध्रुवों पर बर्फ पिघलने लगी है। जिसके कारण समुद्र का जल स्तर बढ़ गया है और समुद्र के किनारे वाले देशों में तूफान व बाढ़ आदि का खतरा बढ़ गया है।

औद्योगीकरण और शहरीकरण से भी पर्यावरण को बहुत नुकसान हुआ है। रोजमर्रा के कार्यों के दौरान पैदा होने वाला रासायनिक कचरा और प्रदूषित पानी तथा शहरी कूड़ा-करकट नदियों में छोड़ दिया जाता है। जिससे जल दूषित हो गया है। पानी में कार्बनिक पदार्थों के सड़ने से अमोनिया और हाइड्रोजन सल्फाइड गैसें उत्सर्जित होती हैं और जल में घुली ऑक्सीजन को कम करती हैं जो मानव और अन्य जीवों के स्वास्थ्य के लिए बड़ा खतरा है। पर्यावरण समस्या का एक प्रमुख घटक वनों की कटाई है। विश्व में प्रतिवर्ष 1.2 करोड़ हेक्टेयर वन काटा जाता है। केवल भारत में 10 लाख हेक्टेयर वन काटा जा रहा है। वनों के विनाश के कारण वन्यजीव लुप्त हो रहे हैं।

आज ये सब पर्यावरणीय समस्याएँ विश्व के सामने मुँह बाए खड़ी हैं। विकास की अंधी दौड़ के पीछे मानव प्रकृति का नाश करने लगा है। सब कुछ पाने की लालसा में वह प्रकृति के नियमों को तोड़ने लगा है। प्रकृति तभी तक साथ देती है, जब तक उसके नियमों के मुताबिक चला जाए। हमें प्रकृति के उतने ही संसाधन व्यय करने चाहिएँ जितने से हमारी मूलभूत आवश्यकताओं की पूर्ति हो सके।

पर्यावरणीय संरक्षण

पर्यावरण-संरक्षण से अभिप्राय सामान्यतः पेड़-पौधों के संरक्षण एवं हरियाली के विस्तार से लिया जाता है परन्तु विस्तृत रूप में इसका तात्पर्य पेड़-पौधों के साथ-साथ जल, पशु-पक्षी एवं सम्पूर्ण पृथ्वी की रक्षा से है। ऐसे में घर-परिवार ही सही अर्थों में पर्यावरण-शिक्षण की प्रथम पाठशाला है। एक समय था जब बच्चों का पेड़-पौधों, तितलियों, पंछियों आदि से गहरा लगाव हुआ

करता था। घरों की पहचान भी अक्सर किसी न किसी पेड़ से जुड़ी होती थी। फल भी मौसम से जुड़े होते थे। आज की पथरीली-सभ्यता की पक्की दीवारों ने रिश्तों का सच्चापन, खरापन, भोलापन सब लील लिया है। 'यूज एंड थ्रो' वाली बात बेजान वस्तुओं के साथ-साथ जीवों के रिश्तों में भी आ गयी है। हम अगर चाहें तो कुछ छोटे-छोटे उपायों से जीवों से अपने रिश्तों और पर्यावरण को मजबूती से बाँध सकते हैं।

पर्यावरण और पारिस्थितिकीय संरक्षण

प्राकृतिक संपदा और प्रकृति तथा जीवन के सभी रूपों का संरक्षण एक बड़ी चिंता का विषय है। पर्यावरण-क्षरण को रोकना एक अनिवार्य आवश्यकता है। अब, जबकि यह क्षरण पूरे ब्रह्मांड को प्रभावित कर रहा है और संरक्षण पर सभी देशों का ध्यान है तो प्रत्येक व्यक्ति का भी इसके लिये कुछ उत्तरदायित्व बनता है।

पर्यावरण व पारिस्थितिकीय संरक्षण के कुछ प्रमुख उपाय निम्नलिखित हैं :

1. वायु, भूमि, नदियों और जलाकृतियों को स्वच्छ एवं प्राकृतिक रूप में रखना।
2. वृक्षारोपण करना व वृक्षों की अंधाधुंध कटाई को रोकना।
3. प्राकृतिक संसाधनों के अपव्यय और अति-प्रयोग पर नियंत्रण करना।
4. औद्योगिक कचरे को पुनःचक्रीकरण करना।
5. अक्षय संसाधनों का अधिकाधिक प्रयोग करना।
6. आधुनिक मल-निपटान की तकनीकों का प्रयोग करना।
7. भूमि, जल तथा वायु को दूषित करने वाले रासायनिक व विषैले पदार्थों के प्रयोग पर प्रतिबंध लगाना।
8. अभिनव रचना की मशीनों व तकनीकों द्वारा लपटों, धुएँ और गैसों को हानिरहित बनाना।
9. अपशिष्ट पदार्थों का समुचित शोधन करना।
10. उत्सर्जन स्तरों के कड़े मानक बनाना।
11. परमाणु कचरे का उन्मूलन।
12. संपूर्ण कचरे को जैव–निम्नकरणीय (Bio-degradable) बनाना।
13. गैर-जैविक-अपक्षीणक कचरे का पुनःचक्रीकरण करना।
14. जलाशयों को स्वच्छ रखना।
15. प्रकृति के सभी रूपों का संरक्षण करना।
16. सभी जैव-रूपों का संरक्षण करना।
17. प्रकृति और जैव-रूपों के बचाव व संरक्षण हेतु कड़े नीति-नियम बनाना और प्रोत्साहन देना।
18. पर्यावरण के अनुकूल प्रौद्योगिकी के लिये अनुसंधान और विकास को प्रोत्साहन।
19. बायोस्फीयर से संबंधित सभी विकास गतिविधियों का पर्यावरण के अनुकूल एवं पारिस्थितिकी के साथ समन्वय रखना।

20. सभी स्तरों पर पर्यावरण के प्रदूषण का प्रबंधन करना जिसमें घर का धुआँ, स्प्रे का प्रयोग, कचरे का निपटान, गैर-जैविक अपक्षीणक कचरा, जल-प्रदूषण भी सम्मिलित हैं।
21. वन्य जीव-जंतुओं का संरक्षण करना।
22. मानव जनसंख्या विस्फोट पर नियंत्रण करना।
23. नदियों, जलाशयों व भूमि की स्वच्छता के अभियान चलाना।
24. स्वयं, अपने-आप में और अन्य लोगों में, पर्यावरण के संबंध में तर्कसंगत व्यवहार सुनिश्चित करना।
25. आम लोगों में पर्यावरण के प्रति शिक्षात्मक कक्षाओं, पोस्टरों, होर्डिंगों, लोक एवं संचार अभियानों द्वारा चेतना जाग्रत करना।

पर्यावरण संरक्षण चेतना हेतु कुछ अन्य महत्वपूर्ण सुझाव

- रासायनिक की जगह जैविक-खाद्य अपनाएँ, पेड़-पौधे लगायें।
- प्लास्टिक के बदले कपड़े के थैले का इस्तेमाल करें।
- जितना खाएँ, उतना ही लें, भोजन व्यर्थ न जाने दें।
- दिन में सूरज की रोशनी में काम चलायें, सौर-ऊर्जा का अधिकाधिक इस्तेमाल करें।
- उपयोग न होने पर बिजली के उपकरणों को बंद रखें।
- पानी का अनावश्यक प्रयोग न करें।
- जितना हो सके पैदल चलें। ईंधन बचायें व प्रदूषण से बचें।
- पैकिंग वाली चीजों को काम में कम लाएँ : कचरे में एक तिहाई अंश इन्हीं पैकिंग्स का होता है। 'यूज एंड थ्रो' की दुनिया को छोड़ पुनः 'सहेजने' वाली सभ्यता को अपनाएँ।

पर्यावरण संरक्षण में एन.सी.सी. कैडेट्स की भूमिका

आप सभी पर्यावरण की समस्याओं से अवगत हैं। एनसीसी कैडेट्स पर्यावरण जागरूकता अभियान चलाने हेतु एक संगठित शक्ति हैं, जोकि आज के समय की माँग भी है। वे पर्यावरण के क्षरण को रोकने के लिये वृक्षारोपण अभियान चला सकते हैं। वे अपने पास-पड़ोस, मित्रों एवं परिवारजनों तथा संबंधियों के लिये एक प्रेरक एवं मार्गदर्शक शक्ति बन सकते हैं। एक जिम्मेदार नागरिक के रूप में प्रत्येक व्यक्ति को वृक्षारोपण करना चाहिये और वृक्षों को काटना नहीं चाहिये। जल का संरक्षण और कचरे का सही निपटान करके भी पर्यावरण को बचाया जा सकता है। अतः यह प्रत्येक एनसीसी कैडेट का कर्त्तव्य होना चाहिये कि वह अन्य लोगों को इस गंभीर समस्या के विषय में जागरूक करे।

ओजोन परत (Ozone Layer)

ओजोन परत पृथ्वी के धरातल से 20-30 किमी की ऊँचाई पर वायुमण्डल के समताप मंडल क्षेत्र में ओजोन गैस का एक बहुत पतला सा आवरण है। वायुमण्डल के आयतन के संदर्भ में ओजोन परत की सांद्रता लगभग 10 पीपीएम है। यह ओजोन परत पर्यावरण की रक्षक है। यह सूर्य की हानिकारक पराबैंगनी किरणों को पृथ्वी पर आने से रोकती है।

ओजोन परत का क्षरण

बढ़ते औद्योगीकरण के परिणामस्वरूप वायुमंडल में कुछ ऐसे रसायनों की मात्रा बढ़ गयी है, जिनके दुष्प्रभाव से ओज़ोन परत को खतरा उत्पन्न हो गया है। ऐसे रसायनों में क्लोरो-फ्लोरो कार्बन, क्लोरीन एवं नाइट्रस ऑक्साइड गैसें प्रमुख हैं। ये रसायन ओजोन गैस को ऑक्सीजन में विघटित कर देते हैं, जिसकी वजह से ओजोन परत पतली हो जाती है और उसमें छिद्र हो जाता है। ओजोन परत में छिद्र हो जाने के कारण सूर्य की हानिकारक पराबैंगनी किरणें और रेडियो विकिरण धरती पर पहुँच जाते हैं तथा जीव-जन्तुओं एवं वनस्पतियों पर अपना कुप्रभाव छोड़ते है। रेफ्रिजरेशन उद्योग में प्रमुख रूप से प्रयुक्त होने वाली क्लोरो-फ्लोरो कार्बन (सी.एफ.सी.) क्लोरीन, फ्लोरीन तथा कार्बन का यौगिक है। सूर्य की पराबैंगनी किरणें वायुमंडल में विद्यमान सी.एफ.सी को तोड़ देती है तथा अलग हुई क्लोरीन एवं फ्लोरीन ओजोन गैस के अणुओं को ऑक्सीजन में विघटित कर देती है। ध्यातव्य है कि क्लोरीन का एक परमाणु 1,00,000 ओजोन अणुओं को नष्ट करने की क्षमता रखता है। ओजोन परत को भेदने में नाइट्रस ऑक्साइड गैस भी प्रमुख भूमिका निभाती है। यह गैस मुख्य रूप से नायलॉन-66 एवं नायलॉन-612 के उत्पादन के दौरान उत्पन्न होती है क्योंकि उपरोक्त नायलॉन के उत्पादन में एडियिक अम्ल प्रयुक्त होता है। गर्मियों के महीनों में ओजोन का ह्रास अपेक्षाकृत तेजी से होता है। ओजोन परत के ह्रास की दर प्रति दशक उत्तरी और दक्षिणी मध्य अक्षांश में लगभग 5 प्रतिशत है। यहाँ तक कि ओजोन परत में छिद्र का आकार यूरोप के आकार के बराबर हो गया है। यदि आजोन परत के ह्रास की दर यही रही तो अगले 70 से 100 वर्षों में ओजोन परत का 11 से 16 प्रतिशत भाग नष्ट हो जाएगा।

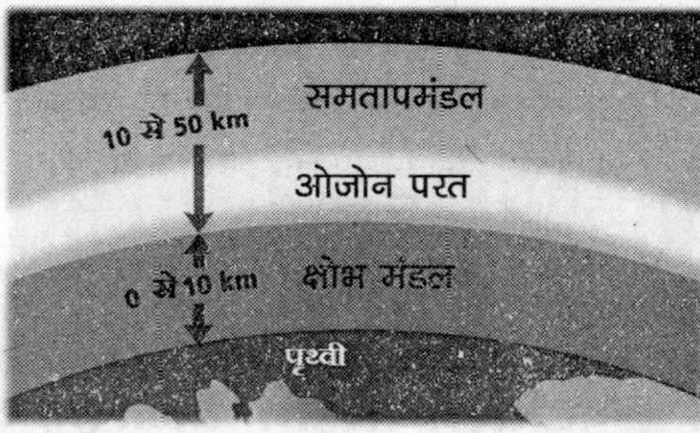

ओजोन परत के संरक्षण के उपाय

ओजोन परत का संरक्षण एक वैश्विक समस्या है। विश्व के वैज्ञानिकों एवं पर्यावरणविदों ने इसके संरक्षण के उपायों को गम्भीरता से लिया है। ओजोन परत को बचाने के सार्वभौमिक प्रयासों के तहत सर्वप्रथम 1985 में वियना सम्मेलन तथा 1987 में 'मॉन्ट्रियल प्रोटोकॉल' के रूप में राष्ट्रों द्वारा अन्तर्राष्ट्रीय समझौते को मंजूरी दी गई। सी.एफ.सी. पर समयबद्ध तरीके से रोक लगना ही मॉन्ट्रियल प्रोटोकॉल का प्रमुख उद्देश्य था। मॉन्ट्रियल प्रोटोकॉल में वर्ष 2000 तक क्लोरो-फ्लोरो कार्बन के उपयोग पर पूर्ण प्रतिबंध लगाना शामिल था। भारत ने भी इस प्रोटोकॉल के अनुरूप समस्या से निपटने के लिए वचनबद्धता व्यक्त की है।

जल-चक्र (Water Cycle)

जल की एक मुख्य विशेषता यह है कि यह अपनी अवस्था आसानी से बदल सकता है। यह पृथ्वी पर अपनी तीन अवस्थाओं—ठोस, द्रव तथा गैस के रूप में आसानी से प्राप्त हो जाता है। पृथ्वी पर जल की मात्रा सीमित है। ज़ल का चक्र अपनी स्थिति बदलते हुए चलता रहता

है। इस प्रक्रिया में जल-मंडल एक ऐसा क्षेत्र है जहाँ वातावरण तथा पृथ्वी की सतह का सारा जल मौजूद होता है। इस जल-मंडल में जल की गति ही जल-चक्र कहलाती है। यह संपूर्ण प्रक्रिया बहुत ही सरल है जिसे निम्न चित्र द्वारा दर्शाया गया है।

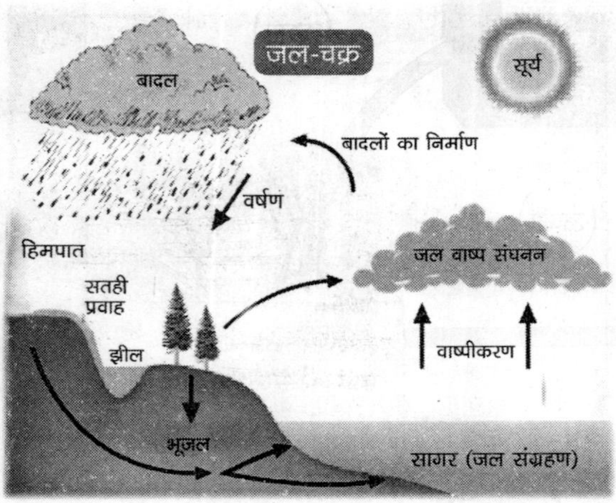

जब वातावरण में जल-वाष्प द्रवित होकर बादलों का निर्माण करते हैं, तो इस प्रक्रिया को द्रवण कहते हैं। जब वायु काफी ठण्डी होती है तब जल-वाष्प वायु के कणों पर द्रवित होकर बादलों का निर्माण करता है। जब बादल बनते हैं तब वायु विश्व में चारों ओर ले जाकर जल-वाष्प को फैलाती है। अन्ततः बादल आर्द्रता को रोक नहीं पाते तथा वे हिम, वर्षा, ओले आदि के रूप में गिरते हैं।

प्रकृति में जल संरक्षण के सिद्धांत की व्याख्या निहित है। इसके मुख्य चक्र में सर्वाधिक उपयोग में लाए जाने वाला जलरूप द्रव वाष्प बनकर बादल बनता है और फिर बादल बनकर ठोस (हिम) या द्रव रूप में बरसता है। हिम पिघलकर पुनः द्रव में परिवर्तित हो जाती है। इस प्रकार जल की कुल मात्रा स्थिर रहती है। हमें कदापि जल को व्यर्थ नहीं बहाना चाहिये।

पारिस्थितिकी (Ecology)

पारिस्थितिकी, जीव-विज्ञान की वह शाखा है जिसमें जीव समुदाय का उसके वातावरण के साथ पारस्परिक संबंधों का अध्ययन किया जाता है। प्रत्येक जन्तु या वनस्पति एक निश्चित वातावरण में रहता है। पारिस्थितिज्ञ इस तथ्य का पता लगाते हैं कि जीव आपस में और पर्यावरण के साथ किस तरह क्रिया करते हैं साथ-ही वह पृथ्वी पर जीवन की जटिल संरचना का पता लगाते हैं।

पारिस्थितिकी तंत्र

पेड़-पौधों, जीव-जन्तुओं एवं भौतिक पर्यावरण को सामूहिक रूप से 'पारिस्थितिकी तंत्र' कहा जाता है। पारिस्थितिकी के अन्तर्गत जीवों तथा उनके पर्यावरण के बारे में अध्ययन किया जाता है। इसके कई उपविभाग हैं, जैसे—प्राणि पारिस्थितिकी, पादप पारिस्थितिकी, उत्पादन पारिस्थितिकी, समष्टि पारिस्थितिकी एवं स्वपारिस्थितिकी आदि।

पारिस्थितिकी तंत्र के अवयव

प्रत्येक पारिस्थितिकी तंत्र के दो मुख्य अवयव होते हैं: 1. जैविक एवं 2. अजैविक।

1. **अजैविक :** पारिस्थितिकी तंत्र के अजैविक तत्वों में प्रमुख अवयव हैं—ऊष्मा, प्रकाश, जल, वायु, मृदा, चट्टानें, कार्बनिक पदार्थ आदि।

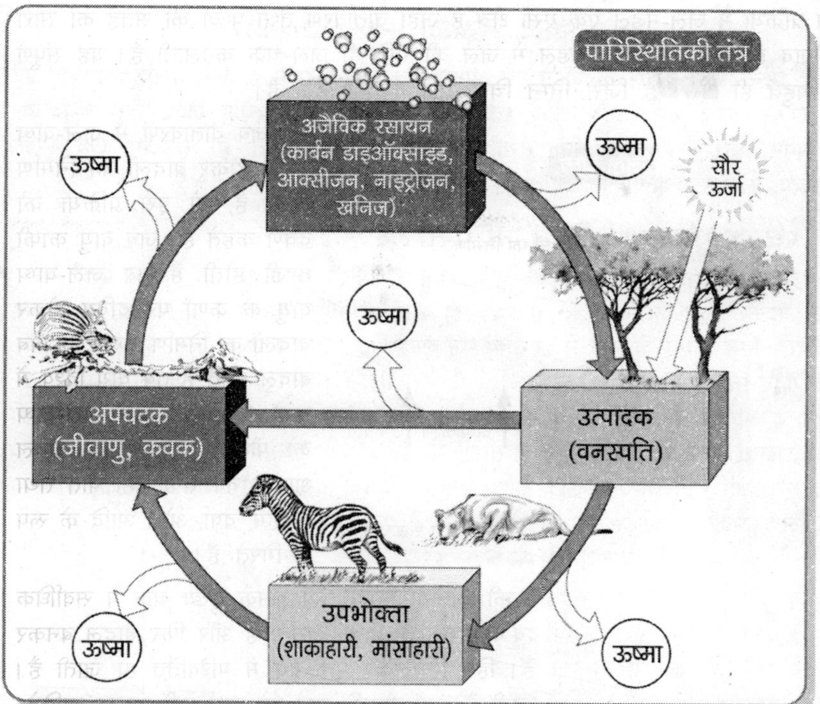

2. जैविक : पारिस्थितिकी तंत्र के जैविक अवयवों में निम्नलिखित सम्मिलित हैं :

(i) **उत्पादक :** यह स्वपोषी हरे पौधे और कुछ प्रकाश-संश्लेषक जीवाणु होते हैं। यह दीप्तिमान ऊर्जा और जल द्वारा प्राप्त खनिजों की मदद से जटिल कार्बनिक पदार्थ, जैसे कि कार्बोहाइड्रेट, प्रोटीन और वसा का निर्माण करते हैं।

(ii) **उपभोक्ता :** यह वह परपोषी होते हैं जो अपने पोषण के लिये जैविक उत्पादकों द्वारा निर्मित कार्बनिक भोजन व हरे पौधों पर निर्भर करते हैं। यह तीन प्रकार के होते हैं :

- **प्राथमिक उपभोक्ता :** यह शाकाहारी होते हैं जो सीधे हरे पौधों और उनके उत्पादों से पोषण प्राप्त करते हैं, जैसे—गाय, हिरण आदि।
- **द्वितीयक उपभोक्ता :** यह मांसाहारी होते हैं जो प्राथमिक उपभोक्ताओं से पोषण प्राप्त करते हैं, जैसे—कीड़े-मकौड़े, मछली, साँप, भेड़िया आदि।
- **तृतीयक उपभोक्ता :** यह भी मांसाहारी होते हैं और छोटी मछलियों व जीवों से भोजन प्राप्त करते हैं, जैसे—शार्क, शेर, चीता आदि।

(iii) **अपघटक :** यह मुख्यतः जीवाणु व कवक आदि होते हैं जो जटिल कार्बनिक पदार्थों और उत्पादकों (पौधों) एवं मृत जीवों का अपघटन करके सरल रूप में परिवर्तन करते हैं। इस प्रकार वह खनिजों एवं लवणों को मृदा में वापिस पहुँचाने में महत्वपूर्ण योगदान देते हैं।

खाद्य शृंखला (Food Chain)

पृथ्वी भिन्न-भिन्न प्रकार के जीवों की आश्रय स्थली है जिसमें जटिल वनस्पतियों और प्राणियों से लेकर सरल एककोशीय जीव तक सभी सम्मिलित हैं। प्रत्येक जीव किसी-न-किसी रूप में अपने आस-पास स्थित जीवों तथा पर्यावरण पर निर्भर करता है। यह हमें एक शृंखला में जोड़ता है जिसे खाद्य शृंखला कहा जाता है।

खाद्य शृंखला और ऊर्जा प्रसारण

शृंखला की हर कड़ी पर ऊर्जा का ह्रास होता है, किसी खाद्य शृंखला में एक प्राणी उसे प्राप्त होने वाली ऊर्जा का मात्र 10 प्रतिशत ही आगे प्रसारित करता है। स्थितिज ऊर्जा का 90 प्रतिशत भाग ऊष्मा के रूप में लुप्त हो जाता है। इसलिए खाद्य शृंखला में आप जितना आगे जाएंगे उतनी कम ऊर्जा की उपलब्धता पाएंगे। इससे स्पष्ट होता है कि शाकाहारियों के एक सामान्य आकार के समूह के भरण-पोषण के लिए काफी कम संख्या में वृक्ष और हरियाली की आवश्यकता होती है जबकि कुछ मांसाहारियों का पोषण शाकाहारियों का एक सामान्य आकार का समूह भी नहीं कर सकता। खाद्य शृंखला जितनी प्रत्यक्ष और कम कड़ी की होगी, जीवों के लिए ऊर्जा उतनी अधिक उपलब्ध होगी।

प्रकृति में खाद्य शृंखला

(1) वन में (2) घास के मैदानों में (3) जल में

विकास एवं पारिस्थितिकी

कुछ लोगों एवं वर्गों की यह धारणा है कि विकास कार्यों से पारिस्थितिकी का विनाश होता है। कई बार वे पारिस्थितिकी की दुहाई देकर विकास कार्यों में व्यवधान उत्पन्न करने के प्रयास व आंदोलन आदि करते हैं। प्रायः औद्योगिक विकास को भी उसके द्वारा हो रहे प्रदूषण के कारण इसके लिए जिम्मेदार ठहराया जाता है किंतु हमें यह नहीं भूलना चाहिये कि पारिस्थितिकी के संरक्षण के साथ-साथ विकास कार्यों का भी मानव जीवन में बड़ा महत्व है। विकास कार्यों के अभाव में समाज में अनेक प्रकार की समस्याएँ उत्पन्न हो सकती हैं। बढ़ती हुई जनसंख्या की समस्याओं से निपटने के लिये विकास कार्यों में भी वृद्धि करना अवश्यम्भावी है। इसके लिये पारिस्थितिकी और विकास के मध्य समन्वय और संतुलन कायम करने की आवश्यकता है। उदाहरण के लिये यदि आपके शहर में मेट्रो रेल सेवा प्रारंभ करने के लिये कुछ पेड़ों को काटना पड़ा है तो इस संतुलन को बनाए रखने के लिए उसके आस-पास के किसी उचित स्थान पर समुचित संख्या में नए पेड़ लगाए जाने चाहिएँ।

हरित गृह प्रभाव (Green House Effect)

हरित गृह एक प्रकार का अदृश्य घर होता है, जो पृथ्वी के वायुमंडल में सूर्य से आने वाली ऊष्मा के वहीं रह जाने की वजह से पैदा होता है। इसके पारदर्शी होने के कारण सूर्य की किरणें इसके अंदर प्रवेश कर जाती हैं और अंदर का वातावरण गर्म हो जाता है। यह गर्मी वायुमंडल में प्रवेश तो कर जाती है, लेकिन वापिस आसमान में नहीं जा पाती, जैसे-जैसे यह गर्मी ज्यादा एकत्र होती जाती है वैसे-वैसे वायुमंडल और अधिक गर्म होता जाता है और पृथ्वी की सतह भी अधिक गर्म होने लगती है। वायुमंडल में कुछ गैसें जैसे पानी की भाप, कार्बन-डाईऑक्साइड, नाइट्रस-ऑक्साइड, मीथेन, क्लोरोफ्लोरो कार्बन और ऐसी बहुत सारी अन्य गैसें सूर्य से आने वाली गर्मी को यहीं रोक लेती हैं, और पृथ्वी का तापमान बढ़ाती हैं, इसलिए इन्हें हरित गृह गैस कहा जाता है। हरित गृह प्रभाव का मुख्य कारण वायुमंडल में कार्बन-डाइऑक्साइड की वृद्धि है। इस प्रभाव के कारण पृथ्वी का तापमान निरंतर बढ़ रहा है तथा मौसम के चक्र पर बुरा प्रभाव पड़ रहा है जिससे आने वाले समय में मानव जीवन का अस्तित्व खतरे में पड़ सकता है।

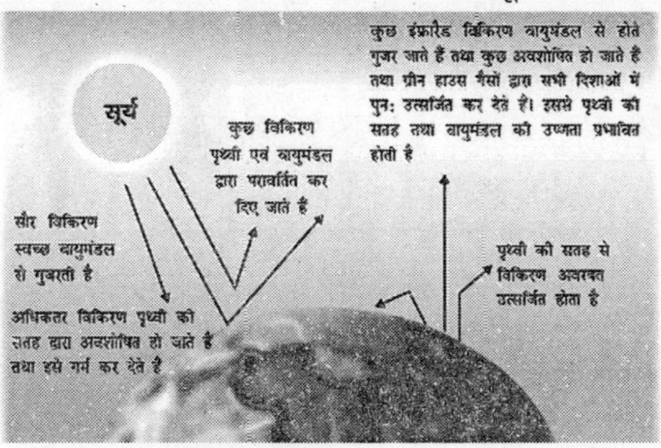

प्रदूषण (Pollution)

प्रदूषण का अर्थ है—"प्राकृतिक संतुलन में दोष उत्पन्न होना; न शुद्ध वायु मिलना, न शुद्ध जल मिलना, न शुद्ध खाद्य पदार्थ मिलना और न ही शांत वातावरण का मिलना। दूसरे शब्दों में, पर्यावरण के किसी भी तत्व में होने वाला अवांछनीय परिवर्तन, जिससे जीव जगत पर प्रतिकूल प्रभाव पड़ता है, प्रदूषण कहलाता है।

पर्यावरण प्रदूषण

पर्यावरण संबंधी वे सामान्य गतिविधियाँ भी प्रदूषण कहलाती हैं, जिनसे नकारात्मक फल मिलते हैं। 1960 के दशक के पहले पर्यावरण में प्रदूषण की समस्या का महत्व न तो राष्ट्रीय स्तर

और न ही अन्तर्राष्ट्रीय स्तर पर था, किंतु आज प्रदूषण की समस्या इतनी जटिल हो गयी है कि मनुष्य भविष्य में अपने अस्तित्व के लिए चिंतित है। ज्ञातव्य है कि सभी जीवधारी अपनी वृद्धि एवं विकास के लिए तथा सुव्यस्थित रूप से अपना जीवन-चक्र चलाने के लिए संतुलित पर्यावरण पर निर्भर करते हैं। संतुलित पर्यावरण में सभी घटक एक निश्चित मात्रा में उपस्थित होते हैं, परन्तु कभी-कभी पर्यावरण में एक अथवा अनेक घटकों की मात्रा या तो आवश्यकता से बहुत अधिक बढ़ जाती है या पर्यावरण में कुछ हानिकारक घटकों का प्रवेश हो जाता है। इस स्थिति में पर्यावरण दूषित हो जाता है। पर्यावरण में इस अवांछित परिवर्तन को पर्यावरणीय प्रदूषण कहते हैं।

पर्यावरण प्रदूषण में मानव की विकास प्रक्रिया तथा आधुनिकता का महत्वपूर्ण योगदान है। पर्यावरण प्रदूषण फैलाने वाले 10 देशों की सूची में भारत को भी शामिल किया गया है। एक अध्ययन के मुताबिक सबसे अधिक प्रदूषण फैलाने वाले देशों की सूची में चीन, अमेरिका, ब्राजील, इंडोनेशिया, जापान, रूस, भारत, जर्मनी, ऑस्ट्रेलिया और कनाडा शामिल हैं।

पर्यावरणीय प्रदूषण के प्रकार

1. भूमि प्रदूषण :

भूमि के भौतिक, रासायनिक या जैविक गुणों में कोई ऐसा अवांछनीय परिवर्तन जिसका प्रभाव मानव तथा अन्य जीवों पर पड़े या जिससे भूमि की गुणवत्ता तथा उपयोगिता नष्ट हो, 'भूमि प्रदूषण' कहलाता है।

भूमि प्रदूषण के कारण:

- घर से निकलने वाली नालियाँ
- औद्योगिक तथा खदानों का अपशिष्ट
- घरेलू अपशिष्ट (पॉलीथीन, प्लास्टिक, कूड़ा)
- कृषि अपशिष्ट
- कीटनाशक (डीडीटी, औद्योगिक रसायन)
- वातावरण के धूल कण

भूमि प्रदूषण नियंत्रण के उपाय:

- रासायनिक की जगह जैविक खाद, प्लास्टिक की जगह कागज, पॉलिएस्टर की जगह सूती कपड़े या जूट आदि का प्रयोग करें।
- प्लास्टिक की थैलियों, बोतलों आदि का प्रयोग न करें और इन्हें रास्ते में न फेंके।
- अधिक से अधिक पेड़-पौधे, हरियाली लगायें।
- भूमि प्रदूषण संबंधी सभी कानूनों का पालन करें।

2. जल प्रदूषण :

जल एक जीवनदायी तत्व है। जल के बिना जीवन का अस्तित्व ही संभव नहीं है। जब जल के भौतिक, रासायनिक और जैविक गुणों में परिवर्तन हो जाए और इस परिवर्तन

का प्रभाव समस्त जल मंडल और जीव मंडल पर पड़े तो यह जल प्रदूषित जल कहलाता है। दूसरे शब्दों में जल में किसी बाहरी पदार्थ की उपस्थिति, जो जल के स्वाभाविक गुणों को इस प्रकार परिवर्तित कर दे कि जल स्वास्थ्य के लिए हानिकारक बन जाए या उसकी उपयोगिता कम हो जाए, जल प्रदूषण कहलाता है।

जल प्रदूषण के कारण:

- औद्योगिक विकास
- अपमार्जक विकास
- कीटनाशक

जल प्रदूषण नियंत्रण के उपाय:

- नहरों-कुओं-तालाबों-नदियों में औद्योगिक कचरा व गन्दगी न डालें।
- मल-विसर्जन व कचरे का निपटान नियत स्थान पर करें।
- जल की एक भी बूँद बर्बाद न करें।
- जल प्रदूषण सम्बन्धी सभी कानूनों का पालन करें।

3. वायु प्रदूषण :

वायु विभिन्न गैसों का मिश्रण है जिसमें नाइट्रोजन की मात्रा सर्वाधिक 78 प्रतिशत, ऑक्सीजन 21 प्रतिशत, कार्बन-डाइऑक्साइड 0.03 प्रतिशत तथा शेष गैसें (हाइड्रोजन, हीलियम, आर्गन, निऑन, ओजोन तथा जलवाष्प आदि) 0.97 प्रतिशत पाई जाती हैं, जो वायुमंडल को संतुलित रखती हैं। इनमें जरा सा भी अंतर आने पर यह असंतुलित हो जाता है तथा इसमें कार्बन-डाईऑक्साइड व नाइट्रोजन की वृद्धि होने जाने से यह प्रदूषित हो जाता है। इस प्रकार के प्रदूषण को वायु प्रदूषण कहते हैं।

वायु प्रदूषण के कारण:

- वाहनों, घरेलू ईंधनों और कारखानों से निकला धुआँ एवं विषैली गैसें।
- उद्योगों द्वारा उत्सर्जित पारा, जिंक, सीसा, आर्सेनिक धातुओं के सूक्ष्म कण।
- रासायनिक उर्वरक व कीटनाशक का अधिक प्रयोग तथा खरपतवारों के परागकण उड़ना।

वायु प्रदूषण नियंत्रण के उपाय:

- वृक्षारोपण करें। नीम व तुलसी आदि के पौधे घर में लगाएँ।
- घरों, उद्योगों तथा वाहनों के धुएँ को सीमा में रखें।
- पटाखों व खतरनाक रसायनों का प्रयोग न करें।
- कूड़ा-कचरा जलायें नहीं, नियत स्थान पर डालें।
- थूकने के लिए थूकदान या बहती नालियों का प्रयोग करें।
- वायु प्रदूषण संबंधी सभी कानूनों का पालन करें।

4. ध्वनि प्रदूषण :

जब ध्वनि की तीव्रता अधिक हो जाती है तो वह कानों को अप्रिय लगने लगती है। वायुमंडल में इस अवांछनीय अथवा उच्च तीव्रता वाली ध्वनि की मौजूदगी को ही 'ध्वनि प्रदूषण' कहा जाता है। ध्वनि प्रदूषण का मानव जीवन पर बुरा प्रभाव पड़ता है। लगातार शोर में रहने से मानसिक तनाव, कुंठा, चिड़चिड़ापन, नींद में कमी आदि समस्याएँ उत्पन्न हो जाती हैं जो मानव की कार्यक्षमता को प्रभावित करती हैं और जिनके कारण मानव शरीर में कई रोग उत्पन्न होते हैं।

ध्वनि प्रदूषण के कारण:

- औद्योगिक क्षेत्र में मशीनों द्वारा निकलने वाली ध्वनि।
- यातायात साधनों एवं उनके हॉर्न द्वारा बढ़ता शोर।
- लाउडस्पीकर व शादी विवाह में बैंड-बाजे, तेज संगीत का बजना।
- आतिशबाजी एवं विस्फोटकों द्वारा निकली ध्वनि।

ध्वनि प्रदूषण नियंत्रण के उपाय:

- घर में टीवी, संगीत संसाधनों की आवाज धीमी रखें।
- अपने वाहन का हॉर्न अनावश्यक न बजाएँ।
- लाउडस्पीकर का प्रयोग न करें।
- शादी विवाह में बैंड-बाजे-पटाखे न बजाएँ आदि।
- ध्वनि प्रदूषण नियंत्रण संबंधी सभी कानूनों का पालन करें।

प्रदूषण सम्बन्धी महत्वपूर्ण तथ्य

- वायुमण्डल में कार्बन-डाइऑक्साइड का अधिक मात्रा में होना भी प्रदूषण का एक बड़ा कारण है, क्योंकि वह धरती के पर्यावरण में अनुचित अन्तर पैदा करता है।
- 'ग्रीन हाउस' प्रभाव पैदा करने वाली गैसों में वृद्धि के कारण भू-मण्डल का तापमान निरंतर बढ़ रहा है, जिससे हिमखण्डों के पिघलने की दर में वृद्धि होगी तथा समुद्री जलस्तर बढ़ने से तटवर्ती क्षेत्र जलमग्न हो जाएंगे।
- प्रदूषण के मायने अलग-अलग सन्दर्भों से निर्धारित होते हैं। परम्परागत रूप में प्रदूषण में वायु, जल, रेडियोधर्मिता आदि आते हैं। यदि उनका वैश्विक स्तर पर विश्लेषण किया जाए तो इसमें ध्वनि, प्रकाश आदि के प्रदूषण भी सम्मिलित हो जाते हैं।
- गम्भीर प्रदूषण उत्पन्न करने वाले मुख्य स्रोत हैं—रासायनिक उद्योग, तेल शोधन संयंत्र, आणविक अपशिष्ट स्थल, कूड़ा घर, प्लास्टिक उद्योग, कार उद्योग, पशुगृह, दाहगृह आदि।
- आणविक संस्थान, तेल व गैस टैंक दुर्घटना होने पर बहुत गम्भीर प्रदूषण पैदा करते हैं।
- क्लोरीनेटेड हाइड्रोकार्बन्स व भारी तत्व—लैड, कैडमियम, क्रोमियम, जिंक, आर्सैनिक, बेंजीन आदि भी प्रमुख प्रदूषक तत्व हैं।
- प्राकृतिक आपदाओं के पश्चात भी प्रदूषण उत्पन्न हो जाता है। बड़े-बड़े समुद्री तूफानों के पश्चात जब लहरें वापिस लौट्ती है, तो कूड़ा-कचरा, टूटी नावें, कारें, समुद्र तट सहित तेल कारखानों के अपशिष्ट पदार्थ, कचरा आदि बहाकर ले जाती हैं।

वन पारिस्थितिकी (Forest Ecology)

वन पारिस्थितिकी वन में परस्पर संबंधित पद्धतियों, प्रक्रियाओं, वनस्पतियों, पशुओं और पारिस्थितिकी तंत्रों का वैज्ञानिक अध्ययन है। वन प्रबंधन को वन विज्ञान, वन-संवर्धन एवं प्रबंधन के नाम से जाना जाता है। वन पारिस्थितिकी तंत्र एक प्राकृतिक इकाई है जिसमें सभी पौधे, जानवर और सूक्ष्म जीव (जैविक घटक) शामिल हैं और वे उस क्षेत्र में वातावरण के सभी भौतिक रूप से मृत (अजैव) कारकों के साथ मिलकर कार्य करते हैं।

वनों का महत्व

वन पृथ्वी पर जीवन के लिए अनिवार्य तत्व है। यह प्रकृति के संतुलन को बनाए रखने में पूर्णतया सहायक होते हैं। वन केवल पेड़-पौधों के ही नहीं अपितु अनेकों उपयोगी जीव-जन्तुओं व औषधियों के प्रचुर भंडार हैं। प्राणी मात्र का जीवन चक्र प्रत्यक्ष या अप्रत्यक्ष रूप से वनों और वृक्षों पर ही निर्भर है। इसलिए मानव जीवन में वनों का बहुत महत्व है। वन मनुष्य के लिए ही नहीं अपितु समस्त जीव-जंतुओं के लिए आवश्यक है। इन्हीं वनों से हमें नीम, बबूल, तुलसी, आँवला आदि के औषधीय वृक्ष प्राप्त होते हैं। आज वनों के अधिकाधिक कटाव से अनेक महत्वपूर्ण जंतु लुप्त हो गए हैं तथा अनेक जंतुओं के लुप्त होने का खतरा उत्पन्न हो गया है। वन ऋतुचक्र में संतुलन बनाए रखने में सहायक होते हैं। वन अधिक वर्षा के समय मिट्टी के कटाव को रोकते हैं तथा उसकी उपजाऊ शक्ति को बनाए रखने में मदद करते हैं। पेड़-पौधे अपनी जड़ों के द्वारा पृथ्वी के जल को अवशोषित करते हैं जो पुनः वाष्पित होकर वायुमंडल में बादल का रूप ले लेते हैं, जिसके परिणामस्वरूप वर्षा होती है और यह चक्र निरंतर चलता रहता है। दिन-प्रतिदिन वृक्षों की घटती संख्या के कारण असंतुलन की संभावना उत्पन्न हो गई है। यही कारण है कि भूमि का कटाव बढ़ रहा है जिससे जलाशय दिन-प्रतिदिन सूखते जा रहे हैं। पानी की इस निरंतर कमी से जलीय-जंतुओं का अस्तित्व भी खतरे में पड़ रहा है। पेड़-पौधे पर्यावरण को शुद्ध रखने में प्रमुख भूमिका अदा करते हैं। घरों, मोटर-गाड़ियों व कल-कारखानों से निकली कार्बन-डाइऑक्साइड को ये अवशोषित करते हैं जिससे वातावरण में वायु प्रदूषण को नियंत्रण करने में बहुत सहायता मिलती है।

वनों के अभाव में प्राकृतिक संतुलन को बनाए रखना असंभव है, अतः यह हम सबके लिए आवश्यक है कि हम वनों के महत्व को समझें। यह महत्वपूर्ण कार्य सामूहिक प्रयासों से ही संभव है। वृक्षारोपण कार्य को अधिक से अधिक विस्तार देना चाहिए तथा वे वन जो उजड़ने के कगार पर हैं वहाँ वृक्षों की कटाई पर रोक लगा देनी चाहिए। वन संरक्षण हम सबकी आवश्यकता है। वनों का कटाव मानव सभ्यता के लिए एक गंभीर खतरा हो सकता है, अतः प्रकृति एवं मानव जीवन में हरियाली बनाए रखने के लिए वृक्षारोपण पर विशेष ध्यान देना चाहिए।

सरकार का यह दायित्व बनता है कि वह अधिक से अधिक वृक्ष लगवाए तथा उन सभी के लिए कड़े दंड का प्रावधान रखे जो अनाधिकृत रूप से पेड़ों को काटते हैं। केवल सरकार ही नहीं अपितु समस्त समाजसेवी संस्थानों तथा विशेष रूप से नवयुवकों को वृक्षारोपण की दिशा में जागरूकता अभियान चलाने चाहिएँ।

वन्य जीवन (Wildlife)

वन्य जीवन में प्रकृति और इसके सभी निवासी, वनस्पति और जीव-जगत का निर्माण करते हैं। प्रकृति के महत्वपूर्ण अंगों में वन्य जीवों का प्रमुख स्थान है। भारत में संपूर्ण विश्व के लगभग 5 प्रतिशत वन्य प्राणी निवास करते हैं। पूरी दुनिया में पायी जाने वाली लगभग 130 लाख वन्य प्रजातियों में से 76,000 प्रजातियाँ हमारे देश में पायी जाती हैं। यह हमारा दुर्भाग्य है कि आज वन्य प्राणियों का तेजी से विनाश हो रहा है। जनसंख्या में वृद्धि के साथ अनेक गाँव व कस्बे शहरों में विलय होते जा रहे हैं जिससे उनसे संबद्ध वन एवं वन्य जीवन नष्ट होता जा रहा है और परिणाम-स्वरूप पर्यावरण और जैविक संतुलन बिगड़ रहा है।

वन्यजीवन का महत्व

भारत एक समृद्ध एवं विविध वन्यजीवन की भूमि है। हमारे वनों, मैदानों, पर्वतों और घाटियों के वन्य-जीवन में शेर, हाथी, चीता, जंगली भैंसा और गैंडा जैसे जीव शामिल हैं। वन्य जीवन वास्तव में हमारी राष्ट्रीय संपदा है और इसके संरक्षण हेतु सरकार ने अनेक पक्षी-विहारों और राष्ट्रीय उद्यानों की स्थापना की है जिससे वन्य जीव अपने प्राकृतिक वातावरण में शांति से रह सकें।

हाल ही में भारत सरकार ने कई बड़े क्षेत्रों को जैव भंडार के रूप में सुरक्षित घोषित किया है। यह वन्य जीवन और दुर्लभ प्रजाति के पेड़-पौधों के संरक्षण में मदद करेंगे। इनको विभिन्न जलवायु एवं वनस्पति क्षेत्रों में विभाजित किया गया है, जैसे—उच्च-हिमालय, कच्छ का रण और अंडमान-निकोबार द्वीप-समूह के समुद्र-तट आदि। संयुक्त राष्ट्र संघ की एक रिपोर्ट के अनुसार पूरी दुनिया में वन्य जीवों की लगभग 130 लाख प्रजातियों में से 10,000 प्रजातियाँ विलुप्त हो चुकी हैं या विलुप्त होने की कगार पर हैं। इनके विलुप्त होने के मुख्य कारण निम्नलिखित हैं :

(i) बढ़ता प्रदूषण तथा जीवों के प्राकृतिक निवास का विनाश। (ii) पेड़ों की अंधाधुंध कटाई तथा पालतू पशुओं द्वारा अधिक चराई। (iii) कई प्रजातियों का मांस, खाल, दाँत, एवं सींग आदि के लिए अवैध शिकार, एवं तस्करी।

इसमें दो राय नहीं है कि मानव अपने शौक, सजने-संवरने, घर की बनावट, फैशन, भोजन व दवाई आदि के लिए जीव-जंतुओं का शिकार करता रहा है तथा वन्य जीवों के शिकार पर प्रतिबंध के बावजूद भी उनका शिकार किया जाना जारी है। यही कारण है कि भालू, चीता, ब्लू व्हेल और माउंटेन गोरिल्ला जैसी जीव प्रजातियाँ संकट में हैं।

वायु तथा जल का प्रदूषण भी, वन्यजीवन के विनाश में अहम भूमिका निभाता है, क्योंकि इसके जरिये जमीन और समुद्र में घातक रसायन (जहर) मिल जाते हैं। यह रसायन हवा और पानी में मिलकर जीव-जंतुओं को बुरी तरह प्रभावित करते हैं।

भारत में वन्यजीवन प्रबंधन

वनस्पतियों और जीवों की लुप्त-प्रायः प्रजातियों की निरंतर बढ़ती हुई संख्या के कारण भारत में वन्यजीवन प्रबंधन व बचाव के लिये अनेक कदम उठाए गए हैं, इनके प्रमुख उद्देश्य हैं :

(i) वन्य जीव शोषण के नियंत्रण द्वारा उनके प्राकृतिक निवासों का बचाव करना।
(ii) संरक्षित क्षेत्रों, जैसे—उद्यानों, अभयारण्यों और सुरक्षित वनों का रखरखाव करना।
(iii) कानून के माध्यम से संरक्षण करना।
(iv) दुर्लभ पौधों एवं जीवों के निर्यात, शिकार एवं तस्करी पर प्रतिबंध लगाना।
(v) वन्यजीव संरक्षण के लिये गैर-सरकारी संगठनों को प्रोत्साहित करना।
(vi) आम नागरिकों में इनके प्रति सामान्य जागरूकता उत्पन्न करना।

❖ ❖ ❖

21

भारत के गौरव
(Pride of India)

राष्ट्रपिता महात्मा गांधी

देशप्रेम, त्याग, तपस्या, सत्य और अहिंसा के कारण अपनी पहचान बनाने वाले मोहन दास करमचंद गांधी को देश राष्ट्रपिता के रूप में अंगीकार कर चुका है। बिना अस्त्र-शस्त्र से लड़ने वाले इस योद्धा ने देश को सत्याग्रह और असहयोग आंदोलन जैसे प्रभावकारी तरीकों से अंग्रेजों के कब्जे से छुड़ाने में सफलता अर्जित की। ऐसी महान विभूति का जन्म 2 अक्टूबर, 1869 को काठियावाड़ के पोरबन्दर (गुजरात) नामक स्थान में हुआ था। पिता करमचन्द गांधी पोरबन्दर रियासत के दीवान थे। 13 वर्ष की आयु में मोहनदास करमचंद गांधी का विवाह गोकुलजी माकनजी की पुत्री कस्तूरबाबाई से हुआ। माता-पिता की भक्ति-भावना तथा एक नौकरानी की सीख का गांधी जी पर इतना प्रभाव पड़ा कि वह जीवनभर राम-नाम पर अटूट श्रद्धा रखते रहे। इतना ही नहीं उनकी अंतिम सांस भी 'हे राम' कहते हुए ही निकली।

देशभक्त गांधी जी ने इंग्लैण्ड से बैरिस्टरी की पढ़ाई की तथा दक्षिण अफ्रीका में वकालत भी की लेकिन देश की आजादी की पुकार ने सब कुछ भुला कर उन्हें स्वतंत्रता आंदोलन में कूदने पर विवश कर दिया। उन्होंने बालगंगाधर तिलक, गोपालकृष्ण गोखले, फिरोजशाह मेहता जैसे नेताओं के साथ मिलकर स्वतंत्रता का आह्वान किया। जगह-जगह भाषण दिए और लोगों में एकता और भाईचारे की भावना का संचार किया। दक्षिण अफ्रीका में भारतीयों पर किए गए अत्याचार का विरोध करते हुए भोले-भाले भारतीयों को सावधान किया कि वे किसी धोखे में पड़कर दक्षिण अफ्रीका न जाएं। गांधी जी ने अपने आंदोलन की शुरूआत दक्षिण अफ्रीका से की थी। दक्षिण अफ्रीका में रेलगाड़ी के प्रथम श्रेणी के डिब्बे से उन्हें धक्का देना और उनका सामान फेंक देना एक चर्चित घटना है। भारत लौटने पर उन्होंने स्वदेशी आंदोलन चलाया। कुटीर उद्योग धंधों का उत्थान करने के लिए वह हाथ का कता-बुना कपड़ा पहनने के लिए लोगों को प्रेरित करते रहे तथा खुद भी ऐसा करके एक उदाहरण प्रस्तुत किया। देश की आजादी के लिए संघर्ष के साथ-साथ समाज-सेवा में भी वह पीछे नहीं रहे। अछूतोद्धार, महाजनों के चंगुल से गरीबों की रक्षा, पुलिस तथा जमींदारों की बेगार से किसानों, मजदूरों को बचाना उनकी दिनचर्या में शामिल हो गए। सन् 1920 में शुरू किया गया असहयोग आंदोलन जलियांवाला बाग में जनरल डायर और उसके सिपाहियों द्वारा निर्दोषों पर की गई गोली-बारी की प्रतिक्रिया थी। इस आंदोलन में जुड़कर जहाँ छात्रों ने सरकारी स्कूल जाना

छोड़ दिया वहीं वकीलों ने वकालत छोड़ दी, विदेशी कपड़ों की होली जलाई गई और लोगों ने खादी पहनना शुरू कर दिया। गांधी जी ने 12 मार्च, 1930 को डांडी के लिए कूच किया और नमक बनाकर सरकारी कानून का उल्लंघन किया। जेल भरो आंदोलन व असहयोग आंदोलन से त्रस्त अंग्रेजी हुकूमत ने 4 मार्च, 1931 को गांधी-इर्विन समझौता किया जिसमें भारतीयों को कई सुविधाएं देने की बात कही लेकिन यह समझौता अधिक दिनों तक कायम न रह सका। अंग्रेज सरकार ने इसका उल्लंघन करना शुरू कर दिया।

पुनः 26 अगस्त, 1931 को लंदन में गोल मेज सम्मेलन का आयोजन किया गया जिसमें गांधी जी को आमंत्रित किया गया। कोई सर्वमान्य परिणाम न निकलने की वजह से भारतवासियों ने पुनः आंदोलन की राह पकड़ ली। गांधी जी के 1942 के 'अंग्रेजों भारत छोड़ो' आंदोलन और असंख्य भारतीय स्वतंत्रता सेनानियों के बलिदान-स्वरूप अंततोगत्वा 15 अगस्त, 1947 को भारत स्वाधीन हुआ। स्वतंत्रता आंदोलन के नायक महात्मा गांधी जब 30 जनवरी, 1948 को दिल्ली में सायंकालीन प्रार्थना में जा रहे थे तभी नाथूराम गॉडसे नामक व्यक्ति ने उत्तेजना में उन पर गोली चला दी और एक महान 'गांधी युग' के प्रणेता का अंत हो गया।

शहीद भगत सिंह

भारतीय स्वतंत्रता आन्दोलन के क्रांतिकारी इतिहास में शहीद भगत सिंह का नाम अग्रण्य है।

भगत सिंह का जन्म 28 सितंबर, 1907 को ग्राम बंगा, जिला लायलपुर, पंजाब (अब पाकिस्तान) में हुआ था। उनके पिता का नाम सरदार किशन सिंह था और माता का नाम विद्यावती। उनके चाचा एक बड़े क्रांतिकारी थे। अतः बचपन से ही उनमें आजादी और देशभक्ति की प्रबल भावनाएँ थीं। एक बार वे अपने पिता के साथ खेतों पर गए। मजदूरों के साथ उनके पिता भी निराई-गुड़ाई कर रहे थे। बालक भगत ने छोटी-छोटी लकड़ियाँ इकट्ठा कर जमीन में रोप दीं। पिता के पूछने पर उन्होंने बताया—"पिताजी, मैं बन्दूकें बो रहा हूँ।"

उनकी आरम्भिक शिक्षा डीएवी स्कूल लाहौर से हुई। बाद में नेशनल कॉलेज, लाहौर में उनका अध्ययन जारी रहा। यहीं पर उनकी भेंट भगवतीचरण, सुखदेव एवं अन्य क्रांतिकारियों से हुई।

15 वर्ष की अवस्था में ही वे पंजाब की गुप्त क्रांतिकारी गतिविधियों में भाग लेने लगे थे। देश-सेवा के चलते उन्होंने विवाह करने से भी मना कर दिया। सन् 1928 में दिल्ली में क्रांतिकारियों की एक बैठक में उन्होंने भाग लिया जहाँ उनकी भेंट चन्द्रशेखर आजाद से हुई। इन दोनों ने मिलकर "हिन्दुस्तान समाजवादी प्रजातंत्र संघ" नामक संगठन बनाया। इसके बाद वे लाहौर से कानपुर आ गए। यहाँ उनका परिचय बटुकेश्वर दत्त, गणेश शंकर विद्यार्थी, शचीन्द्र नाथ सान्याल आदि अन्य क्रांतिकारियों से हुआ। साइमन कमीशन का विरोध करने पर लाला लाजपत राय पर पड़ी लाठी की मार से हुई मौत का बदला लेने के लिए भगत सिंह एवं उनके साथियों ने अंग्रेज अधिकारी साण्डर्स को गोली मार दी।

उसके बाद सेफ्टी बिल पास होते समय उन्होंने 8 अप्रैल, 1929 को असेम्बली में बम फेंका; इसमें भगत सिंह तथा बटुकेश्वर दत्त ने स्वयं अपनी गिरफ्तारी दी। शीघ्र ही सुखदेव

और राजगुरु भी गिरफ्तार कर लिये गए। 23 मार्च, 1931 को भगत सिंह, सुखदेव और राजगुरु—इन तीनों देशभक्तों को लाहौर की जेल में फाँसी दे दी गई। भगत सिंह का आत्म-बलिदान, साहस, वीरता और देशभक्ति—सभी गुण अद्वितीय थे। उनका जीवन हमारे लिए सदैव प्रेरणा-स्रोत रहेगा।

लाल बहादुर शास्त्री

एक साधारण व्यक्ति का साधारण परिस्थितियों और वातावरण में जन्म लेकर भी असाधारणता एवं युग पुरुषत्व को प्राप्त कर लेना वास्तव में चमत्कारिक बात कही जा सकती है। इस चमत्कार को करने वाले व्यक्तित्व का नाम है लाल बहादुर शास्त्री। पं. जवाहर लाल नेहरू के 27 मई, 1964 को हुए आकस्मिक निधन के उपरान्त वह सर्वसम्मति से चुने जाने वाले भारत के दूसरे प्रधानमंत्री बने। उन्होंने 9 जून, 1964 को प्रधानमंत्री पद की शपथ ग्रहण की थी।

श्री लाल बहादुर शास्त्री का जन्म 2 अक्टूबर, 1904 ई. को वाराणसी जिले के छोटे से ग्राम मुगलसराय में हुआ था। सामान्य शिक्षक का कार्य करने वाले उनके पिता शारदा प्रसाद उनके जन्म के मात्र डेढ़ वर्ष बाद ही चल बसे और उनकी माता रामदुलारी देवी ने अपने पिता के सहयोग से किसी तरह इनका लालन-पालन किया। निर्धनता एवं कठिन परिस्थितियों में रहकर उन्होंने अपनी प्रारम्भिक शिक्षा वाराणसी के हरिश्चन्द्र स्कूल में पूर्ण की थी। गांधी जी के आह्वान पर मात्र सत्रह वर्ष की आयु में ही स्कूली शिक्षा छोड़कर वह स्वाधीनता संग्राम में कूद पड़े थे। ढाई वर्ष की जेल काटने के बाद वे काशी विद्यापीठ में प्रवेश लेकर फिर पढ़ने लगे। यहीं से उन्हें 'शास्त्री' की उपाधि प्राप्त हुई और तभी से वे लाल बहादुर शास्त्री कहलाने लगे। यहाँ पर उन्होंने चार वर्ष तक 'संस्कृत' तथा 'दर्शन' का अध्ययन किया।

शास्त्री जी का जीवन बड़ा संघर्षपूर्ण रहा। उनके हृदय में निर्धनों के प्रति एक असीम करुणा भरी थी। हरिजनोद्धार में भी उनका विशेष योगदान रहा। वह सन् 1937 ई. में उत्तर प्रदेश विधानसभा के सदस्य निर्वाचित हुए। परन्तु पहले सन् 1940 में और फिर सन् 1942 में इन्हें गिरफ्तार कर जेल में डाल दिया गया था। वह अपने जीवनकाल में लगभग अठारह बार जेल गए। बाद में सन् 1947 में जब गोविन्द वल्लभ पन्त जी के नेतृत्व में नया और स्वतंत्र मंत्रिमण्डल उत्तर प्रदेश में गठित हुआ, तब शास्त्री जी को उसमें गृहमंत्री का पद प्रदान किया गया।

शास्त्री जी की कर्त्तव्यनिष्ठा और योग्यता को देखते हुए सन् 1951 में पं॰ नेहरू ने उन्हें आम चुनावों में कांग्रेस के कार्य के लिए दिल्ली बुलाया। तत्पश्चात् सन् 1956-57 में वह इलाहाबाद (अब प्रयागराज) के शहरी क्षेत्र से लोकसभा के सदस्य चुने गए। नए मंत्रिमण्डल में नेहरू जी ने उन्हें संचार एवं परिवहन मंत्री बनाया। प्रधानमंत्री नेहरू के मंत्रिमंडल में उन्होंने रेल व गृह विभाग का भी दायित्व संभाला। शास्त्री जी एक ईमानदार व परिश्रमी व्यक्ति थे। उनका स्वभाव शांत, गम्भीर, मृदु व संकोची था। इसी कारण वह जनता के सच्चे हृदय-सम्राट बने रहे। उनकी अद्वितीय योग्यता और महान नेतृत्व का परिचय हमें सन् 1965 के भारत-पाकिस्तान युद्ध के समय और भी अधिक मिला। वह अनोखी सूझबूझ के व्यक्ति थे।

उन्होंने "जय जवान जय किसान" का नारा दिया। उनके सफल नेतृत्व में भारत ने पाकिस्तान को पराजित किया। लेकिन तत्कालीन सोवियत संघ के शहर ताशकंद में पाकिस्तान के साथ शांति समझौता करने के बाद उसी दिन 10 जनवरी, 1966 की रात्रि में हृदयाघात से उनका निधन हो गया। इस घटना से देश को भारी आघात लगा और वह जन-जन के हृदय में सदैव के लिए अमर हो गए। वास्तव में वह ऐसे युग-पुरुष थे जिन्होंने प्रत्येक क्षेत्र में अपनी सादगी और कुशलता की छाप छोड़ी।

क्रांतिकारी चंद्रशेखर आजाद

चंद्रशेखर आजाद की गणना भारत के उन महान् क्रान्तिकारियों में की जाती है जिनका आदर्श वाक्य था–"सर कटा सकते हैं लेकिन सर झुका सकते नहीं।" इस प्रकार के आजादी के दीवानों में चन्द्रशेखर का नाम सबसे पहले आता है। उनके साथी थे, भगतसिंह, राजगुरु, रामप्रसाद बिस्मिल, अशफाक उल्ला खां, राजेन्द्र नाथ लाहिड़ी आदि।

चन्द्रशेखर आजाद का जन्म 23 जुलाई, 1906 को हुआ। इनके माता-पिता मूलतः बदरका, जिला उन्नाव के निवासी एवं कान्यकुब्ज ब्राह्मण थे। पिता बैजनाथ मध्य प्रदेश के वन विभाग में एक सामान्य-सी नौकरी करते थे। कहा जाता है कि ये लोग कुछ दिन बनारस (वाराणसी) में भी रहे थे। बालक चन्द्रशेखर की शिक्षा-दीक्षा नियमित नहीं हो सकी। उन्होंने स्वयं अभ्यास से हिन्दी और संस्कृत सीखी थी। इन्होंने भारत को आजाद करवाने के लिए युवा क्रान्तिकारियों की एक टोली का गठन किया था। यह टोली लुक-छिप कर बम बनाने, हथियार इकट्ठा करने तथा अंग्रेजों को मारने और सरकारी माल लूटकर उससे आवश्यक हथियार आदि खरीदने का कार्य करती थी।

इस टोली का नाम 'हिन्दुस्तान प्रजातांत्रिक संघ' था। काकोरी षड्यंत्र के समय उक्त संस्था ने ही गाड़ी रोककर सरकारी खजाना लूटा था। यह घटना 9 अगस्त, 1925 को घटित हुई थी। काकोरी षड्यंत्र में रामप्रसाद बिस्मिल, रोशन सिंह, राजेन्द्र नाथ लाहिड़ी, अशफाक उल्ला खां को फांसी दी गई। बाकी लोगों को लम्बी सजाएं देकर यातनाएं दी जा रही थीं। चन्द्रशेखर आजाद किसी के हाथ नहीं आए। वे कहा करते थे कि ब्रिटिश राज में मुझे कोई जिंदा पकड़ने वाला नहीं है। मैं आजाद हूँ और आजाद ही रहूँगा।

27 फरवरी, 1931 को आजाद इलाहाबाद (प्रयागराज) के अल्फ्रेड पार्क में किसी से मिलने पहुँचे। सहसा उन्होंने देखा कि पुलिस की एक सशस्त्र टुकड़ी घेराबन्दी करके उनकी ओर बढ़ती चली आ रही है। निकलने का कोई रास्ता न देखकर आजाद ने मुकाबला करना श्रेयस्कर समझा। उन्होंने एक पेड़ के पीछे से गोलियां चलानी शुरू कर दीं तथा अनेक पुलिसवालों को ठिकाने लगाकर अन्तिम गोली स्वयं अपने को मारकर भारत माता की आजादी के लिए शहीद हुए देशभक्तों से स्वर्ग में जा मिले। यह कहानी उस आजादी के दीवाने की है, जो नवयुवकों में अपनी कार्यशैली और बहादुरी द्वारा जीवन का संचार करता था और आज भी उनका आदर्श है।

नेताजी सुभाषचंद्र बोस

ब्रिटिश साम्राज्यवाद के खिलाफ सशक्त रूप से बगावत का परचम लहराने वाले और "तुम मुझे खून दो, मैं तुम्हें आजादी दूँगा" के नारे की गर्जना करने वाले क्रांतिवीर सुभाष चंद्र बोस का जन्म उड़ीसा प्रांत के कटक नामक नगर में 23 जनवरी, 1897 को हुआ था।

उनके पिता रायबहादुर जानकी नाथ बोस एक प्रमुख वकील थे। उनकी प्रारम्भिक शिक्षा कटक के एक अंग्रेजी स्कूल में हुई थी। कलकत्ता विश्वविद्यालय से मैट्रिक परीक्षा उत्तीर्ण करने के बाद स्कॉटिश चर्च कॉलेज से बी॰ए॰ ऑनर्स की डिग्री प्राप्त की। वे सन् 1919 ई॰ में आई॰ सी॰ एस॰ की परीक्षा पास करने इंग्लैण्ड गए। वहाँ से लौटकर एक सरकारी नौकरी छोड़कर देश-सेवा का व्रत ले लिया और बंगाल के प्रसिद्ध देशभक्त बाबू चितरंजन दास के सेवा दल में भर्ती हो गए।

नेताजी पर आज़ादी का परवान इतना चढ़ चुका था कि सन् 1921 में उन्होंने स्वयं सेवक संगठन की स्थापना कर दी। गरम दल के इस नेता को अंग्रेजी सरकार ने जेल में बंद कर दिया, वह बाहर आये और फिर से आज़ादी के कार्यों में लिप्त हो गए। सन् 1938 व 1939 मे कांग्रेस के अध्यक्ष तो चुने गए किन्तु गांधी जी से मत न मिलने के कारण त्यागपत्र दे कर फारवर्ड ब्लॉक की स्थापना कर डाली। पूर्ण स्वराज्य और हिन्दू-मुस्लिम एकता पर आधारित इस संगठन की गतिविधियों के कारण सन् 1940 में उन्हें हिरासत में ले लिया गया। घर में नजरबन्द सुभाष चन्द्र बोस पर कड़ा पहरा बिठा दिया गया।

विलक्षण प्रतिभा और अनोखी सूझ-बूझ से उत्प्लावित नेताजी का वेष बदल कर काबुल के रास्ते जर्मनी पहुँचना और फिर जर्मनी से सन् 1942 में टोकियो (जापान) पहुँचकर आज़ाद हिन्द फौज की स्थापना करना इतिहास में एक मिसाल है।

संसाधनों का अभाव होने पर भी उन्होंने अंग्रेजी सेना से डटकर लोहा लिया। इम्फाल में उनके बीच जमकर लड़ाई हुई जिसमें उन्होंने ब्रिटिश साम्राज्य के छक्के छुड़ाए तथा अंग्रेजों को पराजित कर बर्मा (म्यांमार) एवं मलाया तक मार भगाया परन्तु बाद में विवश होकर 'आजाद हिन्द फौज' को वहाँ से हटना पड़ा।

23 अगस्त, 1945 को रेडियो टोकियो ने यह शोक समाचार प्रसारित किया कि सुभाष बाबू एक विमान दुर्घटना में मारे गए परन्तु लोगों को इस पर विश्वास नहीं हुआ। परिणामतः उनकी मृत्यु आज भी रहस्य बनी हुई है। जहाँ भारत में अधिकतर लोग गांधीजी को भारत की स्वतंत्रता का प्रणेता मानते हैं वहीं एक बहुत बड़ा वर्ग इसे नेताजी सरीखे महान देशभक्तों के बलिदान का फल मानता है।

राजधानी दिल्ली में लालकिले में सुभाषचंद्र बोस संग्रहालय की स्थापना की गई है। इसमें नेताजी एवं आजाद हिन्द फौज से जुड़ी चीजों को प्रदर्शित किया गया है। अंडमान में स्थित हैवलॉक द्वीप का नाम स्वराज द्वीप, नील द्वीप का नाम शहीद द्वीप और रॉस द्वीप का नाम नेताजी सुभाषचंद्र द्वीप रखा गया है।

स्वामी विवेकानन्द

आधुनिक युग के संतों में अग्रगण्य और वेदांत दर्शन की धर्मध्वजा को देश व विदेशों में फहराने में स्वामी विवेकानन्द का अविस्मरणीय योगदान है। स्वामी विवेकानन्द का जन्म 12 जनवरी, 1863 को कलकत्ता (कोलकाता) में हुआ था। उनके पिता का नाम विश्वनाथ दत्त था। स्वामी विवेकानन्द का बाल्यकाल का नाम नरेन्द्रनाथ दत्त था। उनके दादा श्री दुर्गाचरण दत्त बहुत प्रतिभासम्पन्न व्यक्ति थे जिन्हें फारसी तथा संस्कृत दोनों का बहुत अच्छा ज्ञान था।

बचपन में विवेकानन्द जी पर उनकी माता का काफी प्रभाव पड़ा। वह गुणवान, राजसी स्वभाव और उदारता के लिए चर्चित थीं। फलस्वरूप विवेकानन्द जी भी विलक्षण प्रतिभा के स्वामी, साधु-संतों का सम्मान और कुशाग्र बुद्धि जैसे गुणों से विभूषित थे। नरेन्द्र के स्नातक होते ही पिता ने विवाह का प्रस्ताव रखना शुरू किया जिसे युवक नरेन्द्र ने अस्वीकार करते हुए सत्य की खोज में अपना ध्यान लगाना शुरू कर दिया। वह आरंभ में ब्रह्म समाज की ओर आकर्षित हुए किन्तु कालान्तर में स्वामी रामकृष्ण परमहंस की शरण में चले गए।

नरेन्द्रनाथ उनकी कीर्ति से प्रभावित होकर अपने साथियों के साथ स्वामी रामकृष्ण से मिलने दक्षिणेश्वर गए। वहाँ उनके साथ कुछ ऐसी घटनाएं घटित हुईं जिसकी वजह से वे धीरे-धीरे स्वामी रामकृष्ण के सम्पर्क में ज्यादा आने लगे और अन्ततः एक दिन उनके शिष्य बन गए। नरेन्द्रनाथ की आन्तरिक प्रतिभा को स्वामी रामकृष्ण ने बहुत अच्छी तरह पहचान लिया था। वे अपनी साधना के बलबूते पर यह भी समझ गए थे कि 'नरेन्द्र' पूर्वजन्म में कोई महात्मा था जिसकी साधना में किंचित् न्यूनता रह जाने के कारण उसे दूसरा जन्म धारण करना पड़ा।

16 अगस्त, 1886 को स्वामी श्रीरामकृष्ण परमहंस ने इस संसार से विदा ले ली और उनका पार्थिव शरीर बेलूर मठ के समीप गंगा तट (हुगली) पर पंचतत्व में विलीन हो गया। स्वामी विवेकानन्द के लिए यह एक बहुत बड़ा झटका था लेकिन विधि का विधान समझ कर वे इसे सहन करने में सफल हुए और लाखों, करोड़ों लोगों को अपने गुरु का संदेश सुनाने के लिए साधना की डगर पर अग्रसर हुए। स्वामी विवेकानन्द ने 'रामकृष्ण मिशन' की स्थापना की।

खेतड़ी के महाराजा के कहने पर वे विश्व धर्म संसद में भाग लेने के लिए अमेरिका गए। 11 सितम्बर, 1893 को धर्म संसद का पहला सत्र शुरू हुआ। शिकागो कोलम्बो हॉल प्रतिनिधियों से भरा हुआ था। दोपहर के बाद करीब 2 बजे जब दूसरा सत्र आरंभ हुआ और अध्यक्ष के अनुरोध पर जैसे ही स्वामी विवेकानन्द ने सभा के ऊपर दृष्टिपात किया तो सभा उनके ओजस्वी व्यक्तित्व से मंत्रमुग्ध-सी हो गई। अमेरिकी भाइयों और बहनों के आत्मीयतापूर्ण सम्बोधन से वे इतने अभिभूत हो गए कि दो मिनट तक हर्ष से तालियाँ ही बजती रहीं। शिकागो भाषण से पूरे विश्व में विवेकानन्द के ओजस्वी व्यक्तित्व की धूम मच गई। वे जहाँ जाते सर्वत्र लोग उनका स्वागत करते, उनके विचार सुनते और उनके शिष्य बनकर स्वयं को धन्य मानते।

विवेकानन्द द्वारा संस्थापित "रामकृष्ण मिशन" आज एक विश्वस्तरीय संस्था है। स्वामी विवेकानन्द देश-विदेश में घूमकर रामकृष्ण मिशनों की स्थापना तथा वेदान्त का प्रचार कर रहे थे। अमेरिका में हिन्दू संस्कृति के प्रति आस्था जगाने में स्वामी विवेकानन्द का कार्य अद्वितीय माना जाता है। उनका पंच-भौतिक शरीर प्रचार-प्रसार का भारी कार्य करते-करते थक चुका था। वे बेलूर मठ में अपने शिष्यों को संस्कृत तथा वेदान्त-दर्शन की शिक्षा दिया करते थे। 4 जुलाई, 1902 को स्वामीजी की मात्र 39 वर्ष की अल्पायु में मृत्यु हो गई किंतु वे आज भी प्रत्येक भारतवासी के आदर्श हैं।

पं. जवाहरलाल नेहरू

महात्मा गांधी यदि स्वतंत्र भारत के राष्ट्रपिता हैं तो पण्डित जवाहर लाल नेहरू को आधुनिक भारत का निर्माता माना जाता है। संभ्रांत परिवार में जन्म लेकर तथा सभी तरह की सुख-सुविधा भरे वातावरण में पल कर भी उन्होंने राष्ट्रीय स्वतंत्रता एवं आन-बान की रक्षा के लिए अपना सर्वस्व त्याग दिया।

पं॰ जवाहर लाल नेहरू का जन्म 14 नवम्बर, 1889 को इलाहाबाद (प्रयागराज) के आनन्द भवन में हुआ था। उनके पिता पं॰ मोती लाल नेहरू अपने समय के प्रमुख वकील थे। उनकी माता का नाम श्रीमती स्वरूप रानी नेहरू था। उनकी प्रारम्भिक शिक्षा घर पर ही हुई थी। उसके बाद वे उच्च शिक्षा प्राप्त करने इंग्लैण्ड चले गए। वहाँ से बैरिस्टर बनकर सन् 1912 में वापस आए और अपने पिताजी के साथ प्रयाग में ही वकालत करने लगे। सन् 1919 ई॰ में रॉलेट एक्ट के विरुद्ध होने वाली बम्बई कांग्रेस में नेहरूजी ने भाग लिया। यहीं से नेहरूजी का राजनीतिक जीवन प्रारम्भ हुआ था।

नेहरूजी का विवाह सन् 1916 ई॰ में श्रीमती कमला के साथ हुआ। सन् 1917 में 19 नवम्बर के दिन उनके घर इन्दिरा प्रियदर्शिनी नामक पुत्री ने जन्म लिया। कुछ दिन पश्चात् नेहरूजी कांग्रेस के सदस्य बन गए और फिर महात्मा गांधी के नेतृत्व में देश की सेवा के कार्य में लग गए। सन् 1919 के किसान आन्दोलन और 1921 के असहयोग आन्दोलन में भाग लेने के कारण नेहरूजी को जेल जाना पड़ा। सन् 1931 ई॰ में उनके पिता श्री मोती लाल नेहरू और सन् 1936 ई॰ में उनकी धर्मपत्नी कमला नेहरू का निधन हो गया।

15 अगस्त, 1947 को भारत स्वतंत्र हो गया। तब वे सर्वसम्मति से भारत के प्रथम प्रधानमंत्री बने और जीवन के अन्त तक इसी पद पर बने रहे। नेहरूजी ने भारत को आर्थिक, सामाजिक और राजनीतिक दृष्टि से उन्नत करने के लिए महान् कार्य किए। उन्होंने जाति-भेद को दूर करने, स्त्री-जाति की उन्नति करने व शिक्षा प्रसार जैसे अनेक कार्य किए। युद्ध के कगार पर खड़े विश्व को उन्होंने शान्ति का मार्ग दिखाया। नेहरूजी के 'पंचशील' के सिद्धान्तों ने विश्व शान्ति की स्थापना में सहायता की।

पं॰ जवाहर लाल नेहरू एक महान् राष्ट्रीय नेता तो थे ही, वे उच्च कोटि के चिन्तक, विचारक और लेखक भी थे। उनकी 'मेरी कहानी', 'भारत की खोज', 'विश्व इतिहास की झलक' व 'पिता के पुत्री के नाम पत्र' आदि रचनाएँ विश्व प्रसिद्ध हैं। पं॰ नेहरू बच्चों को

बहुत प्यार करते थे, इसीलिए बच्चे उन्हें आदर तथा प्यार से 'चाचा नेहरू' कहकर पुकारते थे। अतः उनके जन्म को आज भी 'बाल दिवस' के रूप में मनाया जाता है। विश्व शान्ति का यह मसीहा 27 मई, 1964 को हमारे बीच से उठ गया। देश-विदेशों से विशेष प्रतिनिधि उनके अन्तिम दर्शन के लिए आए। 28 मई, 1964 को उनका पार्थिव शरीर अग्नि को समर्पित कर दिया गया। उनकी अंतिम इच्छा के अनुसार उनकी भस्म खेतों और गंगा नदी में प्रवाहित कर दी गई। उनका नाम भारत के इतिहास में अमर रहेगा।

सरदार वल्लभभाई पटेल

भारतीय राजनीति में लौह पुरुष के नाम से प्रसिद्ध 'भारत रत्न' सरदार वल्लभभाई पटेल अद्वितीय महापुरुष थे, जिनकी रीति-नीति, प्रबंध-पटुता, प्रशासनिक क्षमता एवं दूरदर्शिता को यदि उनके कार्यकाल के दौरान स्वीकार कर लिया जाता, तो शायद भारत को आज कश्मीर के मसले पर इतनी परेशानी न उठानी पड़ती। स्वतन्त्र भारत के गृहमन्त्री व उप-प्रधानमंत्री की हैसियत से यह सरदार पटेल के राजनीतिक कौशल का ही नतीजा था कि लगभग 600 देशी रियासतों को उन्होंने अपनी कूटनीति से 'भारतीय संघ' में मिलाया।

सरदार पटेल का जन्म 31 अक्टूबर, 1875 को गुजरात के करमसद नामक स्थान में एक सम्भ्रान्त कृषक परिवार में हुआ था। उनके पिता श्री झाबेरभाई पटेल महारानी लक्ष्मीबाई की सेना के सैनिक रह चुके थे और एक पूर्ण निर्भीक, स्वाभिमानी राष्ट्रभक्त थे। पिता की निर्भीकता तथा करुणामयी माँ की धार्मिकता, दोनों ही गुण सरदार वल्लभभाई पटेल में विद्यमान थे। उनकी प्रारम्भिक शिक्षा नडियाड में हुई और बड़ौदा (वडोदरा) से उन्होंने हाई स्कूल की शिक्षा प्राप्त की। 18 वर्ष की आयु में उनका विवाह हुआ लेकिन 1898 में उनकी पत्नी का असमय निधन हो गया। इनके बड़े भाई विट्ठल भाई पटेल ने, जिन्होंने स्वयं इंग्लैण्ड जाकर बैरिस्ट्री पढ़ी थी, विदेश से वापस आकर अपनी वकालत अच्छी तरह जमा ली और इसके पश्चात् वल्लभभाई पटेल को विलायत बार-एट-लॉ करने भेजा। पूरी मेहनत से इन्होंने इंग्लैण्ड में रहकर अपनी शिक्षा पूरी की और परीक्षा में प्रथम श्रेणी लेकर स्वदेश वापस लौटे। उन्होंने वकालत करने के लिए अहमदाबाद को अपना व्यवसाय केन्द्र चुना था।

विट्ठलभाई एवं वल्लभभाई पटेल दोनों में ही राष्ट्र के प्रति सच्ची श्रद्धा थी। इसीलिए वे अंग्रेजी जमाने में अपनी जमी-जमाई हजारों रुपए महीने की आमदनी छोड़कर स्वदेशी आन्दोलन में कूद पड़े। उनका सार्वजनिक जीवन बारडोली के किसान आन्दोलन से शुरू हुआ जिसमें सफल होने पर गांधी जी ने उन्हें 'सरदार' की पदवी दी। सन् 1931 में हुए कांग्रेस के अधिवेशन के वे अध्यक्ष बने। सन् 1946 में बनी अन्तरिम सरकार में वे गृह मंत्री बने।

15 दिसम्बर, 1950 को उन्होंने सदा के लिए हम सबसे विदा ले ली। उनकी स्मृति में गुजरात में नर्मदा नदी के तट पर एक विशाल प्रतिमा का निर्माण किया गया है जो कि वर्तमान में विश्व में सर्वाधिक ऊँचाई वाली प्रतिमा है।

डॉ. भीमराव अम्बेडकर

भारत में दलितों एवं पिछड़े वर्गों की लड़ाई लड़कर अपनी योग्यता एवं सक्रिय कार्यशक्ति के आधार पर 'भारत रत्न' की उपाधि से सम्मानित डॉ॰ भीमराव अम्बेडकर का जन्म 14 अप्रैल, 1891 को महाराष्ट्र की महू-छावनी में एक दलित परिवार में हुआ था। वे अपने माता-पिता की चौदहवीं सन्तान थे। सोलह वर्ष की अल्पायु में मैट्रिक परीक्षा पास करते ही उनका विवाह रमाबाई नामक किशोरी से कर दिया गया था। उनके पिता रामजी मालोजी एक सैनिक स्कूल में प्रधानाध्यापक थे। उनके पिता चाहते थे कि उनका पुत्र शिक्षित होकर समाज में फैली हुई छुआछूत, जात-पात तथा संकीर्णता जैसी कुरीतियों को दूर कर सके।

डॉ॰ भीमराव बचपन से ही कुशाग्र बुद्धि बालक थे। वे विद्या-अध्ययन में बहुत रुचि रखते थे। उन्होंने सन् 1912 में बी॰ए॰ की परीक्षा उत्तीर्ण की, तथा सन् 1913 में बड़ौदा के महाराजा से छात्रवृत्ति पाकर वे उच्च शिक्षा पाने के लिए अमेरिका चले गए। वे सन् 1913 से 1917 तक चार वर्ष अमेरिका और इंग्लैण्ड में रह कर वहां से एम॰ए॰, पी-एच॰डी॰ और एल॰एल॰बी॰ की परीक्षाएं उत्तीर्ण कर भारत लौट आए। भारत आने पर महाराजा-बड़ौदा ने इन्हें सचिव पद पर नियुक्त किया किन्तु वहाँ इन्हें छुआछूत के भेदभाव का सामना करना पड़ा। वे इस अपमान को सहन नहीं कर पाए और यह पद छोड़कर बम्बई (मुंबई) में अध्यापन कार्य में लग गए। इसके बाद वकालत प्रारम्भ कर दी।

सन् 1947 में स्वतंत्रता प्राप्ति के बाद बने प्रथम केन्द्रीय मंत्रिमण्डल में इन्हें विधिमंत्री के रूप में सम्मिलित किया गया। इसी वर्ष देश के संविधान-निर्माण के लिए जो समिति बनाई गई, डॉ॰ अम्बेडकर उसके अध्यक्ष निर्वाचित हुए। इनके प्रयासों से ही भारतीय संविधान में जाति, धर्म, भाषा और लिंग के आधार पर सभी तरह के भेदभाव समाप्त कर दिए गए। बाद में जाने किन कारणों से डॉ॰ अम्बेडकर का मन अपने मूल धर्म से विचलित होता गया और उन्होंने अपने जीवन के अन्तिम दिनों में बौद्ध धर्म में दीक्षा ग्रहण कर ली थी। इसके बाद वे बौद्ध धर्म के प्रचार में लग गए। बाद में उन्होंने 'भगवान बुद्ध और उनका धर्म' नामक एक ग्रन्थ की भी रचना की। उनका निधन 6 दिसम्बर सन् 1956 को नई दिल्ली में हुआ। भारत सरकार ने उनकी सेवाओं को देखते हुए उन्हें मरणोपरान्त 'भारत रत्न' की सर्वोच्च उपाधि से सम्मानित किया।

पंजाब केसरी–लाला लाजपत राय

भारत के स्वतंत्रता सेनानियों में लाला लाजपत राय का नाम अग्रणी पंक्तियों में आता है। निर्भीक, स्पष्टवादी लाला जी देश के उन गिने-चुने महापुरुषों में से थे, जिनका धर्म देश-सेवा और जन-सेवा था। वे देश-सेवा के प्रत्येक कार्य में अपने को आगे रखते थे। वे अच्छे वक्ता और अच्छे लेखक दोनों थे। लोग उनके उत्साहवर्द्धक भाषण, जिसमें उर्दू भाषा का पुट होता था, सुनने के लिए सदैव इच्छुक रहते थे।

लाला जी का जन्म 28 जनवरी, 1865 को पंजाब में फिरोजपुर जिले के दुडिके ग्राम में हुआ था। आरंभिक शिक्षा गाँव में तथा लुधियाना के मिशन स्कूल में समाप्त करके इन्होंने सन् 1880 में गवर्नमेण्ट कॉलेज, लाहौर में प्रवेश लिया था। वहां से मुख्त्यारी और एफ॰ए॰ की परीक्षा पास करके हिसार में छह वर्षों तक वकालत करने के बाद वे 1892 में पुनः लाहौर चले गए। लाला जी आर्य समाज के प्रखर समर्थक तथा अनुयायी थे। वे कई वर्षों तक दयानन्द ऐंग्लो वैदिक कॉलेज में प्रोफेसर तथा मंत्री रहे। सन् 1888 में इलाहाबाद (प्रयागराज) में सम्पन्न हुए कांग्रेस के सम्मेलन में शामिल हुए थे जहाँ इनका भाषण सुनकर सभी लोग इनके समर्थक बन गए थे। सन् 1902 और 1910 में इन्होंने दो बार कांग्रेस का प्रतिनिधि बनकर इंग्लैण्ड की यात्रा की थी। अंग्रेजी सरकार नहीं चाहती थी कि भारत में कोई उसका विरोध करे। वह निरंकुश शासक बने रहकर हिन्दुस्तानियों का खून निरंतर चूसते रहना चाहती थी। लाला जी अंग्रेजों की रीति-नीतियों के कारण उनके कट्टर शत्रु थे। सन् 1920 में कलकत्ता (कोलकाता) में हुए कांग्रेस अधिवेशन के वे सभापति बने। कांग्रेस द्वारा चलाए गए असहयोग आन्दोलन में उन्होंने खुलकर भाग लिया जिसके कारण इन्हें कई बार जेल जाना पड़ा।

लाला जी 12 सितम्बर, 1926 को स्वतंत्र कांग्रेस पार्टी के महामंत्री बनाए गए। इसी दौरान सरकार द्वारा नियुक्त साइमन कमीशन में एक भी भारतीय न होने के कारण कॉंग्रेस ने उस कमीशन का बहिष्कार करने के लिए आन्दोलन चलाया। यह कमीशन जहाँ-जहाँ गया वहाँ उसका स्वागत काले झंडे दिखाकर किया गया। 'साइमन कमीशन वापस जाओ' के नारों से जनता ने उसके खिलाफ अपनी आवाज बुलन्द की। 30 अक्टूबर सन् 1928 को साइमन कमीशन लाहौर पहुँचा था। यहाँ उसकी वही दुर्गति हुई, जो अन्य शहरों में हो चुकी थी। विरोध करने के लिए जुलूस निकाले गए। पूरे शहर में पुलिस ने धारा 144 लगा रखी थी फिर भी, जुलूस निकाला गया और लाला लाजपत राय सिंह की तरह उस जुलूस का नेतृत्व कर रहे थे। अंग्रेजों के इशारों पर नाचने वाली पुलिस के अफसर लाला जी को निडर होकर जुलूस के आगे-आगे आता देखकर चिढ़ गए और लाठीचार्ज का आदेश दे दिया। पुलिस तथा अहिंसक जनता के बीच में आए लाला जी के सिर तथा छाती पर जुल्मी पुलिस ने लाठियों से कई प्रहार किए। लाला जी पर किए गए लाठियों के प्रहार इतने घातक सिद्ध हुए कि वे इन चोटों की वजह से फिर उठ न सके और 17 नवम्बर, 1928 को उन्होंने सदा-सर्वदा के लिए अपनी आँखें बन्द कर लीं।

झाँसी की रानी लक्ष्मीबाई

झाँसी की रानी लक्ष्मीबाई वह भारतीय वीरांगना थीं जिन्होंने स्वयं रणभूमि में स्वतंत्रता की बलिवेदी पर हंसते-हंसते अपने प्राण न्यौछावर कर दिए थे। भारत की स्वतंत्रता के लिए सन् 1857 में लड़े गए प्रथम स्वतंत्रता-संग्राम का इतिहास इन्होंने ही अपने रक्त से लिखा था। भारतवासियों के लिए उनका जीवन आदर्श है।

लक्ष्मीबाई का वास्तविक नाम मनुबाई था, जबकि नाना जी राव पेशवा अपनी इस मुँहबोली बहन, जो इनके साथ-साथ खेल-कूद कर तथा शस्त्रास्त्र सीख कर बड़ी हुईं, को प्यार से 'छबीली' कह कर पुकारते थे। उनके पिता का नाम मोरोपन्त और माता का नाम भागीरथी

बाई था, जो मूलतः महाराष्ट्र के निवासी थे। लक्ष्मीबाई का जन्म 13 नवम्बर, 1835 को काशी में हुआ था और पालन-पोषण बिठूर में हुआ था। अभी वह चार-पाँच वर्ष की ही थी कि उनकी माता का स्वर्गवास हो गया। लड़कों के साथ खेल-कूद, तीर-तलवार और घुड़सवारी आदि सीखने के कारण उनके चरित्र और व्यक्तित्व में स्वभावतः वीर-पुरुषोचित गुणों का विकास हो गया था। बाजीराव पेशवा ने अपनी स्वतंत्रता की कहानियों के माध्यम से उनके हृदय में स्वतंत्रता के प्रति अगाध प्रेम उत्पन्न कर दिया था।

सन् 1842 ई॰ में मनुबाई का विवाह झाँसी के अन्तिम पेशवा राजा गंगाधर राव के साथ हुआ। विवाह के बाद ही ये मनुबाई या छबीली के स्थान पर रानी लक्ष्मीबाई कहलाने लगीं। इस खुशी में राजमहल में आनन्द मनाया गया, प्रजा ने घर-घर दीप जलाए। विवाह के नौ वर्ष बाद लक्ष्मीबाई ने एक पुत्र को जन्म दिया। परन्तु वह इकलौता पुत्र जन्म के तीन महीने बाद ही चल बसा। पुत्र वियोग में गंगाधर राव बीमार पड़ गए, तब उन्होंने दामोदर राव को अपना दत्तक स्वीकार किया। कुछ समय बाद सन् 1853 ई॰ में राजा गंगाधर राव भी स्वर्ग सिधार गए। उनकी मृत्यु के बाद अंग्रेजों ने झाँसी की रानी को असहाय और अनाथ समझ कर उनके दत्तक पुत्र को अवैधानिक घोषित कर रानी को झाँसी छोड़ने को कहा। परन्तु लक्ष्मीबाई ने स्पष्ट शब्दों में उनको उत्तर भेज दिया—, "झाँसी मेरी है, मैं प्राण रहते इसे नहीं छोड़ सकती।"

तभी से रानी ने अपना सारा जीवन झाँसी को बचाने के संघर्ष और युद्धों में ही व्यतीत किया। उन्होंने गुप्त रूप से अंग्रेजों के विरुद्ध अपनी शक्ति संचय करनी प्रारंभ कर दी। अवसर पाकर एक अंग्रेज सेनापति ने रानी को साधारण स्त्री समझ कर झाँसी पर आक्रमण कर दिया। परन्तु रानी पूरी तैयारी किए बैठी थीं। दोनों में घमासान युद्ध हुआ। उन्होंने अंग्रेजों के दाँत खट्टे कर दिए। किंतु अन्त में लक्ष्मीबाई को वहाँ से निकल जाने के लिए विवश होना पड़ा। झाँसी से निकल कर रानी कालपी पहुँची। ग्वालियर में रानी ने अंग्रेजों का डटकर मुकाबला किया और लड़ते-लड़ते स्वर्ग सिधार गईं। वह मर कर भी अमर हो गईं और स्वतंत्रता की ज्वाला को भी अमर कर गईं। उनके जीवन की यह गाथा आज भी भारतीयों में नवस्फूर्ति और नवचेतना का संचार कर रही है।

अटल बिहारी वाजपेयी

25 दिसम्बर 1924 को ग्वालियर, मध्य प्रदेश में जन्मे अटल बिहारी वाजपेयी भारतीय राजनीति के शिखर पुरुष रहे। वे तीन बार भारत के प्रधानमंत्री चुने गए तथा पदम विभूषण और भारत रत्न से सम्मानित किये गये और करोड़ों लोगों के प्रेरणा-स्रोत बने।

अटल बिहारी वाजपेयी की माता का नाम कृष्णा देवी तथा पिता का नाम कृष्ण बिहारी वाजपेयी था। उनके 7 भाई-बहन थे। उनके पिता एक स्कूल टीचर व कवि थे। सरस्वती स्कूल से प्रारंभिक शिक्षा प्राप्त करने के बाद उन्होंने लक्ष्मीबाई कॉलेज से स्नातक किया। इसके बाद उन्होंने

कानपुर के डीएवी कॉलेज से अर्थशास्त्र में पोस्ट ग्रेजुएशन किया। इसके बाद उन्होंने लखनऊ के लॉ कॉलेज में भी दाखिला लिया, लेकिन उनका मन पढ़ाई में नहीं लगा और वे आरएसएस की पत्रिका में संपादक का कार्य करने लगे। वे पढ़ाई के साथ आजादी की लड़ाई में भी सक्रिय रहे। वे बहुत से समाचार-पत्रों के सम्पादक रहे। उन्होंने कभी विवाह नहीं किया, लेकिन बी.एन. कौल की दो बेटियों नमिता और नंदिता को गोद लिया था।

अटलजी का राजनैतिक सफर स्वतंत्रता संग्राम के समय में शुरू हुआ। 1942 में भारत छोड़ो आन्दोलन में उन्होंने भाग लिया और जेल भी गए। सन् 1951 में वे भारतीय जन संघ के संस्थापक सदस्य के रूप में चुने गए। वे 1968 से 1973 तक भारतीय जन संघ के अध्यक्ष रहे। आपातकाल के दौरान उन्होंने जेल-यात्रा भी की। 1977 में जनता पार्टी सरकार बनने पर वे विदेश मंत्री बनाये गये। इस दौरान उन्होंने संयुक्त राष्ट्र अधिवेशन में हिंदी में भाषण दिया और सभी भारतीयों का दिल जीत लिया। सन् 1980 में वे भारतीय जनता पार्टी के संस्थापक सदस्य रहे। साथ ही वे 1980 से 1986 तक बीजेपी के अध्यक्ष रहे और इस दौरान वे बीजेपी संसदीय दल के नेता भी रहे। वह 9 बार लोकसभा के लिए चुने गए तथा 1962 से 1967 और 1986 में राज्यसभा के सदस्य भी रहे। 16 मई 1996 को वे पहली बार प्रधानमंत्री बने, लेकिन लोकसभा में बहुमत सिद्ध न कर पाने पर 31 मई 1996 को उन्होंने त्यागपत्र दे दिया। तब उनकी सरकार महज 13 दिन ही चल सकी।

इसके बाद वे 1998 तक लोकसभा में विपक्ष के नेता रहे। 1998 के आम चुनावों के बाद उन्होंने सहयोगी पार्टियों के साथ मिलकर गठबंधन सरकार बनाई और दूसरी बार देश के प्रधानमंत्री बने लेकिन 13 महीने में उनकी सरकार गिर गई।

वर्ष 1999 में अटल बिहारी वाजपेयी राष्ट्रीय जनतांत्रिक गठबंधन (NDA) के साझा घोषणापत्र पर लड़े। इस बार उनके गठबंधन को बहुमत हासिल हुआ और तीसरी बार वे भारत के प्रधानमंत्री बने। इस बार इनकी सरकार ने अपना कार्यकाल सफलतापूर्वक पूरा किया। उन्होंने देश में गठबंधन की राजनीति को नया आयाम दिया। इन 5 वर्षों में उन्होंने युवाओं, गरीबों और किसानों के लिए अनेक कल्याणकारी योजनाएं लागू कीं।

अटल बिहारी वाजपेयी को 25 दिसम्बर 2014 को भारत का सर्वोच्च पुरस्कार 'भारत रत्न' देने की घोषणा की गई। 27 मार्च 2015 को भारत के तत्कालीन राष्ट्रपति प्रणब मुखर्जी ने उनके घर जाकर यह सम्मान प्रदान किया। इससे पहले उन्हें सन् 1992 में पद्म विभूषण पुरस्कार से सम्मानित किया गया था।

अटल बिहारी वाजपेयी ने 93 साल की आयु में 16 अगस्त 2018 को इस संसार से विदा ली। राजधानी दिल्ली में राजघाट के निकट उनकी भव्य समाधि बनाई गई है जिसे 'सदैव अटल' के नाम से जाना जाता है।

वीर सावरकर

वीर सावरकर के नाम से विख्यात इस महापुरुष का पूरा नाम विनायक दामोदर सावरकर था। उनका जन्म 28 मई, 1883 को भगूर में हुआ था। उनके पिता दामोदर पन्त सावरकर महाराष्ट्र के नासिक जिला के भगूर नामक ग्राम के निवासी थे।

विनायक सावरकर ने सन् 1909 में लंदन में बैरिस्ट्री परीक्षा उत्तीर्ण की। सन् 1908 में उनके बड़े भाई बाबा राव सावरकर को अंग्रेजों के खिलाफ आवाज उठाने के कारण आजीवन कारावास की सजा दी गई। इसी दौरान लंदन में उन अंग्रेज शासकों को सबक सिखाने की योजना इनकी प्रेरणा से तैयार की गई, जो भारत में जाकर भोले भारतवासियों पर अत्याचार करते थे। ऐसे लोगों में कर्जन वायली भी था, जिसे एक जुलाई, 1909 को मदन लाल ढींगरा ने ठिकाने लगा दिया था। शक के घेरे में विनायक सावरकर भी थे, जिन्हें गिरफ्तार करके भारत भेजा जा रहा था, किन्तु रास्ते में मार्सेलिस बन्दरगाह में वह सागर में कूद पड़े, किन्तु पकड़े गए और 24 दिसम्बर, 1910 को उन्हें आजीवन कारावास की सजा दी गई। सरकार के खिलाफ बगावत करने तथा शासन का तख्ता पलटने का षड्यंत्र रचने के जुर्म में उन्हें अंडमान निकोबार की सेल्युलर जेल भेज दिया गया।

सेल्युलर जेल में आजीवन कारावास भोगने के लिए भेजे गए वीर विनायक दामोदर सावरकर 2 मई, 1921 को (10 साल बाद) भारत वापस भेज दिए गए। 6 जनवरी, 1924 को उनको इस शर्त पर रिहा किया गया कि वह न तो रत्नागिरि जिले से बाहर जाएंगे और न राजनीति में भाग लेंगे। 1 मार्च, 1927 को रत्नागिरी में उनकी भेंट महात्मा गाँधी से हुई थी।

सन् 1947 में जब भारत आजाद हुआ, तो उन्हें एक तरफ तो इस बात का हर्ष हुआ कि देशभक्तों का आत्मबलिदान अन्ततः फलीभूत हुआ तथा दूसरी ओर इस बात का दुःख भी था कि भारतमाता खण्डित हो गई तथा लाखों लोगों को सरकार के निकम्मेपन के कारण अपने घरों को छोड़कर भागना पड़ा। भारत में आर.एस.एस. एवं हिन्दू महासभा का वर्चस्व बढ़ रहा था। इसी दौरान गाँधीजी के हत्याकाण्ड के सिलसिले में भारत की आजादी के लिए प्रमुख भूमिका निभाने वाले वीर सावरकर को भी बन्दी बनाया गया, किन्तु 10 फरवरी, 1949 को न्यायालय द्वारा उन्हें ससम्मान बरी किया गया। इसके पश्चात् वे निरंतर देश सेवा में लगे रहे।

सावरकरजी का संघर्षशील जीवन निरन्तर थकता जा रहा था। अंततः उनकी जर्जर काया 26 फरवरी, 1966 को 83 वर्ष की आयु में पंचतत्व में विलीन हो गई।

डॉ. ए.पी.जे. अब्दुल कलाम

डॉ. अबुल पाकिर जैनुल आबिदिन अब्दुल कलाम यानी डॉ. ए.पी.जे. अब्दुल कलाम का जन्म तमिलनाडु के रामेश्वरम् जिले के धनुषकोडि गाँव में 15 अक्टूबर, 1931 को हुआ। इन्होंने प्राथमिक शिक्षा पूरी कर हायर सेकेंड्री तक की पढ़ाई तो पूरी कर ली पर आगे की पढ़ाई में आर्थिक रूकावट आन पड़ी।

आर्थिक तंगी का मुकाबला करने के लिए ट्यूशन तथा अंग्रेजी दैनिक 'हिन्दू' में विज्ञान पर लेख व फीचर लिखना शुरू किया। बी.एस.सी. के उपरांत मद्रास इंस्टीट्यूट ऑफ इंजीनियरिंग से एयरोनॉटिकल इंजीनियरिंग में प्रथम श्रेणी में डिप्लोमा हासिल किया। कैरियर चुनाव को लेकर मन में उठी दुविधाओं का जिक्र इन्होंने अपनी

किताब 'माई जर्नी' में किया है। एक ओर विदेश जाकर पैसे का अंबार लगाना था तो दूसरी ओर देश-सेवा की भावना। देश प्रेम जीत गया और वह सन् 1958 में डी.आर.डी.ओ. (डिफेंस रिसर्च एंड डेवलपमेंट आर्गनाइजेशन) से जुड़ गए। अनुसंधान सहायक के रूप में कार्य करते हुए उनका तबादला 1963 में हैदराबाद से तिरुवनंतपुरम हो गया। सन् 1980 तक विक्रम साराभाई स्पेस रिसर्च सेंटर में काम करते हुए उन्होंने अंतरिक्ष विज्ञान के क्षेत्र में एक महत्वपूर्ण मुकाम हासिल किया। वह एस.एल.वी.-3 परियोजना के निदेशक थे। उनका ध्येय वाक्य था— 'विज्ञान, मिशन एंड गोल' अर्थात् दृष्टिकोण, ध्येय और लक्ष्य।

डॉ. सर्वपल्ली राधाकृष्णन के बाद अब्दुल कलाम देश के दूसरे ऐसे राष्ट्रपति बने, जिनका किसी भी राजनीतिक दल से कोई लेना-देना नहीं था। इसी तरह 1954 में डॉ. सी.वी. रमन और 1961 में डॉ. विधानचन्द्र राय के बाद डॉ. कलाम तीसरे ऐसे वैज्ञानिक हैं, जिन्हें भारतरत्न जैसे सर्वोच्च नागरिक सम्मान से सम्मानित किया गया है। 'भारतरत्न' के साथ अब्दुल कलाम को 'पद्म विभूषण' (1990), 'पद्म भूषण' (1981), 'नेशनल डिजाइन अवॉर्ड' (1980) आदि से भी अलंकृत किया गया था। डॉ. अब्दुल कलाम की समूची जिन्दगी सफलता की एक किंवदन्ती है। लेकिन शून्य से शिखर तक पहुँचने के बाद भी डॉ. कलाम में अहंकार जैसी कोई चीज दूर-दूर तक नहीं छू गयी। वह तमाम बड़े पदों पर रहे। कई प्रधानमंत्रियों के वरिष्ठ वैज्ञानिक सलाहकार रहे, मगर उन्होंने कभी भी बड़ा बंगला, लम्बी गाड़ियाँ या ढेरों नौकर-चाकर की तमन्ना नहीं की।

वह वायुसेना में पायलट बनना चाहते थे, लेकिन बन गए 'वैज्ञानिक'। उनके पिता उन्हें कलक्टर बनाना चाहते थे पर वह राष्ट्रपति बन गए। उन्होंने जो कुछ किया उससे देश का गौरव बढ़ा और उन्हें 'भारतरत्न' से सम्मानित किया गया। डॉ. कलाम की मृत्यु 27 जुलाई, 2015 को शिलाँग में हुई। उनके सम्मान में ओडिशा के भद्रक जिले में व्हीलर द्वीप का नाम बदल कर एपीजे अब्दुल कलाम द्वीप कर दिया गया है।

नरेन्द्र मोदी

नरेन्द्र मोदी का जन्म 17 सितम्बर, 1950 को गुजरात के मेहसाणा जिले के वडनगर गाँव में हुआ था। बचपन में इन्होंने वडनगर स्टेशन पर पिता की चाय की स्टॉल पर काम किया। 1975 में आपातकाल के दौरान मोदी ने भूमिगत रहकर आंदोलन चलाया। 1987 में गुजरात अखिल भारतीय विद्यार्थी परिषद के प्रभारी बने साथ ही गुजरात भाजपा के महासचिव बने। 1990 में लालकृष्ण आडवाणी की सोमनाथ से अयोध्या यात्रा के सारथी बने। 1995 में भाजपा में राष्ट्रीय सचिव व 5 राज्यों के प्रभारी बने। 7 अक्टूबर, 2001 को गुजरात के मुख्यमंत्री बने। 2002 में गोधरा कांड के बाद भड़के दंगों में लगे सभी आरोपों का सामना किया। 2007 में मोदी ने तीसरी बार गुजरात की कमान संभाली। 2010 में सुप्रीम कोर्ट की ओर से गठित एसआईटी ने मोदी को क्लीन चिट दी। 2012 में उन्होंने गुजरात में जीत की हैट्रिक लगाई। चौथी बार प्रदेश की कमान संभाली। 9 जून, 2013 को भाजपा ने इन्हें चुनाव अभियान समिति का अध्यक्ष बनाया और 13 सितम्बर, 2013 को प्रधानमंत्री पद का उम्मीदवार घोषित किया।

नरेन्द्र मोदी एनसीसी कैडेट के रूप में

इनके कुशल नेतृत्व में अप्रैल-मई 2014 में हुए लोकसभा चुनावों में एनडीए ने अभूतपूर्व सफलता हासिल करते हुए देश की सत्ता पर अपना अधिकार सिद्ध किया। नरेन्द्र मोदी की राष्ट्रव्यापी लहर ने सभी जातीय एवं सामाजिक समीकरण ध्वस्त करते हुए 336 सीटों पर जीत हासिल की। नरेन्द्र मोदी का जादू किस प्रकार जनता के सिर चढ़कर बोला, इसका अनुमान इसी बात से लगाया जा सकता है कि तीन दशक के अन्तराल के पश्चात् किसी पार्टी ने अकेले ही स्पष्ट बहुमत लोकसभा में प्राप्त किया तथा स्वतन्त्रता के पश्चात् लोकसभा में पहली बार अकेले ही स्पष्ट बहुमत प्राप्त करने वाली प्रथम गैर–कांग्रेसी पार्टी बनी।

26 मई, 2014 को राष्ट्रपति ने उन्हें प्रधानमंत्री पद की शपथ दिलाई। प्रधानमंत्री पद संभालते ही उन्होंने देश के विकास हेतु अनेक योजनाओं का शुभारंभ करवाया। जैसा कि प्रधानमंत्री जनधन योजना, मेक इन इंडिया, डिजिटल इंडिया, स्वच्छ भारत मिशन और प्रधान मंत्री जन-आरोग्य योजना आदि। विमुद्रीकरण की उनकी नीति एक मील का पत्थर मानी जा रही है। अमेरिका सहित विश्व के प्रायः सभी छोटे-बड़े राष्ट्रों के साथ मित्रवत् संबंध स्थापित किये। 2018 में उन्हें सियोल शांति पुरस्कार प्रदान किया गया। उन्हें रूस एवं संयुक्त अरब अमीरात के सर्वोच्च नागरिक सम्मान सहित कई देशों के सर्वोच्च नागरिक सम्मान प्राप्त कर चुके हैं। पाकिस्तान के आतंकवादी प्रशिक्षण शिविरों पर सर्जिकल स्ट्राइक करके उन्होंने भारत का हौसला बुलंद किया। 2019 के लोकसभा चुनाव में राष्ट्रीय जनतांत्रिक गठबंधन की फिर से जीत के बाद नरेन्द्र मोदी ने अपना दूसरा कार्यकाल शुरू किया जिसे जून 2024 तक सफलतापूर्वक पूरा किया। 2024 के लोकसभा चुनाव में राष्ट्रीय जनतांत्रिक गठनबंधन की लगातार तीसरी जीत के बाद नरेन्द्र मोदी ने अपना तीसरा कार्यकाल शुरू किया। इसके साथ ही उन्होंने लगातार तीन बार प्रधानमंत्री बनने के देश के प्रथम प्रधानमंत्री जवाहरलाल नेहरू के रिकॉर्ड की बराबरी की।

सीडीएस जनरल बिपिन रावत

जनरल बिपिन रावत भारतीय सेना के चार सितारा जनरल थे, जिन्हें 30 दिसंबर, 2019 को भारत के पहले चीफ ऑफ डिफेंस स्टाफ (सीडीएस) के रूप में नियुक्त किया गया था। उन्होंने 1 जनवरी, 2020 को पदभार ग्रहण किया। उनका जन्म 16 मार्च, 1958 को उत्तराखंड के पौड़ी में हुआ था। उनके पिता, लक्ष्मण सिंह रावत ने भारतीय सेना की सेवा की और लेफ्टिनेंट जनरल के पद तक पहुंचे। उनकी माँ उत्तराखंड के उत्तरकाशी के एक पूर्व विधायक की बेटी थीं।

16 दिसंबर, 1978 को, सीडीएस बिपिन रावत को 11 गोरखा राइफल्स की 5वीं बटालियन में नियुक्त किया गया था, जो उनके पिता लक्ष्मण सिंह रावत की इकाई थी। उन्होंने आतंकवाद रोधी अभियानों का संचालन करते हुए 10 साल बिताए और मेजर से लेकर सीडीएस तक विभिन्न पदों पर काम किया। उन्होंने कर्नल के रूप में किबिथू में एलएसी (LAC) के पास अपनी बटालियन की कमान संभाली। ब्रिगेडियर के पद पर पदोन्नत होने के

बाद, उन्होंने सोपोर में राष्ट्रीय राइफल्स के 5 सेक्टर और कांगो लोकतांत्रिक गणराज्य (MONUSCO) में एक चैप्टर VII मिशन में बहुराष्ट्रीय ब्रिगेड की कमान संभाली, जहाँ उन्हें दो बार फोर्स कमांडर की प्रशस्ति से सम्मानित किया गया।

सेना कमांडर ग्रेड में पदोन्नत होने के बाद उन्होंने दक्षिणी कमान के जनरल ऑफिसर कमांडिंग–इन–चीफ (जीओसी–इन–सी) का पद ग्रहण किया। थोड़े समय के कार्यकाल के बाद, उन्हें वाइस चीफ ऑफ आर्मी स्टाफ के पद पर पदोन्नत किया गया। उन्हें 17 दिसंबर, 2016 को भारत सरकार द्वारा 27वें सेनाध्यक्ष (सीओएएस) के रूप में नियुक्त किया गया था और उन्होंने 31 दिसंबर, 2016 को पदभार ग्रहण किया था। उन्होंने भारतीय सेना के चीफ ऑफ स्टाफ कमेटी के 57वें और अंतिम अध्यक्ष के रूप में भी कार्य किया। उन्हें 30 दिसंबर, 2019 को पहले सीडीएस के रूप में नियुक्त किया गया था और 1 जनवरी, 2020 को उन्होंने पदभार ग्रहण किया था।

रावत के नेतृत्व में भारतीय सेना ने पाकिस्तान के खिलाफ कुछ सबसे कड़े कदम उठाए। यह उनके कार्यकाल के तहत था कि सेना ने पाकिस्तान के साथ सीमा पर मजबूत सुरक्षा प्रदान की, जब भारतीय वायु सेना ने फरवरी 2019 में बालाकोट हमलों को अंजाम दिया। संयोग से, उन्होंने नियंत्रण रेखा के पास पाकिस्तानी सेना द्वारा अकारण संघर्ष विराम उल्लंघन के लिए कड़ी जवाबी कार्रवाई सुनिश्चित की। पाकिस्तान के अलावा 2017 में दो महीने से अधिक समय तक चले डोकलाम गतिरोध के बाद, उन्होंने चीन के साथ सीमा पर सैन्य मामलों का प्रबंधन भी किया। उन्होंने नियमित सीमा बैठकों, बातचीत और संयुक्त अभ्यास के माध्यम से भारत और चीन की सेनाओं के बीच बेहतर संबंधों को बहाल करने का भी कार्य किया।

उन्होंने पूर्वोत्तर में आतंकवाद को कम करने में महत्वपूर्ण भूमिका निभाई थी, जिसमें उनके करियर का एक मुख्य आकर्षण म्यांमार में 2015 का सीमा पार ऑपरेशन था जिसमें भारतीय सेना ने एनएससीएन के आतंकवादियों द्वारा घात लगाकर किए गए हमले का सफलतापूर्वक जवाब दिया था। यह मिशन रावत की देखरेख में दीमापुर स्थित III कोर के ऑपरेशन कमांड से चलाया गया था। वह 2016 की सर्जिकल स्ट्राइक की योजना का भी हिस्सा थे, जिसमें भारतीय सेना नियंत्रण रेखा के पार पाकिस्तान के कब्जे वाले कश्मीर में चली गई थी।

सीडीएस जनरल बिपिन रावत ने अपने 40 वर्षों से अधिक के करियर के दौरान वीरता और विशिष्ट सेवा के लिए कई पदक और सम्मान प्राप्त किए जिनमें मुख्य रूप से शामिल हैं : ✦ परम विशिष्ट सेवा पदक ✦ उत्तम युद्ध सेवा मेडल ✦ अति विशिष्ट सेवा मेडल ✦ युद्ध सेवा मेडल ✦ सेना मेडल ✦ विशिष्ट सेवा मेडल ✦ ऑपरेशन पराक्रम मेडल ✦ सैन्य सेवा मेडल ✦ हाई एल्टीट्यूड सर्विस मेडल ✦ विदेश सेवा मेडल ✦ मोनुस्को और अन्य।

सीडीएस बिपिन रावत का 8 दिसंबर, 2021 को तमिलनाडु में एक दुर्भाग्यपूर्ण हेलीकॉप्टर दुर्घटना में निधन हो गया, जब वे अपनी पत्नी श्रीमती मधुलिका रावत, अध्यक्ष DWWA और 11 अन्य सैन्यकर्मियों के साथ IAF Mi 175 V5 हेलीकॉप्टर पर सवार होकर, वेलिंगटन जा रहे थे तभी रास्ते में कुन्नूर के पास खराब मौसम के कारण हेलीकॉप्टर दुर्घटनाग्रस्त हो गया था।

❖ ❖ ❖

22 भारत का इतिहास, धर्म एवं संस्कृति
(History, Religion & Culture of India)

प्राचीन भारत

सिंधु घाटी सभ्यता

- सिंधु घाटी सभ्यता की खोज 1921 ई. में दयाराम साहनी ने की।
- सिंधु घाटी की सभ्यता का नामकरण, हड़प्पा नामक स्थान, जहाँ यह संस्कृति पहली बार खोजी गई थी, के नाम पर हड़प्पा संस्कृति भी किया गया है।
- हड़प्पा संस्कृति का काल निर्धारण लगभग 2600 और 1900 ई.पू. के बीच किया गया है।
- हड़प्पा सभ्यता प्राक्ऐतिहासिक अथवा कांस्ययुगीन थी। इस सभ्यता के मुख्य निवासी भूमध्यसागरीय एवं द्रविड़ थे।
- हड़प्पा संस्कृति का भौगोलिक विस्तार वृह्द था। यह उत्तर में कश्मीर के माण्डा से दक्षिण में ताप्ती नदी के मुहाने पर स्थित भगतराव तथा पश्चिम में बलूचिस्तान के सुत्कागेंडोर से पूर्व में पश्चिमी उत्तर प्रदेश के आलमगीरपुर तक विस्तृत है।
- भारत में हड़प्पा सभ्यता के सर्वाधिक क्षेत्र गुजरात, राजस्थान, हरियाणा तथा पंजाब में प्राप्त हुए हैं।

नगर योजना

- हड़प्पा सभ्यता नगरीय सभ्यता थी जहाँ नियोजित जल-निकास प्रणाली भी विकसित थी।
- भवनों का निर्माण पक्की ईंटों से हुआ है। प्रत्येक घर के अंदर स्नानागार भी होता था।
- मोहनजोदड़ो से एक विशाल स्नानागार भी मिला है।
- मोहनजोदड़ो सिंधु नदी के किनारे जबकि हड़प्पा रावी नदी के तट पर अवस्थित है।
- मोहनजोदड़ो से प्राप्त अन्नागार संभवतः हड़प्पा सभ्यता की सबसे बड़ी इमारत है।

धार्मिक व्यवस्था

- मोहनजोदड़ो से कांसे की नर्तकी की मूर्ति मिली है।
- मोहनजोदड़ो से प्राप्त एक मुहर पर तीन मुख वाले देवता की मूर्ति मिली है। उनके चारों ओर हाथी, गैंडा, चीता एवं भैंसे की आकृति मिलती है।
- मनका निर्माण की कर्मशाला चन्हुदड़ो और लोथल में प्राप्त हुई है।
- हड़प्पा सभ्यता से मातृदेवी की मूर्तियां अधिक संख्या में मिली हैं। लिंग पूजा की प्रथा भी प्रचलित थी। सिंधु सभ्यता में मंदिर के अवशेष नहीं मिले हैं।

आर्थिक जीवन

- हड़प्पा सभ्यता की प्रमुख खाद्य फसलें गेहूँ, चावल और जौ थीं।
- लोथल एवं रंगपुर से चावल के होने के साक्ष्य भी मिले हैं।
- हड़प्पा संस्कृति के लोग काले रंग से चित्रित लाल मिट्टी के बर्तन प्रयोग करते थे।

वैदिक काल

- आर्यों की सामाजिक-सांस्कृतिक तथा आर्थिक व्यवस्था वैदिक संस्कृति के रूप में जानी जाती है। आर्यों के बारे में जानकारी मुख्यतः वेदों—ऋग्वेद, यजुर्वेद, सामवेद एवं अथर्ववेद से मिलती है।
- वैदिक काल को दो भागों में विभाजित किया जाता है—ऋग्वैदिक काल (1500-1000 ई.पू.) और उत्तर वैदिक काल (1000-600 ई.पू.)।

ऋग्वैदिक काल (1500-1000 ई.पू.)

- आर्यों के निवास के विस्तृत क्षेत्र को 'सप्तसैन्धव' प्रदेश कहा गया। इस क्षेत्र में सात प्रमुख नदियाँ प्रवाहित हैं। ये नदियाँ हैं—सिंधु, सतलुज, रावी, चिनाब, झेलम, व्यास तथा सरस्वती।
- ऋग्वैदिक समाज ग्रामीण कबीलाई समाज था; सामाजिक संरचना समतावादी व वर्णविहीन थी।
- परिवार पितृसत्तात्मक था परन्तु महिलाओं को उचित सम्मान प्राप्त था।
- आर्यों की प्रशासनिक इकाई आरोही क्रम से अग्रलिखित पाँच भागों में बँटी थी—कुल, ग्राम, विश, जन, राष्ट्र।
- जन के अधिपति को राजा और ग्राम के प्रधान को ग्रामणी कहा जाता था।
- राज्याधिकारियों में पुरोहित एवं सेनानी प्रमुख थे।
- सभा, समिति तथा विदथ जनप्रतिनिधि संस्थाएँ थीं। इन संस्थाओं में राजनीतिक, सामाजिक, धार्मिक तथा आर्थिक प्रश्नों पर विचार किया जाता था।
- इन्द्र ऋग्वैदिक आर्यों का सबसे महत्वपूर्ण देवता था जिसे पुरन्दर कहा गया है। वरुण, सूर्य, मित्र, अग्नि, इत्यादि अन्य प्रमुख देवता थे।
- ऋग्वेद में सर्वाधिक पवित्र नदी के रूप में 'सरस्वती' का वर्णन हुआ है।
- गायत्री-मंत्र का उल्लेख ऋग्वेद के तृतीय मंडल में मिलता है।
- ऋग्वेद के 10वें मंडल के पुरुषसूत्र में चतुर्वर्ण—ब्राह्मण, क्षत्रिय, वैश्य और शूद्र की उत्पत्ति के उल्लेख मिलते हैं।
- आर्यों का मुख्य व्यवसाय कृषि एवं पशुपालन था।

उत्तर वैदिक काल (1000-800 ई.पू.)

- उत्तर वैदिक काल में आर्यों ने स्थायी जीवन व्यतीत करना प्रारंभ कर दिया था। इस समय आर्य मुख्य रूप से गंगा-यमुना दोआब में फैल गए थे।
- आर्यों ने पशुपालन की जगह कृषि कार्य को जीवन का प्रमुख आधार बनाया।
- चित्रित धूसर-मृद्भाण्ड तथा धातुओं में लोहा इस काल की प्रमुख विशिष्टता है।

- उत्तर वैदिक काल में राजा का पद वंशानुगत होने लगा। शासकों ने राजसूय, वाजपेय तथा अश्वमेध यज्ञों के माध्यम से अपनी शक्ति में वृद्धि की।
- इस काल में इन्द्र के स्थान पर प्रजापति सर्वाधिक महत्वपूर्ण देवता हो गए थे। विभिन्न कर्मकाण्डों तथा अंधविश्वासों का विस्तार हुआ जिनका उल्लेख अथर्ववेद में मिलता है।
- पूषण जो ऋग्वैदिक काल में पशुओं के देवता थे अब शूद्रों के देवता के रूप में प्रचलित हो गए।
- गोत्र नामक संस्था का उदय उत्तर वैदिक काल में हुआ।
- अथर्ववेद में 'सभा' एवं 'समिति' को प्रजापति की दो पुत्रियाँ कहा गया है। अथर्ववेद के मंत्रों का उच्चारण करने वाले पुरोहित को 'ब्रह्मा' कहा जाता था।
- अथर्ववेद में मगध एवं अंग महाजनपद का उल्लेख है।
- उपनिषदों एवं दर्शनों की रचना शुरू हो गई थी।

धार्मिक आन्दोलन

शैव धर्म

- लकुलिश ने पाशुपत शैव सम्प्रदाय की स्थापना की थी।
- शैव धर्म पाँच सिद्धांतों पर आधारित है। ये हैं—कार्य, कारण, योग, विधि तथा दुखान्त।
- कश्मीरी शैव सम्प्रदाय के संस्थापक वसुगुप्त तथा दक्षिण के लिंगायत सम्प्रदाय के संस्थापक वासवराज थे।
- लिंग पूजा का वर्णन मत्स्य पुराण में मिलता है।

वैष्णव धर्म

- वैष्णव धर्म के संस्थापक वासुदेव कृष्ण थे, वैष्णव धर्म को पहले भागवत धर्म कहा जाता था।
- विष्णु एवं कृष्ण का एकीकरण नारायण से हुआ है। नारायण के उपासक पंचरात्रिक कहलाए।
- अवतारवाद वैष्णव धर्म का आधारभूत सिद्धान्त है।

जैन धर्म

- जैन धर्म के संस्थापक तथा प्रथम तीर्थंकर ऋषभदेव थे।
- जैन परंपरा के अनुसार जैन धर्म में कुल 24 तीर्थंकर हुए।
- जैन धर्म के 23वें तीर्थंकर पार्श्वनाथ थे।
- जैन धर्म के 24वें एवं अंतिम तीर्थंकर महावीर स्वामी थे।

बौद्ध धर्म

महात्मा बुद्ध

- महात्मा बुद्ध का जन्म 563 ई.पू. में कपिलवस्तु के निकट लुम्बिनी में हुआ था।
- बुद्ध के बचपन का नाम सिद्धार्थ था।
- बुद्ध के पिता शुद्धोधन शाक्य गणराज्य के शासक थे। उनकी माता का नाम महामाया था।
- गौतम बुद्ध का विवाह 16 वर्ष की आयु में यशोधरा से हुआ था। इनके पुत्र का नाम राहुल था।

- पुत्र जन्म के कुछ समय पश्चात् ही 29 वर्ष की अवस्था में उन्होंने गृह त्याग दिया।
- आलार कलाम बुद्ध के प्रथम गुरू थे।

महाजनपद काल

- आरंभिक भारतीय इतिहास में छठी शताब्दी ई.पू. में 16 महाजनपदों का उदय हुआ। बौद्ध ग्रंथ अंगुत्तर निकाय में पहली बार 16 महाजनपदों की चर्चा मिलती है।
- जनपद का अर्थ एक ऐसा भूखंड है जहाँ कोई 'जन' अपना पाँव रखता है अथवा बस जाता है। इस शब्द का प्रयोग संस्कृत और प्राकृत दोनों में मिलता है।
- अधिकांश महाजनपदों पर राजा का शासन होता था। भगवान महावीर और भगवान बुद्ध इन्हीं गणों से सम्बन्धित थे।

मौर्य साम्राज्य

चन्द्रगुप्त मौर्य

चाणक्य (कौटिल्य)

- 322 ई.पू. में चंद्रगुप्त मौर्य ने मौर्य साम्राज्य की स्थापना की।
- चंद्रगुप्त ने 305 ई.पू. में यूनानी शासक सेल्यूकस के साथ संधि की। संधि शर्तों के अनुसार सेल्यूकस ने 500 हाथियों के बदले चार प्रांत काबुल, कन्धार, हेरात एवं मकरान चंद्रगुप्त को दिए।
- सेल्यूकस ने चन्द्रगुप्त के दरबार में अपने राजदूत मेगस्थनीज की नियुक्ति की।
- मेगस्थनीज ने पाटलिपुत्र में रहते हुए 'इण्डिका' की रचना की।
- स्ट्रैबो तथा जस्टिन की रचनाओं में चंद्रगुप्त मौर्य को 'सैण्ड्रोकोट्स' कहा गया है। जबकि एरियन तथा प्लूटार्क ने उसे 'एण्ड्रोकोट्स' कहा है।
- चन्द्रगुप्त मौर्य के मंत्री चाणक्य (कौटिल्य) ने अर्थशास्त्र की रचना की थी।

बिन्दुसार

- चन्द्रगुप्त का उत्तराधिकारी बिन्दुसार बना।
- बिंदुसार के शासनकाल में तक्षशिला में दो विद्रोह हुए प्रथम को अशोक ने दबाया तथा दूसरे विद्रोह को सुसीम ने दबाया।
- सीरिया के शासक एण्टीओकस ने डायमेकस को बिंदुसार के दरबार में अपना राजदूत बनाया।

अशोक

अशोक स्तंभ

- बिंदुसार का उत्तराधिकारी अशोक था जो 272 ई.पू. में मगध का शासक बना।
- अशोक शासक बनने से पूर्व उज्जयिनी तथा तक्षशिला का गवर्नर था।
- राज्याभिषेक के कई वर्षों बाद 261 ई.पू. में अशोक ने कलिंग पर आक्रमण किया। कलिंग युद्ध में व्यापक हिंसा से उसका मन द्रवित हो गया एवं उसने युद्ध विजय की जगह धम्म विजय की नीति अपनाई।
- अशोक बौद्ध धर्म का अनुयायी बन गया तथा उसके प्रचार-प्रसार में लग गया। अशोक ने अपने पुत्र महेंद्र तथा पुत्री संघमित्रा को बौद्ध धर्म के प्रचार में लगा दिया।

शुंग वंश

- मौर्य सेनापति पुष्यमित्र शुंग ने अंतिम मौर्य शासक वृहद्रथ की हत्या कर 184 ई.पू. में शुंग वंश की स्थापना की।
- पुष्यमित्र ब्राह्मण धर्म का समर्थक था तथा उसने दो बार अश्वमेध यज्ञ किए।
- शुंग वंश का अन्तिम शासक देवभूति था, जिसकी हत्या कर उसके सेनापति वसुदेव ने कण्व वंश की स्थापना की।
- कण्व वंश के अंतिम शासक सुशर्मा को सातवाहन शासक सिमुक ने पराजित किया।

हिन्द-यूनानी शासक

- बैक्ट्रिया के शासक डेमेट्रियस ने भारत पर 190 ई.पू. में आक्रमण कर अफगानिस्तान, पंजाब, सिंध के बड़े भूभाग पर अधिकार कर शाकल को अपनी राजधानी बनाया। इसे हिन्द-यवन राज्य कहा गया।
- हिन्द-यूनानी शासकों में मिनान्डर का नाम प्रमुख है जिसने नागसेन से बौद्ध धर्म की दीक्षा ली जो मिलिन्दपन्हों ग्रंथ में संकलित है।
- भारत में सोने के सिक्के सर्वप्रथम 'हिन्द-यूनानी' शासकों ने ही जारी किए।

शक

- यूनानियों के बाद शक आए। शकों की पाँच शाखाएँ थीं और हर शाखा की राजधानी भारत और अफगानिस्तान में अलग-अलग भागों में थी।
- शक मूलतः मध्य एशिया के निवासी थे और चरागाह की खोज में भारत आए।
- शकों का सबसे प्रतापी शासक रूद्रदामन प्रथम (130-150 ई.) था जिसका शासन गुजरात के बड़े भाग पर था। इसने काठियावाड़ की अर्धशुष्क सुदर्शन झील (मौर्यों द्वारा निर्मित) की मरम्मत करवाई।

कुषाण

- कुषाण वंश का संस्थापक कुजुल कडफिसस था। इस वंश का प्रसिद्ध शासक कनिष्क था।
- कुषाणों की एक राजधानी पुरूषपुर या पेशावर थी और दूसरी राजधानी मथुरा थी।
- कनिष्क ने 78 ई. अर्थात् अपने राज्याभिषेक के वर्ष में एक संवत् चलाया, जो शक संवत् कहलाता है, जिसे भारत सरकार द्वारा प्रयोग में लाया जाता है।

गुप्त साम्राज्य

- गुप्त साम्राज्य के शासनकाल को प्राचीन भारतीय इतिहास का स्वर्णकाल कहा जाता है।
- गुप्त वंश का संस्थापक श्रीगुप्त (240-280 ई.) को माना जाता है।

चन्द्रगुप्त प्रथम

- चंद्रगुप्त प्रथम ने गुप्त सम्वत् की स्थापना 319-320 ई. में की थी।
- चंद्रगुप्त प्रथम गुप्त वंश का प्रथम महान सम्राट था। इसने 'महाराजधिराज' की उपाधि धारण की।
- गुप्त वंश में सर्वप्रथम चंद्रगुप्त प्रथम ने ही चाँदी के सिक्कों का प्रचलन करवाया था।

समुद्रगुप्त

- चंद्रगुप्त प्रथम के पश्चात् उसका पुत्र समुद्रगुप्त शासक बना। उसने स्वयं को लिच्छवी दौहित्र कहा।
- समुद्रगुप्त ने आर्यावर्त के 9 शासकों को और दक्षिणावर्त के 12 शासकों को पराजित किया। इन्हीं विजयों के कारण इसे भारत का नेपोलियन कहा जाता है।
- हरिषेण रचित प्रयाग प्रशस्ति से समुद्रगुप्त की विजयों की विस्तृत जानकारी मिलती है।

चन्द्रगुप्त द्वितीय

- चंद्रगुप्त द्वितीय को देवराज और देवगुप्त दोनों नामों से भी जाना जाता है। इसने 'देवश्री', 'विक्रम', 'विक्रमादित्य', 'प्रतिरथ', 'सिंहविक्रम', 'परमभागवत', 'विक्रमांक' आदि उपाधियाँ धारण कीं।
- चंद्रगुप्त द्वितीय का काल साहित्य और कला का स्वर्णकाल भी कहा जाता है।
- चंद्रगुप्त द्वितीय के शासनकाल में चीनी बौद्ध यात्री फाह्यान भारत आया था।
- चंद्रगुप्त द्वितीय के दरबार में नौरत्न थे—कालिदास, धनवन्तरि, क्षपणक, अमरसिंह, शंकु, बैताल भट्ट, घटकर्पर, वराहमिहिर और वररूचि।

कुमारगुप्त प्रथम

- चंद्रगुप्त द्वितीय का उत्तराधिकारी कुमारगुप्त प्रथम था।
- कुमारगुप्त प्रथम (412-454 ई.) ने नालंदा विश्वविद्यालय की स्थापना की थी।

स्कन्दगुप्त

- स्कन्दगुप्त (454-467 ई.) गुप्त वंश का अंतिम महान शासक था। इसने देवराज, विक्रमादित्य आदि उपाधियाँ ग्रहण कीं।
- स्कन्दगुप्त ने पर्णदत्त को सौराष्ट्र का गवर्नर नियुक्त किया था।

गुप्तकाल में प्रशासन

- गुप्त साम्राज्य की सबसे बड़ी प्रादेशिक इकाई 'देश' थी, जिसके शासक को गोप्ता कहा जाता था। 'भुक्ति' एक दूसरी प्रादेशिक इकाई थी, जिसके शासक उपरिक कहलाते थे।
- भुक्ति के बाद विषय नामक प्रशासनिक इकाई होती थी, जिसके प्रमुख विषयपति कहलाते थे।
- पुलिस विभाग का मुख्य अधिकारी 'दण्डपाशिक' कहलाता था।
- कालिदास, हरिषेण, वीरसेन, विशाखदत्त आदि इस युग के प्रसिद्ध विद्वान थे। बौद्ध विद्वानों में असंग, वसुबन्धु, दिग्ङनाग तथा धर्मपाल आदि प्रमुख थे।

गुप्तकाल में सामाजिक-आर्थिक-धार्मिक विकास

- गुप्तकाल में स्त्रियों की दशा पहले से निम्न हो गई। सती-प्रथा की प्रथम घटना का उल्लेख इसी काल में मिलता है।
- गुप्त शासक वैष्णव धर्म के अनुयायी थे।
- गुप्तकाल में मंदिरों तथा मूर्तियों का निर्माण आरंभ हो गया था।

- सारनाथ की बुद्ध मूर्ति, मथुरा की वर्धमान महावीर की मूर्ति, झाँसी की शेषशायी विष्णु की मूर्ति, विदिशा की वराह अवतार की मूर्ति, काशी की गोवर्धनधारी कृष्ण की मूर्ति आदि इस युग की मूर्तिकला के प्रमुख उदाहरण हैं।

गुप्तकाल में विज्ञान

- गुप्तकाल में गणित, भौतिक विज्ञान, रसायन विज्ञान, धातु विज्ञान, ज्योतिष एवं चिकित्सा विज्ञान की बहुत उन्नति हुई।
- दशमलव तथा शून्य का अन्वेषण गुप्तकाल में ही हुआ।
- आर्यभट्ट इस युग के प्रख्यात गणितज्ञ एवं खगोलशास्त्री थे। आर्यभट्टीयम इनकी सुप्रसिद्ध रचना है, जिसमें अंकगणित, बीजगणित तथा रेखागणित की विवेचना की गई है। आर्यभट्ट ने सूर्य सिद्धांत नामक ग्रंथ में यह प्रमाणित किया कि पृथ्वी सूर्य का चक्कर लगाती है।
- सुश्रुत और धनवन्तरि इस युग के प्रख्यात वैद्य थे।

गुप्तोत्तर काल

- गुप्त वंश के पतन के बाद कई नये राजवंशों का उद्भव हुआ, उनमें मैत्रक, मौखरि, पुष्यभूति, परवर्ती गुप्त और गौड़ प्रमुख हैं। इन राजवंशों में पुष्यभूति सबसे प्रमुख थे।

हर्षवर्धन

- पुष्यभूति वंश का संस्थापक पुष्यभूति था। इनकी राजधानी थानेश्वर थी।
- राज्यवर्धन की मृत्यु के बाद 606 ई. में 16 वर्ष की अवस्था में हर्षवर्धन थानेश्वर का शासक बना। इसने 'परमभट्टारक' की उपाधि धारण की। हर्ष को शिलादित्य के नाम से भी जाना जाता है।
- हर्षवर्धन के शासन की जानकारी बाणभट्ट की रचना हर्षचरित से मिलती है।
- चीनी यात्री ह्वेनसांग हर्षवर्धन के शासनकाल में भारत आया।

दक्षिण भारत के प्रमुख राजवंश

पल्लव वंश

- पल्लव वंश का संस्थापक सिंहविष्णु (575-600 ई.) था। इनकी राजधानी कांची थी।
- प्रसिद्ध लेखक भारवि जिन्होंने किरातार्जुनीयम की रचना की थी, सिंहविष्णु के दरबार में रहते थे।

चालुक्य वंश (वातापी)

- जयसिंह ने वातापी के चालुक्य-वंश की स्थापना की जिसकी राजधानी वातापी थी।
- वातापी के चालुक्य वंश के प्रमुख शासक थे—पुलकेशिन प्रथम, कीर्तिवर्मन, पुलकेशिन द्वितीय, विक्रमादित्य, विनयादित्य एवं विजयादित्य। इनमें सबसे प्रतापी राजा पुलकेशिन द्वितीय था।

चालुक्य वंश (कल्याणी)

- कल्याणी के चालुक्य वंश की स्थापना तैलप द्वितीय ने की थी।
- इस वंश का सबसे प्रतापी शासक विक्रमादित्य-षष्टम् था।
- विल्हण एवं विज्ञानेश्वर विक्रमादित्य-षष्ट्म के दरबार में ही रहते थे।

राष्ट्रकूट

- राष्ट्रकूट राजवंश का संस्थापक दन्तिदुर्ग (752 ई.) था। इसकी राजधानी मान्यखेत थी।
- राष्ट्रकूट वंश के प्रमुख शासक थे : कृष्ण प्रथम, ध्रुव, गोविन्द तृतीय, अमोघवर्ष, कृष्ण द्वितीय, इन्द्र तृतीय एवं कृष्ण तृतीय।
- एलोरा एवं ऐलिफेंटा में गुहामंदिरों का निर्माण राष्ट्रकूटों के समय में हुआ।
- ध्रुव राष्ट्रकूट वंश का पहला शासक था, जिसने कन्नौज पर अधिकार करने हेतु त्रिपक्षीय संघर्ष में भाग लिया और प्रतिहार नरेश वत्सराज एवं पाल नरेश धर्मपाल को पराजित किया।

चोल

- चोल वंश का संस्थापक विजयालय था। इसकी राजधानी तंजौर थी।
- विजयालय ने नरकेसरी की उपाधि धारण की।
- राजराज प्रथम ने श्रीलंका पर आक्रमण किया। वहाँ के राजा को पराजित कर एक नया प्रांत 'मुम्मिडचोलमंडलम' बनाया और पोलन्नरूवा को इसकी राजधानी बनाया।
- राजराज प्रथम शैव धर्म का अनुयायी था। इसने तंजौर में राजराजेश्वर शिव मंदिर बनवाया।

पाल वंश

- आठवीं शताब्दी के मध्य में बंगाल में पाल राजवंश की स्थापना हुई।
- पाल वंश का संस्थापक गोपाल था।
- गोपाल बौद्ध धर्म का अनुयायी था। इसने ओदन्तपुरी विश्वविद्यालय की स्थापना की।
- पालवंश का सबसे महान शासक धर्मपाल था जिसने विक्रमशिला विश्वविद्यालय की स्थापना की थी।

सेन वंश

- बंगाल में सेन वंश की स्थापना सामन्त सेन ने राढ़ में की थी।
- सेन वंश की राजधानी नदिया (लखनौती) थी।
- सेन वंश के प्रमुख शासक विजय सेन, बल्लालसेन एवं लक्ष्मण सेन थे।
- लक्ष्मणसेन की राजसभा में गीतगोविन्द के लेखक जयदेव रहते थे।

कश्मीर के राजवंश

- कश्मीर पर विभिन्न शासक वंशों ने क्रमानुसार शासन किया—कार्कोट वंश, उत्पल वंश, लोहार वंश।
- दुर्लभवर्द्धन ने 627 ई. में कश्मीर में कार्कोट वंश (हिंदू वंश) की स्थापना की।
- कश्मीर के मार्तण्ड मंदिर का निर्माण ललितादित्य ने करवाया था।

राजपूत राजवंश

- अग्निकुल सिद्धान्त के अनुसार प्रतिहार, चालुक्य, चौहान तथा परमार की उत्पत्ति आबू पर्वत पर वशिष्ठ के अग्नि कुंड से हुई। यह सिद्धान्त चन्दबरदाई की पृथ्वीराज रासो पर आधारित है।

गुर्जर प्रतिहार वंश

- नागभट्ट प्रथम मालवा के गुर्जर प्रतिहार वंश का संस्थापक था।
- मिहिरभोज प्रतिहार वंश का सर्वाधिक शक्तिशाली एवं प्रतापी शासक था। इसने आदिवाराह की उपाधि धारण की।
- मिहिरभोज की राजधानी कन्नौज थी।
- प्रसिद्ध कवि राजशेखर, प्रतिहार शासक महेन्द्रपाल के दरबार में रहते थे।
- राजशेखर ने काव्य मीमांसा लिखी थी।

पृथ्वीराज चौहान

चौहान वंश

- चौहान वंश का संस्थापक वासुदेव था। इनकी प्रारंभिक राजधानी अहिच्छत्र थी।
- अजयराज द्वितीय ने अजमेर नगर की स्थापना की और उसे राजधानी बनाया।
- पृथ्वीराज का जन्म 1149 में अजमेर में हुआ। यह इस वंश के अंतिम शासक थे।
- चन्दबरदाई पृथ्वीराज तृतीय का राजकवि था, जिसकी रचना पृथ्वीराजरासो है।
- तराइन का प्रथम युद्ध 1191 में हुआ जिसमें पृथ्वीराज तृतीय की विजय एवं मुहम्मद गोरी की हार हुई।
- तराइन का द्वितीय युद्ध 1192 में हुआ, जिसमें गोरी की विजय एवं पृथ्वीराज तृतीय की हार हुई। इनकी मृत्यु 1192 में हरियाणा में हुई।

परमार वंश

- परमार वंश की स्थापना 9वीं शताब्दी में उपेन्द्र कृष्णराज ने की। इसकी राजधानी धारा नगरी (उज्जैन) थी।
- परमार वंश का सर्वाधिक शक्तिशाली शासक राजा भोज था।
- भोज ने चिकित्सा, गणित एवं व्याकरण पर अनेक ग्रंथ लिखे। भोजकृत युक्तिकल्पतरू में वास्तुशास्त्र के साथ-साथ विविध वैज्ञानिक यंत्रों व उनके उपयोग का उल्लेख है। इसने कविराज की उपाधि ग्रहण की थी।

चंदेल वंश

- 831 ई. में नन्नुक ने बुंदेलखंड में चंदेल वंश की स्थापना की थी। इसकी प्रारंभिक राजधानी कालिंजर (महोबा) थी।
- राजा धंग ने अपनी राजधानी कालिंजर से खजुराहो में स्थानान्तरित की थी। कंदरिया महादेव मंदिर का निर्माण धंग ने ही करवाया।
- चंदेल वंश का सबसे प्रतापी राजा यशोवर्मन था।

मध्यकालीन भारत

- भारत पर आक्रमण करने वाला प्रथम मुस्लिम शासक मुहम्मद बिन कासिम था।
- मुहम्मद बिन कासिम के आक्रमण के समय सिन्ध का शासक दाहिर था। कासिम ने 712 ई. में सिंध पर विजय प्राप्त की। इसने मुल्तान को भी जीता।

महमूद गजनवी

महमूद गजनवी

- महमूद गजनवी खुरासान का शासक था। महमूद ने 1001 से 1027 ई. तक भारत पर 17 बार आक्रमण किया। उसके आक्रमण का उद्देश्य धन लूटना था।
- महमूद गजनवी ने भारत पर पहला आक्रमण 1001 ई. में शाही राजा जयपाल के विरुद्ध किया था। इस युद्ध में जयपाल पराजित हुआ था।
- महमूद गजनवी ने 1025 ई. में सोमनाथ मंदिर पर आक्रमण किया तथा वहाँ से प्रचुर मात्रा में संपत्ति को लूटा।
- महमूद गजनवी का अंतिम आक्रमण 1027 ई. में जाटों के विरुद्ध था।

मुहम्मद गोरी

- शिहाबुद्दीन मुहम्मद गोरी ने 1175 ई. में भारत में मुल्तान के विरुद्ध पहला आक्रमण किया।

मुहम्मद गोरी

- मुहम्मद गोरी का दूसरा आक्रमण 1178 ई. में पाटन पर हुआ। यहाँ के शासक भीम द्वितीय ने गोरी को पराजित किया था।
- तराइन का प्रथम युद्ध 1191 में हुआ जिसमें मुहम्मद गोरी पृथ्वीराज चौहान से पराजित हुआ था। तराइन का द्वितीय युद्ध 1192 में हुआ, जिसमें मुहम्मद गोरी ने पृथ्वीराज चौहान को पराजित किया था।
- 1206 ई. में खोखरों के साथ युद्ध में मुहम्मद गोरी मारा गया।
- मुहम्मद गोरी को भारत में तुर्की राज्य का संस्थापक माना जाता है।

दिल्ली सल्तनत

- 1206 से 1526 ई. तक भारत पर दिल्ली सल्तनत के शासकों ने शासन किया।

गुलाम वंश

- गुलाम वंश की स्थापना 1206 ई. में कुतुबुद्दीन ऐबक ने की। इनका जन्म 1150 में कजाखिस्तान में हुआ। उसने लाहौर को अपनी राजधानी बनाया।
- कुतुबुद्दीन को अपनी उदारता के कारण लाखबक्श कहा जाता था।
- कुतुबमीनार की नींव कुतुबुद्दीन ऐबक ने डाली थी।
- ऐबक ने दिल्ली का कुव्वत-उल-इस्लाम मस्जिद एवं अजमेर का ढाई दिन का झोंपड़ा नामक मस्जिद का निर्माण करवाया था।
- 1210 ई. में चौगान खेलते हुए, कुतुबुद्दीन ऐबक की मृत्यु हो गई थी। ऐबक का मकबरा लाहौर में स्थित है।

इल्तुतमिश

- आरामशाह की हत्या करके इल्तुतमिश 1211 ई. में दिल्ली की गद्दी पर बैठा।
- इल्तुतमिश पहला शासक था, जिसने 1229 ई. में बगदाद के खलीफा से सुल्तान पद की वैधानिक स्वीकृति प्राप्त की।
- इल्तुतमिश ने कुतुबमीनार का निर्माण कार्य पूरा करवाया।

रजिया सुल्तान

- इल्तुतमिश ने अपनी पुत्री रजिया को अपना उत्तराधिकारी नियुक्त किया था।
- रजिया दिल्ली सल्तनत की प्रथम तथा अंतिम महिला शासिका थी। 1236 ई. में तुर्की अमीरों ने रूक्नुद्दीन फिरोज को गद्दी से हटाकर रजिया को शासक बनाया।
- रजिया एक योग्य शासक थी परन्तु गैर-तुर्कों को सामंत बनाने के रजिया के प्रयासों से तुर्की अमीर उसके विरुद्ध हो गए तथा उसे सत्ता से हटा दिया गया।
- रजिया की हत्या 13 अक्टूबर, 1240 ई. को डाकुओं के द्वारा कैथल के पास कर दी गई थी।

बलबन

- रजिया के बाद बहरामशाह, मसूदशाह तथा नासिरूद्दीन महमूद शासक बने।
- 1266 ई. में ग्यासुद्दीन बलबन दिल्ली की गद्दी पर बैठा। अपने विरोधियों के प्रति इसने 'लौह एवं रक्त' की नीति अपनाई।
- बलबन ने मंगोलों के आक्रमण से भारत की सफलतापूर्वक रक्षा की।
- सिजदा एवं पैबोस प्रथा की शुरुआत बलबन ने की।
- बलबन ने फारसी रीति-रिवाज पर आधारित नवरोज उत्सव को प्रारंभ करवाया।

खिलजी वंश

अलाउद्दीन खिलजी

- गुलाम वंश के शासन को समाप्त कर 1290 ई. में जलालुद्दीन फिरोज खिलजी ने खिलजी वंश की नींव डाली।
- जलालुद्दीन की हत्या कर 1296 ई. में अलाउद्दीन खिलजी ने शासन पर अधिकार कर लिया।
- अलाउद्दीन अपनी बाजार नियंत्रण प्रणाली के लिए जाना जाता है। उसने मूल्य नियंत्रण के लिए 'दीवान-ए-रियासत', एवं 'शहना-ए-मण्डी' की नियुक्ति की। 'बरीद' तथा 'मुनहिस' गुप्तचर विभाग से संबंधित थे।
- अलाउद्दीन खिलजी ने जमैयत खाना मस्जिद, दिल्ली में अलाई दरवाजा, हौजखास, सीरी का किला इत्यादि का निर्माण करवाया।

तुगलक वंश

गयासुद्दीन तुगलक

- गाजी मलिक उर्फ गयासुद्दीन तुगलक ने 1320 ई. में दिल्ली में तुगलक वंश की स्थापना की।
- उसने दिल्ली के निकट तुगलकाबाद नगर की स्थापना की और नहरों का निर्माण करवाया।

मुहम्मद-बिन-तुगलक

- गयासुद्दीन की मृत्यु के बाद उसका पुत्र जूना खां 'मुहम्मद-बिन-तुगलक' के नाम से सुल्तान बना।
- मुहम्मद-बिन-तुगलक ने अपनी राजधानी दिल्ली से देवगिरि में स्थानांतरित की तथा इसका नाम दौलताबाद रखा।
- इब्नबतूता नामक अफ्रीकी यात्री लगभग 1333 ई. में भारत आया। मुहम्मद-बिन-तुगलक ने उसे दिल्ली का काजी नियुक्त किया।

फिरोजशाह तुगलक

- मुहम्मद-बिन-तुगलक की मृत्यु के बाद तुर्की सरदारों ने फिरोजशाह तुगलक को सुल्तान बनाया।
- फिरोज ने शरीयत के अनुसार स्वीकृत चार कर लगाए—खराज, खुम्स, जजिया तथा जकात।
- फिरोज ने ब्राह्मणों पर सर्वप्रथम जजिया कर लगवाया।
- उसने गरीबों की सहायता के लिए दीवान-ए-खैरात नामक दान विभाग की स्थापना की।
- फिरोज तुगलक ने लगभग 300 नये नगरों की स्थापना की जिनमें हिसार, फिरोजाबाद (दिल्ली), फतेहाबाद, फिरोजपुर आदि प्रमुख हैं।

सैय्यद वंश

- सैय्यद वंश का संस्थापक खिज्र खाँ था। उसने 1414 ई. में 'रैयत-ए-आला' की उपाधि के साथ शासन संभाला।
- मुबारक शाह के दरबार में याह्या अहमद सरहिन्दी रहते थे जिन्होंने तारीख-ए-मुबारक शाही की रचना की।
- सैय्यद वंश का अंतिम शासक अलाउद्दीन आलमशाह था।

लोदी वंश

- बहलोल लोदी ने 1451 ई. में लोदी वंश की स्थापना की। उसने गाजी की उपाधि ग्रहण की।
- बहलोल लोदी को दिल्ली में प्रथम अफगान राज्य की स्थापना का श्रेय दिया जाता है।

सिकंदर लोदी

- बहलोल का पुत्र निजाम खाँ सिकन्दर लोदी के नाम से 1489 ई. में शासक बना।
- सिकन्दर लोदी ने 1504 ई. में आगरा शहर की स्थापना की।
- उसने आगरा को अपनी राजधानी बनाया।

इब्राहिम लोदी

- 1517 ई. में सिकन्दर लोदी की मृत्यु के पश्चात् इब्राहिम लोदी शासक बना। वह दिल्ली सल्तनत का अंतिम शासक था।
- 21 अप्रैल, 1526 ई. में पानीपत की प्रथम लड़ाई में इब्राहिम लोदी बाबर से पराजित हुआ और लोदी वंश एवं दिल्ली सल्तनत का अंत हो गया।

इब्राहिम लोदी

मुगल साम्राज्य

बाबर

बाबर

- भारत में मुगल वंश की स्थापना बाबर ने 1526 ई. में की। बाबर का जन्म 1483 में फरगना में हुआ था।
- बाबर को अपनी उदारता के लिए 'कलन्दर' की उपाधि दी गई।
- बाबर ने पानीपत के प्रथम युद्ध में तोपखाने का प्रयोग किया तथा युद्ध में 'तुलुगमा' नीति अपनाई।
- बाबर ने तुर्की भाषा में अपनी आत्मकथा 'तुजुक-ए-बाबरी' (बाबरनामा) लिखी।
- बाबर की मृत्यु 1530 ई. में आगरा में हुई।

हुमायूँ

हुमायूँ

- हुमायूँ 29 दिसम्बर, 1530 ई. को आगरा में सिंहासन पर बैठा।
- 1533 ई. में हुमायूँ ने दीनपनाह नामक नगर की स्थापना दिल्ली में की।
- अफगान सरदार शेरशाह सूरी ने उसे चौसा (1539 ई.) एवं कन्नौज (बिलग्राम) के युद्ध में 1540 ई. में पराजित कर दिया। परिणामस्वरूप उसे भारत से बाहर शरण लेनी पड़ी।
- शेरशाह की मृत्यु के पश्चात् वह पुनः भारत आया और 1555 ई. में दिल्ली की सत्ता हासिल की।
- 1556 ई. में पुस्तकालय की सीढ़ियों से गिरने के कारण हुमायूँ की मृत्यु हो गई।
- हाजी बेगम ने दिल्ली में हुमायूँ का मकबरा बनवाया।
- हुमायूँ की बहन गुलबदन बेगम ने हुमायूँनामा की रचना की।

शेरशाह सूरी

शेरशाह सूरी

- शेरशाह का जन्म 1486 में सासाराम (बिहार) में हुआ। इन्होंने बिलग्राम युद्ध (1540) में हुमायूँ को पराजित कर सूर साम्राज्य की स्थापना की।
- शेरशाह की मृत्यु कलिंजर के किले को जीतने के क्रम में 22 मई, 1545 ई. को हो गई।
- शेरशाह का मकबरा सासाराम में है।
- शेरशाह ने डाक प्रथा का प्रचलन किया तथा 'ग्रैंड ट्रंक रोड' (जी.टी. रोड) का निर्माण करवाया।
- पद्मावत की रचना करने वाले मलिक मुहम्मद जायसी शेरशाह के समकालीन थे।

महाराणा प्रताप

महाराणा प्रताप

- महाराणा प्रताप का जन्म 9 मई, 1540 ई. में राजस्थान के कुंभलगढ़ नामक स्थान पर हुआ था। इनके पिता का नाम महाराणा उदयसिंह और माता का नाम जयवंता बाई था।
- वह उदयपुर, मेवाड़ और सिसोदिया राजवंश के हिन्दू शासक थे।
- महाराणा प्रताप अपने समय के पहले योद्धा शासक थे जो कि 'गुरिल्ला युद्ध' में पारंगत थे। वे आजीवन मुगलों के दाँत खट्टे करते रहे और इन्होंने कभी अकबर की अधीनता को स्वीकार नहीं किया।
- भारतीय इतिहास में इनका नाम वीरता और दृढ़-प्रतिज्ञा के लिए अमर है।
- इन्होंने 18 जून, 1576 ई. को हल्दीघाटी युद्ध में 22 हजार राजपूतों के साथ अकबर की 2 लाख की सेना का सामना किया।
- अकबर ने महाराणा प्रताप से संधि करने के लिए अपने 6 राजनयिक भेजे इसमें उनका सेनापति राजा मानसिंह, भगवानदास और राजा टोडरमल शामिल थे।
- इनका घोड़ा, जिसका नाम चेतक था, इन्हें बहुत प्रिय था।
- इन्होंने 1568 से 1597 ई. तक शासन किया। इनकी मृत्यु 29 जनवरी, 1597 ई. को हुई।

अकबर

अकबर

- अकबर का जन्म 15 अक्टूबर, 1542 ई. में हुमायूँ के निर्वासन के दौरान, अमरकोट (पाकिस्तान) में राणा बीरसाल के महल में हुआ। अकबर की माँ का नाम हमीदाबानो बेगम था।
- अकबर का राज्याभिषेक 14 फरवरी, 1556 ई. को पंजाब के कलानौर नामक स्थान पर हुआ। 1556 ई. में ही पानीपत के द्वितीय युद्ध में हेमू को पराजित किया।
- बैरम खाँ 1556 से 1560 ई. तक अकबर का संरक्षक रहा।
- 1580 ई. में अकबर ने भू-राजस्व के लिए आइन-ए-दहशाला पद्धति और मनसबदारी प्रथा लागू की। इसमें उसे राजा टोडरमल का सहयोग मिला।
- अकबर के दरबार का प्रसिद्ध संगीतकार तानसेन और चित्रकार अब्दुस्समद था।
- 1605 ई. में अकबर की मृत्यु हो गई। अकबर का मकबरा सिकन्दरा में है।
- स्थापत्य कला के क्षेत्र में अकबर की महत्वपूर्ण कृतियाँ हैं—दिल्ली में हुमायूँ का मकबरा, आगरा का लाल किला, फतेहपुर सीकरी में शाहीमहल, दीवान-ए-खास, पंचमहल, बुलंद दरवाजा, जोधाबाई का महल, इबादतखाना, इलाहाबाद का किला और लाहौर का किला।
- अबुल फजल दीन-ए-इलाही धर्म का मुख्य पुरोहित था। इसने अकबरनामा ग्रंथ की रचना की।

जहाँगीर

- जहाँगीर का जन्म 30 अगस्त, 1569 को फतेहपुर सीकरी (उत्तर प्रदेश) में हुआ। वह 24 अक्टूबर, 1605 को अकबर का उत्तराधिकारी और शासक बना।

- जहाँगीर ने सिखों के पाँचवें गुरु, गुरु अर्जुनदेव को शाहजादा खुसरो की सहायता करने के कारण मृत्युदंड दिया।
- इसके दरबार के प्रमुख चित्रकार थे—आगा रजा, अबुल हसन, मुहम्मद नासिर, मुहम्मद मुराद, उस्ताद मंसूर, बिशनदास, मनोहर एवं गोवर्धन आदि। जहाँगीर के समय को चित्रकला का स्वर्णकाल कहा जाता है।

जहाँगीर

- जहाँगीर के शासनकाल में 1613 ई. में अंग्रेजों ने सूरत में प्रथम व्यापार केन्द्र की स्थापना की।
- 8 नवम्बर, 1627 को कश्मीर में जहाँगीर की मृत्यु हुई।
- नूरजहाँ की माँ अस्मत बेगम ने गुलाब से इत्र निकालने की विधि खोजी थी।

शाहजहाँ

- शाहजहाँ का जन्म 5 जनवरी, 1592 को लाहौर (पाकिस्तान) में हुआ और वह 4 फरवरी, 1628 ई. को आगरा में सिंहासन पर बैठा।
- शाहजहाँ के शासनकाल को स्थापत्यकला का स्वर्णयुग कहा जाता है।
- शाहजहाँ द्वारा बनवायी गई प्रमुख इमारतें हैं—दिल्ली का लालकिला, दिल्ली की जामा मस्जिद, आगरा की मोती मस्जिद, ताजमहल इत्यादि।
- शाहजहाँ के पुत्रों में दारा शिकोह सर्वाधिक विद्वान था। उसने भगवद्गीता, योगवशिष्ट, उपनिषद् एवं रामायण का अनुवाद फारसी में करवाया।

शाहजहाँ

- 1658 में औरंगजेब ने शाहजहाँ को बन्दी बना लिया, 1666 में इसकी मृत्यु हो गई।

औरंगजेब

- औरंगजेब का जन्म 4 नवम्बर, 1618 को दाहोड (गुजरात) में हुआ। इसने आलमगीर की उपाधि से 1658 को आगरा में प्रथम बार तथा 1659 को दिल्ली में दूसरी बार अपना राज्याभिषेक करवाया।
- औरंगजेब ने उलेमा वर्ग की सलाहानुसार इस्लामी ढंग से राज किया। उसने गैर मुस्लिम जनता पर (1679 ई.) जजिया कर लगा दिया।
- इस्लाम स्वीकार नहीं करने के कारण सिक्खों के 9वें गुरु, गुरु तेग बहादुर की 1675 ई. में दिल्ली में हत्या करवा दी।
- औरंगजेब ने दरबार में संगीत पर पाबन्दी लगा दी। उसने नौरोज, झरोखा दर्शन एवं तुलादान पर भी रोक लगा दी।

औरंगजेब

- औरंगजेब ने बीबी का मकबरा का निर्माण 1679 ई. में संभाजीनगर (महाराष्ट्र) में करवाया।
- औरंगजेब की मृत्यु 3 मार्च, 1707 को अहमदनगर (महाराष्ट्र) में हुई।

उत्तर मुगल शासक

- बहादुर शाह जफर को शाहे बेखबर के नाम से जाना जाता है।
- मुहम्मदशाह के शासनकाल में 1739 ई. में ईरानी आक्रमणकारी नादिरशाह ने दिल्ली पर आक्रमण किया। नादिरशाह मयूर सिंहासन और कोहिनूर हीरा भारत से ले गया।

- शाह आलम द्वितीय के समय अहमदशाह अब्दाली एवं मराठों के बीच पानीपत का तीसरा युद्ध (1761 ई.) हुआ। इस युद्ध में मराठों की हार हुई।
- अंतिम मुगल सम्राट बहादुरशाह जफर ने अंग्रेजों के खिलाफ 1857 ई. के विद्रोह का नेतृत्व किया। यह विद्रोह असफल रहा और उन्हें बर्मा (म्यांमार) निर्वासित कर दिया गया।

मराठा साम्राज्य

छत्रपति शिवाजी महाराज

छत्रपति शिवाजी महाराज

- छत्रपति शिवाजी महाराज एक वीर योद्धा, महान शासक तथा देश व धर्म के रक्षक थे।
- शिवाजी महाराज मराठा साम्राज्य के संस्थापक थे जिनके पिता शाहजी भोंसले और माता जीजाबाई थीं।
- शिवाजी महाराज ने 1656 ई. में रायगढ़ को अपनी राजधानी बनाया।
- औरंगजेब के सेनापति जयसिंह ने शिवाजी महाराज को पुरन्दर की संधि (1664 ई.) करने के लिए विवश किया जिसमें शिवाजी महाराज के काफी दुर्ग मुगलों के पास चले गए। 1674 ई. में शिवाजी ने रायगढ़ के दुर्ग में स्वतंत्र मराठा शासक के रूप में अपना राज्याभिषेक कराया और छत्रपति की उपाधि ली।
- 3 अप्रैल, 1680 ई. को रायगढ़ (महाराष्ट्र) में छत्रपति शिवाजी महाराज की मृत्यु हो गई।
- पानीपत का तृतीय युद्ध (1761 ई॰) बालाजी बाजीराव के समय लड़ा गया था जिसमें अहमदशाह अब्दाली के द्वारा मराठे बुरी तरह पराजित हुए।

सिख शक्ति का उदय

सिख गुरु एवं उनसे संबंधित तथ्य

गुरु नानक देव

- **गुरु नानक देव (1469-1539 ई.)** : सिख धर्म की स्थापना एवं आदिग्रंथ की रचना।
- **गुरु अंगद देव (1539-1552 ई.)** : गुरुमुखी लिपि के जनक।
- **गुरु अमरदास (1552-1574 ई.)** : 22 गद्दियों की स्थापना।
- **गुरु रामदास (1574-1581 ई.)** : अमृतसर की स्थापना।
- **गुरु अर्जुन देव (1581-1606 ई.)** : हरमन्दिर साहब (स्वर्णमन्दिर) का निर्माण।
- **गुरु हरगोविंद (1606-1645 ई.)** : अकाल-तख्त की स्थापना।
- **गुरु हरराय (1645-1661 ई.)** : मुगलों से युद्ध।
- **गुरु हरकिशन (1661-1664 ई.)** : छोटी आयु में निधन।
- **गुरु तेगबहादुर (1664-1675 ई.)** : मुगलों से संघर्ष।
- **गुरु गोविन्द सिंह (1675-1708 ई.)** : खालसा पंथ की स्थापना।

गुरु गोविन्द सिंह

मैसूर साम्राज्य

हैदर अली एवं टीपू सुल्तान

- 1761 ई. में हैदर अली मैसूर का शासक बना। उसने डिंडिगुल में आधुनिक शस्त्रागार की स्थापना की।

- हैदर अली ने प्रथम आंग्ल-मैसूर युद्ध (1767-1769 ई.) में अंग्रेजों को पराजित किया एवं मद्रास की संधि की।
- द्वितीय आंग्ल-मैसूर युद्ध में हैदर अली की लड़ते हुए मृत्यु हो गई।
- तृतीय आंग्ल-मैसूर युद्ध (1789-1792 ई.) में अंग्रेज, निजाम और मराठों ने मिलकर टीपू सुल्तान को हरा दिया और उसे श्रीरंगपट्टनम की संधि करनी पड़ी।
- चतुर्थ आंग्ल-मैसूर युद्ध (1799 ई.) के दौरान टीपू सुल्तान की मृत्यु हुई और अंग्रेजों ने मैसूर पर नियंत्रण स्थापित कर लिया।

टीपू सुल्तान

बंगाल साम्राज्य

- मुर्शीद कुली खाँ ने बंगाल के स्वतंत्र राज्य की स्थापना की थी। इसने 1717 ई. में बंगाल की राजधानी ढाका से स्थानांतरित कर मुर्शिदाबाद कर दी।
- 1739 ई. में अलीवर्दी खाँ शासक बना।
- 1757 ई. में प्लासी के युद्ध में अंग्रेजों ने क्लाइव के नेतृत्व में बंगाल के नवाब सिराजुद्दौला को पराजित कर दिया।
- 1764 ई. में बक्सर के युद्ध में मीर कासिम अंग्रेजों से पराजित हुआ।
- 1765 ई. में इलाहाबाद की संधि के साथ बंगाल पर ईस्ट इंडिया कम्पनी का प्रभुत्व हो गया।

आधुनिक भारत

यूरोपीय कम्पनियों का भारत में आगमन

भारत में यूरोपीय कम्पनियाँ

कम्पनी	स्थापना वर्ष
पुर्तगाली ईस्ट इण्डिया कम्पनी	1498 ई.
ब्रिटिश ईस्ट इण्डिया कम्पनी	1600 ई.
डच ईस्ट इण्डिया कम्पनी	1602 ई.
डैनिश ईस्ट इण्डिया कम्पनी	1616 ई.
फ्रेंच ईस्ट इण्डिया कम्पनी	1664 ई.

- 1498 ई. में वास्को-डि-गामा ने भारत के समुद्री मार्ग की खोज की और कालीकट (कोझिकोड) के समुद्र तट पर उतरा।
- पुर्तगालियों का पहला गवर्नर द् अल्मीडा (1505-1509 ई.) था।
- नौसैनिक शक्ति के आधार पर पुर्तगालियों ने भारत में घोड़े के आयात पर एकाधिकार कायम किया था।
- पुर्तगालियों ने अपनी पहली व्यापारिक कोठी कोचीन में खोली।
- पुर्तगालियों ने भारत में तम्बाकू की खेती तथा प्रिंटिंग प्रेस का काम आरंभ किया।
- डचों ने 1605 ई. में मसुलीपट्टनम में अपनी पहली फैक्ट्री स्थापित की। इसके बाद पुलीकट, चिनसुरा, पटना, सूरत, नागपट्टनम तथा बालासोर में डचों ने अपनी फैक्ट्रियाँ स्थापित कीं।
- 1759 ई. में बेदरा की लड़ाई में अंग्रेजों के हाथों पराजित होने के बाद डच कम्पनी का नियन्त्रण भारतीय क्षेत्रों से समाप्त हो गया।
- ब्रिटिश ईस्ट इण्डिया कम्पनी की स्थापना 1600 ई. में हुई थी। उन्होंने 1611 ई. में दक्षिण-पश्चिम में मसुलीपट्टनम में अपनी व्यापारिक कोठी की स्थापना की।
- अंग्रेजों ने 1608 ई. में अपनी पहली फैक्ट्री सूरत में स्थापित की।
- 1664 ई. में फ्रेंच ईस्ट इंडिया कम्पनी की स्थापना हुई।

1857 की क्रांति

मंगल पाण्डे

- 1857 की क्रान्ति को प्रथम स्वतंत्रता संग्राम कहा जाता है। 1857 की क्रांति का प्रारंभ 29 मार्च, 1857 को मंगल पांडे ने बैरकपुर छावनी में किया।
- विद्रोहियों ने 11 मई, 1857 को बहादुरशाह जफर को भारत का बादशाह घोषित किया। इस क्रांति के समय ब्रिटेन का प्रधानमंत्री पामर्स्टन था।
- 1857 का विद्रोह असफल रहा परन्तु इसका प्रभाव यह हुआ कि कम्पनी का शासन समाप्त करके ब्रिटिश सरकार ने भारत का शासन प्रत्यक्ष रूप से अपने हाथों में ले लिया। इसके लिए भारत शासन अधिनियम, 1858 पारित हुआ।

राष्ट्रीय आंदोलन

भारतीय राष्ट्रीय कांग्रेस (1885)

- भारतीय राष्ट्रीय कांग्रेस की स्थापना 1885 में ए॰ओ॰ ह्यूम द्वारा की गयी थी जो एक सेवानिवृत्त अंग्रेज प्रशासनिक अधिकारी थे।
- बम्बई (मुंबई) में पहले अधिवेशन में 72 प्रतिनिधियों ने भाग लिया था। इसके प्रथम अध्यक्ष व्योमेशचन्द्र बनर्जी थे।
- 1885-1907 ई. के बीच कांग्रेस में उदारवादी नेताओं का प्रभाव रहा, लेकिन आगे गरमपंथी नेताओं की प्रमुखता रही।
- दादाभाई नौरोजी, सुरेन्द्रनाथ बनर्जी, फिरोजशाह मेहता, गोविन्द रानाडे, गोपाल कृष्ण गोखले आदि उदारवादी कांग्रेसी नेता थे।
- बाल गंगाधर तिलक, विपिन चन्द्र पाल तथा लाला लाजपत राय आदि गरमपंथी नेता थे।

बंगाल विभाजन (1905)

- राष्ट्रीय चेतना का दमन करने के लिए लॉर्ड कर्जन ने 20 जुलाई, 1905 को बंगाल विभाजन की घोषणा की, जो 16 अगस्त, 1905 से प्रभावी हुई।
- 1905 में बंगाल के विभाजन के विरोध में स्वदेशी आंदोलन प्रारंभ हुआ।

मुस्लिम लीग की स्थापना (1906)

- मुस्लिम लीग की स्थापना 30 दिसम्बर, 1906 को ढाका में नवाब सलीमुल्ला खाँ एवं आगा खाँ के नेतृत्व में हुई।
- मुस्लिम लीग ने अमृतसर अधिवेशन (1908 ई.) में मुसलमानों के लिए पृथक निर्वाचन मण्डल की माँग की, जिसे 1909 में मार्ले-मिण्टो सुधारों में मान लिया गया।

दिल्ली दरबार (1911)

- इंग्लैण्ड के सम्राट जॉर्ज पंचम एवं महारानी मेरी के स्वागत में 1911 में दिल्ली में एक भव्य दरबार का आयोजन किया गया।
- इसमें बंगाल का विभाजन रद्द करने तथा भारत की राजधानी को कलकत्ता (कोलकाता) से दिल्ली स्थानान्तरित करने की घोषणा हुई।

होमरूल आंदोलन (1916)

- बाल गंगाधर तिलक ने 28 अप्रैल, 1916 को पूना में होमरूल लीग की स्थापना की।
- सितम्बर 1916 में एनी बेसेण्ट ने भी मद्रास (चेन्नई) में होमरूल लीग की स्थापना की।

गांधी युग (महात्मा गांधी)

- महात्मा गांधी का जन्म 2 अक्टूबर, 1869 को गुजरात के पोरबन्दर में हुआ था।
- वह 1893 में दक्षिण अफ्रीका गए तथा रंगभेद नीति के खिलाफ आवाज उठाई।
- वह 1915 में भारत लौटे तथा 1916 ई. में अहमदाबाद के निकट साबरमती आश्रम की स्थापना की।
- उन्होंने सन् 1917 में बिहार के चम्पारन के नील किसानों के समर्थन में सर्वप्रथम 'सत्याग्रह' का प्रयोग किया।
- उन्होंने 1918 में गुजरात के खेड़ा में लगान अदायगी के विरुद्ध आन्दोलन चलाया।

जलियाँवाला बाग हत्याकांड (1919)

- 13 अप्रैल, 1919 को बैसाखी के दिन अमृतसर के जलियाँवाला बाग में डॉ. सत्यपाल एवं सैफुद्दीन किचलू की गिरफ्तारी के विरोध में एक सार्वजनिक सभा का आयोजन किया गया।
- जनरल ओ॰ डायर ने बिना किसी पूर्व सूचना के हजारों की संख्या में मौजूद लोगों पर गोलियाँ चलवा दीं, जिसमें लगभग 1000 निर्दोष लोग मारे गए।
- इस हत्याकांड के विरोध स्वरूप रवीन्द्रनाथ टैगोर ने नाइट हुड, महात्मा गांधी ने कैसर-ए-हिन्द तथा जमना लाल बजाज ने राय बहादुर की उपाधि त्याग दी।

खिलाफत आंदोलन (1919)

- 1919 में मोहम्मद अली तथा शौकत अली ने अखिल भारतीय खिलाफत कमेटी का गठन किया।
- 31 अगस्त, 1920 को खिलाफत दिवस मनाया गया।

असहयोग आंदोलन (1920)

- 1920 में लाला लाजपत राय की अध्यक्षता में हुए कलकत्ता (कोलकाता) अधिवेशन में असहयोग आंदोलन का प्रस्ताव पारित किया गया।
- अगस्त, 1920 में गांधी जी ने असहयोग आन्दोलन की शुरुआत की।
- 5 फरवरी, 1922 को चौरी-चौरा की घटना के बाद गांधीजी ने असहयोग आंदोलन स्थगित करने की घोषणा की।

साइमन कमीशन (1927)

- साइमन कमीशन का गठन 1927 में हुआ तथा 3 फरवरी, 1928 को यह भारत पहुँचा। इस कमीशन के सभी सदस्य ब्रिटिश थे परिणामस्वरूप भारत में इसका व्यापक विरोध हुआ।
- साइमन कमीशन के विरोध में आयोजित आंदोलन का नेतृत्व करते हुए लाला लाजपत राय को पुलिस की लाठियाँ लगीं और वह गम्भीर रूप से घायल हो गए। बाद में उनकी मृत्यु हो गई।

नेहरू रिपोर्ट (1928)

- भारतीय संविधान के प्रारूप को तैयार करने के लिए 11 मई, 1928 को पण्डित मोतीलाल नेहरू की अध्यक्षता में 8 सदस्यीय समिति गठित की गई।
- इस समिति ने अगस्त, 1928 में संविधान का प्रारूप तैयार किया। इस प्रारूप को नेहरू रिपोर्ट कहते हैं।
- नेहरू रिपोर्ट में भारत को डोमिनियन स्टेटस का समर्थन किया गया था।

पूर्ण स्वराज की घोषणा (1929)

- दिसम्बर 1929 में हुए कांग्रेस के लाहौर अधिवेशन में पूर्ण स्वराज की माँग की गई।
- इस अधिवेशन की अध्यक्षता जवाहरलाल नेहरू ने की थी।
- 26 जनवरी, 1930 को पूरे देश में स्वतंत्रता दिवस के रूप में मनाने का निर्णय लिया गया।

सविनय अवज्ञा आंदोलन (1930)

- गांधी जी ने वायसराय इरविन के समक्ष 13 जनवरी, 1930 को 11-सूत्री प्रस्ताव रखा।
- 5 अप्रैल, 1930 को नमक कानून तोड़कर गांधी जी सविनय अवज्ञा आंदोलन आरंभ किया।
- 12 मार्च, 1930 को गांधी जी ने 79 स्वयंसेवकों के साथ साबरमती आश्रम से 322 किमी. दूर दांडी तट की यात्रा आरंभ की। इस यात्रा का उद्देश्य नमक कानून का उल्लंघन करना था।

प्रथम गोलमेज सम्मेलन (1930-31)

- प्रथम गोलमेज सम्मेलन का आयोजन 12 नवम्बर, 1930 से 13 जनवरी, 1931 तक लन्दन में हुआ।
- इस सम्मेलन में कांग्रेस ने भाग नहीं लिया परन्तु बी.आर. अम्बेडकर ने दलित वर्ग का प्रतिनिधित्व किया।

गांधी-इर्विन समझौता (1931)

- 5 मार्च, 1931 को गांधीजी तथा वायसराय इर्विन के मध्य एक समझौता हुआ। इसे गाँधी-इर्विन समझौता कहा जाता है। समझौते के परिणामस्वरूप कांग्रेस ने सविनय अवज्ञा आंदोलन वापस ले लिया तथा गांधीजी ने द्वितीय गोलमेज सम्मेलन में भाग लेने का प्रस्ताव मान लिया।

द्वितीय गोलमेज सम्मेलन (1931)

- द्वितीय गोलमेज सम्मेलन का आयोजन दिसम्बर, 1931 में लन्दन में हुआ। गांधीजी ने कांग्रेस के प्रतिनिधि के रूप में इस सम्मेलन में भाग लिया। यह सम्मेलन विफल रहा।

तृतीय गोलमेज सम्मेलन (1932)

- 17 नवम्बर, 1932 से आरम्भ तृतीय गोलमेज सम्मेलन में कांग्रेस ने भाग नहीं लिया।
- तीनों गोलमेज सम्मेलनों के दौरान इंग्लैंड के प्रधानमंत्री रैम्जे मैक्डोनाल्ड थे।
- इस सम्मेलन में भारत सरकार अधिनियम, 1935 को अंतिम रूप दिया गया।

कम्युनल अवार्ड (1932)

- 16 अगस्त, 1932 को तत्कालीन ब्रिटिश प्रधानमंत्री रैम्जे मैक्डोनाल्ड ने 'कम्युनल अवार्ड' जारी किया। इसमें मुसलमानों, सिखों, ईसाइयों के साथ दलित वर्गों के लिए भी पृथक निर्वाचन पद्धति लागू की गई।
- 'कम्युनल अवार्ड' का विरोध करने के लिए 20 सितम्बर, 1932 को गांधीजी ने यरवदा जेल में आमरण अनशन आरंभ किया। मदन मोहन मालवीय के प्रयासों से 25 सितम्बर, 1932 को बी.आर. अम्बेडकर तथा गांधीजी के बीच एक समझौता हुआ, जिसमें संयुक्त निर्वाचक मण्डल के अन्तर्गत दलितों के लिए सुरक्षित स्थानों की संख्या बढ़ाकर 148 करने की बात कही गई। इस समझौते को पूना पैक्ट कहा गया।

अगस्त प्रस्ताव (1940)

- 8 अगस्त, 1940 को तत्कालीन वायसराय लॉर्ड लिनलिथगो ने अगस्त प्रस्ताव की घोषणा की। अगस्त प्रस्ताव के अन्तर्गत भारतीयों को वायसराय की कार्यकारिणी में प्रतिनिधित्व देने की बात कही गई।
- कांग्रेस ने अगस्त प्रस्ताव को अस्वीकार कर दिया।

क्रिप्स मिशन (1942)

- क्रिप्स मिशन 1942 में भारत आया। उसने द्वितीय विश्व-युद्ध के उपरान्त भारत को डोमिनियन स्टेटस देने की बात प्रस्तावित की थी।

भारत छोड़ो आंदोलन (1942)

- गांधीजी के भारत छोड़ो प्रस्ताव को कांग्रेस कार्यसमिति ने 8 अगस्त, 1942 को स्वीकार कर लिया। भारत छोड़ो आंदोलन की शुरुआत 9 अगस्त, 1942 को हुई। इसी आंदोलन में गांधीजी ने 'करो या मरो' का नारा दिया।
- मुस्लिम लीग ने 'भारत छोड़ो आन्दोलन का विरोध किया। 23 मार्च, 1943 को पाकिस्तान दिवस मनाया गया।

वेवेल योजना (1945)

- 4 जून, 1945 को वेवेल योजना का प्रस्ताव रखा गया। वेवेल योजना के अन्तर्गत वायसराय की कार्यकारिणी परिषद् को पुनर्गठित करने एवं इसमें सभी दलों को प्रतिनिधित्व देने का प्रस्ताव था तथा युद्ध के उपरान्त भारत को स्वयं संविधान बनाने की जिम्मेदारी दी जानी थी।

कैबिनेट मिशन (1946)

- 15 फरवरी, 1946 को कैबिनेट मिशन भारत आया। जुलाई 1946 में कैबिनेट मिशन योजना के अन्तर्गत संविधान सभा के सदस्यों का चुनाव हुआ।
- मुस्लिम लीग ने कैबिनेट मिशन योजना को अस्वीकार कर दिया तथा 16 अगस्त, 1946 को प्रत्यक्ष कार्रवाई दिवस की घोषणा की।

क्रांतिकारी गतिविधियाँ

- भारत में प्रथम क्रान्तिकारी घटना 22 जून, 1897 को घटी थी, जब चापेकर बन्धुओं ने पूना में प्लेग अधिकारियों आमर्स्ट एवं रैंड की हत्या कर दी थी।
- वी.डी. सावरकर ने अभिनव भारत की स्थापना की थी।
- चन्द्रशेखर आजाद, राम प्रसाद बिस्मिल, शचीन्द्र सान्याल और जोगेशचन्द्र चटर्जी ने अक्टूबर 1924 में कानपुर में क्रान्तिकारी संस्था हिन्दुस्तान रिपब्लिकन एसोसिएशन (एचआरए) का गठन किया था
- इस क्रांतिकारी संस्था द्वारा 9 अगस्त, 1925 को लखनऊ-सहारनपुर सम्भाग के काकोरी स्थान पर ट्रेन में डकैती कर सरकारी खजाना लूटा गया। यह घटना काकोरी काण्ड के नाम से प्रचलित है।
- 'काकोरी षड्यन्त्र' में रामप्रसाद बिस्मिल, अशफाक उल्ला, रोशन सिंह और राजेन्द्र लाहिड़ी को फांसी दी गई।
- 30 अक्टूबर, 1928 को भगत सिंह, चन्द्रशेखर आजाद और राजगुरु ने लाला लाजपत राय पर लाठियों से प्रहार करने वाले पुलिस अधिकारी साण्डर्स की हत्या कर दी।
- भगत सिंह और बटुकेश्वर दत्त ने 8 अप्रैल, 1929 को केन्द्रीय विधानमण्डल में बम फेंका।
- चन्द्रशेखर आजाद 27 फरवरी, 1931 को इलाहाबाद (प्रयागराज) के अल्फ्रेड पार्क में पुलिस संघर्ष में शहीद हुए।
- 23 मार्च, 1931 को भगत सिंह, सुखदेव और राजगुरु को लाहौर में फाँसी दी गई।
- अक्टूबर, 1943 में सुभाषचन्द्र बोस को आजाद हिन्द फौज का सर्वोच्च सेनापति बनाया गया।

माउंटबेटन योजना (3 जून, 1947)

- 22 मार्च, 1947 को भारत के अन्तिम ब्रिटिश वायसराय लॉर्ड माउंटबेटन भारत आए।
- उनके द्वारा 3 जून, 1947 को एक योजना की घोषणा की गई, जिसे 'माउंटबेटन योजना' के नाम से जाना जाता है।
- माउंटबेटन योजना के आधार पर ही 'भारतीय स्वतंत्रता विधेयक' ब्रिटिश संसद में 4 जुलाई, 1947 को प्रस्तुत किया गया, जिसे 18 जुलाई को मंजूरी मिली।
- 15 अगस्त, 1947 को भारत को स्वतंत्रता प्रदान की गई।

स्वतंत्रता दिवस (15 अगस्त, 1947)

- इस शुभ दिन हमारा देश सैकड़ों वर्ष की अंग्रेजी पराधीनता से स्वतंत्र हुआ था।
- इस दिन प्रत्येक वर्ष भारतवर्ष की राजधानी दिल्ली में लालकिले की प्राचीर पर प्रधानमंत्री राष्ट्रीय ध्वज फहराते हैं।

गणतंत्र दिवस (26 जनवरी, 1950)

- भारत का नवीन संविधान 26 जनवरी, 1950 को लागू किया गया।
- भारत को इस संविधान के अनुसार गणराज्य घोषित किया गया।

भारत के धर्म एवं संस्कृति

भारत के प्रमुख धर्मों का विवरण

हिन्दू धर्म

भारत का सर्वप्रमुख धर्म हिन्दू धर्म है, जिसे इसकी प्राचीनता एवं विशालता के कारण 'सनातन धर्म' भी कहा जाता है। ईसाई, इस्लाम, बौद्ध, जैन आदि धर्मों के समान हिन्दू धर्म किसी पैगम्बर या व्यक्ति-विशेष द्वारा स्थापित धर्म नहीं है, बल्कि यह प्राचीन काल से चले आ रहे विभिन्न धर्मों, मत-मतांतरों, आस्थाओं एवं विश्वासों का समुच्चय है। एक विकासशील धर्म होने के कारण विभिन्न कालों में इसमें नये-नये आयाम जुड़ते गये।

भारत में धर्म

धर्म	संख्या एवं प्रतिशत में
1. हिन्दू	96.63 करोड़ (79.8 %)
2. मुस्लिम	17.22 करोड़ (14.2 %)
3. ईसाई	2.78 करोड़ (2.3 %)
4. सिख	2.08 करोड़ (1.7 %)
5. बौद्ध	0.84 करोड़ (0.7 %)
6. जैन	0.45 करोड़ (0.4 %)
7. अन्य	1.08 करोड़ (0.9 %)

(2011 की जनगणना के अनुसार)

वास्तव में हिन्दू धर्म इतने विशाल परिदृश्य वाला धर्म है कि उसमें आदिम ग्रामदेवताओं, भूत-पिशाची, स्थानीय देवी-देवताओं, झाड़-फूँक, तंत्र-मंत्र से लेकर त्रिदेव एवं अन्य देवताओं तथा निराकार ब्रह्म और अत्यंत गूढ़ दर्शन तक सभी बिना किसी अन्तर्विरोध के समाहित हैं और स्थान एवं व्यक्ति-विशेष के अनुसार सभी की आराधना होती है। हिन्दुओं के अनेक देवी-देवता हैं जिनमें से ब्रह्मा, विष्णु और महेश तथा शक्ति प्रमुख हैं। हिन्दू धर्म के अनेक पवित्र ग्रंथ हैं जिनमें से प्रमुख हैं—वेद, गीता और रामायण आदि। इनमें देवी-देवताओं को अलग-अलग नामों से संबोधित किया गया है तथा अलग-अलग रूपों में उन्हें चित्रित किया गया है।

हिन्दू धर्म एक सर्वशक्तिमान और सार्वभौमिक ईश्वरीय शक्ति को मानता है। यह कर्म और पुनर्जन्म के सिद्धांत पर विश्वास करता है। इसमें आत्मा को अजर-अमर माना गया है। इसमें धर्म अर्थात् आध्यात्मिकता, अर्थ अर्थात् संपत्ति, काम और मोक्ष को जीवन के चार ध्येय माना गया है। हिन्दू धर्म के अनुसार जातियों को चार श्रेणियों (वर्णों)—ब्राह्मण, क्षत्रिय, वैश्य और शूद्र के रूप में और विभिन्न आयु के आधार पर जीवन को चार आश्रमों—ब्रह्मचर्य, गृहस्थ, वानप्रस्थ और संन्यास में विभाजित किया गया है।

इस्लाम (मुस्लिम) धर्म

इस्लाम धर्म का उदय सातवीं सदी में अरब प्रायद्वीप में हुआ। पैगम्बर हज़रत मोहम्मद (मुहम्मद इब्न अब्दुल्ला) ने इसकी स्थापना की। हज़रत मोहम्मद का जन्म 570 ई. में मक्का (सऊदी अरब) में हुआ था। 40 वर्ष की अवस्था में उन्हें ज्ञान की प्राप्ति हुई और वे पैगम्बर बन गए।

हज़रत मोहम्मद को अंतिम और सबसे महान् पैगम्बर माना गया है। उनका निधन 8 जून, 632 ईस्वी में हुआ।

इस्लाम शब्द का अर्थ है–'अल्लाह को समर्पण'। इस प्रकार मुसलमान वह है, जिसने स्वयं को अल्लाह को समर्पित कर दिया हो, अर्थात इस्लाम धर्म के नियमों पर चलने लगा हो। इस्लाम धर्म का आधारभूत सिद्धांत अल्लाह को सर्वशक्तिमान, एकमात्र ईश्वर और जगत का पालक तथा हज़रत मुहम्मद को उनका संदेशवाहक या पैगम्बर मानना है। यही बात उनके कलमे में दोहराई जाती है। कोई भी शुभ कार्य करने से पहले मुसलमान यह कलमा पढ़ते हैं। मस्जिद इनका पवित्र इबादतघर है।

इस्लाम के अनुसार एक मुसलमान को: 1. ईश्वर की एकरूपता और मोहम्मद साहब के पैगम्बर होने पर विश्वास करना चाहिए। 2. दिन में पाँच वक्त खुदा की इबादत (नमाज) करनी चाहिए। 3. गरीबों को जकात (दान) देना चाहिए। 4. रमजान के महीने में उपवास (रोज़ा) रखना चाहिए तथा 5. मक्का की तीर्थयात्रा करनी चाहिए। इस्लाम में कुछ सिद्धांत भी रखे गए हैं और कुछ निषेधों का प्रावधान भी किया गया है। इस्लाम में मूर्तिपूजा, सूअर के माँस के सेवन और ब्याज पर धन देना निषिद्ध किया गया है। कुरान इनकी पवित्र पुस्तक है, जिसे ईश्वर की वाणी माना गया है जिसे मोहम्मद साहब ने प्राप्त किया। इस्लाम के अनुयायी शिया और सुन्नी में विभाजित हो गए हैं, परंतु वे कुरान और पैगम्बर मोहम्मद में विश्वास रखते हैं।

ईसाई धर्म

ईसाई धर्म के प्रवर्तक ईसा मसीह (जीसस क्राइस्ट) थे, जिनका जन्म येरूशलम के निकट बैथलेहम में हुआ था। उनके पिता जोसेफ़ एक बढ़ई थे तथा माता मेरी (मरियम) थीं। वे दोनों यहूदी थे। ईसाई शास्त्रों के अनुसार मेरी को उनके माता-पिता ने देवदासी के रूप में मन्दिर को समर्पित कर दिया था। ईसाई विश्वासों के अनुसार मेरी के गर्भ में यीशु के आगमन के समय मेरी कुँवारी थीं। इसलिए मेरी को ईसाई धर्मावलम्बी 'वर्जिन मेरी (कुँवारी मेरी) तथा ईसा मसीह को ईश्वरकृत दिव्य पुरुष मानते हैं।

ईसाईयों में बहुत से समुदाय हैं, जैसे—कैथोलिक, प्रोटैस्टेंट, आर्थोडोक्स, मॉरोनी, इवांजलिक आदि। ईसाई धर्म का पवित्र ग्रंथ बाइबल है, जिसके दो भाग—ओल्ड टेस्टामेंट और न्यू टेस्टामेंट हैं। ईसाइयों का विश्वास है कि बाइबल की रचना विभिन्न व्यक्तियों द्वारा 2000-2500 वर्ष पूर्व की गई थी। गिरजाघर इनका प्रार्थना-स्थल है। 25 दिसम्बर (क्रिसमस) को ईसा मसीह के जन्म दिवस के रूप में मनाया जाता है। ईसा मसीह का सबसे पवित्र चिह्न क्रॉस है। ईसाई एकेश्वरवादी हैं—लेकिन वे ईश्वर को त्रियक के रूप में मानते हैं—परमपिता परमेश्वर, उनके पुत्र ईसा मसीह (यीशु) और पवित्र आत्मा। ईसा मसीह को 33 ईस्वी में रोमन गवर्नर पोंटियस द्वारा सूली पर चढ़वा दिया गया था।

सिख धर्म

सिख धर्म की स्थापना 15वीं शताब्दी में भारत के पश्चिमी भाग के पंजाब में गुरु नानक देव द्वारा की गई। 'सिख' शब्द शिष्य से उत्पन्न हुआ है, जिसका तात्पर्य है गुरु नानक के शिष्य, अर्थात उनकी शिक्षाओं का अनुसरण करने वाले। गुरुनानक देव का जन्म 1469 ई. में लाहौर

(वर्तमान पाकिस्तान) के समीप तलवंडी नामक स्थान में हुआ था। उनके पिता का नाम कालूचंद और माता का नाम तृप्ता था। बचपन से ही प्रतिभा के धनी नानक को एकांतवास, चिन्तन एवं सत्संग में विशेष रुचि थी। सुलक्खिनी देवी से विवाह के पश्चात उनके श्रीचंद और लखमीचंद नामक दो पुत्र हुए। गुरु नानक देव जी सिख धर्म के प्रथम गुरु थे। उनके बाद नौ गुरु हुए जिन्होंने इस धर्म को आगे बढ़ाया। गुरुग्रंथ साहिब सिख धर्म का प्रमुख धर्मग्रंथ है। इसका संपादन सिख धर्म के पाँचवें गुरु अर्जुन देव ने किया था। गुरु ग्रंथ साहिब जी का प्रथम प्रकाशन 16 अगस्त, 1604 को हरमंदिर साहिब अमृतसर में हुआ।

सिख एक ही ईश्वर पर विश्वास रखते हैं जिसे वे एक-ओंकार कहते हैं। उनका मानना है कि ईश्वर अकाल और निरंकार है। ग्रुरुग्रंथ साहिब में मात्र सिख गुरुओं के उपदेश नहीं हैं बल्कि 30 अन्य हिन्दू और मुस्लिम भक्तों की वाणी भी सम्मिलित है। इसमें कबीर, रविदास, नामदेव, सैण जी, सघना जी, धन्ना की वाणी भी सम्मिलित है। पाँचों वक्त की नमाज पढ़ने में विश्वास रखने वाले शेख फरीद के श्लोक भी गुरु ग्रंथ साहिब में दर्ज हैं। अपनी भाषायी, अभिव्यक्ति, दार्शनिकता, संदेश की दृष्टि से गुरु ग्रंथ साहिब अद्वितीय है।

हेमकुंड साहिब, चमोली (उत्तराखंड) में स्थित सिखों का एक प्रसिद्ध तीर्थ स्थान है। इसके अलावा स्वर्णमंदिर, ननकाना साहिब और आनंदपुर साहिब इनके पवित्र स्थल हैं। दसवें गुरु गुरुगोविंद सिंह ने 'पंज प्यारे' संस्थान की स्थापना की तथा अपने अनुयायियों को पाँच निशानियों केश (बाल एवं दाढ़ी), कच्छा (अंग-वस्त्र), कड़ा, कंघा और कृपाण (तलवार या कटार) से युक्त किया। गुरु गोविंद सिंह सिखों के अंतिम गुरु थे। गुरुद्वारा सिखों का प्रार्थना-स्थल है।

बौद्ध धर्म

बौद्ध धर्म भारत की श्रमण परम्परा से निकला धर्म और दर्शन है। इसके संस्थापक महात्मा बुद्ध, शाक्यमुनि (गौतम बुद्ध) थे जिन्हें एशिया का ज्योति पुंज कहा जाता है। वह 563 ईसा पूर्व से 483 ईसा पूर्व तक रहे। ईसाई और इस्लाम धर्म से पहले बौद्ध धर्म की उत्पत्ति हुई थी। यह दुनिया का तीसरा सबसे बड़ा धर्म है। बुद्ध, राजा शुद्धोदन के पुत्र थे और उनका जन्म लुम्बिनी नामक ग्राम (नेपाल) में हुआ था। उनके बचपन का नाम सिद्धार्थ था। कठिन तपस्या के बाद 35 साल की आयु में वैशाख की पूर्णिमा की रात निरंजना नदी के किनारे, पीपल के पेड़ के नीचे सिद्धार्थ को ज्ञान की प्राप्ति हुई। जिस स्थान पर उन्हें ज्ञान प्राप्त हुआ उस जगह को बोधगया के नाम से जाना जाता है।

उनके निर्वाण के बाद अगली पाँच शताब्दियों में, बौद्ध धर्म पूरे भारतीय उपमहाद्वीप में फैला, और अगले दो हजार सालों में मध्य, पूर्वी और दक्षिण-पूर्वी जम्बू महाद्वीप में भी फैल गया। बुद्ध की मृत्यु 80 साल की उम्र में कुशीनारा में चुंद द्वारा अर्पित भोजन करने के बाद हो गई, जिसे बौद्ध धर्म में महापरिनिर्वाण कहा गया है। बुद्ध ने निर्वाण प्राप्ति के लिए 10 बातों पर जोर दिया है: 1. अहिंसा, 2. सत्य, 3. चोरी न करना, 4. किसी भी प्रकार की संपत्ति न रखना, 5. शराब का सेवन न करना, 6. असमय भोजन न करना, 7. सुखमय बिस्तर पर न सोना, 8. धन संचय न करना, 9. महिलाओं से दूर रहना, 10. नृत्यगान आदि से दूर रहना। बौद्ध धर्म का प्रमुख त्यौहार बुद्ध पूर्णिमा है। इस धर्म को मानने वाले अधिकतर चीन, जापान, कोरिया, थाइलैंड, कम्बोडिया, श्रीलंका, नेपाल, भूटान और भारत सहित कई देशों में रहते हैं।

जैन धर्म

जैन धर्म भारत की श्रमण परम्परा से निकला धर्म और दर्शन है। जैन धर्म का नाम जेना (विजेता) पर है जो वर्द्धमान महावीर के नाम पर आधारित है। उनका जन्म ईसापूर्व छठी शताब्दी में हुआ था और वे 24वें व अंतिम तीर्थंकर थे। जैन धर्म के अंदर यह विश्वास किया जाता है कि प्रत्येक वस्तु में चाहे वह सजीव हो या निर्जीव, आत्मा का वास है। अतः वे अहिंसा पर सर्वाधिक बल देते हैं। महावीर ने वेदों की सत्ता से इंकार किया। जैन धर्म में कर्म और पुनर्जन्म के सिद्धांत को मान्यता दी गई है, परंतु कर्मकाण्डों से इंकार किया गया है। जैन धर्म बाद में दो भागों में विभाजित हो गया—दिगम्बर (जो वस्त्र धारण नहीं करते) और श्वेताम्बर (जो सफेद वस्त्र धारण करते हैं)।

भारतीय संस्कृति

भारतीय संस्कृति विश्व की सर्वाधिक प्राचीन एवं समृद्ध संस्कृति है। अन्य देशों की संस्कृतियाँ तो समय की धारा के साथ नष्ट होती रही हैं, किन्तु भारत की संस्कृति आदिकाल से ही अपने परम्परागत अस्तित्व के साथ अजर-अमर बनी हुई है। इसकी उदारता तथा समन्यवादी गुणों ने अन्य संस्कृतियों को समाहित तो किया है, किंतु अपने अस्तित्व के मूल को सुरक्षित रखा है। तभी तो पाश्चात्य विद्वान अपने देश की संस्कृति को समझने हेतु भारतीय संस्कृति को पहले समझने का परामर्श देते हैं।

भारतीय संस्कृति की एक महत्वपूर्ण विशेषता यह है कि हजारों वर्षों के बाद भी यह संस्कृति आज भी अपने मूल स्वरूप में जीवित है, जबकि मिस्र, असीरिया, यूनान और रोम की संस्कृतियाँ अपने मूल स्वरूप को लगभग विस्मृत कर चुकी हैं। भारतीय संस्कृति के आधारभूत तत्वों, जीवन मूल्यों और वचन पद्धति में एक ऐसी निरंतरता रही है, कि आज भी करोड़ों भारतीय स्वयं को उन मूल्यों एवं चिन्तन प्रणाली से जुड़ा हुआ अनुभव करते हैं और इससे प्रेरणा प्राप्त करते हैं।

भारतीय संस्कृति की सहिष्णु प्रकृति ने उसे दीर्घ आयु और स्थायित्व प्रदान किया है। संसार की किसी भी संस्कृति में शायद ही इतनी सहनशीलता हो, जितनी भारतीय संस्कृति में पाई जाती है। भारतीय किसी देवी-देवता की आराधना करें या न करें, पूजा-हवन करें या न करें, आदि स्वतंत्रताओं पर धर्म या संस्कृति के नाम पर कभी कोई बंधन नहीं लगाए गए।

भौगोलिक दृष्टि से भारत विविधताओं का देश है, फिर भी सांस्कृतिक रूप से एक इकाई के रूप में इसका अस्तित्व प्राचीनकाल से बना हुआ है। भौगोलिक विभिन्नता के अतिरिक्त इस देश में आर्थिक और सामाजिक भिन्नता भी पर्याप्त रूप से विद्यमान है। वस्तुतः इन भिन्नताओं के कारण भी भारत में अनेक सांस्कृतिक उपधाराएँ विकसित होकर पल्लवित और पुष्पित हुई हैं। उत्तर से दक्षिण और पूर्व से पश्चिम तक सम्पूर्ण भारत में जन्म, विवाह और मृत्यु के संस्कार एक-समान प्रचलित हैं। विभिन्न रीति-रिवाज, आचार-व्यवहार और तीज-त्योहारों में भी समानता है। धर्म और भाषाओं की विविधता अवश्य है फिर भी संगीत, नृत्य और नाट्य के मौलिक स्वरूपों में आश्चर्यजनक समानता है।

❖❖❖

23 सामान्य ज्ञान (General Knowledge)

भारत

भारत एक दृष्टि में

- **राजधानी :** नई दिल्ली
- **क्षेत्रफल :** 32,87,590 वर्ग कि.मी.
- **भूमि सीमा :** 15,200 किमी.
- **समुद्री तट :** 7,516.6 किमी.
- **जनसंख्या (जनगणना-2011) :** 1,21,08,54,977 (पुरुषः 623.27; स्त्रीः 587.58 मिलियन)
- **लिंग अनुपात :** 943 (जनगणना 2011)।
- **सम्भावित जीवन दर :** 67.8 वर्ष।
- **कुल साक्षरता :** 73% (पुरुषः 80.9%, स्त्रीः 64.6%)।
- **क्षेत्रफल की दृष्टि से विश्व में स्थान :** 7वाँ
- **जनसंख्या की दृष्टि से विश्व में स्थान :** दूसरा
- **राष्ट्रीय राजमार्गों की संख्या :** 599
- **प्रमुख पर्वत शिखर :** के-2, कंचनजंगा, नंगा पर्वत, नंदादेवी, कामत, मकालू, मनसालू।
- **प्रमुख झीलें :** वुलर, चिल्का, डल, सांभर, डीडवाना, हुसैन सागर, नैनीपुलीकट।
- **कुल राज्य :** 28 और 8 संघशासित क्षेत्र।
- **क्षेत्रफल की दृष्टि से सबसे बड़ा राज्य :** राजस्थान (342239 वर्ग किमी.)।
- **जनसंख्या की दृष्टि से सबसे बड़ा राज्य :** उत्तर प्रदेश (199,812,341 व्यक्ति) 2011 जनगणना के अनुसार।
- **भौगोलिक स्थिति :** भूमध्य रेखा के उत्तर में 8°4' और 37°6' उत्तरी अक्षांश और 68°7' तथा 97°25' पूर्वी देशांतर के मध्य।
- **विस्तार :** उत्तर से दक्षिण तक 3,214 किमी., पूर्व से पश्चिम तक 2,933 किमी.।
- **सीमावर्ती देश :** उत्तर-पश्चिम में पाकिस्तान और अफगानिस्तान, उत्तर में चीन, नेपाल और भूटान, पूर्व में म्यांमार और बंगलादेश, दक्षिण में मन्नार की खाड़ी और पाक-जलडमरूमध्य श्रीलंका से अलग करते हैं।
- **प्राकृतिक संरचना :** मुख्य भूमि चार भागों में विभक्त—विस्तृत पर्वतीय क्षेत्र, सिंधु और गंगा के मैदान, रेगिस्तानी क्षेत्र, दक्षिणी प्रायःद्वीप।
- **प्रमुख नदियाँ :** गंगा, यमुना, सिन्धु, ब्रह्मपुत्र, गोदावरी, कृष्णा, कावेरी, महानदी, नर्मदा, ताप्ती, कोसी, सतलुज, दामोदर, गोमती।
- **जलवायु :** ऊष्ण कटिबंधीय ऋतुएँ— 1. शीत ऋतु, 2. ग्रीष्म ऋतु, 3. वर्षा ऋतु।
- **जीव-जंतु :** लगभग 89,451 किस्म के
- **राष्ट्रीय उद्यान :** 106 (अप्रैल, 2025 तक)
- **वन्य जीव अभयारण्य :** 573 (अप्रैल, 2025 तक)
- **राजभाषा :** हिन्दी
- **मान्य भाषाएं :** 22

राज्य एवं संघीय प्रदेश : राजधानी, क्षेत्रफल एवं भाषा

संघ राज्य एवं संघीय प्रदेश	राजधानी	क्षेत्रफल (वर्ग कि॰मी॰)	भाषा
भारत	**नई दिल्ली**	32,87,590	**हिन्दी–राज भाषा**
	राज्य		
आंध्र प्रदेश	अमरावती	1,60,229	तेलुगू
असम	दिसपुर	78,438	असमिया
ओडिशा	भुवनेश्वर	1,55,707	ओडिया
उत्तर प्रदेश	लखनऊ	2,40,928	हिन्दी
केरल	तिरुवनन्तपुरम्	38,863	मलयालम
गुजरात	गांधीनगर	1,96,024	गुजराती
तमिलनाडु	चेन्नई	1,30,058	तमिल
त्रिपुरा	अगरतला	10,492	त्रिपुरी, बंगला
नागालैण्ड	कोहिमा	16,579	अंग्रेजी, सेमा
पंजाब	चंडीगढ़	50,362	पंजाबी
प. बंगाल	कोलकाता	88,752	बंगला
बिहार	पटना	94,163	हिन्दी, मैथिली, भोजपुरी, मगही
मध्य प्रदेश	भोपाल	3,08,000	हिन्दी
महाराष्ट्र	मुम्बई	3,07,713	मराठी
मेघालय	शिलांग	22,429	खासा भारा
मणिपुर	इम्फाल	22,327	मणिपुरी, अंग्रेजी
राजस्थान	जयपुर	3,42,239	हिन्दी, मारवाड़ी
हरियाणा	चंडीगढ़	44,212	हिन्दी, पंजाबी
हिमाचल प्रदेश	शिमला	55,673	हिन्दी, पहाड़ी
कर्नाटक	बेंगलुरू	1,91,791	कन्नड़
सिक्किम	गंगटोक	7,096	नेपचा, नेपाली, हिन्दी
मिजोरम	आइजोल	20,987	मिजो, अंग्रेजी
अरुणाचल प्रदेश	ईटानगर	83,743	बिस्सी, वांची
गोवा	पणजी	3,702	कोंकणी, मराठी
छत्तीसगढ़	रायपुर	1,35,191	हिन्दी
झारखंड	रांची	79,714	हिन्दी, संथाली, बंगला, ओडिया
उत्तराखंड	देहरादून	53,483	हिन्दी, गढ़वाली, कुमाऊँनी
तेलंगाना	हैदराबाद	1,14,840	तेलुगू

संघ शासित प्रदेश

अण्डमान निकोबार द्वीप समूह	श्री विजय पुरम	8,249	निकोबारी, हिन्दी
चंडीगढ़	चंडीगढ़	114	हिन्दी, पंजाबी
दिल्ली	दिल्ली	1,483	हिन्दी, पंजाबी
दादरा और नगर हवेली तथा दमन और दीव	दमन	603	गुजराती, भीली
पुडुचेरी	पुडुचेरी	480	तमिल, हिन्दी
लक्षद्वीप	कावारत्ती	32	मलयालम
जम्मू और कश्मीर	श्रीनगर	2,22,236*	कश्मीरी, उर्दू, डोगरी
लद्दाख	लेह	—	लद्दाखी

* पाकिस्तान और चीन द्वारा अवैध रूप से कब्जा किए गए क्षेत्र तथा लद्दाख के क्षेत्रफल सहित।

राष्ट्रीय प्रतीक

राष्ट्रीय ध्वज

भारत का राष्ट्रीय ध्वज तिरंगा है। यह तीन आयताकार पट्टियों से बना है। इसमें सबसे ऊपर केसरिया, मध्य में श्वेत और नीचे हरा रंग है। केसरिया शक्ति, श्वेत शांति और हरा समृद्धि का प्रतीक माना जाता है। झण्डे की लम्बाई-चौड़ाई का अनुपात 3 : 2 है। श्वेत पट्टी के मध्य नीले रंग का एक चक्र है। चक्र में 24 तीलियाँ हैं। झण्डा फहराने के संबंध में भारत सरकार ने कुछ नियम बनाए हैं जिनका पालन करना अनिवार्य है। संविधान सभा ने इसे 22 जुलाई, 1947 को अंगीकार किया था।

राजचिह्न

सत्यमेव जयते

भारत का राजचिह्न सारनाथ में अशोक-निर्मित सिंह-स्तम्भ की अनुकृति है। इस चिह्न में चार सिंह हैं, जो एक दूसरे के विपरीत दिशा में घूमकर बैठे हुए हैं। इन चार में से केवल तीन सिंह दिखाई देते हैं, चौथा पीछे की ओर छिपा हुआ है और दिखाई नहीं देता। नीचे चौरस पट्टी के मध्य में उभरी हुई नक्काशी में एक चक्र है, जिसके दाईं ओर एक सांड और बाईं ओर एक घोड़ा है। नीचे मुण्डकोपनिषद से लिया गया सूत्र 'सत्यमेव जयते' देवनागरी लिपि में लिखा गया है। इसका अर्थ है 'सत्य की ही विजय होती है'। सरकार ने राजचिह्न को 26 जनवरी, 1950 को स्वीकृत किया।

राष्ट्र गीत

श्री बंकिम चन्द्र चटर्जी द्वारा रचित गीत 'वन्दे मातरम्' को राष्ट्र गान के समकक्ष स्थान दिया गया है। उनके विख्यात उपन्यास 'आनन्द मठ' से उद्धृत यह गीत राष्ट्रीय आन्दोलन में एक महान प्रेरणा-स्रोत रहा है। इस गीत को सबसे पहले 1896 में भारतीय राष्ट्रीय कांग्रेस के अधिवेशन में गाया गया था।

वंदे मातरम्!
सुजलाम्, सुफलाम्, मलयज शीतलाम्,
शस्य श्यामलाम्, मातरम्!
शुभ्रज्योत्सना पुलकित यामिनीम्
फुल्लकुसुमित द्रुमदल शोभिनीम्
सुहासिनीम् सुमधुर भाषिणीम्
सुखदाम् वरदाम् मातरम्!

राष्ट्र गान

रवीन्द्र नाथ टैगोर के गीत 'जन गण मन' को 24 जनवरी, 1950 को राष्ट्र गान के रूप में स्वीकार किया गया। यह गीत 'भारत-विधाता' शीर्षक से सर्वप्रथम 'तत्व-बोधिनी' पत्रिका के जनवरी 1912 के अंक में प्रकाशित हुआ था। यह गीत पहली बार 27 दिसम्बर, 1911 को भारतीय कांग्रेस के कलकत्ता (कोलकाता) अधिवेशन में गाया गया था। पूरे गीत के 5 पद हैं। इसमें से प्रथम पद को राष्ट्र गान स्वीकार किया गया है। इसे गाने का निर्धारित समय लगभग 52 सेकण्ड है।

जन-गण-मन अधिनायक जय हे
भारत भाग्य विधाता
पंजाब-सिंध-गुजरात-मराठा
द्राविड़-उत्कल-बंग
विंध्य-हिमाचल-यमुना गंगा
उच्छल-जलधि-तरंग
तव शुभ नामे जागे,
तव शुभ आशिष मांगे
गाहे तब जय गाथा
जन-गण-मंगलदायक जय हे
भारत भाग्य विधाता
जय हे जय हे जय हे
जय जय जय जय हे!

राष्ट्रीय पंचांग

सरकारी कार्यों में प्रयोग हेतु राष्ट्रीय पंचांग 22 मार्च, 1957 से अपनाया गया है। यह पंचांग शक संवत् पर आधारित है। 78 ई. में प्रारम्भ हुए शक संवत् का पहला महीना चैत्र है और वर्ष 365 दिन का है। इस पंचांग के दिन स्थायी रूप से ग्रेगेरियन कैलेंडर से सम्बद्ध दिनों के अनुरूप बैठते हैं। इस प्रकार सामान्य वर्षों में इस पंचांग का पहला दिन 22 मार्च के दिन आता है और लौंद (लीप) वर्ष में 21 मार्च के दिन।

राष्ट्रीय पंचांग के माह इस प्रकार हैं: 1. चैत्र, 2. बैशाख, 3. ज्येष्ठ, 4. आषाढ़, 5. श्रावण, 6. भाद्रपद, 7. आश्विन, 8. कार्तिक, 9. मार्गशीर्ष, 10. पौष, 11. माघ, 12. फाल्गुन।

राष्ट्रीय पशु एवं पक्षी

- **राष्ट्रीय पशु:** बाघ
- **राष्ट्रीय पक्षी:** मोर

राष्ट्रीय पुष्प

- **राष्ट्रीय पुष्प:** कमल

महान व्यक्तियों के वास्तविक व लोकप्रिय नाम

लोकप्रिय नाम	वास्तविक नाम
राष्ट्रपिता	महात्मा गांधी
बापू	महात्मा गांधी
लोकमान्य	बाल गंगाधर तिलक
लोकनायक	जय प्रकाश नारायण
बंग बंधु	शेख मुजीबुर रहमान
पंजाब केसरी	लाला लाजपत राय
बार्ड ऑफ एवन	विलियम शेक्सपियर
राजाजी / सी. आर.	सी. राजगोपालाचारी
लाल, बाल, पाल	लाला लाजपत राय बाल गंगाधर तिलक बिपिन चन्द्र पाल
दीन बन्धु	सी.एफ. एंड्रूज
लेडी विद द् लैम्प	फ्लोरेंस नाइटिंगेल
मिसाइलमैन	डॉ. ए.पी.जे. अब्दुल कलाम
महामना	पंडित मदन मोहन मालवीय
भारत कोकिला	सरोजिनी नायडू
शास्त्री जी	लाल बहादुर शास्त्री
पंडित जी	जवाहर लाल नेहरू
चाचा जी	जवाहरलाल नेहरू
भारत के पितामह	दादा भाई नौरोजी

लोकप्रिय नाम	वास्तविक नाम
मैन ऑफ पीस	लाल बहादुर शास्त्री
लौह पुरुष	सरदार वल्लभ भाई पटेल
स्वर कोकिला	लता मंगेशकर
उड़नपरी	पी.टी. ऊषा
निर्मल हृदय	मदर टेरेसा
हॉकी के जादूगर	ध्यानचन्द
लिटिल मास्टर	सुनील गावस्कर
विश्व कवि	रवीन्द्रनाथ टैगोर
भारत का शेक्सपियर	महाकवि कालिदास
कश्मीर का अकबर	जैनुल आबदीन
भारत का नेपोलियन	समुद्रगुप्त
देशबंधु	चित्तरंजन दास
देशरत्न	डॉ. राजेन्द्र प्रसाद
युवा तुर्क	श्री चन्द्रशेखर
शेरे कश्मीर	शेख अब्दुल्ला
राजर्षि	पुरुषोत्तम दास टंडन
बिहार केसरी	डॉ. श्रीकृष्ण सिंह
देश प्रिय	यतीन्द्र मोहन सेन गुप्त
विद्रोही कवि	काजी नजरूल इस्लाम
ताऊ	चौधरी देवीलाल

भारतीय परिवहन प्रणाली

रेलवे

1. रेलवे भारत का सबसे बड़ा उपक्रम है।
2. भारत में पहली रेलगाड़ी 16 अप्रैल, 1853 को बम्बई और थाणे के बीच (34 कि॰मी॰) चली।
3. भारतीय रेलवे का नेटवर्क एशिया का दूसरे नम्बर का और विश्व का चौथा सबसे बड़ा नेटवर्क है।
4. स्वतंत्रता मिलने के बाद भाप से चलने वाले रेल इंजन बनाने का कारखाना चितरंजन में स्थापित किया गया (26 जनवरी, 1950)। अब इस कारखाने में बिजली से चलने वाले रेल इंजन बनाए जाते हैं।
5. अप्रैल 2024 तक रेलवे स्टेशनों की संख्या 7,461 है।
6. भारतीय रेल मार्गों की कुल लंबाई अप्रैल, 2024 तक 69,181 कि॰मी॰ है।
7. मार्च, 2024 तक भारतीय रेल के पास 15,110 इंजन, 91,948 यात्री डिब्बे तथा 3,27,991 माल डिब्बे हैं।
8. मार्च 2024 के अंत तक भारत के कुल रेलमार्ग के लगभग 90 प्रतिशत (62,253 किमी.) भाग का विद्युतीकरण किया जा चुका है।
9. रेल वित्त को एक्वर्थ समिति की सिफारिश के आधार पर 1924-25 से सामान्य राजस्व से अलग रखा जाता था, लेकिन 1 फरवरी, 2017 से संयुक्त बजट के रूप में पेश किया जाने लगा।
10. देश का एकमात्र सबसे पुराना चालू हालत इंजन 'फेयरी क्वीन' है।
11. भारतीय रेल की पहली विद्युत चालित गाड़ी 3 फरवरी, 1925 को बम्बई और कुर्ला के बीच चली।
13. दिल्ली में मैट्रो रेल का चालन 25 दिसम्बर, 2002 को, बेंगलुरु में 20 अक्टूबर, 2011 को, मुंबई में 8 जून, 2014 को, जयपुर में 3 जून, 2015 को तथा चेन्नई में 29 जून, 2015 को शुरू हुआ।
14. भारतीय रेल की सबसे लम्बी रेल यात्रा डिब्रूगढ़ से कन्याकुमारी के बीच 4,238 किमी की है। इस दूरी को तय करने में विवेक एक्सप्रेस को 82 घंटे का समय लगता है।
15. श्री सिद्धारूढ़ा स्वामी जी रेलवे स्टेशन हुब्बल्लि, कर्नाटक का प्लेटफार्म विश्व का सबसे लम्बा प्लेटफॉर्म है। इसकी लम्बाई 1507 मीटर है।
16. भारतीय रेलवे बोर्ड की स्थापना 1905 में तथा रेलवे का राष्ट्रीयकरण 1950 में हुआ था।
17. वेम्बानद पुल, केरल देश में सबसे लम्बा रेल पुल है।

भारतीय रेलवे के जोन एवं मुख्यालय

जोन	मुख्यालय
1. दक्षिण रेलवे	चेन्नई
2. पश्चिमी रेलवे	मुंबई
3. मध्य रेलवे	मुंबई
4. उत्तर रेलवे	नई दिल्ली
5. पूर्वी रेलवे	कोलकाता
6. दक्षिण-पूर्वी रेलवे	कोलकाता
7. उत्तर-पूर्वी रेलवे	गोरखपुर
8. दक्षिण-मध्य रेलवे	सिकंदराबाद
9. उत्तर-पूर्वी सीमान्त	मालेगांव
10. पूर्व-मध्य रेलवे	हाजीपुर
11. उत्तरी-पश्चिमी रेलवे	जयपुर
12. पूर्वी तटीय रेलवे	भुवनेश्वर
13. पश्चिमी-मध्य रेलवे	जबलपुर
14. दक्षिणी-पश्चिमी रेलवे	हुब्बल्लि (हुबली)
15. दक्षिण-पूर्व मध्य रेलवे	बिलासपुर
16. उत्तर-मध्य रेलवे	प्रयागराज
17. मैट्रो रेलवे	कोलकाता
18. दक्षिण तटीय रेलवे	विशाखापत्तनम (प्रस्तावित)

सड़क परिवहन

1. भारत दुनिया की सबसे बड़ी सड़क प्रणाली वाले देशों में से एक है।
2. दिसम्बर 2024 तक देश में सड़कों की कुल लंबाई 63.45 लाख किलोमीटर है।
3. देश के सड़क नेटवर्क में राष्ट्रीय राजमार्ग, राज्यों के राजमार्ग, प्रमुख/ अन्य जिला सड़कें और ग्रामीण/ देहाती सड़कें शामिल हैं।
4. देश में 1.46 लाख कि.मी. लम्बे राष्ट्रीय राजमार्ग की जिम्मेदारी केन्द्र सरकार पर है।
5. सीमा सड़क संगठन का गठन 1960 में किया गया था।
6. देश में राष्ट्रीय राजमार्गों की लंबाई, सड़कों की कुल लंबाई का मात्र 2.0 प्रतिशत है, किंतु 40 प्रतिशत सड़क यातायात इनसे होकर गुजरता है।
7. देश में महाराष्ट्र में सड़कों की लम्बाई सबसे ज्यादा और सबसे कम लक्षद्वीप में है।
8. देश के चारों कोनों को चार या छह लेन के राजमार्ग के एक नेटवर्क से जोड़ने हेतु राष्ट्रीय राजमार्ग विकास परियोजना बनाई गई है। इसके अन्तर्गत चार महानगरों कोलकाता, दिल्ली, चेन्नई और मुम्बई को 5,846 कि.मी. लम्बे स्वर्णिम चतुर्भुज से जोड़ा जाएगा।

जहाजरानी

1. परिवहन क्षेत्र में देश की अर्थव्यवस्था को मजबूत करने में जहाजरानी की प्रमुख भूमिका है। लगभग 95 प्रतिशत माल समुद्री रास्ते से ही ढोया जाता है।
2. भारत के संपूर्ण समुद्र तट की लंबाई 7,517 किलोमीटर है।
3. विकासशील देशों में भारत के पास व्यापारिक जहाजों का सबसे बड़ा बेड़ा है। भारत व्यापारिक जहाजरानी बेड़े की दृष्टि से विश्व में 16वें स्थान पर है।
4. सार्वजनिक क्षेत्र की सरकारी जहाजरानी कंपनी, शिपिंग कारपोरेशन ऑफ इंडिया लिमिटेड की स्थापना 2 अक्टूबर, 1961 को हुई थी।
5. भारत में 12 बड़े और लगभग 217 अन्य बंदरगाह हैं। बड़े बंदरगाह केन्द्र सरकार के अधीन आते हैं, जबकि अन्य बंदरगाह सम्बद्ध राज्य सरकारों के क्षेत्राधिकार में आते हैं।
6. केन्द्रीय अन्तर्देशीय जलमार्ग प्राधिकरण की स्थापना 1987 में की गई थी। इसका मुख्यालय कोलकाता में है।

प्रमुख राष्ट्रीय जलमार्ग

जलमार्ग	लम्बाई	विस्तार	नदी
एन डब्ल्यू-1	1629 किमी	प्रयागराज से हल्दिया तक	गंगा
एन डब्ल्यू-2	819 किमी	सादिया से धुबरी पट्टी तक	ब्रह्मपुत्र
एन डब्ल्यू-3	186 किमी	कोल्लम से कोट्टापुरम तक	चम्पाक्कारा
एन डब्ल्यू-4	1100 किमी	काकीनाडा से मरक्कानम तक	कृष्णा–गोदावरी
एन डब्ल्यू-5	623 किमी	तलचर से धम्मरा तक	ब्राम्हणी

वायु परिवहन

1. भारत में वायु परिवहन की शुरुआत वर्ष 1911 में हुई, जब इलाहाबाद से नैनी के बीच विश्व की प्रथम विमान डाक सेवा का परिवहन किया गया।
2. 1953 के एयर कॉर्पोरेशन अधिनियम के तहत सभी वैमानिक कंपनियों का राष्ट्रीयकरण कर दो नवनिर्मित निगमों– (1) इंडियन एयरलाइंस एवं (2) एयर इंडिया के अधीन रखा गया।
3. वर्ष 2007 में इंडियन एयरलाइंस और एयर इंडिया का आपस में विलय हो गया है।
4. एयर इंडिया का पूर्ण निजीकरण कर दिया गया। टाटा संस द्वारा इसे वर्ष 2021 में 18,000 करोड़ की बोली लगाकर खरीद लिया गया है।

देश के प्रमुख अन्तर्राष्ट्रीय हवाई अड्डे

नाम	स्थान
• छत्रपति शिवाजी हवाई अड्डा	मुम्बई
• सुभाषचन्द्र बोस हवाई अड्डा	कोलकाता
• इंदिरा गाँधी हवाई अड्डा	दिल्ली
• मीनाम्बकम हवाई अड्डा	चेन्नई
• तिरुअनन्तपुरम हवाई अड्डा	तिरुअनन्तपुरम
• श्री गुरु रामदासजी हवाई अड्डा	अमृतसर
• राजीव गाँधी हवाई अड्डा	हैदराबाद
• कोच्चि हवाई अड्डा	कोच्चि
• लोकप्रिय गोपीनाथ बारदोलोई हवाई अड्डा	गुवाहाटी
• गोआ हवाई अड्डा	गोआ

संचार प्रणाली

1. आकाशवाणी तथा दूरदर्शन

1. भारत में रेडियो प्रसारण की शुरुआत 1927 को मुंबई और कोलकाता में की गई।
2. 1936 में इसका नाम बदलकर 'ऑल इंडिया रेडियो' कर दिया गया और 1957 में इसे 'आकाशवाणी' के नाम से पुकारा जाने लगा।
3. आकाशवाणी नेटवर्क देश की 99.14% आबादी और 91.79% क्षेत्रफल तक पहुँचता है।
4. विविध भारती सेवा की शुरुआत 1957 में शुरू की गई।
5. प्रायोजित कार्यक्रम मई 1970 को शुरू किया गया।
6. दिल्ली में टेलीविजन की शुरुआत 5 सितम्बर, 1959 को हुई।
7. दूरदर्शन 1976 में आकाशवाणी से अलग हो गया।
8. दूरदर्शन को 1 जनवरी, 1976 से वाणिज्यिक कर दिया गया।
9. सैटेलाइट प्रौद्योगिकी का संचालन 1975 में आरंभ किया गया।
10. दूरदर्शन राष्ट्रीय कार्यक्रम की शुरुआत 15 अगस्त, 1985 से की गई।
11. दूरदर्शन के अंतर्राष्ट्रीय चैनलों का प्रसारण 14 मार्च, 1995 को शुरू किया गया।

2. डाक व्यवस्था

1. डाक विभाग की स्थापना लॉर्ड क्लाइव ने 1766 में की।
2. 1854 में डाक और तार दोनों ही विभाग अस्तित्व में आए।
3. मनी ऑर्डर सेवा की शुरुआत 1880 में की गई।
4. वायु डाक सेवा का आरंभ 1911 में हुआ।
5. पिन कोड प्रणाली 1972 में प्रारंभ हुई।
6. स्पीड पोस्ट का परिचालन 1986 में शुरू हुआ।
7. सैटेलाइट मनी ऑर्डर सेवा दिसम्बर 1994 में शुरू हुई।

वैज्ञानिक अनुसंधान

1. परमाणु ऊर्जा आयोग की स्थापना 1948 में की गई।
2. परमाणु ऊर्जा केन्द्र स्थापित हैं—(i) तारापुर (महाराष्ट्र); (ii) आर.ए.पी.एस. (रावतभाटा, राजस्थान); (iii) कुदनकुलम (तिरुनेवेल्ली, तमिलनाडु); (iv) कैगा (काली, कर्नाटक); (v) एम.ए.पी.एस. (कल्पक्कम, तमिलनाडु); (vi) काकरापार (सूरत, गुजरात); (vii) नरोरा (बुलंदशहर, उत्तरप्रदेश)।
3. भारत ने प्रथम भूमिगत परमाणु विस्फोट 18 मई, 1974 को पोखरण (राजस्थान) में किया।
4. अंतरिक्ष आयोग की स्थापना 1972 में की गई।
5. 3 अप्रैल, 1984 को स्क्वैड्रन लीडर राकेश शर्मा अंतरिक्ष में जाने वाले प्रथम भारतीय बने।

योजना/नीति आयोग

1. योजना आयोग का गठन 1950 में किया गया।
2. 2015 में योजना आयोग को नीति आयोग से बदल दिया गया।
3. प्रधानमंत्री नीति आयोग के अध्यक्ष हैं।
4. प्रथम पंचवर्षीय योजना का शुभारंभ 1951 में किया गया।
5. 12वीं पंचवर्षीय योजना की शुरुआत 2012 में की गई।
6. भारत की 12वीं पंचवर्षीय योजना 31 मार्च, 2017 को पूरी होने के साथ ही देश में पंचवर्षीय योजनाओं की व्यवस्था समाप्त हो गई है। इसके स्थान पर 15 वर्षीय दृष्टिकोण, सात वर्षीय रणनीति व तीन वर्षीय कार्य योजना नीति आयोग द्वारा तैयार की गई है।

वित्त

1. वित्त आयोग की स्थापना भारत के राष्ट्रपति द्वारा की जाती है।
2. वित्त आयोग हर पाँच साल के लिए नियुक्त किया जाता है।
3. प्रायः सभी नोटों को भारतीय रिजर्व बैंक द्वारा जारी किया जाता है।
4. केवल एक रुपए के नोट वित्त मंत्रालय जारी करता है।
5. सिक्कों की दशमलव प्रणाली को 1 अप्रैल, 1957 को प्रस्तावित किया गया था।
6. 14 प्रमुख बैंकों को जुलाई 1969 में राष्ट्रीयकृत किया गया।
7. भारत का केन्द्रीय बैंक भारतीय रिजर्व बैंक है।
8. सार्वजनिक क्षेत्र का सबसे बड़ा वाणिज्यिक बैंक भारतीय स्टेट बैंक है।
9. भारतीय जीवन बीमा निगम की स्थापना सितम्बर 1956 में की गई।
10. भारतीय यूनिट ट्रस्ट (UTI) को 1964 में स्थापित किया गया।

भारतीय संविधान

1. भारत का संविधान 26 जनवरी, 1950 को अस्तित्व में आया।
2. भारत के राष्ट्रपति का चुनाव पाँच साल के लिए होता है।
3. भारत का उप-राष्ट्रपति ही राज्यसभा का पदेन अध्यक्ष होता है।
4. लोकसभा का गठन पाँच साल की अवधि के लिए होता है।.
5. मंत्रिपरिषद् का चुनाव, प्रधानमंत्री की सिफारिश पर, राष्ट्रपति द्वारा किया जाता है।
6. राज्यपालों एवं सुप्रीम कोर्ट के न्यायाधीशों की नियुक्ति राष्ट्रपति द्वारा की जाती है।

भारत के राष्ट्रपति

✦ डॉ. राजेन्द्र प्रसाद	26 जनवरी, 1950	—	13 मई, 1962
✦ डॉ. सर्वपल्ली राधाकृष्णन	13 मई, 1962	—	13 मई, 1967
✦ डॉ. ज़ाकिर हुसैन	13 मई, 1967	—	3 मई, 1969
✦ वराहगिरि वेंकट गिरी (कार्यवाहक)	3 मई, 1969	—	20 जुलाई, 1969
✦ मोहम्मद हिदायतुल्लाह (कार्यवाहक)	20 जुलाई, 1969	—	24 अगस्त, 1969
✦ वराहगिरि वेंकट गिरी	24 अगस्त, 1969	—	24 अगस्त, 1974
✦ फ़खरुद्दीन अली अहमद	24 अगस्त, 1974	—	11 फरवरी, 1977
✦ बासप्पा दानप्पा जत्ती	11 फरवरी, 1977	—	25 जुलाई, 1977
✦ नीलम संजीव रेड्डी	25 जुलाई, 1977	—	25 जुलाई, 1982
✦ ज्ञानी जैल सिंह	25 जुलाई, 1982	—	25 जुलाई 1987
✦ राधास्वामी वेंकटरमण	25 जुलाई, 1987	—	25 जुलाई, 1992
✦ डॉ. शंकरदयाल शर्मा	25 जुलाई, 1992	—	25 जुलाई, 1997
✦ के.आर. नारायणन	25 जुलाई, 1997	—	25 जुलाई, 2002
✦ डॉ. ए.पी.जे. अब्दुल कलाम	25 जुलाई, 2002	—	25 जुलाई, 2007
✦ प्रतिभा पाटिल (प्रथम महिला राष्ट्रपति)	25 जुलाई, 2007	—	25 जुलाई, 2012
✦ प्रणब मुखर्जी	25 जुलाई, 2012	—	25 जुलाई, 2017
✦ रामनाथ कोविंद	25 जुलाई, 2017	—	25 जुलाई, 2022
✦ द्रौपदी मुर्मू	25 जुलाई, 2022	—	——

भारत के उप-राष्ट्रपति

✦ डॉ. सर्वपल्ली राधाकृष्णन	1952 से 1962 तक
✦ डॉ. ज़ाकिर हुसैन	1962 से 1967 तक
✦ वराहगिरि वेंकट गिरी	1967 से 1969 तक
✦ गोपाल स्वरूप पाठक	1969 से 1974 तक
✦ बासप्पा दानप्पा जत्ती	1974 से 1979 तक
✦ मोहम्मद हिदायतुल्लाह	1979 से 1984 तक
✦ राधास्वामी वेंकटरमण	1984 से 1987 तक
✦ डॉ. शंकरदयाल शर्मा	1987 से 1992 तक
✦ के.आर. नारायणन	1992 से 1997 तक
✦ कृष्ण कांत	1997 से 2002 तक
✦ भैरोंसिंह शेखावत	2002 से 2007 तक
✦ मोहम्मद हामिद अंसारी	2007 से 2017 तक
✦ एम. वेंकैया नायडू	2017 से 2022 तक
✦ जगदीप धनखड़	2022 से 2025 तक
✦ सी.पी. राधाकृष्णन	2025 से ——

भारत के प्रधानमंत्री

✦ जवाहरलाल नेहरू	15 अगस्त, 1947	—	27 मई, 1964
✦ गुलजारी लाल नंदा (कार्यवाहक)	27 मई, 1964	—	9 जून, 1964
✦ लाल बहादुर शास्त्री	9 जून, 1964	—	11 जनवरी, 1966
✦ गुलजारी लाल नंदा (कार्यवाहक)	11 जनवरी, 1966	—	24 जनवरी, 1966

- श्रीमती इंदिरा गांधी (प्रथम महिला प्रधानमंत्री) 24 जनवरी, 1966 — 24 मार्च, 1977
- मोरारजी देसाई 24 मार्च, 1977 — 28 जुलाई, 1979
- चौधरी चरण सिंह 28 जुलाई, 1979 — 14 जनवरी, 1980
- श्रीमती इंदिरा गांधी 14 जनवरी, 1980 — 31 अक्टूबर, 1984
- राजीव गांधी 31 अक्टूबर, 1984 — 02 दिसम्बर, 1989
- विश्वनाथ प्रताप सिंह 02 दिसम्बर, 1989 — 10 नवम्बर, 1990
- चन्द्रशेखर 10 नवम्बर, 1990 — 21 जून, 1991
- पी.वी. नरसिंह राव 21 जून, 1991 — 16 मई, 1996
- अटल बिहारी वाजपेयी 16 मई, 1996 — 1 जून, 1996
- एच.डी. देवगौड़ा 1 जून, 1996 — 21 अप्रैल, 1997
- इन्द्र कुमार गुजराल 21 अप्रैल, 1997 — 19 मार्च 1998
- अटल बिहारी वाजपेयी 19 मार्च, 1998 — 22 मई, 2004
- डॉ. मनमोहन सिंह 22 मई, 2004 — 26 मई, 2014
- नरेन्द्र मोदी 26 मई, 2014 — ——

महत्वपूर्ण नारे एवं उद्धरण

नारे

- **दिल्ली चलो :** नेताजी सुभाषचन्द्र बोस
- **जय हिन्दः** नेताजी सुभाषचंद्र बोस
- **गरीबी हटाओः** श्रीमती इंदिरा गांधी
- **भारत छोड़ोः** महात्मा गांधी
- **इंकलाब जिंदाबादः** शहीद भगत सिंह
- **वंदे मातरम्ः** बंकिमचंद्र चट्टोपाध्याय
- **जय जवान जय किसानः** लाल बहादुर शास्त्री
- **करो या मरोः** महात्मा गांधी

उद्धरण

- **स्वराज मेरा जन्मसिद्ध अधिकार है।** – बाल गंगाधर तिलक
- **तुम मुझे खून दो, मैं तुम्हें आजादी दूँगा।** – नेताजी सुभाषचंद्र बोस

समाधि एवं स्मारक

नाम	*व्यक्ति का नाम*
✦ राजघाट	महात्मा गांधी
✦ शांतिवन	जवाहर लाल नेहरू
✦ समता स्थल	जगजीवन राम
✦ विजय घाट	लाल बहादुर शास्त्री
✦ शक्ति स्थल	इंदिरा गांधी
✦ वीर भूमि	राजीव गांधी
✦ किसान घाट	चौ॰ चरण सिंह
✦ सदैव अटल	अटल बिहारी वाजपेयी

राजघाट (महात्मा गांधी की समाधि)

भारत के कुछ प्रसिद्ध स्थान

राष्ट्रीय युद्ध स्मारक (दिल्ली)

स्वर्ण मंदिर (अमृतसर)

डल झील (श्रीनगर)

चारमीनार (हैदराबाद)

दक्षिणेश्वर मंदिर (प. बंगाल)

स्थल	स्थिति	राज्य/ के.शा. प्रदेश
अजंता की गुफाएं	संभाजीनगर	महाराष्ट्र
अमरनाथ गुफा	कश्मीर	जम्मू-कश्मीर
आमेर दुर्ग	जयपुर	राजस्थान
भाखड़ा बांध	हि.प्र.-पंजाब सीमा	पंजाब
ब्लैक पैगोडा	कोणार्क	ओडिशा
बुलंद दरवाजा	फतेहपुर सीकरी	उत्तर प्रदेश
चारमीनार	हैदराबाद	तेलंगाना
डल झील	श्रीनगर	जम्मू-कश्मीर
दिलवाड़ा के मंदिर	माउंट आबू	राजस्थान
एलीफैंटा की गुफाएं	मुंबई	महाराष्ट्र
स्वर्ण मंदिर	अमृतसर	पंजाब
हर की पौड़ी	हरिद्वार	उत्तराखंड
हवा महल	जयपुर	राजस्थान
जामा मस्जिद	दिल्ली	दिल्ली
खजुराहो	छतरपुर	मध्य प्रदेश
कोणार्क सूर्य मंदिर	पुरी	ओडिशा
महाकालेश्वर मंदिर	उज्जैन	मध्य प्रदेश
राष्ट्रपति भवन	दिल्ली	दिल्ली
राष्ट्रीय युद्ध स्मारक	दिल्ली	दिल्ली
मीनाक्षी मंदिर	मदुरै	तमिलनाडु
कुतुबमीनार	दिल्ली	दिल्ली
रॉक गार्डन	चंडीगढ़	चंडीगढ़
मार्बल रॉक्स	जबलपुर	मध्य प्रदेश
राजघाट	दिल्ली	दिल्ली
सांची का स्तूप	भोपाल	मध्य प्रदेश
लाल किला	दिल्ली	दिल्ली
ताजमहल	आगरा	उत्तर प्रदेश
तिरुपति मंदिर	तिरुपति	आंध्र प्रदेश
दक्षिणेश्वर मंदिर	कोलकाता	पश्चिम बंगाल
केदारनाथ	गढ़वाल	उत्तराखंड
द्वारिकाधीश मंदिर	मथुरा	उत्तर प्रदेश
जगन्नाथ मंदिर	पुरी	ओडिशा
साबरमती आश्रम	अहमदाबाद	गुजरात
बौद्ध स्तूप	सांची (भोपाल)	मध्य प्रदेश
मसूरी	देहरादून	उत्तराखंड
गुलमर्ग	श्रीनगर	जम्मू-कश्मीर

भारत में प्रथम

✦ भारतीय गणराज्य के राष्ट्रपति	डॉ. राजेन्द्र प्रसाद
✦ भारतीय गणराज्य के प्रधानमंत्री	पं. जवाहर लाल नेहरू
✦ भारतीय राष्ट्रीय कांग्रेस के अध्यक्ष	डब्ल्यू. सी. बनर्जी
✦ कांग्रेस की महिला अध्यक्ष	एनी बेसेन्ट
✦ भारतीय, विशेष ऑस्कर पुरस्कार विजेता	सत्यजीत रे
✦ विमानवाहक पोत	INS विक्रांत
✦ युद्ध पोत	INS नीलगिरि
✦ विधिवत जनगणना	1881
✦ टेलीविजन केन्द्र	दिल्ली
✦ नोबल पुरस्कार प्राप्तकर्ता	1. साहित्य: रवीन्द्र नाथ टैगोर 2. भौतिकी: सी.वी. रमन 3. शान्ति: मदर टेरेसा 4. अर्थशास्त्र: प्रो. अमर्त्य सेन
✦ स्वतंत्र भारत के भारतीय गवर्नर जनरल	चक्रवर्ती राजगोपालाचारी
✦ महिला राज्यपाल	श्रीमती सरोजिनी नायडू
✦ सुप्रीम कोर्ट की महिला न्यायाधीश	श्रीमती फातिमा बीबी
✦ महिला प्रधानमंत्री	श्रीमती इंदिरा गाँधी
✦ महिला राष्ट्रपति	श्रीमती प्रतिभा पाटिल
✦ महिला रक्षामंत्री	निर्मला सीतारमन
✦ भारतीय सेनापति	जनरल के. एम. करिअप्पा
✦ महिला मुख्यमंत्री	श्रीमती सुचेता कृपलानी
✦ संयुक्त राष्ट्र महासभा की महिला अध्यक्ष	श्रीमती विजयलक्ष्मी पंडित
✦ ब्रिटिश पॉर्लियामेंट के भारतीय सदस्य	दादाभाई नौरोजी
✦ फील्ड मार्शल	सैम मॉनेकशॉ
✦ एवरेस्ट शिखर पर चढ़ने वाले भारतीय	शेरपा तेनजिंग (29 मई, 1953)
✦ एवरेस्ट पर चढ़ने वाली भारतीय महिला	कु. बछेन्द्रीपाल (23 मई, 1984)
✦ भारतीय अंतरिक्ष यात्री (पुरुष)	राकेश शर्मा (3 अप्रैल, 1984)
✦ भारतीय अंतरिक्ष यात्री (महिला)	कल्पना चावला (19 नवम्बर, 1997)
✦ भारत-रत्न से विभूषित महिला	श्रीमती इंदिरा गाँधी
✦ भारतीय महिला मिस यूनिवर्स	सुष्मिता सेन
✦ भारतीय महिला मिस वर्ल्ड	रीता फारिया
✦ समाचार-पत्र	बंगाल गजट (27 जनवरी, 1780)
✦ रेल	16 अप्रैल, 1853 (बम्बई–थाना)
✦ उपग्रह	आर्यभट्ट (1975)
✦ फीचर फिल्म	आलम आरा (1931) (वाक); राजा हरिश्चंद्र (1913) (मूक)
✦ चीफ ऑफ डिफेंस स्टाफ (CDS)	जनरल बिपिन रावत

भारत में सर्वाधिक ऊँचा, बड़ा, भारी और लम्बा आदि

✦ सर्वाधिक साक्षरता वाला राज्य	केरल
✦ सर्वोच्च राष्ट्रीय असैनिक सम्मान	भारत रत्न
✦ सबसे बड़ा पुस्तकालय	नेशनल लाइब्रेरी, कोलकाता
✦ सबसे छोटा राज्य (क्षेत्रफल)	गोआ (क्षेत्रफल: 3702 वर्ग किमी.)
✦ सबसे ऊँची चोटी*	के-2
✦ सर्वाधिक आबादी वाला शहर	मुंबई महानगर
✦ सबसे लम्बी नदी	गंगा नदी
✦ सबसे बड़ा संग्रहालय	इंडिया म्यूजियम, कोलकाता
✦ सबसे लम्बा नदी पुल (सड़क)	भूपेन हजारिका सेतु (लोहित नदी 9.15 किमी.)
✦ सबसे लम्बा रेल/रोड पुल	बोगीबील सेतु, असम (4.94 किमी.)
✦ सबसे लम्बी सड़क सुरंग	डॉ. श्यामा प्रसाद मुखर्जी सुरंग (जम्मू-कश्मीर 9.28 किमी.)
✦ सबसे लम्बा बांध	हीराकुड (ओडिशा)
✦ सबसे बड़ा चिड़ियाघर	अरिगनार अन्ना जूलॉजिकल पार्क, चेन्नई, तमिलनाडु
✦ सबसे लम्बी सड़क	राष्ट्रीय राजमार्ग (NH)-44 (3,745 किमी.)
✦ सबसे ऊँची मीनार	कुतुब मीनार, दिल्ली (72.5 मी.)
✦ सबसे बड़ी मस्जिद	जामा मस्जिद, दिल्ली
✦ सबसे लम्बी रेल सुरंग	T-50 सुरंग (खारी और सम्बेर सेक्शन के मध्य; जम्मू कश्मीर 12.77 किमी.)
✦ बहादुरी के लिए सबसे बड़ा पुरस्कार	परमवीर चक्र
✦ सबसे बड़ा रेगिस्तान	थार (राजस्थान)
✦ सबसे बड़ा डेल्टा	सुन्दरबन डेल्टा
✦ सबसे बड़ा गुम्बज	गोल गुम्बज (बीजापुर)
✦ सबसे ऊँचा बाँध	टिहरी बाँध (855 फीट)
✦ सबसे ऊँचा दरवाजा	बुलंद दरवाजा (फतेहपुर सीकरी, 176 फीट)
✦ सबसे बड़ी मीठे पानी की झील	वुलर झील (कश्मीर)
✦ सबसे लम्बा प्लेटफार्म	श्री सिद्धारूढ़ा स्वामी जी रेलवे स्टेशन, हुब्बल्लि, कर्नाटक (दक्षिण पश्चिम रेलवे, 1507 मी. लम्बा)
✦ सर्वाधिक वर्षा वाला क्षेत्र	मासिनराम (1178 सेमी. वार्षिक) मेघालय
✦ सबसे ऊँचा जलप्रपात	कुंचिकल, कर्नाटक (455 मी.)

* के-2 विश्व की दूसरी सबसे ऊँची और भारत की सबसे ऊँची (8,611 मी.) चोटी है।

भारत के प्रमुख राष्ट्रीय उद्यान एवं अभयारण्य

- **असम** : काजीरंगा राष्ट्रीय उद्यान, मानस राष्ट्रीय उद्यान, डिब्रू सैखोवा राष्ट्रीय उद्यान, सोनाई रूपा वन्यजीव अभयारण्य, गरमपानी वन्यजीव अभयारण्य।
- **आंध्र प्रदेश** : श्री वेंकटेश्वर राष्ट्रीय उद्यान, पखाल वन्यजीव अभयारण्य, कावल वन्यजीव अभयारण्य, नाला पति पक्षी विहार, किन्नारसानी वन्यजीव अभयारण्य, कोल्लेरू ऐतिकेर्नारी।
- **तेलंगाना** : मृगवानी राष्ट्रीय उद्यान, महावीर हरिण वनस्थली, कासू ब्रह्मानंद रेड्डी राष्ट्रीय उद्यान।
- **महाराष्ट्र** : बोरीवली राष्ट्रीय उद्यान, पेंच राष्ट्रीय उद्यान, नवेगांव राष्ट्रीय उद्यान।
- **उत्तर प्रदेश** : चन्द्रप्रभा अभयारण्य, दुधवा राष्ट्रीय उद्यान, सुल्तानपुर पक्षी विहार।
- **अरुणाचल प्रदेश** : नामदफा वन्यजीव अभ्यारण्य, पक्कुई वन्यजीव अभयारण्य, मौलिका राष्ट्रीय उद्यान।
- **मध्य प्रदेश** : पचमढ़ी वन्यजीव अभयारण्य, बोरी अभयारण्य, कान्हा किसली राष्ट्रीय उद्यान, बांधवगढ़ राष्ट्रीय उद्यान, फासिल राष्ट्रीय उद्यान, सतपुड़ा राष्ट्रीय उद्यान, सिन्थोली वन्यजीव अभयारण्य, पन्ना राष्ट्रीय उद्यान, गाँधी सागर वन्यजीव अभयारण्य।
- **राजस्थान** : सरिस्का वन्यजीव अभयारण्य, रणथम्भौर बाघ अभयारण्य, केवलादेव राष्ट्रीय उद्यान, दर्राह राष्ट्रीय उद्यान, डेसर्ट राष्ट्रीय उद्यान।
- **जम्मू-कश्मीर** : सलीम अली राष्ट्रीय उद्यान, डाचीगाम राष्ट्रीय उद्यान।
- **उत्तराखंड** : जिम कॉर्बेट राष्ट्रीय उद्यान, मालन पशु विहार, गोविन्द पशु विहार।
- **छत्तीसगढ़** : कांगेर राष्ट्रीय उद्यान, इंद्रावती राष्ट्रीय उद्यान, बादलखोर वन्यजीव अभयारण्य, भैरमगढ़ वन्यजीव अभयारण्य, उदयन्ती वन्यजीव अभयारण्य, सीतानदी वन्यजीव अभयारण्य, तमोई पिंगला वन्यजीव अभयारण्य, कुटरू राष्ट्रीय अभयारण्य।
- **बिहार** : भीम पंथ अभयारण्य, गौतमबुद्ध वन्यजीव अभयारण्य, राजगीर अभयारण्य, विक्रमशिला गांगेय डॉल्फिन अभयारण्य, वाल्मिकी राष्ट्रीय उद्यान।
- **कर्नाटक** : बाँदीपुर राष्ट्रीय उद्यान, कुद्रेमुख राष्ट्रीय उद्यान, सोमेश्वर वन्यजीव अभयारण्य, घटप्रभा पक्षी अभयारण्य, नागरहोल अभयारण्य।
- **गुजरात** : बलराम राष्ट्रीय उद्यान, गिर राष्ट्रीय उद्यान, नाल सरोवर पक्षी अभयारण्य।
- **हिमाचल प्रदेश** : शिकारी देवी वन्यजीव अभयारण्य, कुगती वन्यजीव अभयारण्य, ग्रेट हिमालय राष्ट्रीय उद्यान, पिन वैली राष्ट्रीय उद्यान, रोहला राष्ट्रीय उद्यान।

जिम कॉर्बेट टाइगर रिजर्व

दुधवा राष्ट्रीय उद्यान

मानस राष्ट्रीय उद्यान

बेतला राष्ट्रीय उद्यान

जलदापारा वन्यजीव अभयारण्य

गुइंडी राष्ट्रीय उद्यान

- **ओडिशा :** भितरकनिका राष्ट्रीय उद्यान, सिमलीपाल बाघ अभयारण्य, गहिरमाथा कछुआ अभयारण्य।
- **अंडमान निकोबार द्वीप समूह :** महात्मा गाँधी राष्ट्रीय उद्यान, सैडल पीक राष्ट्रीय उद्यान, नार्थ बटन द्वीप राष्ट्रीय उद्यान, रानी झांसी मरीन राष्ट्रीय उद्यान, कैम्पबेल राष्ट्रीय उद्यान।
- **झारखंड :** पलामू वन्यजीव अभयारण्य, बेतला राष्ट्रीय उद्यान, तोपचांची अभयारण्य, लाबलोंग अभयारण्य, हजारीबाग राष्ट्रीय उद्यान, डोल्मा वन्यजीव अभयारण्य, महुआदार वन्यजीव अभयारण्य।
- **हरियाणा :** कलेसर राष्ट्रीय उद्यान, सुल्तानपुर राष्ट्रीय उद्यान।
- **केरल :** पारम्बिकुलम वन्य जीव अभयारण्य, पेरियार वन्यजीव अभयारण्य, इराविकुलम वन्यजीव अभयारण्य, साइलेंट वैली नेशनल पार्क।
- **मेघालय :** बलफकरम राष्ट्रीय उद्यान।
- **नागालैंड :** इन्टकी राष्ट्रीय उद्यान।
- **गोवा, दमन एवं दीव :** मोलेम राष्ट्रीय उद्यान।
- **सिक्किम :** खंगचेंडजोंगा राष्ट्रीय उद्यान।
- **मणिपुर :** सिरोही राष्ट्रीय उद्यान, केबुल लामजाओ राष्ट्रीय उद्यान, फोंगुई ब्लू माउंटेन राष्ट्रीय उद्यान।
- **मिजोरम :** डाम्फा वन्यजीव अभयारण्य, मुरलेन राष्ट्रीय उद्यान।
- **तमिलनाडु :** वेदान्तगल पक्षी विहार, मुदुमलई वन्यजीव अभयारण्य, गुइंडी राष्ट्रीय उद्यान, दंदेली वन्यजीव अभयारण्य, रंगिथितु पंछी विहार, तुंगभद्रा वन्यजीव अभयारण्य, इराम्बिकलन राज्मल्ले राष्ट्रीय उद्यान, शारावाथी घाटी वन्यजीव अभयारण्य, बन्नारघत्ता राष्ट्रीय उद्यान।
- **पश्चिम बंगाल :** सुन्दरबन टाइगर रिजर्व, जलदापाड़ा वन्यजीव अभयारण्य, बक्सा राष्ट्रीय उद्यान।

रणथम्भौर राष्ट्रीय उद्यान

काजीरंगा राष्ट्रीय उद्यान

सरिस्का राष्ट्रीय उद्यान

नदियों के तट पर बसे भारत के प्रमुख नगर

नगर	नदी का नाम
✦ दिल्ली	यमुना
✦ गुवाहाटी	ब्रह्मपुत्र
✦ आगरा	यमुना
✦ जबलपुर	नर्मदा
✦ बद्रीनाथ	अलकनंदा
✦ कोटा	चम्बल
✦ प्रयागराज (इलाहाबाद)	गंगा, यमुना
✦ कटक	महानदी
✦ हरिद्वार	गंगा
✦ नासिक	गोदावरी
✦ कानपुर	गंगा
✦ श्रीरंगपट्टनम	कावेरी

नगर	नदी का नाम
✦ पटना	गंगा
✦ जौनपुर	गोमती
✦ श्रीनगर	झेलम
✦ हैदराबाद	मूसी
✦ अयोध्या	सरयू
✦ मथुरा	यमुना
✦ सूरत	ताप्ती
✦ जमशेदपुर	स्वर्णरेखा
✦ कोलकाता	हुगली
✦ भागलपुर	गंगा
✦ लखनऊ	गोमती
✦ उज्जैन	क्षिप्रा

भारत के पड़ोसी देश

पड़ोसी देश	सीमा पर स्थित भारतीय राज्य
✦ पाकिस्तान	गुजरात, राजस्थान, पंजाब, लद्दाख तथा जम्मू-कश्मीर
✦ अफगानिस्तान	लद्दाख
✦ चीन	लद्दाख, हिमाचल प्रदेश, उत्तराखंड, सिक्किम, अरुणाचल प्रदेश
✦ नेपाल	उत्तर प्रदेश, उत्तराखंड, बिहार, पश्चिम बंगाल, सिक्किम
✦ भूटान	सिक्किम, पश्चिम बंगाल, असम, अरुणाचल प्रदेश
✦ बांग्लादेश	पश्चिम बंगाल, असम, मेघालय, त्रिपुरा
✦ म्यांमार	अरुणाचल प्रदेश, नागालैंड, मणिपुर, मिजोरम

भारत में खनिज उत्पादन

खनिज पदार्थ	प्रमुख उत्पादक राज्य
✦ लौह-अयस्क	छत्तीसगढ़, ओडिशा, कर्नाटक, गोवा, झारखंड
✦ कोयला	छत्तीसगढ़, झारखंड, ओडिशा, महाराष्ट्र, मध्य प्रदेश, प. बंगाल
✦ मैगनीज	मध्य प्रदेश, महाराष्ट्र, ओडिशा, कर्नाटक
✦ बॉक्साइट	ओडिशा, गुजरात, झारखंड, महाराष्ट्र, छत्तीसगढ़
✦ तांबा	राजस्थान, मध्य प्रदेश, झारखंड, छत्तीसगढ़, आंध्र प्रदेश, कर्नाटक
✦ अभ्रक	आंध्र प्रदेश, राजस्थान, ओडिशा, बिहार, झारखंड
✦ चूना-पत्थर	राजस्थान, मध्य प्रदेश, छत्तीसगढ़, आंध्र प्रदेश, गुजरात

भारत के प्रमुख समाचार पत्र

- **अंग्रेजी :** द टाइम्स ऑफ इंडिया, द ट्रिब्यून, द स्टेटसमैन, द हिन्दुस्तान टाइम्स, मिड डे, इंडियन एक्सप्रेस, द एशियन एज, द पॉयनियर, द फाइनेंशियल एक्सप्रेस, डेक्कन हेराल्ड।
- **हिन्दी :** नवभारत टाइम्स, दैनिक जागरण, हिन्दुस्तान, दैनिक भास्कर, राजस्थान पत्रिका, अमर उज़ाला, राष्ट्रीय सहारा, पंजाब केसरी, जनसत्ता, रांची एक्सप्रेस, नई दुनिया, हरि भूमि।
- **मलयालम :** मलयाला मनोरमा, मातृभूमि डेली, मंगलम डेली।
- **तमिल :** दैनिक थंती, थीना भूमि।
- **पंजाबी :** डेली अजीत, पंजाब एक्सप्रेस, सांझ-सवेरा।
- **मराठी :** लोकमत, डेली सकाल, दिव्य मराठी, लोकसत्ता, लोकमत।
- **बांग्ला :** आनंद बाजार पत्रिका, आजकल।
- **तेलुगु :** एनाड्डू, साक्षी, आंध्र भूमि, प्रजा शक्ति।
- **गुजराती :** गुजरात समाचार, संदेश, आजकल डेली, दिव्य भास्कर-गुजराती।
- **उर्दू :** सियासत, कौमी आवाज, हिन्द समाचार, तेज, प्रताप।

भारतीय लेखक एवं पुस्तकें

पुस्तक	लेखक	पुस्तक	लेखक
अभिज्ञान शाकुन्तलम	कालिदास	जूही की कली	सूर्यकान्त त्रिपाठी 'निराला'
आइने-अकबरी	अबुल फज़ल	चाँद का मुँह टेढ़ा है	मुक्तिबोध
आनंद मठ	बंकिम चन्द्र चटर्जी	कादम्बरी	बाणभट्ट
अर्थशास्त्र	कौटिल्य	कामायनी	जयशंकर प्रसाद
ए सुटेबल ब्वॉय	विक्रम सेठ	कपाल कुंडला	बंकिम चन्द्र चटर्जी
भगवद् गीता	वेदव्यास	कुमारसंभव	कालिदास
चिदम्बरा	सुमित्रानंदन पंत	महाभारत	वेदव्यास
कर्टेन रेज़र्स	नटवर सिंह	मालगुडी डेज़	आर० के० नारायण
देवदास	शरत चन्द्र चटर्जी	मेघदूत	कालिदास
दीवान-ए-ग़ालिब	मिर्ज़ा ग़ालिब	मुद्राराक्षस	विशाखदत्त
एसेज़ ऑन गीता	अरविन्द घोष	मृत्युंजय	बी० के० भट्टाचार्य
गुनाहों का देवता	धर्मवीर भारती	माई प्रेसिडेन्शल ईयर्स	आर० वेंकटरमन
गणदेवता	ताराशंकर बंदोपाध्याय	नैवेद्यम	बालामणि अम्मा
गीत गोविन्द	जयदेव	निशीथ	उमा शंकर जोशी
गीतांजलि	रवीन्द्रनाथ टैगोर	प्रिज़न डायरी	जयप्रकाश नारायण
गोदान	प्रेमचंद	पैसेज टु इंग्लैण्ड	नीरद सी० चौधरी
गोरा	रवीन्द्रनाथ टैगोर	पोस्ट ऑफिस	रवीन्द्रनाथ टैगोर
दि गाइड	आर० के० नारायण	प्रथम प्रतिश्रुति	आशापूर्णा देवी
पंचतंत्र	विष्णु शर्मा	रघुवंश	कालिदास
हर्ष चरित्र	बाणभट्ट	राजतरंगिणी	कल्हण
आइडोल्स	सुनील गावस्कर	रामायण	बाल्मीकि
इंडिया डिवाइडेड	डॉ० राजेन्द्र प्रसाद	रामचरित मानस	तुलसीदास

सम्मान एवं पुरस्कार

राष्ट्रीय पुरस्कार

भारत रत्न

- **भारत रत्न :** यह भारत का सर्वोच्च असैनिक सम्मान है। इसकी स्थापना 1954 में की गई थी। यह कला, साहित्य, विज्ञान एवं खेलकूद के क्षेत्र में अतिविशिष्ट सेवाओं तथा सार्वजनिक क्षेत्र में उत्कृष्टतम योगदान के लिए प्रदान किया जाता है। सरकारी सेवाओं में लगे व्यक्तियों को यह पुरस्कार नहीं दिया जाता।
- सचिन तेंदुलकर एवं डॉ॰ सी.एन. राव को वर्ष 2014 में तथा वर्ष 2015 में मदनमोहन मालवीय एवं अटल बिहारी वाजपेयी को भारत रत्न प्रदान किया गया। वर्ष 2019 में नानाजी देशमुख, भूपेन हजारिका तथा प्रणब मुखर्जी को भारत रत्न प्रदान किया गया।
- वर्ष 2024 में कर्पूरी ठाकुर, लाल कृष्ण आडवाणी, पी.वी. नरसिंह राव, चरण सिंह एवं एम.एस. स्वामीनाथन को भारत रत्न प्रदान किया गया।

पद्म पुरस्कार

पद्म विभूषण

पद्म भूषण

पद्मश्री

भारत रत्न के बाद पद्म पुरस्कार देश का दूसरा सबसे बड़ा सम्मान है। इसकी स्थापना 1954 में हुई थी। पद्म पुरस्कार तीन प्रकार के होते हैं–

- **पद्म विभूषण :** यह सभी क्षेत्रों में उल्लेखनीय योगदान के लिए दिया जाता है। सरकारी सेवाओं में लगे व्यक्ति भी इसके पात्र माने जाते हैं।
- **पद्म भूषण :** यह सभी क्षेत्रों में उल्लेखनीय योगदान के लिए प्रदान किया जाता है। सरकारी सेवाओं में रत व्यक्ति भी इसे पाने के हकदार हैं।
- **पद्म श्री :** विविध क्षेत्रों में उत्तम कार्य करने के उपलक्ष्य में यह उपाधि प्रदान की जाती है। सरकारी सेवा में लगे लोगों को भी इस उपाधि से अलंकृत किया जा सकता है।

शौर्य पुरस्कार

- **परमवीर चक्र :** यह भारत का सैन्य सेवा तथा उससे जुड़े हुए लोगों को दिया जाने वाला सर्वोच्च वीरता सम्मान है। यह सम्मान शत्रु के सामने अद्वितीय साहस और परम शौर्य-प्रदर्शन अथवा बलिदान के लिए प्रदान किया जाता है।
- **महावीर चक्र :** यह दूसरा सर्वोच्च पदक है जो शत्रु के समक्ष अद्वितीय शौर्य प्रदर्शन के फलस्वरूप प्रदान किया जाता है। इस प्रकार का वीरतापूर्ण कार्य थल, जल एवं नभ सेनाओं में से किसी के भी द्वारा किया गया हो सकता है।
- **वीर चक्र :** यह तीसरी श्रेणी का सेना पदक है जो शत्रु के समक्ष वीरता-प्रदर्शन करने के उपलक्ष्य में प्रदान किया जाता है। यह पदक जल, थल और नभ सेना के किसी भी वर्ग के कर्मचारी को वीरतापूर्ण कार्य के लिए प्राप्त हो सकता है।
- **अशोक चक्र :** यह पदक जल, थल और नभ कहीं पर भी उत्कृष्ट वीरतापूर्ण कार्य करने अथवा आत्म-बलिदान देने पर प्रदान किया जाता है। लेकिन इस प्रकार का काम शत्रु के समक्ष होना आवश्यक नहीं। गुणों के आधार पर इस पदक के तीन वर्ग हैं—प्रथम पदक अशोक चक्र, द्वितीय पदक कीर्ति चक्र तथा तृतीय पदक का नाम शौर्य चक्र है।

परमवीर चक्र | महावीर चक्र | वीर चक्र | अशोक चक्र | विशिष्ट सेवा पदक | जीवन रक्षा पदक

✦ **विशिष्ट सेवा पदक:** यह पदक भी तीन प्रकार का होता है—परम विशिष्ट सेवा पदक, अति विशिष्ट सेवा पदक तथा विशिष्ट सेवा पदक। यह पदक तीनों सेनाओं के कर्मियों को उनके द्वारा की गई 'असाधारण' विशिष्ट सेवाओं के लिए दिया जाता है।

✦ **जीवन रक्षा पदक:** यह पदक ऐसे लोगों को प्रदान किया जाता है जो डूबते हुए अथवा आग से जलते व्यक्तियों को बचाते हैं अथवा खान दुर्घटनाओं आदि में सुरक्षा कार्य करते हैं और उनके द्वारा किए गए प्रयत्नों के फलस्वरूप व्यक्ति/व्यक्तियों की जान बच जाती है। ये पुरस्कार तीन श्रेणियों में विभक्त हैं: सर्वोत्तम जीवन रक्षा पदक, उत्तम जीवन रक्षा पदक, जीवन रक्षा पदक।

अन्य पुरस्कार एवं सम्मान

✦ **ज्ञानपीठ पुरस्कार:** यह पुरस्कार भारतीय साहित्य में उत्कृष्ट योगदान के लिए, सांस्कृतिक एवं साहित्यिक संस्था 'भारतीय ज्ञानपीठ' द्वारा वर्ष 1965 से प्रदान किया जाता है। प्रत्येक वर्ष यह पुरस्कार संविधान की आठवीं अनुसूची में सम्मिलित 22 भारतीय भाषाओं और अंग्रेजी में से चयनित भारतीय लेखकों को प्रदान किया जाता है।

✦ **दादा साहब फाल्के पुरस्कार:** 1969 में स्थापित यह पुरस्कार भारतीय फिल्म उद्योग में उत्कृष्ट योगदान के लिए, भारत सरकार के सूचना एवं प्रसारण मंत्रालय द्वारा प्रदान किया जाता है।

✦ **जमनालाल बजाज पुरस्कार:** यह पुरस्कार रचनात्मक सामाजिक कार्यक्षेत्र में महत्वपूर्ण योगदान, ग्रामीण विकास हेतु विज्ञान एवं प्रौद्योगिकी के उपयोग तथा महिलाओं एवं बच्चों के उत्थान व कल्याण कार्यों हेतु प्रदान किया जाता है।

✦ **सरस्वती सम्मान:** यह पुरस्कार उत्कृष्ट साहित्यिक कृति पर दिया जाता है।

✦ **व्यास सम्मान:** के॰ के॰ बिड़ला फाउंडेशन द्वारा स्थापित यह पुरस्कार किसी एक साहित्यिक कृति को प्रदान किया जाता है।

✦ **मेजर ध्यानचंद खेल रत्न पुरस्कार:** 1992 में स्थापित यह पुरस्कार भारत सरकार द्वारा खेलों में सराहनीय प्रदर्शन करने वाले खिलाड़ियों को प्रदान किया जाता है। पहले इस पुरस्कार का नाम राजीव गांधी खेल रत्न पुरस्कार था।

✦ **अर्जुन पुरस्कार:** 1961 में स्थापित यह पुरस्कार भारत सरकार द्वारा विभिन्न खेलों में विशेष उपलब्धि प्राप्त करने वाले खिलाड़ियों को प्रदान किया जाता है।

✦ **द्रोणाचार्य पुरस्कार:** 1985 में स्थापित यह पुरस्कार भारत सरकार द्वारा खेल प्रशिक्षकों द्वारा की गयी उत्कृष्ट सेवाओं के लिए प्रदान किया जाता है।

खेल-जगत

ओलंपिक खेल

✦ प्राचीनकाल में यूनानवासी अपने नागरिकों को स्वस्थ एवं तंदुरुस्त बनाए रखने के लिए प्रतियोगी खेल स्पर्द्धाओं का आयोजन करते थे। जीयस देवता के सम्मान में प्रथम ओलम्पिक खेलों का आयोजन ओलम्पस माउंट में ईसापूर्व 776 में किया गया था। इसके बाद 394 ईस्वी तक, जब यूनानी सभ्यता का पतन हो गया तब भी, प्रत्येक 4 वर्षों के अंतराल के बाद ओलम्पिक खेलों का आयोजन किया जाता रहा। आधुनिक समय में फ्रॉंस के धनकुबेर पियरे डी. कुबर्तिन ने आधुनिक खेलों को पुनर्जीवित किया और प्रथम ओलम्पिक खेल का आयोजन 1896 में यूनान (ग्रीस) की राजधानी एथेंस में किया गया। ओलंपिक खेल वर्तमान प्रतियोगिताओं में अग्रणी खेल प्रतियोगिता है जिसमें 200 से ज्यादा देशों के हजारों प्रतियोगी भाग लेते हैं। ये खेल विश्व युद्धों को छोड़कर प्रत्येक 4 वर्ष के अंतराल पर आयोजित किये जाते हैं। ओलम्पिक खेलों का आयोजन अन्तर्राष्ट्रीय ओलम्पिक समिति करती है। ओलम्पिक खेलों का ध्वज श्वेत रंग का है जिस पर 5 रंगीन छल्ले बने हैं। प्रत्येक रिंग एक महादेश का प्रतिनिधित्व करती है। ओलम्पिक खेल का आदर्श वाक्य है—"और तेज, और ऊँचा और बलशाली" (अल्टियस, सिटियस, फोर्टियस)।

एशियाई खेल

✦ द्वितीय विश्वयुद्ध के पश्चात् अनेकों एशियाई देशों ने स्वतंत्रता प्राप्त की। ओलंपिक खेलों की तर्ज पर प्रत्येक चार वर्षों बाद एशियाई खेलों के आयोजन की योजना बनायी गई। भारत ने 1951 में नई दिल्ली में प्रथम एशियाई खेलों का आयोजन किया था।

राष्ट्रमंडल खेल

✦ राष्ट्रमंडल खेल भी प्रत्येक चार वर्ष बाद आयोजित किए जाते हैं, वह भी उसी वर्ष में जिसमें एशियाई खेल आयोजित होते हैं।

✦ सभी राष्ट्रमंडल देश (ब्रिटेन के पूर्व-उपनिवेश) इसमें भाग ले सकते हैं। प्रथम राष्ट्रमंडल खेल 1930 में हैमिल्टन (कनाडा) में आयोजित किये गए थे।

✦ प्रथम राष्ट्रमंडल खेल, जो 1930 में कनाडा के हैमिल्टन में आयोजित किये गये थे, को "ब्रिटिश एम्पायर गेम" के नाम से जाना गया। इनका तीन बार नाम परिवर्तन हुआ और वर्ष 1978 से इन्हें कामनवेल्थ गेम्स अथवा राष्ट्रमंडल खेलों के नाम से जाना गया।

महत्वपूर्ण कप एवं ट्रॉफियाँ

राष्ट्रीय

✦ **हॉकी:** आगा खान कप, ध्यानचंद ट्रॉफी, गुरु नानक कप, गुरमीत ट्रॉफी, मोदी गोल्ड कप, मुरुगप्पा गोल्ड कप, एमसीसी ट्रॉफी, लेडी रतन टाटा ट्रॉफी, इंदिरा गोल्ड कप, चैम्पियंस ट्रॉफी, बम्बई गोल्ड कप, एशिया कप, सिन्धिया गोल्ड कप, गुलाम अहमद ट्रॉफी, नेहरू ट्रॉफी।

✦ **फुटबॉल:** संतोष ट्रॉफी, डूरंड कप, डीसीएम फुटबॉल ट्रॉफी, आईएफए शील्ड, रोवर्स कप, सुब्रतो मुखर्जी कप, सीजर्स कप, फेडरेशन कप, कलिंगा कप, एशिया कप, डॉ. बी.सी. राय ट्रॉफी, बंदोडकर ट्रॉफी, विट्ठल ट्रॉफी, इंडियन सुपर लीग चैंपियनशिप।

- **क्रिकेट:** रणजी ट्रॉफी-नेशनल चैंपियनशिप, सी.के. नायडू ट्रॉफी, एशिया कप, ईरानी ट्रॉफी, जी.डी. बिरला ट्रॉफी, दलीप ट्रॉफी, देवधर ट्रॉफी, विजय हजारे ट्रॉफी।
- **बैडमिंटन:** नारंग कप, दीवान कप, अग्रवाल कप, चड्ढा कप।
- **टेबल टेनिस:** बारना-बैलक कप, रामानुजन ट्रॉफी।
- **पोलो:** एजरा कप, राधा मोहन कप, प्रीथी सिंह कप।
- **भारोत्तोलन:** बर्दवान ट्रॉफी।

अन्तर्राष्ट्रीय

- **क्रिकेट:** विश्व कप क्रिकेट, एशेज कप, बेन्सन एंड हेजेज कप, रिलायंस कप, रोथमान कप।
- **गोल्फ:** अगस्टा मास्टर्स, ब्रिटिश ओपन, लाइनर ओपन, वेल्स कप, वाकर कप, कनाडा कप, रेडेट कप, आइजनहावर कप, मकाऊ ओपन, रायडर कप, प्रिंस ऑफ वेल्स कप।
- **हॉकी:** विश्वकप हॉकी चैंपियनशिप, अजलान शाह कप, चैंपियंस ट्रॉफी, स्टैनले कप।
- **टेनिस:** विम्बल्डन कप, ऑस्ट्रेलियन ओपन, फ्रैंच ओपन, यूएस ओपन, डेविस कप, हेनेकेन कप, हॉपमैन कप, टाटा ओपन, यू थांट कप, चाइना ओपन, मलेशियन ओपन।
- **टेबल टेनिस:** कोरबिलियन कप (विश्व कप महिला), स्वेथलिंग कप (विश्व कप पुरुष)।
- **फुटबॉल:** बीसीएस ट्रॉफी, कोलंबो कप, यूरोपियन चैंपियनशिप कप, फीफा विश्व कप, ग्रे कप फुटबॉल, मैक्सलेलैंड ट्रॉफी, प्रीमियर लीग ट्रॉफी, यूईएफए चैंपियंस लीग, मर्डेका कप।
- **रेसिंग:** डर्बी हॉर्स कप।
- **बैडमिंटन:** मलेशियाई ओपन, चाइना ओपन, मकाऊ ओपन, थामस कप, उबेर कप (महिला), विलियम कप, डच ओपन ग्रां प्री. चैंपियनिशप, डेनमार्क ओपन।
- **फार्मूला वन रेस:** विश्व चैंपियनशिप, मैक्सिको ग्रां प्री. ट्रॉफी, जर्मनी ओपन, रूसी ग्रां.प्री.।

खेल शब्दावली

- **क्रिकेट:** एलबीडब्ल्यू, कवर प्वाइंट, क्रीजिज़, लेग-स्पिनर, ऑफ-स्पिनर, लेग-ब्रेक, नो-बॉल, हैट-ट्रिक, हिट-विकेट, मिड-विकेट, लेग साइड, मिड-ऑफ, मेडन, स्वीप, नाइट-वाचमैन, स्क्वायर-लेग, राउण्ड-द-विकेट, ओपनर, ओवर-थ्रो, ओवर-द-विकेट, ओपनर, ग्लांस, गुगली, गार्ड, स्टम्प्ड, बाउंसर, बाउंड्री, ऑल राउंडर, पिच, पुल, स्क्वायर कट, स्वीप, टॉस, लेटकट, अम्पायर, विकेट कीपर, बीमर, बॉलर, फुलटॉस, फ्रंट फुट, फ्री हिट।
- **बैडमिंटन:** मिक्स डबल्स, स्मैश, फुट वर्क, सर्व, शार्ट सर्व, शटल, फोरहैण्ड, फॉल्ट, शॉट, डबल हीट, ड्रॉप शॉट, लोब, लव, नेट, रैकेट, क्रॉस कोर्ट, बैकहैण्ड।
- **हॉकी:** स्ट्राइकिंग, गोल, अंडर-कटिंग, कार्नर, फ्री हिट, फाउल, बुली, कैरिंग द बॉल, हाब्स, हुकिंग, सर्कल, रिवर्स स्टिक, डिफेंडर, ड्रिवलिंग, ऑफ साइड, शॉर्ट पेनल्टी।
- **बॉक्सिंग:** राउंड, पंच, नॉक डाउन, रिंग, अटैक, ब्लॉकिंग, कट, फर्स्ट ब्लड, हुक, माउथपीस, डाइव, बाउट।
- **गोल्फ:** पुट, होल, टी, एयर शॉट, अवे, बॉल मार्क, बर्डी, कप, ईगल, हेजार्ड, लाई, रन।
- **टेनिस:** सर्विस, वॉली, स्मैश, सर्व, पासिंग शॉट, ओवर हैड, नेट बॉल, लव, लोब, बैक कोर्ट, बैक हैण्ड, ब्रेक, कोर्ट, डबल फॉल्ट, फोर कोर्ट, फ्रेम, गेम प्वाइंट, रैली, रिटर्न, डैड।
- **शूटिंग:** बैरल, बोर डाइमीअर, बुल, कैलिबर, ड्रैग, फायर आर्म, मसल वेलोसिटी, स्नैप, स्टॉक, डायामीटर, एयरगन, ग्रिप।

विश्व

विश्व एक दृष्टि में

✦ पृथ्वी आकार में 5वाँ सबसे बड़ा ग्रह है और सूर्य से दूरी के क्रम में तीसरा ग्रह है। यह सौरमण्डल का एकमात्र ग्रह है, जिस पर जीवन है।

• **अनुमानित आयु :** 4 अरब 60 करोड़ वर्ष	• **सूर्य से दूरी :** 14,95,97,900 कि.मी.
• **सम्पूर्ण धरातलीय क्षेत्रफल :** 510,100,500 वर्ग किमी.	• **चन्दमा से दूरी :** 3,84,403 कि.मी.
• **भूमि क्षेत्रफल :** 14,84,00,000 वर्ग कि.मी. (29 प्रतिशत)	• **परिभ्रमण काल :** 365 दिन, 5 घण्टे, 48 मिनट
• **जलीय क्षेत्रफल :** 36,13,00,000 वर्ग कि.मी. (71 प्रतिशत)	• **घूर्णन अवधि :** 23 घण्टे, 56 मिनट, 4 सेकंड
• **द्रव्यमान :** 5.9736×10^{24} किग्रा.	• **पृथ्वी के धरातल का सबसे निचला स्थान :** मृत सागर
• **औसत घनत्व (जल के घनत्व की अपेक्षा) :** 5.52	• **विषुवतीय/भूमध्यरेखीय व्यास :** 12,756 कि.मी.
• **समुद्रतल से अधिकतम ऊँचाई :** 8848 मी. (माउंट एवरेस्ट)	• **ध्रुवीय व्यास :** 12,714 किलोमीटर

✦ **जनसंख्या :** संयुक्त राष्ट्र जनसंख्या कोश के अनुसार अगस्त 2024 तक विश्व की जनसंख्या 8.2 बिलियन थी। विश्व जनसख्या के वर्ष 2050 तक 9.7 बिलियन होने का अनुमान लगाया गया है। विश्व जनसंख्या वृद्धि मुख्यतः कम-विकसित क्षेत्रों की देन है जिनमें एशिया, अफ्रीका और लेटिन अमेरिका के अधिकांश देश सम्मिलित हैं और अधिकांशतः यह वृद्धि इन देशों के बाहरी क्षेत्रों में हो रही है। वर्ष 2050 तक विश्व की जनसंख्या की लगभग 90 प्रतिशत जनसंख्या कम-विकसित देशों में रह रही होगी। आज विश्व की कुल जनसख्या से आधी जनसंख्या भारत, चीन, पाकिस्तान, नाइजीरिया, बांग्लादेश और इंडोनेशिया जैसे छः देशों में रहती है। प्रतिवर्ष विश्व की कुल जनसंख्या वृद्धि का लगभग पाँचवाँ भाग केवल भारत में ही बढ़ जाता है।

✦ **सबसे कम आबादी वाला देश :** स्वतंत्र राष्ट्रों में सबसे कम आबादी वाला देश वेटिकन सिटी है जहाँ 2021 में 1000 लोग रह रहे थे और जन्मदर शून्य थी।

✦ **सबसे बड़ा देश :** क्षेत्रफल के दृष्टिकोण से दुनिया का सबसे बड़ा देश रूस है। उसका कुल क्षेत्रफल 1,70,75,200 वर्ग किमी. है।

✦ **सबसे छोटा देश :** दुनिया का सबसे छोटा स्वतंत्र देश वेटिकन सिटी है। इसका कुल क्षेत्रफल 0.44 वर्ग किमी. है।

✦ **सबसे छोटा गणतंत्र :** विश्व का सबसे छोटा गणतंत्रात्मक देश नौरू है। यह 31 जनवरी, 1968 को स्वतंत्र हुआ। इसका कुल क्षेत्रफल 21 वर्ग किमी. है।

✦ **प्रमुख महासागर :** प्रशांत महासागर (6,36,34,000 वर्ग मील), अटलांटिक या अंध महासागर (4,10,81,040 वर्ग मील), हिन्द महासागर (2,84,00,000 वर्ग मील), आर्कटिक महासागर, अंटार्कटिक 10,456,000 वर्ग मील) या दक्षिण महासागर (50,00,000 वर्ग मील)।

✦ **प्रमुख सागर :** अरब सागर, कैस्पियन सागर, अंडमान सागर, भूमध्य सागर, टेथिस सागर, लाल सागर, मृत सागर, मैक्सिको की खाड़ी, बंगाल की खाड़ी, उत्तरी सागर।

संयुक्त राष्ट्र संघ

✦ संयुक्त राष्ट्र संघ 24 अक्टूबर, 1945 को अस्तित्व में आया। अब प्रत्येक वर्ष 24 अक्टूबर को संयुक्त राष्ट्र दिवस के रूप में मनाया जाता है।

✦ अन्तर्राष्ट्रीय शांति सुरक्षा एवं मानव अधिकार संयुक्त राष्ट्र के मुख्य उद्देश्य एवं लक्ष्य हैं।

✦ इसका मुख्यालय न्यूयॉर्क (अमेरिका) में है। इसकी वर्तमान संख्या 193 है। इस संगठन का सदस्य बनने वाला अन्तिम देश दक्षिण सूडान है।

✦ अंग्रेजी तथा फ्रेंच संयुक्त राष्ट्र की कार्यकारी भाषाएं हैं और रशियन, अरबी, स्पेनिश तथा चीनी अन्य मान्यता प्राप्त भाषाएं हैं।

✦ संयुक्त राष्ट्र के ध्वज की पृष्ठभूमि हल्की नीली है तथा इसका मध्य भाग सफेद है। ध्वज पर विश्व का मानचित्र अंकित है। मानचित्र पर फैली हुई जैतून की शाखाओं का एक युग्म (शांति का प्रतीक) भी अंकित है।

✦ राष्ट्र संघ के 6 प्रमुख अंग हैं:

1. महासभा,
2. सुरक्षा परिषद्,
3. आर्थिक एवं सामाजिक परिषद्,
4. न्यासिका परिषद् (ट्रस्टीशिप काउंसिल),
5. अन्तर्राष्ट्रीय न्यायालय, और
6. सचिवालय।

संयुक्त राष्ट्र से संबद्ध कुछ प्रमुख अभिकरणों के प्रतीक (logo)

अंतर्राष्ट्रीय आण्विक ऊर्जा अभिकरण (IAEA)	अंतर्राष्ट्रीय श्रमिक संगठन (ILO)
अंतर्राष्ट्रीय मुद्राकोष (IMF)	संयुक्त राष्ट्र आपातकालीन बाल कोष (UNICEF)
विश्व डाक संघ (UPU)	वैश्विक बौद्धिक सम्पत्ति अधिकार संगठन (WIPO)
विश्व मौसम विज्ञान संगठन (WMO)	विश्व व्यापार संगठन (WTO)

1. महासभा : संघ के सभी सदस्य देशों के प्रतिनिधि महासभा के सदस्य होते हैं। हर सदस्य देश का केवल एक वोट होता है। इसकी बैठक साल में एक बार होती है। महासभा राष्ट्र संघ का बजट पास करती है।

2. सुरक्षा परिषद् : यह राष्ट्र संघ की कार्यकारिणी समिति है। इसका प्रमुख उत्तरदायित्व अन्तर्राष्ट्रीय शांति को बनाए रखना है। इसके 15 सदस्य होते हैं, जिनमें से पाँच (अमेरिका, इंग्लैण्ड, रूस, फ्रांस और चीन) स्थायी सदस्य हैं और दस अस्थायी सदस्य हैं जिनका चुनाव महासभा के दो-तिहाई बहुमत से दो वर्ष के लिए होता है; और एक बार चुना गया सदस्य दो वर्ष समाप्त होने पर तत्काल दुबारा सुरक्षा परिषद् का सदस्य नहीं चुना जा सकता।

3. **आर्थिक और सामाजिक परिषद् :** आर्थिक और सामाजिक परिषद् में 54 सदस्य होते हैं। इसके सदस्यों का चुनाव महासभा द्वारा तीन वर्ष की अवधि के लिए किया जाता है।

4. **न्यासिता (ट्रस्टीशिप) परिषद् :** यह परिषद् ऐसे देशों या क्षेत्रों के लोगों के हितों की देखभाल करती है जो अभी तक पूरी तरह स्वायत्तशासी नहीं हो सके हैं। इसका लक्ष्य ट्रस्ट प्रदेशों में रहने वाले लोगों को शिक्षित करके उन्हें स्वशासन के योग्य बनाना है।

5. **अन्तर्राष्ट्रीय न्यायालय :** इस न्यायालय में 15 जज होते हैं। एक ही राष्ट्रीयता के दो जज एक साथ नहीं हो सकते। जजों का चुनाव महासभा तथा सुरक्षा परिषद् द्वारा अलग-अलग बैठकों में किया जाता है। उनका कार्यकाल 9 वर्ष का होता है। न्यायालय अपना अध्यक्ष और उपाध्यक्ष भी चुनता है जिनका कार्यकाल 3 वर्ष का होता है।

6. **सचिवालय (सेक्रेटेरियेट) :** सचिवालय महासचिव के अधीन है, जो संयुक्त राष्ट्र संघ का मुख्य प्रशासनिक अधिकारी होता है।

संयुक्त राष्ट्र संघ द्वारा आयोजित वर्ष

- **1968 :** अंतर्राष्ट्रीय मानव अधिकार वर्ष
- **1970 :** अंतर्राष्ट्रीय शिक्षा वर्ष
- **1972 :** अंतर्राष्ट्रीय पुस्तक वर्ष
- **1973 :** कॉपरनिक्स वर्ष
- **1974 :** विश्व जनसंख्या वर्ष
- **1975 :** अंतर्राष्ट्रीय महिला वर्ष
- **1979 :** अंतर्राष्ट्रीय बाल वर्ष
- **1980 :** अंतर्राष्ट्रीय शिक्षा वर्ष
- **1981 :** अंतर्राष्ट्रीय दिव्यांग वर्ष
- **1983 :** विश्व संचार वर्ष
- **1985 :** विश्व युवा वर्ष
- **1986 :** अंतर्राष्ट्रीय शांति वर्ष
- **1987 :** अंतर्राष्ट्रीय आश्रय वर्ष
- **1988 :** एड्स विषयक संचार एवं सहयोग वर्ष
- **1990 :** अंतर्राष्ट्रीय साक्षरता वर्ष
- **1992 :** अंतर्राष्ट्रीय अंतरिक्ष वर्ष
- **1993 :** अंतर्राष्ट्रीय आदिवासी नागरिक वर्ष
- **1994 :** अंतर्राष्ट्रीय परिवार वर्ष
- **1995 :** अंतर्राष्ट्रीय सहिष्णुता वर्ष
- **1996 :** अंतर्राष्ट्रीय गरीबी उन्मूलन वर्ष
- **1999 :** वृद्धजनों का वर्ष
- **2000 :** शांति की संस्कृति का वर्ष
- **2001 :** अंतर्राष्ट्रीय स्वयंसेवक वर्ष
- **2002 :** अंतर्राष्ट्रीय पर्यावरण पर्यटन वर्ष
- **2003 :** अंतर्राष्ट्रीय शुद्ध जल वर्ष
- **2004 :** अंतर्राष्ट्रीय चावल वर्ष
- **2005 :** अंतर्राष्ट्रीय खेल एवं शारीरिक शिक्षा वर्ष
- **2006 :** अंतर्राष्ट्रीय मरुभूमि व मरुभूमिकरण वर्ष
- **2008 :** अंतर्राष्ट्रीय आलू वर्ष
- **2009 :** अंतर्राष्ट्रीय खगोल विज्ञान वर्ष
- **2010 :** अंतर्राष्ट्रीय जैवविविधता वर्ष
- **2011 :** अंतर्राष्ट्रीय वन वर्ष
- **2012 :** अंतर्राष्ट्रीय सहकारिता वर्ष
- **2013 :** अंतर्राष्ट्रीय जल सहयोग वर्ष
- **2014 :** अंतर्राष्ट्रीय पारिवारिक कृषि वर्ष
- **2015 :** अंतर्राष्ट्रीय मृदा वर्ष
- **2016 :** अंतर्राष्ट्रीय दलहन वर्ष
- **2017 :** विकास के लिए सतत पर्यटन वर्ष
- **2019 :** अंतर्राष्ट्रीय स्वदेशी भाषा वर्ष
- **2020 :** अंतर्राष्ट्रीय पादप स्वास्थ्य वर्ष
- **2021 :** अंतर्राष्ट्रीय शांति एवं विश्वास का वर्ष
- **2022 :** परम्परागत मातिस्यकी एवं मत्स्यपालन का वर्ष
- **2023 :** मोटे अनाज का अंतर्राष्ट्रीय वर्ष
- **2024 :** अंतर्राष्ट्रीय कैमलिड्स वर्ष
- **2025 :** अंतर्राष्ट्रीय सहकारिता वर्ष; क्वांटम विज्ञान एवं प्रौद्योगिकी का अन्तर्राष्ट्रीय वर्ष; शांति और विश्वास का अन्तर्राष्ट्रीय वर्ष; ग्लेशियरों के संरक्षण का अन्तर्राष्ट्रीय वर्ष

विश्व के विभिन्न देशों की राजधानियाँ एवं मुद्राएँ

देश	राजधानी	राष्ट्रीय मुद्रा	देश	राजधानी	राष्ट्रीय मुद्रा
अफगानिस्तान	काबुल	अफगानी	ग्रीस	एथेंस	यूरो
चीन	बीजिंग	युआन	हांग कांग	विक्टोरिया	डॉलर
बांग्लादेश	ढाका	टका	हंगरी	बुडापेस्ट	फोरिन्ट्स
भूटान	थिम्पू	न्गुलट्रम	आयरलैंड	डबलिन	यूरो
भारत	नई दिल्ली	रुपया	इज़राइल	यरूशलम	न्यू शेकेल
इंडोनेशिया	जकार्ता	रुपिया	इटली	रोम	यूरो
ईरान	तेहरान	रियाल	जमैका	किंगस्टन	डॉलर
इराक	बगदाद	दीनार	जापान	टोकियो	येन
कुवैत	कुवैत सिटी	दीनार	केन्या	नैरोबी	शिलिंग
मलेशिया	कुआलालम्पुर	रिंगीट	द. कोरिया	सिओल	वॉन
मालदीव	माले	रुफिया	उत्तर कोरिया	प्योंग्यांग	वॉन
मॉरीशस	पोर्ट लुइस	रुपया	मैक्सिको	मैक्सिको सिटी	पेसो
म्यांमार (बर्मा)	ने पी ता	क्यात	मोरक्को	रबात	दिरहम
नेपाल	काठमांडू	रुपया	नीदरलैंड	एम्सटर्डम	यूरो
ओमान	मस्कट	रियाल	न्यूजीलैंड	वेलिंगटन	डॉलर
पाकिस्तान	इस्लामाबाद	रुपया	नार्वे	ओस्लो	क्रोनर
फिलिपींस	मनीला	पेसो	पुर्तगाल	लिस्बन	यूरो
श्रीलंका	कोलंबो	रुपया	रूस	मॉस्को	रूबल
ताइवान	ताइपे	डॉलर	स्पेन	मैड्रिड	यूरो
थाइलैंड	बैंकाक	थाई बाट	स्वीडन	स्टॉकहोम	क्रोन
तुर्किए	अंकारा	तुर्की लीरा	स्विट्जरलैंड	बर्न	स्विस फ्रेंक
सऊदी अरब	रियाद	सऊदी रियाल	यूएई	आबूधाबी	दिरहम
			इंग्लैंड	लंदन	पाउंड स्टर्लिंग
ऑस्ट्रिया	वियेना	यूरो			
अज़रबैजान	बाकू	मनात	अमेरिका	वाशिंगटन	डॉलर
बेल्जियम	ब्रुसेल्स	यूरो	वियतनाम	हनोई	डोंग
बुल्गारिया	सोफिया	लेव	जिम्बाब्वे	हरारे	डॉलर
कम्बोडिया	नोमपेन्ह	रिएल	जाम्बिया	लुसाका	क्वाचा
कनाडा	ओटावा	डॉलर	मकाऊ	मकाऊ	मैकनीज़ पटाका
चिली	सैन्टीयागो	पेसो	यमन	साना	रियाल
कोलंबिया	बोगोटा	पेसो	पेरू	लीमा	न्यू सोल
डेनमार्क	कोपेनहेगन	क्रोन	दक्षिण अफ्रीका	प्रिटोरिया	रैन्ड
मिस्र	काईरो	पाउंड	क्यूबा	हवाना	पेसो
इथोपिया	अदिस अबाबा	बीर्र	कैमरून	याओंडे	फ्रेंक
फिनलैंड	हेलसिंकी	यूरो	अर्जेंटीना	ब्यूनस आयर्स	पेसो
फ्रांस	पेरिस	यूरो	अंगोला	लुआंडा	क्वान्जा
जर्मनी	बर्लिन	यूरो	मोजाम्बिक	मापुटो	मेटिकल

विश्व के प्रमुख भौगौलिक उपनाम

✦ चीन का शोक	ह्वांगहो नदी
✦ शुगर बाउल ऑफ द वर्ल्ड	क्यूबा
✦ गगनचुम्बी इमारतों का नगर	न्यूयॉर्क (अमेरिका)
✦ सात पहाड़ियों का नगर	रोम (इटली)
✦ एटरनल सिटी (होली सिटी)	रोम
✦ पर्ल ऑफ दी ऑरिएण्ट	सिंगापुर
✦ क्वेकर सिटी	फिलाडेल्फिया
✦ लैंड ऑफ मॉर्निंग काम	कोरिया
✦ लैंड ऑफ थाउजेंड लेक्स	फिनलैंड
✦ लैंड ऑफ मिडनाइट सन	नार्वे
✦ भूमध्यसागर का द्वार	जिब्राल्टर
✦ लैंड ऑफ ह्वाइट एलीफैंट्स	थाइलैंड
✦ दक्षिण का ब्रिटेन	न्यूजीलैंड
✦ सिटी ऑफ गोल्डन गेट	सेन फ्रांसिस्को
✦ वेनिस ऑफ द वर्ल्ड	स्टॉकहोम (स्वीडन)
✦ क्वीन ऑफ एड्रियाटिक	वेनिस (इटली)
✦ स्मारकों की नगरी	वियना (ऑस्ट्रिया)
✦ पिलर्स ऑफ हरक्यूलिस	स्ट्रेट ऑफ जिब्राल्टर
✦ पवनचक्कियों की भूमि	नीदरलैंड
✦ श्वेत शहर	बेलग्रेड
✦ आइलैंड ऑफ क्लोव्ज	जंजीबार (तंजानिया)
✦ पूर्व का मैनचेस्टर	ओसाका (जापान)
✦ फॉरबिडन सिटी	ल्हासा (तिब्बत)
✦ लिली का देश	कनाडा
• एमराल्ड द्वीप	आयरलैंड
• सूर्योदय का देश	जापान
• कॉकपिट ऑफ यूरोप	बेल्जियम
• मोतियों का द्वीप	बहरीन

महत्वपूर्ण दिवस

15 जनवरी	थल सेना दिवस
25 जनवरी	भारतीय पर्यटन दिवस
26 जनवरी	भारतीय गणतंत्र दिवस
30 जनवरी	शहीद दिवस, विश्व कुष्ठ निवारण दिवस (महात्मा गाँधी की पुण्य तिथि)
1 फरवरी	तटरक्षक दिवस, डाक जीवन बीमा दिवस
4 फरवरी	विश्व कैंसर दिवस
21 फरवरी	विश्व मातृभाषा दिवस
22 फरवरी	पल्स पोलियो दिवस
28 फरवरी	राष्ट्रीय विज्ञान दिवस (रमन प्रभाव की स्मृति में)
8 मार्च	अन्तर्राष्ट्रीय महिला दिवस
15 मार्च	विश्व उपभोक्ता अधिकार दिवस, विश्व दिव्यांगता दिवस
22 मार्च	विश्व जल दिवस
23 मार्च	शहीद दिवस, विश्व मौसम विज्ञान दिवस
24 मार्च	विश्व तपेदिक दिवस
7 अप्रेल	विश्व स्वास्थ्य दिवस
18 अप्रेल	विश्व विरासत दिवस
1 मई	मई दिवस (अन्तर्राष्ट्रीय श्रम दिवस)
8 मई	विश्व रेडक्रॉस दिवस
11 मई	राष्ट्रीय प्रौद्योगिकी दिवस
24 मई	कॉमनवेल्थ दिवस
31 मई	धूम्रपान विरोध दिवस
1 जून	अन्तर्राष्ट्रीय बाल दिवस
5 जून	विश्व पर्यावरण दिवस
14 जून	वर्ल्ड ब्लड डोनर डे
21 जून	अन्तर्राष्ट्रीय योग दिवस
11 जुलाई	विश्व जनसंख्या दिवस
5 सितम्बर	शिक्षक दिवस
8 सितम्बर	विश्व साक्षरता दिवस
16 सितम्बर	विश्व ओजोन दिवस
21 सितम्बर	अन्तर्राष्ट्रीय शांति दिवस
27 सितम्बर	विश्व पर्यटन दिवस
3 अक्टूबर	विश्व पर्यावास दिवस
5 अक्टूबर	विश्व आवास दिवस
9 अक्टूबर	विश्व डाक दिवस
16 अक्टूबर	विश्व खाद्य दिवस
20 अक्टूबर	राष्ट्रीय एकता दिवस
19 नवम्बर	अन्तर्राष्ट्रीय नागरिक दिवस
26 नवम्बर	विश्व पर्यावरण संरक्षण दिवस
1 दिसम्बर	विश्व एड्स दिवस
10 दिसम्बर	अन्तर्राष्ट्रीय मानवाधिकार दिवस
25 दिसम्बर	सुशासन दिवस
29 दिसम्बर	विश्व जैव विविधता दिवस

नदियों के तट पर बसे विश्व के प्रमुख नगर

नगर (देश)	नदी का नाम
✦ लन्दन (इंग्लैंड)	टेम्स
✦ कैन्टन (चीन)	सीक्यांग
✦ शंघाई (चीन)	यांग्सीक्यांग
✦ न्यूयार्क (अमेरिका)	हडसन
✦ सेंट लुईस (अमेरिका)	मिसिसिपी
✦ बर्लिन (जर्मनी)	स्प्री
✦ बोन (जर्मनी)	राइन
✦ पेरिस (फ्रांस)	सीन
✦ बुडापेस्ट (हंगरी)	डेन्यूब
✦ पर्थ (ऑस्ट्रेलिया)	स्वान
✦ बगदाद (इराक)	टिगरिस
✦ आस्वान (मिस्र)	नील

नगर (देश)	नदी का नाम
✦ टोकियो (जापान)	अराकावा
✦ रोम (इटली)	टाइबर
✦ यंगून (म्यांमार)	इरावदी
✦ ओटावा (कनाडा)	सेंट लारेंस
✦ मॉण्ट्रियल (कनाडा)	सेंट लारेंस
✦ सिडनी (ऑस्ट्रेलिया)	डार्लिंग
✦ मैड्रिड (स्पेन)	मैजेनसेस
✦ लिस्बन (पुर्तगाल)	टेगस
✦ लाहौर (पाकिस्तान)	रावी
✦ कराची (पाकिस्तान)	सिंधु
✦ डबलिन (आयरलैंड)	लीपफें
✦ दिल्ली (भारत)	यमुना

विश्व की प्रमुख समाचार एजेंसियाँ

एजेंसी	देश
✦ एजेंसी फ्रांस प्रेस (AFP)	फ्रांस
✦ अंटारा	इन्डोनेशिया
✦ एसोसिएट प्रेस (AP)	अमेरिका
✦ प्रेस ट्रस्ट ऑफ इंडिया (PTI)	भारत
✦ एक्सटेल	ब्रिटेन
✦ ग्लोब न्यूज़ एजेंसी	फ्रांस
✦ यूनाइटेड प्रेस ऑफ अमेरिका	अमेरिका
✦ यूनाइटेड न्यूज ऑफ इंडिया	भारत

एजेंसी	देश
✦ रायटर	ब्रिटेन
✦ न्यू चाइना न्यूज एजेंसी (NCNA)	चीन
✦ इंटरनेशनल न्यूज सर्विस	अमेरिका
✦ सऊदी प्रेस एजेंसी (SPA)	सऊदी अरब
✦ वियतनाम न्यूज एजेंसी (VNA)	वियतनाम
✦ कनेडियन प्रेस (CP)	कनाडा
✦ एसोसिएट प्रेस ऑफ पाकिस्तान	पाकिस्तान
✦ आस्ट्रेलियन एसोसिएट प्रेस	ऑस्ट्रेलिया

महत्वपूर्ण आवास स्थान

✦ व्हाइट हाउस (वाशिंगटन)	अमेरिका के राष्ट्रपति का निवास
✦ राष्ट्रपति भवन (नई दिल्ली)	भारत के राष्ट्रपति का निवास
✦ 7, लोक कल्याण मार्ग (नई दिल्ली)	भारत के प्रधानमंत्री का निवास
✦ बकिंघम पैलेस (लंदन)	ब्रिटेन के सम्राट/सम्राज्ञी का निवास
✦ 10, डाउनिंग स्ट्रीट (लंदन)	ब्रिटेन के प्रधानमंत्री का निवास
✦ एलीसी पैलेस (पेरिस)	फ्रांस के राष्ट्रपति का निवास
✦ वेटिकन सिटी (रोम)	ईसाई धर्मगुरू पोप का निवास

प्रमुख देशों के सर्वोच्च सम्मान

सर्वोच्च सम्मान	देश
✦ भारत रत्न	भारत
✦ निशान-ए-पाकिस्तान	पाकिस्तान
✦ ऑर्डर ऑफ ऑस्ट्रेलिया	ऑस्ट्रेलिया
✦ ऑर्डर ऑफ इसाबेला द कैथोलिक	स्पेन
✦ द ऑर्डर ऑफ सान मार्टिन	अर्जेंटीना
✦ ऑर्डर ऑफ डेमोक्रेसी	तुर्किये
✦ शाह अब्दुल अजीज मेडल	सउदी अरब
✦ हीरो ऑफ द रशियन फेडरेशन	रूस

सर्वोच्च सम्मान	देश
✦ प्रेसिडेंशियल मेडल ऑफ फ्रीडम	अमेरिका
✦ ऑर्डर ऑफ राइजिंग सन	जापान
✦ प्राइड ऑफ श्रीलंका	श्रीलंका
✦ लीजेंड ऑफ ऑनर	फ्रांस
✦ पोर ली मैरिट आयरन क्रॉस	जर्मनी
✦ नीदरलैंड्स लॉयन	नीदरलैंड
✦ द ऑर्डर ऑफ द गोल्डन स्टार	वियतनाम
✦ विक्टोरिया क्रॉस	ब्रिटेन

विश्व के प्रमुख समाचार पत्र

समाचार पत्र	स्थान/देश
✦ वाशिंगटन पोस्ट	अमेरिका
✦ लास एंजिल्स टाइम्स	अमेरिका
✦ शिकागो ट्रिब्यून	शिकागो (अमेरिका)
✦ वाल स्ट्रीट जर्नल	न्यूयॉर्क (अमेरिका)
✦ टोरंटो सन	टोरंटो (कनाडा)
✦ डेली टेलीग्राफ मिरर	सिडनी (ऑस्ट्रेलिया)
✦ गार्जियन	लंदन (ब्रिटेन)
✦ दि टाइम्स	लंदन (ब्रिटेन)
✦ पीपुल्स डेली	बीजिंग (चीन)
✦ ला मांद	पेरिस (फ्रांस)

समाचार पत्र	स्थान/देश
✦ दि टाइम्स ऑफ इंडिया	भारत
✦ लॉ रिपब्लिका	रोम (इटली)
✦ बर्लिन जेतुंग	बर्लिन (जर्मनी)
✦ इजवेस्तिया	मास्को (रूस)
✦ अल अहराम	काहिरा (मिस्र)
✦ डान	कराची (पाकिस्तान)
✦ हिन्दुस्तान टाइम्स	भारत
✦ योमुरी	टोकियो (जापान)
✦ ईस्टर्न एन	सिंगापुर
✦ मर्डेका	जकार्ता (इंडोनेशिया)

विश्व में बोली जाने वाली 10 प्रमुख भाषाएँ

	भाषा	बोलने वाली जनसंख्या
1.	**चीनी (मंदारिन)**	1322.8 मिलियन
2.	**स्पेनिश**	471.4 मिलियन
3.	**अंग्रेजी**	369.9 मिलियन
4.	**अरबी**	349.3 मिलियन
5.	**हिन्दी**	342.2 मिलियन

	भाषा	बोलने वाली जनसंख्या
6.	**पुर्तगाली**	232.4 मिलियन
7.	**बंगाली**	228.7 मिलियन
8.	**रूसी**	153.7 मिलियन
9.	**जापानी**	126.3 मिलियन
10.	**मराठी**	83.1 मिलियन

विश्व में प्रथम

✦ भारत में प्रथम चीनी यात्री	फाह्यान (405 AD)
✦ भारत पर प्रथम विदेशी आक्रमणकारी	सिकन्दर (यूनानी) : 327 ईसा पूर्व.
✦ एवरेस्ट चोटी पर चढ़ने वाला प्रथम व्यक्ति	एडमंड हिलेरी (न्यूजीलैंड); शेरपा तेनजिंग नोरगे (भारतीय)
✦ प्रथम एटम बम कहाँ गिरा	हिरोशिमा (जापान) : 6 अगस्त, 1945
✦ प्रथम पुरुष अंतरिक्ष यात्री	यूरी गागरिन (भूतपूर्व सो॰ यूनियन) : अप्रैल 1961
✦ प्रथम महिला अन्तरिक्ष यात्री	वेलेन्तेना तेरेश्कोवा (भूतपूर्व सोवियत यूनियन) : जून 1963
✦ चाँद पर पहुँचने वाला प्रथम व्यक्ति	नील-आर्मस्ट्रांग (अमेरिका) : 21 जुलाई, 1969
✦ विश्व की प्रथम टेस्ट-ट्यूब बेबी	लूसी ब्राउन (ब्रिटेन : 1978)
✦ अमेरिका के प्रथम राष्ट्रपति	जॉर्ज वाशिंगटन
✦ विश्व की पहली हवाई डाक	इलाहाबाद (प्रयागराज) से नैनी भेजी गई (फरवरी 1911)
✦ विश्व की प्रथम महिला प्रधानमंत्री	श्रीमती सिरीमाओ भंडारनायके (श्रीलंका)
✦ इंग्लिश चैनल को तैरकर पार करने वाला प्रथम व्यक्ति	मैथ्यू वेब
✦ इंग्लिश चैनल को तैरकर पार करने वाली प्रथम महिला	गरट्रड कारोलिन एडर्ली (अमेरिका)
✦ दक्षिणी ध्रुव तक पहुँचने वाला प्रथम व्यक्ति	आर. एमंडसन (नार्वे)
✦ उत्तरी ध्रुव तक पहुँचने वाला प्रथम व्यक्ति	रॉबर्ट पियरे (अमेरिका)

प्रमुख विदेशी लेखक एवं पुस्तकें

पुस्तक	*लेखक*
एलिस इन वंडरलैण्ड	लेविस करोल
एपल कार्ट	जी.बी॰ शॉ
अरेबियन नाइट्स	सर रिचर्ड बर्टन
एज़ यू लाइक इट	शेक्सपीयर
ए टेल ऑफ टू सिटीज़	चार्ल्स डिकेन्स
बेनहूर	लेविस वैलेस
कैन्डिडा	जी.बी॰ शॉ
कम्युनिस्ट मेनीफेस्टो	कार्ल मार्क्स
क्राइम एण्ड पनिशमेंट	दोस्तोवस्की
दास कैपिटल	कार्ल मार्क्स
डेविड कापरफील्ड	चार्ल्स डिकेन्स
डिसग्रेस	जे॰एम॰ कोत्ज़ी
डिवाइन कॉमेडी	ए॰ दान्ते
डॉ॰ जिवागो	बोरिस पास्टरनक
डॉन क्विक्ज़ोट	सर्वेन्टीज़
फेमिश्ड रोड	बेन ओकरी
फ्रीडम फ्राम फीयर	आंग सान सू की
गुड अर्थ	पर्ल एस॰ बक
हैमलेट	शेक्सपीयर
इलियड	होमर
इन्फर्नो	ए॰ दान्ते
जूलियस सीज़र	शेक्सपीयर
लेडी चैटर्लीस लवर	डी॰एच॰ लारेन्स
लज्जा	तस्लीमा नसरीन
ल मेज़रेब	विक्टर ह्यूगो
लांग वॉक टु फ्रीडम	नेलसन मण्डेला
मीन कैम्फ	एडोल्फ हिटलर
मर्चेण्ट ऑफ वेनिस	शेक्सपीयर
मिडनाइट्स चिल्ड्रेन	सलमान रुश्दी
मदर	मैक्सिम गोर्की

विश्व में सर्वाधिक ऊँचा, बड़ा, भारी और लम्बा आदि

✦ पशुओं में सबसे ऊँचा कद	जिराफ (औसत ऊँचाई 6.09 मीटर)
✦ बड़ा और वजनदार जीव	ब्लू व्हेल (190 टन)
✦ पशुओं में रफ्तार में सबसे तेज	चीता (लगभग 100 किमी./ घंटा)
✦ सबसे बड़ा हवाई अड्डा	किंग खालिद अन्तर्राष्ट्रीय हवाई अड्डा रियाद, सऊदी अरब
✦ सबसे ऊँचा हवाई अड्डा	बंगदा हवाई अड्डा, तिब्बत (अब चीन में)
✦ विश्व में सर्वाधिक ऊँची इमारत	बुर्ज खलीफा (दुबई, 828 मीटर)
✦ सबसे लम्बी बड़े जहाजों वाली नहर	स्वेज नहर (लगभग 160 किमी.)
✦ सबसे अधिक आवागमन वाली (व्यस्त) नहर	कील नहर (जर्मनी)
✦ सबसे बड़ा चर्च	सेन्ट पीटर बैसीलिका, रोम (क्षेत्रफल, 2300 कि.मी.)
✦ सबसे हल्की गैस	हाइड्रोजन
✦ सबसे बड़ा शहर (क्षेत्रफल)	जिआन गान्सू, (चीन)
✦ सबसे बड़ा महाद्वीप	एशिया (30,938,605 वर्ग किमी.)
✦ सबसे छोटा महाद्वीप	ऑस्ट्रेलिया (8,426,635 वर्ग किमी.)
✦ सबसे अधिक जनसंख्या घनत्व वाला देश	मोनाको
✦ सबसे अधिक क्षेत्रफल वाला देश	रूस (क्षेत्रफल : 1,70,75,200 वर्ग किमी.)
✦ सबसे अधिक मतदाता वाला देश	भारत (90 करोड़ से अधिक)
✦ सबसे छोटा स्वतंत्र देश	वे़टिकन सिटी (0.44 किमी² : 109 एकड़)
✦ सबसे बड़ा डेल्टा	गंगा व ब्रह्मपुत्र नदी का सुंदरबन डेल्टा (75000 किमी².)
✦ सबसे बड़ा मरुस्थल	सहारा (उ. अफ्रीका) क्षेत्रफल : 8400000 वर्ग किमी
✦ सबसे बड़ा हीरा	कुलिनन (3016 कैरेट)
✦ सबसे बड़ा गुम्बद	सिंगापुर नेशनल स्टेडियम
✦ सबसे बड़ा महाकाव्य	महाभारत
✦ सबसे विषैली मछली	स्टोन मछली (हिन्द महासागर, प्रशांत महासागर)
✦ सबसे बड़ी खाड़ी	मैक्सिको की खाड़ी (1,544,000 वर्ग किमी.)
✦ सबसे बड़ा द्वीप	ग्रीनलैंड, 2,175,000 किमी²
✦ सबसे बड़ी झील	कैस्पियन सागर (अजरबैजान-रूस-ईरान सीमा पर)

✦ सबसे ऊँचा पर्वत शिखर	माउन्ट एवरेस्ट, नेपाल (8848 मीटर ऊँचा)
✦ सबसे बड़ी भू-पर्वत शृंखला	हिमालय-कराकोरम
✦ सबसे बड़ा संग्रहालय	प्राकृतिक इतिहास का अमेरिकन संग्रहालय, न्यूयॉर्क
✦ सबसे बड़ा और गहरा महासागर	प्रशांत महासागर (1810 लाख किमी^{2}) (10916 मीटर गहरा)
✦ सर्वाधिक ऑस्कर पुरस्कार प्राप्त	वाल्टर इलियस डिस्ने,
✦ सबसे बड़ा प्रायद्वीप	अरब (32.5 लाख वर्ग किमी)
✦ सर्वाधिक वर्षा वाला स्थान	मासिनराम, चेरापूंजी (मेघालय, भारत 11873 मि.मी.)
✦ सबसे बड़ा ग्रह	बृहस्पति (व्यास 1,42,984 किमी)
✦ सबसे ऊँचा पठार	तिब्बत का पठार (मध्य एशिया, 4900 मी.)
✦ सबसे लम्बा रेलवे प्लेटफॉर्म	श्री सिद्धारूढ़ा स्वामी जी रेलवे स्टेशन हुब्बल्लि (कर्नाटक, भारत, 1507 मीटर लम्बा)
✦ सबसे लम्बी रेलवे लाइन	ट्रांस साइबेरियन रेलवे (9438 कि.मी. लम्बी)
✦ सबसे बड़ा रेलवे स्टेशन	ग्रैंड सैंट्रल टर्मिनल (न्यूयॉर्क सिटी, 17 हेक्टेयर)
✦ धर्म, सबसे प्राचीन	हिन्दू धर्म
✦ धर्म, सबसे अधिक अनुयायियों वाला	ईसाई धर्म
✦ सबसे लम्बी नदी	नील (6690 किमी.); अमेजन (6570 किमी.)
✦ सबसे लम्बी सड़क	पैन अमेरिकन हाइवे (अलास्का से ब्रसीला तक, 30000 किमी)
✦ सबसे ऊँची मूर्ति	स्टेचू ऑफ यूनिटी–भारत (182 मी.)
✦ सर्वाधिक लम्बा मान्यता प्राप्त तैराकी मार्ग	इंगलिश चैनल
✦ सबसे बड़ी (रेलवे) सुरंग	गोटहार्ड रेल सुरंग (स्विट्जरलैंड) 57.1 किमी.
✦ सबसे बड़ी (सड़क) सुरंग	लार्डल रोड सुरंग (नार्वे, 24.51 किमी.)
✦ सर्वाधिक ज्वालामुखी वाला देश	इंडोनेशिया
✦ सबसे ऊँचा सक्रिय ज्वालामुखी	ओजोस डेल सलाडो (चिली-अर्जेंटीना)
✦ सबसे लम्बी दीवार	चीन की दीवार
✦ सबसे ऊँचा प्रपात / झरना	एंजल फाल्स (वेनेजुएला)
✦ सबसे बड़ा मन्दिर	अंकोरवाट (कम्बोडिया, 402 एकड़)
✦ सबसे बड़ा अजायबघर	अमेरिकन म्यूजियम ऑफ नेचुरल हिस्ट्री (न्यूयॉर्क)

विश्व के प्रसिद्ध स्थल

स्थल	स्थिति	देश
बकिंघम पैलेस	लंदन	ब्रिटेन
बुर्ज खलीफा	दुबई	यूएई
ओपेरा हाउस	सिडनी	ऑस्ट्रेलिया
लॉस वेगास	नेवादा	अमेरिका
स्टेच्यू ऑफ लिबर्टी	न्यूयॉर्क	अमेरिका
ग्रेट वॉल ऑफ चाईना	चीन	चीन
ब्रॉडवे	न्यूयॉर्क	अमेरिका
इंडिया गेट	नई दिल्ली	भारत
ब्रेंडेनवर्ग गेट	बर्लिन	जर्मनी
डाउनिंग स्ट्रीट	लंदन	ब्रिटेन
एम्पायर स्टेट बिल्डिंग	न्यूयार्क	अमेरिका
एफिल टॉवर	पेरिस	फ्रांस
काबा	मक्का	सउदी अरब
लीनिंग टावर	पीसा	इटली
वॉल स्ट्रीट	न्यूयार्क	अमेरिका
ग्रैंड केनयोन	एरिजोना	अमेरिका
हैंगिंग गार्डन	बेबीलॉन	इराक
रेड स्क्वायर	मास्को	रूस
व्हाइट हाउस	वाशिंग्टन	अमेरिका
क्रेमलिन	मास्को	रूस
मर्डेका पैलेस	जकार्ता	इंडोनेशिया
गोल्डन गेट ब्रिज	सैनफ्रांसिस्को	अमेरिका
नीली मस्जिद	इस्तांबुल	तुर्किये
किलिमंजारो	तंजानिया	अफ्रीका
फोरबिडन सिटी	बीजिंग	चीन
मिलाउ ब्रिज	मिलाउ	फ्रांस
कोणार्क सूर्य मंदिर	ओडिशा	भारत
डोम कैथेड्रल	बर्लिन	जर्मनी
पोम्पेई	कैम्पेनिया	इटली
एंजल फाल	बोलीवर	वेनेजुएला
टॉवर ब्रिज	लंदन	ब्रिटेन
अबू सिम्बेल	नूबीया	मिस्र
मिडल ऑफ द अर्थ	सेंट एंटोनियो	इक्वाडोर
द वेलिंग वॉल	येरूशलम	इजराइल
तिलक लेक	पोखरा	नेपाल
स्वर्ण मंदिर	अमृतसर	भारत
एटोमियम	ब्रुसेल्स	बेल्जियम
हॉलिवुड	लॉस एंजेल्स	अमेरिका

बकिंघम पैलेस (यूके)

एफिल टॉवर (फ्रांस)

ग्रेट वाल ऑफ चाइना (चीन)

स्टेच्यू ऑफ लिबर्टी (यूएसए)

बुर्ज खलीफा (दुबई)

प्रमुख देशों की संसद के नाम

देश	संसद का नाम
✦ भारत	संसद (Parliament)
✦ अमेरिका	कांग्रेस (Congress), सीनेट (Senate)
✦ जापान	डायट (Diet)
✦ पाकिस्तान	नेशनल असेम्बली (National Assembly)
✦ ऑस्ट्रेलिया	संघीय संसद (Federal Parliament)
✦ चीन	नेशनल पीपुल्स कांग्रेस (National People's Congress)
✦ नेपाल	राष्ट्रीय पंचायत (National Panchayat)
✦ इजराइल	नेसेट (Knesset)
✦ स्पेन	कोर्टेस (Cortes)
✦ डेनमार्क	फोकेटिंग (Folketing)
✦ रूस	ड्यूमा (Duma)
✦ अफगानिस्तान	शूरा (Shoora)
✦ मलेशिया	दीवान निगारा (Dewan Negara)
✦ मंगोलिया	खुराल (Khural)
✦ नीदरलैंड	स्टेट जनरल (The State General)
✦ ईरान	मजलिस (Majlis)
✦ तुर्किये	ग्रैंड नेशनल असेंबली (Grand National Assembly)
✦ पोलैंड	सेज्म (Sejm)
✦ इटली	सीनेट (Senate)

विश्व के प्रमुख राजनीतिक दल

देश	राजनीतिक दल
✦ ब्रिटेन	लेबर पार्टी, कंजर्वेटिव पार्टी
✦ अमेरिका	डेमोक्रेटिक पार्टी, रिपब्लिकन पार्टी
✦ चीन	कम्युनिस्ट पार्टी
✦ भारत	कांग्रेस पार्टी, भारतीय जनता पार्टी,
✦ बांग्लादेश	जातीय पार्टी, बांग्लादेश नेशनलिस्ट पार्टी, अवामी लीग
✦ जापान	लिबरल डेमोक्रेटिक पार्टी, जापान न्यू पार्टी
✦ द. अफ्रीका	अफ्रीकन नेशनल कांग्रेस, नेशनल पार्टी, इन्काथा नेशनल पार्टी

विश्व की प्रमुख गुप्तचर संस्थाएँ

देश	गुप्तचर संस्थाएँ
✦ भारत	रिसर्च एण्ड एनालिसिस विंग (RAW), इंटेलीजेंस ब्यूरो (IB), सेंट्रल ब्यूरो ऑफ इंवेस्टीगेशन (CBI)
✦ अमेरिका	सेन्ट्रल इन्टेलीजेंस एजेंसी (CIA), फेडरल ब्यूरो ऑफ इन्वेस्टी–गेशन (FBI)
✦ पाकिस्तान	इंटर सर्विसेज इंटेलीजेंस (ISI)
✦ ब्रिटेन	मिलिट्री इंटेलीजेंस (M.I)-5 एवं 6, स्पेशल ब्रांच, अल्ट्रा, जायंट इंटेलीजेंस आर्गेनाइजेशन (JIO)
✦ इजरायल	मोसाद
✦ मिस्र	मुखबरात
✦ जापान	नाइचो

देश	गुप्तचर संस्थाएँ
✦ रूस	कोमितेत गोसुदरस्तवेन्नोई बेजोपास्तनोस्ती (KGB)
✦ चीन	सेन्ट्रल एक्सटर्नल लायसन डिपार्टमेण्ट
✦ कनाडा	सिक्यूरिटी इंटेलीजेंस सर्विस
✦ द. अफ्रीका	ब्यूरो ऑफ स्टेट सिक्यूरिटी
✦ ईरान	साबाक
✦ इराक	अल मुखबरात
✦ जर्मनी	बी॰एन॰डी॰
✦ आस्ट्रेलिया	आस्ट्रेलियन सिक्यूरिटी एण्ड इंटेलीजेंस आर्गेनाइजेशन
✦ फ्रांस	एस॰डी॰ई॰सी॰ई॰
✦ स्पेन	सी॰ई॰एस॰आई॰डी॰
✦ क्यूबा	डी॰जी॰आई॰

भौगोलिक खोजें एवं खोजकर्ता

खोज	खोजकर्ता	देश	वर्ष
अमेरिका	क्रिस्टोफर कोलम्बस	इटली	1492
हवाई द्वीप समूह	कैप्टन जेम्स कुक	इंग्लैण्ड	1778
न्यूफाउंडलैंड	जॉन कोबट	इंग्लैण्ड	1497
न्यूजीलैंड	अबेल जैंसजून तस्मान	द नीदरलैंड	1642
उत्तरी ध्रुव	रॉबर्ट पियरे	अमेरिका	1909
भारत जल-मार्ग	वास्को-डि-गामा	पुर्तगाल	1498
दक्षिण ध्रुव	रोनाल्ड एमंडसन	नार्वे	1911

क्रिस्टोफर कोलम्बस

कै. जेम्स कुक

जॉन कोबट

अबेल तस्मान

वास्को–डि–गामा

रॉबर्ट पियरे

आविष्कार और आविष्कारक

आविष्कार	आविष्कारक	देश	वर्ष
वायुयान	ओरविल और विलबर राइट	अमेरिका	1903
बॉल-पाइंट पेन	जॉन जे॰ लाउड	अमेरिका	1888
बैरोमीटर	इवेंजलिस्ता टॉरीसेली	इटली	1644
साइकिल	कर्कपैट्रिक मैकमिलन	इंग्लैंड	1839-40
बाईफोकल लेंस	बेन्जामिन फ्रैंकलिन	अमेरिका	1780
बनसेन बर्नर	आर॰ विल्हेम वोन बनसेन	जर्मनी	1855
सेल्यूलॉयड	अलेक्जेंडर पार्क्स	ब्रिटेन	1861
कार (पेट्रोल)	कार्ल बेन्ज	जर्मनी	1888
सिनेमा	निकोलस और जीन लूमियर	फ्रांस	1895
घड़ी (मैकेनिकल)	आई.सिंग और लियांग लिंग-तसान	चीन	1725
डीजल इंजन	रूडोल्फ डीजल	जर्मनी	1895
डायनेमो	हाइपोलाइट पिक्सी	फ्रांस	1832
विद्युत बल्ब	थॉमस अल्वा एडिसन	अमेरिका	1879
लेजर	चार्ल्स एच. टाउनिस	अमेरिका	1960
हेलीकॉप्टर	एतीएने ओहिनीचेन	फ्रांस	1924
लिफ्ट (मैकेनिकल)	ईलीशा जी. ओटीस	अमेरिका	1852
रेफ्रिजरेटर	जेम्स हैरिसन एवं अलेक्जेंडर कैटलीन	अमेरिका	1850
मशीन गन	जेम्स पक्ले	ब्रिटेन	1718
माइक्रोस्कोप	जेड. जैनसीन	नीदरलैंड	1590
प्रिन्टिंग प्रेस	जोहान गुटनबर्ग	जर्मनी	1455
सेफ्टी पिन	वाल्टर हन्ट	अमेरिका	1849
सिलाई मशीन	बार्थलेमी थिम्मोनियर	फ्रांस	1829
जहाज (भाप)	जे॰सी॰ पेरियर	फ्रांस	1775
जहाज (टरबाइन)	होन॰ सर सी॰ पारसंस	इंग्लैंड	1894

ओरविल एंड विलबर राइट

जॉन जे. लाउड

इवांजेलिस्त्य टॉरीसेली

कार्ल बेंज

अलेक्जेंडर पॉर्क्स

सर अर्नेस्ट स्विंटन

गैलीलियो गैलिली

जे.एल. बेयर्ड

हेरि ब्रियरले

डब्ल्यू. एल. जडसन

माइकल फैराडे

भाप का इंजन	जेम्स वॉट	इंग्लैंड	1765
स्टेनलेस स्टील	हेरी ब्रियरले	इंग्लैंड	1913
समुद्री जहाज	डेविड बुशनेल	अमेरिका	1776
टैंक	सर अर्नेस्ट स्विंटन	इंग्लैंड	1914
टेलीग्राफ	एम॰ लम्मोंड	फ्रांस	1787
टेलीग्राफ कोड	सैमुअल एफ॰ बी॰ मोर्स	अमेरिका	1837
टेलीफोन	अलेक्जेंडर ग्राहम बेल	अमेरिका	1876
टेलीस्कोप	हेन्स लिप्परशे	नीदरलैंड्स	1608
टेलीविजन (मैकेनिकल)	जे॰एल॰ बेयर्ड	इंग्लैंड	1926
टेलीविजन (इलेक्ट्रॉनिक)	पी॰टी॰ फार्न्सवर्थ	अमेरिका	1927
मोटर साइकिल	जी. डेम्लर	जर्मनी	1885
थर्मामीटर	गैलिलियो गैलिली	इटली	1593
ट्रांसफॉर्मर	माइकल फैराडे	इंग्लैंड	1831
ट्रांजिस्टर	बरडीन, शोकले तथा ब्राट्टेन	अमेरिका	1948
जेट इंजन	सर फ्रैंक विटेल	ब्रिटेन	1937
इलेक्ट्रॉनिक कम्प्यूटर	एलन.एम. टर्निंग	ब्रिटेन	1943
टाइपराइटर	पेलेग्रिन टेर्री	इटली	1808
कपड़े धोने की मशीन (विद्युत)	हर्ले मशीन कम्पनी	अमेरिका	1907
जिप	डब्ल्यू.एल. जडसन	इटली	1462
घड़ी	बारथोलोम्यू मैनफ्रेडी	इटली	1462

जेम्स हैरिसन

सर फ्रेंक विटेल

जी. डेम्लर

एलन एम. टर्निंग

ईलिशा जी. ओटिस

एलेक्जेंडर ग्राहम बेल

महत्वपूर्ण रासायनिक तत्व/सिद्धान्त एवं उनके खोजकर्ता

तत्व/सिद्धान्त	खोजकर्ता	देश	वर्ष
एल्यूमिनियम	हैन्स क्रिस्टियन ओरस्टेड्	डेनमार्क	1827
क्लोरीन	सी॰डब्ल्यू॰ शीले	स्वीडन	1774
इलेक्ट्रॉन	सर जोसफ थॉमसन	इंग्लैंड	1897
हाइड्रोजन	हैनरी कैवेंडिश	इंग्लैंड	1766
मैग्नीशियम	सर हम्फ्री डेवी	इंग्लैंड	1808
न्यूट्रॉन	जेम्स चाडविक	इंग्लैंड	1932
प्रोटोन	अर्नेस्ट रदरफॉर्ड	इंग्लैंड	1919
नाइट्रोजन	डेनियल रदरफोर्ड	इंग्लैंड	1772
ऑक्सीजन	जोसेफ प्रिस्टले/सी.डब्ल्यू. शीले	इंग्लैंड/स्वीडन	1772
ओजोन	क्रिश्चियन स्कोनबेन	जर्मनी	1839
प्लूटोनियम	जी.टी. सीबर्ग	अमेरिका	1940
रेडियम	पियरे एवं मैरी क्यूरी	फ्रांस	1898
सिलिकॉन	जोन्स ब्रेजीलियस	स्वीडन	1824
यूरेनियम	मार्टिन क्लैप्रोथ	जर्मनी	1789
निकेल	एलेक्स क्रोनस्टेड	स्वीडन	1751
हीलियम	पियरे जैन्सीन	फ्रांस	1868
सोडियम / पोटेशियम	सर हम्फ्री डेवी	इंग्लैंड	1806
परमाणु क्रमांक	हेनरी मोसेले	इंग्लैंड	1913
क्वांटम सिद्धांत	मैक्स प्लैंक	जर्मनी	1900
परमाणु संरचना का सिद्धांत	जॉन डाल्टन	इंग्लैंड	1803
गुरुत्वाकर्षण व गति नियम	आइजक न्यूटन	इंग्लैंड	1687
रेडियोधर्मिता का सिद्धांत	एंटोनी हेनरी बैक्यूरल	फ्रांस	1896
ग्रह की गति का नियम	जोहानीस केप्लर	जर्मनी	1609-19
एक्स-रे	विल्हेल्म रोनेटगन	जर्मनी	1895

सर जोसेफ थॉमसन

जोसेफ प्रिस्टले

आइजक न्यूटन

अर्नेस्ट रदरफोर्ड

अल्बर्ट आइंस्टीन

विल्हेल्म रोनेटगन

शब्द संक्षेप

— A —

AAF ऑक्जिलरी एयर फोर्स
AAI एयरपोर्ट अथॉरिटी ऑफ इंडिया
ABC ऑडिट ब्यूरो ऑफ सरकुलेशन्स
ABM एन्टी बैलिस्टिक मिसाइल्स
AC आल्टरनेटिंग करेंट, अशोक चक्र, ऐन्ट क्राइस्टम (ईसा पूर्व)
AD एनो डोमिनी (ईसा पश्चात्)
AHQ आर्मी हैडक्वार्टर्स
AIDS एक्वायर्ड इम्यूनो डेफिसियेन्सी सिंड्रोम
AIIMS ऑल इंडिया इन्स्टीट्यूट ऑफ मेडिकल साइंसेज
AIR ऑल इंडिया रेडियो
am एंटी मेरीडियन (दोपहर पूर्व)
AMC आर्मी मेडिकल कोर
ASC आर्मी सर्विस कोर
ASLV ऑग्मेंटेड सैटेलाइट लांच व्हीकल

— B —

BARC भाभा एटॉमिक रिसर्च सेन्टर
BC बिफोर क्राइस्ट
BIMSTEC बे ऑफ बंगाल इनिशिएटिव फॉर मल्टी–सेक्टोरल टेक्निकल एण्ड इकोनॉमिक को-ऑपरेशन
BJP भारतीय जनता पार्टी
BP ब्लड प्रेशर
B.Pharma बैचलर ऑफ फार्मेसी
BPO बिजनेस प्रोसेस आउटसोर्सिंग
B.Sc. बैचलर ऑफ साइंस
BSE बॉम्बे स्टॉक एक्सचेंज
BSNL भारत संचार निगम लिमिटेड
BSF बॉर्डर सिक्योरिटी फोर्स

— C —

CA चार्टर्ड एकाउंटेंट
CAG कॉम्पट्रोलर एंड ऑडिटर जनरल
CAS चीफ ऑफ द एयर स्टॉफ, कंडीशनल एक्सेस सिस्टम
CBDT सेंट्रल बोर्ड ऑफ डाइरेक्ट टैक्सेज
CBI सेंट्रल ब्यूरो ऑफ इन्वेस्टीगेशन
CBSE सेंट्रल बोर्ड ऑफ सेकेंडरी एजूकेशन
CBT चिल्ड्रन बुक ट्रस्ट
CEC चीफ इलेक्शन कमिश्नर
CIA सेंट्रल इंटेलीजेन्स एजेन्सी
CID क्रिमिनल इन्वेस्टीगेशन डिपार्टमेंट
CMA कोल माइन्स ऑथोरिटी
CMO चीफ मेडिकल ऑफिसर
CNS चीफ ऑफ नेवल स्टॉफ
CO कमांडिंग आफिसर, सर्किल आफिसर, कार्बन मोनोक्साइड गैस
CPI कम्युनिस्ट पार्टी ऑफ इंडिया
CRPF सेंट्रल रिजर्व पुलिस फोर्स
CSIR काउंसिल ऑफ साइंटिफिक एण्ड इंडस्ट्रियल रिसर्च
CVC सेंट्रल विजिलेन्स कमीशन

— D —

DA डेली एलाउन्स, डियरनेस एलाउन्स
DC डाइरेक्ट करेंट, डिप्टी कमिश्नर
DIG डिप्टी इंस्पेक्टर जनरल
DO डमि-ऑफीशल
do डिटो
DRDO डिफेन्स रिसर्च एंड डेवलपमेंट ऑर्गेनाइजेशन
DVD डिजिटल वर्सेटाइल डिस्क

— E —

EDUSAT एजुकेशनल सेटेलाइट
ECG इलेक्ट्रोकार्डियोग्राम
eg एक्जैम्पली ग्रेशिया (फॉर एक्जाम्पल)
EMI इक्विटेड मंथली इंस्टालमेण्ट
E&OE एरर्स एंड ओमीशन्स एक्सेपटेड
ESI एम्प्लॉइज स्टेट इंश्योरेन्स
ESRO यूरोपियन स्पेस रिसर्च ऑर्गेनाइजेशन
EVM इलेक्ट्रॉनिक वोटिंग मशीन

— F —

FCI फूड कॉरपोरेशन ऑफ इंडिया
FICCI फेडरेशन ऑफ इंडियन चैम्बर्स ऑफ कॉमर्स एंड इंडस्ट्री
f.o.b. फ्री ऑन बोर्ड

— G —

GAAR जनरल एंटी अवोयडेंस रूल्स
GATS जनरल एग्रीमेंट आन ट्रेड इन सर्विस
GATT जनरल एग्रीमेंट आन टेरिफ्स एंड ट्रेड
GIC जनरल इंश्योरेन्स कॉर्पोरेशन
GMT ग्रीनविच मीन टाइम
GNP ग्रॉस नेशनल प्रोडक्ट
GST गुड्स एंड सर्विसेज टैक्स

— H —

HAL हिन्दुस्तान एयरोनॉटिक्स लिमिटेड
HC हाउस ऑफ कॉमन्स, हाई कोर्ट
HIV हयूमेन इम्युनो-डेफिशिएंसी वाइरस
HP हॉर्स पॉवर, हिन्दुस्तान पेट्रोलियम, हाई पॉवर, हिमाचल प्रदेश
HT हाई टेंशन, हिन्दुस्तान टाइम्स
HV हाई वोल्टेज

— I —

IAAI इंटरनेशनल एयरपोर्ट्स अथॉरिटी ऑफ इंडिया
IAC इंडियन एयरलाइंस कॉरपोरेशन
IAEA इंटरनेशनल एटोमिक एनर्जी एजेन्सी
IAS इंडियन एडमिनिस्ट्रेटिव सर्विस
I & B इन्फॉरमेशन एंड ब्रॉडकास्टिंग
ICJ इंटरनेशनल कोर्ट ऑफ जस्टिस
i.e. इड ईस्ट (दैट इज)
IES इंडियन इकोनॉमिक सर्विस
IFCI इंडस्ट्रियल फाइनेन्स कॉरपोरेशन ऑफ इंडिया
IGNOU इन्दिरा गाँधी नेशनल ओपन यूनीवर्सिटी
IMC इंडियन मेडिकल काउंसिल
IMF इंटरनेशनल मॉनेटरी फंड
IMS इंडियन मेडिकल सर्विस
INS इंडियन नेवी शिप
INSAT इंडियन नेशनल सैटेलाइट
IPS इंडियन पुलिस सर्विस
IPC इंडियन पैनल कोड
ISRO इंडियन स्पेस रिसर्च ऑर्गेनाइजेशन
IST इंडियन स्टैंडर्ड टाइम
ITBP इंडो-तिबेतियन बॉर्डर पुलिस

— J —

JCO जूनियर कमीशंड ऑफिसर
JNU जवाहरलाल नेहरू यूनीवर्सिटी
JKLF जम्मू कश्मीर लिबरेशन फ्रंट

— K —

KAPS काकरापार एटॉमिक पॉवर स्टेशन
kVA किलो-वॉट-एम्पीयर
KW किलो-वॉट

— L —

LIC लाइफ इन्स्योरेन्स कॉरपोरेशन
LOC लाइन ऑफ कन्ट्रोल
LPG लिक्विफाइड पेट्रोलियम गैस
Lt. लेफ्टिनेंट

— M —

MBBS बैचलर ऑफ मेडिसिन एंड बैचलर ऑफ सर्जरी
MBA मास्टर ऑफ बिजनैस एडमिनिस्ट्रेशन
MD मैनेजिंग डायरेक्टर, डॉक्टर ऑफ मेडिसिन
MLA मेम्बर ऑफ लेजिस्लेटिव एसेम्बली
MO मनी ऑर्डर, मेडिकल ऑफिसर
MP मेम्बर ऑफ पार्लियामेन्ट
MSS मेनुस्क्रिप्ट्स

— N —

NASA नेशनल एयरोनॉटिक्स एंड स्पेस एडमिनिस्ट्रेशन
NCC नेशनल कैडेट कोर
NCERT नेशनल काउन्सिल ऑफ एजूकेशनल रिसर्च एंड ट्रेनिंग
NDA नेशनल डिफेन्स एकेडमी, नेशनल डेमोक्रेटिक एलायंस
NIFT नेशनल इन्स्टीट्यूट ऑफ फैशन टेक्नोलॉजी
NIIT नेशनल इन्स्टीट्यूट ऑफ इन्फॉरमेशन टेक्नोलॉजी
NSS नेशनल सेविंग स्कीम
NTPC नेशनल थर्मल पॉवर कॉर्पोरेशन

— O —

OBC	अदर बैकवर्ड क्लासेज
OC	ऑफिसर कमांडिंग
OTS	ऑफिसर्स ट्रेनिंग स्कूल

— P —

PAN	परमानेंट एकाउंट नम्बर
PCO	पब्लिक कॉल ऑफिस
PIB	प्रेस इन्फॉर्मेशन ब्यूरो
PIN	पोस्टल इंडेक्स नम्बर
PM	पोस्ट मेरीडियम, प्राइम मिनिस्टर
POTA	प्रिवेन्शन ऑफ टेररिज्म एक्ट
PSC	पब्लिक सर्विस कमीशन
PSI	पॉपुलेशन सर्विस ऑफ इंडिया
PTI	प्रेस ट्रस्ट ऑफ इंडिया

— Q —

QMS	क्विक मेल सर्विस

— R —

RADAR	रेडियो डिटेक्टिंग एंड रेंजिंग
RAF	रॉयल एयर फोर्स, रेलवे आर्म्ड फोर्स, रैपिड एक्शन फोर्स
RAW	रिसर्च एंड एनेलिसिस विंग
RBI	रिजर्व बैंक ऑफ इंडिया
R&D	रिसर्च एंड डेवलपमेंट
RNI	रजिस्ट्रार ऑफ न्यूजपेपर्स ऑफ इंडिया
RPF	रेलवे प्रोटेक्शन फोर्स
RPM	रिवोल्यूशन्स पर मिनट

— S —

SAIL	स्टील अथॉरिटी ऑफ इंडिया लिमिटेड
SC	स्पेस कमीशन, शिड्यूल कास्ट, सुप्रीम कोर्ट
SEZ	स्पेशल इकोनॉमिक जोन
SIDBI	स्मॉल स्केल इंडस्ट्रीज डेवलपमेंट बैंक ऑफ इंडिया
SLV	सैटेलाइट लांच व्हीकल
SMS	सब्सक्राइबर मैनेजमेंट सिस्टम
SSC	स्टॉफ सलेक्शन कमीशन
STD	सब्सक्राइबर ट्रंक डायलिंग
STS	स्पेस ट्रांसपोर्टेशन्स सिस्टम

— T —

TA	ट्रेवलिंग एलाउन्स
TB	ट्यूबरकुलोसिस
TIN	टैक्स इन्फॉरमेशन नेटवर्क
TRAI	टेलिकॉम रेग्युलेटरी अथॉरिटी ऑफ इंडिया

— U —

UGC	यूनीवर्सिटी ग्रांट्स कमीशन
UN	यूनाइटेड नेशन्स
UNESCO	यूनाइटेड नेशन्स एजूकेशनल, साइंटिफिक एंड कल्चरल आर्गेनाइजेशन
UNICEF	यूनाइटेड नेशन्स इंटरनेशनल चिल्ड्रन इमर्जेन्सी फंड
UPSC	यूनियन पब्लिक सर्विस कमीशन

— V —

VAT	वैल्यू एडेड टैक्स
VC	वाइस चान्सलर
VCR	वीडियो कैसेट रिकॉर्डर
VPP	वैल्यू पेएबल पोस्ट

— W —

WADA	वर्ल्ड एंटी डोपिंग एजेन्सी
Wef	विद इफेक्ट फ्रॉम (से प्रभावी या लागू)
WHO	वर्ल्ड हेल्थ ऑर्गेनाइजेशन
WWW	वर्ल्ड वेदर वाच, वर्ल्ड वाइड वेब

— X —

XL	एक्स्ट्रा लार्ज
XMS	एक्सटेंडेड मेमोरी सिस्टम

— Y —

YMCA	यंग मेन्स क्रिश्चियन एसोसिएशन
YWCA	यंग विमेन्स क्रिश्चियन एसोसिएशन

— Z —

ZAP	जीरो एंड प्लान
ZIP	जोनल इम्प्रूवमेंट प्लान

❖ ❖ ❖

24 एनसीसी परीक्षाओं के लिए प्रश्नोत्तर

(Question-Answers for NCC Exams)

वस्तुनिष्ठ प्रश्नोत्तर

1. एनसीसी की स्थापना कब हुई?

उत्तर : 15 जुलाई, 1948।

2. एनसीसी का पूरा नाम क्या है?

उत्तर : नेशनल कैडेट कोर।

3. एनसीसी का मुख्यालय (महानिदेशालय) कहाँ स्थित है?

उत्तर : नई दिल्ली।

4. हमारे राष्ट्रीय गीत का क्या नाम है, इसकी रचना किसने की थी?

उत्तर : वन्दे मातरम् (बंकिमचन्द्र चटर्जी)।

5. भारतीय संसद में एनसीसी अधिनियम कब पारित हुआ?

उत्तर : सन् 1948।

6. एनसीसी में एयर और नेवल विंग की स्थापना कब हुई?

उत्तर : एयरविंग: सन् 1950, नेवलविंग: सन् 1952।

7. भारत के पड़ोसी देशों के नाम लिखिए।

उत्तर : अफगानिस्तान, बांग्लादेश, भूटान, चीन, मालदीव, पाकिस्तान, म्यांमार, नेपाल और श्रीलंका।

8. भारत की तीनों सेनाओं का मुख्यालय कहाँ स्थित है?

उत्तर : नई दिल्ली।

9. भारतीय वायुसेना की स्थापना कब की गई थी?

उत्तर : 8 अक्टूबर, 1932।

10. 'थम' का आदेश कब दिया जाता है?

उत्तर : बायाँ पैर दाएँ ले जाते हुए।

11. 'विश्राम' की अवस्था में दोनों एड़ियों में कितना अंतर रखते हैं?

उत्तर : 12 इंच

12. 'सलामी शस्त्र' में रायफल को आँख से कितनी दूर रखते हैं?

उत्तर : 6 इंच

13. 'दाहिना सज' एक के आदेश पर कितने इंच का कदम लिया जाता है?

उत्तर : 15 इंच

14. 0.22 रायफल की कारगर रेंज लिखिए।

उत्तर : 25 गज

15. एलएमजी की मैगजीन की कुल क्षमता कितनी होती है?

उत्तर : 30 राउण्ड

16. फील्ड क्राफ्ट के अंतर्गत किन-किन बातों को सम्मिलित करते हैं?

उत्तर : आड़ें, चालें, फायर एंड मूवमेंट, टारगेट को चिन्हित करना आदि।

17. बगैर हथियार वाली कोई दो चालें लिखिए।

उत्तर : चीते की चाल और बन्दर की चाल।

18. दूरी को ज्ञात करने की किन्हीं दो विधियों के नाम लिखिए।

उत्तर : ब्रेकेटिंग और की-रेंज।

19. भूमि के कोई चार प्रकार लिखिए।

उत्तर : 1. समतल भूमि, 2. ऊँची भूमि, 3. नीची भूमि 4. दबी हुई भूमि।

20. मानचित्र के किन्हीं दो प्रकारों के नाम बताइए।

उत्तर : प्राकृतिक एवं राजनैतिक मानचित्र।

21. मानचित्रों पर दर्शाई जाने वाली किन्हीं दो जलीय आकृतियों का उल्लेख कीजिए।

उत्तर : पक्का कुआँ और नदी।

22. किन्दी दो सैनिक सांकेतिक चिह्नों के नाम लिखिए।

उत्तर : सैक्शन, प्लाटून।

23. 'ढलान' के दो प्रकार कौन-से हैं?

उत्तर : नियमित ढलान तथा अनियमित ढलान।

24. किन्हीं चार भू-आकृतियों का उल्लेख कीजिए।

उत्तर : पहाड़ी, पर्वत, पठार और टीला।

25. सर्विस प्रोट्रेक्टर का प्रमुख उपयोग क्या है?

उत्तर : इसका प्रयोग मुख्यतः दिक्मान को खींचने और नापने के लिए किया जाता है।

26. बियरिंग (दिक्मान) के दो प्रकार कौन-से हैं?

उत्तर : अग्र दिक्मान और पृष्ठ दिक्मान।

27. पर्यावरण प्रदूषण मुख्यतः कितने प्रकार का होता है?

उत्तर : वायु प्रदूषण, जल प्रदूषण, मृदा प्रदूषण, ध्वनि प्रदूषण तथा रेडियोधर्मी किरण प्रदूषण।

28. वायु में कौन-कौन सी गैसें होती हैं?

उत्तर : ऑक्सीजन, कार्बन-डाइऑक्साइड, नाइट्रोजन, ओजोन, जलवाष्प इत्यादि।

29. 'पारिस्थितिकी तंत्र' के दो प्रमुख घटक कौन-से होते हैं?

उत्तर : जैविक घटक एवं अजैविक घटक।

30. रक्त-स्राव के दो प्रकार कौन-से होते हैं?

उत्तर : 1. आंतरिक रक्तस्राव 2. बाह्य-रक्तस्राव।

31. बेहोशी के कोई दो कारण लिखिए।

उत्तर : 1. सिर में चोट लगने से, 2. दिल का दौरा पड़ने से।

32. जलने की स्थिति में घायल व्यक्ति को कौन-सा इंजेक्शन दिया जाता है?

उत्तर : मॉर्फीन का।

33. हाथ से दिए जाने वाले किन्ही चार संकेतों को लिखिए।

उत्तर : 1. आगे बढ़, 2. दौड़कर चल, 3. थम, 4. आक्रमण करो।

34. 'सिंगल फाइल फॉर्मेशन' में बाजू किस ओर फैला हुआ होता है?

उत्तर : पीछे की ओर।

35. किन्हीं चार सैक्शन फॉर्मेशन्स के नाम लिखिए।

उत्तर : 1. सिंगल फाइल, 2. फाइल फॉर्मेशन, 3. डायमण्ड फॉर्मेशन, 4. ऐरो हेड फॉर्मेशन।

36. फायर आदेश के तीन प्रकारों के नाम लिखिए।

उत्तर : 1. योजना आदेश, 2. फायर निर्देश आदेश, 3. फायर नियंत्रण आदेश।

37. रण-कवायद की मूल विशेषताएँ कौन-सी हैं? उनके नाम बताइए?

उत्तर : 1. फायर और चाल, 2. परिबोधन 3. आदेश।

38. दो प्रकार की पेट्रोल्स के नाम लिखिए।

उत्तर : 1. रेकी पेट्रोल्स, 2. प्रोटेक्टिव पेट्रोल्स।

39. मनुष्य के शरीर में कुल कितनी अस्थियाँ होती हैं?

उत्तर : 206

40. प्रमुख पाचन अंग कौन-से हैं?

उत्तर : 1. मुख, 2. ग्रसनी, 3. ग्रासनली, 4. आमाशय, 5. ग्रहणी, 6. छोटी व बड़ी आंत, 7. अग्नाशय।

41. रुधिर परिसंचरण तंत्र के प्रमुख अंग कौन-से हैं?

उत्तर : 1. हृदय, 2. फेफड़े, 3. महाधमनी, 4. धमनियाँ, 5. शिराएँ 6. कोशिकाएँ।

42. स्वस्थ वयस्क के हृदय की धड़कन एक मिनट में कितनी बार होती है?

उत्तर : 72 बार।

43. भोजन के प्रमुख तत्व कौन-कौन से हैं?

उत्तर : 1. कार्बोहाइड्रेट, 2. प्रोटीन, 3. वसा, 4. खनिज लवण, 5. विटामिन, 6. जल और शर्करा।

44. विटामिन 'सी' की कमी से कौन-सा रोग होता है?

उत्तर : स्कर्वी।

45. हमारे शरीर में लगभग कितना प्रतिशत जल होता है?

उत्तर : 70 प्रतिशत।

46. वायु द्वारा फैलने वाले किन्हीं चार रोगों के नाम लिखिए।

उत्तर : 1. चेचक, 2. खसरा, 3. निमोनिया, 4. डिफ्थीरिया।

47. किन्हीं दो एंटी-सैप्टिक दवाइयों के नाम लिखिए।

उत्तर : 1. टिंक्चर, 2. आयोडीन।

48. डायबिटीज रोग किसकी कमी से होता है?

उत्तर : इन्सुलिन।

49. शरीर में रक्त की कमी से होने वाले रोग का नाम लिखिए।

उत्तर : एनीमिया।

50. 'एड्स' का पूर्ण रूप क्या है?

उत्तर : AIDS : Acquired Immune Deficiency Syndrome.

51. 'एड्स' रोग का एक प्रमुख कारण लिखिए।

उत्तर : HIV नामक वायरस का शरीर में संक्रमण हो जाना।

52. भारत के राष्ट्र गान के रचनाकार कौन थे?

उत्तर : रवीन्द्रनाथ टैगोर।

53. हमारे देश का सबसे अधिक जनसंख्या वाला राज्य कौन-सा है?

उत्तर : उत्तर प्रदेश।

54. देश का सर्वाधिक साक्षरता वाला राज्य कौन-सा है?

उत्तर : केरल

55. भारत के सर्वप्रथम नोबेल पुरस्कार विजेता का नाम लिखिए?

उत्तर : रवीन्द्रनाथ टैगोर।

56. 'इंकलाब जिंदाबाद' का नारा किसने दिया था?

उत्तर : शहीद भगत सिंह।

57. भारत के सर्वप्रथम एयर मार्शल का नाम लिखिए?

उत्तर : एयर मार्शल सर थॉमस एल्महर्स्ट।

58. राष्ट्रीय एकता में बाधक किन्हीं चार तत्वों के नाम लिखिए?

उत्तर : साम्प्रदायिकता, जातिवाद, भाषावाद और क्षेत्रीयता।

59. राष्ट्रीय ध्वज की लम्बाई-चौड़ाई का अनुपात क्या है?

उत्तर : 3 : 2।

60. प्रभावी नेता के किन्हीं चार गुणों को लिखिए।

उत्तर : साहस, देशप्रेम की भावना, निर्णय लेने की क्षमता और कुशाग्र बुद्धि।

61. आदर्श नागरिक के किन्हीं चार गुणों को लिखिए।

उत्तर: उत्साह, आत्मसंयम, जागरूकता और उत्तम स्वास्थ्य।

62. अनुशासन के दो प्रमुख प्रकार कौन-से हैं?

उत्तर: व्यक्तिगत अनुशासन और सामूहिक अनुशासन।

63. किन्हीं चार प्रकार की नागरिक सुरक्षा सेवाओं के नाम लिखिए।

उत्तर: बचाव सेवा, प्रशिक्षण सेवा, यातायात सेवा और अग्नि-शमन सेवा।

64. आग बुझाने के लिए आवश्यक किन्हीं चार वस्तुओं के नाम लिखिए।

उत्तर: सोडा अम्ल का उपकरण, फायर बीटर और पानी व बाल्टी।

65. हवाई हमले का संकेत किस प्रकार दिया जाता है।

उत्तर: दो मिनट तक रुक-रुककर सायरन या सीटियों को धीमे स्वर में बजाया जाता है।

66. एनसीसी कैडेट्स द्वारा किए जाने वाले किन्हीं चार सामाजिक कार्यों का उल्लेख कीजिए।

उत्तर: रक्तदान, वृक्षारोपण, प्रौढ़ शिक्षा, आपदा-राहत कार्य।

67. राष्ट्रीय साक्षरता मिशन की स्थापना कब की गई थी?

उत्तर: मई, 1988 में।

68. किन्हीं चार साहसिक गतिविधियों के नाम लिखिए।

उत्तर: साइकिल यात्रा, ट्रैकिंग, पैराशूट से कूदना, पाल नौकायन।

69. किन्हीं तीन प्रकार की गाँठों के नाम लिखिए।

उत्तर: अँगूठा गाँठ, दोहरी गाँठ और ध्रुव गाँठ।

70. किन्हीं दो प्रकार के बंधनों के नाम लिखिए।

उत्तर: समान्तर बन्धन तथा वर्गाकार बन्धन।

71. एल.एम.जी. फायर ट्रेंच की बाहर की लम्बाई कितनी होती है?

उत्तर: 6 फीट।

72. बारूदी सुरंग के किन्हीं दो प्रकारों का उल्लेख कीजिए?

उत्तर: एंटी पर्सनल माइन और एंटी टैंक माइन।

73. किन्हीं दो प्रकार की बाधाओं का उल्लेख कीजिए?

उत्तर: पैदल सेना बाधा, वाहन और टैंक बाधा।

74. राइट हैंड वाल्ट की भूमि से ऊँचाई लिखिए।

उत्तर: 3 फीट 6 इंच।

75. संचार की दो विधियों के नाम लिखिए।

उत्तर: असंस्थागत तथा संस्थागत।

76. कम्प्यूटर के दो प्रकारों के नाम लिखिए।

उत्तर: अनुरूप कम्प्यूटर तथा अंकीय कम्प्यूटर।

77. भूमि से आकाश में 15 किमी तक के क्षेत्र को क्या कहा जाता है?

उत्तर : ट्रोपोस्फीयर।

78. चुम्बकीय संकेतों पर कार्य करने वाले संचार माध्यम को क्या कहा जाता है?

उत्तर : टेलीफोन सेट।

79. केबल मीडिया मुख्य रूप से कितने प्रकार का होता है?

उत्तर : 1. कोएक्सियल केबल, 2. ट्विस्टिड पेयर केबल, 3. फाइबर-ऑप्टिक्स केबल।

80. किन्हीं पाँच पुराणों के नाम लिखिए।

उत्तर : 1. विष्णु पुराण, 2. वाराह पुराण, 3. वामन पुराण, 4. स्कन्द पुराण, 5. मत्स्य पुराण।

81. गुप्तवंश के किन्हीं तीन शासकों के नाम लिखिए।

उत्तर : 1. समुद्रगुप्त, 2. चन्द्रगुप्त प्रथम, 3. स्कन्दगुप्त।

82. किस मुगलवंश के शासनकाल को 'स्वर्ण-युग' कहा जाता है।

उत्तर : शाहजहाँ।

83. मौर्यवंश के प्रमुख शासक का नाम लिखिए।

उत्तर : चन्द्रगुप्त मौर्य

84. 1857 ई. का प्रथम स्वाधीनता संग्राम कहाँ से प्रारंभ हुआ था?

उत्तर : मेरठ।

85. महात्मा बुद्ध का जन्म कब और कहाँ हुआ था?

उत्तर : 563 ई.पू., लुम्बिनी में।

86. हजरत मुहम्मद साहब का जन्म कहाँ हुआ था?

उत्तर : सऊदी अरब के मक्का नगर में।

87. सिख धर्म के प्रवर्तक कौन थे?

उत्तर : गुरुनानक देव।

88. "स्वराज्य हमारा जन्मसिद्ध अधिकार है।" यह नारा किसने दिया था?

उत्तर : लोकमान्य बाल गंगाधर तिलक।

89. अजंता व एलोरा की गुफाएँ कहाँ स्थित हैं?

उत्तर : संभाजीनगर (औरंगाबाद) के निकट (महाराष्ट्र)।

90. महाराणा प्रताप का जन्म कब और कहाँ हुआ था?

उत्तर : 9 मई, 1540 (कुंभलगढ़)।

91. भारत में एनसीसी के कितने निदेशालय हैं?

उत्तर : 17

92. एनसीसी में पदोन्नति के कौन-कौन से स्तर हैं?

उत्तर : 1. लांस कारपोरल 2. कारपोरल 3. सार्जेंट 4. अण्डर ऑफिसर 5. सीनियर अण्डर ऑफिसर।

93. वायुसेना में सर्वोच्च स्तर के अधिकारी को क्या कहते हैं?

उत्तर : एयर चीफ मार्शल।

94. भारत की तीनों रक्षा सेनाओं का सर्वोच्च सेना प्रमुख कौन होता है?

उत्तर : भारत का राष्ट्रपति।

95. प्रथम भारतीय मेजर जनरल कौन थे?

उत्तर : फील्ड मार्शल के. एम. करिअप्पा।

96. भारत का सर्वोच्च वीरता पुरस्कार (परमवीर चक्र) सर्वप्रथम किसे प्रदान किया गया?

उत्तर : मेजर सोमनाथ शर्मा (मरणोपरांत) 1947।

97. एनसीसी में किन दो शस्त्रों का प्रशिक्षण मुख्य रूप से दिया जाता है?

उत्तर : 1. 0.303 इंच बोर राइफल 2. 0.22 इंच बोर राइफल।

98. 5.56 मि.मी. INSAS राइफल की प्रभावी रेंज क्या है?

उत्तर : 400 मीटर।

99. 7.62 मि.मी. SLR राइफल फायरिंग की तीव्र दर कितनी है?

उत्तर : 60 राउंड प्रति मिनट।

100. मानचित्र पर अपनी स्थिति ज्ञात करने की कौन-सी प्रमुख विधियाँ हैं?

उत्तर : (i) निरीक्षण द्वारा (ii) कम्पास द्वारा (iii) निरंतर मानचित्र अवलोकन द्वारा।

101. फील्ड सिग्नल्स प्रायः कितने प्रकार के होते हैं?

उत्तर : (i) हाथों द्वारा संकेत (ii) शस्त्रों द्वारा संकेत (iii) सीटी द्वारा संकेत।

102. सीटी द्वारा संकेत कब दिए जाते हैं?

उत्तर : 1. खतरा होने पर, 2. सतर्क करने के लिए, 3. शत्रु-विमान आने पर, 4. शत्रु-विमान जाने पर।

103. क्षेत्र-रक्षण के दो प्रकार कौन-से हैं?

उत्तर : 1. त्वरित रक्षण (Quick Defence), 2. सुविचारित रक्षण (Deliberate Defence)।

104. क्षेत्र-अभियांत्रिकी के प्रमुख औजार कौन-से हैं?

उत्तर : (i) कुल्हाड़ी, (ii) बेलचा, (iii) गैंती, (iv) हथौड़ा, (v) क्रो-बार।

105. गैंती द्वारा खुदाई करते समय कौन-से प्रमुख आदेशात्मक शब्द बोले जाते हैं?

उत्तर : तैयार, मारो, भरो, घुमाओ, फेंको।

106. बारूदी सुरंगों को बिछाने की दो विधियाँ लिखो।

उत्तर : (i) पट्टी विधि (Strip Method) तथा (ii) छिड़काव विधि (Scattered Method)।

107. मानव निर्मित उपग्रह कौन-कौन से हैं?

उत्तर : 1. संचार उपग्रह 2. मौसम उपग्रह 3. वैज्ञानिक उपग्रह 4. सैन्य उपग्रह 5. दिग्दर्शक उपग्रह।

108. चरित्र निर्माण के प्रमुख गुण कौन-कौन से हैं?

उत्तर : (i) कर्त्तव्य की भावना (ii) साहस (iii) अनुशासन (iv) उत्साह (v) नैतिकता (vi) निष्ठा।

109. 'योग' के प्रमुख अंग कौन से हैं?

उत्तर : (i) यम, (ii) नियम, (iii) आसन, (iv) प्राणायाम, (v) प्रत्याहार, (vi) धारणा, (vii) ध्यान व (viii) समाधि।

110. "सर कटा सकते हैं, लेकिन सर झुका सकते नहीं।" किसका आदर्श वाक्य था?

उत्तर : क्रांतिकारी चन्द्रशेखर आजाद।

111. सिंधुघाटी सभ्यता की खोज कब और किसके द्वारा की गई?

उत्तर : 1921 ई० में दयाराम साहनी द्वारा।

112. वेद कितने प्रकार के हैं?

उत्तर : ऋग्वेद, यजुर्वेद, सामवेद एवं अथर्ववेद।

113. पल्लव वंश की स्थापना कब और किसने की थी?

उत्तर : 575-600 ई. में सिंहविष्णु ने।

114. भारत पर आक्रमण करने वाला प्रथम मुस्लिम शासक कौन था?

उत्तर : मुहम्मद बिन कासिम।

115. भारत में मुगलवंश की स्थापना कब और किसके द्वारा हुई?

उत्तर : 1526 ई. में बाबर द्वारा।

116. शाहजहाँ द्वारा बनवाई गई प्रमुख इमारतें कौन-सी हैं?

उत्तर : दिल्ली का लालकिला, जामा मस्जिद, आगरा की मोती मस्जिद, ताजमहल इत्यादि।

117. खालसा पंथ के संस्थापक कौन थे?

उत्तर : गुरु गोबिन्द सिंह (1675-1708 ई.)।

118. भारत के समुद्री मार्ग की खोज किस विदेशी द्वारा की गई?

उत्तर : वास्को-डि-गामा।

119. ईस्ट इंडिया कंपनी की स्थापना भारत में कब हुई?

उत्तर : 1664 ई. में।

120. मुस्लिम लीग की स्थापना किसके द्वारा और कब की गई?

उत्तर : 30 दिसम्बर, 1906 को ढाका में नवाब सलीमुल्ला खाँ एवं आगा खाँ के द्वारा।

121. आजाद हिन्द फौज का सर्वोच्च सेनापति किसे बनाया गया?

उत्तर : सुभाष चन्द्र बोस (अक्टूबर 1943 में)।

122. भारत में प्रथम रेलगाड़ी कब और कहाँ चलाई गई?

उत्तर : 16 अप्रैल, 1853 को बम्बई (मुंबई) और थाणे के बीच (34 किमी०)।

123. विश्व का सबसे लम्बा रेलवे प्लेटफार्म कौन-सा है?

उत्तर : श्री सिद्धारूढ़ा स्वामी जी रेलवे स्टेशन हुब्बल्लि, कर्नाटक (भारत) (1507 मीटर)।

124. भारत में वायु परिवहन की शुरूआत कब की गई?

उत्तर : 1911 में।

125. महाकालेश्वर का मंदिर भारत में कहाँ स्थित है?
उत्तर : उज्जैन (मध्य प्रदेश)।

126. भारत के प्रथम समाचार पत्र का क्या नाम है?
उत्तर : बंगाल गजट (27 जनवरी, 1780)।

127. सुप्रीम कोर्ट की पहली महिला न्यायाधीश कौन थी?
उत्तर : श्रीमती एम॰ फातिमा बीबी।

128. प्रथम भारतीय विमानवाहक पोत का क्या नाम है?
उत्तर : INS विक्रांत।

129. प्रथम भारतीय पुरुष अंतरिक्ष यात्री कौन थे?
उत्तर : राकेश शर्मा (3 अप्रैल, 1984)।

130. भारत का क्षेत्रफल में सबसे छोटा राज्य कौन-सा है?
उत्तर : गोआ (क्षेत्रफल : 3702 वर्ग किमी.)।

131. 'महाभारत' नामक महाकाव्य के रचयिता कौन हैं?
उत्तर : महर्षि वेदव्यास।

132. 'भारत रत्न' सम्मान की स्थापना कब हुई?
उत्तर : 1954 में।

133. पृथ्वी की सतह का कुल अनुमानित क्षेत्रफल कितना है?
उत्तर : 51,01,00,448 वर्ग किमी.

134. विश्व में सबसे कम आबादी वाला देश कौन-सा है?
उत्तर : वेटिकन सिटी (आबादी 2021 : 1000 लोग)।

135. संयुक्त राष्ट्र संघ की स्थापना कब की गई?
उत्तर : 24 अक्टूबर, 1945।

136. थल सेना दिवस कब मनाया जाता है?
उत्तर : 15 जनवरी।

137. न्यूयॉर्क शहर किस नदी के किनारे बसा है?
उत्तर : हडसन नदी।

138. भारत के प्रधानमंत्री का निवास स्थान कहाँ है?
उत्तर : 7, लोक कल्याण मार्ग, नई दिल्ली।

139. 'प्रेसिडेंशियल मेडल ऑफ फ्रीडम' किस देश का सर्वोच्च सम्मान है?
उत्तर : अमेरिका।

140. विश्व का प्रथम पुरुष अंतरिक्ष यात्री कौन था?
उत्तर : यूरी गागरिन (भूतपूर्व सोवियत संघ) : अप्रैल 1961।

141. विश्व की सबसे लम्बी रेलवे लाइन कौन-सी है?

उत्तर : ट्रांस साइबेरियन रेलवे (9438 कि.मी. लम्बी)।

142. विश्व का सबसे प्राचीन धर्म कौन-सा है?

उत्तर : हिन्दू धर्म।

143. वॉल स्ट्रीट कहाँ स्थित है?

उत्तर : न्यूयॉर्क (अमेरिका)।

144. अमेरिका की संसद का क्या नाम है?

उत्तर : यूनाइटेड स्टेट्स कांग्रेस।

145. भारत की गुप्तचर संस्थाओं के क्या नाम हैं?

उत्तर : (i) रिसर्च एंड एनेलिसिस विंग (RAW),
(ii) इंटेलीजेंस ब्यूरो (IB),
(iii) सैंट्रल ब्यूरो ऑफ इंवेस्टीगेशन (CBI)

146. जेट इंजन के आविष्कारक कौन हैं?

उत्तर : सर फ्रैंक विटेल, ब्रिटेन (1937)।

147. मशीन गन का आविष्कार किसने और कब किया?

उत्तर : जेम्स पक्ले, ब्रिटेन (1718)।

148. हाइड्रोजन के खोजकर्त्ता कौन हैं?

उत्तर : हैनरी कैवेंडिश, इंग्लैंड (1766)।

149. यूरेनियम के खोजकर्त्ता का नाम लिखो।

उत्तर : मार्टिन क्लैप्रोथ, जर्मनी (1789)।

150. AHQ का पूरा नाम क्या है?

उत्तर : आमी हैडक्वार्टर्स।

151. CO का पूरा नाम क्या है?

उत्तर : कमांडिंग ऑफिसर।

152. चन्द्रमा पर पहुँचने वाला विश्व का प्रथम व्यक्ति कौन था?

उत्तर : नील-आर्मस्ट्रांग (अमेरिका) : 21 जुलाई, 1969।

153. विश्व की सबसे ज्यादा बोली जाने वाली प्रमुख भाषाएं कौन-सी हैं?

उत्तर : (i) चीनी, (ii) स्पेनिश, (iii) अंग्रेजी, (iv) हिन्दी, (v) अरबी, (vi) बंगाली।

154. 'पर्ल ऑफ दी ऑरियंट' किसका भौगोलिक उपनाम है?

उत्तर : सिंगापुर।

155. विश्व साक्षरता दिवस कब मनाया जाता है?

उत्तर : 8 सितम्बर को।

156. विभ्रम्कजनक नशीले पदार्थ के नाम लिखिए।

उत्तर : 1. भांग, चरस, गांजा 2. हशीश 3. एलएसडी, मेस्केलिनन 4. मारिजुआना।

157. 'मनरेगा' का पूरा नाम क्या है?

उत्तर : महात्मा गाँधी राष्ट्रीय ग्रामीण रोजगार गांरटी अधिनियम (MGNREGA)।

158. प्रधानमंत्री जनधन योजना का शुभारंभ कब और किसके द्वारा किया गया?

उत्तर : 28 अगस्त, 2014 को प्रधानमंत्री नरेन्द्र मोदी द्वारा।

159. भ्रष्टाचार के तीन प्रमुख कारण कौन-से हैं?

उत्तर : 1. प्रभावी कानून की कमी, 2. नैतिकता का पतन 3. भूख, गरीबी एवं बेरोजगारी।

160. बाल शोषण के प्रमुख चार प्रकार कौन-से हैं?

उत्तर : 1. शारीरिक शोषण, 2. भावनात्मक शोषण, 3. यौन शोषण, 4. सुविधाओं का अभाव।

161. मानव शरीर के प्रमुख भाग कौन-से हैं?

उत्तर : 1. कोशिकाएँ, 2. ऊतक, 3. अंग, 4. अंग-संस्थान या तंत्र।

162. मानव शरीर में कितनी पेशियाँ होती हैं?

उत्तर : 500 से अधिक।

163. मानव ज्ञानेंद्रिय तंत्र कितने प्रकार के होते हैं?

उत्तर : ये प्रायः पाँच प्रकार के होते हैं, इनके मुख्य भाग निम्नलिखित हैं :

1. घ्राणेंद्रिय, 2. स्वादेंद्रिय, 3. दृष्टींद्रिय, 4. श्रवणेंद्रिय, 5. स्पर्शेंद्रिय।

164. रक्त समूह कितने प्रकार का होता है?

उत्तर : रक्त चार प्रकार के होते हैं : A, B, AB और O।

165. रक्त के विभिन्न अवयव कौन-से हैं?

उत्तर : 1. प्लाज्मा, 2. लाल रक्त कणिकाएँ, 3. श्वेत रक्त कणिकाएँ, 4. प्लेटलेट्स।

166. जल के मुख्य स्रोत क्या हैं?

उत्तर : जल के तीन मुख्य स्रोत हैं : (i) वर्षा का जल (ii) सतही जल (iii) भूमिगत जल।

167. जल शुद्धिकरण के प्रमुख 4 उपाय कौन-से हैं?

उत्तर : 1. उबालना, 2. वाटर प्यूरिफायर 3. कीटाणु शोधन एवं 4. पोटेशियम परमैंग्नेट द्वारा।

168. टी॰बी॰ किस जीवाणु (बैक्टीरिया) द्वारा होने वाला रोग है?

उत्तर : माइकोबैक्टीरियम ट्यूबरकुलोसिस।

169. टायफॉयड शरीर के किस अंग को सबसे ज्यादा प्रभावित करता है?

उत्तर : आँत।

170. विटामिन 'बी' की कमी से होने वाले प्रमुख रोग कौन-से हैं?

उत्तर : बेरी-बेरी, एनीमिया, चर्म रोग इत्यादि।

171. जल में घुलनशील प्रमुख विटामिन कौन-से हैं?

उत्तर : विटामिन 'B' तथा विटामिन 'C'।

172. मानव शरीर में लाल रक्त कणिकाओं की आयु कितनी होती है?

उत्तर : 120 दिन।

173. एक सामान्य मानव शरीर में रक्त की कितनी मात्रा होती है?

उत्तर : 5 से 6 लीटर (शारीरिक भार का 7 प्रतिशत)।

174. रक्त सर्वदाता समूह कौन-सा होता है?

उत्तर : O ग्रुप।

175. मानव शरीर में सबसे बड़ी ग्रंथि कौन-सी है?

उत्तर : यकृत (लिवर)।

176. पर्यावरण के दो मुख्य प्रकार कौन-से हैं?

उत्तर : पर्यावरण के दो प्रकार होते हैं : 1. भौतिक पर्यावरण, 2. जैविक पर्यावरण।

177. मनुष्य के चेहरे में अस्थियों की संख्या कितनी होती है?

उत्तर : 14

178. हृदय की दो धड़कनों के बीच का अंतराल कितना होता है?

उत्तर : 0.8 सेकण्ड।

179. मानव शरीर में मांसपेशियों की संख्या कितनी होती है?

उत्तर : 639

180. बुखार (Fever) कितने प्रकार का होता है?

उत्तर : (i) मलेरिया (ii) टायफॉयड (iii) तपेदिक (टीबी)
(iv) गठिया रोग से संबंधित ज्वर (v) खसरा (vi) कनफेड़े
(vii) श्वसन संबंधी ज्वर न्युमोनिया (viii) मस्तिष्क ज्वर (ix) डेंगू

181. अस्थिभंग के किन्हीं चार प्रकारों के नाम लिखिए?

उत्तर : 1. संयुक्त अस्थिभंग 2. बहु-अस्थिभंग 3. विखंडित अस्थिभंग 4. पेंचदार अस्थिभंग।

182. घाव कितने प्रकार के होते हैं?

उत्तर : घाव निम्नलिखित प्रकार के होते हैं–
(i) चीरा घाव (ii) वेधन घाव (iii) कुटन घाव
(iv) विदीर्ण घाव (v) गोली का घाव (vi) बम का घाव

183. किसी पागल कुत्ते के काटने से कौन-सा संक्रामक रोग होता है?

उत्तर : रैबीज।

184. प्राथमिक चिकित्सा का क्या उद्देश्य है?

उत्तर : 1. जीवनरक्षा करना 2. अधिक चोट से बचाव 3. उबार को प्रोत्साहन।

185. रेड क्रॉस किसका आधिकारिक चिह्न है?

उत्तर : इंटरनेशनल रेड क्रॉस।

186. लैटिन चिकित्सक शब्द q.h.s. का हिन्दी शब्द-संक्षेप क्या है?

उत्तर : रोजाना सोते समय।

187. संक्रमण के किन्हीं दो प्रकारों के नाम बताओ?

उत्तर : 1. विषाणुजनित संक्रमण (Viral Infection), 2. जीवाणुजनित संक्रमण (Bacterial Infection)।

188. विटामिन 'डी' के खोजकर्ता का क्या नाम है?

उत्तर : फ्रैडरिक हॉपकिंस।

189. इंफ्लूएंजा शरीर के किस अंग को प्रभावित करता है?

उत्तर : श्वसन तंत्र।

190. विटामिन 'ई' की कमी से होने वाला प्रमुख रोग कौन-सा है?

उत्तर : प्रजनन क्षमता में कमी।

191. स्टेथोस्कोप का आविष्कार किस वैज्ञानिक द्वारा किया गया?

उत्तर : रेने लेईनेक।

192. क्रिस्टियन बर्नार्ड द्वारा कौन-सी चिकित्सीय पद्धति की खोज की गई?

उत्तर : मानव हृदय का प्रत्यारोपण।

193. मनुष्य के शरीर में सबसे बड़ी अंतःस्रावी ग्रंथि कौन-सी होती है?

उत्तर : थायराइड।

194. मनुष्य के शरीर में तत्वों की संख्या कितनी है?

उत्तर : 24

195. रक्षा सेवाओं में भर्ती के लिये होने वाली दो प्रतियोगिता परीक्षाओं के नाम बताइये।

उत्तर : 1. राष्ट्रीय रक्षा अकादमी (NDA) परीक्षा 2. संयुक्त रक्षा सेवा (CDS) परीक्षा।

196. रक्षा सेवाओं की लिखित परीक्षा के पश्चात् साक्षात्कार व व्यक्तित्व परीक्षण कौन करता है?

उत्तर : सर्विस सिलेक्शन बोर्ड (SSB)।

197. एनसीसी के 'C' प्रमाण-पत्र धारकों को भर्ती में कौन-सी छूट मिलती है?

उत्तर : कई स्थानों पर उन्हें लिखित लिखित परीक्षा से छूट मिलती है।

198. उत्तर प्रदेश में एनसीसी का मुख्यालय कहाँ स्थित है?

उत्तर : लखनऊ।

199. एनसीसी की एक प्लाटून में कितने कैडेट्स होते हैं?

उत्तर : 55 कैडेट्स।

200. आर्टिलरी का मुख्य कार्य क्या होता है?

उत्तर : पैदल सेना को कवरिंग फायर देना।

संक्षिप्त प्रश्नोत्तर

1. एनसीसी कैडेटों द्वारा की जाने वाली सामाजिक सेवा एवं विभिन्न गतिविधियाँ कौन-सी हैं?

उत्तर : एनसीसी कैडेटों की मुख्य गतिविधियाँ निम्न प्रकार हैं :

(i) वृक्षारोपण
(ii) रक्तदान
(iii) वृद्धाश्रम
(iv) प्रौढ़ शिक्षा
(v) सामुदायिक कार्य
(vi) आपदा राहत
(vii) कुष्ठ रोग विरोधी अभियान
(viii) एड्स जागरूकता अभियान
(ix) कैंसर जागरूरता अभियान

2. राष्ट्रीय एकता का क्या महत्व है?

उत्तर: राष्ट्रीय एकता समाज के विभिन्न वर्गों के बीच एकजुटता की भावना उत्पन्न करने हेतु एक सकारात्मक अवधारणा है। इसका तात्पर्य सभी धर्मों, पहनावों और खान-पान आदि की एकरूपता से नहीं है बल्कि विविध संस्कृतियों के संरक्षण के साथ-साथ मिलजुल कर सद्भाव के साथ रहने, परस्पर सम्मान करने और राष्ट्र की प्रगति के लिये कार्य करने से है। राष्ट्रीय एकता किसी राष्ट्र की प्रगति, लोगों के विकास, शांति व सद्भाव, कल्याण, गरिमा, आत्म-सम्मान, आंतरिक सुरक्षा, कानून व्यवस्था, संप्रभुता, अखंडता, सांस्कृतिक एवं धार्मिक विकास, तकनीकी ज्ञान एवं औद्योगिक तथा आर्थिक विकास, निर्धनता एवं निरक्षरता उन्मूलन एवं विदेश-संबंधों और विश्व के देशों में बेहतर स्थान के लिए परम आवश्यक है।

3. भारत की सुरक्षा को प्रभावित करने वाले प्रमुख भौगोलिक कारक कौन-से हैं?

उत्तर: कुछ भौगोलिक कारक निम्नलिखित हैं :

(i) भारत के उत्तर में हिमालय
(ii) पश्चिमी सीमाओं पर रेगिस्तान
(iii) भारत के पश्चिम में अरब सागर
(iv) दक्षिण में हिन्द महासागर
(v) पूर्व में बंगाल की खाड़ी
(vi) पंजाब के खुले मैदान

4. सशस्त्र ड्रिल में आप सावधान, विश्राम और आराम कैसे करेंगे?

उत्तर: ✻ **सावधान :** सावधान की सामान्य स्थिति में खड़े हों तथा दाएँ हाथ से राइफल को इस प्रकार पकड़ें कि सामने की ओर हो, आपका अंगूठा राइफल के बाईं ओर हो, राइफल का बट भूमि पर सटा हो तथा बट का टो (Tow) आपके जूते की टो (Tow) की सीध में हो।

✻ **विश्राम :** विश्राम की स्थिति में बायाँ पैर दाएँ पैर से 12 इंच की दूरी पर रखें, बायाँ हाथ सीधा सटा रहने दें, राइफल को चुस्ती के साथ दायें हाथ को सीधा रखते हुए आगे की ओर धकेलें।

✻ **आराम से :** राइफल को थोड़ा और ऊपर से पकड़ते हुए, अपनी कमर से ऊपर के हिस्से को थोड़ा ढीला छोड़कर आराम की स्थिति में आएँ। कमर से नीचे के हिस्से में कोई बदलाव न करें।

5. एनसीसी कैडेटों द्वारा किन साहसिक गतिविधियों और प्रतिस्पर्द्धाओं में भाग लिया जाता है?

उत्तर : एनसीसी कैडेटों द्वारा की जाने वाली मुख्य साहसिक गतिविधियाँ निम्न प्रकार हैं :

(i) पर्वतारोहण अभियान (ii) ट्रैकिंग अभियान

(iii) साहसिक / मोटर साइकिल अभियान (iv) पैराशूट सेलिंग

(v) पैरा कोर्स (vi) स्लिथरिंग

(vii) डेजर्ट सफारी (viii) व्हाइट वॉटर रॉफ्टिंग

6. रक्षा सेवाओं में तीनों सेनाओं के कमीशंड रैंक कौन-कौन से हैं?

उत्तर : थल सेना: जनरल, लेफ्टिनेंट जनरल, मेजर जनरल, ब्रिगेडियर, कर्नल, लेफ्टिनेंट कर्नल, मेजर, कैप्टन, लेफ्टिनेंट।

नौ सेना: एडमिरल, वाइस एडमिरल, रीयर एडमिरल, कोमोडोर, कैप्टन, कमांडर, लेफ्टिनेंट कमांडर, लेफ्टिनेंट, सब-लेफ्टिनेंट।

वायु सेना: एयर चीफ मार्शल, एयर मार्शल, एयर वाइस मार्शल, एयर कोमोडोर, ग्रुप कैप्टन, विंग कमांडर, स्क्वैड्रन लीडर, फ्लाइट लेफ्टिनेंट, फ्लाइंग ऑफिसर।

7. भारतीय सेना की बुनियादी संरचना के घटक कौन-से हैं?

उत्तर : डिवीजन: यह मेजर जनरल रैंक के जनरल ऑफिसर कमांडिग के नेतृत्व में होती है।

ब्रिगेड: यह एक ब्रिगेडियर के नेतृत्व में कार्य करती है।

बटालियन: इसका नेतृत्व एक कर्नल द्वारा किया जाता है।

कंपनी: इसका नेतृत्व मेजर अथवा कैप्टन द्वारा किया जाता है।

प्लाटून: इसका नेतृत्व कैप्टन अथवा लेफ्टिनेंट द्वारा होता है।

सेक्शन: इसका नेतृत्व हवलदार या सार्जेंट द्वारा होता है।

8. भारतीय नौसेना का उद्‌गम कब हुआ और इसका क्या उद्देश्य है?

उत्तर : भारतीय नौसेना का उद्‌गम 17वीं शताब्दी की ईस्ट इंडिया कंपनी की मैरीन से हुआ, इसने 'रॉयल इंडियन नेवी' का स्थान लिया, जिसका नाम 1950 में बदला गया था। 17वीं शताब्दी के मराठा सम्राट छत्रपति शिवाजी को भारतीय नौसेना का जनक माना जाता है। नौसेना मुख्यालय नई दिल्ली में है। नौसेना का प्राथमिक उद्देश्य देश की समुद्री सेनाओं की रक्षा करना है। भारत इसका प्रयोग आपदा राहत, संयुक्त अभ्यास, बंदरगाहों का दौरा और मानवीय मिशनों के माध्यम से अंतर्राष्ट्रीय संबंधों को सुदृढ़ बनाने में भी करता है।

9. भारत में नौसेना प्रशिक्षण इकाइयाँ कहाँ स्थित हैं?

उत्तर: भारत में निम्नलिखित प्रशिक्षण संस्थान है :

(i) नौसेना एकेडमी, गोआ (ii) आइएनएस चिल्का, ओडिशा

(iii) आइएनएस शिवाजी, लोनावाला (iv) आइएनएस वालसुरे, जामनगर

(v) आइएनएस सातवाहन, विशाखापत्तनम (vi) आइएनएस कुंजली, मुम्बई

(vii) आइएनएस अश्विनी, मुम्बई (viii) आइएनएस अग्रणी, कोयम्बटूर

10. एनसीसी में ड्रिल का क्या उद्देश्य है?

उत्तर: ड्रिल के प्रमुख उद्देश्य निम्नलिखित हैं :

(i) कैडेटों में एकता एवं अनुशासन की भावना पैदा करना।

(ii) आत्म विश्वास पैदा करना।

(iii) कैडेटों में आज्ञाकारिता की गुणवत्ता को पैदा करना।

(iv) कैडेटों के शरीर एवं दिमाग के तालमेल को सुदृढ़ करना।

(v) आत्मरक्षा सिखाना व सुव्यवस्थित बनाना।

(vi) उचित वस्त्र धारण करने और मिलनसार बनने की प्रवृति पैदा करना।

11. एक अच्छी परेड कमांड के लिए कैडेटों को किन-किन बातों को ध्यान में रखना आवश्यक है?

उत्तर: अच्छी परेड कमांड के लिए निम्नलिखित बातों का ध्यान रखना चाहिए :

(i) आदेशात्मक शब्द जोर से और स्पष्ट बोले जाने चाहिए।

(ii) सचेतक आदेशात्मक शब्द सामान्य स्वर और कार्यान्वक शब्द तेज स्वर में बोले जाने चाहिए।

(iii) सचेतक आदेशात्मक शब्द लम्बा खींच कर जबकि कार्यान्वक शब्द शीघ्रता से बोले जाने चाहिए।

(iv) दोनों प्रकार के आदेशात्मक शब्दों के मध्य थोड़ा विराम होना चाहिए।

12. स्टेनगन (कार्बाइन) की मुख्य विशेषताएँ कौन-सी हैं?

उत्तर: कार्बाइन की प्रमुख विशेषताएँ निम्न हैं :

1. वजन	–	6.5 पाउंड या 2.9 किग्रा.
2. बैरल का व्यास	–	9 मिमी.
3. रेंज (अधिकतम)	–	100 गज
4. रेंज ऑन ड्यूटी	–	30 गज
5. मज़ल वेलोसिटी	–	1200 फुट प्रति सेकण्ड
6. मैगजीन की क्षमता	–	30 राउंड

13. पिस्तौल के प्रयोग में कौन-सी प्रमुख सावधानियाँ बरतनी चाहिए?

उत्तर: पिस्तौल के प्रयोग के समय निम्नलिखित सावधानियाँ बरतनी चाहिए :

1. जब तक निरीक्षण न कर लें, पिस्तौल को भरा हुआ समझें।
2. पिस्तौल का बैरल हमेशा लक्ष्य की ओर रखें।
3. पिस्तौल को दिखावे या खेलने के लिए प्रयोग न करें।
4. पिस्तौल को बिना जाँचे न तो किसी को दें और न ही किसी से लें।
5. शत्रु के इतना निकट न जाएँ कि वह आपकी पिस्तौल छीन सके।

14. मानचित्र से क्या तात्पर्य है तथा यह किस प्रयोग में आता है?

उत्तर: यह एक समतल सतह पर किसी भू-भाग का आनुपातिक एवं सांकेतिक चित्रांकन होता है। रक्षा-सेवाओं में मानचित्र-अध्ययन का विशेष महत्व है। यह एक सैनिक को किसी

भू-भाग को सही प्रकार से समझने में सक्षम बनाता है। युद्ध-संबंधी मामलों का कार्यान्वयन पूर्णतया मानचित्रों पर निर्भर करता है।

एक मानचित्र :

1. आपको भूमि पर आपकी स्थिति ज्ञात करने में मदद करता है।
2. भूमि पर शत्रु की स्थिति का पता लगाने में मदद करता है।
3. एक स्थान से दूसरे स्थान की दूरी और दिशा ज्ञात करने में मदद करता है।
4. भूमि के विभिन्न स्वरूपों को ज्ञात करने में मदद करता है।
5. विशेष रूप से युद्ध के समय गतिविधियों की योजना बनाने में मदद करता है।
6. दो अलग-अलग स्थानों की निरंतर दृष्यता के विषय में बताता है।

15. राइफल के मुख्य 10 भाग कौन-कौन से होते हैं?

उत्तर: किसी राइफल के 10 मुख्य भाग निम्नलिखित होते हैं :

1. स्टॉक	2. ट्रिगर एवं ट्रिगर गार्ड	3. मज़ल	4. बोल्ट
5. सेफ्टी स्विच	6. इजेक्शन पोर्ट	7. फ्रंट एंड रियर साइट	8. हैमर
9. फोर एंड	10. मैगजीन एवं मैगजीन कैप		

16. किसी मानचित्र में रंगों का प्रयोग क्यों किया जाता है?

उत्तर: मानचित्रों में अलग-अलग रंगों से विभिन्न सांकेतिक चिह्नों को दर्शाया जाता है, जैसे : 1. हरा : वनस्पति, घास, वृक्ष 2. पीला : कृषि योग्य भूमि 3. नीला : जलीय चिह्न 4. लाल : सड़कें आदि 5. भूरा : धरातलीय आकृतियाँ 6. काला : मानव निर्मित भवन आदि।

17. मानचित्र अध्ययन में प्रयोग होने वाले तकनीकी शब्द कौन-से हैं?

उत्तर: मानचित्र-अध्ययन में प्रयोग होने वाले कुछ महत्वपूर्ण तकनीकी शब्द इस प्रकार हैं :

(i) दिक्मान	(ii) तल चिह्न
(iii) समोच्च रेखाएँ	(iv) प्रवणता
(v) ग्रिड रेखाएँ	(vi) ग्रिड उत्तर
(vii) चुम्बकीय उत्तरांतर	(viii) मानचित्र सेट करना
(ix) तिकोन बिंदु	(x) वास्तविक उत्तर

18. दिक्मान से क्या अभिप्राय है तथा यह कितने प्रकार के होते हैं?

उत्तर: उत्तर दिशा और दर्शक के बीच बनने वाले कोण को दिक्मान अथवा दिक्कोण कहते हैं। दो बिंदुओं को एक सरल रेखा द्वारा मिलाकर उत्तर की ओर बढ़ाने से इसे बनाया जा सकता है। यह हमेशा घड़ी की सुई की दिशा में (Clockwise) बनाया और मापा जाता है।

तीन प्रकार की उत्तर दिशा के अनुसार यह भी तीन प्रकार के होते हैं :

(i) असल-दिक्मान (True Bearing)

(ii) ग्रिड-दिक्मान (Grid Bearing)

(iii) चुम्बकीय-दिक्मान (Magnetic Bearing)

19. सर्विस प्रोट्रेक्टर से क्या तात्पर्य है व इसका प्रयोग किस प्रकार किया जाता है?

उत्तर: यह प्लास्टिक अथवा लकड़ी का बना हुआ एक आयताकार यंत्र होता है, जिसकी लम्बाई 6 इंच और चौड़ाई 2 इंच होती है। यह मानचित्र पर दिकमान खींचने और मापने में प्रयोग किया जाता है। सर्विस प्रोट्रेक्टर के तीन किनारों पर बाहर की ओर 0° से 180° तक अंक छपे होते हैं और चौथे, लम्बाई वाले किनारे पर एक उल्टे तीर का निशान होता है जिसे किसी दिये गए बिंदु पर रखकर डिग्री मापी जा सकती है। पीछे के लम्बाई वाले किनारे पर इंचों का मापक होता है जिसमें बायीं ओर का भाग दशमलव मापक में विभक्त होता है जिससे सही मापन व गणना में मदद मिलती है।

20. जीपीएस से आप क्या समझते हैं व रक्षा सेवाओं में जीपीएस का क्या उपयोग है?

उत्तर: यह उपग्रहों (satellites) और प्रापक यंत्रों (receivers) की एक प्रणाली है जो लोगों और उपकरणों को पृथ्वी पर उनकी उपस्थिति की सटीक जानकारी उपलब्ध करवाती है। सामान्य जीपीएस परिचालन प्रणाली में 24 उपग्रहों का प्रयोग होता है जो 12 घंटे में पृथ्वी की परिक्रमा पूरी करते हैं।

जीपीएस के उपयोग :

(i) यह रक्षा विमानों, जहाजों और विशेष वाहनों में प्रयोग किया जाता है।

(ii) यह युद्ध के मैदानों व आतंकवाद-ग्रस्त क्षेत्रों में सुरक्षा-बलों द्वारा प्रयोग किया जाता है।

(iii) यह आम नागरिक-वाहनों और अर्द्धसैनिक बलों के वाहनों में मार्ग ढूँढने में प्रयोग किया जाता है।

(iv) यह सैनिकों को जंगलों, पहाड़ों और रेगिस्तानों में मार्ग ढूँढने में मदद करता है।

(v) यह मछुआरों और पैदल-यात्रियों द्वारा भी मार्ग ढूँढने में मदद के लिए प्रयोग किया जाता है।

(vi) यह गाइडेड मिसाइल में भी पूर्व-निर्धारित लक्ष्य पर मार करने में मदद करता है।

21. उत्तर दिशा ज्ञात करने की प्रमुख विधियाँ कौन-सी हैं?

उत्तर: धरातल पर जब आप नये अथवा अनजान स्थान पर जाते हैं तो कई बार दिशाभ्रम के शिकार हो जाते हैं। ऐसी स्थिति में आप अपने मार्ग से भटक सकते हैं और अपने लक्ष्य पर नहीं पहुँच पाते। ऐसी स्थिति में यदि आपको चारों दिशाओं पूर्व, पश्चिम, उत्तर व दक्षिण में से एक का भी अनुमान हो तो आप बाकी की तीनों दिशाओं के विषय में सरलता से जान सकते हैं। इन चारों में से उत्तर दिशा को ज्ञात करना अपेक्षाकृत सरल माना जाता है।

दिशा को ज्ञात करने की कई विधियाँ हैं :

(i) घड़ी द्वारा	(ii) सूर्य द्वारा	(iii) तारों द्वारा
(iv) ईदगाह व मस्जिद	(v) जीपीएस	(vi) कम्पास

22. रात्रि मार्च चार्ट बनाते समय कौन-सी मुख्य सावधानियाँ बरतनी चाहिएँ।

उत्तर: रात्रि मार्च चार्ट बनाते समय निम्न सावधानियाँ बरतनी चाहिएँ :

(i) चार्ट एक साफ, कोरे कागज पर बनाना चाहिए।

(ii) इसे बनाते समय सॉफ्ट-पेंसिल का प्रयोग करना चाहिए।

(iii) दूरियों को गजों अथवा मीटरों में दर्शाया जाना चाहिए।

(iv) चिह्नों, अंकों, शब्दों आदि को मोटे अक्षरों में लिखना व बनाना चाहिए जिससे कि उन्हें मद्धिम प्रकाश में भी देखा व पढ़ा जा सके।

(v) दिशा-कोण चुम्बकीय-दिशांकों में दर्शाने चाहिएँ।

(vi) चार्ट में प्रारंभिक स्थान सबसे नीचे और अंतिम स्थान-बिंदु सबसे ऊपर दर्शाया जाना चाहिए।

23. क्षेत्र कला में निपुणता प्राप्त करने के आवश्यक गुण कौन-से हैं?

उत्तर: क्षेत्र कला में निपुणता प्राप्त करने के लिए एक सैनिक में निम्नलिखित गुणों का होना आवश्यक है :

(i) भू-अध्ययन की योग्यता
(ii) बुद्धिमत्ता
(iii) मानसिक योग्यता
(iv) शस्त्र-ज्ञान
(v) उत्तम दृष्टि
(vi) अनुशासन
(vii) शारीरिक क्षमता
(viii) आकारगोपन का ज्ञान

24. फायर ऑर्डर के प्रमुख आदेश कौन-से हैं?

उत्तर: यह सैन्य उच्चाधिकारियों द्वारा दिये जाने वाले गोला-बारी संबंधी विभिन्न आदेश होते हैं। यह तीन प्रकार के होते हैं :

(i) **योजना आदेश (Plan order):** यह सेना के उच्च-अधिकारियों द्वारा फायरिंग की योजना बनाने वाले अधिकारियों को दिये जाते हैं।

(ii) **फायर निर्देश आदेश (Fire Direction order):** यह सैन्य उच्चाधिकारियों द्वारा फायर यूनिट कमांडरों को दिये जाते हैं।

(iii) **फायर नियंत्रण आदेश (Fire Control order):** यह फायरिंग संबंधी आदेश फायर यूनिट कमांडरों द्वारा अपनी यूनिट के जवानों को दिये जाते हैं।

25. फील्ड सिग्नल्स से आप क्या समझते हैं तथा ये कितने प्रकार के होते हैं?

उत्तर: जो सिग्नल युद्ध के मैदान में प्रायः विभिन्न संकेत बोल कर देने के स्थान पर बिना आवाज किये अथवा सांकेतिक पक्षियों की बोली में या सीटी बजाकर दिये जाते हैं, फील्ड सिग्नल्स कहलाते हैं। ये संकेत अधिकतर विभिन्न प्रकार से हाथ हिलाकर या राइफल दिखाकर दिये जाते हैं। बेआवाज संकेत देने पर आप शत्रु का ध्यान अपनी ओर आकर्षित किये बिना अपनी बात कह सकते हैं और यदि युद्ध छिड़ चुका हो तो उसके शोर में ध्वनि-संकेत पहुँचाना प्रायः कठिन होता है।

फील्ड सिग्नल्स प्रायः तीन प्रकार के होते हैं :

(i) हाथों द्वारा संकेत
(ii) शस्त्रों द्वारा संकेत
(iii) सीटी द्वारा संकेत

26. रण-प्रक्रिया से आप क्या समझते हैं, तथा इसका क्या लक्ष्य होता है?

उत्तर: रण-प्रक्रिया युद्ध की तैयारी करने की विधि है। इसके अंतर्गत एक सेना-कमांडर रेकी कर योजना बनाता है, आदेश जारी करता है और युद्ध-संबंधी विभिन्न कार्यों की सूची तैयार करता है। इन उद्देश्यों की पूर्ति के लिये उसके पास सेनाएँ भेजी जाती हैं। उसका लक्ष्य होता है :

1. प्रत्येक सैनिक को शारीरिक व मानसिक रूप से युद्ध के लिए तैयार करना।
2. सैन्यबल की घबराहट और चिंता पर नियंत्रण करना, उसमें कमी लाना और अंततः उसका उन्मूलन करना।
3. समय की बचत करना।
4. जवानों को प्रोत्साहित करना।

27. चालें चलते हुए बरती जाने वाली प्रमुख सावधानियाँ कौन-सी हैं?

उत्तर: चालें चलते हुए निम्न सावधानियाँ बरती जानी चाहिएँ :

(i) प्राकृतिक छलावरण का प्रयोग करते हुए आड़ में चलें।
(ii) पूरे समय आगे न बढ़ते रहें, बीच-बीच में रुककर देखें और सुनें।
(iii) अपने सामने और दायें-बायें भी देखते रहें।
(iv) रेंगने (Crawl) में चाल धीमी और दृष्टि बाधित हो जाती है अतः आवश्यक होने पर ही ऐसा करें।
(v) चाल के समय भी प्रयोग के लिए शस्त्र तैयार रखें।
(vi) पूरी सावधानी से शत्रु के प्रति निगाह चौकन्नी रखें।
(vii) छोटे गढ्डों को तेजी से पार करें।
(viii) गोली लगने पर रेंगकर एक साइड हो जाएँ।
(ix) उपकरणों द्वारा शोर न उत्पन्न होने दें।
(x) हमेशा एक वैकल्पिक मार्ग भी सोच कर रखें।
(xi) पक्षियों, जानवरों आदि को न छेड़ें।

28. एक उत्तम गाँठ की क्या विशेषताएँ होती हैं?

उत्तर: (i) गाँठ इतनी मजबूत लगनी चाहिए कि वह खिंचाव अथवा दबाव से स्वयं न खुल जाए और न ही अपने स्थान से खिसके।
(ii) गाँठ जिस उद्देश्य से लगाई जाए, वह उसके अनुरूप और कारगर होनी चाहिए।
(iii) उद्देश्य अथवा कार्य पूरा हो जाने पर गाँठ को खोलना भी सरल होना चाहिए।

29. बारूदी सुरंग बिछाने की दो प्रमुख विधियाँ कौन-सी हैं?

उत्तर: बारूदी सुरंगें बिछाने की दो मुख्य विधियाँ हैं :

(i) **पट्टी विधि (Strip Method) :** इस विधि में प्रायः एक मध्य रेखा के दोनों ओर समान दूरी पर (1 गज) पर माइंस बिछायी जाती हैं।
(ii) **छिड़काव विधि (Scattered Method) :** इस विधि में प्रायः बिना किसी नापतोल के, माइंस बेतरतीब बिछायी जाती हैं।

30. क्षेत्र बाधाओं के क्या प्रमुख उद्देश्य होते हैं?

उत्तरः किसी क्षेत्र में शत्रु की गतिविधियों और योजनाओं में व्यवधान डालने वाली बाधाओं को क्षेत्र-बाधा कहते हैं। इन बाधाओं के उद्देश्य प्रायः निम्नलिखित होते हैं :

1. शत्रु का मनोबल कम करना।
2. उसकी योजना और आक्रमण को छिन्न-भिन्न करना।
3. व्यवधान डालकर उसे विलम्बित और अव्यवस्थित करना।
4. उसको अचानक आक्रमण करने का अवसर न देना।
5. उसे आपके चुने हुए संहार-क्षेत्र की ओर जाने पर मजबूर करना।
6. शत्रु का समय, श्रम और साजो-सामान नष्ट करना।

31. आई-ई-डी का संदेह होने पर क्या करना चाहिए?

उत्तरः किसी स्थान पर आई-ई-डी की मौजूदगी का संदेह होने पर पर्याप्त सावधानी व सुरक्षा के उपाय किये जाने चाहिएं। संदेह होने पर निम्नलिखित सावधानियाँ बरतें और सुरक्षा के उपाय करें :

(i) संदेहजनक वस्तु से दूर रहें।
(ii) बूबी ट्रेप्स से सावधान रहें।
(iii) अन्य लोगों को भी संदेहास्पद वस्तुओं के प्रति आगाह करें।
(iv) पुलिस/बम निरोधक दस्ते को तुरंत सूचित करें।
(v) भीड़ को नियंत्रित करने और ट्रैफिक सुचारू रखने में पुलिस की मदद करें।
(vi) आस-पास मौजूद लोगों को सुरक्षित स्थान पर भेजें।

32. संचार की प्रमुख विधियाँ कौन-सी हैं?

उत्तरः सेना में संचार की विभिन्न विधियाँ इस प्रकार हैं :

(i) सांकेतिक भाषा द्वारा
(ii) ध्वनि माध्यम द्वारा
(iii) लिखित संदेश द्वारा
(iv) धावकों और संदेशवाहकों द्वारा
(v) लाइन कम्यूनिकेशन
(vi) रेडियो कम्यूनिकेशन

33. वाई-फाई प्रौद्योगिकी से आप क्या समझते हैं?

उत्तरः यह प्रौद्योगिकी आपको अपने घर, दफ्तर व सार्वजनिक स्थानों पर बिना तार जोड़े इंटरनेट से कनेक्ट करने की स्वतंत्रता प्रदान करती है। वाई-फाई एक बड़े नेटवर्क पर जानकारी प्राप्त करने के लिये पारंपरिक मोडेम से भी तेज है। इसका उपयोग करते हुए आप बिना नेटवर्क के व्यवधान के अपना स्थान बदल सकते हैं। वाई-फाई उपकरण उपभोक्ता के नेटवर्क प्रयोग को सुचारू बनाए रखने के उद्देश्य से परस्पर अनुवर्ती बनाए जाते हैं। जिन स्थानों पर उपभोक्ता वाई-फाई नेटवर्क से जुड़ सकते हैं उन्हें वाई-फाई हॉट-स्पॉट कहा जाता है।

34. रक्षा बलों में संचार का क्या महत्व है?

उत्तर: रक्षा बलों के लिये संचार का बड़ा महत्व है। सही संकेतों (Signals) के आदान-प्रदान के लिये रक्षा-बल संचार पर निम्न प्रकार से निर्भर होते हैं :

1. कमांडरों और तैनात सैन्य बलों के बीच संवाद करना।
2. शत्रु के सैन्य बलों की गतिविधियों की जानकारी देना।
3. युद्ध की गतिविधियों में बदलाव के संकेत देना।
4. युद्ध-क्षेत्र में आपातकालीन निर्देश देना।
5. दुर्गम-क्षेत्रों और बर्फीले स्थानों पर विशेष आदेश देना।
6. युद्ध-क्षेत्र में प्रभावी परिचालन बदलाव के आदेश देना।
7. शत्रु के विषय में सही-गलत सूचनाएँ प्राप्त/प्रेषित करना।
8. सैनिकों को आगे की परिचालन गतिविधियों के लिए तैयार करना।
9. सावधानी पूर्वक व गोपनीयता के साथ सुरक्षित और प्रभावी संचार करना।
10. रसद की आपूर्ति, घायलों एवं शहीद हुए सैनिकों के विषय में सूचनाएँ देना।

35. फाइबर ऑप्टिक्स संचार किस प्रकार कार्य करता है?

उत्तर: इस माध्यम से संचार करने के लिये सूचना व प्रकाश के स्पंदन (Pulses of light) को फाइबर ऑप्टिक्स केबल द्वारा भेजा जाता है। प्रकाश द्वारा एक विद्युत्-चुम्बकीय वाहक तरंग का निर्माण किया जाता है जिसको मोड्यूलेट किया जाता है। ऑप्टिकल फाइबर कॉर्निंग काँच की बारीक, खोखली नलियाँ होती हैं जिन पर रबर अथवा प्लास्टिक का सुरक्षात्मक आवरण चढ़ा होता है। इनका व्यास बहुत कम होता है और ये बहुत ही नाजुक होती हैं।

36. बाधा प्रशिक्षण में बाधा-पथ कितने प्रकार के होते हैं?

उत्तर: बाधा-पथ में प्रायः दस बाधाएँ होती हैं जिन्हें कैडेट्स को दौड़कर, कूदकर, छलाँग मारकर, दीवार फाँदकर पार करना होता है।

बाधा-पथ के प्रकार निम्नलिखित हैं :

(i) स्ट्रेट बैलेंस	(ii) क्लीयर जम्प	(iii) जिग-जैग बैलेंस
(iv) हाई वॉल	(v) डबल डिच	(vi) गेट वॉल्ट
(vii) राइट हैंड वॉल्ट	(viii) लैफ्ट हैंड वॉल्ट	(ix) रैम्प जम्प
(x) स्ट्रेट बैलेंस		

37. कैडेट्स को साहसिक प्रशिक्षण से क्या लाभ प्राप्त होते हैं?

उत्तर: एनसीसी कैडेट्स को साहसिक प्रशिक्षण व क्रिया-कलापों से अनेक लाभ होते हैं, इनमें से कुछ मुख्य लाभ इस प्रकार हैं:

1. इससे कैडेट्स का चारित्रिक विकास होता है।
2. इससे कैडेट्स कष्टों का सामना करना सीखते हैं।
3. इससे कैडेट्स में धैर्य, सहिष्णुता और साहस की भावना जागृत होती है।
4. इससे कैडेट्स में अनेक मानवीय गुणों का विकास होता है।
5. इससे कैडेट्स के व्यक्तित्व का विकास होता है।
6. इससे कैडेट्स के मन के विकास के साथ उसके विचारों में खुलापन आता है।

38. नागरिक की क्या परिभाषा है? नागरिकता प्राप्त करने के लिए किन-किन पात्रताओं की आवश्यकता होती है?

उत्तर: एक समुदाय का सदस्य जो देश के प्रति निष्ठा रखता है और देश के संविधान द्वारा दिये गए संरक्षण एवं अधिकारों का पात्र होता है, एक नागरिक कहलाता है। भारत की नागरिकता निम्न प्रकार के पात्रों को प्राप्त होती है :

(i) जन्म से (By Birth)
(ii) वंश से (By Descent)
(iii) आप्रवास से (By Immigration)
(iv) पंजीकरण से (By Registration)
(v) राष्ट्रीयता से (By Nationality)

जैसे—आवास, भूमि खरीद अथवा किसी भारतीय नागरिक से विवाह द्वारा।

39. एक नेता के सफल नेतृत्व के लिए उसमें किन-किन गुणों का होना आवश्यक है?

उत्तर: नेतृत्व के गुण ऐसे विशेष गुण होते हैं जो एक नेता को सफल बनाने में उसकी बहुत सहायता करते हैं। इनमें से मुख्य गुण निम्नलिखित हैं :

(i) सजगता (Alertness)
(ii) आचरण (Bearing)
(iii) साहस (Courage)
(iv) निर्णायकता (Decisiveness)
(v) विश्वसनीयता (Dependability)
(vi) धीरज (Endurance)
(vii) उत्साह (Enthusiasm)
(viii) पहल (Initative)
(ix) समग्रता (Integrity)
(x) न्यायिकता (Justice)
(xi) ज्ञान (Knowledge)
(xii) निष्ठा (Loyalty)
(xiii) जीवंतता (Liveliness)
(xiv) व्यवहार-कुशलता (Tact)
(xv) निःस्वार्थता (Unselfishness)

40. जीवन कौशल से आप क्या समझते हैं तथा व्यक्ति के व्यक्तित्व विकास में सहायक मुख्य कौशल कौन-से हैं?

उत्तर: "जीवन कौशल सकारात्मक व्यवहार को अपनाने की वह योग्यता है जो किसी व्यक्ति को दैनिक जीवन की माँगों और चुनौतियों से प्रभावी ढंग से निपटने के लायक बनाती है।" एक व्यक्ति के व्यक्तित्व के विकास में सहायता करने वाले 10 मुख्य जीवन-कौशल निम्नलिखित हैं :

(i) स्व-जागरूकता (Self-Awareness)
(ii) सहानुभूति (Empathy)
(iii) तार्किक सोच (Critical Thinking)
(iv) रचनात्मक सोच (Creative Thinking)
(v) समस्याओं को सुलझाने का कौशल (Problem Solving Skills)
(vi) निर्णयात्मकता (Decision Making)
(vii) पारस्परिक संबंध (Interpersonal Relationship)
(viii) प्रभावी अभिव्यक्ति (Effective Communication)
(ix) भावना पर नियंत्रण (Coping with Emotions)
(x) तनाव पर नियंत्रण (Coping with Stress)

41. समय को नष्ट करने वाले मुख्य कारक कौन-से हैं?

उत्तर: समय को नष्ट करने वाले मुख्य कारक निम्नलिखित हैं :

(i) टेलीफोन एवं मोबाइल फोन का अनावश्यक प्रयोग (ii) अधिक मित्र एवं आगंतुक
(iii) अनावश्यक कागज (iv) योजना एवं नियंत्रण में कमी
(v) अधिक सामाजिकता (vi) अनिर्णय एवं विलंबित निर्णय
(vii) टेलीविजन का अधिक प्रयोग (viii) टाल-मटोल एवं आलस्य

42. तनाव प्रबंधन क्या है तथा तनाव को नियंत्रित करने के प्रमुख उपाय क्या हैं?

उत्तर: तनाव अन्य लोगों, घटनाओं और हमारे अपने विचारों के प्रति हमारे शरीर की प्रतिक्रिया है। कुछ हद तक तनाव सामान्य है, जैसेकि किसी परीक्षा, मंच-प्रदर्शन अथवा खेल प्रतिस्पर्धा से पहले। तनाव के प्रबंधन से तात्पर्य हमारे जीवन में तनाव के स्रोतों की पहचान करने तथा वे कैसे शारीरिक व भावनात्मक रूप से हमें प्रभावित करते हैं, यह जानना; और अपने पर्यावरण व जीवन-शैली में बदलाव करके और तनाव रहित रहने के विषय में सीखकर इस प्रकार कार्य करना जिससे हमारे तनाव के स्तर पर नियंत्रण बना रहे।

तनाव को नियंत्रित करने के उपाय : जब भी आप तनाव अनुभव करें तो अपनी सुविधा व समयानुसार इन उपायों द्वारा तनाव को नियंत्रण में करें :

(i) लंबी साँसे लें। (ii) वार्तालाप करें।
(iii) थोड़ा विश्राम करें। (iv) मन को शांत करें।
(v) शारीरिक आराम करें। (vi) शरीर को हरकत दें।
(vii) शरीर की देखभाल करें। (viii) हास्य-विनोद करें।
(ix) समय-प्रबंधन करें। (x) अपनी सीमाएँ समझें।
(xi) देखें कि कहीं गलती आपकी तो नहीं। (xii) अच्छे मित्रों व दृश्यों को देखें।
(xiii) कम बोलें व अधिक सुनें। (xiv) मधुर संगीत सुनें।

43. समय प्रबंधन के प्रमुख सिद्धांत कौन-से हैं?

उत्तर: समय प्रबंधन के प्रमुख सिद्धांत निम्नलिखित हैं :

(i) समय की व्यक्तिगत भावना का विकास करें।
(ii) समय की दैनिकी (log) रखें।
(iii) लंबी-अवधि के लक्ष्यों की पहचान करें।
(iv) दैनिक व साप्ताहिक योजनाएँ बनाएँ।
(v) अपने समय का सदुपयोग करें।
(vi) अपने कार्यों को व्यवस्थित करें।
(vii) अपनी कागजी-कार्यवाही व्यवस्थित करें।
(viii) अपनी मीटिंग आदि का प्रबंधन करें।
(ix) प्रभावी ढंग से कार्य करें व बाँटें।
(x) समय की प्रतिबद्धता का ध्यान रखें।
(xi) उत्तम फलदायक गतिविधियों पर ध्यान केन्द्रित करें।
(xii) अपने स्वास्थ्य का ध्यान रखें जिससे बीमारी आदि के कारण आपका समय नष्ट न हो।

44. शिष्टाचार से आप क्या समझते हैं? शिष्टाचार के प्रमुख प्रकार कौन-से हैं?

उत्तरः यह एक समाज, वर्ग अथवा समूह में समकालीन पारंपरिक मानदंडों पर आधारित आदर्श सामाजिक व्यवहार का ढंग है। शिष्टाचार के नियम किसी समाज के भीतर सामाजिक संबंधों के प्रायः सभी पहलुओं को परिवृत्त करते हैं।

शिष्टाचार के प्रमुख प्रकार निम्नलिखित हैं :

(i) सामाजिक शिष्टाचार (ii) भोजन शिष्टाचार (iii) स्नानघर शिष्टाचार
(iv) टेलीफोन शिष्टाचार (v) व्यवसाय शिष्टाचार (vi) संस्थान शिष्टाचार
(vii) भेंट शिष्टाचार (viii) पार्टी शिष्टाचार

45. शिष्टाचार की आवश्यकता के मुख्य कारण कौन-से हैं?

उत्तरः जीवन व समाज की प्रत्येक गतिविधि एवं क्षेत्र में शिष्टाचार की बहुत आवश्यकता है। इसके निम्नलिखित मुख्य कारण हैं :

(i) यह आपको एक सुसंस्कृत व्यक्ति बनाता है।
(ii) यह आपको समाज में उत्तम व्यवहार करना सिखाता है।
(iii) यह एक चिरस्थायी प्रभाव के लिये अनिवार्य है।
(iv) यह आपके व्यक्तित्व तथा परवरिश के बारे में दर्शाता है।
(v) यह आपको समाज में सम्मान व प्रशंसा प्राप्त करवाता है।
(vi) यह लोगों में आपके लिये विश्वास व निष्ठा को मजबूत करता है।
(vii) यह आपको संबंधों का मूल्य समझने में मदद करता है।
(viii) इसके द्वारा आप अधिक जिम्मेदार व परिपक्व प्रतीत होते हैं।

46. नागरिक सुरक्षा से आप क्या समझते हैं तथा इसके प्रमुख उपाय कौन-कौन से हैं?

उत्तरः युद्ध, प्राकृतिक आपदा अथवा अन्य प्रकार की आपदा के समय आपदा के प्रभाव को कम करने के उद्देश्य से नागरिकों, सरकार, स्थानीय निकायों अथवा स्वैच्छिक संस्थाओं द्वारा नागरिकों के जान-माल की रक्षा के लिये कई उपाय किये जाते हैं, इन्हें नागरिक सुरक्षा के उपाय कहते हैं। दूसरे शब्दों में इन्हें 'नागरिकों द्वारा नागरिकों की सुरक्षा' कहा जाता है।

नागरिक सुरक्षा उपायों में निम्नलिखित सम्मिलित होते हैं :

(i) **बचाव के उपाय** (Preventive Measures): यह उपाय आपदा के घटित होने से पूर्व किये जाते हैं, जैसे कि लोगों को अन्यत्र भेजना, उद्योगों को बचाना, छलावरण व आश्रय-स्थलों को बनाना, चेतावनी व प्रशिक्षण देना आदि।

(ii) **नियंत्रण के उपाय** (Control Measures): यह उपाय आपदा के घटित होने के तुरंत बाद किये जाते हैं, जैसे कि टोह लेना, हानि व बम आदि की सूचना देना, घायलों को बचाना, सेवाओं का नियंत्रण करना, आग बुझाना व मलबा आदि हटाना।

(iii) **पुनः स्थापना उपाय** (Restorative Measures): यह उपाय नियंत्रण के उपायों के तुरंत बाद किये जाते हैं, जैसेकि भोजन, आश्रय व वस्त्रादि की व्यवस्था करना, संपत्ति का बचाव, मृतकों को निकालना, संक्रमण व प्रदूषण पर नियंत्रण पाना, आवश्यक नागरिक सेवाओं को पहुँची हानि की मरम्मत करना, आदि।

47. दल (Teams) कितने प्रकार के होते हैं तथा ये किस प्रकार कार्य करते हैं?

उत्तर: दलों को मुख्य तौर पर चार वर्गों में बाँट सकते हैं :

(i) **कार्यात्मक समूह** (Functional Teams)**:** यह प्रायः उन लोगों को दर्शाती हैं जो दैनिक रूप से विभिन्न संयुक्त एवं व्यक्तिगत कार्यों पर साथ-मिलकर कार्य करते हैं।

(ii) **समस्या-समाधान समूह** (Problem-Solving Teams)**:** यह प्रायः अपने उत्तरदायित्व वाले क्षेत्र की विशेष समस्याओं पर ध्यान केंद्रित करते हैं, उनके कारगर समाधान खोजते हैं और प्रायः एक सीमा के भीतर कार्यवाही करने के लिये सक्षम होते हैं।

(iii) **पार-कार्यात्मक समूह** (Cross-Functional Teams)**:** यह विभिन्न कार्य-क्षेत्रों के लोगों के ज्ञान तथा कौशल को संयुक्त रूप से प्रयोग करके विभिन्न आपसी समस्याओं की पहचान करते हैं व उनका समाधान करते हैं।

(iv) **स्व-प्रबंधित समूह** (Self-Managed Teams)**:** यह प्रायः उन सदस्यों का समूह होता है जिन्हें प्रभावी रूप से रोज मिलकर संपूर्ण उत्पाद (मुख्य उत्पाद घटक) का निर्माण करना या सेवा प्रदान करनी होती है।

48. आपदाएँ कितने प्रकार की होती हैं?

उत्तर: आपदाओं को निम्न प्रकार से वर्गीकृत किया जा सकता है :

1. प्राकृतिक आपदाएँ (Natural Disasters) :

(i) **वायु-संबंधी :** तूफान, चक्रवात, बवंडर, समुद्री तूफान आदि।

(ii) **जल-संबंधी :** बाढ़, बादल-फटना, भारी बारिश, भारी हिमपात, सूखा आदि।

(iii) **भूमि-संबंधी :** भूकंप, सुनामी, हिमस्खलन, भू-स्खलन, ज्वालामुखी विस्फोट आदि।

2. मानव-निर्मित आपदाएँ (Man-made Disasters) : यह आपदाएँ मानवीय-कारणों से घटित होती हैं। यह निम्न प्रकार की हो सकती हैं।

(i) **यातायात दुर्घटनाएँ :** सड़क, रेल, वायुयान एवं जलयान दुर्घटनाएँ आदि।

(ii) **औद्योगिक दुर्घटनाएँ :** गैस का रिसाव, विस्फोट, तोड़फोड़, सुरक्षा में सेंध आदि।

(iii) **आग लगना :** भवनों, कोयला-खानों, तेल रिफाइनरी और जंगल की आग आदि।

(iv) **प्रदूषण/विषाक्तता :** भोजन, जल, वायु, शराब आदि की विषाक्तता।

(v) **आतंकवादी गतिविधियाँ :** बम-विस्फोट, गोली-बारी आदि।

(vi) **पारिस्थिकी-संबंधी :** प्रदूषण (वायु, जल, ध्वनि), मृदाक्षरण, जैव विविधता का ह्रास, ग्लोबल वार्मिंग, समुद्र तल का बढ़ना, जहरीला कचरा, परमाणु दुर्घटनाएँ।

(vii) **युद्ध संबंधी :** पारंपरिक, रासायनिक व परमाणु युद्ध।

49. एनसीसी में समाज सेवा के प्रमुख लक्ष्य एवं उद्देश्य कौन-से हैं?

उत्तर: एनसीसी में समाजसेवा के लक्ष्य एवं उद्देश्य निम्न हैं :

(i) कैडेट्स को श्रम की गरिमा समझाना व टीम-भावना का विकास करना।

(ii) उनमें रचनात्मक कार्यों के प्रति जागरूकता उत्पन्न करना।

(iii) निःस्वार्थ सेवा की भावना उत्पन्न करना।

(iv) उनको संगठित रूप से कार्य करने के लिए प्रेरित करना।

(v) उनको अपने रिक्त समय, ऊर्जा व अन्य संसाधनों का सदुपयोग करना सिखाना।

(vi) उनको विभिन्न सामाजिक व आर्थिक गतिविधियों में भाग लेने के लिये प्रेरित करना।

50. एचआईवी और एड्स से आप क्या समझते हैं और इसके मुख्य कारण कौन-से हैं?

उत्तर: 'एचआईवी' ह्यूमन इम्यूनोडेफिसिएन्सी वायरस का संक्षिप्त रूप है, जिसके कारण एड्स होता है। एड्स एक जानलेवा बीमारी है। जिसका पूरा नाम (AIDS : Acquired Immuno-Deficiency Syndrome) है। एचआईवी संक्रमण की अंतिम अवस्था एड्स है। एचआईवी संक्रमण की अवस्था में शरीर सामान्यतः संक्रमण और बीमारियों का सही तरह से मुकाबला नहीं कर पाता। इस अवस्था को एड्स कहते हैं जो अंततः मृत्यु का कारण बनता है। इस रोग में संक्रमण निरोधक शक्ति का धीरे-धीरे क्षय हो जाता है।

एचआईवी/एड्स के कारण

(i) एचआईवी का मुख्य कारण असुरक्षित यौन संबंध स्थापित करना।
(ii) ब्लड ट्रांसफ्यूजन के दौरान शरीर में एचआईवी संक्रमित रक्त चढ़ जाना।
(iii) एचआईवी संक्रमित व्यक्ति पर प्रयोग हुई इंजेक्शन की सुई का प्रयोग।
(iv) एचआईवी पॉजिटिव गर्भवती महिला गर्भावस्था के समय, प्रसव के दौरान या अपना दूध पिलाने से नवजात शिशु को संक्रमित कर सकती है।

51. कैंसर/कर्करोग के प्रमुख कारण क्या हैं?

उत्तर: कैंसर के प्रमुख कारण निम्नलिखित हैं :

1. तम्बाकू, गुटका, पान-मसाला, सुपारी, सिगरेट तथा शराब आदि का सेवन।
2. अत्यधिक मोटापा एवं वसायुक्त आहार।
3. धुँआ, प्रदूषण एवं रासायनिक पदार्थ।
4. गर्भनिरोधक गोलियों का अधिक प्रयोग।
5. रिफाइंड एवं पामोलिन तेल का अधिक सेवन।
6. नमक, शक्कर, तले, भुने व चर्बीयुक्त खाद्य पदार्थों का अत्यधिक सेवन।
7. अनुवांशिकता।
8. एक्स-रे विकिरण।

52. कन्या भ्रूण हत्या रोकने के प्रमुख उपाय कौन-से हैं?

उत्तर: कन्या भ्रूण हत्या रोकने के उपाय निम्नलिखित हैं :

(i) कन्या भ्रूण हत्या के दुष्प्रभावों के बारे में व्यापक अभियान चलाना।
(ii) इसमें शामिल लोगों के खिलाफ भारी जुर्माना एवं न्यायिक कार्यवाही करना।
(iii) जो चिकित्सक लिंग जाँच और गर्भपात में शामिल हो, उसका लाइसेंस रद्द करना।
(iv) माता-पिता और पति की सम्पत्ति में महिलाओं को समान अधिकार देना।
(v) शिक्षा के क्षेत्र में बालिकाओं के लिए उच्च प्रोत्साहन एवं रोजगार के अवसर देना।

53. एल्कोहलिज़्म (मद्यपता) से क्या अभिप्राय है?

उत्तर: शराब पीना सदा एक अभिशाप रहा है। यह मूलतः इथाइल एल्कोहल होता है जो किण्वन से शर्करा से प्राप्त होता है। शराब की लत शराब का एक अभ्यस्तिक सेवन होता है। इसके सेवन और लत से मनुष्य के पूरे जीवन (स्वास्थ्य, परिवार और सामाजिक जीवन) पर प्रतिकूल प्रभाव पड़ता है। इसके अत्यधिक सेवन से यकृत सबसे ज्यादा प्रभावित होता है और यह सिरोसिस रोग का कारण बन जाता है। मनुष्य को इसके सेवन से बचना चाहिए और आनंदपूर्ण जीवन जीना चाहिए।

54. भ्रष्टाचार से क्या तात्पर्य है एवं इसको दूर करने के प्रमुख उपाय कौन-से हैं?

उत्तर: भ्रष्टाचार का अर्थ है 'भ्रष्ट आचरण' या 'पतित व्यवहार'। स्वार्थ में लिप्त होकर किया गया कोई भी गलत कार्य भ्रष्टाचार होता है। भ्रष्टाचार का दायरा विशाल है। भ्रष्टाचार के कई रूप हैं—रिश्वत/कमीशन लेना, कालाबाजारी, मुनाफाखोरी, मिलावट, कर्त्तव्य से भागना, चोर-अपराधियों का सहयोग करना, अतिरिक्त गलत कार्यों में रुचि लेना आदि सभी अनुचित कार्यों को भ्रष्टाचार कहा जाता है।

भ्रष्टाचार को रोकने के उपाय

(i) भ्रष्टाचार को समाप्त करने के लिए देश में कठोर और प्रभावी कानून व्यवस्था बनाई जानी चाहिए जिससे कि भ्रष्टाचारियों के खिलाफ सख्त कार्रवाही की जा सके।
(ii) आत्मनियंत्रण, नैतिक उत्थान तथा सभी प्रकार के लेन-देन में पारदर्शिता होनी चाहिए।
(iii) सभी में जनचेतना जागृत करने से और जन-आंदोलनों से भ्रष्टाचार को दूर किया जा सकता है।
(iv) सरकारी अधिकारियों के विवेकाधिकारों को सीमित करने से भी भ्रष्टाचार को कम किया जा सकता है। यदि ऊँचे पद के अधिकारी भ्रष्टाचार नहीं करेंगे तो छोटा कर्मचारी भी नहीं करेगा।
(v) लोकपाल या लोकायुक्त को भ्रष्टाचार के मामलों में स्वतंत्रतापूर्वक मामले की जाँच करने की स्वतंत्रता दिये जाने से भ्रष्टाचार पर प्रभावी रोक लग सकती है।

55. यातायात पुलिस के प्रमुख कार्य कौन-से हैं?

उत्तर: यातायात पुलिस के प्रमुख कार्य निम्नलिखित हैं :

(i) यातायात का प्रबंधन तथा विनियमन।
(ii) सड़कों को विशिष्ट व्यक्तियों की आवाजाही हेतु खोलना/बंद करना आदि।
(iii) वाहनों के परमिट, स्वामित्व, बीमा तथा प्रदूषण आदि के दस्तावेजों की जाँच करना।
(iv) वाहनों को अधिक सवारी/माल ढोने से रोकना।
(v) सड़कों पर संकेतों के सही अंकन व स्थापना सुनिश्चित करना।
(vi) मुख्य सड़कों/राजमार्गों पर वाहनों द्वारा गश्त लगाना।
(vii) सड़कों के चौराहों, एकल-मार्गों व चैक-पोस्टों का संचालन करना।
(viii) पीसीआर तथा रिकवरी वैनों का संचालन करना।
(ix) सड़क दुर्घटनाओं की जाँच, दुर्घटना-रिपोर्ट बनाना तथा घायलों को अस्पताल पहुँचाना।
(x) दुर्घटना अथवा किसी अन्य कारण से हुए सड़क अवरोधों को हटवाना।
(xi) सामान्य नागरिकों को सड़क-सुरक्षा के नियम समझाना।
(xii) सड़क-सुरक्षा से संबंधित गोष्ठियाँ तथा प्रशिक्षण आयोजित करना।
(xiii) वाहनों की गति, प्रदूषण व सड़क पर चलने की सक्षमता की जाँच करना।
(xiv) चालकों के लाइसेंस, सीट-बेल्ट, हेल्मेट आदि संबंधी जाँच करना।
(xv) यह सुनिश्चित करना कि चालक सुरक्षित ढंग से वाहन चला रहा है या नहीं।
(xvi) यह जाँचना कि कहीं चालक शराब पीकर तो वाहन नहीं चला रहा।

56. सूचना का अधिकार अधिनियम के अंतर्गत कौन-कौन से विभाग शामिल हैं और कौन-कौन से विभाग इससे मुक्त हैं?

उत्तर: सूचना का अधिकार के दायरे में प्रमुख विभाग :

- राष्ट्रपति, प्रधानमंत्री और मुख्यमंत्री कार्यालय
- संसद और विधानमंडल
- चुनाव आयोग
- अदालतें
- सरकारी कार्यालय
- सरकारी बैंक
- पुलिस कार्यालय
- सेना के तीनों अंग
- पीएसयू
- सरकारी बीमा कंपनियाँ
- टेलीफोन कंपनियाँ
- सरकार से फंडिंग पाने वाले एनजीओ

अधिकार के दायरे से मुक्त विभाग :

- खुफिया एजेंसियाँ
- विदेशी राजदूत कार्यालय
- निजी संस्थान

57. बाल यौन अपराध अधिनियम, 2012 के प्रमुख प्रावधान कौन-से हैं?

उत्तर: बाल यौन अपराध अधिनियम के अंतर्गत आने वाले प्रमुख प्रावधान निम्न हैं :

(i) यह कानून 18 वर्ष से कम आयु के सभी बच्चों को सुरक्षा प्रदान करता है।

(ii) यह अधिनियम अपराध की गंभीरता के अनुसार, सश्रम कड़े दंड का प्रावधान करता है।

(iii) इसमें बच्चों के सर्वोत्तम हित को ध्यान में रखते हुए अधिनियम के तहत अपराधों की सुनवाई के लिए विशेष न्यायालयों की स्थापना का प्रावधान किया गया है।

(iv) इस अधिनियम में सबूत, जाँच और अपराधों की सुनवाई की रिकार्डिंग व रिपोर्टिंग के लिए बच्चों के अनुकूल सभी प्रक्रियाओं को शामिल किया जाता है।

(v) इसमें पीड़ित बच्चे की सुरक्षा के लिए एक विशेष महिला अधिकारी की नियुक्ति की जाती है, बच्चे के बयान के समय पुलिस अधिकारी वर्दी में नहीं होते।

(vi) इस प्रावधान में मीडिया को विशेष अदालत की अनुमति के बिना पीड़ित बच्चे की पहचान का खुलासा करने से रोक लगा दी है। मीडिया द्वारा इस प्रावधान का उल्लंघन करने पर छह महीने से 1 साल तक की सजा का प्रावधान है।

(vii) त्वरित सुनवाई के लिए, इस अधिनियम के अनुसार 30 दिनों के भीतर मामले की छानबीन का निर्देश है।

(viii) यह अधिनियम पीड़ित बच्चे की चिकित्सा, देखभाल और संरक्षण के लिए 24 घंटे के अंदर व्यवस्था करता है।

58. पर्यावरण से आपका क्या अभिप्राय है?

उत्तर: हिन्दी शब्द पर्यावरण 'परि' तथा 'आवरण' शब्दों का युग्म है। 'परि' का अर्थ है—'चारों ओर' तथा 'आवरण' का अर्थ है—'घेरा' अर्थात् प्रकृति में जो भी चारों ओर परिलक्षित हैं, सभी पर्यावरण के अंग हैं। वास्तव में पर्यावरण में वायु, जल, भूमि, पेड़-पौधे, जीव-जन्तु, मानव और उनकी विविध गतिविधियों के परिणाम आदि सभी का समावेश होता है।

एनसीसी फोटो गैलरी
(NCC Photo Gallery)

❖ ❖ ❖

2601 DP